歷史的歷史
A History *of* Histories

Epics, Chronicles, Romances And Inquiries From Herodotus
And Thucydides To The Twentieth Century

John Burrow

隆重的感謝、讚美與榮譽應歸於教士、詩人與史家，是他們寫下許多偉大的作品，記載了先賢的智慧、熱情與聖徒神蹟，以及高尚而馳名的嘉言懿行，與從創世至今的編年紀事。仰仗這些作品，我們得以每日獲取新知，通曉世事，若昔時未能留下豐功偉業的記錄，過去的一切今日將無從知悉。

——威廉・卡克斯頓（William Caxton, 1484）

導讀
歷史的反思

周樑楷

　　從前學生時代主修歷史系，常常聽師長們說歷史好比鏡子可以正衣冠，學習歷史可以當作人生的借鏡。這個比喻我至今未曾全盤否定，相信它自有幾分道理。

　　只是當時私下也反問兩個問題：第一，日常使用的鏡子都是人造的，難免有些起伏，絕非百分之百的平滑明亮，如果史書成為哈哈鏡，那麼人們又如何憑藉呢？四十多年前學術界尚未耳聞後現代主義（postmodernism），史學界的根基穩若泰山，哈哈鏡之說只能援引「生而有涯，知而無涯」，徒嘆人類智慧的有限。第二，既然前人的言行活動因被記錄而成為歷史（或史書），一代一代環境變遷，歷史（或史書）也是時代的產物，它應該也有屬於自己的歷史。作為人生借鏡的歷史固然重要，「書寫歷史的歷史」豈不是更重要嗎？「書寫歷史的歷史」就是歷史的歷史，一般簡稱為史學史。

　　由於這兩個問題，很快地就意識到歷史這門學問至少有兩個層次。第一個層次（the first order）屬於過去史實的記錄、詮釋和論述，訴諸於文之後就是所謂的歷史。一般來說，史家大多在這個層次上埋首青燈黃卷，忙著研究與寫作，而讀者們不無各取所需，選讀史家的作品，累積個人的知識。然而，歷史的第二個層次（the second order）是種反思（reflection）的能力，所謂「欲窮千里目，更上一層樓」的境界。懂得登高從這個層次閱讀史書的人，經常會提問：這位史書的作者為什麼如此下筆？他的觀點是什麼？他的敘事語言如何如何？這些反思性的動作，說穿了只不過好比正衣冠照鏡子，要先懂得摸一摸鏡子，辨別它是不是夠平滑。然而，儘管只是一個小動作，有些人總漫不經心，永遠昧於在第一與第二個層次之間反覆對話論證。

　　自古以來的史家不免反思歷史書寫的總總問題，如司馬遷、希羅多德（Herodotus）和修昔的底斯（Thucydides）等人，都在他們的著作中直述他們的理念。只不過他們殊少成體系或全盤論述個人的史學思想，尤其沒有撰寫長篇的史學史。推究這種現象，主要是史學史這

門知識必備兩種現代性（modernity）的元素才得以成立：專業史家
（professional historian）的出現以及現代歷史意識（modern historical
consciousness）的成熟。這兩種元素其實互為表裡，大約在十九世紀
中期才從歐洲正式開風氣之先。專業史家自許成為獨立的學者，不再
依附神學、哲學、文學或任何正式現實政治。他們一方面思索有關歷
史方法論和認識論的範疇，另方面竭力提升歷史意識的境界。於是許
多人自覺地從歷史知識的第一個層次躍進到第二個層次。為了改進歷
史這門學問，人們終於開始全盤反思歷史的歷史。

德國史家為史學史（Geschichte der Geschichtswissenschaft）首
立汗馬之功，直到今天，全世界各地最重視史學史的國家可能還是非
德國莫屬。相對而言，英語系的國家就不如德國之重視史學史。所以
不同的學術社群對話時，通常乾脆把史學史當作思想史（intellectual
history）來討論，反而彼此比較能溝通。英語世界中，有兩位留學德
國的史家，分別對英、美學術界研究史學史的貢獻特別有影響力。魯
賓遜（James Harvey Robinson, 1863-1936）自歐陸返回美國後，於哥
倫比亞大學（Columbia University）執教。他的《新史學》（New
History）一書借重「演化」（evolution）的理論，進而強調「變遷的
意識」（sense of change）及歷史具有「綜合整體內在相關互動」的
本質。值得留意的是，這本著作中有一章討論「史學史」。雖然內容
相當簡要，但達到了振聾發聵的效用。早期美國史學界班茲（H. E.
Barnes）所著的《史學史》（A History of Historical Writing）和稍後
湯姆森（James W. Thompson）所著的《史學史》（A History of
Historical Writing）都成為普及的大學教材。他們兩位都出自魯賓遜
的門下。

在英國，艾克頓（Lord Acton, 1845-1902）的學術地位與魯賓遜
相類似。艾克頓曾經疾呼：

應教導人們注意隱含在史家內心的東西，尤其是那些著名的
史家。

最重要的一點，是歷史的歷史。

歷史不僅是一門特殊的知識，同時也是其他各門知識的一種
特殊模式和方法……它包含其他科學，並且記載他們的進步以及

確定各種真理的試驗。在效用上，歷史思維（historical thinking）駕於歷史知識（historical knowledge）之上。

從這段話可以得知，艾克頓不僅重視史學史，而且簡直把史學史的學術位階（hierarchy）提升到所有的知識之上。記得年輕時代，我就是被這段話所震撼，視同福音，從此在生命本體的認同上有了歸屬。

在英國早期受艾克頓影響的史家，例如有同屬留德的古齊(G. P. Gooch, 1873-1968)。他的《十九世紀的史著和史家》（*History and Historians in the Nineteenth Century*）是本斷代的史學史，書中提供不少史學界的資訊，曾經頗受歡迎，不斷再版。然而，嚴格地講，這本書缺乏深度的理論，反而有點類似目錄學式的寫法，很難引人入勝，直上學術界的第二個層次。其實有些史學史的專書和論文都難免落入這種窠臼，上述班茲和湯姆森兩人就是顯明的例子。

德國歷史主義（German Historicism）的學者和艾克頓本人都可歸類為廣義的觀念論者（idealist）。研究學術史或思想史，如果短缺觀念論的素養，往往拙於深入古人的思想。這種洞識力（insight）是研究歷史的利器。在英國，繼艾克頓之後，柯林烏（R.G. Collingwood, 1889-1943）和巴特費爾德（Herbert Butterfield, 1900-1979），同屬觀念論的佼佼者。柯林烏的《歷史的觀念》（*Idea of History*）前半部陳述希臘、羅馬時代以來重要的史學思想，可視為一本史學史。巴特費爾德前前後後出版不少史學史的著作，如果稱呼他為史學史的學者應該頗為貼切。為了邁入史學史這片迷人的園地，我的第一步選擇了巴特費爾德當作碩士論文的題目。

觀念論，或者說觀念史取向（approach of history of idea），於一九三〇至一九六〇年間曾經盛極一時，稱之為顯學也不致於言過其實。然而，這種唯心的取向經常忽略學術思想史的外部環境，屬於這種取向的史家往往有意無意之間疏離了歷史意識與現實意識（presentism）的互動關係。一九六〇年代各種社會思潮興起，新左派（New Left）和學生運動襲捲各地的校園。在這種氛圍下，許多學者正視歷史意識與現實意識的辯證關係，他們不僅投入個人的社會關懷，同時也從這個視角觀察古人，因而思想史與社會史密切結合。例如，具有德國背景的美國史家伊格斯（Georg Iggers）於一九六八年首度出版《德國史學思想》（*The German Concept of History*）。這

本書從赫德（J.G. von Herder, 1744 -1803）起，分析日耳曼歷史主義的興衰過程，直到第二次世界大戰之後為止。伊格斯一方面仍然遵循觀念史取向，直指歷史主義的思想核心。然而，在繼承之餘，他大膽地批判，書中突顯了歷史主義的現實意識，言下之意歷來的史家多多少少為普魯士王國（或日後的德國）的中央集權官僚體制而辯護。

經過了一九六○年代的洗禮後，西方學術界日漸傾向多元化。後現代主義炫人耳目，頗有解構的衝撞力，促進人們重新反思歷史的知識。同時，文本主義（texualism）從另個角度出發，與後現代主義相互呼應，從文本（text）入手，分析各種歷史表述（representation of history or of the past），因此歷史敘述（narration）開啟了一扇門，提供人們反思歷史。例如，美國史家懷特（Hayden White）所著的《後設歷史學：十九世紀歐洲的歷史想像》（*Metahistory: The Historical Imagination in Nineteenth-century Europe*），提出了一套解析歷史敘事的模式（modes）。他的影響可能在文學批評界還遠超過於史學界，這也可能是他始料所不及的，值得我們深入分析。懷特的成名，至少反應了近幾十年來知識的普及，社會的多元化和民主化，以及資訊媒體的日新月異。

近一百年來，史學史的撰寫歷經多變，其實有些弔詭。當初「專業史家興起」、「現代性的歷史意識提升」及「史學史儼然成為獨立學門」的時候，正是「歷史敘事」由盛轉衰的轉捩點。一九○四年英國史家崔衛林（George Macaulay Trevelyan, 1876-1962）為了維護自古以來「傳統史學敘述的藝術」，發表了一篇專文〈克麗歐：一位謬司〉（Clio, A Muse），內容語重心長：

> 正因為今天的歷史家受了日耳曼「教士集團」的訓練，不把歷史當作一門「福音」，甚至也不把它當作一個「故事」，而是把它當作一門「科學」，他們才會如此嚴重地忽視史家的主要技能……敘述的藝術。
>
> 恢復我們祖先的某些真實思想和感受，是史家所能完成最艱鉅、最微妙和最有教育意義的工作。反映我們自己的時代思想或意見的過程，比羅列臆測性的概括論斷來的困難……只有文獻能夠告訴我們真實的情況，但它也需要敏銳的眼光、同情心和想像力，最後（但不是最不重要）還需要使我們祖先在現代的敘述裡

重新獲得生命的藝術。

　　然而，崔衛林卻無力挽回這股潮流。只是誰也沒料想到，在一九七○年代，「歷史敘述」又悄悄地回來。一九七九年英國史家史東（Lawrence Stone）在《過去與現在》（*Past and Present*）這份史學期刊中發表〈敘述性歷史的復興：對新的舊史學的反思〉（The Revival of Narrative: Reflections on a New World History），肯定歷史敘述已經東山再起。瞭解大局的人當然知道歷史書寫不可能完全走回頭路，恢復一百年前傳統史學的敘事方法，但是當今新的敘事表述已經無可避免，至少在歷史著作中「夾敘夾分析」或語露敘述主體的生命意識，已經日漸為人所接受。換句話說，一九七○以來「專業史家」的學術權威被挑戰和瓜分的時候，一種嶄新的史學史出現了，即重視歷史敘述的史學史。距今一百年前，史學史剛建立的時候，歷史敘事式微了。如今，歷史敘述在學術界已贏得了一席之地，新的史學史問世了。學術界的弔詭，有趣！值得玩味。

　　布羅（John Burrow）於二○○七年出版《歷史的歷史》（*A History of Histories*），與魯賓遜、艾克頓、崔衛林那一輩的史家相去大約一百年。如今史學史的書名由 *A History of Historical Writing* 改為 *A History of Histories*。英文的單數和複數變化顯得有趣。這本書的副標題 "Epics, Chronicles, Romances and Inquires from Herodotus and Thucydides to the Twentieth Century" 也值得留意，因為 epics 和 romances 在從前「正典」的史學史裡，並不屬於討論的範圍。雖然布羅的寫作態度如同「正典」的史家一樣有些保守，他這一本書從希羅多德這位「菁英」（elite）史家說起，略去了遠古時代的 epics 和 oral tradition（口傳歷史），同時他也忽略各種影像視覺的歷史文本（visual historical texts），要不然「歷史的歷史」可以從希羅多德遠溯到兩萬年前的岩畫。但是他已盡力開展史學史的領域，這一點是值得肯定的。布羅不惜引用史書中的原文，分析它們的敘事語言，讀者難免覺得瑣細，但不如此就難以解說每本歷史書寫的特色。這本史學史的取向多少反映了我們這個時代對歷史的再度反思。它值得我們細讀，也值得我們重新評估。

　　　　　　　　　　　　本文作者為逢甲大學歷史與文物管理研究所教授

目次

3│基督教世界

4│世俗史的復興

5│研究過去

前言
一部關於各種歷史的歷史

為什麼是「一部關於各種歷史的歷史」（A History of Histo-ries）？或者更明確地說，為什麼不是「關於一種歷史的歷史」（The History of History）？即使從最廣義的角度，我們接受說歷史是單一種類的活動，但歷史仍有著高度多樣的內容。瘟疫，侵略，遷徙；憲政安排與政治體系的建立、運作與發展；戰爭，內憂與外患，革命，漸進或突然的宗教與文化變遷，信仰、民族與意識形態等各種集體認同的形成，神人交往意義下的神意史觀：所有這些主題連同其他內容，都可以被適當地視為是歷史。有些歷史實際上是純粹敘事的；有些幾乎是毫無時間內容的純粹分析，本質上屬於結構或文化的調查。歷史與其他許多研究類別與領域相關，從史詩與起源神話到各種社會科學；歷史也觸及傳記、戲劇、政治與道德爭論、民族誌、小說、審訊與司法調查。就我們所知，最早以 *historia*（探究）一詞來指涉我們所謂的歷史的人是希羅多德（Herodotus）。在荷馬史詩中，*histor* 是指以調查的事實為根據來下判斷的人，由此可知，歷史與探究之間的連結相當古老。

歷史的多樣性如何轉變成單一的歷史敘事：「關於一種歷史的歷史」？答案很明顯，而且在某種程度上，這對敘事來說是必要的。那就是建立一個終點，使故事的各個插曲在某種意義上都從屬並促成這個終點，如此一來插曲就成為進程的一個環節。以歷史書寫這個直到二十世紀才出現的文類所描繪的歷史為例，在時代及其史學文化的影響下，把主題的現狀（或人們以為的主題現狀）當成終點，不可避免是一種最普遍也最簡單的做法。到了二十世紀初，這個現狀被賦予各種特徵，但仍有著相當程度的共識，它成了純粹的或「科學的」或（心照不宣地）「專業的」歷史，這些特性或許與「歷史的觀念」或「為歷史而歷史」有關。特別是專業的歷史，一般認為這種歷史顯然連結著系統性的檔案研究與史料考證，而檔案研究與史料考證又被認

定是一切嚴謹歷史的構成條件。在這個一般性的共識下，存在著各種不同的意見，例如伯利（J. B. Bury）與崔維廉（G. M. Trevelyan）曾爭論歷史是「科學」還是「藝術」？以及如果歷史學家追求的是「科學」，那麼他要追求「科學」到什麼程度才能建立法則？（柯靈烏〔R. G. Collingwood〕在他的經典之作《歷史的理念》〔*The Idea of History*, 1946〕提到，法則是他憎惡的東西。）儘管存在著這些差異，共識仍足以作為史學史大敘事的選擇基礎，二十世紀史家可以以自身的觀點與彼此認可的研究方式為基準，強調並評估過去的史家在史學的一般進程中扮演什麼角色，這些角色必然失之片面，他們可能協助史學向前推進，也可能讓史學返歸原點。就這個意義來看，要寫出「關於一種歷史的歷史」是可能的。

　　我不想被理解成是以貶抑的方式在談論這項可能性背後的假定，彷彿我談的是一種過去的文化插曲。無論如何，歷史訴說的是真實，至少就理想層面而言，歷史可以擺脫偏見。這種核心關懷非常久遠，雖然逐漸動搖，但就某種意義來說仍是我們的信條，因為對我們而言，歷史與想像虛構的區別還是相當重要。由此觀之，希羅多德邁出了重要的一步，因為他將自己寫的《歷史》（*Histories*）與詩人的作品區別開來；而修昔底德（Thucydides）則提出相關的判準，並且語帶輕蔑地認為希羅多德屬於那群把娛樂大眾看得比探求真理來得重要的作者，儘管他的判斷並不公允。尋求歷史理解與只是情感或論證上具影響力的書寫，其間的差異仍是歷史專業的自我形象與意圖的一部分。當然，史學史上對真理的熱忱是光譜而非絕對，顯然波利比奧斯（Polybius）就比李維（Livy）更重視真理。但也有人完全、甚或故意落在對真理缺乏熱忱的那一端，如蒙矛斯的喬弗瑞（Geoffrey of Monmouth，此處我們暫不討論個案），與其說他是史家，不如說他是歷史的戲仿者或模仿者。

　　以上說法或許全都真切，但接下來的觀點也同樣真實：以二十世紀專業共識為終點來建立一套史學史大敘事，是一種貧乏而狹隘的策略，它剔除或排除許多關於歷史書寫（事實上，這些都是過去曾經流行過的所謂的歷史）的方式，有趣而且具潛在啟發性的問題。例如，在歷史書寫的背後必定存在著非常多樣的動機，這些動機問題不僅極為廣泛且引人入勝。過去的人覺得「他們的」過去哪裡有趣？為什麼

xv

有趣？哪一種「過去」引起他們的注意，並且形塑了他們呈現過去的方式？為什麼他們注意的「過去」與呈現過去的「方式」隨時光流逝而產生變化？這些變化如何進行？在同一個時代裡，面對這些問題而產生的不同解答，如何反映與表達出文化的內部差異？為什麼會出現新類型的歷史書寫？當然，這不只是或必定是在此之前就已存在的「科學」求知欲延伸的結果，有時候這也是影響「科學」求知欲的因素。

　　本書的目標在於為這些問題提供解答。這些問題並未完全受到忽視，史學家希望透過文類與方法來對他們的主題進行區分。但要顧及平衡與誠實。我試圖著眼於人們選擇哪種過去與為什麼選擇某種過去，以及人們如何調查與呈現過去的問題。這種做法看起來不具革命性，然而策略的選擇意味著必須有所割捨，特別是以主題來歸類史家時，我有時會無法顧及嚴格的編年規則，這是當史家捨棄年鑑這種主流形式時學到的一個教訓。例如，在本書中，記述「亞歷山大」歷史的史家被放在希臘人遭遇波斯帝國的敘述中，即使他的作品完成於距亞歷山大相當遙遠的羅馬帝國統治時期。而爭議最大的，或許是我對於聖經以及聖經對史學的影響所做的論述，我沒有將這個主題依照年代次序放在埃及、巴比倫史家與希羅多德之間，而是放到早期基督教世紀，也就是等到基督教對異邦人世界產生衝擊後才進行討論。　xvi

　　因此，「一部關於各種歷史的歷史」承認「各種歷史」的多樣性以及這些歷史體現的利害關係，同時拒斥以現在作為終點來建構單一大敘事的野心，因為我認為這種做法不僅難以置信，也限縮了探索的可能性。然而，本書也帶有一點排除的味道，它的內容並非包羅萬象。本書並未嘗試處理歐洲文化傳統（在此，埃及與巴比倫被視為對歐洲文化傳統有過貢獻）以外的史學史，特別是阿拉伯史學史與中國史學史。這種排除是對空間與時間不足的妥協，以及作者在知識上的侷限。另一項排除或許需要更好的理由，因為至少就某方面來說這項排除是獨斷的，而界線的畫定也猶疑不定。「各種歷史」這個詞本身包含甚廣，而我把傳記與回憶錄排除在外。面對一本內容可能過於蕪雜的作品，我認為這種做法是必要的，但我必須承認要適用這項標準並不容易：回憶錄顯然類似於親眼目擊的歷史，而「生平傳記」則是混雜了各種文體的文類。

　　有關個別歷史的處理問題必須先略做說明，個別歷史當然在密度與複雜性上差異極大，而且並不是每一件歷史作品都能為現代讀者所理解。我們可以合理假定絕大多數讀者從未讀過本書討論的許多或絕大多數的歷史作品；事實上，本書的存在，有部分理由正是為此。因此，我們的首要任務是試著將閱讀這些歷史的經驗與趣味傳達給讀者。對許多史家來說，歷史是一項有閒方能從事的技藝，往往需要皓首窮經。歷史不完全是敘事，但長久以來敘事一直是歷史的核心。因此，光是傳達史家的意圖與觀點是不夠的：除了敘事的結構外，還必須傳達敘事的條理與性質。從這一點來看，歷史——通常綜合了調查、研究、論證與分析——類似於小說。因此，我試圖恰如其分地在本書表現出一種五花八門、多層次與多調性的濃厚歷史敘事的可能形貌。在嘗試表現各種歷史的特殊性質時，我不只訴諸大量的引文，並且試著設身處地瞭解歷史作品產生當時的時代背景，以傳達其文學性質，而這個文學性質構成我們閱讀歷史作品的主要經驗。不過這些評估也可以從內部加以觀察，或許有助於全面理解更一般性的脈絡：史家在特定時期抱持的目標、形塑史家書寫方式的風俗習慣，以及這些目標與習慣又是如何變遷。我提到了史家與史料的關係，沒有史料，史家作品不可能存在，然而史料也對史家作品構成一定限制；我也簡短考察了特定作家的可信度。之所以注意到這些，有部分源自於我對史家的理解以及閱讀史家作品的經驗；從定義來說，歷史絕對不是純粹的文學作品。然而，我並未有系統地著眼於特定錯誤，無論如何，我缺乏必要的知識來處理這些問題。那是研究各個斷代的現代史家的工作，不需我多事。不過這種錯誤清單總是沉悶得讓人無法忍受，而且難以閱讀。

　　史學史本身不僅是一種（廣泛的）文類，顯示連續性、周而復始，以及不斷變動的關注焦點。它也是西方文化整體的一部分，有時具有高度的影響力，甚至是文化的核心；它顯然如同容器一般，可以容納文化關切的一切事物，同時也深受文化波動的影響。歐洲社會在不同時代有著不同強調重點，它們認為各種版本的過去與各種歷史發展的觀念具有極大的重要性，並且任意從歷史中擷取傳奇、英雄、悲劇與悲慘的主題、詩學論題、戲劇與繪畫（在十八世紀，「歷史」繪畫被視為最上等的畫種），以及最典型的，激勵與恫嚇人心的修辭。

歷史觀念與過去各種觀念交會並且部分構成了宗教、道德和政治觀。歷史將權威具體化，並且提供挑戰權威所需的手段。或許更重要的是，歷史為種族、國家、宗教、政治、文化與社會集體提供了效忠、自我認同與「記憶」的焦點，以此協助建構這些集體。各種版本的過去被提供，有時是間接的，但通常帶著可見的焦慮，以作為當代困境或病症的診斷意見。

我們習慣從哲學史、科學與宗教史、藝術、文學與社會秩序觀念史，以及政治權威史的角度去思考歐洲思想史。但是，過去觀念的歷史，亦即過去的觀念表現在歷史書寫中，以及現在與過去的關係，也是歐洲思想史的一部分；本書的目標即在促進這方面的理解。其主要內容為：歐洲文明獨特性的概念，而主要的對照者是亞洲諸帝國；共和國美德的觀念，具體展現於羅馬初期，因征服、奢靡而敗壞；身為世界霸主的永恆羅馬神話，被改換成基督教帝國的觀念。聖經促成了集體的犯罪、懲罰與贖罪的觀念。十六世紀以降，得益於羅馬史家塔西佗（Tacitus）的記載，我們發現了「日耳曼」民族的早期自由觀念；歐洲國家或許受蠻族「哥德人」入侵的影響，發現了權威持續至今的「古代憲政」的存在觀念。十八世紀的歷史書寫吸收了「市民社會」的進步概念（主要聯結著商業）與「封建無政府狀態」的終結（或者，以馬克思主義的用語來說，封建貴族被資產階級霸權所取代）。十九世紀是充斥著民族認同的偉大時代，結合了民族解放的觀念以及作為正常政治形式的民族國家的創建。進入現代之後，讓被壓抑的少數族群發聲的渴望湧現。所謂歷史，說穿了，只需指出幾個最重要的影響：共和主義者、基督徒、立憲主義者、社會理念人士、浪漫主義者、自由主義者、馬克思主義者與民族主義者。每個勢力都被隨後的歷史書寫揚棄而成為殘餘；此刻已無任何勢力能支配歷史書寫。

因此，我力求不以孤立的方式處理史學史，並且留意史學史在廣泛文化中的位置、文化與政治對它的影響，以及史學史如何培養、轉變與傳達文化與政治力量。「一部關於各種歷史的歷史」不會也不該只是史家成就與優缺點的記錄，也不是史家所屬學派與傳統的記載。它本身就是個歷史事業，是我們嘗試瞭解過去的一種方式。

序篇
保存記錄與留下記述：埃及與巴比倫

　　我們可以自信地說，歷史約略在西元前四五〇到四三〇年間誕生 1
於希臘。所謂歷史是以調查研究為根據，針對公共事件而做的一種詳
盡的、世俗的、散文的敘事，而且以上這些條件每一項都必須具備。
如果我們想把修昔底德極為不同的歷史寫作加進人稱「歷史之父」的
希羅多德的作品之列，就必須將歷史誕生的時間擴展至西元前五世紀
下半葉。我們將時間做了延伸，並且對敘事類別加諸條件限制，即便
如此，當我們說歷史是在這麼短的時間內突然出現時，還是讓人匪夷
所思，雖然這種說法並非毫無根據。同樣令人驚奇的是，我們可以合
理地宣稱，在往後兩千多年的時間裡，希羅多德與修昔底德的成就未
曾被人超越；事實上，一直要等到歷史方法與類型出現轉變，才使得
這種比較變得不切實際。

　　就我們所知，希羅多德與修昔底德是最早的歷史學家，想瞭解這
個主張的意涵，必須先瞭解他們的作品與埃及、巴比倫古文明的「原
史」（proto-history）的一些基本區別。希羅多德曾經讚美埃及人在
保存過去知識上的貢獻：「（埃及人）在全人類當中是最用心保存過
去的記憶的人，而在我所請教的人們當中，也從來沒有人有這樣多的
歷史知識。」（*Histories*, II. 77）事實上，希羅多德在進行歷史調查
時，似乎太輕信自己在埃及神廟所聽聞的一切，他將這些訊息納入對
已知世界進行的全景調查之中，並且以這些陳述作為他描述西元前五
世紀初波斯大舉入侵希臘的開場白。希羅多德對埃及歷史的記述相當
含糊，相較之下，對於必須提及的巴比倫文明，他的說法可靠得多。 2
然而，無論希羅多德的恭維如何讓埃及神廟的僕役樂於告訴他一切有
關埃及的事——我們不清楚希羅多德相識的人是否包括祭司階序中較
高層的人物——他的讚美並無不當之處。現代埃及學者對古埃及的瞭
解之所以能比希羅多德深刻，主要是古埃及有許多史料被完好保存至
今，這是由於他們很早就建立中央集權官僚國家，加上古埃及人用來

銘刻文字的材料十分耐久。此外，還可歸功於氣候乾燥與傳統習性：史料的保存可以上溯至兩千多年前的西元前五世紀中葉，甚至早於希羅多德生存的時代。當時埃及人是世界上最早懂得保存記錄的民族。在此我們應該停下來想一想的是，史學與記錄有何不同，亦即希羅多德身為我們所知最早的史家的意義，與提供他訊息的埃及人的所學所識之間的區別。儘管就像所有這類區別一樣，我們在檢視時有些不嚴謹，但檢視的過程仍足稱有效。

保存記錄最早是商業與官僚的重要業務，不是一種藝術。埃及的過去得以大致保存下來的許多因素，同樣存在於美索不達米亞古文明中，其記錄刻在石板與黏土寫字板上，而最重要的事件絕大部分刻在神廟、陵寢與宮殿的牆壁上。每個現代史家都明白我們現在談的是「檔案」，在某種形式上這些事物被認為是不可或缺的，然而藉由詢問「博學者」來撰寫歷史的希羅多德並不看重這些事物。銘刻的文字是從古到今的記錄：它們經過審慎處理而能耐久保存，隨機蒐羅的文獻通常無法如此。比較簡陋的人工製品，例如刻了字的黏土寫字板，反而在不經意中被保留下來。銘刻的文字本質上就是記錄，因此刻文的作者與希羅多德之間存在著一種親緣性，希羅多德在《歷史》一開頭便曾表明自己的意圖，他說自己寫作此書是為保存偉大功業的記憶（見第一章）。

當然，主要差異在希羅多德用來描述他的作品的詞彙：*historia*，探究。他為《歷史》蒐集資訊的方法主要是詢問。當希羅多德問埃及神廟的僕役與守衛時，只懂希臘文的他與文獻的關係相當疏遠，這種態度在現代史家眼中並不可取。然而，儘管希羅多德的資訊提供者有諸多不足與隱匿之處，我們還是能從兩造之間看出某種可理解的關係：史家與檔案員的關係。詢問資訊提供者的是希羅多德，他是有系統地探究歷史的人。同樣地，當希羅多德詢問「海外的」希臘人或「當地的資訊提供者」有關世界其他地區的知識時（他一定這麼做過），此時擔任人類學家或民族誌學者的是希羅多德，而非受詢問的人。舉個明顯的例子，昔希安人（Scythian）沒有自己的民族誌學者；那些被希臘人稱為昔希安人的民族是生活在黑海北方沒有文字的遊牧民族，他們的風俗之所以能流傳下來，端賴希羅多德的長篇記述。因此，我們說服自己抱持這樣的立場：就我們所知，沒有早於希

羅多德的埃及或巴比倫史家。如希羅多德所言，埃及人相當博學；在希臘，對埃及人的智慧有著高度的尊重，甚至到了誇大的地步，例如，希臘神祇的名稱被認為源自於埃及。但埃及人是記錄者，而非歷史學者。

到目前為止還算單純。我們將在第一章見到，希羅多德有系統地進行探究，這種觀念不完全是當時希臘特有的想法。在各種探究活動中，最接近希羅多德的主要是地理上的探究（其中當然包括「人文地理」），這種關切在希羅多德作品中俯拾皆是。但是探究，也就是有系統的研究，不是史學的唯一特質。史學還有另一項特質，那就是使探究的結果成為一氣呵成的歷史散文：敘事。事實上，在古代世界，有一條從記錄通往或多或少經過拉長的歷史敘事的路徑，在路徑之中，記錄與歷史敘事的區別有些模糊，並不像當我們只注意探究這項要素時那樣涇渭分明。

最早的書寫似乎與實際事務有關，這一點是可以理解的，它要不是被當成事務的一部分，就是被當成事後記錄。早期記錄在神廟牆上的公共銘刻文字，就最廣義的脈絡來看，似乎也具有這種事務性質，統治者以文字描述自己代理神明管理百姓：興築建築、恩賞、勞苦與成就，包括勝利，全都成為記錄的內容。清單形式的文字相當普遍。其他種類的清單還包括最早用來製作系統編年史的史料，例如，國王的名單。這些清單因此決定了大規模信史出現的可能性。法律，如同古美索不達米亞早期所謂的法典，本質上也是一種清單，有點類似於年代遠在其後，於西元前兩千年末期出現的《舊約》〈利未記〉與〈民數記〉。

敘事與神權政治之間的連結似乎建立在解釋之上。亦即，要從最初的清單形式發展成描述，必須牽涉到解釋的問題，而進行解釋需要採取略為詳盡的敘事形式。歷史學家向來堅持（或許還帶有一點爭辯意味，因為這是他們的慣常做法）敘事的產生是為了要進行解釋。他們比較不喜歡主張一個擁有簿記員的古代王制，而透過這些簿記員才出現了最早的書寫用途：製作清單。然則此處概念的重疊牽扯到英文字「account」的一些相關意義，講到這個字就會使人聯想到它的起源：清點（counting）。以下的句子雖然風格拙劣，卻能做出清楚說明，句中每個 account 都有不同的意義：「請提出報告（account）說

明這些帳目是如何編製的，並解釋（account for）你向董事會提交的
帳目（accounts）當中的錯誤。」

敘事的銘刻文字既是解釋也是描述的一部分，從這些文字提及的
動機與行動，可以看出它們的發展日趨完全、詳盡，同時「人文氣
息」也愈來愈濃厚。戰爭敘事是最早的長篇敘事之一，很明顯的這種
敘事的高潮集中在勝利（或號稱勝利）與征服，異族的臣服或俘虜，
以及戰利品的擄獲，風格特殊的遠征敘事當然亦屬此類，如希羅多德
的薛西斯（Xerxes）遠征，與近兩個世紀之後出現的史上最偉大的遠
征，亞歷山大東征，亞歷山大甚至帶了歷史學家隨軍記錄。以下是西
元前兩千年中期埃及人對凱旋及戰利品的描述：

> 國王陛下駕著戰車前往卡夏布（Kashabu），他隻身一人未
> 帶任何隨從，很短的時間內就從當地返回，在戰車旁邊的是他生
> 擒的十六名上層貴族戰士（Maryannu），此外還有身軀高達二
> 十掌寬的馬匹，以及被驅趕著走在戰車前面的六十頭牛。這座城
> 鎮已向國王陛下臣服。正當國王陛下準備前往沙崙平原（plain
> of Sharon）南部時，他發現了納林（Nahrin）親王的信差，這名
> 信差脖子上掛著黏土寫字板，於是國王讓他成了戰車旁的俘
> 虜……國王陛下抵達孟斐斯（Memphis），他的心情愉快，如同
> 一頭戰勝的公牛。掠奪的數量……（Gardiner, *Egypt and the
> Pharaohs*, p. 197）

之後緊接著是物品連同數量的清單：奴隸、馬匹、戰車、武器與
樂器。這些遠征顯然是由法老發動，目的是為了取得珍稀之物，例如
礦石。

埃及的另一種敘事類型，首先描述一段混亂與天災頻仍的時期，
然後某個統治者出現結束這段時期並且恢復秩序。這種解救敘事就像
戰爭敘事一樣，在西方史學有著悠久歷史，並且影響了歷史人物的表
述方式，例如羅馬皇帝奧古斯都與君士坦丁，以及英格蘭史上的伊莉
莎白一世與威廉三世；後來在希伯來人影響下，這種解救敘事的典型
主角變成了彌賽亞。因此，一些典型的歷史敘事類型早建立於記錄古
埃及、美索不達米亞與小亞細亞統治者功業的銘刻文字時代。在聖經

中，〈出埃及記〉與〈申命記〉本質上就是遠征與戰爭敘事，而這也成為日後一些偉大史學作品的特色之一。

另一種將描述性文字發展成敘事的方式——透過證明自身正當的形式——似乎是出自西臺人的特有發明。亦即，一種用來證明既有行為正當的記錄，並且將事件訴諸神明仲裁。格尼（O. R. Gurney）是研究西臺帝國的權威，他認為這種文獻顯示出高度發展的政治良知。這種記錄的保存具有恪守條文的形式，而敘事當中的條款則成了判決時的依據，這些記錄與敘事理所當然關係著條約的制定與違反。條約是修昔底德唯一大量謄錄的文獻，他的作品常以條約的違反作為開場白，以此揭開伯羅奔尼撒戰爭（Peloponnesian War）的序幕。早在修昔底德之前一千年，西臺人已開始為條約寫下前言，內容是一段簡短的歷史敘事，旨在說明條約的起源；最後，前言的敘事逐漸脫離條約與政令而獨立成篇，並且成為活動式的年鑑，一種將統治者的行動視為是對神明奉獻的編年史。 6

年鑑的記錄形式除了通行於亞述（Assyria），希臘城邦早期「史家」也採用這種形式，並且搭配上想像的神話起源描述。希羅多德沒有採用年鑑形式，他的作品規模過於宏大，不適合這種形式，但年鑑卻形塑了修昔底德的《伯羅奔尼撒戰爭史》（*History of the Poleponnesian War*），他將一年分成夏冬兩個部分，以便更精確地記錄史事。年鑑自此成為基本的史學形式，直到中古時代結束為止。

早期史學有個麻煩的爭議因年鑑而浮上檯面：如何找到一個廣受承認的編年史紀年方式。埃及與巴比倫這種中央集權王朝較少出現這樣的問題，但這不表示早期的國王名單總能在接近事實的狀況下有益地擬定出來，例如埃及人經常將名聲敗壞的國王事跡摧毀殆盡，而埃及法老統治期的長度往往荒謬無稽。但在希臘，由於缺乏核心的政治權威或記錄保存，問題顯得相當棘手。唯一能涵蓋全希臘的制度是德爾菲（Delphi）的神諭與四年一度的奧林匹克運動會（Olympic Games）及其獲勝的知名運動員，最後，奧林匹克運動會被採用為紀年標準。修昔底德以自己所描述的戰爭爆發之時作為事件紀年之始。對雅典而言，可能的做法是利用執政官（archon，城邦的最高官員）的任期紀年，執政官一年一任，不過每屆的執政官是誰恐怕不容易記住。羅馬人從一開始就保存了大祭司（Pontiff）的名單，其功用類似

埃及和巴比倫統治者的名單。建立共同編年史的困難，可以從修昔底
德令人眼花瞭亂的例子看出：

> 再次征服優比亞（Euboea）之後的三十年停戰協定持續了十
> 四年。停戰的第十五年，阿爾戈斯（Argos）女祭司克麗希絲
> （Chrysis）的第四十八年，伊尼希亞斯（Aenesias）就任斯巴達
> 監察官（ephor）那年，皮托多魯斯（Pythodorus）擔任雅典執政
> 官任期結束前兩個月，波提狄亞（Potidaea）戰爭結束後六個
> 月，初春，一支底比斯軍隊……（II. 2）

7　　　另一個值得注意的原史學形式與年鑑不分軒輊，它的應用很廣，
是一連串王朝的名單，也就是世系宗譜的建立，它通常伴隨著聲稱的
神話起源，早期的希臘城邦史家似乎也留意到這種形式。這種追尋起
源的興趣在希羅多德的《歷史》中偶爾可見，然而一如以往，希羅多
德不一定相信道聽塗說的訊息。偉大氏族自吹自擂的歷史似乎成了早
期羅馬史的資料來源，儘管當中不可避免有著自我美化的性質，但仍
不失為珍貴的史料。獨特的威望加諸神明的後裔身上，如家喻戶曉的
赫拉克勒斯（Heracles），或落在特洛伊英雄的子孫身上。羅馬人企
圖兩者兼得，他們自稱是特洛伊埃涅阿斯（Aeneas）的後裔，而埃涅
阿斯又是維納斯之子。經過確認的系譜有其用途，甚至不可或缺，如
我們在《舊約》〈尼希米記〉所看到的，有些人的家譜顯示他們有資
格擔任祭司，有些人則顯示自身的不潔而無法擔任祭司（Nehemiah
7:5, 64）。亞歷山大相信，或希望人們相信，他是亞捫（Ammon）
神的後裔。

　　世俗的歷史散文敘事（姑且不論史詩與聖經，後者留待日後談到
聖經對基督教史學的影響時再做討論）在古代帝國時期逐漸從官僚記
錄保存的基本形式脫穎而出，儘管從檔案記錄到希羅多德富有人文氣
息與生花妙筆的長篇敘事仍需要漫長的一步。事實上，這是一種跳
躍。這當中蘊含了戰爭與遠征敘事，以及所謂的救贖與證明自身正當
的敘事：前者描述災難、暴亂與隨後的回復舊觀，後者描述信賴關係
遭到背叛以及復仇。此外還包括了西臺人的年鑑前言，它也是一種記
錄形式。

　　最精細、詳盡與連續的早期戰爭敘事雖然未直接影響日後的戰爭敘事，但至少可以認定兩者之間具有某種親緣關係。其中一個例子是有關法老圖特摩斯三世（Tuthmoses III, 1490-1436 B.C.）的戰爭描述，這場戰事發生在他即位的第二十三年，最後以梅吉多之役（battle of Megiddo）告終，整個過程記錄於他在卡爾納克（Karnak）的安夢雷（Amon-Re）神廟所擴建的牆上。記錄描述了軍事會議以及其中的對話，可說是對於決定性戰役最早的完整敘述。戰前，對於該走哪條路線曾出現爭論。參謀都是些阿諛奉承之輩，但要求他 [8] 們表達意見時，他們顯然也有自己的看法：「這麼狹窄的道路如何能夠行軍？據報敵軍已在谷外布防，而且人數眾多。馬匹只能單騎前進，另一匹緊隨其後，如此一來，士兵前進豈不也是如此？若是這樣的話，當前鋒遭遇敵軍時，後面的部隊恐怕還卡在那裡，動彈不得……」神廟牆上也展示了戰敗者的名單以及對他們的描寫，這是相當普遍的做法。這段敘事也可以根據其他描述加以印證。即使還不夠充分與生動，但我們在當中的確看到某種敘事的性質，不過我們無法確定它是歷史還是原史。與其他例子相比，它比較完整，沒有公式化的夸夸其談，而且重要性極高，然而它只是個事件片段。它未能表現出個別的性格描寫、歷史的視角（就這一點來說，它比較像是二維側臉這種埃及的傳統表現方式）或歷史的整體脈絡。當然，這些缺點也出現在往後兩千年的許多編年史中，卻不能用來形容希羅多德。

第一部

希臘

第一章
希羅多德：波斯入侵與史家的任務

一如往例，希羅多德在他的作品一開頭就告訴我們他為什麼要寫
這本書。理由是，他說道：「如此，人類的成就才不致於在時光中遭
到遺忘，偉大而令人驚嘆的功業——有些由希臘人展現，有些則出自
蠻族之手——才不會喪失它的光輝；尤其要顯示的是，這兩個民族彼
此爭鬥的原因。」換言之，希羅多德的歷史是紀念碑，是用來阻止時
間威脅堙滅一切人類偉業的標記物。他的成功超越所有合理的期待。
至今我們仍閱讀著他描述的偉大主題：兩千五百年前，也就是希羅多
德開始著述之前半個世紀，偉大的波斯王從帝國全境號召了說著各種
語言的龐大軍隊入侵希臘。希羅多德也承諾稍後（*Histories*, I.95）將
告訴我們波斯人如何在他們的統治者居魯士大帝（Cyrus the Great）
領導下稱霸亞洲，這個承諾在他繼續描述入侵希臘之前履行了。

希羅多德初始的陳述中有一點值得我們仔細思考，他提到要記錄
蠻族（非希臘人）與希臘人的偉大功業。若想在埃及與巴比倫記錄中
找出如此無私的說法將是徒勞。這讓我們想到荷馬，如同希羅多德很
快提醒我們的，荷馬寫到希臘人和亞洲人早期的一個衝突。荷馬要他
的讀者或聽者對特洛伊人與希臘人同感同情，甚至同情普里阿摩斯
（Priam）與赫克特（Hector）還比同情阿奇里斯（Achilles）與阿加
曼農（Agamemnon）多些。希羅多德未曾評論荷馬的這項特色，但
似乎視其為理所當然。希羅多德當然承認特洛伊戰爭確有其事，但他
認為荷馬是個詩人，其敘事是為了滿足史詩的目的，因此他藉由詢問
波斯人與埃及人，再加上他自己的常識，來更正荷馬史詩的錯誤：海
倫在特洛伊圍城時不可能深陷城中，因為特洛伊人肯定會竭盡所能將
她還給希臘人（II. 120）。希羅多德清楚地推論出荷馬的生存年代，
認為他比自己的時代（也就是西元前五世紀中葉）早了四百年。

希羅多德承認荷馬史詩蘊含基本的史實，更重要的是，荷馬史詩
對所有希臘人來說也是一種敘事模式。當希羅多德在《歷史》的前言

中提到，他要保存偉大而令人驚嘆的功業使其免於堙滅並予其應有的榮耀時，他勢必援引了荷馬史詩的內容，因為後者的主旨正在於此。希羅多德對於巨大衝突的敘事有時呼應著荷馬史詩，這一點值得我們思考，不過更常見的是，希羅多德的敘事步調，對事件與人物栩栩如生地重演與呈現，以及豐富的人文色彩與質樸的世俗風格——修昔底德與隨後的史家皆無法與其相提並論——這些特質都可冠上「荷馬的」這個形容詞。雖然他的敘事整體來看是「荷馬的」，顯得鬆散與有意雜談，但他敘事的根據源自於仔細探問，有時需要對判斷存疑，這些又與史詩傳統大異其趣。希羅多德是個絮叨、個人色彩濃厚又口齒便給的作家，他不排斥以第一人稱從事寫作；人們讀他的作品宛如親炙作者，因此不難想像他藉由在雅典民眾面前朗讀自己作品而將作品公諸於世。我們知道他的意見，聽聞他的旅行，我們好奇他看見什麼、聽見什麼故事，以及他不吝於懷疑這些事物。我們甚至能大致重建他的宗教觀點，雖然這部分他有時是閉口不談的。希羅多德有如蒙田，是深具個人風格的作家。

　　希羅多德出生於愛琴海東岸的希臘殖民地哈利卡納蘇斯（Halicarnassus），時間大約是西元前四八〇年中葉，他是希臘在亞洲殖民地的居民。哈利卡納蘇斯位於希臘與波斯帝國的邊境地帶，自古紛爭不斷，而這個地區在希羅多德的歷史中扮演著重要角色。希羅多德出生時，哈利卡納蘇斯剛併入波斯帝國不久，因此從技術上來說，希羅多德應該是波斯王的臣民。雖然無疑地希羅多德終究同情自己的家鄉，而且他似乎只會說希臘語，但他談及波斯人時並未因此語帶輕蔑，也不認為在敘事中言及波斯人有何難處。雖然希羅多德行遍各地（有些人懷疑他是否真到過那麼多地方），而且日後似乎移居雅典，據說他與悲劇作家索福克里斯（Sophocles）還是朋友，但我們仍可中肯地說，像他這種具有世界主義胸襟的人，其出生之地不僅應該是能見識到當時希臘思想生活最繁盛一面的地區，也應該是兩個偉大文化的中介地，更應該是已知世界的中心。希羅多德去世的年代難以考究，但可以確定的是他活到伯羅奔尼撒戰爭時期，亦即至少到了西元前四三〇年之後。從希羅多德與修昔底德的生卒年代來衡量，雖然兩人身處同一時代，但仔細估算下前者應該比後者早了一個世代。

　　希羅多德列出歐洲與亞洲早期衝突的一些例子，主要來自神話或

傳說，其中包括傑森（Jason）與阿爾戈船英雄（Argonauts）航向黑海的科爾基斯（Colchis）與盜取金羊毛。之後，希羅多德很快進入歷史時期，他提到波斯征服了位於今日土耳其西部由國王克羅索斯（Croesus）統治的希臘里底亞（Lydia）王國。克羅索斯在《歷史》第一卷中占了相當大的篇幅（《歷史》最初並未區分成九卷），他是首位登場的歷史人物。克羅索斯被推翻後，證明雅典梭倫（Solon）的智慧之語是對的，他說人要到臨終那天才知道自己是否幸福。克羅索斯因命運丕變而有所頓悟，後來成了他的征服者波斯王居魯士的臣子。希羅多德還告訴我們有關居魯士幼年的傳說，據說他在襁褓時被遺棄在荒郊野外，是牧羊人救了他（I, 108-17）。居魯士後來領導波斯人打敗統治他們的米底人（Medes）並且取而代之，之後他又推翻了巴比倫（西元前五三九年）。希羅多德導覽了巴比倫這座城市之後，開始描述當地的民情風俗（I. 192-200）。

> 我描述的巨大城牆是這座城市最重要的盔甲；然而這道牆的後頭還有第二道牆，雖然沒有外牆那麼厚，但一樣牢不可破。這座城被河流一分為二，各自的中心地帶都有一座堡壘：其中一座是皇宮，四周環繞著堅固的城牆，另一座是貝爾（Bel）神廟，供奉的是巴比倫人的宙斯。神廟是一座方形建築，每邊長兩化朗（furlong，譯注：一化朗約合201.168公尺），設有青銅鑄造的大門，這些設施在我的時代還留存著；神廟的中央有一座堅固的塔樓，塔樓每邊長一化朗，塔樓上還有第二層塔樓，然後是第三層，一直往上到第八層。八層塔樓全部可由外圍的螺旋梯攀登上去，中途設有座位與遮蔭處供想繼續往上的人休息片刻。最頂端的塔樓有一座巨大神廟，裡面有張精緻的寬敞床榻，覆蓋著錦織，旁邊則擺了一張黃金打造的桌子。這座神壇沒有任何神像，也沒有人在此守夜，擔任貝爾神廟祭司的加勒底人（Chaldaeans）說，只有一名亞述婦女曾在這裡待過，然而不管是誰都必須經過神的揀選。加勒底人還說，神會化身為人進到廟裡，並且在這張床上休息；但我不相信他們說的。底比斯（Thebes）的埃及人也曾告訴我類似的故事……（I. 178-86）

14

希羅多德造訪巴比倫時，這座城被居魯士攻下已經將近一個世紀。

希羅多德在往後三卷提到，波斯帝國在居魯士之子岡比西斯（Cambyses）以及他的後繼者大流士（Darius）統治下，進一步向亞洲擴張。首先侵犯歐洲的是大流士，他的軍隊在馬拉松（Marathon）遭雅典擊敗（西元前四九〇年，VI. 110-17）。雖然如此，整體而言，波斯帝國的擴張銳不可當，吞併了西亞的希臘殖民地與希臘化王國之後，它繼續往已知世界的極限推進。波斯帝國逐漸囊括了埃及、美索不達米亞等古文明地區，也包括了幾乎從未探索過的利比亞、衣索比亞、阿拉伯沙漠的遊牧民族與北方大草原。這段描述類似兩千多年後愛德華·吉朋（Edward Gibbon）在《羅馬帝國衰亡史》（*Decline and Fall of the Roman Empire*）一書所提到的，他介紹了即將傾覆羅馬世界的民族。

從第二卷到第四卷，希羅多德跟隨波斯的征服浪潮，對於被征服的土地與居民進行地理與民族調查。這些調查構成了希羅多德作品大半的內容，我們稍後再回來討論這個部分。在波斯王薛西斯大舉進犯希臘之前，波斯支配的世界之廣袤已可從薛西斯召集的各民族混合大軍看出，希羅多德詳細描述以波斯人領軍的部隊檢閱，他辨別出各種15 不同的民族，他們各自有著不同的外貌特徵、服裝與武器。這段對於軍隊以及尾隨其後的車馬輜重的描述實在過於冗長（VII. 61-100），只能代表性地摘錄如下：

> 亞述人戴著青銅頭盔，頭盔以蠻族繁複的風格打造而成，難以具體形容，此外他們佩有盾牌、長矛、短劍（就像埃及人佩戴的一樣）、狼牙棒與亞麻胸甲……印度人身穿棉衣，手執藤弓與鑲有鐵製箭鏃的藤箭，在阿塔貝提斯（Artabates）之子法納撒思瑞斯（Pharnazathres）帶領下前進……然後是裡海人（Caspians）與薩蘭吉安人（Sarangians），前者由阿提菲尤斯（Artyphius）的兄弟阿里歐馬杜斯（Ariomardus）領軍，他身著皮革短衣，佩戴「阿奇那克斯」（acinaces，波斯短劍）與他們國家生產的藤弓……

　　檢閱如此進行著，有阿拉伯人、衣索比亞人（「披著豹皮與獅皮」）、利比亞人、弗里吉亞人（Phrygians）、戴著狐皮頭巾的色雷斯人（Thracians），名單似乎無窮無盡。彷彿已知的世界全都集結起來，成千上萬的大軍（可想而知軍隊的數量是有爭議的）準備消滅希臘的小小城邦。他們有些來自尼羅河與利比亞沙漠，有些從今日歐俄地區的河流前來，有些來自從黑海西岸的色雷斯到印度與更東邊的廣袤地帶，有些則來自波斯本土。當地有個百姓看到波斯王之後，大喊宙斯把自己的名字改成了薛西斯（VII. 56）。

　　希羅多德深信雅典是希臘反抗波斯的核心也是受創最深的地區，因為它的位置就在波斯入侵的路線上。希臘最關鍵的決策是，雅典人必須放棄雅典，經由地峽撤退到伯羅奔尼撒地區，並且仰賴艦隊的力量來擊敗波斯人。在希羅多德的敘述中，決定性的因素是特米斯托克勒斯（Themistocles）對德爾菲神諭的解讀，德爾菲女祭司一如以往宣布了深奧難解的神諭：「難攻不破的木牆。」有些人認為木牆指的是環繞衛城的木柵欄，但特米斯托克勒斯贊同另一派人的看法，認為木牆指雅典海軍，而他的想法獲得支持。雅典在薩拉米斯（Salamis）大海戰（西元前四八〇年）中獲勝，波斯人艦隊遭到殲滅，因而被迫撤軍（VIII. 78-96）。

　　然而此次入侵最值得紀念的插曲卻是希臘吃的一場敗仗，希羅多德完整記錄了此事：這是同年稍早發生的戰役，由斯巴達國王雷奧尼達斯（Leonidas）率領三百名勇士於溫泉關（pass of Thermopylae）對抗波斯人，最後他們全部戰死沙場（VII. 210-280）。法律規定，斯巴達人禁止從戰場上撤退。之後為了表彰他們而樹立的圓柱，銘記了一段精簡而令人動容的戰爭碑文，這段文字至今仍觸動人心，即便翻譯成不同語言亦然：16

　　　　旅人啊，
　　　　傳話給斯巴達人，
　　　　說我們信守吾國的律法，
　　　　長眠於此。

　　希羅多德說他費盡工夫才找到這三百名「值得流傳後世」的勇士

名單。特別的是，他也提到一些波斯陣亡將士的姓名與他們的祖先。希羅多德也藉克羅索斯之口說了一句關於戰爭的經典名言，雖然他不是第一位想出這句話的人：在承平時，兒子埋葬父親，在戰爭時，父親埋葬兒子。

希羅多德對薛西斯（他十分殘暴地凌虐雷奧尼達斯的屍體）的描繪有著奇怪的矛盾，或許這反映了不同的傳統。有時候薛西斯顯現出合理的判斷與寬大的胸襟，有時候卻任意做出野蠻的行徑。薛西斯犯了驕傲的罪，希羅多德在字裡行間強烈地暗示這一點，薛西斯對赫勒斯龐（Hellespont）海峽施以鞭笞之刑，以懲罰它在風暴中摧毀了他興建的橋梁：

當薛西斯聽到這場災害時，他非常憤怒，下令赫勒斯龐應接受三百下鞭刑，還將一雙腳鐐丟入海中。在此之前，我還聽說他差人用燒紅的鐵塊烙印海水。他顯然還命令執鞭者在揮舞鞭子時說了一段粗魯的話：「你這條鹹苦的流水，因為你傷害了從未傷害你的主人，所以你的主人決定懲罰你。無論你允不允許，波斯王薛西斯都要穿越你……」除了懲罰赫勒斯龐外，薛西斯也下令負責造橋的人必須砍頭。（VII. 35）

希羅多德接著描述橋梁重建的技術與過程。

17　　薛西斯還有一宗極為殘暴的事件，當對他服侍甚勤的僕人懇求讓自己五個兒子中最年長的一位留守家中時，薛西斯居然將僕人的長子砍成兩半，讓軍隊從兩塊殘軀間行進而過。然而此後不久，我們看到他深具同情與人性的一面，當他坐在白色大理石寶座上俯瞰所有軍隊與船艦時，在這榮耀達致頂峰的時刻，他突然感傷起來。「而當他看見整個赫勒斯龐海峽塞滿了船艦，所有的沙灘與阿拜多斯（Abydos）平原布滿了士兵，他稱自己是幸福的——話剛說完，他的眼淚便已流下。」左右問他何以如此，薛西斯回答說，他想到人生短暫，「眼前成千上萬的士兵，百年後將無一留存。」（VII. 45-6）這是個非凡的時刻，由於薛西斯（或希羅多德）的緣故，民族與民族間的政治嫌隙，乃至於對我們而言古代與現代的鴻溝，都在這場人類共同命運的沉思中融為一體。

　　雖然波斯人絕非毫無人性，但他們與希臘人之間的差異，包括政治與道德上的差異，卻構成希羅多德流傳給後世的強烈信息，成為往後史家大量援引的素材。從第五卷以降，希羅多德將全副心力放在希臘城邦的事務與彼此的關係上。事實上，對讀者而言，第五與第六卷或許是最雜亂也最令人不滿的部分，它們缺乏前面幾卷介紹遠地奇風異俗的魅力，也缺乏後面幾卷因描述薛西斯入侵而產生的戲劇性單一敘事主軸。此外，希臘的派系主義也較波斯專制制度的單一政治來得複雜與各自為政。然而這幾卷浮現的主題卻為全書最精采的部分添加了廣泛的政治意義。雅典人在斯巴達協助下，從原本統治他們的僭主家族手中解放，並且在克萊斯提尼斯（Cleisthenes）領導下建立了民主制度（I. 59-64, V. 62-9）。雅典成為希羅多德心目中希臘自由對抗東方專制主義的要角。希羅多德逐漸凸顯這項對比，其他希臘城邦，尤其是斯巴達，也在不同程度上參與這項比較，而這種對比將成為西方史學與政治思想歷久不衰的主題：自由對抗奴役，法律對抗暴君意志，節儉、吃苦耐勞與英勇對抗奢侈與膽怯。在描述甫獲自由對雅典人的影響時，希羅多德說明了一個觀念，這個觀念在往後幾個世紀的史學中造成迴響；而這個觀念也可適用在早期羅馬共和國上。 18

　　　於是雅典國勢蒸蒸日上，並且證明了——如果需要證明的話——法律之前人人平等是多麼高貴的事，不只是尊重某個個人，而是尊重所有的人；過去當他們受僭主壓迫時，他們在戰場上的表現並不比鄰邦優秀，然而一旦束縛消失，他們證明自己是世上最英勇的鬥士。（V. 78）

　　另一個東西對比的觀點出自居魯士大帝之口，它在日後成為史學不斷引用的陳腔濫調，希羅多德幾乎將這句話當成整部作品的結語：「軟弱的國家培育出軟弱的人民」，而且註定遭受異邦的統治。在居魯士警告下，波斯人寧可選擇居住於崎嶇貧瘠的土地，然而在歐洲思想與史學中，卻以「亞洲的軟弱」一詞流傳後世，直到十九世紀。東西方的正反對立對希臘人與羅馬人而言極具意義。透過希臘人與羅馬人，正反對立的強度在歐洲啟蒙運動時期達到高峰，並且在十九世紀史學與帝國主義文學中獲得共鳴，在這段漫長的傳統中，希羅多德絕

非偏見最深與最失格的命題操弄者。

最後幾卷與前面幾卷有著風格上的差異，前面幾卷具有濃厚的民族誌風格，而後面幾卷在關於入侵的敘事上明顯具有比較強的連貫性與戲劇性。此外差異還表現在，雖然希羅多德仍花了很多時間描寫波斯王，但他對希臘事務的描述與之前相比更是增加不少，之間的對比很難不引起注意。專制朝廷充滿束縛、阿諛奉承、有時甚至是恐懼的氣氛，在這種場合，朝臣的建言多半是透過檯面下或密室決定的方式進行，但有別於此，在希臘城邦中，我們看到的是公開的、充滿活力的、黨同伐異的與充滿議論的公共生活，其特點在於公開辯論與透過演說左右輿論。希羅多德一開始便曾使用直接的講詞，但它的用途多半是非正式的、對話的，其目的是用來促成立即行動；它不是演說，而且容易讓人聯想到耳語傳遞的陰謀詭計。舉例來說，希羅多德對波斯貴族串謀的描述方式，他提到這些貴族懷疑他們的君主馬古斯的斯莫狄斯（Smerdis the Magus）是假冒居魯士大帝之子的騙徒，因而聯合起來殺了他。希羅多德大量地使用直接講詞。未來的國王大流士——他在舉事成功後被推舉為王（西元前五二一年）——說出自己內心的想法：

> 「聽好，各位，」大流士回道，「如果你們聽從歐塔尼斯（Otanes）的忠告（去召募更多的陰謀者）……那麼必然有人為了謀取自身利益而背叛我們投靠馬古斯。你們應該確實地完全靠自己的力量完成此事；你們覺得時機成熟可以讓他人參與，並且將你們的意圖向我報告，我只有一句話：我們馬上起事吧。如果再拖一天，我向你們保證：沒有人有機會背叛『我』，因為我會向馬古斯檢舉你們。」（III. 71）

之後我們才看到一連串較長的講詞，而它們似乎構成了希臘公共生活的主要內容。有一位雅典軍事指揮官在一場是否該冒險與波斯人作戰（後來締造了馬拉松的勝利）的辯論中要求立即採取行動。他援引原則與可行性為證。他說，其他的選擇：

> 不是讓雅典淪為奴隸，就是讓雅典獲得自由……在歷史上，

我們雅典人從未遭遇像現在這樣的危難。如果我們屈服於波斯人，希比亞斯（Hppias，遭驅逐的僭主）將會重新掌權，接下來會發生什麼慘事大家心知肚明：但如果我們作戰並且獲得勝利，我們的城市將在所有希臘城邦中取得領導地位。（VI. 109）

　　這不禁令人覺得，我們已經愈來愈接近以修昔底德作品為原型的史學種類，並且即將為往後千年的歷史寫作確立模式。然而事實並非如此。希羅多德的希臘人講詞要比修昔底德令人印象深刻的講詞（人們對修昔底德作品的主要閱讀經驗都是來自這些講詞）來得直接，它們並非謹慎編排過的，它們較不理智，也較具情感。儘管如此，這些講詞與先前幾卷已構成強烈的對比，而這種對比也有助於賦予最後三卷全面的意義：兩個世界的對比，自由與專制。

20

　　這種對比可以部分解釋希羅多德作品中的文化轉變，但合理推論這當中應該另有較不明顯的原因。最後幾卷的事件也是距離希羅多德生存年代最近的事件，它們發生在希羅多德所生活的世界，也是他最瞭解的希臘世界，而事件的語言就是他平日使用的語言。這對於希羅多德主要仰賴的口述傳統的品質、可靠性與取得，以及他詮釋這些訊息的能力，勢必也有著明顯差異。修昔底德擁有這方面的優勢，因為他寫的是當代史，因此他寫出來的成果是一種可以實際知覺得到的「寫實主義」。希羅多德的波斯故事經常帶有的民俗風，尤其是前面幾卷，以及他經常提及的預言家夢境，這些都不見於修昔底德的作品。當然，這種對比並非絕對。夢境、神諭與預兆在希臘世界也有豐富的發展空間。儘管如此，立即的對比似乎來自於東西方、專制與自由，以及古代與現代，這裡的「現代」指的是希臘城邦開放的政治生活。

　　雖然希羅多德立足於希臘文化世界與理性探究，但他對古代文明與遙遠的遊牧民族卻深感好奇，因此他的歷史也成了世界與世界之外的「蠻族」世界的橋梁。除了關於入侵的敘事之外（這部分的敘事要比之前的任何散文作品都要來得戲劇性、詳盡與均衡），希羅多德作品中其他敘事的性質具體表現在前面幾卷的廣泛地理與民族調查上；這種敘事方式後來被稱為雜談，而日後的歷史作品經常使用這種敘事方式，但一般來說已無法像希羅多德那樣廣泛周遍。希羅多德的敘事

具有高度娛樂性與可讀性，因為他對世界與所有種族具有一視同仁的人道關懷與好奇。希羅多德是人類學家、地理學家與歷史學家，然而我們難以確定他的作品中涵蓋的領域是否完全出自他個人的原創。

在希羅多德的時代與之前的時代，希臘有哪些歷史敘事作家與史料編輯者，我們不得而知，只知道確實存在著這類人物。他們的作品絕大部分已經佚失，但就我們對他們以及既存殘篇的瞭解，可以確定的是，不可能再有另一位像希羅多德這樣的人物出現在我們的知識視野之內。最著名的或許也是最值得一提的先驅是米利都的赫卡泰奧斯（Hecataeus of Miletus，生於西元前五四九年），他是研究地中海與環地中海諸國的地理學家、神話作者與民族誌學者，曾經寫過關於歐洲、亞洲、北非（利比亞的希臘人如此稱呼）與衣索比亞的調查作品。第一幅地圖似乎出自另一位米利都人阿那克西曼德（Anaximander）之手。赫卡泰奧斯對西方的知識顯然比希羅多德來得淵博，希羅多德並不熟悉西地中海與北方地區，包括錫島，也就是不列顛（Histories, III. 115）。希羅多德在作品中多次提到赫卡泰奧斯，有時稱他是歷史的行動者（「作家赫卡泰奧斯」），不過他也堅決反對赫卡泰奧斯的一個觀點：赫卡泰奧斯認為，整個世界是由大海所圍繞，而且稱這片大海為「大洋」（Ocean）（IV. 36）。後來這個觀點成為普遍的看法。

關於希羅多德之前的史家，我們主要的資料來源是西元前一世紀的作者哈利卡納蘇斯的狄奧尼修斯（Dionysius of Halicarnassus），他與希羅多德是同鄉。從他與普魯塔克（Plutarch）的作品中，我們得到了現今已經亡佚的早期事件記錄，其內容有些與希羅多德作品相同，有些則有出入。希羅多德的先驅或同時代人留下了民族與城市的敘述，通常還提到他們宣稱的民族與城市起源。狄奧尼修斯提到另一位早期作家是雷斯波斯的赫蘭尼科斯（Hellanicus of Lesbos），他寫了一部雅典早期的歷史，內容絕大部分是神話性質，而且也相當廣泛地談到各民族的起源——一種早期的世界史——以及埃及人、波斯人與巴比倫人的風俗民情。無論這些史家的成就有何不同，至少我們可以看出希羅多德絕不是唯一對這些事件感到興趣的人。赫蘭尼科斯似乎主要是個系譜學者，他做了一些樂觀的語源學研究，並且主張波斯人源自於希臘傳說英雄波修斯（Perseus），而米底人源自於傑森的

新娘米蒂亞（Medea）。雖然跟希羅多德比起來，赫蘭尼科斯的作品似乎缺乏考證，但兩者的心靈世界並非全然相異。人們無法從比對兩人的作品來判定兩者的年代。

如果荷馬為希羅多德作品的敘事成分提供先例，那麼另一個先例就是地理學研究。要討論修昔底德，我們還必須考慮其他影響，但以希羅多德來說，我們發現他的歷史是植根於史詩與地理學。希羅多德的民族誌訊息來自於他到處旅行與不厭其煩地問當地人，他的歷史經常援引這些人的說法。當然，希羅多德也受到許多移民西亞（他自己就是其中之一）以及黑海沿岸的海外希臘人的協助。希羅多德的《歷史》從未引用任何文字資料，但有時會提到一些他看見的人造物作為旁證，諸如城牆、建築，比較重要的是神廟的祭品，尤其德爾菲神廟，以及奉獻的銘刻文字：

> 就我們所知，蓋吉斯（Gyges）是繼戈狄亞斯（Gordias）之子弗里吉亞國王米達斯（Midas）之後，第一位到德爾菲奉獻祭品的異邦人。米達斯奉獻自己用來判決的王座；王座旁邊擺的就是蓋吉斯奉獻的碗，值得一觀。（I. 14）

德爾菲曾發生一場火災，燒毀了部分里底亞王克羅索斯的祭品。希羅多德描述了剩餘祭品的位置：

> 有兩個巨大的鉢，一個是金製的，擺在神廟入口的右邊，另一個是銀製的，擺在左手邊。這兩個鉢在火災時也被搬離了原處，金碗的重量將近四分之一噸，現在擺放在克拉佐門尼安人（Clazomenians）的寶庫裡，而銀碗可盛超過五千加侖的水，現在擺放在前堂的角落裡。（I. 51）

修昔底德描述的事件完全是當代史，無論是目擊者還是參與者（包括修昔底德自己）都相當豐富，然而即便如此，修昔底德引用的文字記載仍比希羅多德多，特別是逐字逐句謄錄條約內容。不過，希羅多德的特別之處在於他是詢問者，而且他會為了問題而到處旅行：

22

　　還有一些事是我在孟斐斯與赫菲斯特斯（Hephaestus）祭司對話時得知的，於是我實際造訪底比斯與赫利歐波利斯（Heliopolis），為的是向當地祭司確認他們是否同意孟斐斯祭司的說法。據說在赫利歐波利斯可以找到埃及最博學的人。除了單純的神祇名稱，我不急於在他們面前複述別的祭司告訴我的有關埃及宗教的事，因為這種事誰知道得比較清楚還很難說。（II. 3）

　　雖然希羅多德在旅行中的確用自己的眼睛仔細觀察，但他不可能親眼看見他所描述的歷史事件，因為即便是距離他最近的時代，他當時都還只是個小孩。他如同一位到處旅行的古董商，置身於零星散見的事物之中，向世人報導他看到的各種奇觀：在他看過的各種人類非凡成就中，紀念碑是其中一種，它是為了人類本身而設立，用以表彰人類創造的偉業。可想而知，希羅多德對於埃及與巴比倫驚豔不已，我們看到他對後者有格外精詳的描述（I. 180-83）。他甚至認為薩摩斯人（Samians）在工程上的傑出成就，足以使他們留名青史（III. 60）。

　　此外，希羅多德還運用自己的耳朵，因為他看到的絕大部分銘刻文字都是他無法閱讀的文字語言。希羅多德認為自己是口述傳統的審查者、收集者、記錄者、篩選者與判斷者，不管口耳相傳的是新近的還是遙遠的過去。他有時認為這些口述傳統不可盡信，但原則上他還是認為自己有責任記錄這些傳統：「我的任務是記下人們所說的一切，但我不一定相信他們——這句話可以用來形容這本書。」（VII. 152）或者，「如果人們相信這些埃及故事是真的，那麼他們一定容易受騙上當。」（II. 123）口述故事經常言人人殊，不同民族的版本有時明顯是基於自利的立場表述，希羅多德的任務是選擇其中說法較佳的，並且解釋選擇的理由，或者是調和各種說法，如果必要，就存而不論。他判斷的標準有時是心理上的，有時是物理上的機率（包括純粹物理上不可能的情況）。他甚至用上了豐富的民族誌知識。希臘人說了很多未經思索的故事（赫卡泰奧斯也這麼認為），其中一則是埃及人要將赫拉克勒斯獻祭給宙斯，但他抵死不從並且殺光了埃及人。希羅多德說，這顯示希臘人完全不懂埃及的風俗，因為埃及人是不殺人獻祭的。無論如何，如果赫拉克勒斯只是個凡人，他就不可能

殺死數萬人。不過希羅多德也說，「我希望眾神與英雄能原諒我說過
這些話！」（II. 45）

希羅多德在《歷史》第一卷對波斯人與巴比倫人的風俗民情做的 24
描述，為他往後針對波斯人陸續遭遇的每個民族所做的民族誌調查建
立模式。希羅多德謹慎地、有時令人驚嘆、有時令人難以置信地羅列
出日後成為民族誌研究的典型對象：服飾、飲食、婚姻與喪葬風俗、
社會階層、宗教信仰與儀式、衛生與疾病治療。他始終帶著包容與冷
靜的態度。他說，每個民族都認為自己的風俗習慣是最優良的，即便
那對其他民族來說荒誕無稽；這種想法為蒙田開了先河。希臘人驚恐
於有人吃掉死去的父母；印度人則訝異於有人不吃反倒燒掉死去的父
母（III. 38）。

有時讓人不禁懷疑希羅多德是否有編造故事之嫌。埃及人從右至
左閱讀，他們的大河在夏季氾濫，冬季水位下降，「似乎與人類一般
的行為相反」──在街上吃喝，在家中便溺（由此可以反推希臘人的
習慣），小便時男人坐著，女人卻站著，諸如此類（II. 35-6）。希
羅多德記錄波斯人絕對不會按照酒醉後的決定行事，除非他們清醒後
重新考慮，人們覺得接下來這一句可能是希羅多德忍不住加油添醋
的：但波斯人清醒時做的決定卻總在酒醉後重新考慮（I. 133）。不
過希羅多德的民族誌通常仍是真實的或可得證明的，如他曾提到殘存
的母系風俗，或巴比倫神廟的娼妓，或波斯祭司的習俗允許死者的遺
體被鳥與狗啃食（I. 140）。

除了埃及人之外，希羅多德最注意的就是居住於黑海北岸的昔希
安人，他記錄他們無樹與無城鎮的生活特徵，而這些描述與後來出現
的記載大同小異：他提到遊牧的馬弓手拖著他們的馬車，仰賴他們的
牛群與牛奶維生；剝下敵人的頭皮掛在馬勒頭上，至於頭蓋骨則當成
飲器；做蒸氣浴，歃血為盟，顯貴人物死時以眷屬、馬匹與財寶陪葬
（IV. 16-82）。我們在此預見了匈人（Huns）、韃靼人（Tartars）與
蒙古人的生活方式。不令人訝異的，遙遠的昔希安人也提供了更具異
國風味的景象：每個人從出生那一日起就剃去所有的頭髮；長著羊蹄 25
子的男人；一睡就是半年的男人。希羅多德可以接受剃光頭的說法，
但他不敢保證是真的，至於長著羊蹄與冬眠的男人他認為並不可信。

書中有時也帶有一種遙遠國度的動物學奇想，而希羅多德對此似

乎不像他對古怪人類學那樣挑剔,因此在鱷魚與駱駝的合理敘述中穿插長了翅膀的蛇(埃及)、巨大的掘土螞蟻(印度),以及只能往後行走的牛,因為往前走牠的角會插在地上(利比亞);他顯然相信世上存在著有翅膀的蛇,因為他曾看過這種生物的骨骸。希羅多德雖未親眼見過不死鳥,卻相信這種生物的存在,不過他不相信不死鳥會將舊鳥的灰燼裹於沒藥樹中攜往他處,至於是不是基於荷重比例的考量,他並未說明(II. 73)。希羅多德在地理學上力求精確,但經常事與願違。他對自然現象做的最精詳研究,亦即對尼羅河氾濫的考察,雖然方式令人印象深刻,但終究只是個差強人意的猜測:尼羅河在夏天氾濫,冬天水位下降,因為冬天的風暴將太陽吹離原來的軌道,朝著上利比亞的方向而去(II. 10-26);這個說法不只是錯誤,還無法令人信服。

　　凡是討論希羅多德,都無法避免一個令人困擾的問題,至少在上古時代是如此,那就是他的可信度如何,以及他是否輕信,甚至說謊。當然希羅多德有時會受到誤導或表現出無知,而他分享的古代世界信仰也不為現代人所接受(雖然這不會是他的上古批評者所批評的重點,而到目前為止,他們是批評希羅多德最為猛烈的一群人)。他在埃及似乎運氣特別不佳,碰上的全是給他錯誤訊息的人,因此古埃及學者對希羅多德的評價遠不如研究巴比倫與波斯的學者,後者認為他的歷史是可貴的權威來源。上古世界對希羅多德的指控,連帶還有修昔底德與之立異的歷史寫作模式,無疑減損了希羅多德的聲譽,但如今看來這些批評(如果並非完全出於惡意)其實是對他的誤解,以為他必然完全支持自己複述的故事。如果從預兆、神論與預言夢境這些上古信仰來看,現代讀者反而容易注意到他的考證態度,以及他隨時存疑或存而不論的精神;希羅多德認真看待這些事物,然而他也承認這些事物有可能受到操弄。這種基礎爭議在今日似乎更讓人看出希羅多德作品的講究與可貴。如我們所見,希羅多德認為自己的角色是寫下故事,即使這些故事他一點也不相信。將人們訴說的故事記錄下來是他的責任,至於評斷則無疑是讀者的任務。

　　希羅多德所屬的世界是說希臘語的菁英世界,也是個高度識字的世界,儘管如此,他們主要仍仰賴口述傳統來瞭解過去。絕大部分的其他世界,也就是處於文明中心以外的世界,是沒有文字的,甚至連

26

波斯王也似乎是文盲。然而整個世界顯然流傳著彼此相異的口述傳統，口傳的刻板民間故事，神話怪獸、民族與國家的傳說與描述，棄嬰、試煉、詭計、託辭、謎語與預言之夢的故事。居魯士大帝被一名牧羊人撫養長大，但這名牧羊人原是受了居魯士祖父的命令要殺死他。他的祖父夢見女兒的下體長出了葡萄藤，蔓延遮蔽了整個亞洲，他將這個夢境解釋成對王位的威脅（這個故事與希臘傳說的波修斯故事有異曲同工之妙）。居魯士後來因自己的王室儀表而被認出是波斯王子，而他自己對大流士也做了類似的夢，後者繼承了居魯士之子岡比西斯的王位（I. 107-16, 209）。

大流士以詭計奪得王位；在此之前，大流士與一群人陰謀推翻篡位的馬古斯。而陰謀者在討論了君主制、寡頭制與民主制三種政府形式的利弊得失之後——希羅多德敘述波斯歷史時，認為民主制不是波斯的特產，而是希臘的特色——同意交給命運決定，他們騎馬前往市郊，「誰的馬在日出後最先嘶叫，誰就得到王位」。大流士接受一名聰明馬伕的建議，利用母馬讓他的種馬產生條件反射，因而成為波斯國王。「他的第一項命令就是立起一座石碑，上面雕刻一個人騎在馬上，之後又刻了一段文字：『大流士，希斯塔斯普（Hystaspes）之子，靠著他的馬與馬伕歐伊巴瑞斯（Oebares）贏得波斯王位。』馬的名字也刻在上面。」希羅多德並沒有說他親眼看到這塊碑文（III. 84-8）。

居魯士身為國王所收取的貢金使希羅多德岔開話題，轉而描述印度人（「與其他民族不同，他們的精液不是白色的」）採集黃金的方法，他們受惠於在富含黃金的土中挖掘的螞蟻（「身軀比狐狸還大」）。這些螞蟻追逐印度人，印度人則騎上駱駝逃逸，順便帶走幾袋金砂（III. 102-5）。 27

唯有透過像居魯士幼年遭遇這類刻板的故事，我們才能重建無文字社會的心靈世界與當時民眾的喜好。我們得益於希羅多德盡責而不自以為是地將這些故事記錄下來，日後一些道貌岸然者所寫的歷史雖然較為嚴謹且有意識地去除粗鄙內容，卻無法如其宣稱的捕捉到如希羅多德般豐富的歷史樣貌。希羅多德不知民俗學為何物，卻足堪成為最早（或開創先河者之一）具自我意識的民俗學者。當然，希羅多德並未將民俗學當成一個類別，而是將其視為「探究」的一環，他記錄

時抱持的存疑與存而不論，表現出他無所不包的好奇心與廣泛的包容力。我們也注意到希羅多德在失望時會變得過於多疑，例如他不相信腓尼基人的故事：他們沿著西非南部海岸向西航行，發現太陽在他們的北方，也就是右手邊的位置（IV. 42）。

在宗教信仰方面，希羅多德顯然是虔誠卻不盲從的人。他經常說他知道的事遠多於他認為適合說出來的事。「我曾經提過在布希里斯（Busiris）舉行的伊西斯（Isis）節慶；在這裡，上萬名男女在獻祭後開始搥打自己的胸部：然而基於禮儀，我認為說明整件事並不適當。」（II. 61）同樣地，我們也看到這樣的說法：「位於塞易斯（Sais）的雅典娜（Athene）神廟有座墳墓，墓主的姓名我不方便透露。」（II. 170）這麼做是出於對神的敬畏與將其作為探究對象而產生的不安，還是出於禮貌與不願冒犯，或是有人要求他保守祕密，我們不得而知。從他在這方面提出的大量說法來看，應該是混合了三者。而且很明顯地，希羅多德似乎認為所有民族的神都是相同的，只是名字有所差異，他並且主張希臘人認識的神原初都來自於埃及人。

28 儘管希羅多德對神抱持著尊重與審慎的態度，但他也老於世故；他誠心相信神會透過凶兆示警，他相信預兆、神諭、神廟的神聖、褻瀆神招致的懲罰，以及傲慢的後果，但他也知道利益當事人會錯誤地詮釋、乃至於操弄這些事物。就連德爾菲的女祭司也會被收買，她告訴斯巴達人必須協助雅典人擺脫僭主，此事顯然與賄賂有關（VI. 123）。他也認為神會救贖與主持正義（見II. 120與III. 108），並且相信連神也無力抗拒命運（I. 91）。

除了為後世史家與民族誌研究提供範例，希羅多德也留下了有關希臘掙脫帝制威脅而獲得自由的散文史詩，此成為歐洲集體記憶的主題。他在作品結尾以為希臘在雅典的主導下獲得了安全與勝利。然而在其後繼者修昔底德的作品中（約莫晚半個世紀之後），我們卻看到雅典的傲慢與希臘城邦之間的激烈對立與彼此猜忌，加上各城邦內部派系的傾軋，使希臘走上自我毀滅之路，終致喪失了獨立自主的地位。

第二章
修昔底德：城邦，權力的運用與濫用

我們的政治體制是民主制度，因為權力不是掌握在少數人手　29
中，而是掌握在全體人民手中。在處理私人爭端時，法律之前人
人平等；在眾人之間選擇某人出來擔任公職時，考量的不是他是
否屬於特定階級，而是他是否真有能力。任何人只要願意為國服
務，不會因貧困而在政治上沒沒無聞。此外，我們的政治生活是
自由而開放的，我們日常生活中的人際關係亦是如此。我們不會
干涉鄰居喜歡以什麼方式生活，我們也不會因為他的生活方式對
他怒目而視，雖然這麼做不會造成實際傷害，卻會破壞人與人之
間的感情。在私人生活上，我們是自由而寬容的；但在公共事務
上，我們恪守法律。因為法律使我們心悅誠服。（修昔底德，
《伯羅奔尼撒戰爭史》，II. 37）

雅典民主的領導人培里克勒斯（Pericles）為伯羅奔尼撒戰爭第
一年（西元前四三一年）死難的將士發表葬禮演說，這是其中最著名
的段落。對於這篇長篇演說，修昔底德根據自己以往的做法（我們稍
後將對此進行討論）逐字抄錄講稿。在培里克勒斯的演說中，雅典代
表文化與政治成就的顛峰，修昔底德的記錄使得這幅景象永久留存於
歐洲知識階層的集體意識中。修昔底德是寫實主義者，他隨後的歷史
敘事所描繪的景象，很多可以在這篇演說中得到呈現。而藉由這樣的
開場，修昔底德不以自身的話語明確表達，又能表現出對雅典的禮
讚。這就是演說。

培里克勒斯的演說是部經典之作，它在結尾處適切地勸誡雅典人　30
不僅要重新振作保衛自由與雅典，更要熱愛自由與雅典，而在此之前
他已說明雅典是值得熱愛的；透過蓋茨堡演說（Gettysburg Address）
的呼應（並非出於偶然），現代讀者對培里克勒斯這篇演說的印象更
為深刻。跟林肯一樣，培里克勒斯在演說一開始認為死者毋須生者予

其榮譽：因為死者犧牲自己的生命，光憑這點已足以進入神聖之域。如同林肯，培里克勒斯也乞靈於雅典的祖先及其遺產，「一個自由的國度」。我們在本章一開始看到培里克勒斯對這些意涵做的優美表達，其中包括了我們應稱之為自由主張的說法：在私人生活上，雅典人是「自由而寬容的」。每個人都能自由過著自己喜歡的生活方式。過去兩百多年來，人們普遍否認上古的民主制度兼具私領域與公領域的自由。但對照培里克勒斯的演說，這樣的主張很難站得住腳。

　　培里克勒斯把雅典生活描述成私領域與公領域、文化與政治之間的一種理想均衡狀態。他說雅典市民充分瞭解公共事務的內容，在戰場上表現英勇，同時也熱愛美與心靈事物。雅典市民喜愛充滿活力的公共生活，無論是辯論還是節慶，也喜愛家庭生活的優雅與美。雅典生活的特徵是悠閒、開放與充滿活動，雅典人並不軟弱，他們不需要像戰時的主要對手斯巴達人那樣，為因應種種災難而持續進行過度緊張的訓練，而且他們的英勇與愛國也毫不遜色。雅典的美德為雅典帶來了帝國與權力，培里克勒斯自信地說：「我們的城市是希臘的學校」，以及「未來的時代將對我們感到驚嘆，正如現在對我們感到驚嘆一樣。」（II. 40-1）如果後者為真，當然其中有部分原因是培里克勒斯與修昔底德讓它如此。

　　這篇在戰爭初期（而這場戰爭最後導致雅典的衰亡）讚頌雅典力量與偉大的演說，其豐富的戲劇性在修昔底德寫作當時也許不是那麼明顯。我們很難篤定地認為這是修昔底德在歷史中故意安排的諷刺戲碼，畢竟寫作的當下與事件的發展兩者之間原本就充滿了不確定性。然而，傲慢的確是個反覆出現的主題，從一開始，斯巴達人就比鹵莽的雅典人更能意識到戰爭的危險與變化無常。整體來說，可以明顯看出修昔底德的處理手法，他在戰爭開始的階段援引培里克勒斯的演說，因而產生了深遠的影響。演說的時機顯然並不特別：這是一場尋常的公開儀式，而且就戰爭日後的規模來看，其所要紀念的陣亡將士參與的不過是一場小衝突，似乎毋須勞師動眾發表如此隆重的演說。修昔底德記錄的演說通常不短，而培里克勒斯的演說格外冗長，在其現代版本的書中幾乎占了八頁的篇幅。這並不是說培里克勒斯的演說可能參雜了其他主題：這個事件是公共事件，是當地人都知道的事件，也是剛剛發生的事件，不可能允許他任意發言。修昔底德書中的

演說問題既令人困擾又讓人感興趣。無論這些演說的真實性如何，它們都是修昔底德重要而獨到的寫史技巧，雖然這種技巧可能與現代觀念中史家應負的責任有所衝突；稍後我們將對這些演說的真實性進行討論。

從道德與物質的角度來看，雅典終結了波希戰爭，成為希臘的支配力量與聯盟的核心，不久，聯盟轉變成以雅典為首支配其他屬邦的帝國。從波斯入侵（希羅多德歷史的結束）到希臘城邦之間爆發伯羅奔尼撒戰爭（修昔底德歷史的開始）的這五十年間，雅典的控制力逐漸增強。修昔底德簡短描述這個所謂的「五十年時期」（Pentecon-taetia，因為它涵蓋了五十年），以作為他的戰爭史前言。雅典是富強的帝國主義國家，是希臘的霸主。作為一個民主國家，雅典也是其他城邦內部受寡頭政體壓迫的民主派系的希望所在，正如寡頭政體傾向於向斯巴達尋求奧援，因此當戰爭於西元前四三一年爆發時，這場戰爭對每個城邦而言，有時猶如一場意識形態之爭。

修昔底德寫道，他選擇這個主題是因為這是希臘史上最大的危機，這個結論呈現出一種先見之明，因為修昔底德不可能在戰爭剛爆發的時候，或者是當他開始寫史的時候，就能看出這場戰事會持續這麼久或造成這麼大的傷害，而這兩個理由足以使他認定這是場偉大的戰爭。修昔底德寫的是當代史，這一點毫無疑義，難以確知的是他對事件的「記錄」與事件有多接近。修昔底德的歷史寫到西元前四一一年就中途停止，離戰爭真正結束還有幾年的時間，之所以如此可能跟他的去世有關；相反的，希羅多德的作品結束於西元前四八〇年代中葉，也就是他出生後不久的時代，它結束於他想結束的地方。 ₃₂

修昔底德是個家境殷實的雅典人，他不只是目擊者，還親身參與自己描述的戰爭。他曾是軍事將領，因軍事失利而被逐出雅典，他在作品中枯燥地記錄自己的貢獻，卻未發表任何看法。他唯一的評論是，身為一個被流放到雅典的敵方伯羅奔尼撒的史家，對他反而有利。他說，這使他擁有閒暇時間與不同的觀點（V. 26）。這不是說他投奔敵營。事實上，流放在當時並不罕見：色諾芬（Xenophon）在波斯與斯巴達也曾遭到流放。修昔底德一直以公平無偏私的態度記錄兩個陣營的歷史，他表彰雅典人與斯巴達人的美德，也提到他們的美德伴隨的缺點：前者大膽富進取心，卻因此過於自信與鹵莽；後者

保守、節制（修昔底德重視節制）、謹慎，但因此過於遲緩。雙方都犯了我們所謂的戰爭暴行，不過雅典人的殘殺行為更讓讀者印象深刻。這場戰爭始於雅典國勢極盛之時，正因如此，修昔底德才認為這個主題是偉大的；這場戰爭以雅典遠征西西里失敗的災難告終，為原本已極富戲劇性的歷史（修昔底德已充分表現這一點）額外增添了高潮，雅典的驕傲與力量在此役化為烏有，不過離戰爭真正結束還有一段時間。偉大是修昔底德作品中反覆出現的主題，在他之後其他上古史家亦是如此。襲擊西西里是最偉大的遠征，圍攻敘拉古（Syracuse）是最偉大的圍城戰，正如早先的曼提尼亞（Mantinea）之役是最偉大的戰役（Books VI and VII; Book V, 63-74）。或許有違修昔底德將歷史視為整體來寫作的原意，但讀者總不禁會覺得雅典是這段歷史的悲劇主角，它因野心太大與過度自信（修昔底德相當強調這一點），以及雅典人有時未能掌握時機締結永久和約而衰亡。

修昔底德的歷史以編年史的形式呈現。這是既有傳統，但修昔底德以六個月為期，以季為標記來區分敘事，使編年史變得更加細緻：「當穀物已經成熟」或「當穀物日漸成熟」是常見的引句。我們之前提過希臘人很難找到共同認可的紀年方式，因為四年一度的奧林匹克運動會是唯一定期舉辦的泛希臘活動，對獲勝運動員的讚美保留了人們的記憶。而修昔底德在他的作品中，以「雅典人修昔底德描述的」戰爭為起點來記錄事件的年代。

編年形式的歷史寫作在修昔底德之前就已存在，在他之後又流傳了兩千年，而這樣的歷史寫作以其欠缺想像的史料編排方式，在讀者心中留下令人失望的名聲，並且在十八世紀終於被比較有主題的組織取代。在修昔底德的作品中，編年是一種體例，有時能引導他詳盡地處理現代史家可能忽略的相對瑣細的事件，但他在某種程度上也能自由地運用編年體例：我們已經看到，他顯然給了培里克勒斯演說不成比例的關注。

對修昔底德而言，歷史寫作追求的主要目標是正確無誤。他將自己的作品與詩人和希羅多德的作品區別開來，並且暗示希羅多德屬於「散文編年史家，他關心的不是傳達真實，而是引起公眾注意，他引用的來源禁不起檢證，他的題材來自遙遠的過去，絕大部分都迷失在不可靠的神話之流中」（I. 21）。可靠的歷史必須是當代史或接近當

代的歷史，如此引用的來源方能由史家加以檢證，不過當時還沒產生必須向讀者解釋資料來源的觀念。可靠的目擊者證言，不管來自史家本身還是他的資訊提供者，都是不可或缺的。

敘事是修昔底德向我們呈現歷史真相的主要方式。舉例來說，他對伯羅奔尼撒戰爭起因的描述，起初以事件敘事呈現，後來才將焦點放在影響主要人物的意見上，於是有了演說形式。在修昔底德的描述中，兩大強權雅典與斯巴達之所以會走向戰爭，是受其衛星國舉措所影響，以及許多希臘城邦特有的內部動盪，亦即傾向民主與傾向寡頭 34
的派系分別向雅典與斯巴達求援以對抗政敵或鄰邦。成功的政變或地方衝突改變了地方的權力平衡，引起雅典或斯巴達的警覺，使它們甘冒干涉的風險。而這種情勢也容易使戰時嘗試達成永久和平的努力化為烏有。修昔底德詳細描述這方面的歷史，尤其是第五卷描述的停戰期間（V. 28-32）。修昔底德明白表示，要拋開剛結下的仇恨坐下來和談，是極為複雜而困難的。我們或許可以用以下這種說法概括這個問題：這不像兩個單一完整的國家進行戰爭，可以修改兩國共同的疆界或互換處於遠地的領土。盟國各有自己的利益、恐懼與野心，而它們的政策也容易改變與操縱。結果是一場有待協商的盟約、義務與憎恨構成的不穩定遊戲。每經一個階段的戰爭，就新添複雜情勢、被施加的惡行與未能達成的任務。

因此，如同第一次世界大戰前的巴爾幹半島，地區動盪或聯盟的變化或對聯盟的威脅，會經由聯盟的鎖鏈將震波傳遞到兩大強權身上，兩強均無法忍受背叛或示弱，並且禁不住想涉足這場混亂的情勢以尋求利益。這是修昔底德於第一卷（I. 24-65）對埃皮丹姆努斯（Epidamnus）、科西拉（Corcyra）、科林斯（Corinth）與波提狄亞之間所做的事件概述，這些事件成了雅典與斯巴達之間條約已名存實亡的根據，因此全面宣布既有條約失效似乎是相當合理的反應。修昔底德詳述這場辯論，儘管他認為這些論點相當膚淺：「依我來看，這場戰爭真正的理由很可能已被這些論點掩蓋。戰爭之所以無可避免的真正原因，是雅典力量的勃興與斯巴達對雅典力量的疑懼。」（I. 23）第一卷的後半部除了簡述從擊退波斯入侵到新戰爭爆發前這段時間（西元前四七九至四三五年）發生的事件外，敘事的重心也轉移到斯巴達：他們對於戰爭與和平的審慎思考，在戰和之間搖擺不定，無

論主戰或反戰派，都對局勢做了仔細的討論評估，而這一點可以從修
35　昔底德逐字報導的辯論看出。

　　科林斯人因雅典奪取了他們對科西拉的控制權而向斯巴達人尋求
援助，他們指責斯巴達人的毫無作為。在科林斯人之後緊跟著雅典的
外交使節，他們碰巧也來到斯巴達，並且獲得發言的機會。雅典使者
一開始便提醒他們的聽眾，希臘在雅典領導下擊敗了波斯，雅典有恩
於希臘，因此雅典取得帝國的地位是合情合理的。他們毫無愧色地以
十九世紀末首次使用的「現實政治」（Realpolitik）一詞來說明自己
的立場。雅典帝國主義遵守安全、榮譽與自利的命令。「當帝國送上
門來，我們接受並且拒絕放棄，這種做法並無不尋常之處，完全符合
人的本性……弱者應屈服於強者，這是定則；此外，我們認為我們有
資格享有這份權力。」斯巴達人也曾經這麼想，「但是如今，在仔細
計算你們自己的利益之後，你們竟開始談起是非問題。」（I. 68-
78）隨後的談判與更進一步的演說，只見斯巴達方面愈來愈謹慎，而
雅典人，包括培里克勒斯，卻發出自信滿滿與好戰的論調。利益與原
則之間的正反對立（當重要的政治利益處於危急關頭時，犧牲的總是
後者）是修昔底德演說中反覆出現的主題，當中傳達了這樣的觀點：
擁有權力者有權將權力加諸弱者之上，這是正常的行為。這就是世界
運行的方式。從前面援引的雅典人演說可以隱約看出，最佳的可能組
合是權力行使能兼具節制與現實主義。頗具修昔底德特色的是雅典人
在結語提出的警告，他們希望斯巴達能謹慎行事，因為戰爭是不可預
測的。人們處理戰爭的次序是錯誤的：「先採取行動，唯有當他們遭
受痛苦時，才開始思考。」（I. 78）之後，修昔底德自己說道，在雅
典與伯羅奔尼撒，「有許多未曾經歷過戰爭的年輕人毫不猶豫地投入
這場戰爭。」（II. 8）

　　一旦戰爭開始，我們當然有了戰爭敘事，現代讀者印象特別深刻
36　的可能是戰爭採取的形式相當固定，訓練與裝備類似的兩軍在對陣
時，如例行公事般行禮如儀，敵對雙方有著共同的文化、運用相同的
重裝步兵戰術，並且經常奉行相同的習慣與規則。這些特色包括指揮
官對士兵進行精神講話；行軍時唱的「讚歌」或軍歌，修昔底德提
到，由於雙方的旋律太接近，因而造成敵我不分的狀況；隨後的停戰
協議，由兩軍來使調停，使雙方得以交換屍體；勝利者會立起勝利的

紀念碑。羅馬史的戰爭描述就某方面來說與希臘戰爭敘事很類似，除了演說之外，上述的細節完全未加以記載，雖然在某些事例中進行占卜與獻上祭品討好神明仍相當重要。雙方停戰交換屍體之所以能輕易達成，原因在於兩軍都缺乏「追擊」的能力，這一點與希臘缺乏騎兵有關。雅典軍隊在西西里的潰敗是個特例，修昔底德生動描述西西里騎兵如何反覆襲擊雅典步兵（VII. 78-81, 85）。這批雅典人的命運十分悲慘，他們失去海軍的領導，歸路又遭斷絕，既無食物又無飲水，最後只能淪為俘虜被送往如火爐般的敘拉古礦場。

有時我們會突然察覺到，我們閱讀的作者曾經親身經歷戰爭。修昔底德不經意地提到那場使他遭到免職與流放的失敗軍事行動，他的描述不帶感情，也未曲意迴護（IV. 104）。他評論將領們於開戰前夕對士兵做的演說，語氣中帶有一種老將領的無動於衷與理智上的吹毛求疵。人處於這種狀況，他說：「根本不在意自己是不是給人一種老調重彈的印象；他們會提出可以應用於各種場合的呼籲：妻子、兒女、故鄉的神祇。」（VII. 69）這個時期的希臘人是以方陣的形式作戰，大批穿著盔甲的持矛士兵（重裝步兵）縱橫排列成矩形。修昔底德對於方陣作戰有相當詳盡的描述：

> 所有的軍隊都是如此，當他們開始行動時，右翼很容易過度延伸而使兩軍的右翼與敵方的左翼交疊。這是因為恐懼驅使每個人盡可能往右方鄰兵的盾牌靠攏，以保護自己無武裝的一側……問題的根源出在前排最右方的士兵，他總會試圖讓自己未武裝的一側遠離敵方，而他的恐懼傳染給其他人，大家紛紛以他為例做出相同的動作。（V. 71）

在這段陳述中，方陣戰爭的恐怖透過技術細節的解說得到生動呈現。

對現代讀者而言，修昔底德的敘事並不刻板且涉及平民百姓，他對圍城與洗劫城市的描述，或許要比戰爭場景的描述來得令人難忘，而這些描述也打破一般以為的，希臘人的同胞關係使他們的戰爭較不慘烈。修昔底德留意工程與技術題材，因此他對圍城與海戰的描述格外精確。在形容伯羅奔尼撒人圍攻普拉蒂亞（Plataea）時，修昔底德

介紹了防禦工事、攻城器械，以及被圍困者的反制措施。雙方都以極殘酷的方式對待攻下的城鎮：殺光男人，女人與孩子則充當奴隸。

雖然修昔底德是雅典人，但他承認雅典不得民心，而且指出雅典對待衛星國的態度相當專橫，雅典人對於戰爭的態度也較具威脅性。斯巴達初始回應雅典人時，就已針對他們的反覆無常與輕率做出批評，他們的說法不僅與修昔底德對雅典的一般評價一致，也與培里克勒斯的葬禮演說互相對照：「我們（斯巴達人）沒有那麼高的知識素養使我們以為能輕視自己的法律與風俗……我們所受的訓練使我們無法虛擲才智於無用之物，例如：有能力想出一套完美的理論來批評敵人的性情，但實際與敵人對抗時卻一無是處。」（I. 84）

修昔底德的演說帶給我們一個難題：這些演說，或者它們的評論，是否代表修昔底德自己的意見？人們確實可以從這些演說中看出幾個反覆出現的中心主題，節制地運用權力是其一，正當地行使權力這個強烈主張則是另一個。這些演說受到許多的批評與檢視。它們都極具特色，也相當具有影響力，因為直到羅馬時代為止，演說的安插（虛構亦是一種）一直是上古史學的一項特徵，儘管如此，沒有任何作品能與修昔底德的作品相較。希羅多德的作品中也有演說，但它們篇幅較短而且較不重要，它們比較像是對話的一部分，而不是經過組織的演說。修昔底德對於安插演說所做的解釋相當含糊，甚至自相矛盾，雖然演說本身是以自信滿滿的權威與傑出的才華寫成，而大致來說，演說才華與演說者的個人人格沒有什麼關聯性。當然這些演說可以讓人們想起古希臘，尤其雅典，曾經歷一段公共辯論與說服的黃金時代。有個具說服力的說法認為，修昔底德的演說得益於詭辯學派的教導與範例，詭辯學派是精於辯論與論證技巧的專業人士，他們的辯證才能似乎成了目的本身，而非如蘇格拉底的做法，是用來追尋真理的工具。

提到演說，修昔底德表示：

> 我覺得，要精確記住演說的每一個字是很困難的，我遇到的幾位資訊提供者也有相同的困擾；所以，我的方法是，盡可能緊密地掌握實際使用的言詞的一般意義，使演說者說出依我之見每個場合要求他說的話。（I. 22）

38

　　上述兩項要件彼此沒什麼關聯，但第二項要件使作者有了廣大的詮釋空間——修昔底德顯然利用了這點，上古時代以來一直有人抱怨說，我們聽到的演說其實全是修昔底德自己的聲音。雖然演說不總是反映演說者的人格，但培里克勒斯的葬禮演說卻是例外，另一個例外則是雅典的群眾煽動家克里昂（Cleon），以刺耳但並非全然荒謬的庸俗主義與平民反智主義為其特色，修昔底德顯然鄙視這個毫無能力且懦弱的指揮官，而兩千五百年來這種人物類型總是不難辨識（III. 36-40）。

　　弔詭的是，雖然我們並不十分肯定，但修昔底德似乎經常在演說而非敘事中顯露自己的心意。他不是個擅自闖入的敘事者。他偶爾以第一人稱說話，或做出判斷，但這種方式不足以與希羅多德的對話形式相較。偶爾修昔底德會發表原則，但與到十九世紀末為止的絕大多數史家相比，他公開做出的道德判斷極少而且精簡；而十九世紀末之後，史家開始對於客觀性產生極端的自我意識。有許多證據顯示，修昔底德對於道德性的說詞感到不耐，他的演說有時會拒絕使用這些說詞，但不一定總是如此。有時他嘗試概括說明複雜事件的敘事意義，但頻率不像現代史家這麼頻繁。因此，以下說法並非毫不可信，亦即，當修昔底德聲稱他要詳述演說者「被要求說出」的話時，其實最直接向讀者說話的就是他本人。演說者不同並不會減損這項說法的合理性，身為一名史家，修昔底德關切的不是判定是非，而是表現出能讓事件栩栩如生的情感與思慮。因此，演說是史家的事件版本。演說顯示了赤裸裸的事件本身（完全未添加任何評論的狀況）無法顯示的事物：動機、憂慮、評價，乃至於主要人物的行動所蘊含的指導原則，就像戲劇裡的演說一樣。演說是個場合，行動者可以在這裡向他們的讀者解釋自己。

　　在這些嚴謹衡量的評價中，修昔底德的反思特質令人印象深刻。演說者有時會明顯避開單純挑動情感的說詞與公然抨擊，聽起來彷彿修昔底德在說，我們即將聽到的是演說者真實的論述。分析周延的演說讀起來就像一位精明外交家對局勢與決策做的「盱衡」，而不只是受歡迎的演說家言詞。這有時會使演說成了虛假的「應景文章」，但也使其如同修昔底德對事件敘事的評論一般，極具啟發性。這些演說不同於之後的上古史家演說，後者通常只是修辭上的練習，前者卻是

39

嚴謹客觀的論證。修昔底德的歷史若無這些演說，將變得極為貧乏且
更加晦澀難解。舉個典型例子，這個例子雖然不醒目生動，卻表現出
修昔底德許多演說的冷靜與分析風格——雅典人接到請求，準備前往
西西里介入當地戰爭，但雅典將軍尼西亞斯（Nicias）反對遠征。他
在冗長且不成功的演說中提出幾個有力的論點；他提醒雅典人，儘管
目前看來太平無事，一旦出征，雅典的後方（希臘）將會不穩：

> 遠征西西里，你們的背後將留下許多敵人，而你們顯然想在
> 西西里樹立新的敵人，還要擊敗這些敵人。你們可能認為簽訂的
> 和約給了你們安全；無疑的，只要你們沒有任何行動，這紙和約
> 名義上將會繼續存在（由於雅典內部有人與斯巴達人陰謀串通，
> 使和約成了有名無實之物）；只要我們的軍隊在世界任何地方遭
> 受重創，這紙和約顯然無法阻止我們的敵人立即攻擊我們。最重
> 要的是，敵人與我們簽訂和約只是因為他們遭逢厄運；他們被迫
> 如此，而我們擁有壓倒對方的威勢。此外，和約本身仍有許多問
> 題尚未解決……（VI. 10）

　　還有兩組演說分別以辯論與對話的形式呈現，並且引發了道德與
政治爭議，此即著名的「米提里尼辯論」（The Mytilenian Debate）
與「米洛斯對話」（The Melian Dialogue）。兩組演說均以憐憫與政
治寬容為考量，反對政治的必然性及對已征服的城市施以嚴懲，事實
上是種族滅絕。米提里尼辯論有著戲劇般的急迫性，因為銜命處死所
有米提里尼男子並奴役所有婦女與兒童的雅典戰船已經出航。這場辯
論攸關是否收回成命；就在辯論的當口，命令正在執行中。雅典的群
眾煽動家克里昂以殘酷無情聞名。事實上，這場辯論從眼前的議題轉
移到對政府美德與邪惡的討論上。特別是克里昂，他不僅認為雅典帝
國的基礎是力量而非善意，他甚至轉而批評雅典人政治決定的方式。
他說，雅典人過度傾向把政治決定當成卓越演說的獎賞：公民大會為
新奇的說法喝采，他們表現的像是辯論技巧的鑑賞家。克里昂的論點
強而有力，不僅呼應了斯巴達人認為雅典人反覆無常的說法，而且如
霍布斯（Thomas Hobbes）認為的，修昔底德似乎隱約認同這種觀
點。在這種演說競賽下，「獎賞落入他人之手，卻由國家一肩扛起所

有危險。責任在你們身上，是你們愚蠢地設立了這些競賽展示。」政治智慧是完全不同的事物，比較難清楚加以陳述。

我們應該認識到，擁有惡法但令出必行的城市，要比擁有良法但朝令夕改的城市來得優秀；缺乏學養但有健全的常識，要比不受控制的聰明才智來得有益；一般而言，平庸者統治國家，要比思想者統治國家來得高明。有些人自以為比法律來得聰明……結果經常為自己的國家帶來災難。另一種人，他們對自己的才智沒那麼自信，願意承認法律比他們聰明，並且承認自己沒有能力批評優秀演說者的言詞；這種人是不偏不倚的法官，他們也不參與競賽；當他們主事時，事無大小都會運作順暢。我們政治家也該像他們一樣，不要光被聰明以及賣弄才智的欲望所影響。（III. 38, 37）

克里昂以與前提無關的推論作為支持殘酷行動的依據，現代讀者對於這種案例應該不陌生；這是一種迎合群眾的民粹主義，鼓動人們反對矯情的人道主義。人們「鄙視待他們好的人，尊敬絕不讓步的人」（III. 39），因此「憐憫、聽到聰明論點感到愉悅而受影響、傾聽通情達理的主張，這三件事完全違背帝國的利益。」雅典人可能也會放棄對帝國的追求而「走上慈善一途」（III. 40）。

另一位發言者狄奧多特斯（Diodotus）出言回應克里昂。任何決定都必須透過言詞來加以評價；詭辯學派——雄辯術的教授者——的優缺點似乎成了這場辯論的核心。狄奧多特斯謹慎的辯詞即便擺在柏拉圖對話錄中亦不令人感到突兀。他辯護的不只是政策討論與政策寬容（他反對訴諸一般的同情），還包括了政治責任（對比於一味順從善變的群眾）。支持以殘酷手段進行威嚇的論點提出了雅典的利益這個正確問題，卻忽視了人性。人們冒險，不是預期自己會被擊倒，而是驕傲或希望或「某種無可救藥的熱情」確保他們一直做下去。尤其身為共同體的一分子，卻「不理性地認為自己擁有遠大於實際的權力」。雅典的公民大會不是追求正義的法院，它關切的是安全，而狄奧多特斯在這裡提到修昔底德作品中經常出現的關鍵字：「節制」。局勢是複雜的。其他城邦的民主派支持雅典，但對米提里尼人施以無

42

差別的懲罰，將使這些民主派人士與寡頭派人士出於共同的恐懼而團結起來（III. 42-8）。修昔底德對於這場辯論未做太多的評論，但他的看法想必很重要。克里昂「在雅典人中以性格暴力知名」（III. 36），而奉命進行屠殺的第一艘船「並不急於執行這項令人不快的任務」（III. 49）。

米洛斯對話（V. 84-116）的呈現方式相當獨特，它不是制式的演說，而是如同劇作般由「雅典人」或「米洛斯人」分別做出簡短的主張與反駁。米洛斯人必須決定投降還是反抗圍城的雅典軍隊。米洛斯人請求維持中立。雅典人還是一樣只想靠權宜手段解決這項爭議：

> 我們……不用優雅的詞彙說明，舉例來說，我們有權利擁有帝國，因為我們擊敗了波斯人，或我們現在來攻打你們，因為你們對我們造成傷害……而我們要求你們基於自身的立場不要妄想影響我們，說你們雖然是斯巴達的殖民地，但在戰爭中並未加入斯巴達陣營，或者是你們並未對我們造成傷害。我們建議你們應該盡可能接受我們給予的條件，考慮雙方都認真思考的事項；因為你我都很清楚……正義的標準仰賴強迫力量的平等……

米洛斯人回應，所有人都希望公平競爭，而所有人都可能會在某一天發現自己落入他人的掌握。對於米洛斯人進一步提出，如果他們抵抗，他們還能擁有希望，雅典人的回應是殘酷的：現實的希望決定於資源：

> 不要像那些人一樣，他們錯過了以合乎人性而實際的方式拯救自己的機會，這種事相當常見；而當他們深陷困境且喪失了每個清楚而明晰的希望時，他們轉而求助於盲目而朦朧之物，訴諸預言與神諭這類鼓勵人們希望但終歸毀滅的事物。

米洛斯人表示，他們相信神明必不漠視是非，也信任斯巴達聯盟。雅典人的回應顯示他們對神有不同的看法：

> 我們對神的意見與對人的理解，使我們認定有一普遍而必然

43

的自然法則決定人類的行為。這不是我們自己創造的法則，自有這個法則以來，我們也不是最早根據這個法則行動的人。我們發現這個法則早已存在，並將讓它流傳給我們的後代。我們只是依據這個法則行事，我們知道你們或其他人如果擁有與我們相同的力量，也會做出完全相同的事。

這場對話持續以這種方式進行，米洛斯人顯然不斷重申道德論點，而雅典人卻不接受。他們警告自豪的形式會招來毀滅，尤其反對以「榮譽」為名的妄想。安全的方法是「勇於面對與自己實力相當的對手，以尊敬的態度看待強者，以節制的態度對待弱者」。米洛斯人決定反抗，他們相信神明與斯巴達人，並以「我們的城市建立至今七百年來一直享有自由」而自豪。勝利之後，雅典人並未做到節制；米洛斯的男人被殺光，女人與小孩成了奴隸，米洛斯城成為雅典的殖民地。

在討論有計畫的種族滅絕時，這兩場辯論表現的理性與得體，不由得使人想知道修昔底德自身的立場。我們已經注意到幾個線索，以及他可能贊同克里昂對雅典人想法輕浮的責難。「馬基維利式」主題，或者如果我們想避免時代倒錯的話，應該說是詭辯學派的主題，所謂強權即公理的主張如此顯著，修昔底德對此應該十分關注，但這項主張卻未受到有力的反駁——只有一句提醒，命運是變幻無常的。我們不清楚這是否表示政治是特殊的，私領域的道德禁令無法適用於政治，對馬基維利似乎是如此，對另一個與馬基維利有親緣關係的現代精神馬克斯·韋伯亦是如此；但它可能曾經適用在政治上。如韋伯所言，在政治上，與人來往要留神。對節制的強調似乎也需要注意。節制本質上來說是理性的，因為不可預知是政治的重要部分，沒有任何做法可以保證絕對的安全，正如沒有人能承諾絕對美德。特別重要的是，修昔底德曾描述雅典民主被暫時推翻後出現的幾次憲政實驗，他明白表示支持中間路線，也就是混合的政府形式（VIII. 97）。

節制的反面是狂熱，修昔底德作品中經典的政治狂熱例子是一場開始於科西拉（西元前四二七年）而後蔓延到希臘全境的內部衝突。這些衝突顯示政治上的派系傾軋已完全失控，對行動者而言，派系鬥爭本身反而成了目的。城邦的派系主義受到戰爭的激勵，顯示社會在

極端壓力下產生病態，所有常規與約束全都停止運作。修昔底德對科西拉人（日後還有別的城邦）狂熱心理的描述仍可引起共鳴，並且使人想起人性恆久不變的主張，此論調經常引起熱烈爭論。科西拉民主派人士覺得自己受到威脅，開始屠殺自己的同胞。根據修昔底德的說法，這是希臘城邦未來許多革命與災難的前兆：「知道過去在別的地方曾經發生這樣的事，因而導致新一波的革命狂熱，並且伴隨著……聞所未聞的報復暴行。為了符合事件的變遷，言詞也必須改變慣常的意義，」侵略成了勇氣而節制成了懦弱。「主張暴力的人總是受到信任，反對暴力的人則受人懷疑。」試圖退出陰謀與反陰謀等於「破壞了黨的團結」，而熱中的黨內成員只與犯罪的同夥推心置腹。單一標準成了任何時刻的黨的意志。連理性的自利也遭到拋棄：「報復比自
45 衛更重要。」社會四分五裂，整個希臘世界的品格退化。和平無法締結，因為誓約毫無價值。文明生活的常規被推翻了，

　　人性──即便是法律存在的時候，人性總是準備違法──驕傲地顯示自己真實的色彩，宛如無法控制熱情的事物，它不服從正義的觀念，並且與所有上位者為敵……人們擅自開啟了廢止一般人性法則的過程，這些法則為所有痛苦的人帶來得救的希望，但人們卻沒想過未來會有這麼一刻，他們也將處於危險之中，並且需要這些法則的保護。（III. 82-4）

　　以此觀之，當我們得知十七世紀修昔底德作品的英格蘭譯者是霍布斯時，似乎也不感意外。

　　狂熱的特點在於毫無限制地追逐利益，為恐怖而恐怖。在修昔底德的作品中，為了自己的利益而理性運用權力的人，有時會強調自己的行為符合人性。但從常規的束縛中解放的人，則是極端不理性的生物。無情與狂熱之間的界線是區別正常與病態的分野。權力的傲慢以及對自身權力的高估，也導致人們輕率從事超越資源所能負荷的事業，這方面的著名例子是雅典遠征西西里，而代表性的人物則是輕率的年輕雅典貴族阿爾西拜爾狄斯（Alcibiades），他是狡猾的政客與奧林匹克運動會戰車競速的優勝者。輕率是雅典特質中自信、大膽與進取過度誇大後的結果。在修昔底德的描述中，雅典人的輕率終於使

其在西西里之役（西元前四一五年）中遭到報應，據說這場戰役使雅典盛極而衰，而修昔底德也在第六與第七卷做了前所未有的詳盡描述。對西西里之役的關注顯然帶有作者自身的考量。此次入侵原是為了挫敗斯巴達盟友與取得西地中海霸權，藉此打擊斯巴達。修昔底德聲稱這是希臘世界最偉大的一場遠征，而它的失敗賦予了這幾卷——如同希羅多德作品的後半部——一種關於傲慢與報應的熟悉形貌。

進攻的決定與主導攻擊行動的核心人物，是身兼政客與將領兩種身分的阿爾西拜爾狄斯。他是個極端的例子，在每個時代都可看到像他這樣的人物：傑出而高傲的貴族，擁有政治野心、善於言詞又多才多藝。據說他缺乏民主素養且素有野心，因此引起眾人的不信任，當雅典出現褻瀆神明的行動，樹立於城內各處象徵陽物崇拜的石柱神像遭到切斷時，阿爾西拜爾狄斯與他的黨羽受到懷疑。這種瀆神的行為原可單純地視為是年輕貴族的玩笑行徑，最後卻被渲染成反對雅典政治體制的陰謀。阿爾西拜爾狄斯從西西里被召回，但他害怕自己的性命不保，於是先逃往斯巴達，再前往波斯。這種流亡方式並不罕見，修昔底德自己也有這樣的經驗，但阿爾西拜爾狄斯仍維持著影響力，他挑撥波斯與斯巴達相互對抗，最後還操弄雅典政局而得以返回故土。他具有無法拒絕的魅力，並曾出現在柏拉圖《饗宴篇》（*Symposium*）中。修昔底德說，「大多數人對他的特質感到驚駭，他的人格超越正常人的範圍，他的私生活與習慣毫無法度，而他在各個場合表現的精神也令人詫異。」（VI. 15）

修昔底德盛大描述遠征軍的啟程。雅典市民夾雜著憂慮與希望來到皮雷烏斯（Piraeus）為大軍送行，此時修昔底德仍頭腦清醒地計算出征的成本。接著：

> 士兵們依序上船，輜重也陸續搬運妥當……號角聲劃破沉默，出海之前依照慣例必須禱告，但不是每艘船各自進行，而是所有人依傳令官的指示齊聲誦唸。全軍將葡萄酒倒入碗中，軍官們也用金銀杯子盛上奠酒。岸邊的群眾紛紛斟酒，市民們均為遠征軍獻上祝福，一同祈禱。（VI. 32）

先前描述得如此壯盛的軍容，卻在敘拉古海戰中化為烏有。修昔

底德詳細敘述這場海戰與技術：敘拉古船艦裝備了特殊撞鎚（VII. 36）；防守方的船隻排成一圈，如同漂浮的活動柵欄；船隻纏結起來構成一個封閉空間，而後進行衝撞；混亂與騷動——「船隻撞在一塊發出轟然巨響，不僅聲音本身震撼人心，連水手長下達的指令也被掩蓋」，水手長一方面忙著準備衝撞敵艦，另一方面又必須躲避來自四面八方的撞擊（VII. 70）。

決定了雅典遠征軍命運的敘拉古海戰，雙方陸軍在一旁觀戰，他們叫囂又歡呼，彷彿在戲院一般。尤其對雅典人而言，隨著戰局漸趨不利，心中也蒙上恐懼陰影。他們靠的太近，以致無法縱觀全景，因此：

> 有些人在某個點上看見他們的軍隊占了上風，並因這樣的景象而勇氣倍增，開始祈求神明不要剝奪他們得救的機會；有些人看到他們的人被打得落花流水，不禁痛哭失聲，這幅景象比實際投入戰鬥更能瓦解他們的士氣。有些人看著戰場上雙方按兵不動，戰事正酣，此處卻毫無動靜，士兵們搖晃著身軀，內心充滿驚恐，而真正難堪的是他們的處境，持續處於安全的邊緣，又隨時可能跌入毀滅的谷底。（VII. 71）

艦隊被殲滅後，無望孤立於島上的雅典陸軍命運相當悲慘。修昔底德生動描寫他們最後一次行軍的悲苦，「特別是當他們想起出發時的光采與驕傲，對照結局的卑微與不堪。希臘軍隊從未遭遇這樣的慘敗。」（VII. 75）倖存者被當成戰俘送到敘拉古礦場。

> 他們人數眾多，侷促地擠在狹窄的礦坑裡，由於沒有屋頂遮風避雨，他們首先要忍受烈日曝晒與空氣的滯悶；然後到了寒冷的秋夜，情況完全相反，溫差使他們染上疾病。空間狹小使他們不得不在相同的地點起居工作；此外，屍體也一具具地大量堆積起來，他們要不是傷重而死，就是因溫差或諸如此類的事喪命，現場的氣味令人難以忍受。同時他們還得忍受飢渴。（VII. 87）

身為一名敘事者，修昔底德的成就值得我們重視，由於他有計畫

地陳述歷史價值，結果人們反而忽略他在敘事上的貢獻。修昔底德是第一位宣揚歷史功用的作者，他將歷史的功用奠基在他著名的主張上：人性是不變的，「過去發生的事……會在未來某個時刻以大致相同的方式重現。我的作品不是用來滿足民眾當前的喜好，而是為了傳之久遠。」（I. 22）這種對比似乎是對希羅多德寫作公眾讀物的鄙夷。然而修昔底德是個極度現實主義者，甚至是個悲觀主義者，他不會提出膚淺的建議，認為以古鑑今可以讓我們輕易避免過去的錯誤。他的敘事告訴我們，人性太強有力也太固執，因此難以記取歷史教訓，在任何情況下，理性估算只是其中一個要素。閱讀修昔底德的作品，人們不會認為從歷史摘錄出來的政治與心理格言手冊可以取代歷史本身。

修昔底德說的很對，他的歷史具有教育功能，但他自己是否充分瞭解歷史如何發揮這項功能則有待商榷，即便到了今日，這種功能仍難以說明清楚。人們必定會有一種共通感受，覺得自己不只從修昔底德提到的例子及其附帶的教訓中學到東西，更從他的作品中學到有關人性與人類事務的內涵。如羅伯特‧康納（Robert Connor）指出的，閱讀修昔底德，人們可以擴大自己的經驗，遭遇行動中的人性，吸收詳盡敘事對我們造成的情感與思想衝擊。他的敘事延伸但卻精鍊，敏銳分析但有時慷慨激昂，他的生動描述足以激發想像，不只是表面的裝飾，而是使人物困境得以衡量的深入洞察。我們學到的是無法明確界定的事物，一如我們學到全神貫注的經驗，這使得任何「教訓」都成為讓人感到不安的膚淺。修昔底德的主題確實是人性，有時近兩千五百年的距離似乎被濃縮到令人頭暈的程度。但這不是因為修昔底德似乎接受了這項公式：社會與政治心理學的「法則」也許可以從例子推論出來。修昔底德當然瞭解例子是複雜的，因為現實狀況是複雜的，而面對現實狀況所做的回應也是複雜的。有人主張，一般而言歷史學家的實際作品要比他們對自身任務的有計畫陳述來得好，這說明了為什麼用這類陳述為依據來討論史學性質是如此不恰當的緣故。修昔底德也不例外，我們不宜過於狹隘地看待他的宣言。在介紹修昔底德是個鼓動人心、犀利與令人驚駭的敘事者的同時，又認為他的作品具有分析性，或者更好一點的說法，具有診斷性，這種做法完全無任何不妥。但診斷是一項技藝，曾經有人適切地指出，修昔底德的歷史

49

取徑得益於希波克拉底（Hippocrates）的醫學論文。這是實踐而不只是理論，而且涉及對症狀的詳細觀察與對狀況的分類。

　　對症狀的詳細觀察明顯出現在修昔底德對病理現象的著名描述上，他曾敘述西元前四三○年於雅典爆發的瘟疫。他本人曾感染瘟疫而且倖存下來；許多人，包括培里克勒斯，則不幸死亡。修昔底德詳細描述瘟疫的症狀與病程，他說，如此便能看出瘟疫是否將捲土重來。他的描述（當然缺乏解釋）如此詳細，或許是出自專業醫師之手。然而，他無意掩飾受害者的痛苦與瘟疫對雅典社會的影響。他的描述既悲慘又確切，而他的病理學有雙重意義：疾病本身的病理學與整體社會在疾病影響下瓦解的病理學。人類的藝術或科學都無計可施，「同樣無用的還有求神問卜等等；事實上，人們到最後已被痛苦擊垮，無力注意這些東西。」（II. 47）試圖照顧病人的人染上疾病，這引起了恐慌，許多人是在無人照料的情況下獨自死去。屍體橫陳於街頭與廟裡，其中一些人原本是到廟裡避難的。

　　修昔底德說，結果是一場史無前例的違法亂紀。我們先前提過，修昔底德後來描述了科西拉的恐怖政治，而他此時則基於不同理由描述疾病的病理學以及瓦解中的社會的病理學。人們對未來充滿絕望，只想擺脫拘束及時行樂。榮譽（名聲）不被當一回事。「災難排山倒海而來，人們不知道自己接下來會發生什麼事，因而無視宗教戒律與法令。」合宜的葬禮儀式原本具有相當的重要性，例如在戰時，但現在被忽視了。「對神的敬畏與人類法律已不具約束力。對神而言，人們信不信奉祂似乎沒有差異，因為人們看到無論善人還是惡人全都毫無差別地死去。」（II. 52-3）沒有人冀望服從人類正義能讓自己活得久長。

　　修昔底德的描述是修辭與分析的傑作，是對瀕臨解體的人類社會所做刻畫。這場經驗對他的人生觀與對人類行為的看法長期而言有何影響，我們只能猜測。修昔底德的特色在於，就在他宣稱寫了一部應該有用的歷史之後，我們被引領到這段人類與社會災難的描述。修昔底德的作品經常將恐怖安放在觀察與分析的架構中，這個架構非但沒有消除恐怖的影響，反而使人留下思想意志是強有力行動的印象。修昔底德對於人類生命與人類行為的看法完全不感情用事，但絕非「如科學般」枯燥。

　　傲慢與報應模式明顯可以適用在雅典的偉大與西西里遠征上，而且容易使人覺得與希臘悲劇有類似之處。想從這裡更進一步地進行探討，或許是一種誤導，但從道德層面來說，卻不盡然完全錯誤。有些陳述，如現代批評家諾斯洛普・弗萊（Northrop Frye）對悲劇外觀下的本質所做的刻畫，很難不獲得修昔底德讀者的共鳴：「悲劇似乎規避了道德責任與獨斷命運的對立，正如它規避了善惡的對立。」在悲劇中，「人們發現『酒神』的侵略意志，它陶醉在無所不能的夢境中，侵犯了『太陽神』的外在與不可動搖的秩序觀。」（*Anatomy of Criticism*, 1957）這段引文針對的是尼采討論悲劇的誕生的文章，而尼采對修昔底德的禮讚雖然有點怪異，卻大致可以掌握住他的精神：

　　　修昔底德，或許還有馬基維利的《君王論》，是我的近親，　　51
　他們有著絕不自欺的意志，因而能看到「現實」中的理性……人
　們必須一行行地翻找，像言詞般清楚地讀出他隱藏的思想：幾乎
　沒有思想家具有如此豐富的隱藏思想。詭辯學派文化，我以此來
　意指現實主義文化，在他身上得到完美的展現──在專以道德理
　想行騙的蘇格拉底學派四處橫行下，更顯出這個運動的珍貴……
　修昔底德是集大成者，是老希臘人強烈、堅定與冷酷追求事實的
　本能的最後展現。（尼采，《偶像的黃昏》〔*Twilight of the Idols*〕
　〈我感謝古人什麼〉〔What I Owe to the Ancients〕）

　　修昔底德似乎具體呈現出尼采讚美的一切特質，但他總是無法具體呈現自己。要瞭解這項讚美相當容易。幾乎所有史家，除了最愚鈍的，都具有某種象徵其特質的弱點：有些人串謀、理想化與認同感；有些人衝動憤慨、顛倒黑白與傳達訊息。這些弱點通常是他們作品之所以有趣的主要原因。但修昔底德似乎不是如此。當然，從他以後，歷史寫作再也沒出現更加明晰而毫無妄想的才智。

第三章
亞洲的希臘人

色諾芬：《遠征波斯》

當先頭部隊抵達山巔且看見海時，巨大的吶喊聲響起。色諾
芬與後衛部隊聽到了，以為前方遭到敵人攻擊，因為有些先前遭
受他們掠奪的當地人對他們窮追不捨，後衛已經殺了一些人，並
在一場埋伏中俘虜了另一些人，同時也擄獲約二十面生牛皮製成
的盾牌，上面還留著牛毛。然而，當吶喊聲愈來愈大、愈來愈
近，那些持續前進的人也開始向持續喊叫的先頭部隊跑去，抵達
前方的人愈多，喊叫聲就愈大，看來似乎發生了大事。於是色諾
芬騎上馬，領著里克斯（Lycus）與騎兵到前方支援，不久，他
們聽到士兵叫道：「海！海！」並且一隊接著一隊地把話傳下
去。然後，他們當然全都開始奔跑，後衛與所有的人，駕著馱獸
與馬匹全速向前；當他們全到了山巔，士兵們眼眶含著淚水，擁
抱彼此與他們的將軍和軍官。（色諾芬，《遠征波斯》，IV. 7）

士兵的興奮是可理解的，而為了標示首次看見大海的地方，他們
堆了石堆，並且將擄來的盾牌覆蓋在上面。對於這支人數不多的希臘
軍隊來說，他們發現自己深陷在波斯帝國的心臟地帶，能殺出一條返
鄉的路，穿過充滿敵意的諸國，抵達黑海東南岸，就能大大提高他們
生還的機會。那裡也許有船，而南岸也許有希臘的殖民地，他們也許
友好或可以施以威脅。接下來仍有其他變數，但這批希臘人已朝他們
的家鄉邁進一大步。他們如何在絕望的困境中找到出路，以及他們如
何成功返鄉，成了色諾芬日後著名的作品《居魯士遠征記》（*Ana-basis*）——英譯書名《遠征波斯》（*The Persian Expedition*）——的
故事。

為了充分理解這本書，我們需要瞭解伯羅奔尼撒戰爭結束後，希

臘人與偉大東方帝國的關係；希臘人擊退這個東方帝國的入侵已是四分之三個世紀之前的事。我們也需要知道色諾芬，他不只是《遠征波斯》的作者，也是書中的核心人物，在他的描述中，他是這支軍隊的領導人。修昔底德的歷史接近尾聲時，由於雅典與斯巴達已打得精疲力盡，波斯人開始試探性地升高衝突的規模。然而並沒有出現進一步的全面入侵。反而是希臘世界開始深入波斯，主要由於希臘（與隨後的馬其頓）的戰鬥方法持續處於優越地位，有些希臘人，包括著名的修辭學家伊索克拉底（Isocrates）開始提倡並預言希臘將會統治整個波斯帝國。這是色諾芬作品出現時的整體局勢。色諾芬曾寫過一本接續修昔底德的歷史之作，《希臘史》（*Hellenica*），但此書令人沮喪且大多數史家都認為不可靠，而在現代世界，他主要的名聲來源《遠征波斯》儘管寫作規模較小，卻在某種意義上使他確實成為希羅多德的後繼者，因為這本書具體而微地反映出希臘與波斯世界的關係。

色諾芬生於伯羅奔尼撒戰爭爆發後不久，屬於上層階級，他對雅典的情感因嫌惡民主而淡薄。他是蘇格拉底的弟子（他曾對蘇格拉底做過描述），也是軍人與鄉村士紳，並且到過斯巴達與波斯。色諾芬的作品兼容並蓄：除了接續修昔底德的希臘史與關於蘇格拉底的作品外，他還寫了教學性質的頌詞《居魯士的教育》（*The Education of Cyrus*），這本書在上古時代頗受好評；他也寫過一本關於狩獵技藝的作品，以及《遠征波斯》。《遠征波斯》在當時似乎未廣為流傳，直到亞歷山大時代，也就是半個世紀之後才開始流行。

《遠征波斯》是一位軍事家為自己的指揮以及其所屬部隊所做的辯護。它是迷人而詳盡的第一手描述。一萬名希臘傭兵因僱主居魯士的死亡而深陷波斯帝國境內，居魯士是波斯親王，他僱用這批人協助他發動叛亂（西元前四〇一年）。他們必須殺出一條血路返回希臘故土，途中經過的波斯帝國領域全是些崎嶇、荒涼、野蠻、甚至原始的地區。與希羅多德類似的是，色諾芬的作品也包含了大量而偶然的民族誌。色諾芬是自己作品中的英雄；別的作品認為他的說法過於誇大。這場遠征構成了一齣單一戲劇，有單一主角、一萬名希臘重裝傭兵，以及主角的決心——他要將絕大多數士兵安全帶回希臘，也就是斯巴達控制下的博斯普魯斯地區的殖民世界，色諾芬在這裡有個未實現的夢想，建立城市。

　　色諾芬描述希臘傭兵在敵人、波斯人與野蠻人環伺下倖存，主要是因為紀律與軍事技術。保持部隊的凝聚力經常是色諾芬的主要關切。這種凝聚力的養成是透過身為希臘人的團結感，部隊在面臨危機、麻煩、難以復原與埋葬死者時，發揮了希臘人固有的相互扶持精神。這項特質使他們得以克服惡劣天候與地形險阻，而在行進的過程中，絕大部分的給養來自勒索，以致他們每到一個地方都被視為蝗蟲過境。色諾芬在這段過程中努力展現他的領導與說服能力：在事件完全落幕前，他還未成為公認的領袖，但他的描述確實使他成了明星表演家。

　　最後，在前面的引文中，讀者（包括幾個世代以來的英格蘭學童）感到難以忘懷的一幕，後衛部隊，包括色諾芬，聽到先頭部隊發出的喧譁聲：「海！海！」這實在是這部作品的高潮，機會現在已向生還的一方傾斜。抵達黑海使他們燃起從黑海航行回到拜占庭的希望。

　　然而，他們仍有可能遭遇未開化的野蠻民族，此外，在較文明的黑海沿岸，他們必須提防當地的波斯統治者，乃至於希臘殖民地對於這支軍隊的到來感到忐忑不安，以及斯巴達總督（斯巴達人取代雅典人成為這個地區的殖民強權）的敵意。這些人並不歡迎這些訓練有素的士兵到來，因為他們缺乏補給，在這種情況下，行為舉止必然與盜賊土匪無異。

　　在作品的最後，色諾芬被授予領導人與主要協商者的重任，並描述了這位軍事領導人試圖補償士兵、給付薪餉，以及為士兵們找到新的僱主。終於，西元前三九九年，他們在斯巴達找到新僱主，很幸運地當時爆發一場新戰事，使他們得以派上用場。色諾芬也因此不得不放棄在黑海沿岸建立城市的野心，前往投效斯巴達，他獲得地產作為賞賜，於是安定下來成為一名鄉紳。

　　《遠征波斯》敘述一段史詩般的戰鬥旅程與對抗嚴酷條件幸運返鄉的成就。這部作品因此有點類似早期探險傳說的戲劇形貌，像是阿爾戈英雄的航行、特洛伊戰爭與奧德修斯（Odysseus）的曲折漂泊，這部作品也具體而微地預示亞歷山大穿越波斯帝國直抵印度河的遠征。在第一手作者證言與戲劇緊湊度上，最類似色諾芬著作的作品，首推近代西班牙人貝爾納爾‧狄亞斯（Bernal Díaz）對十六世紀初西

55

班牙征服者遠征並攻下特諾奇提特蘭（Tenochtitlán，今墨西哥城）的描述，後來還被新英格蘭史家普里史考特（W. H. Prescott）改寫成史詩般的征服史。色諾芬的故事是生存而非征服，或許因為如此，他的故事比較容易受人同情與理解。這個故事只有單一的集體角色，敘述短短兩年間（西元前四〇一到三九九年）持續發生的事件，因此與其他的上古史（包括色諾芬的《希臘史》）形成對比，《希臘史》記載發生於不同地點的各種零散發生的行為，這種描述或多或少必然以編年史的形式呈現。

軍隊返鄉時遭遇各種行動、挑戰與危險，在行進的不同階段引發不合與爭論，在這些事件背後可以強烈意識到希臘人與波斯人，以及他們與其他蠻族間的對比。軍隊帶著希臘的特質進入巴比倫（Babylonia）的心臟地帶與庫德斯坦（Kurdistan）和亞美尼亞（Armenia）的荒涼地區，這種特質不僅表現在使他們在戰時處於上風的裝備與戰術，也顯示在他們的自我意識，以及對希臘的認同與優越感到自豪。而歷史一如以往地被召來拱衛這份自豪與決心。色諾芬在描述中提到，在某個關鍵時刻，他要求部隊回想希臘人過去對抗強大波斯帝國的成就。「回想波斯人與他們的盟友帶著大軍前來，以為可以將雅典從地表抹去；但雅典人鼓起勇氣對抗他們，並且擊敗他們。」（III. 2）那場勝利的戰利品是自由。波斯親王居魯士之前解釋僱用他們的理由，也曾提及希臘傭兵的自由與他們從自由中獲取的力量（I. 7）。色諾芬則要求士兵避免安逸與奢華的生活，遠離「這些曼妙動人的女子，米底人與波斯人的妻子和女兒」，以免動搖了返鄉的決心（III. 2）。希臘（後來的羅馬與歐洲）的男子氣概和東方的奴役、陰柔與奢侈所形成的對比，後來成為文學常見的主題，從《奧德賽》（Odyssey）食忘憂果的故事、羅馬人斥責安東尼受到埃及豔后的蠱惑、馬爾洛（Marlowe）「嬌寵的亞洲玉」，到丁尼生（Tennyson）與金斯利（Kingsley）在歐洲帝國主義晚期脈絡下對這個主題的重新發揮。

在色諾芬的故事中，自由不只是一種說詞。居魯士一死，傭兵失去僱主，之後又因波斯的背信而失去原先的指揮官，他們面臨投降或長途返鄉——超過一千哩，沒有據點、補給或騎兵——的選擇，然而此時他們仍表現出希臘人的風範：他們審議、辯論、集體決定，並且

推選出新任指揮官。這支軍隊被稱為移動的政治體。它也是虔誠的，這與色諾芬有關，他似乎相當重視傳統，這一點與修昔底德，或許還有希羅多德，形成對比。就色諾芬而言，虔誠似乎帶有遵循儀式的味道。色諾芬描述，占卜不吉，就算行動有急迫性，他也會要求部隊在凶日當天暫停行動（VI. 4）。他對牲禮的準備一絲不苟。神明被賦予了傳統角色，祂是宣誓與訂約的監護者，希臘人的虔誠與波斯人的背信在此形成對比。除了向宙斯、阿波羅與赫拉克勒斯獻上牲禮感謝得到解救外，軍隊也舉辦運動競技，如賽跑與拳擊，此具有濃厚的希臘與荷馬史詩風格。（在希羅多德作品中，波斯王對於希臘人只為了花圈而競技感到不可思議。）這是這群希臘傭兵為慶賀生還而採取的慶祝形式。當士兵們抗議地面太硬不適合摔角時，競技的舉辦者竟面無慚色地說：「堅硬的地面是留給被摔的人。」（IV. 8）色諾芬的作品合乎所有足以作為英格蘭公學珍貴教材的條件。

不斷受到軍隊抵抗、脅迫與掠奪的蠻族，他們的性格、物品與飲食當然具有迫切而實際的利害關係，但在色諾芬的描述中，有時也帶有一種希羅多德異國情調的鑑賞風格。有些野蠻人是穴居人。提到的食物，亦即維持生命之物，包括了以蜂蜜製成的有毒飲料，據說會使人精神錯亂與瘋癲，也許是一種蜂蜜酒，還有醃漬的海豚肉，與用來取代橄欖油的海豚油。有個具有濃厚希羅多德風格的觀察，或許有些誇大，人們甚至懷疑這段敘述是否真是親眼所見，據說它與一般風俗相反：「當他們處於人群之中，他們的行為舉止彷彿自己正在獨處，當他們獨處時，他們習慣表現得彷彿自己處於人群之中。」（V. 4）在某個場合，這群希臘傭兵扮成異國民族的樣子，他們在帕夫拉戈尼亞（Paphlagonia）大使面前表演所謂的民族舞蹈，包括色雷斯人、馬格尼西亞人（Magnesian）、米西亞人（Mysian）與阿卡德人（Arcadian），以凸顯這支軍隊是由多種民族所組成的。對此，色諾芬做了些詳細描述，不過當一名阿卡德女奴跳著斯巴達戰舞皮里克舞（Pyrrhic dance）時，他似乎認為這種舞大家都很熟悉，因此未多做描述（VI. 1）。

身為貴族的色諾芬是斯巴達的仰慕者，而他最後為軍隊及自己達成協議的對象，就是斯巴達人，不過他的作品整體而言仍帶有泛希臘的色彩。這支絕大多數是雅典人的軍隊是個大雜燴，雖然如此，與他

們形成基本對比的仍是非希臘人。有人將色諾芬的作品解讀成帶有伊索克拉底風格的泛希臘宣傳，認為它顯示希臘人可以多麼輕易地打敗波斯人，因此能輕鬆地，如色諾芬清楚希望的，在波斯境內建立新的希臘殖民地。從啟蒙時代以降，色諾芬的作品顯然有助於增加西方對東方的優越感。

雖然《遠征波斯》可能反映了泛希臘主義者的觀點，但在希臘上古時期，這本書並非色諾芬最受歡迎的作品，事實上，他談論蘇格拉底的著作以及沉悶而高尚的《居魯士的教育》，才真正受到當時人們的喜愛。然而，伴隨著帝國主義利益興起，《遠征波斯》一書也變得愈來愈受歡迎，而這種對帝國主義利益的關注也在描述亞歷山大征服的「第二代」史家手中達到顛峰。當初曾經跟隨亞歷山大遠征的史家，他們留下的作品都已亡佚，只剩下一些引文與摘錄，幾世紀後的羅馬時代，有兩位著名史家重寫亞歷山大的故事，他們就是所謂的「第二代」史家。其中一位是阿里安（Arrian），他描述在伊蘇斯戰役（the Battle of Issus）之前，亞歷山大讓士兵們回想色諾芬率領一萬名希臘傭兵締造的功績，而這個場景或許真的發生過。接下來，我們要討論的就是阿里安以及另外一位亞歷山大史家庫爾提烏斯・魯夫斯（Curtius Rufus）。

亞歷山大史家：阿里安與庫爾提烏斯・魯夫斯

在所有關於戰爭遠征敘事的主題中，最偉大的就是西元前三三四年亞歷山大大帝入侵亞洲，它也標誌著希臘世界（包括馬其頓）與波斯帝國的最後一次交手。雖然已經有不少史家嘗試過，但沒有任何一部歷史作品捕捉的事件規模比得上希羅多德對波斯入侵希臘的描寫。此外，亞歷山大東征的歷史有部分不得不仰賴推測，因為最早的目擊描述完全沒有留存下來，現有的描述完全出自羅馬時代史家的作品。據說亞歷山大羨慕他自己認為的祖先阿奇里斯有荷馬為其撰述事蹟，而自己卻沒有足以媲美荷馬的回憶錄作者。此外，我們唯一擁有的完整史料，是後世史家根據最早的記述改寫的，托勒密（Ptolemy）是最早的記錄者之一，他不僅是亞歷山大的部將，也是他的帝國繼承者（埃及部分）。希臘史家阿里安寫作的時間在西元二世紀，他是後世

59

史家中最知名的，他曾說，缺乏偉大的回憶錄作者是亞歷山大唯一的不幸，而這個遺憾使他的事蹟反不如成就較小的色諾芬萬人傭兵知名。阿里安並非全然公正無私，他曾宣稱希臘文學第一流作家是亞歷山大的編年史家，原因是亞歷山大成就偉大。然而，阿里安在亞歷山大死後四百年才開始撰寫歷史，他必須仰賴如今已經亡佚的先人作品。

亞歷山大帶著史家卡利斯提尼斯（Callisthenes，亞里斯多德的外甥）隨軍出征，然而卡利斯提尼斯最後卻因謀反而被處死，他的敘事也因此中斷。除了部將托勒密外，其他記錄遠征戰役的回憶錄作者包括工程師亞里斯多布魯斯（Aristobulus），以及一些地位較卑微的人物，他們的描述全成為亞歷山大的文獻資料。亞歷山大之後數世紀，最受歡迎的作品是克里塔庫斯（Cleitarchus）的歷史，他不是目擊者，卻與亞歷山大同一時代，因此得以向參與遠征者蒐集證據。我們之所以知道上述作品的梗概，主要來自後世作者的引用，如普魯塔克（西元四五到一二〇年左右）與西西里的狄歐多魯斯（Diodorus of Sicily），後者於西元前一世紀中期寫成的《世界史》（*Universal History*），有一卷專門記述亞歷山大遠征史事。接下來是阿里安以及他主要對手的作品，阿里安的歷史雖有疏漏，但畢竟順利流傳下來，而亞歷山大史家中唯一以拉丁文寫作的史家則是昆圖斯・庫爾提烏斯・魯夫斯（Quintus Curtius Rufus）。兩人在羅馬帝國時期都享有輝煌事業，阿里安的拉丁文姓名是魯奇烏斯・弗拉維烏斯・阿里安烏斯（Lucius Flavius Arrianus），他曾擔任卡帕多細亞（Cappadocia）總督與雅典執政官，一般認為庫爾提烏斯曾在西元一世紀擔任元老院議員與執政官。他們身為史家的目標略有不同，而且顯然有時遵循不同的傳統。他們研究的事件本質上是相同的，因此他們的作品為羅馬帝國初期的歷史敘事提供了兩種可能範例。阿里安明白表示，他信賴的史料來源是托勒密與亞里斯多布魯斯，而當此兩人說法一致時，阿里安自信地認為自己擁有權威性的描述。庫爾提烏斯，顯然還包括普魯塔克與狄歐多魯斯，遵循的是另一個對立的傳統，起源於克里塔庫斯。兩種歷史的差異不只保存了亞歷山大故事當時的不同版本（代價是使許多資料懸而未決），也體現了不同的寫史方式。 60

亞歷山大當然是這兩種描述的核心，而在重大事件乃至於亞歷山

大性格的解釋上，兩種描述也大致相同。但阿里安與庫爾提烏斯的史學人格卻南轅北轍。阿里安是比較具「官方色彩」描述：冷靜而慎重。他似乎盲目信任托勒密的說法，認為亞歷山大死後，托勒密沒有諂媚或隱匿的必要，當然身為參與者，托勒密應該想隱瞞一些事，至於阿里安另一個主要史料來源亞里斯多布魯斯，向來有著諂媚奉承的惡名。庫爾提烏斯的作品比較詳盡、訴諸美感與戲劇性，這或許反映了克里塔庫斯的風格，以及庫爾提烏斯個人的喜好，而對於比較吹毛求疵的人來說，他的作品是庸俗的。庫爾提烏斯比阿里安更強調亞歷山大在好運、奢華與東方專制權力與半神觀念影響下道德逐漸淪喪，雖然最終來說他對亞歷山大還是溢美多於批評。這種對比最初是在希羅多德的作品中發現，更明顯的對比則是色諾芬的東方「陰柔」與希臘（和之後的羅馬）的膽量與簡樸，而這也是羅馬時代特別強調的重點；事實上，我們即將發現，東方風氣敗壞的觀念成為人們解釋墮落成因的一般理由。

　　阿里安似乎以色諾芬為範例撰寫《亞歷山大遠征記》（*Anabasis Alexandri*），至於庫爾提烏斯的作品《亞歷山大史》（*The History of Alexander*）則較具「文學性」，他顯然沿用了希羅多德的舊主題，例如，明智而目空一切的波斯王大臣，有如希羅多德筆下的克羅索斯。庫爾提烏斯在提到亞歷山大說的某一句話時，幾乎完全仿照希羅多德的說詞：波斯人擁有較多士兵，但馬其頓人擁有較多戰士（Curtius, 4.14.5）。此外，在他的書中也看得到李維（我們稍後將討論他）的影子。庫爾提烏斯喜歡零散的民族誌主題，阿里安對這方面的書寫比較節制，但這種說法可能造成誤導，因為阿里安曾經將有關印度的資料保留在另一本書裡，而這本書至今尚存。然而一般而言，庫爾提烏斯由於喜好描述波斯的華麗奢靡及其導致的道德淪喪，因此比阿里安多了波斯視角的陳述。事實上，阿里安的作品雖然較少發為議論，卻過度專注於個人的描述與片面之詞，稱不上是描述文明衝突的作品。相反的，庫爾提烏斯樂於把握機會對比大流士的波斯軍與馬其頓軍，前者閃爍著紫色與金色，後者「閃爍著，但不是金色，不是色彩繽紛的服飾，而是鐵與青銅」（3.26）。描述東道主波斯時，陰柔的調性總是受到強調。被稱為「國王親衛隊」的一萬五千名士兵「穿得像女人一樣」，而大流士本人繫著鍍上金箔的皮帶，「穿戴的方式

像個女人」（3.14, 19）。王后、王族子女的保母、嬪妃、宦官與隨
軍營生者尾隨在大軍之後。

　　阿里安的作品沒有這些陳述，他滿足於數目與戰術的討論，這方
面是庫爾提烏斯明顯缺乏的。庫爾提烏斯喜歡戲劇與激發情感的元
素，使用的是當時史家流行的修辭與形象化的描述。大流士家族的命
運被營造得像一幅畫：

　　　　他的母親因長壽與王族的尊貴地位而受到尊敬，他的妻子美
　　豔動人，即便眼前的不幸也無法減損她的美貌。王后將幼子懷抱
　　胸前，他還未滿六歲，原本他該繼承父親才剛丟失的偉大命運。
　　在太后膝邊的是大流士已經成年但尚未結婚的女兒們，她們哀傷
　　太后也哀傷自己。環繞太后的是一群出身高貴的女人，她們的頭
　　髮散亂、衣服撕裂，原先優雅的容貌已不復見。（3.24-5）

　　阿里安與庫爾提烏斯都提到一則著名的故事：大流士的母親把亞
歷山大的朋友赫菲斯提翁（Hephaestion）誤認為亞歷山大，維洛尼
塞（Veronese）將這個故事繪成一幅奢華的圖畫，但阿里安不改本
色，認為這種說法有待證實。

　　一般認為——雖然有些不同的聲音，但阿里安總是提出辯解——
亞歷山大是個具有非凡勇氣、活力與魅力的人，他的野心無法以常理
衡量。亞歷山大的易怒是性格的一部分，他曾在一場宴席上因朋友克
雷特斯（Cleitus）對他不夠尊重而失手將其殺害，事後卻又陷入難以
抑制的悔恨之中。庫爾提烏斯強調亞歷山大逐漸沉淪於醇酒美人。亞
洲的奢靡與奴性對他造成致命的傷害，而異族文化的負面影響也使他
完全落入東方的掌控。庫爾提烏斯提到亞歷山大是在酒醉狂暴下殺死
克雷特斯；阿里安對此隻字未提，他似乎認為克雷特斯是咎由自取。
庫爾提烏斯也將波斯王波塞波利斯（Persepolis）宮殿遭燒毀一事歸
咎於酒醉狂歡，並且提到亞歷山大是受到一名娼妓的煽動；阿里安則
認為這項行動是為了報復過去波斯人對希臘的蹂躪。

　　庫爾提烏斯興致勃勃地敘述亞歷山大與亞馬遜女王（Queen of
the Amazons）私通的故事（6.24-32）。阿里安沒有這方面的描述：
托勒密與亞里斯多布魯斯並未提到這點，而且無論如何當時已沒有亞

62

馬遜人，雖然他們一度存在（7.13）。一般而言，阿里安的描繪比較具有政治色彩，但他也提到亞歷山大的弱點，並且哀嘆他採行了波斯服飾與風俗，雖然阿里安瞭解當中蘊含著政治考量。阿里安也認為亞歷山大的野心太大，庫爾提烏斯則著重他的人性弱點。對於亞歷山大宣稱自己是神的後裔，他們也提出不同的看法。阿里安認為這種說法或許是一種操作手法，但他不否認亞歷山大是傳說英雄赫拉克勒斯與波修斯的子孫。庫爾提烏斯則是對亞歷山大的主張含糊其詞，亞歷山大認為自己是埃及神亞捫的子孫，在希臘，亞捫被視同為宙斯，庫爾提烏斯自然稱其為朱庇特（Jupiter）。亞歷山大要不是自己相信，「就是希望別人相信」他的祖先是神（4.7.8）。阿里安與庫爾提烏斯都認為，亞歷山大將自己塑造成祖先阿奇里斯的類型，但他自身的性格有一部分原本就是如此。根據阿里安的說法，亞歷山大從幼年開始就將阿奇里斯視為對手（7.14），不過只有庫爾提烏斯提到一則故事，他帶著無法苟同的語氣說，亞歷山大曾仿傚阿奇里斯處置赫克特的手段，拖著他的死敵貝提斯（Betis）的腳後跟，繞行加薩城一圈。阿里安也說了一則亞歷山大造訪特洛伊城的故事（庫爾提烏斯的描述沒有這一段），亞歷山大把自己的盔甲獻給神廟，卻取走從特洛伊戰爭以後就保存在那裡的武器。此外，據說亞歷山大在阿奇里斯墳上獻上花圈，而帕特洛克勒斯（Patroclus）的墳則由他的朋友赫菲斯提翁獻花（I. 12）。

63　　這兩位史家的細微差異也表現在他們對亞歷山大穿過埃及沙漠前往亞捫神廟旅程的描述上。阿里安對神廟所在的綠洲的自然現象有著科學興趣（3.4），並且記錄亞歷山大愉快地接受了神諭（阿里安補了一句，「或者這是他自己說的」）對其問題提供的滿意答覆，這個問題顯然是：他是否註定成為世界的統治者。庫爾提烏斯認為亞歷山大可能利用旁人的輕信而進行操弄，但他也暗示亞歷山大因這些手段而影響了自己與一些具有獨立思考能力的馬其頓追隨者的關係，不過庫爾提烏斯仍同意一句老話，這句話出現在先前的波利比奧斯與李維的作品中：「要控制群眾，沒有任何事物比迷信更管用。」（4.10.7）他對亞歷山大造訪亞捫神廟的描述（4.7）較不科學，但比阿里安來得詳盡生動。他也提到綠洲的水具有獨特性質，據說它在正午時分沁涼無比，在午夜時分卻開始沸騰，另外，他還描述神諭儀式

的一些有趣細節：

> 被當成神明來崇拜的形象，不像一般所看見的藝術家描述的神祇；它像極了肚臍，由一顆綠寶石和其他寶石組成。當有人祈求神諭時，祭司們攜帶祈求者的問題坐在鍍了金箔的船上，船的兩旁懸掛大量的銀杯，已婚與未婚的婦女跟隨其後唱著不成曲調的歌，他們相信藉由這種方式，可以從朱庇特身上得到絕對正確的解答。（4.7.23, 24）

希羅多德應該會喜歡肚臍，但或許會對神諭的真實性抱持較為審慎的態度。阿里安似乎不願承認亞歷山大的迷信串謀，但從各種對亞歷山大的一般共識來看——熱切、粗心、衝動、對自身的血統與命運存在著幻想——串謀的可能性相當高。在兩位史家中，阿里安似乎比較可靠：他吹毛求疵，避免描述一些想像情節，而他的描述也較為冷靜、理性。這種方式是否最能瞭解亞歷山大的心態，我們不得而知，也沒有最終的解答。

亞歷山大的各種傳統留給後世統治者渴望的形象遺產與原型，並令雕刻家和畫家趨之若鶩，即便這些傳統彼此之間不完全相容。（普魯塔克或許是他們的主要媒介；庫爾提烏斯在中古時代之前一直受到忽視。）凱撒與奧古斯都（即屋大維）都曾造訪亞歷山大的陵寢，正如亞歷山大曾造訪阿奇里斯之墓。亞歷山大的形象是英俊挺拔，如神祇般年輕的世界征服者，此影響了青年奧古斯都與青年拿破崙的肖像學。賈克·路易·大衛（Jacques-Louis David）畫的拿破崙於阿克（Acre）醫院探望生病與受傷的士兵圖（他即將遺棄這些士兵），結合了三種圖像：亞歷山大在格拉尼庫斯河戰役（battle of Granicus，阿里安，I. 16）後探視受傷的士兵，基督治療病人，以及拿破崙本人。諷刺的是，日後拿破崙的俄國對手竟然就叫亞歷山大。安東尼與克莉歐佩特拉（Cleopatra）之子也叫亞歷山大。亞歷山大大帝在東方與西方留下永恆的傳說遺產，他毋須羨慕阿奇里斯，因為：

> 成為國王，
> 騎馬凱旋穿過波塞波利斯，

豈非十分美好？
（馬爾洛，《帖木兒大帝》〔*Tamburlaine the Great*〕II. V）

我們提到的這兩位亞歷山大史家是在事件發生後四百多年才進行寫作，因此作品不可避免帶有一點結語的性質，而由於他們所引用的史料如今都已亡佚，唯有透過他們的描述，我們才能完整表達對早期史學而言相當重要的主題：希臘與波斯世界的相遇。接下來要思考的偉大主題仍由希臘作家擔綱，我們必須回到西元前二世紀，也就是描述羅馬興起最早的幾位史家。

第二部

羅馬

第四章
波利比奧斯：普世歷史、實用歷史與羅馬的興起

　　波利比奧斯是出身上層階級的羅馬化希臘人，他於西元前二世紀 67
中葉開始撰述有關羅馬逐漸興起進而支配全地中海的故事，而其寫作
主要是為了他的希臘同胞。波利比奧斯的關注焦點不可避免地放在羅
馬與迦太基為爭奪西地中海霸權而進行的長期鬥爭上，但他的歷史也
包括了羅馬成功將權力延伸到馬其頓與希臘的過程。波利比奧斯的描
述涵蓋了西元前二六四到一四六年這段時期。而從西元前二六四到二
四一年，即第一次布匿克（Punic）戰爭期間，只能算是波利比奧斯
作品的前言。波利比奧斯歷史的核心是第二次布匿克戰爭，或稱「漢
尼拔」戰爭（以迦太基將領之名命名），時間是西元前二一八到二〇
二年。波利比奧斯是羅馬將軍西庇阿（Scipio）的朋友兼參謀，西庇
阿最後在西元前一四六年消滅迦太基，不過那時波利比奧斯已返回故
鄉希臘。羅馬興起意味著世界政治的重心自此不可逆地從希臘、馬其
頓與小亞細亞轉移到羅馬，而波利比奧斯著書的目的就是要告訴他的
同胞，羅馬已掌握了世界的權柄。

　　波利比奧斯於西元前三世紀末（確切日期不詳）生於伯羅奔尼撒
的梅加洛波利斯（Megalopolis）。西元前一六七年，他與亞該亞
（Archaean）地區其他的希臘貴族一起被送到羅馬當人質，他在羅馬
逐漸受到重用並擁有舉足輕重的地位。如同其他著名的流亡史家，諸
如修昔底德、色諾芬與後來的猶太史家約瑟夫斯（Josephus），波利
比奧斯因為流亡而得以從各種角度觀察事物。他在晚年時返回希臘，
故鄉民眾感謝他為希臘與羅馬主人斡旋；他約在西元前一一八年去
世，人們為了紀念他，為他豎立了雕像。波利比奧斯不只是跨足兩個
世界的人物，他也和其他卓越的上古史家一樣扮演著公眾人物的角色 68
──他自豪地以為，身為公眾人物有助於他的歷史工作。更難得的
是，他的公眾事業也相當成功。

　　乍看之下，波利比奧斯似乎是集各種風格於一身的史家。最明顯

的是他經常認為史家的任務與方法必須既真實又實用，娛樂不在考慮之列。他效法的對象是修昔底德：他指責之前的史家菲拉爾克斯（Phylarchus）在敘事中夾帶想像裝飾，藉此引發讀者的同情與憐憫。波利比奧斯宣稱：「史家不應以充滿感情的描述打動讀者，也不該如悲劇詩人般，試圖呈現可能傳達過的話語（波利比奧斯顯然避免引用直接的言詞）……他的首要任務就是精確記錄實際發生之事。」（II. 56）唯有做到真實，歷史才能產生功用。歷史是透過替代經驗來學習，歷史教訓是從已發生的事物推論出未來行動的方針。波利比奧斯經常以直接對讀者說話的語氣進行陳述，從這點看，他反而像極了希羅多德，而非修昔底德。儘管如此，波利比奧斯與希羅多德的影響卻大相逕庭：波利比奧斯呈現的不是希羅多德那種令人深信不疑的對話內容，而是堅定的道德說教，耳提面命的教誨關切，他在敘事中傳達了不應被忽視的歷史教訓。

此外，在提到波利比奧斯「修昔底德式的」對歷史功用的堅持時，我們往往忽略了他所選擇的主題。雖然波利比奧斯的作品核心是「漢尼拔」這場大戰的敘事，但整體而言，他的歷史作品似乎帶有一種希羅多德式的廣度與無所不包的野心。波利比奧斯既無希羅多德的史詩才華，也無希羅多德的娛樂價值，他的才氣亦不及修昔底德——有誰及得上修昔底德呢？但這些均無礙於他作為兩人的繼承者。波利比奧斯曾嚴詞批評專論性的歷史，亦即只研究單一主題的歷史，與普世性的歷史形成對比。然而政治與軍事史卻占了他寫作篇幅的絕大部分，而且他根據的是旅行與直接或間接的目擊證言。他對尺度的堅持反映出他所認定的世界變遷的樣貌：當前的世界史，其中心主題就是羅馬的興起，凡是偏離這個主題的歷史必然渺小而偏狹。對波利比奧斯而言，專論性的作家必定迫不得已訴諸文字的生動裝飾以掩蓋主題本質的匱乏（VII. 7）。波利比奧斯在提到他的主題與歷史的統一性時，顯然借用了亞里斯多德戲劇三一律的概念：「世上一切已知的領域如何、何時與為何歸於羅馬支配之下，這些事件應視為單一的情節與場景，有著可辨識的開場、固定的表演時間與公認的結局。」（III. 1）

如同其他的上古史家，波利比奧斯尋求並且找到了當時「最偉大的」事件作為歷史主題。但這個事件不可能是專論性的，因為對波利

比奧斯而言，該事件的表演場是整個已知世界。它是普世的歷史；這個歷史類別首次被提出，但它的普遍流行還要等到很久以後，特別是中古時代，也就是基督教提出普世主題之時。

> 我的歷史具有某種特殊性質，它關係著我們身處時代的非凡精神，而這正是我的歷史主題。正如命運女神操縱著世上一切事物走上同一方向，並且迫使它們匯聚於單一而相同的目標上，史家的任務因此要以縱觀全局的觀點向讀者呈現命運女神如何實現她的全盤計畫。正是這種現象從一開始便吸引了我的注意。(I.4)

波利比奧斯能夠寫出一部以目擊資料為基礎的普世史，是因為他以羅馬興起成為世界的支配者為主題，而這個主題對他來說又是最近才剛發生的事件，所需的時間尺度相對較短。例如，波利比奧斯不同於他的接續者李維，李維也追溯羅馬的興起，但波利比奧斯並不嘗試將敘事拉回到羅馬城建立之時，而且他對這類古物研究抱持著輕蔑態度（XII. 25e, i）。羅馬對義大利鄰邦的征服（這構成了李維作品的第一部分）被視為理所當然，而羅馬與凱爾特高盧人的相遇卻受到更多關注，因為波利比奧斯認為他們對羅馬日後的世界角色是項試煉。不過，如波利比奧斯所強調的，羅馬崛起成為世界強權的過程其實相當快速，時間不到一個世紀。因此，波利比奧斯的歷史既能在規模上做到無所不包，回溯的時間又能不超越今人的記憶範圍。

波利比奧斯是希羅多德與修昔底德的繼承者，為了便於說明，我們做了相當的簡化與省略。希羅多德與修昔底德有許多後繼者，遠超過我們所知。有幾位史家嘗試延續修昔底德的歷史，其中一位是色諾芬，我們曾經介紹過他。然而波利比奧斯只提過修昔底德一次，並且從未提到希羅多德。就一名上古史家而言，波利比奧斯並不吝於提及之前的史家姓名，這些人的作品早已亡佚，若不是波利比奧斯在作品中提到他們，我們不可能知道這些史家的存在。一如以往，波利比奧斯在提及這些史家時總是充滿批判，有時還帶著謾罵之詞，儘管如此，這些說法仍相當珍貴，因為它們挖掘出一度豐富但如今已然失落的史學世界一角。雖然波利比奧斯對其他史家相當挑剔，但他顯然知道歷史寫作是一份持續性的工作，就某種意義來說，它甚至是一件需

70

要分工合作的活動：他提到，他深信自己萬一在完成作品前死去，他的歷史必將由其他史家接手完成。當然，這說明了波利比奧斯認為自己的主題偉大到讓人無法忽略，但也顯示他對史家社群的敬意。

波利比奧斯提到的前輩有提邁歐斯（Timaeus，在第十二卷有長篇討論且不乏辱罵之詞）、埃佛魯斯（Ephorus）、菲拉爾克斯、提歐彭普斯（Theopompus）、阿拉特斯（Aratus）、菲利努斯（Philinus）與羅馬史家法比烏斯·皮克托（Fabius Pictor，不過他使用的文字是希臘文）。他們的作品如今都已亡佚，但對波利比奧斯而言，他們從事的史學領域是他試圖開展的，他在一些事例上也明顯遵循他們的作法，雖然其中帶有批判。他急切地主張這些史家未能適切掌握史學的契機，唯有他的作品才是真正的開創之作：「雖然有許多史家處理孤立的戰爭以及相關的某些主題，但就我所知，沒有人從概括與綜合的角度來檢視事件：事件何時發生，基於什麼原因而起，如何造成最後的結果。」（I. 4）我們對這些作者所知甚少，波利比奧斯是唯一的史料來源，一般而論他的說法也言之成理。然而，人們很容易對上古史學產生一種錯誤印象，忽略了其中絕大多數的作品並未流傳至今，這是為什麼即使波利比奧斯對這些史家充滿負面看法，其記錄仍值得我們參考。希羅多德、修昔底德與色諾芬由於早年獲得的權威與人氣而流傳至今，這確保了多樣的抄本，使他們的作品在往後數個世紀繼續流傳。我們可以合理相信其內容大致仍維持原貌；無論亞歷山卓還是後來的拜占庭，上古時代的圖書館員們展現了高度的鑑賞品味。但是名不見經傳的史家則罕能維持作品完整，大部分不是亡佚，就是僅剩節錄或摘要本。抄寫者考慮的是讀者興趣，而非保存史料。即便是李維，身為羅馬史家，他是波利比奧斯的主要對手，但他的作品也只剩下斷簡殘編。

作品的亡佚或殘存容易給我們一種過度化約與扭曲的印象，以為上古世界的歷史作品之數量與種類僅僅如此。修昔底德的歷史是政治與軍事史的專論，是一部強而有力的作品，而且某種程度上可能貶抑了希羅多德的聲譽，他對希羅多德仔細記錄的民間傳說興趣缺缺。儘管如此，修昔底德的歷史在上古時代並非毫無批評，也非唯一的仿傚對象。即使以修昔底德的例子為根據，我們認為上古史學很少使用文獻記錄，但以此認定羅馬史學亦是如此則過於浮誇。愛國主義、對古

71

代羅馬法的尊崇，以及對家族榮耀的重視（法比烏斯‧皮克托是羅馬初期史家之一，也是偉大的法比烏斯家族成員），這些羅馬特質只稍稍反映在希臘人對族譜、城市的建立與鄉土編年史的興趣上。稍後討論李維及其先驅時，我們將回到這個論點進行討論：李維作品的名稱《羅馬建城以來》（*Ab urbe condita*）清楚說明了他大膽且蓄意的反修昔底德主張。

如果我們想評估波利比奧斯的原創性以及他可能的學習對象，就必須瞭解波利比奧斯的前輩。我們要特別留意「普世史」這個類別，以及波利比奧斯之前的史家寫出何種普世史。就我們的標準來看，這些史家寫下的普世史，如我們討論的希羅多德時代的愛奧尼亞（Ionia）史家，似乎混合了地理學、民族誌、起源傳說與歷史，我們現在或許會稱這種歷史類別為「區域研究」。我們關注的主要是地中海盆地，尤其是西地中海地區。波利比奧斯當然知道波斯帝國曾往東延伸到極遠之地，並且以世界帝國自詡，而亞歷山大帝國是它的繼承者；但對他而言，亞洲的盛世早已「結束」。羅馬及其往南與往東的擴張，才是目前正在進行的世界史。

波利比奧斯輕視前人的努力，認為他們（菲利努斯、法比烏斯、埃佛魯斯與提邁歐斯）在處理西地中海與希臘的問題上，未能寫出一部統一的歷史，反而提出分裂無序的鄰近諸國史事，缺乏有組織的中心主題（I. 4）。其他史家也受到各種不同的輕蔑：菲拉爾克斯寫的是生動的虛構故事，希臘史家提歐彭普斯以不莊重的語言描述馬其頓的穢亂宮廷。波利比奧斯顯然是所謂「歷史的尊嚴」（dignity of history）（以十八世紀英格蘭的說法為例）的堅定支持者（VIII. 10）。總之，之前的史家未能掌握羅馬興起的重要意義，以及這項重大事件提供的新史學契機。人們終於能有機會寫出一部普世史，波利比奧斯的目標就在於此：「由此觀之，歷史成了一個有機的整體：義大利和非洲的事務與亞洲和希臘的事務連結起來，所有的事件構成一個關係，並且朝向單一的目的前進。」（I. 3）波利比奧斯的語氣就像一位胸懷願景的史家，他在當中找到了自己畢生的志業：「正如命運女神操縱著世上一切事物走上同一方向，並且迫使它們匯聚於單一而相同的目標上，史家的任務因此要以縱觀全局的觀點向讀者呈現命運女神如何實現她的全盤計畫。」（I. 4）希臘人必須瞭解發生了什

72

麼事，方能學習如何生存於羅馬世界。

　　波利比奧斯說，他以羅馬人首次橫渡海洋（到西西里）的時刻作為開場前言。他也暗示，這麼做其實背後還有其他原因，因為這個時間點剛好接續提邁歐斯歷史結束的時間，「也就是第一百二十九屆奧林匹克運動會」（264-260 B.C.）（I. 5），而波利比奧斯的歷史開始於第一百四十屆奧林匹克運動會（220-216 B.C.）。波利比奧斯也在希臘編年史上標示出羅馬在義大利建立權力的起點，特別是伯羅奔尼撒戰爭的結束與斯巴達的式微（I. 6）。羅馬人堅定地與薩姆尼人（Samnites）及凱爾特人在義大利戰鬥，並於西元前二八〇年成功擊退伊比魯斯王皮洛斯（King Pyrrhus of Epirus）的入侵而稱霸義大利。之後（第二卷），波利比奧斯相當不尋常地探討其他不相干的主題：他對義大利北部與阿爾卑斯山南部高盧人的地理與民族做了考察。

　　西西里是羅馬人首次與迦太基人發生衝突的地方，因此波利比奧斯敘事中比較詳盡的部分，便以第一次布匿克戰爭事件作為起點。他一如以往地主張自己主題的偉大，無論是布匿克戰爭的漫長與變化無常，還是雙方實力相近僵持不下。這兩個國家「仍（後面提到『日後』兩字，隱約暗示波利比奧斯抱持著保留的看法，對此我們必須重新加以討論）有著未腐化的風俗與制度」且「兩個國家都受到命運女神有節制的眷顧」，而這將是波利比奧斯的另一個主題，日後將對此再作思量（I. 13）。波利比奧斯又說，兩位被視為權威的史家法比烏斯與菲利努斯，都對羅馬與迦太基抱持錯誤的偏見。他想糾正這些偏見：「如果歷史真實遭到剝奪，我們只剩下無用的故事。」事實上，波利比奧斯顯然緊隨法比烏斯與菲比努斯的做法（I. 13, 14）。

　　雖然羅馬與迦太基的戰爭構成波利比奧斯作品的敘事核心，但他也意識到普世史加諸的責任：「我……將致力於描述一切已知世界發生的事。」（II. 37）因此，波利比奧斯也處理希臘事務，而當時希臘正由兩個敵對的城邦同盟所支配，一個是亞該亞同盟（Achaean League，波利比奧斯是亞該亞人），另一個是埃托利亞同盟（Aetolian League）。羅馬藉由入侵伊利里亞（Illyria）而捲入希臘事務之中，而伊利里亞當時正與埃托利亞人發生衝突。隨著第二卷的終了，波利比奧斯完成了他的前言，並且準備進行他的偉大主題：「世上一切已

知的領域如何、何時與為何歸於羅馬支配之下」。

我們不得不佩服波利比奧斯在歷史事業上的野心，而且基本上他也是正確的：羅馬力量的成長在當時已是明顯的事實。然而我們也必須坦承，波利比奧斯在短時間內故意轉換焦點，從希臘到馬其頓，從埃及到西班牙，目的是為了完成以編年形式書寫世界史的計畫，但這種做法卻造成斷裂，並且使不熟悉這段歷史的人一頭霧水。實際維持這部作品的，除了布匿克戰爭的中心敘事外，是波利比奧斯的個人風格：他將精神貫注在因果、比較、構成要素、經驗教訓與命運影響上，並且將這些要點結合在「實用歷史」的大旗之下。作為歷史敘事，波利比奧斯作品的強項在於它對軍事歷史的處理，若說這是得益於某些已經亡佚的戰術作品也不令人意外，而這也構成其作品的主要部分。不同於其他上古史家，波利比奧斯講求精確與分析，而且讓人信賴。布匿克戰爭敘事的核心是迦太基將領漢尼拔長期入侵義大利，而波利比奧斯對於漢尼拔的非凡事業與卓越將才也給予崇高的敬意。

如我們所見，波利比奧斯遵循修昔底德的看法，他反對歷史寫作僅是為了娛樂。例如，他嚴詞批評菲拉爾克斯的敘事充滿生動想像的細節：

> 為了激發讀者的憐憫與同情，他描述婦女彼此緊挨著拉扯頭髮與裸露胸部，此外他也刻畫了男女老少淪為囚徒時悲傷啼哭的場景。（II. 56）

波利比奧斯是專業史家的原型，他依循嚴謹的歷史真理之路。（想必在這條道路上，總是充滿著菲拉爾克斯與波利比奧斯這兩種類型的人物。）我們可以看到他的敘述中有不少這樣的例子，尤其是在嚴峻的時刻，例如漢尼拔的軍隊翻越阿爾卑斯山這段歷史上最著名的插曲（III. 47-55）。波利比奧斯認為，舌粲蓮花的史家經常自相矛盾，他們一方面為漢尼拔喝采，說他是偉大而富遠見的將領，另一方面又不得不戲劇化地描述漢尼拔在翻越阿爾卑斯山時受困於艱險之中。為了破解矛盾，這些史家將神意帶進「理應屬於事實的歷史之中」。波利比奧斯似乎一心想證明漢尼拔的善於計算，認為他的成就完全出於人力而非神明所為。波利比奧斯告訴我們，他曾親身進入阿

爾卑斯山區以得到第一手的經驗。不過在他陳述幾個段落之後，我們看到山崩造成道路中斷，馱獸掉落斷崖，騾子與馬匹在雪堆中動彈不得——這些全是生動的歷史舞台道具。對於身為史家的波利比奧斯而言，這些形象的描述或許不算是一種墮落，而是一項證言，用以說明軍隊要翻越阿爾卑斯山，無論有無大象，一般的後勤補給都會遇上很大的困難：有時候歷史就是會有生動的一面。

　　另一個戲劇化的時刻或許也是如此，亦即迦太基攻占塔倫圖姆（Tarentum），波利比奧斯公允地描述這個事件：內奸在城內渺無人煙的墓地（這點很不尋常，在上古時代，墓地居然是在城內）點火為號；羅馬軍官飲酒狂歡；在城的另一邊，守衛認識的年輕男子帶著一頭大概是他獵得的野豬進城，他後面跟著迦太基士兵；塔倫圖姆人的恐慌與羅馬人的屠殺（VIII. 24-30）。（李維〔XXXV. 8-10〕在獵捕野獸回城這個詭計上著墨較多，但欠缺戲劇性。）波利比奧斯無疑地也藉由詭計來陳述這段攻城史事，但他將詭計與令人興奮的情節巧妙地結合在一起。

　　波利比奧斯深諳戰術與武器，也明白它們對軍事勝敗的影響，他在自己的歷史作品中以完整的章節（VI. 19-42）系統而廣泛地描述羅馬軍隊的組織、戰術與裝備；這個歧出的主題在文藝復興時代大受歡迎。他對相關技術細節的重視也顯現在別的章節，例如在西西里海戰中，他詳細描述羅馬人發明的攻擊武器「烏鴉」，這種固定在船頭的武器在戰場發揮決定性的效果（I. 22-3）。他也讚揚數學家阿基米德（Archimedes）發明的精巧裝置擊退了圍攻敘拉古的羅馬軍隊（VIII. 3-6）。（然而李維提到，當敘拉古陷落時，阿基米德正在沙上畫圖，一名羅馬士兵殺死了他。）波利比奧斯對羅馬人遭遇北義大利凱爾特戰士的描述，提供了對各種武器與戰術的完善研究。羅馬標槍用來對付高盧人相當有效，部分原因出在高盧人的盾牌防護不良：

　　　高盧人使用的盾牌無法遮蔽整個身體，所以這支軍隊赤裸的高大身軀便成了羅馬標槍的明顯目標……羅馬的盾牌——我該做些解釋——更利於防禦，他們的劍也更利於攻擊，因為高盧的劍只能用來劈砍而不能用來突刺。（II. 30）。

76

　　高盧的劍還有容易彎曲的缺點，「除非戰士們有時間以腳踩劍用力將其扳正，否則第二擊根本沒有殺傷力。」（II. 33）對軍事硬體與特質的專家來說，波利比奧斯的描述極為詳盡清楚。他對特拉西米尼（Trasimene, 217 B.C.）與坎尼（Cannae, 216 B.C.）這兩場關鍵戰役的描述令人信服，沒有明顯的誇大或裝飾修辭；這兩場戰役是漢尼拔軍隊得以在義大利立足的關鍵。值得一提的是，當波利比奧斯如人們預期的提到將領們對士兵演說的要點時，他用的是間接的講詞。然而，一字不漏完全引用講詞的情況愈到作品末尾數量愈多，也就是波利比奧斯愈來愈接近事件發生的時間，乃至於可能參與其中的時期。

　　波利比奧斯的弱點，至少對我們而言，不是過度的修辭，而是簡潔。他的信條是歷史必須為有用而寫，他喜歡為他的戰爭敘事添上建議，如同對政治事物提出建言。我們必須坦承，他的看法有時是陳腐的，甚至是贅述。波利比奧斯要我們相信人性是不可靠的（II. 7），我們不該仰賴命運女神永遠的眷顧（I. 35），帶兵的將領若是懦夫或蠢蛋，必然造成毀滅性的後果。贅述的傾向可以從以下的說法得到例證，如「鹵莽、過於大膽、盲目衝動、虛榮或愚蠢的野心」都是予人有機可乘的弱點，波利比奧斯似乎無視於用詞的選擇早已決定了結果（III. 81）。比較有趣且不陳腐的格言，則使人忍不住想替他冠上時代倒錯的形容詞：「馬基維利式」。例如，波利比奧斯對於兩種逆來順受的人所做的區別，一種是屈服於環境，另一種是哀莫大於心死。後者可以信任，前者不可（III. 12）。另一句格言是，勝利後的仁慈，如西庇阿的做法，才是好策略（X. 36）。更庸俗的「馬基維利式」做法，是他支持西庇阿以迷信激勵士氣（X. 11）。波利比奧斯支持宗教為政治服務的做法不是偶然：這正是他讚美羅馬的原因之一。

　　我們已經看到，對波利比奧斯而言，歷史最重要的是真實，唯有以真實為基礎，才能從中提煉出經驗教訓——無痛的教訓，不同於直接的體驗——而這些教訓構成了歷史的用途與理由。波利比奧斯的作品散見許多他對史家任務的理解，但最完整的描述出現在第十二卷，可說近乎痴迷地苛評其他史家的錯誤，尤其是針對提邁歐斯。這些攻擊令人感受到波利比奧斯心胸之狹窄與酸腐之學究氣息，但整體而論卻也呈現出當時的歷史態度。根據波利比奧斯的說法，提邁歐斯飽覽

群書：「他忽略第一手研究，而這才是史家最重要的責任。」由於史家無法親眼見到一切事物，他能做的就是盡可能詢問更多的人，並且判斷對方話語的真假。然而，提邁歐斯深陷於夢想、預兆與其他迷信之中。在記下將領與政治家演說的同時，提邁歐斯已預先決定什麼是該說的，並且將其組織成想像的講詞，彷彿他進行的是修辭的習作：「他既未記下實際的講詞，也未寫下合乎原意的演說。」

提邁歐斯在雅典已接觸過其他史家的作品，他認為自己掌握了寫史的材料。提邁歐斯屬於那群經常出現於圖書館，並且埋首於回憶錄與記錄的史家。根據波利比奧斯的觀點，套用卡萊爾（Carlyle）的話來說，提邁歐斯是「枯燥無味的學究」史家。文獻史料有一定價值，但不完全適合用來書寫最近事件的歷史（XII. 25e），因為當代的歷史需要，以波利比奧斯的話說，「實際參與這些事件的人的說法」。沒有經驗的人，無論是文職或武事，不瞭解實際事務，便無法為他人指點迷津。「對於一個沒有上過戰場的人來說，要將軍事行動寫得精采是不可能的，同樣的，一個從未參與政治或見識政治場面的人，不可能處理好政治主題。」（XII. 25h, g）因此，文獻研究對史家的重要性只能居於第三位，排在相關地誌學知識與實際經驗之後。提邁歐斯並未親眼目擊事件，他「比較喜歡靠他的耳朵」，而使用耳朵是比較差的方法——而提邁歐斯又以更差的方式運用他的耳朵；「要不是透過閱讀，就是藉由檢視目擊者」來學習，提邁歐斯卻選擇了前者（XII. 27a）。（比較有趣的是，波利比奧斯認為閱讀是透過耳朵接受資訊。）波利比奧斯並非全然鄙視文獻，例如他發現漢尼拔用來銘刻迦太基軍情的銅盤：這是另一種形式的目擊證言，「我認為這份證據絕對有其價值。」（III. 33）

對波利比奧斯而言，歷史與實務經驗者之間的關係是互惠的。後者造就出最好的史家，以此而論，最能從實務中學到東西的人往往深諳歷史教訓。波利比奧斯是我們所知第一位公然將歷史視為政治事業訓練的人，雖然他認為這是普遍的說法。他說，所有史家都相信「從最真實的意義而言，歷史研究既是政治事業的教育，也是訓練，要學習如何忍受命運女神的威嚴與擺布，方法無他，就是以他人遭受的災難來提醒自己。」（I. 1）

就其最關切的因果關係與羅馬興起這項有待解釋的中心事件來

看，波利比奧斯歷史作品的兩個面向「普世歷史」與「實用歷史」彼此並不衝突，而且還互補。唯有大尺度的比較歷史，才能提供因果研究所需的比較樣本，這就是彌爾（J. S. Mill）所謂的「差異法」（the method of difference）：根據波利比奧斯的說法，「到目前為止，歷 79 史寫作最重要的部分在於思考事件的結果、事件發生的環境，以及事件發生的原因……而這些全要從通史的角度加以辨識與理解」，光憑專論研究是辦不到的（III. 32）。

　　波利比奧斯比較了醫療實務的觀察方法，並且在第二次布匿克戰爭爆發之際對戰爭的開始、理由與原因做出區別。事物的原因形塑了目的與決定，而事物的開始是將目的與決定付諸實行（III. 6）。為了追溯原因，波利比奧斯將首要重點放在法律與制度的影響上，尤其是（以羅馬的例子而言）政治體制方面，這是他整本書的核心所在（VI）。在與迦太基人艱困的長期鬥爭中，羅馬人的愛國主義、決心與堅定的特質受到最嚴厲的試煉。在關鍵時刻給予他們最大優勢的，不是物質資源而是道德特質。這些特質是羅馬的法律與制度培養出來的。羅馬風俗是公眾精神的溫床，例如，為了榮耀傑出人士而舉行的葬禮儀式與演說：「很難想像有比年輕人渴望贏得名聲與實踐美德更令人印象深刻的場景。」（VI. 53-4）「美德」（Virtue）總是意味著公共的美德，身為一個男人（vir）該有的特質。波利比奧斯提到聞名的霍拉提烏斯（Horatius）在橋上犧牲自己逐退羅馬敵人的英雄故事。這段插曲也見於麥考萊（Macaulay）的《古羅馬詩歌》（*Lays of Ancient Rome*）中；李維也提到這個故事，不過在他的敘述中，霍拉提烏斯並未身亡。這位霍拉提烏斯是獨眼的霍拉提烏斯，不同於另一位普布里烏斯·霍拉提烏斯（Publius Horatius），後者的故事激勵賈克·路易·大衛畫了《霍拉提烏斯兄弟之誓》（*The Oath of the Horatii*）。如我們所見，透過公開宗教儀式來操縱迷信是波利比奧斯讚許的：這麼做可以「讓羅馬團結一心」，因為群眾只能以神祕的恐怖加以控制。在羅馬，宗教事務被「奉為神聖，而且經常涉入公共與私人生活，其重要性無與倫比」。對波利比奧斯來說，信仰與儀式的引進是「古代人」明智的政治措施，現代人拒絕這些做法要甘冒很大的風險（VI. 56）。 80

　　羅馬在坎尼遭受漢尼拔的挫敗後幾乎一蹶不振。根據波利比奧斯

的說法，唯有靠著羅馬體制「特有的美德」，才使羅馬得以克服難關
（III. 118）。羅馬體制正處於全盛時期，以波利比奧斯的話來說是
「高貴的景觀」，相反的，迦太基人的體制已處於衰頹，亦即變得更
民主。在亞里斯多德之後，尤其是文藝復興時期到十八世紀的強盛恢
復期，波利比奧斯成為三類型政治體制觀的權威，他主張三種政治體
制的循環：從純粹形式淪為腐敗形式（君主制變成僭主制，貴族制變
成寡頭制，民主制變成暴民統治），而後改正為原先的對立形式。波
利比奧斯認為這個循環可以藉由三個要素間的均衡而中止，或至少中
止一段時間，這個觀點在十七、十八世紀的英格蘭特別流行；對當時
的英格蘭人而言，波利比奧斯的觀念引起他們的共鳴，亦即羅馬人達
成均衡不是藉由論證而是藉由試誤（VI. 10）——英格蘭輝格傳統不
厭其煩地強調英格蘭這個有別於法國的特色。

　　波利比奧斯認為，雖然羅馬體制在第二次布匿克戰爭仍處於極盛
期，但均衡及其伴隨的腐敗，兩者密不可分的特徵卻令人憂心。波利
比奧斯認為羅馬帝國還沒到衰亡的時候，但羅馬的體制「將會自然演
化而趨於腐敗」，因為「每個體制有著固有而密不可分的邪惡」
（VI. 9, 10）。波利比奧斯在一段特別悲觀的文字中表示，在特拉西
米尼與坎尼兩次慘敗之前，衰敗的跡象已逐漸顯示在煽動的政治情勢
中，導致庸懦將領的上台，並且往民主元素傾斜，「這是羅馬人民主
化的第一步」（II. 21）。

　　煽動群眾是一種腐敗與衰退的症狀，它直接關連著循環理論。這
兩種症狀還有其他比較傳統的徵候：奢侈，通常與異國影響有關。如
同希臘人責怪波斯人，羅馬人，特別是羅馬初期嚴肅的道德家與史家
監察官卡托（Cato the Censor），也責怪希臘人。波利比奧斯支持這
個觀點。當馬其頓的富家大族被遷到羅馬之後，奢華與誇飾就成了征
服與帝國的代價（XXXI. 25）。過度富足是一種危險。傲慢這個古
老概念——希羅多德曾經提到，以富裕聞名的克羅索斯王因傲慢而失
敗——似乎使藉由貿易與征服而致富的純樸農業社群開始感到憂心。
這種憂慮流傳到十八世紀，鼓舞了愛德華·吉朋對羅馬帝國的衰亡進
行描述，他的作品足以媲美比他早兩千年的波利比奧斯；而文藝復興
時代的史家，特別是馬基維利，從羅馬史家薩魯斯特（Sallust）與李
維的作品得出這樣的憂慮。奢侈與貪汙造成政治敗壞，這項結論成為

十八世紀英格蘭反對言論的主要說詞。同時，不令人意外的，從文藝復興到十八世紀也是波利比奧斯影響歐洲歷史與政治思想的顛峰時期。

　　波利比奧斯如果曾思考過羅馬衰亡的原因，應該會認為羅馬的衰亡不僅如他遙遠的後繼者所主張的，在於奢侈、腐化與體制失衡，也源自如他認為的羅馬興起的原因，亦即命運女神的擺布。我們可以確定這點，因為凡是大規模的歷史發展，波利比奧斯必定歸咎於命運女神：思考歷史發展的原因一直是波利比奧斯的興趣。命運女神決定而且導致羅馬對世界的支配。命運女神「操縱著世上一切事物走上同一方向，並且迫使它們匯聚於單一而相同的目標上」。羅馬的勝利是命運女神的傑作，她過去從未「穿戴過如此的展示品，這是我們有生之年從未見過的偉業」，也是「最卓越與值得我們思索」的一項成就（I. 4）。這種描述聽起來像是宗教語言，事實上，波利比奧斯確實將命運擬人化成女神的模樣。而命運也以女神的樣貌在中古時代與文藝復興大行其道。人們很自然將波利比奧斯的「命運女神」當成一種神佑。然而波利比奧斯也提到命運女神的行事憑藉的是盲目的偶然。命運女神對事件的處置完全是獨斷專行。命運作為一種偶然，只能在人類殫精竭慮仍無法說明時，才能當成一種解釋。波利比奧斯說，將這類不可預見的偶然歸因於「神祇或運氣的影響」是合理的。但作為偶然因子的命運女神概念似乎無法計畫與導致羅馬興起這麼一個長期而廣大的現象，羅馬興起一方面似乎不違背人類理性，因為波利比奧斯可以清楚說明它的原因；但另一方面似乎又違背了人類理性，波利比奧斯坦承，有時他認為布匿克戰爭似乎只是險勝。我們必須做出如此的結論：波利比爾斯的命運女神概念本質上是矛盾的，雖然這個概念對他來說非常重要。

　　波利比奧斯想指導而非吸引他的讀者。他是試圖運用歷史使其作為日後歷史學科（或更常見的說法，政治學科）基礎的史家。為了建構這類學科，十八世紀的學者還特別將目光轉向波利比奧斯。從他渴望從歷史中找到中心主題，想保持相對超然與精確，想從歷史中汲取有用的教訓來看，波利比奧斯比在他之後的偉大羅馬史家（薩魯斯特與李維）更接近我們的思想年代，以薩魯斯特與李維而言，他們的重點是道德，而非波利比奧斯所謂的實用。因此，或許在現代讀者心

82

中，波利比奧斯並未獲得太多共鳴，我們對熱情、甚至煩悶投入自身時代的其他上古史家，反而更能感同身受。我們有更接近自己的歷史教訓指導者：馬基維利、孟德斯鳩、休謨、亨利‧亞當斯。但波利比奧斯是他們的先驅。波利比奧斯對自身時代的中心主題，羅馬的興起，做了廣大的描述，還具體表現出他的關切，這使他在史學史上一直居於顯赫而特出的地位。

第五章
薩魯斯特：一座待價而沽的城市

　　薩魯斯特全名為蓋烏斯・薩魯斯提烏斯・克里斯普斯（Gaius 83
Sallustius Crispus），他於西元前四〇年代初期寫下為他樹立名聲的
作品。他描述的時期是離他最近的歷史。他的聲譽建立在兩篇幾乎屬
於當代歷史的短篇專論上；他也寫了西元前七〇到六〇年代的通史著
作，但這部作品如今只剩下斷簡殘編。在上古世界與中古時代，薩魯
斯特因其歷史內容與著名的簡潔風格而聞名於世，且歷久不衰。塔西
佗讚美薩魯斯特，如同薩魯斯特讚美修昔底德，而聖奧古斯丁（St
Augustine）也引用了他的作品。薩魯斯特卓越的名聲建立在兩篇並
非最重要事件的短論上。

　　其中一個主題是西元前二世紀末發生在北非的殖民戰爭，對象是
努米底亞國王尤古爾塔（Jugurtha）。薩魯斯特照例主張其主題的重
要性，他說這場戰爭標誌著羅馬世界內部鬥爭的開始，但這是自圓其
說的說法：與其說薩魯斯特因尤古爾塔戰爭而出名，不如說尤古爾塔
戰爭因薩魯斯特而聲名遠播；薩魯斯特之所以被這場戰爭吸引，可能
因為他自己正是半個世紀後的努米底亞（Numidia）總督。薩魯斯特
的另一個主題是卡提里納（Catiline）陰謀以武力推翻（65-62 B.C.）
羅馬執政當局，這個主題的確值得注意，它不僅因薩魯斯特而流傳後
世，也因西塞羅（Cicero，他在當時的關鍵時刻擔任執政官）的四篇
著名演說而不朽。薩魯斯特認為這項陰謀代表對羅馬共和國的重大威
脅，而且是史無前例的邪惡與犯罪事業。當然，要是這項陰謀得逞，
影響將非常深遠；它是政局動盪與目無法紀的徵兆，使西元前一世紀
的羅馬數度陷入內戰。

　　薩魯斯特是這個動盪世界的政治人物，他年輕時對尤古爾塔戰爭 84
的記憶猶新。卡提里納的陰謀是當代事件，薩魯斯特於事發二十年後
描述此事。薩魯斯特是尤里烏斯・凱撒（Julius Caesar）的門客，後
者涉嫌參與這項陰謀，這個懷疑或許不盡公平，有人認為《卡提里納

的陰謀》（*The Conspiracy of Catiline*）是為凱撒脫罪而寫的宣傳品，但這個說法沒有得到充分證據。雖然薩魯斯特完成的是兩部個案研究而非連續性的描述，但他的作品介紹了西元前一世紀上半葉政治場景的重要人物，包括兩位政治冒險家馬里烏斯（Marius）與蘇拉（Sulla），他們相繼主宰羅馬數十年，並且進行了無情的屠殺與放逐（宣告政敵是非法的）。兩人都在尤古爾塔戰爭中聲譽鵲起，薩魯斯特描述兩人的生平，讚美他們的才能，並且痛惜他們日後的際遇。作品並未深入描繪西塞羅或龐培，龐培在《卡提里納的陰謀》中只是邊緣人物，但薩魯斯特卻記錄了凱撒的一篇演說與頌辭。

　　西元前一世紀，如當時史家普遍認為的，羅馬共和國問題的核心在於金權政治的擴張，這種政治型態因不斷征服而擴大，而且壟斷了義大利大部分土地，並且利用奴隸來從事耕作。這種情況，加上共和國要求士兵——這些人理論上在役期結束後可以返回自己的農地——到遠離羅馬之地長期服役，導致民兵軍事體系的瓦解。馬里烏斯察覺到這個新現實，他大幅降低服役的財產資格，事實上，他創造了一支龐大的專業化部隊，並且仰賴指揮官來籌措軍隊的糧餉與退休金。這是務實的做法，卻帶來可怕的後果，當統率大軍的各省總督成為半獨立的軍閥時，軍隊效忠的對象便轉向各省總督而非共和國。馬里烏斯、蘇拉與隨後的凱撒其實都掌握了兵權，而龐培也威脅做出相同的事。在此同時，舊元老院菁英（堅決維持自身的特權與壟斷國家重要官職）與「新人」（馬里烏斯是其中的代表，這些人以自己的能力開創事業贏得財富，並且憎恨舊貴族的高傲）間重大的政治嫌隙成為薩魯斯特敘述其時代的焦點。

85　　薩魯斯特於西元前五十二年成為護民官，亦即平民的官方代表與上層權威。他顯然同情新人，而且在演說中，尤其是透過馬里烏斯之口（*Jugurthine War*，85.10-48），雄辯滔滔地責難傳統菁英的貪婪自私。薩魯斯特的官運多舛，對照他頻繁而熱切地抨擊公眾生活的貪婪與低水準，無疑相當諷刺：他於西元前五〇年被人以不道德為由逐出元老院，但凱撒仍支持他。內戰時，薩魯斯特在凱撒麾下任職，西元前四十五年，凱撒任命他為努米底亞總督，他在當地因敲詐勒索而惡名昭彰。凱撒遇刺之後，薩魯斯特退出政壇，成為一名非常富有的人。在序言中，他讚美自己的退休生活，高興自己擺脫了公眾的嫉

妒、中傷與卑躬屈膝。他表示，真實的人生在於培養自身的知性力量與追求相稱的名聲；這裡展現出他斯多噶式或者說是柏拉圖式的高尚心靈。藉由寫史來描寫偉大事功，這是最好的人生，與實際建功立業相比毫不遜色。薩魯斯特對於自己當下心靈之平靜，以及自己的公正超然與跳脫腐敗政局卑劣的政治發跡行徑感到慶幸，而這也表現出真正的解脫，因為如今他已成為富人，但有時人們會感受到這位過氣政治人物在指責中帶有的苦澀或矛盾情結。

薩魯斯特與其他同時代的人都有著極悲觀的看法：羅馬共和國的道德陷入極度衰微。他公開讚揚監察官卡托的傳統主義態度，並且提到卡托的曾孫（與卡托同名，*Catiline*，52.8-53.4）曾經發表風格類似的有力演說。薩魯斯特成了一位具有高度影響力的批評者，他抨擊奢侈與貪婪等惡行破壞了羅馬昔日簡樸與廉潔的美德，例如他反對像亞洲一樣沉溺於雕像、圖像與浮雕盔甲的愛好，認為這將敗壞羅馬軍隊（*Catiline*, 10.6）；他有關浮雕盔甲的說法頗令人信服。薩魯斯特通常將重點放在自己顯然相當清楚的事物上：當代公眾人物的性格與弱點，特別是他們受不了賄賂的誘惑。薩魯斯特仍具有昔日羅馬公共美德的典型理想；此種美德的衰頹是近期的現象而且構成令人羞慚的反差。他對新風俗的刻畫一般來說相當辛辣而準確，即使其中必定帶點誇大。他的兩篇專論將焦點集中在兩個彼此相關但內容全然不同的政治惡行上，它們代表現實上無所不在的罪惡：《尤古爾塔戰爭》中的貪汙，《卡提里納的陰謀》中作為貪婪表現的毫無原則的野心。

《尤古爾塔戰爭》有兩個面向：明顯可見的軍事行動，以及政治陰謀的隱密運作；後者通常是決定性的因素，其運作的內容包括藉由內奸捕獲尤古爾塔使戰爭得以結束。在明顯可見的軍事行動背後——通常是羅馬人占上風，努米底亞人不得不採取殖民地戰爭特有的打跑戰術——存在著第二種較不可見的競爭，這種競爭因羅馬元老院議員與努米底亞廷臣的貪汙而產生了微妙平衡。在薩魯斯特的描述中，事件過程經常是誰成功地收買了誰：這是一個個人舞弊影響公眾事務的世界。尤古爾塔，一位附庸國的國王，他獲取王位的方法使羅馬對他產生懷疑，而他成功買通了元老院，使元老院議員依照他的利益行事。薩魯斯特對此的評論是，「公益被私利所犧牲，這種狀況經常發生。」（*Jurgurthine War*, 25.5）在此同時，羅馬指揮官派人帶回尤古

86

爾塔，他們買通尤古爾塔的左右，與其結盟促其背叛尤古爾塔。然而這些指揮官自己也免不了受到賄賂。對於被派往統率大軍的執政官，薩魯斯特做了極具特色的評論，他認為執政官再怎麼優秀，貪婪都將使其一無是處。一旦遭到收買，指揮官就會同意停戰（28.2）。

在此，薩魯斯特選擇了護民官當選人蓋烏斯·門米烏斯（Gaius Memmius）作為他的傳聲筒，門米烏斯是一位著名的反貴族人士。薩魯斯特提到門米烏斯發表了一篇演說，並且以慣常的語氣說道：「他的說法大致如下。」門米烏斯抨擊貴族派系為了保護自身地位而濫用權勢，並且以貴族的腐敗作為他攻擊的核心：

87　　　這些以國家統治者自居的人物是何方神聖？他們手上沾滿鮮血，無惡不作。他們貪得無厭充滿罪惡，儘管如此卻自鳴得意，一切都能出賣：榮譽、名聲、天性、情感，事實上每一種美德，以及每一項惡行，對他們來說都是獲利的來源。（31.16）

門米烏斯的演說反映了西元前一三〇與一二〇年代發生的事件所殘留的影響，當時的護民官格拉庫斯兄弟（Tiberius and Gaius Gracchus）曾採取激烈措施協助窮人，但卻遭到謀殺；門米烏斯也清楚提到這個事件。讀者因此容易產生一種印象，認為薩魯斯特對於尤古爾塔受到何種處置這類表面事件投入過多的熱情，然而這點可以從當時緊繃的敵視貴族的氣氛得到解釋。薩魯斯特將暴民對尤古爾塔的怨恨歸因於階級仇恨而非愛國主義。這種相互間的政治仇恨可說是《尤古爾塔戰爭》的次要情節。薩魯斯特追溯仇恨的根源直至迦太基戰敗（西元前一四六年）。在缺乏外在威脅之下，有用的約束遭到解除。內鬥是和平與繁榮的產物：

　　　羅馬共和國分裂成幾個彼此攻伐的派系，並且隨之產生各項惡行，這種現象源自於數年之前，它是和平與物質繁榮的結果，而人們曾經視此為最大的賜福。在迦太基毀滅之前，人民與元老院和平地分享政府，而且適當地自我約束，市民不競逐榮耀或權力；對敵人的畏懼保留了國家的良好道德。但當人民從這種畏懼解脫，繁榮最喜愛的惡行，放縱與驕傲，隨之出現。因此，過去

在災難中長久渴求的和平與安寧一旦獲得之後，反而比災難時期
帶來更大的悲慘與苦澀。（41.5）

貴族濫用權力，人民濫用自由，「每個人都極力為自己巧取豪
奪」。但貴族坐享優勢：「人民承受軍役的負擔，戰爭的果實卻被將
領取走。」然而當這一天來臨之時，「貴族掌權，他們喜歡真實的榮
耀更勝於不義的支配：於是國家如同遭遇地震一般，因內爭動搖了根
基。」（41.5）薩魯斯特指的是遭寡頭政權謀殺的格拉庫斯兄弟。在
他們遭受政治謀殺與放逐之後，這些不妥協的貴族註定活在恐懼之
中。讀者看完不禁感受到，訴諸極端使得事物毫無轉圜餘地；這令人
聯想起修昔底德對科西拉內部秩序崩潰的描述。

門米烏斯演說的結果，尤古爾塔被召回羅馬，在此同時，尤古爾
塔還賄賂了留守努米底亞的羅馬軍官。他在羅馬得到他收買的一名護
民官的保護，因而免於被憤怒民眾傷害。元老院命他離開羅馬，他回
頭看著這座城市，感悟地大聲說道：「那是一座待價而沽的城市，只
要找到買家，它的日子屈指可數。」（37.3）

根據薩魯斯特的說法，這場對尤古爾塔進行的鬥爭受制於相同的
動機：貪婪。羅馬指揮官奧魯斯·阿爾比努斯（Aulus Albinus）選擇
圍攻尤古爾塔積聚財寶的小城；人們覺得這項軍事行動並無不合理。
然而，尤古爾塔成功賄賂了羅馬軍官，就連基層的百夫長（centu-
rion）也被收買，他藉由羅馬軍隊的叛變而取得勝利。新派往努米底
亞的指揮官，也就是執政官梅特魯斯（Metellus），他不接受賄賂，
這令尤古爾塔大為意外。（讀者也同感驚訝。）尤古爾塔派使者前去
賄賂，卻中了反間計，使者反而被梅特魯斯所收買。梅特魯斯的接任
者是馬里烏斯，他於西元前一〇七年被選為執政官；馬里烏斯是位能
幹的指揮官，出身低微卻素有野心。薩魯斯特曾讚美他的優秀特質
（63.6），也曾惋惜他當上執政官後日漸高傲，儘管如此，薩魯斯特
在《尤古爾塔戰爭》（85.10-48）中引用他最令人印象深刻的一篇演
說，用以對照馬里烏斯的功績與其他世襲貴族的特權，演說顯示馬里
烏斯是個平易直率、貼近民眾的人物，他的言語毫無故作優雅的毛
病：

88

　　我無法為了讓你們對我產生信任，而強調我祖先的肖像、勝利與執政官職。然而有必要的話，我可以展示槍矛、旗幟、勳章與其他軍事榮譽，更甭提我身上的傷疤——它們全位在身體前側。這些猶如我的家族肖像與我的貴族榮銜，它們不像肖像、榮銜是傳承而來，而是在無數冒險犯難中贏得。

89　　我未仔細選擇言詞。我不認為言語技巧有何重要可言，真正的功績一望即知，毋須言語裝飾。我的對手需要演說技巧幫他們掩飾自身的淺陋。我未曾研讀希臘文學；我對學問也無興趣，學問對教授者的性格並無助益……他們說我粗鄙無文，因為我不知道如何舉辦優雅的晚宴，也不知道邀請演員來到桌前，或者不懂得聘請身價比我的農場管理員還昂貴的大廚……

　　馬里烏斯在努米底亞是位成功的將領，但最後一幕的結局卻是變節與馬里烏斯副手蘇拉的圖謀。尤古爾塔的盟友，摩爾人的國王波庫斯（Bocchus），在經歷兩次失敗後重新思考。薩魯斯特忍不住添了一句：「或許，他也尋求一些朋友的忠告，而尤古爾塔忽略而未賄賂這些人。」（103.1）波庫斯背叛尤古爾塔，後者被俘後送往羅馬，成了馬里烏斯的戰利品。

　　尤古爾塔戰爭於西元前一〇五年結束，此後數十年，羅馬的政局急轉直下，馬里烏斯與蘇拉為了爭權而進行血腥的政治與軍事鬥爭。這說明當時政治氣候的極度緊繃，而卡提里納是一位沒落的貴族與自以為是的煽動者，在這種狀況下密謀推翻執政官，企圖讓自己及黨羽掌握大權。政變的計畫醞釀了數年（66-62 B.C.）——薩魯斯特被指責犯了年代不精確的錯誤——直到西元前六十三年才由卡提里納一位支持者在義大利中部起事。

　　對薩魯斯特而言，《卡提里納的陰謀》是羅馬公眾生活腐化的另一項寫照。這本書的基調不是貪汙，雖然卡提里納及其黨羽的確相當貪婪，而且因自身的奢華無度而財務吃緊，被迫發起叛亂；「奢侈」在這裡扮演了實際的角色。卡提里納及其黨羽內心充斥著毫無節制、毫無道德與目無法紀的野心，但在失去官職之後，他們已無東西可賣。野心（不同於貪婪）與貪汙本身並不可恥，但若純粹為了自私自利而無所不為，將對國家造成最大的危害。

　　這種說法經常出現在羅馬的爭論與診斷中，薩魯斯特的抨擊也因理想化的過去而更形凸顯。根據他的說法，共和國在早期發展得極為 90 快速，當羅馬從充滿猜忌的王政解放之後，人們開始熱中投入公職以獲取更高的名望地位（*Catiline*, 7.4）。（這個論點在文藝復興時期廣為盛行。）當時，貪婪幾乎無人聽聞，美德則受到高度重視。節儉與虔敬是人人信守的規範。這類美德的回報以征服的形式顯現，其高潮則為羅馬大敵迦太基的毀滅。此後，「命運女神變得不再仁慈」，她將羅馬的成功轉變成災難。閒暇與財富產生致命的結果：

　　　對金錢與日俱增的喜愛，以及伴隨而生的權力欲望產生了各種邪惡。貪婪摧毀了榮譽、正直與其他美德，取而代之的是讓人們習得驕傲與殘酷、忽視宗教與不以神聖的眼光看待一切，並且認為一切事物均可出賣……羅馬變了：曾經公正而值得讚美的政府，如今變得苛刻而令人難以忍受。（10.6）

　　蘇拉的獨裁放任人們巧取豪奪。財富成了一切：

　　　一旦財富成為榮譽的標記以及名望、軍事統率與政治權力的晉身階，美德便開始式微。貧困被視為恥辱，清白無疵的人生被視為性格惡劣的象徵。財富使年輕一輩成為奢侈、貪婪與驕傲的犧牲者。他們一手奪取，另一手揮霍，他們不滿足於自己的家產，反倒垂涎他人的財富。榮譽與謙遜，所有的神聖法與人類法，都在輕率與毫無節制的精神下受到漠視。（13.5）

　　貪婪與野心合流，卡提里納及其黨羽在奢華驅使下產生的貪婪，採取了直接的政治形式。卡提里納成了一種受挫野心轉變為政治罪行的速寫。

　　根據薩魯斯特的說法，卡提里納的夥伴是刺客、偽證者、破產的賭徒與揮霍無度的人組成的烏合之眾，薩魯斯特列了一份卡提里納在元老院的支持者名單，全不脫這些類別。卡提里納甚至也危及無辜者的性命。據說他為了討情婦歡心而殺了自己的兒子，事後陷入可怕的悔恨之中；人們禁不住聯想到彌爾頓或拜倫筆下的風貌： 91

> 他不純淨的心靈憎恨神明與同胞，無論清醒或睡眠都無法安息；悔恨如此殘酷地折磨他狂亂的靈魂。他的臉色蒼白，眼神不忍卒睹，步履時快時慢。臉孔與表情清楚顯示他的心煩意亂。（16.4）

軍隊奉派調往派駐於東方的龐培麾下作戰，使得義大利後防空虛，心存不滿的退伍軍人紛紛出現，給予卡提里納可乘之機。羅馬青年貴族受到卡提里納的吸引而參與陰謀。他發表演說，強調狹隘的寡頭派系壟斷權力（20.12），他形容自己的追隨者是窮人與無產者，「無論我們的出身是貴族或平民」，並且承諾給予支持者一切回報，從官員、祭司的職位到免除一切債務。薩魯斯特明確提到卡提里納的追隨者來自各個階層：窮人與破產的貴族，怨恨蘇拉的退伍軍人，以及蘇拉的受害者。在義大利中部，卡提里納的副手曼里烏斯（Manlius）徵召當地土匪；另一方面，貴族的子弟們受命殺死自己的父親（42.2）。薩魯斯特也暗示羅馬城的百姓傾向支持這場暴亂。

《卡提里納的陰謀》在最後討論了首謀者被捕後如何懲處的問題。這個部分主要採取兩篇演講的形式，各自提出放逐與處死兩個選項，分別由凱撒與馬庫斯・卡托（Marcus Cato，監察官卡托的曾孫）主張。這給了薩魯斯特機會在作品結尾重申祖先美德的淪喪。有趣的是，薩魯斯特從各種令羅馬偉大的因素中挑出了一項：「一些市民的傑出功績」（54.3）。羅馬仰仗他們的豐功偉業所累積的資本而屹立不搖，光憑他們留下的遺產就足以讓羅馬免於受到當前將領與官員惡行的拖累。凱撒與卡托這兩名演說者雖然風格相異，但均具有值得讚賞的特質，他們顯然與當時人物迥然不同。薩魯斯特是凱撒的朋友與支持者，而且一直受他扶助，因此他對凱撒極力讚揚並不令人意外。在對卡托的頌辭中，薩魯斯特似乎將尊敬的重點放在古羅馬的質樸精神上，然而就這點觀之，奢華無度野心勃勃的凱撒似乎不足以作為效法的對象（53.5）。或許薩魯斯特是藉由這種方式暗示羅馬需要像凱撒這種叱吒風雲的人物，但也需要古羅馬的美德來維繫社會。

薩魯斯特將焦點放在公眾人物的特質上，儘管對時局的厭惡以及共和國美德傳說的誘惑，使他產生過度誇大的對比，但也顯示其獨特的實事求是精神，這種做法比一些陳腔濫調受歡迎；關於這點，我們

可以從李維的作品中看出，例如希臘的小擺設與具有女性陰柔氣質的亞洲品味散布了文化毒氣等老掉牙的說法。當然，人們不一定非相信他的判斷不可，但北非宮廷陰謀與羅馬元老院明顯的腐化亦非毫不可信。在《尤古爾塔戰爭》中，薩魯斯特似乎過於執迷地將每項行動歸咎於貪婪。然而可歸咎於貪婪的其實不僅於此。耐人尋味的是，半野蠻的北非王國大臣與羅馬元老院的許多議員，這兩批完全不同的人都同樣受到貪婪的主宰。乍看之下，這或許可以作為修昔底德與波利比奧斯提到的人性或多或少雷同的例子，不過實際上卻非如此，因為在薩魯斯特的作品中（如同日後的李維），昔日的羅馬人有著相當特異的面貌。如此一來，昔日的羅馬人與現代的羅馬人有何類似之處？薩魯斯特並未試圖解決這項弔詭，但如果我們接受薩魯斯特對古代與現代羅馬人的描述，就可以輕易想像出答案，它所訴求的是公共責任與自私的個人主義之間關係的逆轉。若能接受這個解答，則蠻族與元老院議員的個人主義（貪汙）雖然處於同一時代，其脈絡卻分屬不同的歷史年代。亦即，蠻族從未具有「公共事務」的觀念與個人對公共事務的責任，雖然人們可能認為個人忠誠或許具有相同功能；相反的，如薩魯斯特所云，腐化的羅馬人的個人主義，卻存在於一個對公共責任與共和國觀念的堅持已被新財富及其培養的毫無原則的貪婪所腐蝕的社會中。

薩魯斯特並未將他的分析延伸到蠻族的腐化上；蠻族反覆無常，正如他們經常見風轉舵、戰和不定。（薩魯斯特對非洲的地理與民族的「附帶介紹」既簡短又乏味）（17.4-19.1）。人們或許會說，蠻族像極了李維所描述的如同烏合之眾一般的早期羅馬百姓，後來才由羅穆魯斯（Romulus）與努瑪（Numa）將他們組織成國家，並且教導他們法律與神聖的集體觀念；但薩魯斯特不認為如此。因此，腐化不僅是一種人性的永恆傾向，也是一種文化現象，就羅馬的例子來看，它更是一種歷史現象。薩魯斯特在此離文化史的概念只有一步之遙，而這個由偉大的學者埃里希・奧爾巴哈（Erich Auerbach）所主張的概念，並不見容於上古史學的道德主義（《摹寫：西方文學現實的再現》〔*Mimesis: The Representation of Reality in Western Literature*, 1953〕）。當然，一步也可能是遙遠的一大步，而且我們不確定薩魯斯特的論證，或者說是他的部分論證，所提供的例子究竟贊同或反對

奧爾巴哈對羅馬人文化變遷感的否定。薩魯斯特只說了一半，使人無法充分瞭解他的意旨。然而，他的說法似乎不是封閉一切可能的「道德主義」；相反的，它開啟了各種可能。

　　薩魯斯特是敘事大師，他的文字簡潔、清晰而戲劇化，間或夾雜著尖刻而略嫌誇張的評論。他或許擁有一些在幻滅下退休的政治人物才有的弱點：儘管進行了各種抗爭，然而在事業終了之時，仍不免滿懷苦澀怨憤。儘管如此，薩魯斯特尊貴的家族血統仍有一定的影響力，而他對政治人物的動機及其虛偽操弄政治說詞的手腕也有深入瞭解。他對現代羅馬人腐化的抨擊令人印象深刻，而且勢必影響了李維。從文藝復興到十八世紀，許多政治文學致力探討奢侈與公共精神的喪失，薩魯斯特的責難亦屬這個背景的一部分，甚至更加明顯露骨。

第六章
李維：羅馬建城以來

　　將自身的獨特制度歸功於創立者的智慧，或許加上神明的指引，是古希臘人與古羅馬人的一貫作法：斯巴達的琉克格斯（Lycur-gus）、雅典的梭倫、羅馬的羅穆魯斯及其繼承者努瑪，都被認為具有這樣的智慧。英格蘭的阿弗瑞德大帝（Alfred the Great）也曾一度扮演這種角色，他被認定是陪審制、牛津大學與其他優秀制度的創立者。但羅馬人還加入了其他元素。那是一種增添性的體制概念，既古老又持續，經長時間逐一地修改，相當類似十九世紀的英國人，他們對祖先建立的古老而持續的制度感到自豪；這種制度的優點在於漸進發展，不斷從先例衍生先例。

　　羅馬帶有深刻的制度保守主義，但也具有一定程度的實用主義與彈性，以協調對過去遺產的珍視與當前局勢的需要。羅馬人未曾像英格蘭人一樣，將這兩種概法發展成一種自發又純熟的指導理念；事實上，羅馬人從未提到這些事物。然而，他們的意識無疑隱含著這兩種觀念的混合物：尊重祖先的習俗、古羅馬的風尚，以及重視節制或調和，亦即彈性——為了保持社會各等級的團結，要做出必要而及時的讓步。例如，李維關注一項重要原則，那就是唯有世襲的元老院議員階層（貴族）才有資格擔任最高行政職（任期一年員額兩名的執政官）與其他職位，這項原則隨著時間與一連串不良的感受與反抗而逐漸受到腐蝕。李維提到，羅馬人逐漸認識到，他們的體制不只是一種單一的創始行動，如斯巴達的琉克格斯，它也是一種歷史行動。如波利比奧斯所云，羅馬人的體制並非出自理論，而是來自經驗。羅馬人達成了偉大的斯巴達立法者琉克格斯推論出來的結果，但他們「使用的方式不是抽象推論，而是藉由許多鬥爭與困難得到的教訓，並且從災難經驗中選擇一條較佳的途徑」（Polybius, VI. 10）。

　　概括看待上古史學是一種危險的嘗試，因為上古史學多數已經亡佚，倖存的不是僅餘名稱就是斷簡殘編。儘管如此，羅馬人的確發展

出一種看待歷史的態度，他們比其他民族與城邦更能感受到歷史（特別是最早與最蒙昧的時代）的深刻意義，這些意義源自於他們的編年史與創始神話。隨著羅馬權力的增長，羅馬人開始思考傳統中卑微的羅馬城起源與西元前二世紀中葉羅馬建立的世界帝國之間的對比；所謂卑微的起源是指西元前八世紀，羅穆魯斯集結了羅馬山丘上的牧羊人村落，以及由亡命之徒與流浪者組成的烏合之眾，創建了羅馬城。即使西元前五世紀希臘重要的帝國主義霸權雅典，也未能達成像羅馬帝國如此炫目的功績。唯有亞歷山大帝國能與羅馬相提並論（李維因此不尋常地另闢話題：羅馬人能擊敗亞歷山大嗎？〔IX. 17-10〕）；但亞歷山大的帝國純屬個人成就，其興起與瓦解均極為迅速。亞歷山大帝國顯然不是長期傳統培養出來的特質所造成的結果，亦非漸進的、辛苦獲勝下擴張的產物，如羅馬那樣經歷數個世紀，先是宰制接鄰地區，然後是義大利中部與整個義大利半島，與迦太基長年膠著的戰爭獲勝之後，羅馬終能控制整個西地中海，最後支配了亞歷山大帝國的西部，包括馬其頓、希臘與近東地區。李維尚存但有所闕漏的作品，訴說的就是直到西元前二世紀中葉的羅馬歷史。羅馬此時創建的帝國令人敬畏深思，到了李維的時代更是如此，也就是西元前一世紀下半葉，奧古斯都的時代。

96　　波利比奧斯在一個世紀之前已經看出羅馬勢力是當時世界的核心這個事實，其他希臘人也開始撰寫羅馬史，但就羅馬人而言，羅馬史雖然喚起他們自豪的愛國心，卻也讓他們感受到緊張與焦慮。羅馬的成就助長了對古羅馬美德的崇敬，人們認為這些美德造就了羅馬，然而當李維撰寫歷史時（從西元前三〇年以降），羅馬的成功卻開始出現令人憂心的矛盾處：羅馬成功的特質逐漸被成功帶來的財富與安逸所顛覆。

　　自豪與悲觀的結合不僅出現在李維的作品，也出現於其他同時代人的著作中，例如奧古斯都時代的詩人維吉爾（Virgil）與賀拉斯（Horace）。羅馬人是偉大的民族，他們有資格得到極佳的好運與神的眷顧，薩魯斯特非常強調這點，但現代的羅馬人與他們的祖先卻是完全不同的典型。我們在波利比奧斯的作品中看到，奢侈造成的腐化在當時幾乎已成了風尚，而對一個世紀之後的羅馬人而言，腐化已不只是社會現實或警告，而是廣泛不安與言語攻擊的來源。

有些文化潮流原本就帶有崇古的傾向，它們主張過去比現在美好，而且認為改變就是一種墮落。如我們所見，波利比奧斯根據亞里斯多德的政治體制類型學──每個形式有其腐敗的對立類型──而提出政治體制的變遷理論，認為每個成功的形式本質上都是不穩定的，即使羅馬體制最有能力避免最終不可避免的墮落。此外，還存在著普遍的崇古傾向：荷馬的英雄抵得過四個現代人。如希羅多德所云，他撰寫歷史的主要動機是為了保存過去世代的偉大功業，以鼓勵後人效法，正如色諾芬遭圍困的軍隊令人想起希臘人曾擊敗波斯人。同樣的，在李維的作品中，將領在出征前總是對士兵強調羅馬的偉大功業以激勵士氣。但是羅馬人在自豪中帶有的悲觀元素在希臘人中較不明顯，我們從希羅多德與修昔底德的作品中可以發現，希臘人表達好運與偉大的稍縱即逝總是套用驕傲招來報應的公式。我們之前也看到希臘人的自由、儉樸與大膽和波斯人的奢侈、陰柔與奴性之間自以為是的對比。但是，隨著羅馬統治延伸到近東，亞歷山大有時也被當成受亞洲奢靡之風汙染的例子，尤其是在李維的作品中。奢靡中埋藏著腐化的種子，而腐化中埋藏著滅亡的種子。在李維與之前的薩魯斯特的作品中，道德品格的問題在戰亂中滋長，在和平安逸中衰微，而成了羅馬史的核心。 97

對羅馬美德的關注與對羅馬長期制度與傳統的崇敬，代表一種對現代的不安感受，但也建構出一股強烈關注羅馬創始時期歷史的衝動，羅馬在制度草創時仍維持原初的純淨；李維對於這些制度與傳統的淪喪哀悼不已。這類關注將焦點放在傳統、建國傳說、創始神話，以及殘存的記錄與編年史：這引導出古物研究形式的歷史研究與寫作。希臘城邦有自己的神祇或英雄創始神話以及流傳的譜系，而一些市民也編撰城市的編年史。西元前五世紀，赫蘭尼科斯為最偉大的幾個城邦撰寫了通史，這部通史顯然是雅典第一部早期歷史。波利比奧斯認為這是一種歷史類型，但他也區別自己寫的普世歷史與這類褊狹的鄉土歷史的不同。他知道只有在羅馬的例子中，城邦歷史與普世歷史長期而言才能一致。到了西元前二世紀，羅馬史已不能算是地方史，開始研究羅馬城早期歷史的古物學者基本上也不認為撰寫羅馬史是項簡單任務。

李維告訴我們，絕大多數早期記錄都在西元前三八六年高盧人占

領羅馬時毀於祝融之災。這種說法值得商榷，但早期記錄的缺乏是事實。李維瞭解自己對最早期歷史所做的陳述缺乏證據基礎，也缺乏支持的辯解之詞。他說，這段歷史「與其說是健全的歷史記錄，不如說充滿了詩的魅力」（I.1），但他仍津津有味地重述這段傳說，雖然夾雜著懷疑之詞與掙扎於彼此衝突的版本之間。在李維撰寫羅馬城早期歷史之前有一些先驅，李維援引他們的作品，但這些作品絕大多數與他的時代相去不遠。李維的文學才能與他殘存約四分之一的羅馬史鉅著，其寫作範圍從傳統羅馬建城時間開始，即基督教紀元的西元前七五三年，到他動筆之時，還包括前十卷，使他的早期羅馬史成為往後世代閱讀的「唯一」作品。（李維的作品傳統上以十卷合為一部，又稱「十卷集」〔decades〕。）

除了波利比奧斯外，有一些希臘史家也撰述羅馬史，包括羅馬最早的歷史，不過絕大多數並非只談羅馬。其中之一是波利比奧斯的替罪羊提邁歐斯，他的作品是羅馬史家參考的來源。與李維同時的希臘史家，西西里的狄歐多魯斯（Diodorus of Sicily），將羅馬涵蓋於他的世界史中，他認為歷史應包括各民族最早的傳統。另一位同時代的希臘史家哈利卡納蘇斯的狄奧尼修（Dionysius of Halicarnassus）則專注於撰寫羅馬史。他的《羅馬古代史》（Roman Antiquities）目前僅存一半，其追溯羅馬興起的神話起源，強調坊間所流傳的羅馬人具有希臘性格。

在羅馬作家中，首位羅馬散文史家是法比烏斯·皮克托（Fabius Pictor），他的作品經常受到李維引用，但也受到他的批評。皮克托雖然來自地位崇高的羅馬法比（Fabii）家族，卻以希臘文寫作。李維以皮克托為例，說明家族尊嚴對史家產生扭曲的影響。皮克托活躍於西元前三世紀末，曾經擔任元老院議員，也許還曾經擔任過大祭司。羅馬祭司不是獨立的階級，它是由貴族家族的代表組成，有資格主持儀式祭禮。皮克托的歷史作品今已經亡佚，它追溯羅馬的發展，從起源開始直到他身處的年代為止，他的作品可能有絕大部分保存在李維與其他史家的作品中。在皮克托可能擔任過的祭司職位以及他顯眼的家族尊嚴中，我們看到保存了羅馬早期歷史的事實與傳統的兩種來源。

根據習俗，大祭司每年必須將事件記錄在公開展示的白色板子

98

99

上。次年板子粉刷時，前一年記錄的事件必須謄錄。西元前二世紀末，大祭司謄錄的年鑑彙整為編年史，其內容大約始於西元前四〇〇年，內容據說涵蓋了羅馬建城與羅馬早期歷史，但確切內容無人知曉。另一類編年史，元老院的議事內容，出現於西元前一世紀，主要記錄的是一些重要演說。

另一項記錄來源來自於最顯赫的羅馬氏族的家族驕傲。羅馬是個極重視紀念慶典的社會。波利比奧斯認為紀念卓越人士的葬禮演說可以培養市民美德。羅馬宗教既屬於家族也屬於城市，其性質類似於祖先崇拜；祖先的半身像被保存下來，讓後世子孫得以瞻仰他們的面容。有些家族，如法比與克勞狄（Claudii），長期在共和時代擁有顯赫的地位。其他可能的來源，如所謂的「宴饗歌曲」，被認為是用來紀念顯貴人士與偉大功績，而且可能是由第一位羅馬史家以拉丁文寫下，這位史家是馬庫斯·卡托（監察官卡托），李維與之後的普魯塔克曾生動描述他的形象。卡托雖是平民，卻在西元前一九五年當上執政官。他的儉樸與刻苦，加上強烈的保守主義與對外國風俗的敵視，使他成為羅馬公眾記憶的原型人物。卡托的《起源》（*Origins*）記載了羅馬建城以來到第二次布匿克戰爭的羅馬歷史，唯現已佚失。

其他還有兩位早期羅馬史的作者是以韻文的形式敘事：恩尼烏斯（Ennius），他在西元前二世紀寫了十八卷羅馬建城以來的編年史；瓦洛（Varro），他在西元前一世紀完成的歷史作品已經亡佚。他們的作品有時被當成權威引用。就一名上古史家而言，李維相當慷慨地指出自己引用的史料，因為他想解釋自己在決定史料上遭遇的困難，雖然這種情況並不常見。除了法比烏斯與卡托，李維還提到西元前二世紀來自另一個顯赫家族的作者卡爾普里尼烏斯·皮索（Calpurinius Piso），以及與他年代相近的科尼里烏斯·內波斯（Cornelius Nepos）與里奇尼烏斯·馬克爾（Licinius Macer）。馬克爾特別被提及是因為他發現了朱庇特·瑪內塔（Jupiter Maneta）神廟保存的亞麻書卷，書卷上登載了早期羅馬行政官員的名錄，其起始的年代大約是西元前四四五年。

李維本質上是投身於歷史的文學家，而非古物學者。羅馬建城之後前三個世紀的敘述，包括國王被驅逐與共和體制的建立（傳統認為共和體制建立於西元前五〇九年，李維以此作為第二卷的開頭），本

100

質上屬於傳說，雖然其中不乏傳統保留的事實基礎。由於有前人的作品為根據，李維作品的信史部分因此可以從西元前五世紀中葉開始算起。

李維《羅馬建城以來》有一百四十二卷，殘存的有三十五卷。前十卷涵蓋的時期要比後幾卷長，這一點可以理解，其涵蓋近四百年的時間，直到西元前三世紀初為止。這十卷除了描述羅馬建城與傳說時代，也提到羅馬在義大利中部建立霸權。接下來十卷（第二十一到三十卷）記述第二次布匿克戰爭，涵蓋的歷史只有二十三年。其餘十五卷（第三十一到四十五卷）描述羅馬在地中海東部建立霸權，涵蓋的事件時間只有三十三年。現存作品結束於西元前一六七年，離李維的生存年代還有一百多年。整部作品的篇幅，包括亡佚的部分，相當驚人，光是殘存的部分就達兩千頁。

然而正是殘存的前面幾卷讓後世留下最深刻的印象。有關漢尼拔戰爭的部分，李維似乎相當仰賴波利比奧斯的說法，雖然他未承認；然而李維的作品卻遠較波利比奧斯來得知名。李維是波利比奧斯輕視的史家類型，他毫不掩飾以生動筆法敘述歷史，但他或許是當時史家中成就最高的一位。事實上，李維是非常重要的散文家。我們在李維描述的布匿克戰爭中，發現許多「充滿人性」的故事：年輕的漢尼拔在父親命令下立誓成為羅馬死敵（XXI. 1），以及專注於思考數學問題的阿基米德在敘拉古戰事中被一名士兵所殺（XXXV. 31）。李維也因拉丁文寫作而在死後享有盛名，從文藝復興以來，西方許多學子學習的是拉丁文而非希臘文，許多人小時候的功課一定包括閱讀李維的作品，我也不例外。

不同於絕大多數的上古史家，拉丁全名為提圖斯‧李維烏斯（Titus Livius）的李維從未擔任過公職。他出生於帕都瓦（Padua），一生絕大部分時間都在羅馬度過，並在此地致力於歷史寫作。根據撰述羅馬帝國前十二帝歷史的史家蘇埃托尼烏斯（Suetonius）的說法，李維曾以自身的文學才能輔佐年輕的克勞狄烏斯（Claudius），後來克勞狄烏斯當上了羅馬皇帝。李維的文名為奧古斯都所知，雖然他們兩人並不親密，李維並且與奧古斯都時代帝制羅馬下的偉大祝賀者與批評者維吉爾與賀拉斯齊名。

李維的歷史作品似乎立即獲得成功。他的著作（尤其前十卷）與

普魯塔克的名人傳為歐洲後世留下了傳說與民俗記錄（folklore），其熟悉度及重要性僅次於聖經與希臘神話。李維記錄了值得保存與認識的傳說，相同於之前的波利比奧斯與同時代的維吉爾，李維認為羅馬的偉大就某種意義來說是命定的。「命運之書記載我們這座偉大城市註定興起，也提到建立世界已知最強大帝國——僅次於神祇之後——的首要步驟。」（I. 3）李維瞭解老故事的證據薄弱不足以作為歷史，但他既不支持也不拒絕。他沒有理由「拒絕，因為上古時代人與超自然之間的界線模糊不清：傳說可以增添過去的價值，若有任何國家有資格自稱擁有神聖祖先，那一定是我們」（I. 1）。李維的態度被不公正地描述為輕信，但他確實虔心相信這些故事。

李維作品前幾卷介紹的故事，有些至今仍耳熟能詳：母狼哺育被遺棄的孿生兄弟羅穆魯斯與雷穆斯（Remus）；以鳥占的方式預示兄弟之中誰能當上國王，鳥在羅馬占卜中一直居於重要地位；羅穆魯斯在隨後的爭端中殺死自己的弟弟。李維融合特洛伊流亡者埃涅阿斯與羅穆魯斯的故事，這似乎成了一種慣例。埃涅阿斯定居拉丁姆，讓當地的拉丁人與他帶來的特洛伊人通婚；羅穆魯斯是他的直系子孫。傳統上把羅馬建城的時間定在西元前七五三年。穩定的擴張與統轄更多民族與領域是李維歷史的一貫主題。羅穆魯斯把羅馬當成逃難的庇護所；薩比尼（Sabine）婦女被羅馬人抓走後，羅馬人與薩比尼人之間雖然存有敵意與復仇的欲望，但已因通婚而融合為一個民族。鄰近民族不斷被納入羅馬勢力範圍內，最後是將市民資格擴及到各省（VIII. 14）。隨著帝國的擴展，藉由征服與通婚進行同化的模式持續進行下去。 102

最著名的故事是露克蕾緹雅（Lucretia）被羅馬國王驕傲的塔爾昆（King Tarquin the Proud）之子強姦，此事導致塔爾昆王朝遭到驅逐，而羅馬王政也隨之結束（約西元前五〇九年，I. 59）。這則故事成了令人難忘的繪畫主題，其中知名的如克拉納赫（Cranach，繪畫露克蕾緹雅的自殺）、提香（Titian，描繪凶暴的強姦者）與莎士比亞令人賞心悅目的敘事詩。塔爾昆王族被驅逐引發與埃特魯斯坎人（Etruscans）的戰爭，事實上，李維描述的羅馬早期歷史，亦即羅馬七丘的居民結合為一體之後，絕大部分都是羅馬不斷擴大勢力範圍並與鄰近城市及民族發生戰爭：維伊（Veii），居於內陸，距離羅馬只

有九哩；菲德奈（Fidenae）甚至離羅馬更近；阿爾班人（Albans）、沃斯基人、拉丁人、埃特魯斯坎人、埃奎人（Aequians）、薩比尼人；後面幾卷提到南方的薩姆尼人與坎帕尼亞人（Campanians）。居住於義大利北部的高盧人是唯一曾實際攻陷羅馬城的民族。這些衝突逐漸成為一種令人厭倦的重複，但也因後世的關切而變得複雜多樣，形成羅馬愛國英雄主義與自我犧牲的傳說故事。

幾則故事描述新共和體制防備著埃特魯斯坎國王拉斯·波森納（Lars Porsenna），因為他試圖讓塔爾昆王朝復辟。然而在這些故事中，波森納有度量地表彰羅馬人的英勇，甚至連企圖行刺他的年輕羅馬貴族蓋烏斯·穆奇烏斯（Gaius Mucius）也受到他的嘉許。當穆奇烏斯行跡敗露時，他大膽承認自己的意圖，而且不意外地被處以火刑。他慷慨陳詞說：「看啊，只在乎榮譽的人不會珍惜自己的身體！」他抓著自己的右手伸進火焰中，作為自己堅忍不屈的明證。波森納饒恕他，此後穆奇烏斯被稱為「Scaevola」或「左撇子」。波森納也饒恕一位名叫克蘿埃莉雅（Cloelia）的女孩，她被當成人質監禁起來，卻順利逃走而贏得女英雄的名聲。羅馬人風光地將她送還，波森納被她的勇氣感動，甚至隆重地釋放她。克蘿埃莉雅之後受到表揚，羅馬人為她立了一座騎馬像（II. 13）。

103

其他的故事具有較為不祥的意味，甚至呼應著以人獻祭的做法。一道巨大的裂縫出現在公共廣場上，並且被視為惡兆，預言家認為，羅馬共和若要長治久安就必須獻上祭品。年輕的士兵馬庫斯·庫爾提烏斯（Marcus Curtius）全副武裝無懼地騎馬躍入裂縫之中（VII. 6）；這則故事戲劇性地展現在班傑明·黑登（Benjamin Haydon）的畫中，他是英格蘭浪漫主義藝術家，同時也是濟慈（Keats）與費斯利（Fuseli）的朋友，從他的畫裡可以看出馬匹面露難色的樣子。更具情感張力的是以下這則普魯塔克也曾提到的故事，這是莎士比亞從他的作品中發現的：柯里歐拉努斯（Coriolanus）這位驕傲的寡頭執政者被逐出羅馬後成為沃斯基人的將領，他率軍進攻羅馬。然而在母親沃倫妮雅（Volumnia）與妻兒的懇求下，柯里歐拉努斯回心轉意撤回軍隊，使羅馬免於兵燹（II. 40）。這其實是一則情感戰勝責任的故事，至少對沃斯基人來說是如此，然而這則故事之所以獲得認同也只是因為它對羅馬有利。相反的例子其實更為普遍：羅馬的愛國熱忱

產生了所謂的英雄次類型，表現在公共責任優於私人感情，或者說國家優於家庭。這就是羅馬的「堅忍」與「刻苦」精神。其代表人物是魯奇烏斯‧尤尼烏斯‧布魯圖斯（Lucius Junius Brutus），他是反塔爾昆王朝的領袖，也是羅馬共和的創建者。身為執政官，布魯圖斯必須處決兩個陰謀復辟的兒子（II. 5）。類似的場景出現在第七卷（10），執政官之子提圖斯‧曼里烏斯（Titus Manlius）違背執政官的命令，在一場儀式性的戰爭中單槍匹馬擊敗拉丁人。他成了人民英雄，卻因違反命令而被父親處死。在這些故事及其結果中，最令人無法產生同理心的是普布里烏斯‧霍拉提烏斯（霍拉提烏斯三兄弟之一），他與阿爾班人的支持者庫拉提烏斯家族（the Curatii）戰鬥，雖然同樣是高度儀式性的搏鬥，卻具有致命性。霍拉提烏斯是唯一的倖存者，他見到先前已許配給庫拉提烏斯族人的妹妹，她正在為未婚夫的死而哭泣，霍拉提烏斯一氣之下殺了她。在隨後關於兩人爭論的審判中，父親免除了他的罪責：羅馬人的女兒為敵人哀悼，應該處死；霍拉提烏斯獲釋（I. 26）。

　　另一種較為可親也成為一種典範的共和美德，具體表現在欽欽那圖斯（Cincinnatus）的故事中，欽欽那圖斯過去曾任執政官（西元前四六〇年），後來因為貧困而淪落到必須靠自己的雙手耕種三畝農地來維生。危機的出現使人認為他是化解危機的不二人選，因而要求他擔任獨裁官，這是為因應危機而設的擁有無上權力的臨時官職。在元老院代表的召喚下，「他吩咐妻子蘿綺麗雅（Rocilia）回農舍取來他的長袍。長袍拿來之後，他擦去雙手與臉上的髒汙，穿上長袍。」欽欽那圖斯克服了危機，十五天後便辭去官職。這則故事在另一個新共和國（美國）引起共鳴，並且成為總統任期結束恢復平民身分的先例；人們畏懼華盛頓會讓總統任期無限制延長或甚至自立為王。欽欽那圖斯返回他的農場，而華盛頓也回到維吉尼亞州的莊園。以羅馬人的名字為筆名，如卡托、尤尼烏斯，在十八世紀英格蘭與美國的共和派作者，或至少反對派小冊子的作者中，相當流行。美國聯邦主義者的集體筆名是「普布里烏斯」，不過他們的寫作風格與稍後法國革命份子仿傚羅馬追求共和美德的奮戰精神相比，顯得較為冷靜而偏向社會層面。在這些人當中，最極端的平等主義者巴伯夫（Baboeuf）選擇了「格拉庫斯」作為自己的名字；他根據的是西元前二世紀平民領

104

袖格拉庫斯兄弟的姓來命名。

其實這並不令人驚訝，十八世紀末法國人普遍從羅馬公共美德與愛國主義傳說中覓得靈感。賈克·路易·大衛的畫作《霍拉提烏斯兄弟之誓》（1785）描繪三兄弟舉起寶劍誓言為國犧牲，一旁則是哭泣的婦人，這是幅令人振奮的作品；集體宣誓是法國大革命時代公共劇場的重要戲碼，大衛不僅是慶賀者，而且就某種意義而言也是舞台監督。對愛國美德的崇拜在一七八〇年代即已明顯，其有部分是針對洛可可風格對希臘神話的色情描繪而起的反動，而就某種意義來說，希臘神話與羅馬歷史場景也有互別苗頭的意味。大衛其他的畫作，如《扈從帶回布魯圖斯兩個兒子的屍首》（*Lictors bringing Brutus the Bodies of his Sons*, 1789）與《薩比尼婦女的調停》（*The Intervention of the Sabine Women*, 1799），可能出現得更早，但其他關於羅馬歷史的畫作在這段期間產生了立即性的話題。大衛《羅馬婦女慷慨解囊》（*The Generosity of Roman Women*, 1791），主角基於愛國而捐出自己心愛的首飾幫助國家，這的確啟發了一群巴黎婦女做出相同的事，當時新成立的法國共和國受到外國勢力復辟波旁王朝的威脅，正如埃特魯斯坎人為塔爾昆王朝出面調停。大衛不是唯一受羅馬場景啟發的畫家。具有相同典型的還有讓·巴普提斯特·維卡（Jean-Baptiste Wicar）一七八九年的草圖，這幅草圖後來成為畫作《布魯圖斯誓言驅逐塔爾昆王朝》（*Brutus Vowing to Expel the Tarquins*）。

李維遺留給歐洲（從文藝復興以降）的歷史概念，在於歷史是藉由實例來做道德教誨；他或許超越了所有上古史家，除非普魯塔克的《名人傳》也算是歷史。李維寫作歷史的核心是羅馬的性格，而非羅馬體制的深謀遠慮與獨特美德（這是波利比奧斯關注的）；在李維撰寫歷史之時，羅馬體制顯然已經失靈。對羅馬簡樸精神的威脅，如異教傳入導致對本土神祇的忽視、奢侈浪費、對新奇之物的喜愛、對娛樂的過度沉迷，這些都引來李維滔滔不絕的抨擊。他對羅馬古風的讚賞絕非罕見。例如，奧古斯都苦惱於羅馬家庭生活的清高與羅馬婦女的生殖能力。特別是羅馬有常設的公共官員與監督官員，負責維持羅馬人的風俗與道德。對性格的評估也成了在元老院、法院與公共場合演說的重點，例如通常在葬禮發表的頌辭與處決犯人時的非難之語，其中最精通於以言語進行性格謀殺的莫過於西塞羅。

105

李維似乎瞭解國家制度（包括宗教儀式）與國家性格間彼此相輔相成的互惠關係。從李維的觀點來看，斯巴達人可說是自取其禍，因為他們放棄了琉克格斯遺留給他們的古老制度（XXXVIII. 34, XXXIX. 33-9）。羅馬人忠於自己的制度，就是忠於自己。除了複誦古代風俗的細節，李維補充說：「對於每一種宗教與世俗的習俗的記憶，都因偏愛新奇與異國之物而煙消雲散，這些東西取代了本土與傳統之物。」（VIII. 11）在帝國的顛峰時期，像李維這樣的評論者並不罕見，他一方面主張支配的地位必須仰賴性格的力量才能取得，另方面又認為國家正走向衰亡：「甚至父母對子女的權威也變得廉價與微不足道。」（XXVI. 22）衰敗的徵象層出不窮，其根源來自於亞洲奢侈品的進口。李維提到床罩、掛氈、餐具櫥與在宴會中彈琵琶的女子，而且「廚師——對古羅馬人來說，廚子是最下賤的奴隸，其價格與對待方式反映了這點——變得極為珍貴，原本單純的服侍被視為一種技藝。」（XXXIX. 6） 106

在李維歷史的最前面幾卷，除了極具悲觀主義色彩的前言外（我們稍後將討論他的前言），作者關注的理所當然是起源而非衰敗。他逐條詳記人們熟悉的羅馬制度與風俗的建立，許多（雖非全部）制度都歸功於羅穆魯斯或他的繼承者努瑪，後者是傳聞中受神意指引的立法者，相當於雅典的梭倫。建城時期創立了許多制度，包括宗教儀式與節慶，這些全都描述於奧維德（Ovid）的《節慶》（*Fasti*）中：神廟的落成，包括女灶神威斯塔（Vesta）的神廟與女祭司的設立；大祭司與鳥占官；元老院、人口普查與軍隊組織；主要公共工程如廣場的排水、圓形競技場的興建，以及大下水道系統的鋪設。隨著共和國成立，還創設了任期一年員額兩名的執政官（因此成了一種紀年方式）、護民官與其他公職。

這些內容顯然是信者恆信，好比李維，不過其中還是有著事實基礎。李維並未掩飾早期住民的貧困與原始，他提到戰爭時人們對牛群的搶掠。羅馬的起源愈卑微，其興起愈令人吃驚。在維吉爾的詩中，埃涅阿斯預見未來的偉大，對比著眼前的粗野與蠻荒。李維承認羅馬人從埃特魯斯坎人的高等文明借用了文化，包括人們認為具有羅馬特色的主題，如高級官員的「寶座」、紫色滾邊的長袍，以及十二名扈從，其後來成為執政官的貼身侍衛。考古證據也顯示類似的借用。雖 107

然早期的戰爭細節似乎出於虛構，例如一對一的決鬥與非比尋常的愛國情操，但羅馬勢力的確凌駕於周邊民族之上；羅馬山丘上的牧羊人社群合併成一個國家，以廣場取代沼澤作為城市生活的中心。

羅馬隨後進一步主張自己是義大利中部各民族的主人，這當然意味著凝聚力與堅忍卓絕，以及遠見、軍事組織與英勇某種程度的結合，而體現在早期傳說的自尊必定有助於這類結合。羅馬人——如果他們真的是羅馬人——自認為是嚴肅、堅定、具公共精神、守法且重視傳統的民族，因為傳說是這麼跟他們說的。李維對其他民族的特徵做的簡略刻畫點出了對比：迦太基人奸詐（XXI. 4, XXII. 7）；西班牙人跟所有異邦人一樣不可靠（XXII. 22）；努米底亞人性慾太強（XXIX. 23）；雅典人耳根子軟（XXXI. 44）；特薩利亞人（Thessalians）不安而容易暴亂（XXXIV. 51）；敘利亞人帶有奴性（XXXVI. 13）；高盧人乍看之下令人恐懼，但稍遇挫折便勇氣盡失（XXII. 2, XXVII. 48）。這些都迥異於羅馬人，不過李維總是對暴民心存疑懼，並且為努瑪的宗教制度使人民在和平時期有事可做喝采，因為和平時期「民族的道德性格普遍有廢弛的危險」。在李維眼中，努瑪灌輸人們畏神的觀念，並且設立安撫神名的儀式以作為社會紀律（I. 19-20）。羅馬堅定的愛國主義是時間與制度的產物，即使在王政時期，愛國主義也相當珍貴，它可以保護群眾，一群「流浪漢組成的烏合之眾，絕大多數是逃亡者與難民」，免於濫用未成熟的自由，並且確保自由必須是難以獲取之物。愛國主義如同政治體制，是緩慢成長的產物（II. 1）。

羅馬的存續有兩個源自國外的主要威脅：外國的奢侈品與宗教崇拜。奢侈品是一種社會病症，不僅影響其他民族如迦太基人與高盧人，也影響羅馬人，奢侈品有其傳統且著名的肆虐地點：義大利南部的卡普阿（Capua）與希臘的波伊歐提亞（Boeotia），以及全亞洲。漢尼拔的軍隊在卡普阿停留，因而被描述為「漢尼拔的坎尼之役」（Hannibal's Cannae，等同於他親自嘗到被羅馬人擊敗的滋味），他的大軍從此無法恢復原先的戰力（VII. 32, 38）。波伊歐提亞也對敘利亞王安提歐克斯（Antiochus）的大軍產生致命的影響（XXXVI. 2）。與細菌一樣，傳染病被凱旋的軍隊帶回羅馬，特別是在征服馬其頓之後，亞歷山大帝國的戰利品充斥羅馬，最後連亞洲的物品也一

108

併傳來。

第二個潛伏的威脅，異國的宗教崇拜，每隔一段時間就被羅馬當局禁絕，李維也支持這種做法。來自異國未經授權的儀式顯然百害無一利（VI. 30, XXXIX. 16），而更駭人的插曲是西元前一八六年對祕密的酒神崇拜（Bacchanalian cult）進行監禁與懲罰。這種崇拜儀式由一名希臘預言師與占卜師主持，於狂飲縱慾的夜間祕密典禮中進行，內容包括男女雜交，甚至還有殺人祭，並且成為當時廣泛流行的宗教。它的曝光造成了恐慌。據說有七千名以上的男女牽涉其中。有些人被懲罰，有些人逃亡或自殺。以後見之明觀之，這段插曲耐人尋味地預示了未來對基督教的態度（XXXIX. 8-18），儘管酒神崇拜在某種形式上無法根絕，卻未能像基督教一樣存續下來。

我們必須牢記，李維在提及這些史事時，他的基本歷史形式是編年體，只是其流暢、連續而明快的敘事容易讓人忘記這一點。有些事件只是因為發生就被記錄下來，正如每年都以執政官名字和任何著名的預兆或奇事來標記。對於李維殘存之編年史的包羅萬象，我們應該心存感激，因為它記錄的插曲使我們能從旁得知一些波利比奧斯認為上不了歷史檯面的「社會史」，有些甚至相當有趣。有些上古史家會記錄不尋常的自然事件，如地震，部分也作為紀年之用，著名的超自然事件如果被詮釋為預兆與警告，甚至能影響政策。李維也是如此，但他似乎基於趣味、乃至於是為了記錄而記錄，而寫下這些不吉利現象：人像流淚或流汗、倒下或損毀；血雨、石雨，或者是更耐人尋味的肉雨（III. 10）；鳥類與其他動物的異常行為；生下畸形怪物；會說話的牛與點頭的婚姻女神。李維不為這些事件的真實性背書，但坦承自己難以抗拒這些事件，並且對於它們受到近世史家忽視而感到遺憾：「當我描述過去的事件時，我的觀點似乎有點陳舊。」（XLIII. 13）我們可以將這句話解讀成他為歷史的同情背書。

在社會史的零星記載中，人們不可能忽視西元前三一一年大批吹笛手罷工的事件。他們對於監察官禁止他們像以往一樣在朱庇特神廟設宴感到憤怒，於是放下樂器，任由祭禮在無音樂伴奏下進行。最後吹笛手勝利了。他們恢復了飲宴的權利，當局允許他們「一年有三天時間穿著奇裝異服在城內漫步、演奏音樂與享受放縱的自由，這些活動如今已成為常態」（IX. 30）。更具有潛在嚴肅意義的，是西元前

109

四二〇年一名機智女祭司的故事。她被免除不貞的指控，但必須改正過於華麗的服飾，並且不許再說笑話。另一名穿著過於奢華的女祭司則被活埋，她於西元前三三七年被指控不貞。

西元前一九五年，女性服飾問題引發史無前例的婦女街頭示威抗議。她們要求廢除歐皮烏斯法（Lex Oppia），這是布匿克戰爭期間針對婦女制定的節約法令，但她們的主張被護民官攔阻。走上街頭的婦女，不只來自羅馬，也來自偏遠地區。此舉迫使以刻苦自律聞名的馬庫斯·卡托發表令人印象深刻的演說，不過李維作品記載的內容與原作（現仍存在）不同。這篇文章是演說風格的範例：不同於修昔底德的演說以說明局勢為主，李維的演說不僅修辭深思熟慮，也反映演說者的特質與風格。在卡托激昂的演說中，可怕的厭女情緒挑起禍起隱微的爭論：她們接下來還會要求什麼？另外也引起典型的對過去刻苦時代的推崇：

> 羅馬市民們，如果我們每個人都能致力維護丈夫對妻子的權利與尊嚴，那麼女性就不會對我們造成這麼多麻煩。從目前的狀況可以看出，我們的自由因家中女性的目無法紀而破壞，並且在廣場上遭受衝擊與任人踐踏。這是因為我們未能個別地控制她們，以致於她們現在集體地恐嚇我們……
>
> 我們的祖先不允許婦女自行處理私人事務，必須由她的監護人代為處理；婦女必須受父親、兄弟或丈夫的控制。但如今我們（上天保佑我們）甚至允許她們參與政治，而她們也大剌剌出現在廣場，出席我們的聚會與議場！她們現在在街上與街角做什麼？……放縱她們未受規訓的本性、未被馴服的獸性，然後期待她們能為自己的放縱設下限制！除非你們加諸限制，以婦女憎恨的風俗或法律對她們設下最後一道拘束。她們渴求的是完全的自由，或者應該說──如果我們想說出真相──完全的放縱。

這引領著卡托發表更廣泛的抨擊，他認為現代的墮落是奢侈品與外國影響的結果。征服的諷刺之處充分顯示出：

> 隨著我們國家命運日漸好轉與幸福，我們的帝國疆域日漸擴

110

展，我們已經進入希臘與亞洲（充滿各種感官誘惑的地區），甚至取得了諸王的財寶，我的警覺心也愈來愈強烈，深恐這些事物役使我們，而非我們掌握它們；相信我，這些從敘拉古帶回的雕像全是反對與敵視這座城市的軍隊。如今，我聽到太多人稱讚科林斯與雅典的飾品，嘲弄羅馬神祇的陶土屋簷裝飾（位於神廟山牆角的雕像）。對我來說，我比較願意讓這些神祇保佑我們，我相信祂們能讓一切順遂，只要我們讓他們繼續待在自己的居住之地。（XXXIV. 1-4）

卡托演說之後，緊跟著的演說反駁他的說法，歐皮烏斯法遭到廢除。婦女獲勝。

西元前二九五年的一場插曲使我們對貴族與平民間的長期摩擦產生不同的看法。有一名因嫁給平民而失去社會地位的貴族之女，已婚的貴族婦女不讓她參與位於「赫拉克勒斯圓形神廟旁牛市」的貴族貞潔女神（Patrician Chastity）聖壇祭禮。這名婦女為了顯示她的決心，在自己家裡設立祭壇祭拜平民貞潔女神，並且邀請身分適當的已婚婦女參加。遺憾的是，李維說道，新儀式因出席的婦女而失去公信力，這些婦女雖是平民，但顯然不是已婚婦女，也不是貞潔之女（X. 23）。

貴族與平民的不和在李維的歷史中陸續浮上檯面，甚至在前幾卷就已經出現。這種不和引發的衝突在外來危機發生時顯得特別險惡。在尚未建立職業軍隊的情況下，面對外來危機時必須由平民組成軍隊加以抵禦，平民們發現自己大權在握，有時會為所欲為，雖然在最後一刻羅馬人總是懂得妥協與形成統一陣線，而這才是李維的重點。如李維所顯示且在某個情況下他特別承認這一點（VII. 19），貴族與平民間的衝突其實是兩方面的衝突，而且牽涉完全不同的平民階層。貧民面對的主要是債務問題，以及在征服造成富者愈富的狀況下（這的確是反對奢侈品的堅強論據），如何保住他們僅有的小農地，而且因為貴族不許從商，所以他們只能購買土地，並將土地交由征服而來的奴隸去耕種。土地侵占與軍隊問題交互影響。服完兵役返鄉的士兵發現家裡的農地荒廢了，此外，為了繳付戰爭課徵的賦稅，這些人不得不揹負債務。長此以往，小農的消失加上帝國疆域的廣袤，使得由市

民擔任軍人的做法變得不可行，專業軍隊於是不可避免，這些問題於西元前一世紀浮現，然而李維作品中有關這個時期的記錄卻已亡佚。

債務一直是李維反覆提及的問題。巨大的憎恨起因於平民經常在為羅馬城服役後，或甚至可能在服役之時，就欠下債務，並因此淪為債主的奴隸。西元前三二六年，在長期要求下，羅馬當局終於禁止債務人為奴，李維稱之為羅馬人自由的「重生」（VIII. 28）。訂立農業法的呼聲不絕於耳，要求重新分配因征服而再度擴大的公有土地並限制土地兼併，儘管這是一場發生於西元前二世紀末、有史以來最大的危機，且關連著格拉庫斯兄弟這兩位護民官，但李維作品的相關部分已經亡佚。然而，李維作品曾提到護民官的設立，這對平民權益是一項重大邁進（II. 23, 32, 58; III. 55; VI. 31; VII. 29）。

李維坦承（VII. 19）貴族世襲特權爭議與貧苦小農沒有太大關係，真正有利害關係的是富有而具聲望的平民。貴族（patrician），亦即早期元老院議員家族成員，他們是世襲階級，或被稱為家長（fathers），唯有他們才能擔任國家最高職位，或有資格執行與他們切身的宗教儀式。宗教責任受到貴族演說者的重視，他們試圖以此抗拒具聲望的平民要求任官的壓力，並且主張由非貴族執行宗教儀式是不虔誠的行為。終於，在經過一番艱苦奮鬥之後，排外的貴族世襲身分逐漸受到侵蝕：根據李維的說法，西元前三六六年推選出第一位非貴族的執政官（VII. 1）。在李維作品中，宗教責任在平民演說者口中生動呈現，不過這一次他們使用的卻是與禍起隱微相反的論點。到了西元前三百年，平民已經爭取到擔任執政官、監察官與舉行凱旋式等過去未有的權利。既然做了這麼多讓步，演說者說道：其餘如何能抵擋？

如果你以寶座、紫色滾邊的長袍、繡著棕櫚花紋的外衣以及華麗長袍、凱旋的冠冕與月桂花環來榮耀這些人，並且把從敵人手中擄獲的戰利品安置在他們家的牆上，使其能區別於其他人家，如果這樣的人接下來又增添了大祭司與鳥占官的榮銜，有哪個神祇或人物能說這麼做不相稱呢？難道穿上朱庇特神廟光輝祭服的人，他乘著鍍金的戰車穿過羅馬城登上卡皮托山（the Capitol），蒙著頭宰殺牲禮或從城堡中接受預兆，仍不配持有祭

器與鉤杖？（X.7）

　　李維對於這些衝突抱持的態度是讚揚節制與妥協，反對暴民的行為與貴族的高傲和強硬。然而，「為保衛政治自由而做到真正的節制」是困難的，因為自由很容易失去控制。李維對於困難的變革能在最少暴力下達成感到驕傲。凝聚與和諧是最需要的。羅馬人的團結所面臨的最大難關，是坎尼會戰的災難（西元前二一六年），羅馬軍隊遭到殲滅之後，漢尼拔兵臨羅馬城下，羅馬人驚慌失措，甚至陷入恐慌，但最後還是鼓起勇氣團結克服危機，而不考慮尋求和平：「世上沒有任何一個國家遭遇如此一連串重大危機仍能屹立不搖。」（XXII. 54）

　　我曾經說過，李維不是「研究型」的史家，而且他的社會思想似乎是老生常談；你也可以說，他的思想具代表性。無論如何，他是一位優秀的敘事者。他筆下的人物發表的演說具有說服力，而且富於技巧，符合古代修辭的原則。這並非出於想像，我們的確可以感受到羅馬黃金時期元老院演說的振聾發聵。李維作品的性質難以形容，想用外國語言表現更是困難。他的作品特質在於無所不包，而非簡潔與去蕪存菁。李維的戰爭敘事雖然拙於戰術與地形，但至少精於描寫天氣，例如亞平寧山脈對漢尼拔大軍的試煉，其艱困不下於翻越阿爾卑斯山：

　　　　大雨與強風打在他們臉上，使他們寸步難行；士兵們連武器都抓不牢，就算他們努力抗拒，狂風也會繞著他們盤旋，然後讓他們雙腳騰空跌落在地。風勢強勁令人難以呼吸，於是士兵們乾脆背對著風，然後俯臥於地。接著天空傳來巨響，雷聲中閃現著驚心動魄的電光。閃電雷鳴令他們又聾又盲，恐懼使全軍陷入呆滯麻木。（XII. 58）

　　這或許不合史實，卻是一篇吸引人的想像文章。
　　在表現羅馬「堅忍」的故事中，如果去除掉故事主角自我表現意味過重的演說風格，或是不適宜的執著狂熱，最令人難忘的是西元前三八六年高盧人占領羅馬。祭鵝成了歐洲民間傳說的一部分，牠的叫

113

聲喚醒了卡皮托山沉睡的衛兵，因而察覺到敵軍夜襲；不過李維想傳達的，是年老退休官員不願成為守軍的負擔，而寧願死在家中。他們穿上禮服，坐在庭院的象牙寶座上等著。當高盧人闖入時，李維說道：

> 眼前的景象令他們心生敬畏，因而倒退了幾步——坐在敞開庭院裡的人物，身上穿戴著令人肅然起敬的長袍與飾物，嚴肅冷靜的雙眼散發出天神般的威嚴。他們也許是某間神殿裡的塑像，有這麼一刻，高盧戰士們感到一陣恍惚；之後，其中一人鼓起勇氣摸了一下某位馬庫斯・帕皮里烏斯（Marcus Papirius）的鬍鬚（蓄長鬚是當時的風尚），這位羅馬人於是用他的象牙手杖敲了對方的頭。

符咒破解了，野蠻人殺了他，其他人也在座位上引頸就戮（V. 41）。

高盧入侵的結果也讓李維有機會藉由臨時獨裁官卡米魯斯（Camillus）之口，發表一篇感觸極深的演說。羅馬已經殘破不堪，但鄰近城市維伊卻被攻下且掌握在羅馬人手中。有人提議將城市遷往維伊，省得費力重建羅馬。卡米魯斯反對這項提案，並且試圖喚起聽眾對羅馬聖地與風俗的記憶：

> 我們根據各種占卜預兆而建造了這座城市；它擁有的不只是街道磚石，還有我們的神聖感受；我們的牲禮獻祭的不只是固定的日子，也包括這個地方，這個舉行儀式的城市：羅馬人，你們要離棄你們的神嗎……想想朱庇特的饗宴：除了卡皮托山，祂的臥榻還能裝飾在何處？女灶神威斯塔的永恆之火，以及保存在她聖壇上作為羅馬統治信物的形象又當如何處置……女祭司有自己的地方，她們「專屬的」地方，除非羅馬淪陷，否則要她們遷移是不可能的；我們的宗教禁止朱庇特的祭司在城外過夜，哪怕一晚都不行。然而此時你們卻要他們全部離開羅馬，永遠待在維伊。喔，威斯塔！女祭司能離棄妳嗎？朱庇特的祭司能離開羅馬讓自己與國家在罪惡中存活嗎？

這場演說也頌揚了羅馬城的繁榮與形勢，以及它未來的命運（V. 51-2），不禁令人想起維吉爾，以及培里克勒斯在葬禮演說中對雅典的熱愛，也讓人對李維產生崇敬之意，與前兩者相比，他的作品毫不遜色。

我們不知道李維如何描述自己身處的那個世紀，但他的作品前言卻顯露出深刻的悲觀主義。他預期讀者想快點讀到最近的時代，瞭解「帝國人民的力量如何自取滅亡」。李維感受的是相反的事物，他潛心古代：「藉此將目光從長期困擾著現代世界的麻煩疑開。」他邀請讀者思索「我們祖先生活的方式」與羅馬興起，而後：

> 追溯我們道德敗壞的過程，首先看到昔日教誨的消逝造成道德基礎的沉沒，然後是與日俱增的分崩離析，最後是整棟建築物的傾頹以及現代黑暗的開始，我們既無法忍受自己的邪惡，也無法正視治療痼疾所需的療法。研究歷史是治療心病的最佳良方。

在過去，羅馬人的貧困是與知足共存的。

無論長期衰退的觀念──李維結合愛國主義與悲觀主義後的產物──有何優點，它都是相當耐人尋味的歷史概念，因為這個觀念本身帶有歷史性，它取代人性永恆不變的看法。過去與現在不僅外觀不同，其道德與思想也不同。它們處理事務的方式不同，連思考與感受方式亦大相逕庭。李維認為現代具有一種特定的文化內容，只不過是負面的，它混合了對宗教的漠視、世界主義以及對新奇事物的狂熱。李維對過去的熱愛遠超過他之前的史家，儘管史家們無不致力於保存偉大功業的記憶，但李維深信過去的美德已經消失殆盡。他以思慕的情緒而非自信清醒的態度思考過去；在此希望麥考萊原諒我的意見與他相左，他對李維的看法剛好相反。

李維的作品幾乎在當時立即受到歡迎，然而冗長的篇幅註定使它無法「完整」留存。後世抄本只包括其中幾部而非全書，由於李維的作品每十卷分成一部，因此留存的多半是完整的十卷，而失傳的亦然。前十卷的新版本於西元三九六年左右問世，我們現今看到的就是這個版本。與同時代的人相比，李維對於早期基督教世紀的著墨甚少，這點是可以理解的，然而人們對他的興趣並不因此稍減。西元九

115

116

世紀製作了前十卷的抄本，十四世紀初又製作了一次。李維成為文藝復興時期的中心人物，馬基維利的《李維羅馬史疏義》（*Discourses*）為他的作品做了著名的評釋，在往後五個世紀，他的作品也成為教育的主要內容。十九世紀末法國思想界首席伊波利特‧泰納（Hippolyte Taine）為通過教員資格考試而寫了有關李維的論文，維多利亞時代帝國主義政論家約翰‧希利爵士（Sir John Seeley）的事業是以編輯李維作品的前兩卷為起點。麥考萊從李維身上獲得《古羅馬詩歌》的靈感，十九世紀初的日耳曼，追隨弗里德利希‧沃爾夫（Friedrich Wolf）論荷馬的作品之後，巴托德‧尼布爾（Barthold Niebuhr）從李維前數卷中汲取出創造性的、集體自我意識的「人民」（Volk）的浪漫主義概念。大衛‧弗里德利希‧史特勞斯（David Friedrich Strauss）將這種概念運用在希伯來人與聖經上，使其成為十九世紀具發展性且最令人不安的思想。如果李維的作品全部失傳，那麼就算波利比奧斯、狄奧尼修斯與普魯塔克可以彌補一部分漏洞，歐洲往後的文化損失也將難以估計。

理察‧薩瑟思爵士（Sir Richard Southern）在《中古時代的形成》（*The Making of the Middle Ages*, 1953）中提到，西元一○四○年左右，克呂尼（Cluny）修道院的修士根據圖書館藏書，列了一張書單作為個人研讀之用。可以想見其中絕大多數都是教父作品或聖經評釋、聖人傳記、教會史或修院戒律。在六十四名修士中只有一個例外，這個人選擇了李維。看來有人希望可以知道更多有關李維的事。

第七章
內戰與通往專制政治之路

　　李維寫史不輟直到他於西元十七年去世為止，但記錄其生存時代 ¹¹⁷ 史事的後幾卷卻亡佚了。內戰時期殘存的重要史料，包括凱撒自己寫下與龐培作戰的敘事；至於第二次內戰，亦即謀殺凱撒的馬庫斯・布魯圖斯（Marcus Brutus）與卡希烏斯（Cassius）和為凱撒復仇的馬克・安東尼（Mark Antony）與屋大維之間的戰爭，西元前四十一年，安東尼與屋大維在菲利皮（Philippi）一役獲得最後勝利，這段時間的記事則有賴西元一到二世紀三名希臘作者：普魯塔克、阿庇安（Appian）與卡希烏斯・狄歐（Cassius Dio）。

普魯塔克

　　凱撒以不帶情感的筆調進行描述，相反的，普魯塔克的敘事，如他對布魯圖斯與安東尼生平的描述，卻生動而激勵人心。普魯塔克為後世歐洲文學留下深刻的印記，特別是經由十六世紀湯瑪斯・諾斯爵士（Sir Thomas North）的英文譯本（主要根據法文譯本翻譯而非原文譯本）而產生影響，莎士比亞也因此寫下《英雄叛國記》（*Coriolanus*）、《凱撒遇弒記》（*Julius Caesar*）與《女王殉愛記》（*Antony and Cleopatra*）等劇本。跟李維一樣，普魯塔克也深刻影響後世對羅馬共和美德的看法，其中最惡名昭彰的就是十八世紀末的法國。普魯塔克寫作的目的其實是為了娛樂與提供道德教訓，他對希臘與羅馬政治傳統下的英雄進行比較，前者如梭倫、特米斯托克勒斯、培里克勒斯與阿爾西拜爾狄斯，後者如柯里歐拉努斯、監察官卡托、格拉庫斯兄弟、布魯圖斯與安東尼。普魯塔克作品的意圖與編排方式無法在本書脈絡下充分地進行探討。我在這裡也不想詳細討論傳記這項文類，整體而言，普魯塔克的《希臘羅馬名人傳》（*Parallel Lives*）為了教化目的而將範圍擴延到整個上古時代，其內容十分厚重，包括從

118 傳說時期到羅馬共和結束的希臘羅馬名人。然而總有一些時期是例外，例如布魯圖斯與安東尼的傳記特別有用，因為他們的傳記記錄了羅馬共和的危機，剛好補充了其他重要上古史家作品的不足。此外，普魯塔克的作家特質也能從《希臘羅馬名人傳》的一些篇章加以說明。

莎士比亞援用布魯圖斯與安東尼的短篇傳記（〈布魯圖斯〉約五十頁，〈安東尼〉篇幅稍多），並且緊密依循普魯塔克的敘述，有時幾乎逐字引用，因此就算未曾接觸過普魯塔克的讀者，在閱讀他的作品時也會感到有些熟悉。我們的布魯圖斯是莎士比亞的布魯圖斯，也是普魯塔克的布魯圖斯，安東尼亦然；雖然散文作品當然交代得更詳細。普魯塔克的〈布魯圖斯〉從比較布魯圖斯與其偉大祖先開始，他的祖先就是羅馬共和之父，冷酷而粗野的魯奇烏斯·尤尼烏斯·布魯圖斯；不過這一點仍有爭議。布魯圖斯擁有實踐美德的理想性格，既傾向於自我培養的內在生命，也能回應外在行動的要求（「……匯聚在他身上的美德，足以令造物主肅然起敬並向世人宣告：『他是個了不起的人物！』」*Julius Caesar*, V. v. 72-4）我們從普魯塔克的作品中，瞭解了更多布魯圖斯的性格，他贊同的哲學學派，他的拉丁與希臘文演說特質，他的政治原則，以及他加入龐培黨派的高尚理由。布魯圖斯雖是龐培的黨羽，但龐培死後他獲得凱撒赦免，甚至得到他的厚愛，包括被任命為「阿爾卑斯山南邊高盧」（Cisalpine Gaul）總督，他在當地展現了罕見的正直與仁慈。然而布魯圖斯卻疏遠凱撒，並且受到卡希烏斯的影響；卡希烏斯是布魯圖斯的姊夫與競爭者。在普魯塔克筆下，受凱撒懷疑的人紛紛投靠布魯圖斯與卡希烏斯。

莎士比亞幾乎亦步亦趨地遵循普魯塔克的敘述，普魯塔克的作品結構完整而且充滿戲劇性——凱撒遇刺事件高潮迭起，有如一部劇作。布魯圖斯受到卡希烏斯的煽動，並且因為收到提醒他要對得起祖先的匿名信而感到困擾，此外，布魯圖斯的妻子又因分心於其他事務而未能看出丈夫內心的不安。凱撒在大限之日的最後一刻突然改變心
119 意前往元老院，因而死於龐培雕像腳下。詩人欽那（Cinna）因為被誤認為是謀殺凱撒的人而慘死。出現在布魯圖斯面前而且明確承諾將與他在菲利皮再次相遇的幽靈，並不是為了伊莉莎白時代觀眾而虛構出來的角色，但他無疑賦予普魯塔克作品一種受歡迎的陰森氣氛，雖

然這個幽靈不一定是凱撒的鬼魂；莎士比亞劇中的布魯圖斯以及舞台指導卻認為是如此。卡希烏斯因誤解戰局不利而自殺，布魯圖斯讚揚他是最後的羅馬人——「羅馬的太陽已經沉沒。我們的白晝已盡。」在《凱撒遇弒記》中，這段台詞出自提提尼烏斯（Titinius）之口（V. iii. 64）。安東尼宣布，布魯圖斯雖不免一死，卻是陰謀者中唯一無私的人。攀附權貴者是那些人們熟悉的鼠輩。

　　普魯塔克的〈安東尼〉對他而言算是相當長的傳記，它冗長也缺乏戲劇性，直到克莉歐佩特拉陵寢的死亡場景出現為止。因此莎士比亞必須補充大量描述，如埃諾巴布斯（Enobarbus，虛構人物）在克莉歐佩特拉的遊船上發表了評論她的著名演說，這篇演說幾乎可說是普魯塔克散文的詩文版。值得注意的是，普魯塔克的作品竟花了五分之一的篇幅在描述安東尼與帕提安人（Parthians）的戰役，但莎士比亞對這場戰役卻簡單帶過。普魯塔克對安東尼性格的解讀雖然熟悉卻耐人尋味：喧鬧的、孩子氣的、風趣的、奢侈的，他是優秀的指揮官，卻因沉溺於與克莉歐佩特拉的男女之情而失去應有的決斷。（在普魯塔克的作品中，克莉歐佩特拉也愛慕安東尼，雖然不是所有上古作家都如此認為。而在莎士比亞劇中，「喔，安東尼！」幾乎已成為她的臨終之語。）除了遊船的場景，最引人注目的直接改編是克莉歐佩特拉的侍女夏米安（Charmian），當她被問起克莉歐佩特拉是否已經自殺時，說道：「公主死得其所……完全符合諸位先王傳承給她的高貴身分。」（諾斯的譯文；參見*Antony and Cleopatra*, V. ii. 325-6。）然而夏米安最後的話語，充滿人性而難以理解的那句「啊，士兵！」卻具有純粹的莎士比亞風格。

　　普魯塔克的作品既具有心理複雜層面，又有生動而戲劇性的特點，但人們閱讀他的作品並不是為了得到歷史視野或解釋。在面對從共和國轉變成帝國這個一般問題時，普魯塔克滿足於神意主宰的說法，這種想法在當時相當普遍：「看來共和國的時代已經結束，諸神希望將預定的世界主宰從場景中移除，因此奪走了布魯圖斯即將到手的勝利果實。」（Brutus, 47）個人的動機與行動，以及困擾著個人的偶然，全操縱在諸神（或命運）手裡，祂們不可理解的目的決定了萬事萬物的運行。

120

阿庇安

　　將目光從普魯塔克轉到年輕的同時代人阿庇安身上，他同樣是希臘人，而我們會看到一位帶有典型史學關懷的道地史家，儘管他的作品有些乏味。阿庇安的羅馬史在講到西元前一世紀的部分（這個部分後來獨立成篇，以《內戰》〔The Civil Wars〕一書傳世）蘊含著一個偉大主題，作者感受到共和國逐漸衰敗並且陷於政治暴力、集團犯罪、內戰與混亂之中。他為這五卷設定的起點是西元前一三三與一二一年，護民官格拉庫斯兄弟試圖為窮人重新分配土地，卻分別在這兩年遭到謀殺。根據阿庇安的說法，這標誌著傳統羅馬政治穩健路線的終結：「過去從來沒有人將寶劍帶入議場，沒有任何羅馬人被羅馬人殺害，直到擔任護民官而且提議立法的提伯里烏斯·格拉庫斯（Tiberius Gracchus）成為內部動盪的第一位犧牲者。」（Civil Wars, I. 2）道德藩籬一旦被打破，暴力逐步升高為西元前一世紀馬里烏斯與蘇拉兩派人馬的謀殺鬥爭，以及之後凱撒與龐培的內戰。阿庇安認為階級衝突的爆發源於人民不滿的情緒，而人民的不滿在軍功者的操縱下，造就了政治冒險家與黨派領袖：富人獨占義大利的土地，並且建立大農場讓奴工耕種，取代了過去負擔兵役的小農（I. 7）。在這種情況下，產生了土地重分配這項關鍵議題，同時也將羅馬捲入暴力的內部傾軋中。蓋烏斯·格拉庫斯擔任護民官後也開始既有的做法，從公共基金中分配免費糧食給每位市民（I. 21）。阿庇安之後說道，這項做法吸引了各省底層民眾前來羅馬（II. 20）。阿庇安也提到羅馬市民資格延伸到各省的爭議（I. 23, 34）。馬里烏斯如同過去的格拉庫斯兄弟，成為民眾運動的希望，而蘇拉的派系則代表了元老院階級的利益。他們的對抗甚至淪為首都本身的戰爭：「內部傾軋的插曲逐漸從對抗與爭論升高為謀殺，然後從謀殺升高為全面戰爭；蘇拉發動的戰爭，是羅馬市民組成的軍隊首次如同攻擊敵國般攻擊自己的國家。」（I. 60）

121

　　阿庇安反對謀殺凱撒這項行動，他描述凱撒遭到謀殺的方式與普魯塔克的〈布魯圖斯〉大異其趣，但他對政治脈絡的說明卻較為充分，儘管阿庇安也以命運作為較高的因果準則。雖然預言家出言警

告，凱撒仍然於大限之日前往元老院，「因為凱撒註定要承受自己的命運」（II. 116）。阿庇安也在別處明白表示：「神意會介入公共事務而帶來改變。」（III. 61）

阿庇安是否只是其他史家作品的編輯者，對於這點大家的意見不一。例如，我們可以確定阿庇安對卡提里納陰謀的描述大量引用了薩魯斯特的說法，然而上古史家一般總是在意見不同無法確定對錯時，才會提及史料來源。阿庇安是個寫作品質不穩定的作家，他的內容有時清楚易懂，有時晦澀難解，這不禁使人懷疑他使用的史料可能也有相同的問題。他的作品很少顯露他的個人風格，這種印象更因我們對他生平所知甚少而得到加強，我們只知道他曾在羅馬擔任辯護人，執業於西元二世紀的哈德良（Hadrian）與安東尼努斯・皮烏斯（Antonius Pius，譯注：即中國史籍上的大秦王安敦）時代。

阿庇安最後幾卷的特色主要表現在他花了相當多的篇幅描述布魯圖斯與卡希烏斯可能的支持者遭到放逐的過程，他們不是被捕，就是被殺。「有些人躲到井裡，有些人藏在髒汙的下水道中，有些人爬到充滿煙塵的屋椽上，或默不作聲地棲身於緊密擁擠的屋瓦之下。」（IV. 13）犧牲、背叛、自殺、逃亡、被捕與悲慘的死亡，阿庇安顯然想藉由這一連串生動的軼事（或史料）來引發同情與恐懼，而這些故事也確實引人入勝（IV. 5-51）。阿庇安宣稱他曾親自調查最著名的受害者西塞羅的死因，這個部分被稱為〈放逐的故事〉（Tales of the Proscriptions），但篇幅過於冗長（占了第四卷三分之一以上），顯示阿庇安可能因為找到了好材料就過度引用。他也可能抄錄了塔西佗的作品，後者致力於描述提貝里烏斯（Tiberius）與尼祿（Nero）統治時期對羅馬貴族的類似迫害上。

羅馬變得難以駕馭，於是命運之神暗中促使局勢往奧古斯都的專制政治推移。關於這段過程的細微描述，我們必須轉向另一位希臘史家卡希烏斯・狄歐。

卡希烏斯・狄歐

狄歐生於西元一六三年，年輕時從黑海西南部的希臘省份比提尼亞（Bithynia）遷往羅馬。他在皇帝康莫杜斯（Commodus）在位期

122

間進入元老院，之後擔任執政官，當然這個職位在當時已不具有共和
國時期執行長官的大權。狄歐擔任總督，包括阿非利加（Africa）行
省總督，後來又於西元二二九年擔任執政官。他的《羅馬史》
（*Roman History*）涵蓋了從埃涅阿斯與羅穆魯斯到他自己擔任總督
時的歷史。在八十卷《羅馬史》中，西元前六十八年到西元四十六年
這段歷史被原封不動地保留下來。記載奧古斯都第一公民制（princi-
pate）的章節不僅近乎完整，而且是目前僅存從西元前三十二年到西
元十四年的重要上古敘事。

這段時期開始之時，布魯圖斯與卡希烏斯已死，馬克·安東尼以
埃及為大本營，拋棄了他的羅馬妻子，也就是屋大維的姊姊歐妲薇亞
（Octavia），而與克莉歐佩特拉以及兩人所生的子女在埃及生活。
西元前三十四年，安東尼在亞歷山卓舉行了隆重典禮，並且鄭重提出
挑戰。他宣稱凱撒里昂（Caesarion，據說是克莉歐佩特拉為凱撒生
的兒子）是凱撒的合法繼承人（這個頭銜被凱撒的外甥與養子屋大維
承襲），並且與凱撒里昂瓜分了東方的領土。這項瓜分行動被稱為
「亞歷山卓的捐贈」（Donations of Alexandria），引起屋大維極大
的不滿（50.1）。人們懷疑安東尼想將羅馬交給克莉歐佩特拉，並且
將政府遷往埃及。隨後在羅馬發動的反安東尼宣傳戰，以及在阿克提
烏姆（Actium）決戰前夕屋大維對全軍的精神喊話，顯示出細心編造
的說詞，目的在醜化種族與女性，它們針對的是「那個埃及女人」、
埃及風俗，以及安東尼對這兩者的偏愛。例如，他與閹人亦步亦趨地
跟隨皇后，而且佩帶東方的短劍。埃及人是女人的奴隸，沒有女人曾
統治或能統治羅馬；對羅馬士兵來說，就連擔任她的侍衛也是一種侮
辱。安東尼為自己取了神話名字，而埃及人將昆蟲與野獸奉為神明
（50.5, 24-5）。

阿克提烏姆戰役結束，克莉歐佩特拉和安東尼撤回埃及之後，狄
歐述說他們的末日，其內容大家都已相當熟悉，而焦點集中在克莉歐
佩特拉的陵寢，部分是因為她的財寶就藏在裡面。狄歐認為，克莉歐
佩特拉希望以安東尼的死來與屋大維達成協議（51.8, 10）。試圖自
殺的安東尼被抬進陵寢之中，並且死在她的懷裡。克莉歐佩特拉發覺
屋大維不為所動，於是她寧可選擇死亡也不願被帶回羅馬成為凱旋式
的戰利品；她如帝王般死去，雖然書中提到毒蛇是唯一可能的死因，

123

但也可能使用了毒針（51.12-14）。她與安東尼葬在同一座墳墓之中。（較早之前普魯塔克對安東尼生平的描述與狄歐大致相同，不過他偏愛克莉歐佩特拉，對其的描寫充滿同情；而莎士比亞採用了普魯塔克對安東尼生平的描述，包括逐字引用了譯文。）屋大維對埃及人展現了政治寬容，他觀看了亞歷山大大帝的遺體，碰觸而且意外損毀了鼻子。有人邀請他觀看以香油防腐的埃及托勒密諸王遺體，他說他想看的是君王不是屍體，他也拒絕進入牛神阿皮斯（Apis）的祭壇，他說他敬拜的是神不是牛（51.16）。

在羅馬，一項關鍵的決定賦予屋大維終身護民官的大權：人身豁免權與重要的否決權。在各省，屋大維被尊奉為神，不過這種上尊號的舉動在羅馬相當罕見，雖然少有人阻止。克莉歐佩特拉的肖像陳列在凱旋式中，她的財寶也受到展示；狄歐說，她的飾品現在都裝飾在羅馬神廟裡，而她本人則以黃金塑像來作為代表，被安置在維納斯神廟中。羅馬的敵視顯然帶有很大的魅力。競技活動展開，野生動物遭到屠殺，河馬與犀牛也在羅馬首次登台（51.20-22）。

以羅馬的標準來說，屋大維表現出節制與穩健。第五十二卷提到屋大維權力的鞏固，在漫長的前言中，據稱屋大維曾要求阿格里帕（Agrippa）與邁克納斯（Maecenas）提供政府形式的建言，這兩個人分別發表了長篇演說支持共和與專制統治。這使人想起希羅多德作品中不尋常的波斯辯論，當王位虛懸時，成功的陰謀者也以高度抽象的形式思考相同的議題（Herodotus, *Histories,* III. 80-82），人們不禁懷疑是否狄歐也想起了這段故事。阿格里帕的演說極為抽象且陳腐。邁克納斯的建言則較能符合屋大維的實際處境，他表示不握有權力則終致毀滅。他強烈要求與「羅馬最優秀的人物」一起治理國家，並且壓制暴民的放肆行徑（52.14-15）。邁克納斯的建言在於維持共和國的官職，但削減權力使其成為榮譽職，以此確保屋大維能控制這些擔任官職的人（52.20）；這與屋大維將採取的路線不謀而合。

邁克納斯支持設立常備職業軍隊，反對市民組成的民兵，並且簡要說明了核心困境：「我們必須掌握士兵才能存活，而士兵必須領有薪餉才會為我們打仗。」不管哪一種政府形式都需要軍隊（52.28）。他提議應支付軍隊薪餉與退休金，至於財源則取自販賣公有土地與例行稅收（這是一項創舉）。羅馬因各種公開展示而更加美麗與

歡樂（52.30）。個人對屋大維的不敬不應追究，並且要與陰謀嚴格
區別，至於陰謀則應交由元老院來處置。屋大維的地位應避免過度表
現：「沒有人可以經由投票而成為神。」（52.35）異國宗教，一個
古老的主題，應予以壓制；它們關係著祕密社會與陰謀。巫師應予以
禁止，甚至連哲學家也受到懷疑（52.36），日後這將成為一種偏
見。屋大維被提醒要留意騙子，這是日後產生的另一個關切，也是塔
西佗作品一個值得注意的主題，狄歐在此透過邁克納斯預先提出這
點。權力的掌握最好有所保留，在行使上也要有所限制，外在的和平
勝過戰爭，儘管如此也不能鬆懈作戰的準備（52.37-38）。邁克納斯
做出了預言般的結論：

> 從現實上言，若你想求取王政之實而避免令人嫌惡的王政之
> 名，你毋須接受國王的稱號，仍能以凱撒的風格進行統治。若你
> 需要國王以外的稱號，那麼人們會為你獻上大將軍（Imperator）
> 的頭銜，如同過去他們獻上這個稱號給你的養父凱撒，此外他們
> 還會獻上另一個稱號來榮耀你的威嚴。如此，你既能享有帝王之
> 實，卻又避免了帝王的汙名。（52.40）

125　　　寫下這篇長篇演說的狄歐顯然居於後見之明的優勢，他不僅瞭解
屋大維隨後推行的政策（如奧古斯都的稱號），同時也觀察著自己的
時代。狄歐以自己曾經侍奉過且幸運地逃過他們的魔掌的幾位暴君與
奧古斯都相比，包括康莫杜斯、卡拉卡拉（Caracalla）、埃拉加巴魯
斯（Elagabalus），奧古斯都顯然是帝王的楷模，而且奧古斯都這個
名號本身就代表著廣大的權力與權威。邁克納斯的演說開啟了「向君
主建言」（有時帶有對不遵從建言者施以批評的意涵），以及以受尊
崇的祖先為效法對象的長期傳統。以這篇演說而言，其表述具有立即
效果。此外，在上古史學中，我們發現演說既可用來審視處境，說明
當下蘊含的機會與危險，也可顯示追求的政策背後帶有的思維，正如
邁克納斯的這篇演說。在狄歐的描述中，屋大維傾向邁克納斯的建
言，但經過深思熟慮之後，他決定先推動人們願意支持的變革，避免
因「全面改變人們的天性」而帶來危險；他甚至將一些工作留給他的
繼承者去完成（52.41）。狄歐不反對將屋大維偷偷摸摸進行專制統

治的手法記錄下來。屋大維瞭解安東尼的老部屬充滿疑慮，因此宣布焚毀安東尼的文件，但實際上他保留了部分資料以備不時之需（52.42）。

次年（西元前二十八年），屋大維第六次擔任執政官，並且首次冠上「第一公民」（Princeps）的稱號，狄歐的第五十三卷對於當時舉行的公開展示與奉獻的神廟做了典型的編年史記錄，包括至今尚存的阿格里帕興建的萬神殿（Pantheon）。然而，這一卷的中心主題是屋大維對元老院發表的演說，他辭去所有官職，宣布自己準備退休過平民生活：他宣稱自己一切的行動都是為了挽救羅馬使其免於威脅與危險（53.3-11）。如同屋大維設想的，當元老院勸他改變主意時，表面上看來這違逆了他的意志，但實際上他卻得到了專制權柄。屋大維隨後做的第一件事，是將侍衛的薪水增為一般軍人的兩倍——「他放棄絕對權力的心還真是誠懇，」狄歐嘲弄地說（53.11）。然後屋大維致力於為自己取得數省總督的權力，凡是駐紮超過一個軍團的省份都歸他治理，任期十年，此舉使他有效控制了軍隊（53.12-13）。狄歐指出，雖然任期限制已形同虛設，但此後歷任皇帝卻建立了一個慣例，每統治十年就舉行一次慶典，彷彿這麼做可以更新他們的統治權力。在這個時候（西元前二十七年），屋大維接受了奧古斯都的稱號，原本他想取得的是「羅穆魯斯」，但因「帝制」的意味太濃而作罷。

126

狄歐援引塔西佗的說法，他深信這段歷史就是王制建立的過程：

> 事務的指導與指示全根據當時掌權者的期望來決定。不過，為了維持權威源自法律而非權威本身至高無上的印象，皇帝便謀取了所有職務及其實際官銜，以及這些官職所附隨的權力。

身為大將軍，他們繼承了執政官的權力；身為監察官（雖然這個官銜最後遭到廢止），他們審查風俗；身為大祭司，他們在宗教事務上有著至高無上的地位；護民官的傳統權力賦予他們否決權與人身豁免權，他們的人身被視為神聖（53.17）。此外，他們也不受法律約束（53.18）。

雖然狄歐以諷刺的手法戳破共和的假象，但他整體的看法是：

「在共和時期，人民不可能安居樂業。」（53.19）有趣的是，他唯一真正的抱怨卻是基於史家的立場而發。過去，一切事務都公諸於元老院與人民面前，政府是透明的：許多人記錄何事發生，所以事件的真實面貌眾所周知。現在，重要事件隱匿不欲人知：報導是誤導的，而且無法受到適當調查。未來，狄歐將不得不以官方的版本為依據，但他也增添自己的意見，「我根據自己的閱讀、口耳相傳、親眼所見而蒐集許多細節，以此形成判斷，如此便能告訴我們比一般報導更多的事。」（53.19）他的怨言是一項重要觀察，從史家的立場來看，若能親炙自己那個時代最高的權力圈子，就有許多機會記錄政治行動的現實與公諸於世的版本之間的差異，然而如我們將看到的，在他之前的塔西佗也有類似的怨言。

奧古斯都往後的統治時期，有記錄的主要事件是西元九年瓦魯斯（Varus）指揮的三個軍團在日耳曼全軍覆沒，這或許是奧古斯都遭遇過的最大打擊（56.18-24），另外則是奧古斯都家族年輕成員接二連三去世，這等於為奧古斯都繼子提貝里烏斯繼任鋪路。狄歐提到蘇埃托尼烏斯散布的謠言，指出奧古斯都妻子莉薇雅（Livia）與這些人的死有關，事實上，謠言也提到奧古斯都的死與她的關聯，而狄歐自己對這項傳言既未背書亦未駁斥。他對奧古斯都的評價有著明顯的劃分，一個是屋大維還沒成為奧古斯都之前，在內戰期間出於必要而做的行為；另一個是他邁向權力顛峰與日後對權力的行使。而狄歐對後者的評斷完全是讚許。在奧古斯都統治下，羅馬人過著世上最好的日子：「他們是皇室的臣民，卻未淪為奴隸，他們是民主制度的市民，卻未遭受混亂之苦。」（56.43）

我們對狄歐的史料來源所知甚少，但他顯然知道塔西佗與蘇埃托尼烏斯的作品，而且應該看過奧古斯都的自傳。如果我們相信第一印象，則他帶給讀者的一般而言是審慎而值得信任的史家形象；他避免情感渲染或黨同伐異，而且不會過度地使用傳統修辭，其例外或許是對阿克提烏姆戰役的描述。與塔西佗那樣的元老院階級不同，狄歐對於共和時期並不留戀，他與李維一樣憎恨僭主與無政府的過當。他對奧古斯都以共和之名行專制之實的描述，使人聯想起十八世紀英格蘭反對黨曾懷疑執政當局密謀顛覆自由的憲政體制。這是個利弊互見的景象，一方面它描繪出一名充滿詭計機巧的統治者由內而外瓦解了政

127

治體制，懷有惡意的君主很可能繼踵效法，另一方面也呈現出一名聰明而穩健的政治家，為長久受困於內在傾軋的城市帶來和平與繁榮的黃金時代。

第八章
塔西佗：「人適合為奴」

愛德華・吉朋在他最早的作品《論文學研究》（*Essay on the* 128
Study of Literature, 1761）中提到塔西佗是「富於哲理的史家」典
範。他寫道，塔希佗「運用修辭的力量，以理性而充滿說服力的反思
教導讀者」。某方面來說，吉朋的論述是一種有意識的回溯。當時塔
西佗的名氣已逐漸衰微，無法與他在十六世紀末到十七世紀末歐洲
「絕對主義時代」享有的盛名相比。吉朋的讚譽是人文主義學問對新
「哲學」——我們應該說是「科學」——精神的一種反抗，這個新哲
學將關於過去的知識斥為無用。「富於哲理的史家」一詞同時在雙方
陣營取得立足點，人文學者把重點放在史家，而現代學者把重點放在
富於哲理上。塔西佗是這個頭衛的不二人選，因為他在吉朋的時代被
推崇為政治思想家，並且把從歷史蒐集來的智慧濃縮成名言警句的形
式。另一位仰慕塔西佗的人蒙田（Montaigne）則認為他的時代與塔
西佗的時代具有一種連結，此說明了塔西佗得到的關注：「諸位大可
認為我們是他敘述與訓斥的主題。」（On the Art of Conversation,
Essays）。

當然，向上古世界尋求相似事物已是老生常談，例如阿庇安的作
品似乎在十六世紀法國內戰期間廣為流傳。絕對主義時代的人理所當
然會在塔西佗作品中，找到與他們處境相關的事物；從塔西佗的作品
汲取教訓有時也在掩飾自己指涉了聲譽不佳的馬基維利式政治智慧。
當時的歷史與戲劇提供了類似的情節，對於博學者而言，這些故事通
常就像某種記憶中的事物。例如，莎士比亞的理查三世像極了提貝里 129
烏斯與尼祿，他戴上謙恭與美德的面具，直到獲得無可爭議的權力之
後，就搖身一變成了嗜血的暴君。莎士比亞筆下的伊亞戈（Iago）是
野心、陰謀與搬弄是非的副官，他的原型似乎是塔西佗作品中提貝里
烏斯的親信塞亞努斯（Sejanus）。與莎士比亞同時的班・強森（Ben
Jonson）寫了關於塞亞努斯的劇本（1603），他的《卡提里納》

（1611）則以薩魯斯特與西塞羅作品為藍本。現代的君主王侯及其親信涉獵占星術與巫術，他們在塔西佗作品中的對照人物亦沉迷於相同之物。法國皇太后凱瑟琳‧德‧梅第奇（Catherine de'Medici），一般將聖巴特雷米日大屠殺（St. Bartholomew's Day Massacre）歸咎於她，而她勢必讓一些人想起可怕且充滿陰謀的羅馬帝國后妃莉薇雅與阿格里皮娜（Agrippina），一連串毒殺的流言緊緊跟隨她們三人。塔西佗不僅描述這樣一個世界，也以公眾人物的立場為自己在多米提安（Domitian）充滿血腥的統治時代，為生存而以元老院議員身分做了許多妥協而感到罪惡，他特別在岳父阿格里寇拉（Agricola）的傳記中說明了這一點（*Agricola*, 3, 45）。

　　塔西佗在尼祿時代以及羅馬世界陷入內戰那年（西元六十九年，「四皇帝之年」）仍是一名少年，這個時期的史事全記載於他至今尚存的《歷史》（*Histories*）之中。塔西佗的《歷史》大約完成於西元二世紀初。之前完成的另一部重要作品《編年史》（*Annals*）涵蓋更早之前從提貝里烏斯到尼祿的歷史，但部分已經亡佚。塔西佗在維斯帕先（Vespasian）與提圖斯（Titus）時代擔任公職，多米提安死後（西元九十六年），他於西元九十七年成為執政官，之後又成為亞洲行省的總督。在《歷史》前言中，塔西佗讚揚多米提安死後是一段幸福的時代，即內爾瓦（Nerva）與特拉亞努斯（Trajan）的統治時期（*Histories*, I. I）。

　　如果卡里古拉（Caligula）與部分克勞狄烏斯和尼祿統治時期的記錄未曾從《編年史》中亡佚，而《歷史》從西元七十一到九十六年的記載仍在，則塔西佗的作品幾乎涵蓋了西元一世紀完整的歷史。克勞狄烏斯與尼祿的統治時期，連同羅馬帝國前十二任皇帝的歷史，都記載於與塔西佗同時的蘇埃托尼烏斯現存的作品《皇帝傳》（*Lives of the Caesars*）中。蘇埃托尼烏斯的作品是傳記而非歷史作品；他的描述以人物的性格而非事件的經過為中心，他以頌辭與貶辭等著名文類為範例，其內容多半過於瑣碎而難以稱為歷史。塔西佗的作品也與卡希烏斯‧狄歐的作品重疊，其中最有名的是提貝里歐斯時代的歷史。狄歐的歷史持續到他生存的時代，即西元三世紀初，但他現存作品的末尾部分卻是後人接續寫下的拜占庭史綱要。撇開這個部分不提，從李維到塔西佗的幾位重要史家，其作品涵蓋了西元前三世紀到

130

西元一世紀的歷史，從羅馬在義大利霸權的鞏固，到帝國的第一個世紀結束。李維與塔西佗作品中的闕漏造成很大的損失，幸好仍有很多留存下來。《編年史》只剩下兩件中古時代的手抄本，分屬兩個部分的殘本。

塔西佗寫的是當代與接近當代的歷史。他引用目擊者的證言（*Annals*, III. 16），這些耆老故舊的記憶可以上溯至提貝里烏斯的時代。他無疑也使用了提貝里烏斯與克勞狄烏斯留下的回憶錄，以及元老院印行的議事記錄，身為元老院議員的他可以輕易取得這些資料。在《歷史》與《關於演說的對話》（*Dialogue on Oratory*）一開始，塔西佗充分意識到從共和時期公共生活形式的結束到帝國的來臨，文化與政治的不斷變遷對演說與歷史寫作造成的影響。在《關於演說的對話》中，我們藉由比較與評估各種演說看到文學或文化史的基礎。在《歷史》一開始提到史家時，塔西佗說：「只要共和歷史是他們的主題，他們會以相同的雄辯風格與不偏不倚的立場來寫作，」然而，「為了和平而必須將權力集中於一人之手時，古典史家的偉大家系就此斷絕。真理也在各方面受到戕喪。對政策（如今已不受公眾掌控）的無知，自然產生對阿諛奉承的熱情，或相反的，對專制者的仇視。」狄歐（53.19）也曾抱怨無法接觸事件的真實起因。塔西佗對於公共專業與私人動機之間的差異有著敏銳、甚或是過度的知覺，而且任意猜測可能的動機。他曾主張要做到公正無私，這是一個標準的主張，但不一定合理。他在《編年史》的開頭提出一個成為經典的定則：他說，他寫作時，既無熱情亦不偏私。

蒙田指出塔西佗的偏見，卻將這個觀察轉變成恭維，他說：「我們可以看到塔西佗的判斷有時與證據未盡相符，因為他不加扭曲地呈現意見。」這種情況在塔西佗的作品中經常出現，特別是在描述提貝里烏斯時，他是塔西佗描繪的人物中最醒目的。對於退隱到卡普里島（Capri）的提貝里烏斯，塔西佗並未忽略圍繞在他周邊的荒淫傳言，只是他不像蘇埃托尼烏斯那樣熱中和詳細描述。塔西佗提到，提貝里烏斯的公眾行為與談話幾乎總是合理、人道乃至於慷慨，即使帶有憤世嫉俗的實境仍值得稱道，並且明顯表現出對皇室虛矯與阿諛的不滿。這些性格特質當然不一定與古怪的性癖好毫不相容，更重要的是，對元老院而言，也不一定與突來的致命猜忌格格不入。雖然塔西

131

佗對元老院充滿輕視與嘲弄，但元老院一直是他敘述的核心，畢竟他自己就是元老院議員。在他的描述裡，提貝里烏斯總被視為陰暗的威脅、陰沉的存在，他的沉默寡言與偏愛隱遁使人難以捉摸他的性格，有人因此從偽善與表裡不一的觀點對他做出不利的詮釋，即使他對外的發言與行為未能證明這點；對於偽善的指控，他的種種表現無法釐清人們的疑慮。提貝里烏斯的隱居，甚至於他的謙恭，對塔西佗來說都是道德墮落與隱藏墮落事實的明證；他的沉默、難以捉摸與有時深不可測的言談，帶有惡意與威脅意味。我們現在無法得知這種詮釋有多少根據，雖然它相當引人注目且令人難忘，但塔西佗充滿惡意的判斷終究還是啟人疑竇。

在塔西佗的殘存記錄中，具有明顯確實性的是提貝里烏斯的行動與話語。提貝里烏斯的生活儉約、不露鋒芒。但他並不吝嗇，有許多例子提到他慷慨解囊救助公眾與私人的不幸（*Annals*, I. 75; II. 37-48, 87; IV. 64; VI. 17）。在一些場合，他展現了仁慈與同情，反對有人因對他不敬而受罰（I. 74），同時也拒絕起訴鎔化其銀製塑像的人。

132 據說他離開元老院時曾以希臘文大聲呼喊：「人適合為奴。」（III. 65）但塔西佗認為，提貝里烏斯不僅厭惡奴役也厭惡自由。他的話語和行動很少發自內心；它們總是被視為深沉而邪惡的政策工具。例如，他對言論自由的寬容是為了辨識「奴性隱藏的真理」（VI. 38）。提貝里烏斯拒絕為自己在西班牙設立聖壇，此舉似可作為神智清醒的楷模：「我是凡人，從事凡人的工作，對於自己居於凡人的頂端，我已相當滿足。我希望後世記住我是這樣的人……如果後世對我有負面評價，那麼大理石紀念碑不過是遭人遺忘的墳墓。」（IV. 38）然而，即便如此也被詮釋成是懷有罪惡感或精神貧困，而塔西佗在記錄時未反對這點。

在詮釋提貝里烏斯時，塔西佗似乎游移於該視其為真實的性格衰頹，或將變遷歸咎於提貝里烏斯逐漸擴大的權威，因而他愈來愈不需要隱匿自己的真實本性。上古作家傾向於視性格為固定不變之物，並且將美德的喪失與邪惡的產生完全歸咎於虛偽面紗的褪去；我們在蘇埃托尼烏斯身上看到相同的模式。塔西佗承認提貝里烏斯早期的美德證據，但也強調他的腐化。儘管如此，塔西佗對於提貝里烏斯早期的良好統治做的簡要描述，可說是一篇令人印象深刻的頌辭，事實上他

描述的如同一個模範政府：廣開言路，選賢與能，執法確實，荒年賑濟災民。官吏受到監督，禁止橫賦暴斂。「他在義大利幾乎沒有地產，他的奴隸謹慎謙和，他的家僕侷限於少數自由民。他與一般市民的爭論都交由法院審理。」（IV. 6）巨大的改變與塞亞努斯的發跡發生於同時。這不禁使人認為，塔西佗可能試圖在偽善的一般成規下對前後矛盾的陳述進行調和，但此一說或許無法獲得證明。

《編年史》的大部分內容，實際上幾乎所有內容，都未提到羅馬的邊疆戰役，如帕提亞、馬其頓、亞美尼亞、日耳曼與不列顛，而是聚焦於皇帝與元老院的關係上。塔西佗對元老院不留情面，但又有所期許。他亟欲保存他找到的任何足堪表彰祖先功業的例子。他同意標準的歷史觀點是道德的僕人：「確保功業能記入史冊，以後世的唾罵來對抗邪惡的行為與話語。」（III. 65）儘管如此，他有時也允許基於孝道與家名而為尊者諱：「他們已經去世，我覺得基於他們祖先的顏面，我還是不說出他們的姓名為好。」（XIV. 14）但一般而言，尋求利益（或至少為了生存）的奴性被迫順著世事而轉變，深諳此道的人往往受到嘲弄與蔑視。提貝里烏斯以討厭阿諛著稱，他的態度造成進一步的扭曲：卓然不群成了僅存的諂媚之道（I. 8）。公眾行為決定於人們熱切的眼神，而這些眼神總是根據統治者的意向決定自身的行為，因此，當提貝里烏斯登基時，元老院議員「既不能對先帝駕崩感到高興，又不能對新帝即位感到難過：他們謹慎安排自己的容顏，臉上雜揉了淚水與微笑，哀悼與諂媚」（I. 7）。「政治平等，」塔西佗不只一次地表示，「已經是過去的事。」（I. 2）儘管塔西佗偶爾記錄了一些美德與卓然不群──有時還招來死亡──的例子，但他描述的高層政治世界主要還是一個充滿中傷誹謗、惡意告發、暗中窺探、搬弄是非、偽善與奉承的世界。

密告在當時是招致毀滅的原因：

　　親朋好友如同陌生人般彼此懷疑，老故事就像新故事一樣帶有毀滅性。在廣場上，在晚宴中，有關任何主題的陳述都可能意味著告發。每個人爭先恐後地指認犧牲者。有時這種作法是自我防衛，但絕大多數是一種傳染病，就像瘟疫一樣。（VI. 7）

133

在塔西佗的敘事中，懷疑與恐懼的氣氛因提貝里烏斯選擇的代理人的不正野心、獨斷權力與殘酷而大為加強；這個代理人是禁衛軍指揮官塞亞努斯。

　　在羅馬，出現了史無前例的騷動與恐怖。人們甚至瞞著密友行動，避免見面與對話，躲開朋友與陌生人的耳目。即使是無聲、靜止的物體，如天花板與牆壁，也在疑雲密布下遭到搜索。（IV. 69）

監視隨科技進展而加強，但其核心本質顯然維持不變。在《阿格里寇拉》中，塔西佗談到他自己的暴君經驗與這個經驗帶來的羞恥感，他說：「在多米提安時代，最讓我們痛苦的是看著他的眼睛直盯著我們。」（45）這令現代讀者聯想起史達林的朝廷，正如塞亞努斯令人想起史達林的警察首長貝利亞（Beria）。

最後，塞亞努斯因野心太大而失敗，並且遭到謀殺。羅馬政治殘暴行為的駭人，呈現在塞亞努斯幼女的懇求中：

　　他們全被捕入獄。男孩知道自己即將面臨什麼。但女孩無法理解地重複說著：「我做了什麼？你們要帶我去哪？我不會再犯了！」她說，她可能會跟其他孩子一樣被痛打一頓。當時的作家提到，由於沒有處死處女的前例，因此她被行刑者強暴，身旁放著絞索。然後兩人都被勒死，他們年幼的屍體被丟棄在號泣的石階上。（V. 6）

但是迫害並未停止。對塔西佗而言，塞亞努斯掌握大權的根本原因是「上天對羅馬的震怒」（IV. 1）。他不僅哀悼羅馬的命運，也哀悼自己身為羅馬史家的命運：

　　我發覺自己曾經描述的與希望描述的，絕大部分似乎並不重要而且瑣碎。但我的編年史與早期羅馬史是完全不同的內容。它們的主題是偉大的戰爭、遭到猛攻的城市、被擊敗與俘虜的國王。或者，如果內政是它們的選擇，它們會自由地轉向執政官與

護民官的衝突、土地法與穀物法的牴觸、保守派與平民的宿怨。
我的作品剛好相反，它是被設限的不光采領域。

　　然而，塔西佗繼續說道，即使是不重要的事物也值得檢視，因為
它經常導致重要的發展，無論這個國家是民主、寡頭還是專制政治
（他又說，混合這幾種制度的國家從未傳之久遠）。當國家是民主制 135
時，必須瞭解人民的心靈以控制他們；當元老院強而有力時，最明智
的專家是那些最能瞭解元老院心靈的人。同樣的，

　　　　如今羅馬實際已轉變成專制政治，調查和記錄與專制者相關
　　的細節應有其用處。事實上，從這類研究中，亦即從他人的經驗
　　中，大多數人學會了如何區別對與錯、利與不利……所以這些陳
　　述是有用的。但這些敘述並不討喜。能吸引與刺激讀者的是地理
　　的描述、戰爭扭轉的命運、指揮官光榮戰死。至於我的主題關切
　　的是殘酷的命令、永無間斷的指控、背叛的友情、被毀滅的無辜
　　者──大批的滅亡及其起因的敘述，極其單調無聊。（IV. 32-3）

　　塔西佗又說，人們可能因提及生者不名譽的祖先而招來怨恨，或
者生者可能看到其祖先的不名譽行為反映在別人身上而感到憤懣，或
者是因光榮的例子而感到羞恥。

　　塔西佗有關卡里古拉的敘述已經亡佚，而克勞狄烏斯的敘述也受
到嚴重刪改，剩下的部分主要是談克勞狄烏斯妻子梅薩莉娜（Mes-
salina）與阿格里皮娜的背叛。塔西佗記錄了未提及姓名的目擊者的
權威說法：「我要說的是真相。老一輩的人聽聞而且記錄下來的事
物。」（XI. 27）關於尼祿時代前期的敘事，著眼於他的母親阿格里
皮娜身上，不過外國事務與戰爭，包括在不列顛發生的那些戰事，仍
在編年史中占一定比重。當然，羅馬大火是另一則插曲。尼祿駭人聽
聞的行為構成一種全新的縱慾形式，民眾與元老院議員及他們的妻子
與女兒，因阿諛荒淫而極度腐化，而皇帝本人則是縱酒狂歡的始作俑
者。就連基督教這個「致命的迷信」，傳至羅馬也成了另一項墮落的
明證：「一切墮落與羞恥的行為在首都中繁衍滋長。」（XV. 44）陰
謀失敗後，登場的高潮好戲是迫害，但塔西佗現存的作品並未涵蓋尼

祿的敗亡。塔西佗詳細描述一些事例，特別是為維持尊嚴而自殺的事件。他不斷意識到這些事件對讀者的影響，並且哀悼讀者對於其他持續不斷的醜行感到厭煩：「這種奴隸般的消極順從與接二連三的無謂流血，與服役執勤完全不同，它使心靈厭倦、沮喪與麻痺。」（XVI.
136　14）但這些名人的死不應草草帶過，無論如何，他們的醜行並非源自他們的缺陷，而是，再一次的，上天對羅馬的震怒。寫史保存名人偉大功業記憶的動機可以上溯至希羅多德，但塔西佗的看法似乎缺少這樣的動機。

　　塔西佗似乎認為，元老院成員顯示自身價值的最後手段就是親手了結自己的生命。這裡的道德對比是斯多噶式的對比，一方面努力爭取毫無價值的權力，另一方面維持自己的尊嚴，以高尚的行動離開這無可忍受的人世或迫近的死刑。自由只能從死亡的解脫與有時候遲來的坦白或坦白所釋放的反抗中尋得。塔西佗雖然瞭解這點，卻也瞭解因公殉職與消極順從之間的對比。羅馬的美德似乎不再是積極主動的、愛國的與政治的，而是自我中心的，以及用斯多噶的話來說，「富於哲理的」。它的報酬不是名聲，而僅是逃避；充其量死亡平靜地發生，如同典型的蘇格拉底之死，身旁有朋友陪伴，一個視死如歸的菁英。

　　自殺的動機之一，如塔西佗所述，是為了避免被判叛國罪而家產遭到查封：他們關切的是家族而非國家。這裡有個諷刺的對比，不過塔西佗並未明言。從魯奇烏斯‧尤尼烏斯‧布魯圖斯以降所記載的，尤其是李維的作品，有關羅馬早期「堅忍精神」的例子，總是提到為國犧牲家族，公共法律在道德上凌駕於親族的紐帶關係，我們認為這種精神是發展出國家觀念與國家主張的關鍵。在塔西佗描述的謠言滿天與專制恐怖的世界裡，羅馬似乎成了充滿鄉愁的記憶；皇帝個人的性格特徵，或暗地裡對他的指控，或元老院裡惡意或逢迎的告發，隨處可見；對受害者來說，亦即處於危亡邊緣的市民，個人與家族的利益再次居於首要地位。塔西佗必定相當瞭解才做出共和國與帝國的對比——他也因此哀悼現代史家身負的任務。

137　我們曾經提過，《編年史》中斷於西元六十六年。塔西佗最早寫成的《歷史》始於尼祿死後（西元六十八年），它記錄了西元六十九到七十年的事件，其內容普遍比《編年史》來得詳細。《歷史》持續

記載到將近西元一世紀末，不過其餘的部分都已亡佚。西元六十九年是異常多事的一年，包括了內戰與篡奪，帝位經過四次更迭，最後是由維斯帕先建立新王朝：奧古斯都所建立的持續達一個世紀的尤里烏斯克勞狄烏斯王朝於焉結束。西元六十九年被稱爲「四皇帝之年」：加爾巴（Galba）、歐托（Otho）、維特里烏斯（Vitellius）與維斯帕先。最終的權力曾短暫決定於軍隊身上，共和國末年的情況以高度濃縮的形式反覆重演。三名皇帝各以某個駐軍行省作爲權力基礎，每個人都在軍隊擁戴下稱帝：加爾巴在西班牙，維特里烏斯在日耳曼，而維斯帕先（他花了最久的時間才抵達羅馬）在東方，至於歐托則是尼祿的夥伴，他在羅馬被禁衛軍擁立爲帝，尼祿派以此來對加爾巴進行反擊。這是羅馬城一個世紀以來首次捲入內戰。

塔西佗哀悼內戰的發生，並且暗示首位稱帝的加爾巴應該予以承認，雖然他認爲從各方面來說，最後的勝利者維斯帕先是最有資格繼承帝位的競爭者。對塔西佗來說，歐托（與尼祿一起爲惡之人）與維特里烏斯（他總被說成是懶惰而難以自制的暴食者）是討厭的人物。塔西佗指出共和國末期與這個時代的相似之處，認爲凱撒與龐培、奧古斯都與布魯圖斯是可敬的對手，相反的，當歐托與維特里烏斯彼此指控對方的邪惡與荒淫時，塔西佗卻說：「至少從這點看，他們兩人說得很對。」（I. 74）接連不斷的篡奪者，羅馬人對這些篡奪的反應，以及軍人的舉措，都令塔西佗義憤填膺，他嚴厲抨擊、諷刺，而且寫下輕蔑的警語。例如對於加爾巴，塔西佗說：「身爲人臣，他似乎太鋒芒畢露而難以屈居人下，每個人都認爲他足以成爲人君，然而唯有當他未能統治時才這麼說。」（I. 49）維特里烏斯受到紀念的原因，在於「他浪擲自己的與不是自己的財產，表現了過度而無恥的慷慨。」（I. 52）我們可以輕易瞭解這些敘述讓年輕的吉朋留下深刻印象，也可以看出塔西佗對《羅馬帝國衰亡史》文體特徵與態度的影響。

塔西佗提到西元六十九年的動亂使羅馬的尊嚴掃地，他以顯著的憤怒描述禁衛軍的行徑，即便與《編年史》記錄的可怕事件相比，這些行爲亦證明帝國擁有的穩定性格已成過去：

　　羅馬軍隊隨時準備殺死毫無防備的老人，而這個人原本是他

138

們的皇帝，彷彿他們罷黜的是沃婁加塞斯（Vologaeses）和帕科魯斯（Pacorus，帕提亞的統治者）……他們手握武器縱馬穿越群眾，踐踏元老院，馳騁於羅馬廣場。這些人不因仰望卡皮托山與高高在上的莊嚴神廟而有所遲疑，也不因遙想過去與未來的皇帝而有所猶豫。（I. 40）

　　儘管存在著這些破壞帝王尊號的罪行，但帝王尊號似乎反而成為奧古斯都這個詞所代表的意思：令人敬畏的。羅馬城及市民受到的傷害，最糟糕的是將卡皮托山的朱庇特神廟焚毀，這些事情顯然讓塔西佗感到憤慨，這都是羅馬軍隊的傑作，他們對待羅馬的方式，如同他們對待行軍經過的和平省份一樣，以入侵的征服者姿態燒殺搶掠。

　　如塔西佗描述的，西元六十九年的世界其實已成為天翻地覆的世界：士兵既不服從指揮官，也不服從皇帝，儼然成了暴民；另一方面，羅馬自身的暴民也殺人不眨眼，駭人聽聞的是，據說元老院議員還必須佩帶寶劍進入議場。和平的羅馬城鎮，如克雷莫納（Cremona）——塔西佗諷刺地回想，這是一座為防禦高盧人而建造的堡壘——與日後的羅馬城，遭到羅馬軍隊的劫掠。高盧各省試圖安撫行經當地的士兵，「在無戰爭的情況下確保和平」（I. 63）。當維特里烏斯進入羅馬時，他的演說「彷彿針對的是外國的元老院與人民」（II. 90）。在首都，塔西佗說道，群眾腐敗到甚至為戰鬥鼓掌叫好，彷彿他們是在觀賞一場格鬥演出：

139　　　羅馬市民緊盯著戰鬥現場，彷彿自己是觀看表演的觀眾，他們輪番為兩方加油助陣，如同競技場上的模擬戰爭。只要一方敗退，人們會躲進店舖或到一些大宅第中避難。然後他們被拉出來，死在暴民之前……整座城市呈現出駭人的諷刺景象，一方面人們理所當然地自相殘殺，另方面又正常如昔地泡澡上餐館，這廂鮮血四濺屍體橫陳，那廂則左擁右抱娼妓環繞——充滿了與閒散和愉悅生活關聯的邪惡，以及無情劫掠必定出現的可怕行徑。（III. 83）

　　羅馬孳生出道德瘟疫（薩魯斯特的影響在此非常明顯），使軍隊

染上奢侈、軟弱與軍紀廢弛的病毒；人們可以補充說，如同卡普阿與波伊歐提亞曾被指責是這些疾病的溫床一樣，如今首都也成為腐敗中心（II. 69）。塔西佗描述軍隊奢侈使他們可悲到「完全不像是羅馬人」（II. 73）。他明確表示，大權在握的士兵本身是善變的、目無法紀的、混亂的與貪婪的。原先不過是一場酒醉後的爭吵，卻被皇帝（歐托）與元老院議員解釋成全面的叛亂，於是演變成滑稽而可笑的恐怖事件。皇帝的晚宴賓客處於極度焦慮，卻得強裝沒事的樣子，他們看著皇帝，留意著風吹草動。「他們觀察歐托的表情。這是多疑者的通病，雖然歐托保持警戒，但這樣的態度也引起懷疑。」他要求他們離開，竟演變成眾人驚慌逃竄的信號。高官們丟下他們的官階勛章，然後是陷入驚慌的部隊擁入宴會廳要求皇帝出面說明。「整棟建築物都是吵雜的武器與威脅聲⋯⋯他們在盲目與恐慌下陷入狂暴，找不到目標來宣洩自身的怒氣，並且叫囂著要殺光每一個人。」最後歐托現身，他「流淚懇求」好言相勸，軍士們這才返回軍營，「但懷著不平與罪惡感。第二天，羅馬就像一座被攻占的城市。大宅子被粉碎，街上幾乎空無一人，民眾穿著喪服。軍隊垂頭喪氣的樣子顯示出慍怒而非後悔。」（I. 81-2）在這場混亂中，接續的皇帝與主張者已非事件的指導者，而是身不由己的流浪者，他們內心困惑、猶疑與被動。元老院的悽苦令人同情，他們在軍隊威脅下朝不保夕。當歐托掌權而維特里烏斯進軍羅馬之際，有些人抨擊維特里烏斯，卻總是算準時機利用喧囂之時謾罵，這樣他們說的話就不會被清楚聽見或被人聽出前後矛盾（I. 85）。歐托的演說在提到維特里烏斯的支持者時令人意外地自我設限，塔西佗認為這是因為幫他擬稿的人想要為自己留條後路（I. 90）。（在《編年史》〔XIII. 3〕中，塔西佗說尼祿是最早請人代擬講稿的皇帝。）

在亂世中，邪惡成為美德，貧窮成為祝福，財富成為詛咒，而塔西佗的諷刺充分說明了造化弄人。元老院赦免克勞狄烏斯與尼祿時期被判勒索罪的三名議員，而將指控改為較不嚴重的叛國罪，因為叛國罪這個罪名在濫用之下對元老院來說已經無傷大雅（I. 77）。士兵們在俘虜歐托的軍隊之後，向維特里烏斯邀功，實際上敵軍潰敗的真正原因是無能。維特里烏斯「知道他們不老實」（II. 60），但表面上還是相信他們的說法。某位受害的元老院議員因財富而使他的遺囑成

140

了具文，相對的，「皮索卻因貧窮而使他的遺願受到尊重」（I. 48）。加爾巴指定繼任者皮索從擢升中得到的好處只有一個：比他的兄長早一步被殺。

　　隨著維斯帕先成為勝利者，各項事務在搖搖欲墜下返回正軌，這點可以從朱庇特神廟的重建與重新供奉看出，不過此時已出現對新皇帝之子多米提安（於西元八十一年繼承兄長提圖斯的帝位）的不祥陳述。塔西佗作品的殘存部分絕大多數是元老院的辯論，第五卷是例外，後者的內容主要是有關猶太歷史和宗教的曲解與充滿敵意的描述，在維斯帕先與提圖斯鎮壓猶太人暴亂的影響下，這些描述被凸顯出來，成為與塔西佗同時的猶太史家約瑟夫斯詳述的主題。現代讀者可以藉由閱讀約瑟夫斯的作品發現塔西佗忽略的部分，不過瞭解當時流傳的詆毀猶太人的傳說也相當有趣。

141　　塔西佗顯然不知道聖經，但當時聖經已有希臘文譯本。塔西佗在出埃及的描述中提到以色列人之所以遭到驅逐，是出於亞捫（塔西佗稱祂為哈蒙〔Hammon〕）的忠告，驅逐以色列人是一種淨化行為，可以治療以色列人帶給埃及的瘟疫，一般認為是痲瘋病；塔西佗說絕大多數權威同意這段描述。摩西大膽向以色列人宣布神已離棄他們，並且勸告他們自力更生。他藉由在沙漠中探索水源，這是他觀察野驢行為得出的結果，來顯示他遵循自己的告誡。遷徙的第七天，猶太人將迦南人逐出迦南地，並在當地興建城市與神廟，為了感謝得救，他們在神壇供奉野驢形象；不過另外有一種說法認為，他們不立形象而且實行純粹的一神信仰。他們不僅每七天（代表出埃及的結束）敬拜一次，而且每七年休息一次。他們的新宗教是摩西訂定的，其做法不祥而且令人反感：他們禁止異族通婚、實行割禮，而且教導蔑視諸神與愛國主義。塔西佗相當精確地描述了約旦河與死海，他也提到曾經人口稠密之處如今成了杳無人煙的平原。猶太人是墮落的民族，他們的宗教雖是精神性的一神教，卻充滿「迷信」。塔西佗最後簡短地描述提圖斯圍攻並取得耶路撒冷。

　　第五卷是傳統的古典雜談，唯有另一項更完整且人們更熟悉的史料來源存在，才能使非專業人士以更批判的態度檢視它，而不是將其視為尋常的上古史學民族誌雜談。塔西佗遵循這類傳統陳述，不過他的風格具有高度特色，而在前輩中，他最讚賞的似乎是薩魯斯特，其

以文字簡潔、充滿警句雋語與諷刺著稱。在《編年史》中，塔西佗當然負起了編年史家的責任，不過他的《歷史》以大量篇幅描述如此短暫的歷史，卻比較具有專論的性格。在《編年史》中，執政官的更迭、預兆與顯貴人物的死亡，這些事情在發生時就予以記錄，而且其絕大部分的注意力投注於帝國邊境的戰役上；事實上，塔西佗似乎對帝國拓展疆域的保守態度感到遺憾，這使他無法有更多的機會描述這類史事（*Annals*, IV. 32）。人們偶爾看到塔西佗有意識地測試編年體的限制，試圖做出較具主題性的描述：「如果我沒有提議依照年份記錄每個事件，我會預作準備並當下予以詳述……」（IV. 71）另一方面，他坦承自己將兩個夏天的事件合在一起敘述，甚至濃縮成一個事件，例如，在兩名帝國總督指揮下持續達數年的戰役，「因為破碎的描述會對記憶造成負擔」（閱讀卷軸時的確會有這種感覺）（XII. 40）。

邊疆事務也為塔西佗兩部作品提供了主題，這兩部作品並不是雜談，而是獨立的專論。其中一部是他的岳父不列顛行省總督阿格里寇拉的傳記（其實是一篇頌辭），裡面包含了一段陳述。另一部作品是《日耳曼誌》（*Germania*），其中絕大部分或許源自老普里尼烏斯（Pliny），這個作品被譽為從上古世界流傳至今的傑出民族誌專論。《日耳曼誌》確實對後世產生極為深遠的影響。從文藝復興時代開始，它成為學者們根據上古史料重新撰述歐洲各國早期歷史的關鍵文本，取代了一般將各國歷史上溯到特洛伊流亡英雄的傳說譜系。十七世紀時，《日耳曼誌》成為立憲主義對抗絕對主義的重要文本。許多論點的提出是以塔西佗的說法為根據：日耳曼人沒有世襲君主，日耳曼出身的蠻族，如法蘭克人與盎格魯撒克遜人，在羅馬帝國的廢墟上建立了歐洲的民族王國，但他們或許從最初就沒有國王：自由比絕對主義來得悠久。十九世紀以降，隨著歐洲史前史研究愈來愈著重於揭露種族起源與各個國家的特色，塔西佗在不經意間做的主張也受到重視，最後還產生不祥的意涵。塔西佗說，日耳曼部族一直居住在日耳曼，保持著種族的純淨。撇開後世的關注不提，塔西佗的文本是部傑出而生動的作品，他對日耳曼風俗的描述，就其影響而言並非是不友善的：日耳曼人生活簡樸，尤其是未腐化的性道德，這些描述隱含著對截然不同的羅馬風俗的批評。他將日耳曼人的酩酊大醉、懶散與

142

143

好鬥對比於他們的性節制、守貞、獨立、勇氣與忠誠。

　　日耳曼人也在《編年史》中扮演主要角色，成為羅馬的重大外患：瓦魯斯率領三支羅馬軍團在條頓堡森林（Teutoburger Wald）被日耳曼英雄阿米尼烏斯（Arminius，塔西佗慷慨地對他表示敬意）擊潰，時間就在塔西佗作品開始之前，這是個巨大衝擊。塔西佗逼真地喚起戰場的恐怖，日後羅馬軍隊在格曼尼庫斯（Germanicus）的指揮下重回故地，只發現滿地的骸骨。

　　　　場景符合人們的恐怖想像。瓦魯斯廣闊的第一營地，廣大的
　　範圍與大本營明顯可見，見證了軍隊的勞動痕跡。半毀的城牆與
　　壕溝顯示殘存的最後一批部隊可悲地集結在此。開闊地面上滿是
　　白骨，散布在士兵敗退的地方，堆積在他們站立與反擊的地方。
　　槍矛與馬匹肢體的殘骸棄置在那裡，還有綁在樹幹上的人頭。附
　　近的樹叢有著異國風味的祭壇，日耳曼人在此屠殺羅馬軍官。
　　（I. 60）

　　日耳曼人是令人畏懼的敵人，塔西佗描述的下萊茵地區與多瑙河沿岸戰役引起人們的重視，戰場的險惡地勢喚起了人們的恐懼。在《日耳曼誌》中，塔西佗語帶感情地提到，對於非出身該地的人來說，「覆蓋著林立森林或汙濁沼澤」（5）的日耳曼人之地毫無吸引力可言。在接近《編年史》開始之時，羅馬人對這些敏感邊疆地帶的焦慮，因駐紮當地軍隊的叛變更形擴大。要瞭解塔西佗的描述，讀者必須記住他是在《歷史》一書中記載完當時發生的內戰後，立即寫下這段歷史，而軍隊的無紀律與貪婪是造成內亂的主因。

　　半個世紀前的局勢在奧古斯都的孫子與提貝里烏斯的姪子格曼尼庫斯用兵下恢復，但格曼尼庫斯的早死使帝國立即陷入哀悼與毒殺疑雲。叛亂反映的危險與平定叛亂的困難表現在塔西佗的兩篇著名演說中，一篇是小兵抒發對軍隊的不滿，另一篇是格曼尼庫斯充滿責備、申斥與安撫的說詞。塔西佗遵循演說的傳統寫作形式，不過他的作品通常相當短；有時他以轉述的方式呈現這些演說。但格曼尼庫斯與小兵的演說則是一字不漏地表現出來。在專制下，暴動的軍隊有一段時間成為民主體制，這種體制因不滿而生，而且沒有固定的習慣與傳

144

統。演說的說服性再度成為重要的政治工具。

　　塔西佗並未掩蓋士兵遭受的困苦與不公，但埃里希・奧爾巴哈提醒我們不能將演說的生動詮釋成同情叛亂者。它只是塔西佗的藝術產物，陳述自身立場的叛亂領袖伯肯尼烏斯（Percennius）被描述成戰場的煽動者，傳達出輕蔑的意味。對奧爾巴哈來說（*Mimesis*, ch. 2），塔西佗的演說是「純粹的展示」。事實上，幾乎沒有人認為塔西佗支持伯肯尼烏斯：叛亂者代表巨大的危險，必須加以鎮壓。然而，想像同情的問題仍然誘人。奧爾巴哈坦承，寫作演說的修辭文類「允許人們以同情的心理進入演說者的思想之中」。問題在於同情的理解（為了美學目的）與毫無同情的理解如何並存。對現代讀者來說，伯肯尼烏斯的演說既中肯又雄辯。至少，塔西佗是以想像來理解他的立場：

　　　　因為受傷而肢體殘障的老人已經服役了三十或四十年。即使領到退伍令，你的兵役仍未結束；因為你佩戴著後備軍人的徽章，仍住在帳篷之下，同樣是苦工，只是換了名稱！你設法讓自己度過各種危險，即使你被帶到遙遠的國度，「定居」於沼澤或未開墾的山坡。的確，軍隊是個嚴酷而無報酬的職業！身體與靈魂的一日薪資是兩塊五銅幣；你必須用這點錢準備衣物、武器、帳篷，如果你想逃避苦差事，那麼就得買通凶殘的百夫長。鞭子與傷口司空見慣！艱困的冬天與辛苦工作的夏天，可怕的戰爭與無利可圖的和平是家常便飯。除非兵役以契約為依據，否則情況絕不會改善──一日薪資四塊銅幣；役期十六年，之後不再徵召……（*Annals*, I. 17）

145

　　為了回應，格曼尼庫斯做出試圖自殺的樣子，博取大家的同情，當秩序恢復之後，首謀者遭到屠殺。塔西佗說，士兵們不僅容忍他們這麼做，而且「沉迷於屠殺之中，彷彿這麼做可以洗清他們的罪行」（I. 44）。

　　士兵的立場至少被強有力地表達出來。同樣的方式也表現在塔西佗對蠻族的處理上。事實上，塔西佗對阿米尼烏斯的稱頌本身就是一篇值得回味的訃文：「他確然無疑是日耳曼的解放者……直至今日，

部族仍為他傳唱。然而希臘史家忽視他……我們羅馬人也低估他，因為我們專注於古代，卻忽視了現代史。」（II. 88）塔西佗的頌辭帶有一點吉卜林（Kipling）〈東方與西方的民謠〉（The Ballad of East and West）的多愁善感，阿米尼烏斯被提升為跨民族的英雄瓦爾哈拉（Valhalla）。塔西佗警覺到蠻族的勇氣與尊嚴，甚至用令人難忘的警句表現他們對羅馬人的指責。不列顛領袖卡拉塔庫（Caratacus）被俘之後運往羅馬，他對征服者說：「如果你們想統治世界，難道其他人就得欣然為奴？」（XII. 36）這個場景成為維多利亞時代學校歷史課的正典。塔西佗常常以這句話來形容羅馬的征服。他讓一名抨擊羅馬貪婪的日耳曼人嚴厲地拒絕了羅馬人提出的條件：「我們無處可活，但死得其所！」（XIII. 56）此外，還有一句話也成為正典，在《阿格里寇拉》中，不列顛的發言者在決定性戰役失敗之前，曾明確發表一篇對羅馬帝國主義的批判。他提到不列顛人是「最後的自由人」，他認為羅馬人是「世上唯一不管富人或窮人都吸引了貪欲的民族。無論搶劫、屠殺或強取，羅馬人都賦予其說謊的名稱『政府』；他們創造了荒蕪，卻稱其為和平。」（30）

　　塔西佗的判斷經常斬釘截鐵，但整體觀之並不膚淺。他發現而且遺憾於共和時代的高尚品格已不存在，但他堅持將碩果僅存的例外記錄下來，並且反對凡事以古為尚，例如阿米尼烏斯的例子。塔西佗承認帝國取代共和國之後帶來了和平與安定，但身為編年史家，他必須不為所動地記錄帝國造成的偏差與奴役。他諷刺地描述元老院的諂媚，也坦承在暴君注視下的恐怖經驗，以及在生存與維持個人正直間尋求調和幾乎是不可能的事。在這種環境下存活，代價不僅高昂而且漫長，即使在暴政稍緩的時期亦然。塔西佗提到多米提安的恐怖時代，哀悼他與同世代人所經歷的這段失落歲月——元氣與正直在這段時光消磨殆盡：

　　　　想想，從我們身上奪走十五年的時間，這對人的一生不算短。許多人死於偶然發生的命運；最有活力的人成為皇帝殘酷的犧牲者。我們當中少數倖存下來的人，無法恢復過去的樣子，因為人生的精華已被奪走……（Agricola, 3）。

就羅馬而言，塔西佗道德衰頹的概念雖然真實，但跟一些人比起來似乎較不具有決定論的色彩；他猜測風俗的變遷可能是循環的（*Annals*, III. 54）。塔西佗確實對過去種種感到遺憾，但他不是理所當然的理想家，正如他對羅馬帝國主義的支持並非毫不熱中。上天肯定對羅馬感到憤怒並且差遣暴君當祂的鞭子，這個觀念後來被聖奧古斯丁沿用。羅馬的遭難證明，「諸神對於我們平靜的生活不感興趣，祂們亟欲我們受罰。」（*Histories*, I. 3）儘管如此，當下至少還是比最近的過去好得多，塔西佗慶幸自己能活著見到這一刻：「現代確實如其他一些人所感受的，是幸福的時代，我們可以隨心所欲地思考與說出自己內心的想法。」這是他對寫作當時的內爾瓦與特拉雅努斯時代的稱頌（I. 1）。

從某個意義來說，塔西佗算是嚴厲的道德家，他抨擊極端的邪惡，坦率地指責個人、羅馬元老院、群眾與皇帝：諂媚、惡意、猜忌、刺探與誣陷、暴亂與殘酷。他顯然同意歷史的功能在於同時保存善惡的例證，以培養美德而懲罰惡行（*Annals*, III. 65; *Histories*, III. 51）。不過與李維相較，李維雖然也有相同態度，但選擇的例子通常威嚇多於啟發。（當然我們不知道李維舉了什麼樣的例子，因為這些例子都相當接近李維自身的時代。）塔西佗認為偽善是奧古斯都體系的固有之物，而這個體系保存的是共和時代平等主義的外觀，它實際上只會增加而非減少奴役的恐怖（*Annals*, I. 81），但別無選擇，當塔西佗擔任執政官時（西元九十七年），他自己也成了有名無實的重要角色。

這些錯綜複雜的事物，以及或許是一種表面工夫的訓練，被適切地表現成諷刺的形式，而塔西佗是這方面的行家。我們注意到吉朋在《羅馬帝國衰亡史》中探討同樣的兩面性與矛盾，他感受到自己與塔西佗的親緣性，包括文明與野蠻顯不相容的美德，以及伴隨而生不可分割的邪惡。道德與政治的世界既不純粹亦不單純。當吉朋寫道，希臘人在帝國的極盛時期「已經開化了一段時間，同時也已經腐化」（II），或——這幾乎是塔西佗的摘錄——卡勒多尼亞人（Caledonians）保存了「他們野蠻的獨立，與其說他們生活於貧困之中，不如說他們勇氣十足」（I）。人們可以輕易想像塔西佗欣賞地點頭讚許，而吉朋在閱讀塔西佗作品時肯定也常這麼做。

147

第九章
行省的視角：約瑟夫斯論猶太人的叛亂

當維斯帕先在眾人說服下決定爭奪帝位時，他正擔任巴勒斯坦地 148
區羅馬軍團的指揮官，並且試圖鎮壓三年前開始的猶太人叛亂；西元
六十九年，他成為四皇帝的最後勝利者。維斯帕先讓兒子提圖斯留在
巴勒斯坦指揮，並且讓前猶太叛軍指揮官留在加利利（Galilee）輔佐
提圖斯，這位前叛軍領袖就是約瑟夫斯，他後來成為記載猶太人叛亂
始末的史家。約瑟夫斯成為羅馬人階下囚時，因預言維斯帕先將成為
羅馬皇帝而得到歡心；他也因臆測屢中聲名大噪。約瑟夫斯因此得以
與羅馬人一同參與圍攻耶路撒冷的行動，這場戰爭由維斯帕先發動，
提圖斯完成，約瑟夫斯隨後予以詳細記述。戰後，約瑟夫斯的預言應
驗，維斯帕先當上皇帝，而他也繼續得寵，不僅獲得退休金與羅馬市
民身分，也在羅馬擁有地產，他在羅馬完成四部作品，這些作品至今
尚存。

第一部作品《猶太戰記》（*The Jewish War*）主要談的是當代的
歷史，約瑟夫斯曾參與過交戰雙方，他說他寫這本書是為了更正不實
的流言與保存真實的記錄。《猶太戰記》一開始以約瑟夫斯的語言亞
拉美文（Aramaic）寫成，之後翻譯成希臘文。他有幸能接觸維斯帕
先與提圖斯的回憶錄，不過他的文本顯然要經過他們的審查。約瑟夫
斯後來的著作，包括內容簡單、用來自我辯護的自傳，以說明自己在
戰爭中的角色是正當的，這些作品全以希臘文寫成。其他兩本著作談
的不是他自己，而是他的族人。約瑟夫斯的《猶太古史》（*Jewish
Antiquities*）是希伯來聖經的長篇摘錄與改述，加以小幅的增刪，並
且添上巴勒斯坦隨後的歷史，一直到他生存的時期為止，它重複並且
大幅擴充了《猶太戰記》前三分之一，這部分被視為是歷史導論，涵
蓋了約兩個世紀的時間。 149

《猶太古史》與聖經文本的差異，是約瑟夫斯學習猶太律法與傳
統的結果，同時也是為了不讓異國有機會貶損猶太歷史。例如，他省

略祭祀小金牛的插曲，可能是為了不想加深猶太人崇拜動物這個詆毀說法，這個說法在當時頗為盛行（*JA*, III. 99；亦見Tacitus, p.141）。

約瑟夫斯是猶太學者、祭司與法利賽人（Pharisees）。就其在戰爭中所扮演的角色，從民族主義觀點來看，他最後淪為羅馬人的合作者，然而我們必須強調，雖然他不是政治基進份子，並且對民族主義領袖的叛亂與行徑深感遺憾，他認為這些人是狂熱份子與恐怖份子，只會為猶太人帶來苦難，但他仍是自豪而愛國的猶太人，並且渴望希臘語世界能理解與尊重猶太人的律法與習慣。這點明顯表現在他最後一本論戰作品《駁阿皮翁》（*Against Apion*，阿皮翁是約瑟夫斯抨擊的一名希臘評論家），書中反駁希臘人對猶太信仰與實踐的詆毀，以及他們毫不採納古希伯來的神聖記錄。

儘管曾短暫成為叛軍將領，但約瑟夫斯仍是羅馬帝國治下一名愛好和平的地方人士，他認為自己的任務是向帝國境內的希臘語地區，當然也包括羅馬受過教育的階級，解釋麻煩叢生的猶太行省事務，並且讓受詆毀的猶太民族恢復名譽。在他的戰爭敘事中，雖然羅馬總督難辭其咎，但最大的批評還是落在猶太強硬派人士身上，而非羅馬指揮官，也就是他的庇護人維斯帕先與提圖斯。我們沒有理由認為這些批評不代表他真正的想法。不過，他的敘述主要還是出自猶太人的視角：平民，特別是耶路撒冷的居民，他們的痛苦，以及暴動者的派系鬥爭和犯罪行為是他注意的焦點，另外讀者也能深刻感受他對耶路撒冷及聖殿遭毀的哀傷。

本書一開始曾提到希羅多德獨創的「詢問」計畫，其中最特出的一點在於希羅多德扮演著異民族的詢問者與描述者的角色：這些異民族既不會基於同樣目的詢問希臘人，也不會主動向異國聽眾描述自己，除了在回答希羅多德問題的時候。這裡需要做些闡述，因為在希羅多德之後的約瑟夫斯正是這樣一位對自我進行描述的史家與民族誌學者，在《猶太戰記》的雜談中，他解釋了撒都該人（Saddu-cees）、法利賽人與艾塞尼人（Essenes）的信仰。事實上，在希羅多德之後不久，希臘以外的作家也開始採用希臘方式書寫民族誌與歷史，並將這種方式運用在自己的民族上；他們似乎以希羅多德作為模仿對象，所以也使用了希臘文類，約瑟夫斯亦是如此。西元前三世紀，羅馬史家法比烏斯·皮克托（見原文頁98）以希臘文寫下從羅穆

魯斯以降的羅馬歷史,作品流傳於希臘文世界。西元前三世紀的埃及祭司瑪內托(Manetho)成了約瑟夫斯批評的對象;瑪內托以希臘文寫下的埃及史在上古世界相當知名。約瑟夫斯抨擊他,並且反駁古代傳說(這些傳說大部分出自較早之前的赫卡泰奧斯,在塔西佗作品中也可看到):猶太人是被逐出埃及的痲瘋病患,而非如〈出埃及記〉所說,是猶太人要脅不情願的法老釋放他們(*JA*, III. 265)。

希臘文世界流行一種說法,猶太人將會出現智者,類似波斯的穆護(magi)。那或許是一種人物形象的濫觴,使得日後的希伯來卡巴拉(Kaballah)成為歐洲祕教傳統的關鍵巫術經文,並且賦予所羅門王在共濟會裡的角色。然而在往後的六個世紀,這個形象持續著,卻未受到更深入的理解。雖然西元二世紀末之前,聖經已經以希臘文譯本通行於世,主要是為了便利說希臘語的流亡猶太人閱讀,而我們也看到西元一世紀時約瑟夫斯以希臘文改述聖經,但對非猶太人的世界來說,聖經似乎未曾留下太多印象,直到基督教傳布之後才有了變化(見原文頁標示184),而基督教與猶太傳統的關係則是另一個嚴肅議題。此外,由於約瑟夫斯的《猶太戰記》,我們對西元一世紀巴勒斯坦的理解才得以遠勝帝國其他區域:在約瑟夫斯的作品中,羅馬的一個行省為自己發聲,並且表達自身的羅馬統治經驗。一位既非希臘人亦非羅馬人的作家向廣大世界展現他的民族,並且恪守希臘羅馬的史學傳統。如果有同樣能幹的不列顛史家,我們應該可以加瞭解羅馬時代的不列顛人。 151

約瑟夫斯《猶太戰記》的長篇歷史序言從西元前二世紀說起,當時的巴勒斯坦是亞歷山大帝國兩個繼承王國(敘利亞與埃及)競逐的領域。我們知道敘利亞王褻瀆聖殿的舉動引發了叛亂,猶太人在瑪加伯家族(the Macabees)領導下成功贏得獨立。約瑟夫斯的敘事快速進行到希律王(Herod the Great)時代,他在西元前一世紀下半葉因得到當時統治巴勒斯坦地區的羅馬人之協助而取得權力,並於西元前四十年被羅馬人承認為猶太人的國王,不過猶大國(Judaea)隨後卻成為羅馬的直轄地(西元六年),由羅馬總督治理。往後五十年,希律王的繼承者一直是羅馬的屬國統治者,其中最成功的是亞基帕二世(Agrippa II),根據約瑟夫斯的描述,他在羅馬邊境扮演外圍角色,在西元六十七到七〇年的戰爭中,以猶太溫和派人士自居。希律

王是個手腕高明的政治人物，他成功周旋於瞬息萬變的羅馬政局，曾先後與龐培、凱撒、卡希烏斯、安東尼及屋大維（約瑟夫斯稱屋大維為「凱撒」，他對之後的皇帝也如此稱呼）交手，並且成為他們的忠實朋友；如果這是一種機會主義，那麼希律王似乎已將其提升到藝術的境界。

約瑟夫斯向我們引介希律王豐富的建築計畫：聖殿的修復與改良，巴勒斯坦內外著名的建築物，以及將原本相當不起眼的凱撒里亞（Caesarea）建設成一座位於巴勒斯坦北岸的希臘化城市。希律王可怕而悲慘的家庭生活也受到約瑟夫斯的緊密檢視，他以希律王的回憶錄為藍本。相關的章節與王位繼承鬥爭使讀者的專注力備受考驗，其主因或許是王室成員充斥著詆毀與反叛，而他們吝於命名，滿足於安提帕（Antipas）、安提帕特（Antipater）、亞利多布（Aristobulus）、亞基帕與希律這些名字的排列組合。王室家族成員的命名經常如此，如希律王以淫蕩為由殺了第一任妻子米利暗（Mariamme），卻迎娶了另一位也叫米利暗的女子。莎樂美（Salome），希羅底（Herodias，希律的陰性名詞變化）惡名昭彰的女兒，她並未出現在約瑟夫斯的作品中，但她的惡性顯然源自家族遺傳。她的外曾祖母莎樂美不僅煽動希律王殺死自己的妻子，而且據她的外甥所言，她曾進到他的臥房，在違反他的意志下與他性交。這就是這個家族的德性（*JW*, I. 443, 499）。

羅馬人以及他們的屬國統治者與猶太人之間的摩擦與日俱增，在約瑟夫斯的陳述裡，聖殿的神聖性是周而復始的緊張來源。龐培違反神聖禁令與軍官們進入聖殿之中，但他們克制自己的掠奪行為；西元前五十五年，克拉蘇（Crassus）卻進行了掠奪。希律王是希臘化的以東人（Edomite）而非猶太人，西元前五年，他為了用金鷹裝飾城門而引發暴亂。一些熱中遵守律法（這點顯然有爭議）的年輕人拆毀金鷹，他們與煽動他們起事的拉比被希律王下令活活燒死。近半個世紀之後，皇帝卡里古拉成了巨大而嚴重的威脅，他決心在聖殿假宙斯之名為自己立像；由於他被謀殺，才未使情勢失控。約瑟夫斯描述叛亂（西元六十六到六十七年）發生之前的巴勒斯坦，生動而條理地描繪出國家在假先知、盜賊般的軍閥、社群間的仇恨，以及令人不滿的總督影響下，無望地往無政府狀態傾斜：「宗教騙子與盜匪頭子合力

驅使民眾反叛——以死亡威脅那些服從羅馬的人。」（II. 264）有些宗教極端主義份子視一切世俗權威為邪惡與不正當，並且據此做出相應的行為。不可避免地，除了不同派系間的相互殘殺，還有許多民族主義者、宗教狂熱份子與帝國強權間的相互挑釁，其中還夾雜著社群間的不和。在凱撒里亞，猶太人與希臘人因通往猶太會堂的道路部分受阻而產生衝突。當猶太年輕人清除道路時，一些希臘人將尿壺放在猶太會堂前作為報復，並且佯裝在尿壺上奉獻祭品，流血於是不可避免（II. 289）。

弗洛魯斯（Florus）是羅馬猶太行省總督，他的貪婪受到約瑟夫
斯的猛烈批評，弗洛魯斯為了解決金錢短缺的問題甚至掠奪聖殿寶庫。面對耶路撒冷市民的騷動，他的反制措施是鼓動羅馬軍隊鬧事，不僅掠奪還殺死許多人，事情結束後他撤回凱撒里亞。暴動的狂熱份子占領聖殿作為大本營；圍城開始前，內部衝突就已登場，其中一個派系控制聖殿的上層，另一個派系控制了下層，雙方人馬猛烈交戰。一小隊羅馬士兵接受勸降，卻在放下武器後遭到屠殺，有地位的猶太人一有機會就逃出城外。

羅馬人圍攻耶路撒冷自然是約瑟夫斯歷史的核心，但首先——同樣理所當然，但或許帶點自我中心——他花了大量篇幅在加利利的初期戰役上，他在這場戰役中擔任猶太指揮官；戰事隨即結束，而且幾乎無關緊要，因為羅馬人很快就獲得勝利。約瑟夫斯對於自己的成就毫無謙虛之語。在他的陳述中，他是無畏、靈活而傑出的軍事組織者；他讚美羅馬人的軍事操練，而且寫了一篇有趣的雜談。他顯然是族人的希望、士氣的支柱，而他被羅馬人俘虜對猶太人來說是一場民族災難。

約瑟夫斯對被俘的描述是坦白的，但並非完全可信，我們必須說，要是他的表現比他所說的還糟，那麼他的確相當糟糕。他從敗退的軍隊逃走，「受到上帝的庇佑」，最後發現自己與四十名同伴藏匿在一起。在被羅馬人發現並且保證他們的安全之後，約瑟夫斯打算放棄，但他的同伴抗議遭到遺棄而且提議自盡。約瑟夫斯發表了一篇文情並茂而略帶學院氣息的演說，他指責自殺的不是，但不令人意外的，他未能打動聽眾。（約瑟夫斯發表的其他演說同樣缺乏說服力，這些演說都是在壓力下急就章的產物。）約瑟夫斯於是提議以抽籤方

式殘殺彼此，最後的倖存者則自行了斷。這種作法後來被馬薩達（Masada）的戍守者採用，由於約瑟夫斯描述了這段歷史，顯示他在動筆前已知道這段過去。其他人都同意這項做法，並且按照規則殺死別人並讓自己被殺，直到最後剩下約瑟夫斯與另一人；「我們是否可以認定這是神的恩典或純屬運氣」？在參與者屍首的環繞下，約瑟夫斯公然說服他的同伴相信這個作法有著根本的瑕疵，雖然這是他的主意。於是他們放棄了（III. 341-91）。

因禁一段時間之後，約瑟夫斯獲得釋放並且開始與羅馬人合作，他因預言維斯帕先未來的偉大事業而受到喜愛；約瑟夫斯似乎真的相信自己有能力預知未來與詮釋預言及未來夢境。他旁觀耶路撒冷的圍城戰，但他觀戰的位置並不安全，甚至一度被投射物打中。約瑟夫斯以被圍困者的語言對城內高喊抵抗是沒用的（他自己也如此認為），應早早投降；他也提到自己從逃兵口中得知城內的情形。以後世軍事語言來說，約瑟夫斯的角色就是「宣傳與情報」。在判斷約瑟夫斯此處的行為時，我們必須記住他反對戰爭，且認為叛亂註定失敗，而我們沒有理由不相信他的話，他在痛責叛軍領導無方的同時也違背自身的判斷參與戰爭。在此之前，他在書中讓亞基帕王發表了長篇演說，亞基帕對猶太人極言羅馬的強大與抵抗的徒勞，而這似乎表達了約瑟夫斯自身的感受（II. 242-404）。約瑟夫斯曾短暫造訪與居住於羅馬。他處心積慮將耶路撒冷叛軍領袖描述成謀殺者、盜賊與狂熱份子，並且反覆不斷地強調、抨擊他們的派系鬥爭、褻瀆聖殿、無情對待平民與一切毫無益處的作法——聖殿與耶路撒冷受到嚴重的破壞與完全的蹂躪。

約瑟夫斯苦心解釋是猶太人自己帶來了這場災難，絕大部分的責任都在猶太人身上。他指出這些叛軍領袖都是盲目的狂熱份子，但他也坦承這些人唯一的優點是他們擁有過人而不屈不撓的勇氣；身為猶太人，他甚至為他們感到驕傲。他以末日將近的筆調描述最後的巨變：

　　　　當聖殿起火，掠奪持續在四處進行，被捕的人死於劍下……小孩與老人，俗人與祭司同遭屠殺；各階級都在戰火中身陷圇圇，無論他們是自衛或是哭泣求饒。在火焰無情橫掃的呼吼聲

中，隱約傳來崩壞的低鳴：高聳的山丘與熊熊燃燒的龐大建築讓
整座城市陷入火海之中，至於吵雜的聲音，再沒有比這類聲響更
具毀滅性與令人驚恐……然而，比嘈雜聲更可怕的是觸目可見的
景象。聖殿山從頂端到底部都被火焰包裹著，彷彿從最底層沸騰
起來……（VI. 270-77）

在歸結這場災難的原因時，約瑟夫斯特別指出其中的諷刺之處：
清楚的神明預警遭到忽視，假預言與假彌賽亞卻深受受騙民眾信賴；
猶太人完全誤解了預兆。有些猶太人仍繼續要求談判，提圖斯卻以難
以置信的冗長演說回應他們，他為羅馬政策辯護，並且譴責猶太人採
取毫無希望的行動是一種惡毒行徑。根據約瑟夫斯的說法，提圖斯原
想放過這座城市與聖殿，但現在「他卻讓他的人焚燒與劫掠這座城
市」（IV. 253），他們做得非常徹底，有系統地掠奪聖殿寶庫；羅馬
士兵奪取神聖祭器的場景描繪在羅馬提圖斯凱旋門上，成了上古世界
永恆不變的圖像。

耶路撒冷的毀滅成了約瑟夫斯的歷史一個最重要的高潮，但還有
兩件更著名的史事值得一提。一件是羅馬維斯帕先與提圖斯的凱旋
式，其情景與輝煌得到充分的描述。最有趣的是對戰爭階段的生動描
繪：潰敗與被俘的人群、粉碎城牆的攻城器、蜂擁進入堡壘的軍隊、
起火的神廟，以及烽火連天的鄉野。耶路撒冷的陷落顯然吸引了羅馬
人的想像。之後，其中一名叛軍首領在羅馬廣場遭到處決，這個人就
是吉歐拉斯（Gioras）之子西門（Simon），約瑟夫斯書中一個特別令
人憎惡的人物；而維斯帕先將聖殿的財寶，包括金桌、七個分支的燭
台與其他物品，存放在他新建的和平神廟中。另一件史事是西元七十 156
三年馬薩達石壘的陷落，守軍集體自殺；似乎沒有人像約瑟夫斯一樣
苟且偷生。

上古史家普遍有誇大主題的傾向，他們總認為自己的主題是「最
偉大的」。姑且不論實際數字，約瑟夫斯的作品在這方面總是含糊不
清，但看完約瑟夫斯戰爭故事的讀者幾乎不曾（情感上來說）質疑他
渲染的憂鬱：「上帝或人類造成的毀滅中，沒有任何一件比得上這場
戰爭的大屠殺。」（IV. 423-30）上古史家詳細描述戰爭的恐怖而約
瑟夫斯的敘述更以操弄恐怖見長：大屠殺，民族主義者與宗教狂熱份

子寧可自殺而毫不妥協，對安寧度日的居民施以無情的恐怖主義，敵對團體與軍閥之間的自相殘殺，以神聖建築物為要塞，以及最後帝國霸權的毀滅性介入，毫無耐性地進行全面殘殺，造成大規模的毀滅。這是個令人清醒的反思，如果在上古史家對人類野蠻行為所做的描述中，約瑟夫斯的描述特別悲慘，那麼它也特別讓人感到熟悉。

第十章
安米阿努斯・馬爾克里努斯：最後一位異教徒史家

安米阿努斯・馬爾克里努斯（Ammianus Marcellinus）有「孤獨 157
史家」之稱。他是希臘的異教徒，身處今日所謂的基督教世界中，於
西元四世紀末以拉丁文從事寫作。從安米阿努斯往前回溯至西元一世
紀的塔西佗，這段時期宛如史學沙漠，實際上未曾留下任何一流的史
學作品。某方面來說，作品脫漏不全是手稿意外殘存，或者更確實地
說，是手稿資料被毀壞的結果。如我們所見，卡希烏斯・狄歐的羅馬
史一直記錄到他生存的年代，也就是西元三世紀末，但其作品殘留的
部分只剩下拜占庭史綱要。我們只擁有半部多一點的安米阿努斯作
品，這些內容還是來自西元九世紀某份手稿的殘本。安米阿努斯的作
品前半部始於西元一世紀末，約當塔西佗停筆的時期，不過這部分內
容已經亡佚，所以他的歷史意外地成為當代史。整部作品的內容分布
相當不均，前兩百五十年的歷史分布在十三卷中，剩下的十七卷卻只
涵蓋了二十四年（西元三五四到三七八年）；歷史作品愈接近作者的
年代，記載內容愈詳密，這種情況並不罕見。

一千四百年後，這片史學沙漠才被愛德華・吉朋及其從西元二世
紀中葉寫起的《羅馬帝國衰亡史》所橫越；該書第二十三章的注釋使
我們瞭解到這片沙漠造成的困難。吉朋運用狄歐現存的綱要與其他希
臘史家的作品：赫羅狄阿努斯（Herodian）、奧勒里烏斯・維克托
（Aurelius Victor，其作品只留有摘要版，而安米阿努斯可能認識
他），以及宙西穆斯（Zosimus，其作品大部分已經亡佚）。吉朋也
運用了拉丁文作品《羅馬皇帝史》（*Historia Augusta*），這是一部煽
情的皇帝傳記大全，吉朋對這本書的品質多所抱怨，但他不瞭解這本
書其實也是當代作品，儘管它聲稱並非如此。吉朋經常表現出對這本 158
書的厭惡：「這位拙劣的傳記作者」、「最不精確的作者」。當吉朋
踏上安米阿努斯歷史的堅實地面時，明顯鬆了一口氣，雖然他也批評

安米阿努斯「文筆粗劣平庸」（XVIII. n. 5）。

　　安米阿努斯是安提阿（Antioch）人，曾服役於羅馬軍隊。退役後前往羅馬，於西元三世紀最後十年開始寫歷史。他的作品後段同時也是僅存的部分，所涵蓋的時代是他親眼目睹的時代，包括君士坦提烏斯（Constantius）、尤里阿努斯（Julian）與瓦倫提尼阿努斯（Valentinian）的統治時期，因此他能詢問目擊者，而且他確實也做了詢問。由於作品的前半部分已經亡佚，因此作品一開頭突然從西元三五四年開始，而且沒有前言。當時君士坦丁大帝（Constantine the Great）已去世十七年，他的兒子君士坦提烏斯在帝位鬥爭中倖存下來，成為新任羅馬皇帝，他讓堂弟加魯斯（Gallus）擔任凱撒（副皇帝的稱號）；加魯斯是安米阿努斯未來的英雄尤里阿努斯的哥哥。安米阿努斯告訴我們，「命運女神」任由皇帝的罪行施加於帝國之上；對他來說，這不只是華麗的修辭。眾所矚目的加魯斯既凶暴又嗜血，藉由造謠與刺探施展其影響力；「人們甚至開始害怕隔牆有耳。」在安米阿努斯的寫作中，我們經常會有意無意地感受到另一位令人欽佩的作者身影，在這個例子裡，或許是塔西佗。而加魯斯維持消息靈通的方式，就是趁著夜色微服到羅馬街上閒逛（這種做法或許模仿自尼祿）——安米阿努斯耐人尋味地說道，即便「城裡街燈明亮使黑夜如同白晝」。加魯斯屢勸不聽。他「高舉自我意志的大鎚」，任由熱情引領他隨波逐流，「如同湍急的河水翻動阻擋去路的石塊」（14. 1）。強烈的熱情在安米阿努斯的作品中屢見不鮮，隱喻的混亂亦相當常見，這些隱喻時常了無新意，有時還顯得不太恰當。

　　在短暫離題談到波斯邊界與薩拉森人（Saracens）的風俗之後（雜談是安米阿努斯另一個經常出現的特徵），第十四卷轉向皇帝君士坦提烏斯，他在阿爾（Arles）過冬，而且表現出身為皇帝常見的傾向：多疑、獨斷、殘酷、易受諂媚與詆毀。這個傳統的主題在他的作品中出現了三次，分別是加魯斯、君士坦提烏斯與之後的瓦倫提尼阿努斯，每個事例都極為類似，它們構成了安米阿努斯的歷史主要的「政治」與軍事描述。羅馬酒類短缺引發的騷動，讓安米阿努斯補述了羅馬城——「一座註定與人類相終始的城市」——及其居民。安米阿努斯語帶歉意地表示，羅馬耀眼與偉大的過去與酒館的喧鬧狂歡形成強烈對比。我們首先看到羅馬興起的簡要描述，其以勇猛贏得勝

159

利，接著看到羅馬的成熟與衰老；依照塞內卡（Seneca）的說法，就如同人的生老病死。羅馬如今步入老年，羅馬人傾向和平，如同明智的父母，將帝國政府交給當前的統治者；這種說法巧妙地將羅馬比擬成老年與青年，並且以隱喻的方式為共和國轉變成帝國辯護。無論如何，羅馬是年高德劭而非老態龍鍾，「世界各地都承認羅馬是女主人與皇后；在每個地方，羅馬元老院議員的權威因他們的滿頭銀髮而獲得尊敬，羅馬人的名號也成為人們尊崇與敬畏的對象。」（14.6）

然而在羅馬，少數人因無謂的財富競爭與炫耀而玷汙了多數人的名聲，這些人渴望為自己豎立鍍金的塑像、穿著華美服飾與搭乘昂貴馬車。（監察官卡托照例對此發出不平之鳴。）如同以往，作品叮囑我們牢記祖先的節儉，以及他們在衣著與財富上的簡樸。到此為止仍具有傳統色彩；然而之後我們突然看到引人入勝且幾乎毫無矯飾的自傳，這是一篇帶有喜劇風格的小品，描述羅馬上流社會對待某個來訪者的方式，文章預示了十八世紀對「城鎮」多變而冷漠的禮節之諷刺（或許可以加上「新古典的」）描述，如菲爾丁（Fielding）的《湯姆‧瓊斯》（*Tom Jones*）與伏爾泰（Voltaire）的《憨第德》（*Candide*）。這個天真的傢伙起初被誤認為是失散多年的朋友，但到了第二天，人們又忘了他，於是又得重新認識。在這種情形下，就算有多年交情，只要離開一陣子，人際關係就必須重新開始。身為受邀的人士，他的順位排在賽車手、賭客與故弄玄虛者後面，然而邀請函可以藉由賄賂出席者取得。富有的羅馬人疾馳於首都街頭，乘轎的婦女被一群奴僕與閹人簇擁著，這些人特別令安米阿努斯反感。這是個古老的主題，奢侈對照著古羅馬的美德和威嚴，在此以格外生動、詳盡的方式呈現，並且蘊含了強烈的個人蔑視；在一場充滿威脅的飢荒中，可以清楚看到歧視所造成的傷害：外地人被趕出羅馬城，就連文藝（liberal arts）的老師也不例外，但舞者與舞蹈老師則不在此限。同樣的，人們總是從安米阿努斯身上感受到某些文學人物的存在。他未指名道姓地提到一位「喜劇詩人」，而顯然他指的是特倫提烏斯（Terence）（14.6）。

之後在某一卷中，我們看到晚宴乃至於野餐的揮霍無度。大人物的宅第：

160

是閒散者道人長短的度假勝地，他們以各種虛偽的表情迎合大人物的每一句話，就像現在的喜劇，人們對自吹自擂的士兵灌迷湯，稱讚他在圍城與戰鬥時英勇地對抗數量占優勢的敵軍。同樣的，我們的諂媚者虛偽地稱讚圓柱之美或彩繪大理石壁的光輝景致，並將貴族屋主抬舉成不朽之人。在晚宴上有時也會找來天平測量端上來的魚、鳥、睡鼠等菜餚的重量。賓客厭倦於必須不斷地對聞所未聞的生物尺寸做出驚嘆的表情，特別是當約三十名書記來到現場，手裡拿著文件箱與筆記本記錄統計數字時，此時只要再來一位老師，這裡就成了學校……

走上一段不算短的旅程，前去拜訪某座莊園，或是參加一場不用親自動手的狩獵，對他們而言，宛如亞歷山大大帝或凱撒出征。如果他們駕著時髦的遊艇從阿維尼烏斯湖（Lake Avenius）或普特歐里（Puteoli）出航，他們就好像是去追尋金羊毛，尤其是當他們在炎熱天氣裡從事冒險時。如果他們坐在金扇子之間，有隻蒼蠅停在他們衣服的絲質飾物上，或者日光穿過遮陽棚的孔隙照在他們身上，他們會希望自己生在欽梅里亞人（Cimmerians）的土地上……

在五十名侍從的陪伴下抵達了公共浴池，貴族趾高氣揚地喊道：「我們的女孩怎麼了？」然後我們看到另一種下層生活，以及無產階級渾名的詳細名單，如「豬頭」、「香腸」、「豬肚」等等，而渾名的主人把時間花在賭博，討論敵對車手的實力，以及流連在劇場遮陽棚下。大城市生活的某些特徵顯然歷久不衰，好賭馬的哈利、肥豬艾克、長腿山繆，以及喜歡把好牌留到最後的路易，很快就能熟悉新的環境。諷刺與責難有時優於歷史的尊嚴，對此安米阿努斯似乎不大願意辯解。他很清楚歷史必須合宜，事實上，他在作品最後提醒史家應採取莊嚴的風格，但他自己在這方面卻控制得不大好。

我們必須回來談論處於東方的加魯斯以及他古怪而野蠻的行徑，這些全都描述於第十四卷；安米阿努斯以加魯斯對格鬥秀的喜愛作為其性格殘暴的證明。皇帝因此採取行動，準備除掉加魯斯，而加魯斯「如同一條被長矛或石頭擊傷的蛇」（14.7）——安米阿努斯沉迷於以動物做比喻，這是他散文的另一項顯著特徵——開始進行猛烈的整

肅，之後，安米阿努斯為了降溫而岔開話題描述東方的省份。然後他又回來談論加魯斯，加魯斯現在是「一頭嚐過人肉的獅子」，官員們受到迫害、拷問與處決。加魯斯必須受到處置，在滿是預兆以及睡夢中飽受受害者幽靈的糾纏下，加魯斯被引誘返回義大利並且遭到處死。安米阿努斯在這卷的結尾對神的正義做了一連串的反思，他祈求阿卓斯提雅（Adrastia，朱庇特的女兒，又稱為復仇女神），「懲惡賞善……掌管所有因果的女王，一切事件的仲裁者與裁決者，她掌管放置著人類命運之籤的甕缸，決定人類命運的榮枯。」安米阿努斯又說，上古神話賦予阿卓斯提雅象徵速度的雙翼，讓她手裡握著舵，腳下踩著輪，「使她能看清一切，統治宇宙」（14.11）。這一卷以希臘與羅馬歷史著名的例子作結，其顯示命運突然而極端的轉折。

對我們而言，安米阿努斯現存的作品開始得相當突然，第十四卷作為現存作品的首卷也相當突兀。儘管如此，為了說明作品的核心特質，我們仍須詳細考察第十四卷。後面幾卷的讀者大致熟悉第十四卷的特點：皇帝的多疑與殘酷；民族誌與地理雜談；對羅馬歷史以及羅馬城的尊崇，但對羅馬居民的描述卻充滿諷刺；對古代神祇的虔敬；文學的自我意識與暗示，以及歷史例子的展示；寫作上有隱喻過度的問題，而且沉迷於野獸形象的比喻。

安米阿努斯對預兆與占卜的信仰常令人感到興趣，然而本書對此未多加著墨。安米阿努斯把預兆與占卜當成一門知識，雖然這門知識並不明確，而且容易被濫用。之後（21.1），安米阿努斯提出應該信任鳥占的理由：「鳥占與預兆並非決定於鳥的意志；鳥不可能預知未來，沒有人會傻到相信鳥有這種能力。事實上，鳥的飛翔是神明主宰的……仁慈的神明藉此向人類洩漏即將發生之事。」如同執政官的更迭，編年史家通常會將預兆當成紀年事件而加以記錄。安米阿努斯遵循編年傳統的作法並不突兀，而且可以解釋他的敘事何以在東方與西方之間來回快速轉換。他日後處理編年的方式較為寬鬆，但他未曾對此做過詳細解釋（26.5; 28.1）。儘管如此，安米阿努斯對預兆與預言夢境的興趣已不僅只於遵循傳統，而可說是他作品的主題之一，他曾明確表示預卜與鳥占是「崇拜古老神祇的人遵循的儀式」（21.2）。尤里阿努斯對於預卜與鳥占相當沉迷，而且自豪於自己的善於占卜。尤里阿努斯在之後成為皇帝，他的崛起在現存的第十四卷

162

中並未提及，但他的事蹟卻是安米阿努斯作品的核心。

安米阿努斯以烏爾西基努斯（Ursicinus）將軍參謀的身分出現於第十五卷，烏爾西基努斯奉皇帝之命引誘僭號稱帝者掉入陷阱；在這個身分轉折中，安米阿努斯總是以第一人稱我們來描述。偽帝席爾瓦努斯（Silvanus）是君士坦提烏斯疑心與假指控下的犧牲者，他沒有其他選擇，只能逃亡或反叛。安米阿努斯坦承自己與同袍對於這趟危險又不名譽的欺騙席爾瓦努斯的任務感到恐懼，照他的風格而言，他應該宣稱自己因西塞羅的陳腐說法而稍感安慰。他們假裝支持偽帝，實際卻買通他的士兵謀殺他。在此同時，君士坦提烏斯為了平服高盧，擢升加魯斯的弟弟尤里阿努斯為凱撒（副皇帝），並命其處理當地的危險局勢；尤里阿努斯憑藉他的才能、人望與卓越的品格，順利化解危機。安米阿努斯對尤里阿努斯有時不免批評，但對他的軍事才能卻讚譽有加，即使他最後對波斯的戰役以慘敗收場。尤里阿努斯銜命前往高盧，使得安米阿努斯寫下了當地的民族誌，其中最令人難忘的是對好戰高盧婦女的描述：在爭吵中，「咬牙切齒漲紅脖子的婦女（蠻族在安米阿努斯筆下總是咬牙切齒）揮舞粗壯的雙臂，拳頭像雨點般落下來，還夾雜著幾記飛踢。」（15.12）

在第十六卷中，安米阿努斯讚揚尤里阿努斯平定高盧，同時也稱許其簡樸、自律與精益求精的性格，並且提到他不為人知對古老神祇的虔信。安米阿努斯此時將敘事轉回君士坦提烏斯宮廷，描述杯弓蛇影的氣氛，以及皇帝底下心懷不軌的走狗所進行的陰謀，其中一些人的名字相當生動，如「鎖鏈保羅」與「夢伯爵」。在這段敘事中，主要的插曲是西元三五七年皇帝正式訪問羅馬（16.10）。安米阿努斯因而有機會描述其中的精采片段，並且向這座古城市致敬。君士坦提烏斯在行列中保持端正，既不吐痰也不擤鼻，此舉讓安米阿努斯印象深刻，但他認為皇帝此舉不過是矯揉造作。這趟首次的羅馬之行令君士坦提烏斯大開眼界：羅馬廣場，「充滿原始力量的崇高紀念碑」，以及位於塔爾佩亞（Tarpeia）的朱庇特祭壇，「站在祭壇旁，所有的人就像與天相比的塵土，還有龐大如省份的浴池建築，或者是用來建造圓形競技場的產自提布爾（Tibur）的大量堅硬石塊，競技場的頂部幾乎無法一眼看盡，以及萬神殿，在高聳而美麗的圓頂下延伸出自成天地的空間」等等。談到特拉亞努斯廣場，安米阿努斯說

163

道：「它的宏偉難以形容，凡人無法營造出這樣的作品。」這是來自安提阿的希臘人與從未到過此地的羅馬皇帝眼中所見的西元四世紀羅馬，幾乎就在其崩潰前夕。安米阿努斯的羅馬雖然並不完整，但對我們而言當然要比先前對這座城市的敘述容易辨識。

正當尤里阿努斯於高盧、日耳曼酣戰之際，安米阿努斯則身處東方。安米阿努斯的許多戰爭場景奇異地結合了陳腐的史詩內容，如血流成河、箭矢蔽天，以及敏銳且明顯是第一手的觀察，如被波斯人圍困於阿美達（Ameida）時的骯髒汙穢、劫掠時感到的恐怖與藏匿，以及幸運但略帶可恥的逃跑（19.8）。安米阿努斯也很怕大象。他的個人觀察也提到工程師，「我不記得他的名字」，裝配不實的投石器在發射時往後退，把他砸得面目全非（24.4）。安米阿努斯謹慎地追隨尤里阿努斯的軍事事業，直到他在士兵擁護下僭號稱帝，並且大張旗鼓地從高盧遠征巴爾幹，但此時君士坦提烏斯卻染上熱病去世，正好幫他一個大忙（20）。

對於尤里阿努斯短暫的統治期（西元三六一至三六三年），後世最感興趣的是他曾經試圖恢復古老神祇的崇拜，結果功敗垂成。安米阿努斯雖然對尤里阿努斯抱持同情的立場，卻批評他對異教信仰過於熱中。安米阿努斯譴責最力的是尤里阿努斯頒布敕令，禁止基督徒擔任修辭或文學教師（22.10）。尤里阿努斯的崇拜過度鋪張：「他澆灌在神壇的祭品太多」（22.12），使軍隊因享用過多肉類而耽於逸樂，而且代價高昂。根據安米阿努斯的說法，尤里阿努斯因獻祭太過頻繁，使他獲得「劊子手」的稱號；安米阿努斯對於綽號總是特別注意（22.14）。凡是非基督教的儀式都能引起尤里阿努斯的熱情，他曾嘗試重建耶路撒冷聖殿未果，在美索不達米亞，他也曾根據當地儀式向月神獻祭（23.1, 3）。尤里阿努斯以自己善於占卜自豪，在他的帶動下，占卜成了公共風尚，但安米阿努斯反對人們可自由地成為占卜師──這是一種傳統，塔西佗也提過這點。無論如何，這是個熱中巫術的世界。尤里阿努斯的不寬容也表現在他因阿波羅神廟意外遭到焚毀而暴怒，於是他下令關閉安提阿大教堂（22.13）。尤里阿努斯的虔信與安米阿努斯的虔信一樣，帶有一種自然的崇古色彩。正如安米阿努斯所述，尤里阿努斯有意識地遵循前例與過去的權威：安米阿努斯引用修昔底德與波利比奧斯，也引用維吉爾與西塞羅以及希臘羅

164

馬史的例子。典型的是，尤里阿努斯為了讓著名的卡斯塔里亞之泉
（Castalian spring）恢復成具有預言能力的泉源，下令要「依照雅典
人淨化德洛斯島（Delos）時使用的相同儀式」，將埋在當地的遺體
移走（22.12）。這段引文不僅關聯著修昔底德，一個回溯將近千年
以前的詮釋，藉由審慎的古物研究，也見證了上古世界的文化統一
性。

尤里阿努斯在西元三六三年於波斯戰役中重傷而亡，他的死是另
一篇刻意撰寫的頌辭，讓人聯想起相關的經典事件：蘇格拉底之死。
尤里阿努斯臨終前與哲學家們談論靈魂的崇高，並且禁止他的追隨者
「為一位即將返回天界與星辰同列的君王」哀悼；這是新柏拉圖主義
信仰（25.3）。安米阿努斯自身的異教信仰雖然虔誠，卻屬較低調而
溫和的一種。他靜靜地反對尤里阿努斯的做法，讚許遭遇不幸的（基
督教）皇帝瓦倫提尼阿努斯的寬容，並且提到「基督徒平易而簡單的
宗教」，「只傳布正義與憐憫」。他不像之前的塔西佗那樣存有偏
見，但還是提到基督徒對彼此所施與的殘暴行為：「沒有任何野獸像
基督徒對待彼此那樣，對人類造成如此的危險。」（21.16, 22.11,
22.5）安米阿努斯予人一種觀念，即人可以不因宗教的差異而傷害或
妨礙彼此，不過在估量他的寬容程度時，別忘了他是在基督教皇帝的
統治下從事寫作。

尤里阿努斯支配安米阿努斯作品如此之深，以致在他的後繼者統
治期間所記錄的史事，自然而然地被視為次要的，儘管如此，這段時
期還是發生兩件對往後帝國歷史影響最重大也最負面的事件：西元三
七六年，羅馬帝國允許哥德人跨越多瑙河進入帝國境內；西元三七八
年，皇帝瓦倫斯（Valens）在阿德里安諾堡（Adrianople）與波斯人
作戰，戰敗身亡。安米阿努斯描述這些事件，深切瞭解它們代表的災
難意義：哥德人隨即橫行於帝國境內，而阿德里安諾堡的災難在羅馬
軍事史上僅次於坎尼之役（31.8, 31.12-13）。當然，安米阿努斯無法
如今日的史家一樣知道日後演變：帝國江河日下，西元四一〇年，羅
馬遭到劫掠，帝國西半部隨之淪喪。對安米阿努斯而言，帝國雖然經
歷了一段極為艱險的時期，卻還是世界的核心，正如羅馬是永恆之
城。他仍可不帶諷刺地對當時的人說：「我們偉大而光榮的近來歲
月。」（21.10）帝國遭到圍攻，「整個世界彷彿受到復仇女神的擺

布」（31.10），但我們不應超越安米阿努斯的意圖做出過度的解讀。安米阿努斯的歷史帶有多少悲觀主義的成分固然值得討論，但若認為（即便是隱約以為）他具有先見之明，則非正確之語，他並不知道自己為《羅馬帝國衰亡史》的一章提供了歷史材料。

第十一章
上古史學的一般特徵

　　與之後數世紀相比，從希臘人到安米阿努斯的上古時代歷史寫　167
作，構成了單一的文類，往後文藝復興時期也曾試圖恢復這種文體。
在往下討論之前，我們應嘗試簡單說明，是什麼特徵使上古史學形成
一個整體，具有共同標準、關注與假定，特別是當這些標準、關注與
假定在過去一直受到誤解。

　　古典時代史家強烈意識到他們的前輩，不管是希臘人還是之後的
羅馬人，而且他們比今日的我們更能接觸或知道他們，這多虧了歷經
時代變遷的殘存手稿。安米阿努斯是古典史家的最後一人，他是這方
面最具自我意識的史家，他隨意地從我們所認為且如他所認為的古典
正典作品中引用各種先例，無論是文學還是史學。交代引用的史料來
源並非當時的正規作法，這點頗令現在的我們困擾，但上古史家顯然
不僅將他們的前輩或同時代史家視為史料來源，也視其為模範、對
手，或者讓人不禁要說是同道者，儘管他們可能使用不同的語言，或
間隔了好幾個世紀。上古史家使用、偶爾引用和他們看法不同或難以
確定真偽的事例；模仿、剽竊（當時並不認為這種行為應受譴責）、
效法、批評、貶抑（這種情形無疑遠比我們知道的多）的做法普遍存
在於學術與文學社群中，在史學界，這種做法維持了相當長一段時
間，同道的人都清楚瞭解這點，也知道他們留下什麼樣的遺產。我們
曾經提過，波利比奧斯自信地表示，若他在完成作品前死去，其他人
將會賡續他的事業予以完成；這種接續前人事業的做法是上古史學一
個不尋常的特徵。

　　就這個意義來說，上古史家是比詩人或哲學家更具凝聚力的團
體，儘管詩人是結合在對荷馬的讚揚之下，哲學家則是以「學派」為　168
特徵。希羅多德與修昔底德很早就獲得了如同柏拉圖與亞里斯多德在
哲學圈裡所擁有的名聲，即使並非所有史家都讚揚他們。他們的作品
藉由手抄本傳承了數個世紀，從未像波利比奧斯、塔西佗或其他人的

作品那樣有如風中殘燭；他們的作品也未如李維的歷史般絕大部分均已亡佚。由於許多史家在完全沒有作品遺留的狀況下消失，或僅存殘本，所以維繫史家社群的思想脈絡勢必無法為我們所見，或淪為一種猜測。我們可以合理而自信地認為，在優秀作品（經過抄寫者與我們的判斷之後）與殘存作品（某種程度來說其能留下已值得欣慰）之間存有實質的關聯性，但我們對上古史家集體生命的瞭解已受到不可回復的破壞。

當然，在各種連續性中，有些是來自希臘羅馬文化與更廣泛的上古公共生活：植基於荷馬史詩與奧林匹克諸神的文學文化、希臘哲學以及斯多噶倫理學。和歷史書寫較有直接關聯的是修辭老師講授的（以及他們廣泛接受的）散文與演說的寫作原則，有時他們被認為對歷史的準確記錄有著不良影響，而且勢必對史家寫作本身造成某種限制。歷史書寫一開始是一門文學技藝，即便它的附加原則是求真；西塞羅提出的祕訣清楚說明了這點。公共生活的框架，亦即上古史家參與和反思的主題，主要展現在對演說的重視上，史家接續修昔底德建立的傳統，創造出許多符合歷史人物性格的演說。另一種連續性是對神祇的崇拜與廟宇的重視（留意廟宇的落成與偶爾出現的破壞），以及對神廟存放與展示的各種聖物的尊崇，這些祭器有時是重要事件的紀念物，因而受到史家的注意。與此相關的還有對預兆與鳥占、預言之夢與神諭，以及對超自然事件或災異所做的廣泛記錄。人們可能想從史家對這些事物的態度中找出持續「世俗化」的傾向，然而即便以李維曾對他所處時代的懷疑論感到遺憾為例，我們仍難以認定這就是世俗化。史家的立場分歧，有完全不相信超自然事物者，如修昔底德，也有對此深信不疑者，如色諾芬、安米阿努斯，從他們身上無法看出一條持續的軌道。

預兆的記錄是編年體歷史的一部分，從修昔底德以降，編年史成了絕大多數歷史作品的基本架構，這當中也有部分史家採取較為自由的體例：預兆被當成一年的重要大事而加以記錄，正如執政官的更迭持續成為編年的參考點而被記錄下來，儘管執政官在羅馬早已失去政治地位。民族誌與地理雜談（由希羅多德首倡）以及精采的演說片段（我們提過這是修昔底德的發明，不過在他的作品中，演說者說起話來都很類似，他也因此飽受批評）一直是歷史作品的重要特徵。雜談

或演說，尤其前者，均屬安米阿努斯任意運用的題材。對公共生活事件的專注是個持續的特徵，其藉由高尚的風格以及漫長又時而傳統的軍事戰役描述來加以呈現，但其中也有許多我們感興趣的內容被視為與「歷史的尊嚴」不符而遭到排除；十八世紀的博林布洛克勳爵（Lord Bolingbroke）曾用「歷史的尊嚴」這個詞讚許修昔底德與色諾芬（《書簡：論歷史的研究與用途》〔*Letters on the Study and Use of History*, 1752, Letter 5.2〕）。這道禁令不僅不適用於相關的歷史傳記，也不適用於民族誌雜談。在歷史寫作的動機中，希羅多德宣稱的「保存偉大功業的記憶」一直是個重要主旨。對於「偉大」主題的強調，最偉大的戰爭、圍城、衝突、成就、城市、帝國，從希羅多德以降一直是個不變的基調，其重要性僅次於史家親眼目睹的一些歷史事件。塔西佗曾為自己未能提出「偉大」主題而致歉：這是羅馬公共生活墮落的徵兆。當然，對羅馬作家而言，風俗敗壞從薩魯斯特到塔西佗一直是個不變的主題；這個觀點也為波利比奧斯與安米阿努斯這兩位希臘人所分享。

歷史的功能在於教導美德與懲罰邪惡，這個觀點首先由羅馬人提出來，並且成了歷史寫作的標準，而其主要透過激勵人心與令人羞恥的例證來呈現。與此相對，在陳述上較具思想深度的希臘觀點，代表人物是修昔底德與波利比奧斯，他們認為歷史功用在於提供成敗智愚的範例，其重要性僅次於賞善罰惡。當然，結束傑出的政治或軍事公職生涯後轉而從事歷史寫作是相當普遍的作法，波利比奧斯認為這是寫史的「必要條件」；少數的例外是李維。以現代的標準來看，上古史家對於因果關係以及區別不同類型原因的興趣相當低，不過修昔底德與波利比奧斯對這方面倒是很有興趣。從希羅多德到塔西佗，上古史家關心的是成敗盛衰的解釋，他們真正感興趣的是民族的道德品格，這構成了李維作品的中心主題，而波利比奧斯也承認民族道德對羅馬人的重要性。一般來說，這種興趣與解釋以對比的方式呈現，其成分雖然不同，仍有某種共通性：原始的大膽對比奢華；西方對比東方，起初是希臘人與波斯人，之後是羅馬人與東方人或主要是希臘人；自由對比奴役；過去對比現在。相同的基本對立可以賦予必要的種族、軍事、政治或歷史向度，而這些向度通常彼此關聯。這種對立常伴隨著男子氣概與女性陰柔的形容詞：奢侈與奴役是沒有男子氣概

170

的。最後由羅馬人將這些無男子氣概之物轉化成歷史衰退的一般概念。

　　當然，關於歷史書寫的廣泛共識也調和了爭執，而且隨著時間經過，也將顯著的視角轉換加以融合。就前者而言，波利比奧斯的爭論提供了著例，史家對於真實、生動與吸引人的敘事有著各種對立的主張，而關於真實這一點，其對歷史的重要性在理論上具有普遍共識。而隨著時間經過，敘事焦點從希臘轉移到羅馬，最明顯的影響是主題變得比較集中：單一城市支配了敘事，史家不需要從一座城市轉換到另一座城市，有時轉到令人暈頭轉向。建立共同編年史的難題也大幅減輕。然而這種演變也使希臘典型的世界主義喪失，而所謂世界主義是在處理希臘城市之間、甚或希臘人與波斯人之間的衝突時，一種情感中立的態度。李維與塔西佗是地方觀念不濃厚的作家——帝國擴張的主題與反覆討論邊疆事務的需求，以及塔西佗投注心力的民族誌傳統（不過李維仍對蠻族有著刻板印象），確保了世界主義的風格。但對李維來說，羅馬愛國主義凌駕一切，這當然產生一種關注羅馬起源的崇古心態。儘管存在著地方史的文類（絕大多數已經亡佚），但似乎沒有任何一座希臘城市像羅馬那樣仔細而虔誠地看待自己的過去，一般留下的只有高度玄思的系譜與建城神話。因此，在希臘，過去與現在的對比不具有相同的功能，相反的，在羅馬，從薩魯斯特以降，長期道德敗壞的概念卻建立起來。帝國時期下的塔西佗作品顯然帶有矛盾的色彩，一方面眷戀長遠的過去，另一方面卻不認為它有恢復的可能；這種情況也可能發生在李維論及共和國末期的作品上，只不過這些作品已經亡佚。這種眷戀感完全不屬於希臘風格。安米阿努斯的懷舊性質更是難以衡量，如果懷舊這個用詞是正確的話。他的懷舊並非總是在仔細判斷下才將手伸進裝了文學暗示、引文與歷史上相似事件的摸彩桶中摸索，這種做法就像是指向更為輝煌的過去，但也可能只是在炫耀。

　　世上一直流傳著不實的說法，就算以概括或文學角度言之也是一種錯誤表述，而這些說法被非史學專業者當作是古典史學的一般特徵；有時，這些誤解源自於將修昔底德完完全全視為上古史學的代表性人物，或者源於粗略地詮釋他所宣稱的做法。此外，由於過度主觀與無視脈絡地從他處加以引用，致使有關古典史學的一些神話、誇大

陳述或片面真理，被不加批判地宣傳出去。雖然有些說法不無道理，但在未經證實下被陳述為一般性的真理，就成了虛偽不實的描述。以下我們將概要地說明這些誤解：

一、「**一切歷史都是當代史。**」早期希臘史學幾乎可說是如此；但關於羅馬史的敘述，包括希臘人書寫的部分，則並非如此。這項通則可以適用在修昔底德、色諾芬與最早期的亞歷山大史家身上。但希羅多德的歷史，姑且不論其中早期傳說時代與荷馬史詩的部分，卻能回溯到他生存年代之前的四分之三個世紀。我們也不該拒絕將史家頭銜給予那些記錄了城市建城與地中海地區歷史的希臘人，特別是後者。這項通則當然不能適用在李維身上，也不能適用在李維之前的羅馬古物研究者身上，更不能適用在與他同時的希臘史家哈利卡納蘇斯的狄奧尼修斯身上（他的作品也始於羅馬建城時期），狄歐也不行，他的歷史涵蓋整部羅馬史直到他自己生存的西元二世紀為止，不過他的作品絕大部分已經亡佚。這項通則甚至不能適用在約瑟夫斯身上，如果我們一同審視他兩部重要作品：他的《猶太古史》始於聖經歷史，而《猶太戰記》實際上始於戰爭爆發前兩個世紀。安米阿努斯，如我們所見，是在偶然中成為當代史家，因為他作品的前面幾卷，涵蓋他生存年代之前一個半世紀的歷史，已經亡佚。至於塔西佗，若要將他歸類為當代史家，除非人們同意將最年長目擊者的記憶也歸類為當代史。

二、「**上古史學不是政治史就是軍事史。**」這項通則廣義來說可以作為一種意圖的揭示與宣告，不過它排除了在官方與私人間遊走的傳記；最早的傳記（希臘）似乎源於哲學家與文學家。就歷史本身而言，最明顯的例外是內容通常相當廣泛的民族誌雜談，從希羅多德以降，這類民族誌處理的都是外表特徵、信仰、服飾、飲食、衛生、習慣及婚喪禮俗。即便史家描述的是自己的社會，仍須將宗教事務界定為政治——或許這並非不合理——好讓這項通則能夠成立，但對現代讀者而言卻是個誤導。編年史，如我們在李維作品看到的，以及對當時風俗的譴責，如李維與安米阿努斯的作品，偶爾會出現零星的社會史描述：出現在阿庇安與塔西佗的作品中關於放逐的恐怖故事，以及

172

羅馬貴族被迫逃亡或藏匿，這些敘述使我們一窺房屋的內部陳設、家庭的生活習慣，以及奴隸與主人的關係，無論忠誠或反逆。枯燥的經濟與社會史也不可避免成為李維與阿庇安對羅馬社會衝突和小地主沮喪負債的部分記錄。貴族與無產階級的不良行為，羅馬街頭的吵鬧暴亂，以及富豪家中的奢華與下層階級的軟弱無力，這些敘述在薩魯斯特、李維、塔西佗與安米阿努斯的作品中相當普遍而且極為生動。

　　三、「**沒有長期歷史變遷的概念。**」前面的「當代史」討論在某種程度上已經回答了這個問題，但仍需加以深究，因為如果我們指的是不折不扣的長期，那麼這個概念顯然無法適用在修昔底德這位最熱情擁護當代史的史家身上。他認為要寫出一部精確的長期歷史是不可能的，其他人則非如此認為，不過這是另一個層面的問題。修昔底德在作品一開頭簡要描述了早期希臘社會「從粗魯到優雅」（以十八世紀的詞彙來說）的發展主要是貿易的結果。沒有人會認真地以為這是修昔底德身為史家的重大成就之一，而且它似乎未能產生看得出來的影響，可以確定的是，修昔底德清楚察覺到希臘生活產生很大的變化。波利比奧斯也做了簡短的推測，他認為政治社會起源於原始生活，當時的人類與獸群無異（VI. 5-7）。同樣的，李維非常瞭解羅馬廣場曾經是一片沼澤，周圍環繞著牧羊人的原始小屋。他在其他地方也簡略描述了早期人類社會的樣貌，認為當時的人類處於「自然狀態」。更微妙的是，如我曾主張的，羅馬品格與風俗長期敗壞的概念，隱含的不只是物質的根本變化。儘管對史學傳統有著長期共識，對史學的目的與方法也幾乎意見一致，有些作家還是發展出一種意識，認為史學本身並非不受歷史變遷影響。波利比奧斯認為，隨著羅馬興起，新種類的歷史成為可能，即普世史。塔西佗寫了一篇對話，從歷史的角度探討演說的風格，他意識到史家的任務與寫作風格因共和政體轉變為專制政體而重塑。根據這種觀點，即便未曾有意識地這麼想，但「一部關於各種歷史的歷史」至少邏輯上是可能的。

　　四、「**一切變遷都是循環的。**」這個觀念就某種意義來說已在前面處理過，但在此仍值得探討。的確，希臘人，尤其波利比奧斯，具有一種政治體制變遷的動力概念，其源於亞里斯多德政治體制及其腐

敗形式的分類，認為世上存在著一套循環轉變的模式。然而，這種政治體制變遷的觀點非但未能普遍受到支持與運用，就連循環概念本身也從未適用於其他生活向度；附帶一提，塔西佗曾經考慮運用這個概念。（他談到這個概念時，彷彿它是個全新的看法，而非陳腔濫調。）當然，當時存在一種從希羅多德以降普遍流行的觀點，認為一切繁榮昌盛都是變動不居的，但這與更精確而技術的放之四海皆準的循環概念仍有很大的差異。修昔底德當然未預期希臘社會會返回原先的狀態，李維也不曾預料羅馬廣場未來有天會成為牧牛的草地，雖然如果他這麼預言，最後將如他所料。遺憾的是，沒有跡象顯示李維預言羅馬將洗心革面，或塔西佗曾預言羅馬共和將會再起。反過來說，即便是最壞的暴政也會因暴君死亡而結束，世上不存在歐威爾（George Orwell）在《一九八四》所想像的因制度化而永垂不朽的暴政。

人們有時認為，循環觀點的出現與長期變遷概念的缺乏，是因為相信人性不變，修昔底德確實主張過人性不變，而波利比奧斯也接受這個觀點而主張歷史的功用。我們已經瞭解這種說法的不當之處，但人性永恆的觀點卻是詮釋修昔底德作品的重要關鍵。在波利比奧斯的作品中，人性觀點的效果被歷史上偉大而嶄新的事實所抵銷：羅馬的興起，命運女神企圖從現在起將羅馬提升為世界歷史的核心。普世人 175 性的觀點與社會因時空而變的看法，兩者之間的關係是個相當複雜的概念，在此無法完整解釋。以希羅多德為例說明此一複雜性應已足夠，希羅多德是個心無偏見的世界主義者，而且深受各民族呈現的不同文化面貌所吸引，無疑也可說是被心理的不同面貌所吸引。修昔底德拒絕書寫民族誌雜談，波利比奧斯對此也抱持審慎態度，其理由與其說是對人性抱持武斷的看法，不如說是反對為娛樂而寫的歷史。然而，希羅多德是個帶有感情與幽默的作者，他能在彈指之間超越文化偏見與時間造成的鴻溝，例如對薛西斯流淚的描述，他也能以吸引人的筆觸詳述人性可能採取的詭異形式。上古史家當中另一位傑出的民族誌學者塔西佗，雖然程度不及希羅多德，但他也看出日耳曼人是多樣而具同情心的民族，日耳曼人迥異於當時的羅馬人，正如塔西佗與李維認為當時的羅馬人與古羅馬人全然不同。人性的多樣化其實是上

古史家普遍最感興趣的主題；修昔底德是個例外。

　　本書前兩部分主要將注意力放在少數幾位上古史家身上，相較之下，接下來幾個部分所探討的（唉！或者說是忽視的）史家數量則遠多於此。然而上古史家作為歷史範本與權威的地位，至今屹立不搖。近兩千年來，他們的作品被尊崇為道德與政治智慧的根源，遠非其他時代史家所能及。光是這點，即可證明他們值得更多關注，閱讀他們的作品能得到豐富收穫，這個收穫即便是具影響力的史學作品也不一定能辦得到。

第三部

基督教世界

第十二章
聖經與歷史：上帝的子民

　　聖經、受聖經啟示與古典時代的歷史寫作，三者之間有著許多差
異。前者的歷史作品並非利用公餘之暇進行的文學活動，也不受古典
修辭規則的約束。雖然聖經兼具神話與史詩的莊嚴與崇高，以及狂喜
的歌曲與個人的哀嘆，但它也經常是素樸的與世俗的：人性（或神
性）事物似乎與其不相違背。儘管經常出現顯赫的祭司與族長、國王
與先知，聖經的核心其實關切著某民族——以色列子民——與上帝之
間的關係，以及該民族在時間流轉中的盛衰榮枯；宗教與歷史緊密交
織，因為上帝主要並非具有永恆本質的神祇，而是歷史的推動者。上
帝無所不在的樣貌完全不同於古典史學虔敬描述的命運、正義與天堂
意志。

　　希伯來歷史持續地受到神意的指引；它的寫作甚至早於基督教，
被視為受到直接神啟，因此這當中沒有對權威著作的比較，或嘗試對
彼此衝突的權威作品進行調和，也沒有懷疑的表示或對探究的自豪：
權威就是上帝自己。儘管聖經呈現了罪與報應周而復始的模式，其連
同贖罪構成了聖經的整體模式，但聖經本質上仍是線型且具有方向
的：較羅馬崛起（與衰弱）的主題有過之而無不及。聖經有開始（亞
當、挪亞以及對亞伯拉罕的應許），以〈啟示錄〉作為結束，而〈啟
示錄〉的內容已預示於基督徒所稱的舊約中。因此，聖經有開始也有
結束：罪與之後的最後審判，而有些人可以得到救贖。在開始與結束
之間，由作為中介的基督道成肉身將兩者予以邏輯地與歷史地連結起
來，從八世紀開始，基督道成肉身就成了紀年的樞紐時刻：沒有原
罪，就沒有歷史。

　　摩西五經（Pentateuch），希伯來聖經的前五卷，描述大約西元
前兩千年末期的事件，而其寫作的時間則在西元前一千年上半葉；它
於西元前一千年下半葉集結成書，成為我們今日看到的聖經正典，然
而這些作品在當時未能影響猶太人以外的文化，直到基督教出現才有

所改變。西元前二世紀，聖經在亞歷山卓譯成希臘文，又稱七十士譯本（Septuagint，由七十二名譯者譯成），主要供猶太流亡者閱讀，外界對此書仍興趣缺缺。基督教時代初期亞歷山卓的斐洛（Philo of Alexandria），以及西元一世紀的約瑟夫斯，兩人向異教世界詳細解說聖經，但他們的影響僅限於基督徒而未及於異教徒。隨著基督教地位的鞏固，聖哲羅姆（St Jerome，約340-420）提供的權威拉丁文譯本，又稱武加大譯本（Vulgate），也廣泛在中古時代流通。

　　希伯來聖經被視為一個整體，基督徒視其為舊約，它具有相當的異質性，包含了上古時代各種文學文類：創始神話、民族史詩、智慧文學、譜系與列王名單、詩歌與祈禱文、律法與詳細儀式規定、預言與神明發怒的持續警告（通常以象徵的方式表達），不過當中沒有希臘化世界著名的神諭遺址。希伯來聖經也有一些篇章帶有「政治史」內容，特別是〈撒母耳記〉、〈列王記〉與〈歷代志〉。不過從比較寬廣的角度來看，希伯來聖經也具有非凡的敘事連貫性，它呈現人類命運與隨後上帝選民的觀點，從創世到人類因亞當的罪被逐出伊甸園，以及大洪水之後人類因挪亞而得以重生；之後是上帝的應許之地與對亞伯拉罕的祝福，這點可以從上帝將他從埃及俘囚中救出得到明證；之後是猶太人在偉大領袖摩西帶領下穿越荒野的旅程，上帝藉由摩西之手將律法交給了猶太人。猶太人征服並且定居於應許之地，也就是迦南地。這一切全被描述成與史詩交融的創始神話。隨後幾卷出現明顯的轉折，猶太人從神權變成了王權，並且與鄰近民族發生衝突，其過程類似於羅馬為了生存而戰並且征服了義大利中部，然而異族通婚與同化卻成了猶太人的威脅而非成就，因為它們破壞猶太人的一神信仰。猶太人再度逾越律法規範，此時他們的行徑毋寧是上帝降下洪水前的塵世居民；他們遭受第二次流亡，這次是在尼布甲尼撒（Nebuchadnezzar）的命令下前往巴比倫；耶路撒冷的聖殿，猶太人崇拜耶和華的中心，遭到摧毀。猶太人結束流亡或「俘囚」，返回故鄉並且重建聖殿，這些是出自波斯王居魯士的決定，他的帝國繼承了巴比倫，〈但以理書〉曾經預言（不過是偽造的）此事的發生。

　　主題的統一性，其主角是以色列子民，神聖指揮者是耶和華，此無疑是審慎編輯與揀選的產物，儘管有時會以部分代表整體，而重要事件則象徵性地予以放大或簡化。第一次俘囚的埃及法老與〈出埃及

記〉可惜未能在埃及文獻中找到相關記載，但亞述與波斯國王如尼布甲尼撒、居魯士與大流士卻出現在〈歷代志下〉的末尾以及〈以斯拉記〉、〈尼希米記〉與〈但以理書〉裡，希伯來歷史於是整合到西元前七、六世紀美索不達米亞世界的既有歷史之中，甚至於可以確定其發生年代。在〈撒母耳記〉、〈列王記〉與〈歷代志〉裡，我們看到小規模的近東諸王與祭司的歷史，他們在耶和華的介入與主導意志下，被賦予了世界歷史的意義。聖經的敘述方式就當時而言已算高度成熟，在聖經敘事中，出現了生動描繪的政治行動者、宮廷陰謀與王朝鬥爭，以及無數次的戰爭（描述得較不仔細，因為耶和華的意向才是決定要素），這些內容有時呈現出足以匹敵荷馬的戲劇性。這些篇章所代表的史學也可媲美希羅多德的波斯章節，雖然其中少了「探究」這項關鍵元素；此外，在〈以斯拉記〉中有著現代史家認同的對文件證明的重視。西元前六世紀的以斯拉（Ezra）與尼希米（Nehemiah）是寫下當代歷史與引用史料的著名祭司史家與文士。連同隨後這段描述於非正典〈瑪加伯書〉的歷史，我們進入到約瑟夫斯日後描述的世界，就在其《猶太古史》對聖經做了概述之後；我們也進入了有關以色列人反抗希臘化統治者以保衛他們的宗教與聖殿純淨的主題，直到西元一世紀猶太國滅亡為止。

182

　　在基督教的傳布下，猶太教成了非猶太人世界極為關切的問題。古典時代遺產對於非猶太人基督徒的影響太深遠，即使是聖經也無法完全壟斷他們的歷史意識，但對於一千年，以及在許多脈絡下更長久的時間而言，聖經卻成了核心。西元五世紀之後，絕大多數作家採用了摘要形式的羅馬史，這種形式適時提供他們寫作方式；而另一方面，古典史家則普遍受到忽視，甚或不為人知，但薩魯斯特是個特例，他的作品既具有教訓性質又相當簡短。

　　聖經對基督教歷史概念的影響，從基督教初期到十九世紀，是深刻而普遍的。除了亞當的罪，還有道成肉身與最後審判也架構了所有歷史。聖經的歷史呈現上帝與其選民的交流，如同周而復始的犯罪、懲罰與拯救模式，這意味著只要歷史持續下去，就可預期同樣模式將不斷重複：歷史呈現出一連串在原罪與最後審判的歷史宏觀中周而復始的類型與處境。基督教世界理所當然扮演起選民的角色。隨後這個角色也證明其具有近乎無限的適用性，它可以適用於任何一個──在

編年史家的推波助瀾下——以選民自居的民族或宗派：民族的信仰、偉大或苦難、神的祝福或懲罰，證明了這則方程式。在周而復始的觀念下，聖經使一群值得紀念的人物與行為得以成為當代史的角色：勇士、叛徒、審判者、先知、偉大的國王（或暴君）、陷人於絕境或因愛國而殺人的女子，他們都得到史家的承認或得到行動者自己與其讚美者或誹謗者的採用。如吉朋所言，這一類型的適用方式被記錄下來，有時成了普遍流行的公共濫用，「夏娃、約伯的妻子、耶洗別、希羅底的角色，被粗鄙地適用在皇帝（瓦倫提尼阿努斯二世）的母親身上。」（*Decline and Fall*, XXVII）

183　　然而最重要的是，聖經提供了一個不斷重複的原型：和上帝立約與進入應許之地，集體的犯罪與遭受蹂躪、流亡、俘囚的懲罰，而後受到拯救與返鄉，並且以耶路撒冷與聖殿的重建為其象徵。我們可以說，這是個唯有透過人類的犯罪才能使人類成為歷史主要推動者的模式：犯罪是人類在歷史動力中扮演的角色，雖然還有其他的輔助角色，如懲罰工具，不管是暴君或蠻族，以及帶來拯救的個人，如摩西與彌賽亞的類型。無庸贅言，在世俗歷史中，集體的不良行為（特別是不信神與通姦）、摧毀、壓迫與偶爾出現的較好時光，或者至少是對較好時光的承諾，以及成功的遷徙，都成了極為常見乃至於可以輕易辨識出來的模式。這種情況也可以從異教歷史中看出：恢復亂世秩序的法老是埃及銘刻的常見人物，同樣的狀況還有希臘與羅馬傳說的早期立法者。奧古斯都是羅馬和平君主的原型，他的降臨被神祕地表述成正義女神阿斯特萊亞（Astraea）重返人間；她經常是個「隱藏的女神」（*dea abscondita*）。在猶太教—基督教思想裡，摩西與基督成了拯救者的原型，如同大衛是成功的戰士國王、先知與詩歌創作者。在虔誠與優雅的修辭中，如皇帝君士坦丁與查理曼、伊莉莎白女王與奧倫治的威廉（William of Orange）這類君主，以及許多其他君王，因阿諛者與評釋者的允許而喚醒了神意救贖史的共鳴。

　　希伯來聖經被非猶太人早期基督徒採納為舊約聖經，此事似乎並非無可避免；畢竟這些非猶太人宣稱他們已經取代原先的選民而成為新約的子民。就某方面來說，舊約甚至讓人隱隱感到困窘，其中記載的行徑與荷馬筆下奧林匹亞諸神的行為如出一轍，而無論是舊約還是荷馬史詩，人們的反應是以諷喻手法解讀這些聲名狼藉的故事，所以

舊約反而提供了適合虔誠沉思的材料。一個非常著名的例外是馬吉安（Marcion），西元二世紀的基督教學者，他認為猶太人的上帝是邪惡世界的創造者，與身為耶穌父親的上帝完全不同。他拒絕從諷喻的角度看待舊約，並且認為耶和華在倫理上是不可接受的。馬吉安於西元一四四年被逐出教會。但非猶太人基督徒仍需要舊約。他們需要舊約的預言，並且聲稱是基督的預言，來證明基督即是彌賽亞；他們也覺得有必要反駁指控所言基督教是新近的產物，一個暴發戶宗教（Eusebius, *History of the Church*, I. 3-4）。舊約提供基督教祖產地契。一旦接受舊約，便能從中獲取令人滿意且包羅萬象的人類歷史詮釋與豐富的象徵身分，這些身分可以適用在隨後的歷史上，並且被廣泛地當成一部神意持續銘記的劇本，其特殊的進行方式赤裸裸且令人敬畏地顯示在過去上帝與選民的交流上。

由於希伯來聖經被用來提供一系列預示基督即彌賽亞的人物或類型——如摩西、約書亞、大衛與其他人——以及顯然真實的預言，於是這種尋求類型的習慣與新的上帝選民身分便順理成章地移轉到現代史中。對此，我們必須略加留意，不是所有針對聖經人物所做的類比都能構成特別的類型或人物思考，而這種同一化的做法也不是沒有前例。有些只是單純的類比，運用的目的通常只是為了諂媚或貶低，而異教歷史的人物也能被引用為原型，例如約瑟夫斯非常適切地比較了摩西、所羅門與羅穆魯斯。更具爭議性的是，西元六世紀時，圖爾的額我略（Gregory of Tours）結合羅馬與聖經典故，把奇爾佩里克王（King Chilperic）稱為「他那個時代的尼祿與希律王」。在古典時代，將自己與傳說及歷史人物視為同一似乎相當常見，如亞歷山大大帝把自己當成是或模仿阿奇里斯，處處想與之一較高下。羅馬皇帝卡拉卡拉崇拜亞歷山大，他要人畫了一幅畫，畫裡的人臉孔有一半是亞歷山大，另一半則是卡拉卡拉自己。有時，在心靈固有的類比習慣影響下，人們會根據姓名做出部分的同一化。亨利七世的兒子亞瑟就曾被眾人歡呼為亞瑟王再世。

西元二世紀開始，類比思考這種思維模式流行於基督教長老的思想中，但類比思考本身還需要一個明確的神意角色歸屬，對此，聖經乃至於基督都提供了原型。藉由這種方式，聖經與猶太歷史的重要事件可以周而復始地用來詮釋隨後的事件，無論是論戰、頌辭或歷史評

釋。西元七〇年耶路撒冷的陷落成了這樣一種原型事件，而約瑟夫斯
對該事件的描述也在基督徒間廣泛流傳。耶路撒冷的陷落強烈影響基
督徒的想像，與此同時的新約也提到耶穌的預言：「將來在這裡沒有
一塊石頭留在石頭上，不被拆毀了。」（Mark 13:2，參見 Luke 21:6,
24）這場災難引發關鍵性的疑問：上帝為何允許此事發生？人們也因
此從罪、審判、預言與拯救的角度來回答這個問題。

懲罰引發拯救的需要並且暗示著拯救者的存在。在基督教時代，
與舊約對於基督來臨的期盼有著異曲同工之妙的，是人們相信後世將
出現拯救者君王與領導者，正如被選定的、有罪的與受懲罰的新以色
列人也透過他們的先知來認定自己。

我們不久將會看到埃烏塞比烏斯（Eusebius）如何將聖經與彌賽
亞的氛圍加諸君士坦丁大帝身上，使其成為神的工具與上帝子民的拯
救者。最早的不列顛歷史——雖然比較像是悲嘆而非歷史——是一篇
以聖經辭彙做的描述，它提到西元四一〇年羅馬軍團撤離之後，不列
顛人落入蠻族手中的罪與苦難。這部作品是西元六世紀修士吉爾達斯
（Gildas）撰寫的《不列顛的沒落》（*Ruin of Britain*）。他以聖經角
度將不列顛人的災難呈現為神對犯罪的懲罰，另一方面，他高呼殉教
者聖阿爾班（St Alban）為約書亞，而約書亞本身也被視為基督的一
個類型；約書亞這個名字（「耶穌」的希臘文拼法）也產生一定的效
果。其他的類似例子則更具有激勵效果。比德（Bede）仿傚吉爾達
斯的做法，將自己的民族英格蘭人視為上帝對不列顛人降下天譴的工
具，因此他們是上帝的選民。身為最偉大的新近皈依天主教的民族
（意即非異端，蠻族絕大多數信仰的是阿里烏斯異端〔Arian here-
tics〕），法蘭克人似乎在教廷感召下將自己視為新以色列人，雖然
過去已有民族提出同樣的想法。十六、十七世紀，新教以方言解讀聖
經也為這種思維注入新的刺激。在十六世紀英格蘭，約翰·佛克斯
（John Foxe）《行誼與事蹟》（*Acts and Monuments*，又稱佛克斯的
《殉教者之書》〔*Book of Martyrs*〕）一書的導言與一篇關鍵的新教
文本，把剛加冕的伊莉莎白女王說成是新君士坦丁大帝；後者是拯救
者彌賽亞的典型。在佛克斯的近代殉教史中，英格蘭人是上帝選民的
觀念強烈呈現在下個世紀查理一世（Charles I）的清教徒對手身上，
激勵他們而使得他們更加難以駕馭。許多新教宗派以建立新耶路撒冷

自任，這項渴望也傳遞給了十九世紀的世俗烏托邦主義者。新英格蘭的清教徒殖民者在他們的新土地上，理所當然援引了相同的概念。約翰·溫斯羅普（John Winthrop），麻薩諸塞第一任總督，說他們已與上帝立約；在此之前一個世紀，西班牙的墨西哥征服者初次看到蒙特祖馬（Montezuma）的首都時，高呼其為「應許之地」，而五又二分之一個世紀之後，馬丁·路德·金恩（Martin Lurther King）的夢也向他的支持者做出相同的承諾。征服西班牙的軍人史家貝爾納爾·狄亞斯（見原文頁426）在阿茲特克首都受到圍攻與摧毀的刺激下，想起耶路撒冷的陷落。

當然，這種修辭容易成為歷史行動者、宗派與殖民者的慣用說辭，善於反思的史家與編年者雖非如此，卻無法不受左右。一般而言，他們總對希伯來與基督教末世論激起的預言性千禧年玄思以及通往世界史的鑰匙敬而遠之，其中最著名的是〈但以理書〉偽造的預言之夢與聖約翰的〈啟示錄〉，但這些說法仍影響了日後的歷史框架，如十二世紀菲奧雷的約阿基姆（Joachim of Flores, 1135-1202）的預言。約阿基姆根據三位一體對歷史時代做了三重區分，顯示出強烈的預言元素：聖父、聖子與聖靈三個時代，聖靈是最後的時代。埃烏塞比烏斯——第一位教會史家，我們即將介紹此人——不贊同千禧年玄思。然而，即使未曾全心投入以聖經為依據的神意架構，聖經的原型與意象仍影響了世俗的描述。例如上古史學記錄了許多災難性的圍城與城陷，但約瑟夫斯對耶路撒冷陷落的描述卻在強度與哀嘆上達到全新的高度，這似乎是受希伯來預言傳統的影響。先知是不可超越的與受啟示的鑑定者與專家，他們預言神在震怒之下，將降下可怕的懲罰於不道德與無信仰的民族身上：

187

　　看哪，耶和華出了他的居所，降臨步行地的高處。

　　眾山在他以下必消化，諸谷必崩裂，如蠟化在火中，如水沖
下山坡。

　　這都因雅各的罪過，以色列家的罪惡……

　　所以我必使撒瑪利亞變為田野的亂堆……

　　他一切雕刻的偶像必被打碎。他所得的財物必被火燒，所有

的偶像我必毀滅。

（〈彌迦書〉1:3-7）

這段警告引自欽定版的英文聖經，對聖經培養的想像留下不可抹滅的印記；約瑟夫斯的《猶太戰記》也受到新教徒的廣泛閱讀。

聆聽湯瑪斯‧卡萊爾在《法國大革命》（*The French Revolution*, 1837）結尾的慷慨陳詞，他把預言的、破壞偶像的熱情與諷刺，以其獨特的風格表現出來：

> 詐欺在火焰之中，詐欺被燃燒殆盡：一片火的紅海，波浪濤天，包裹了整個世界；它的火舌舔拭著天上的星辰。王座被猛力擲入火焰之中，杜布瓦主教冠冕與教士座椅滴下了油脂……火海的烈焰愈升愈高；甫脫落的木材被燒得劈啪作響；皮革與毛織物也發出嘶嘶的聲音。金屬雕像鎔化；大理石像成了石灰泥漿……

卡萊爾在運用天啟的模式上有著非凡的精力，但在世俗歷史中，卻是革命引發了這種模式，超越任何其他主題。對早期基督徒而言，審判與責難的必要附隨之物是基督帶來的救贖之應許。對教會史家埃烏塞比烏斯而言，這項應許預示於當代歷史中，如君士坦丁大帝改信基督教與教會免於受到迫害。

第十三章
埃烏塞比烏斯：正教的形成與教會的勝利

西元四世紀初，基督教會忍受帝國斷斷續續的迫害，出現一連串 188
的殉教行為，最後與最嚴重的一次結束於西元三一二年君士坦丁大帝
改信基督教，基督教會從受迫害的教派轉變成最終的特權地位。其轉
變之速，幾乎沒有任何偉大的歷史事件能望其項背。但教會自使徒時
代建立以來已近三個世紀的時間，隨著對迫近之啟示的期待逐漸衰
微，教會不僅開始意識到自己的現在與未來，也意識到自己的過去。

教會作為新選民社群的觀念以及對教導與傳布福音的投入，使教
會的認同與純粹問題變得極為重要；隨著使徒世代的消逝，區分與守
護純正傳統成了核心要務。歷史連續性的問題至關緊要，特別在西元
四世紀教會會議最早出現的教義陳述之前，這些會議提供了參考點。
重點是，要證明教會與舊約預言、使徒證言和傳承自使徒的基督教主
教說法，以及被確立為權威（教父）的教誨之間的連續性。若要除去
異端、偽書、狂喜的假先知與熱中者，以及對神聖作品的偏差詮釋，
則非建立這些連續性不可。正教必須加以打造，才能面對競逐的狂熱
以及希臘（特別是柏拉圖主義）思想傳統與希伯來神聖作品和福音書
同化後產生的思想問題。要詮釋複雜且其中至少有部分具有象徵意涵
的文本是相當困難的。教會統一性的問題在本質上與教會連續性的問 189
題相同；必須牢記的是，到了君士坦丁改信之時，其與基督相隔的時
間和路易十四去世時距離我們的時間相仿。就某個意義而言，《使徒
行傳》（*The Acts of the Apostles*）已為日後的明確嘗試下基礎：此
即教會的首部歷史，由西元四世紀初的凱撒里亞主教埃烏塞比烏斯寫
成。

埃烏塞比烏斯是希臘人，出生地可能是在巴勒斯坦的凱撒里亞，
他於西元二六〇年代初期成為當地的主教；埃烏塞比烏斯親眼目睹教
會受到嚴厲迫害（305-312），他的老師是殉教者之一，而後教會又
因皇帝君士坦丁改信而受到拯救；他是尼西亞大公會議（Council of

Nicaea, 325）的著名參與者，曾在會中見到並支持君士坦丁。尼西亞大公會議定義基督的本質，因而使得阿里烏斯的追隨者成了異端；對他們而言，基督的本質不等同於聖父，而是從屬於聖父。埃烏塞比烏斯曾被懷疑帶有阿里烏斯傾向，但他似乎比任何人都要讚賞教會的統一；他認為尼西亞大公會議通過的方案是最終的決定。在凱撒里亞，埃烏塞比烏斯是偉大聖經評釋家俄利根（Origen，約185-254）的繼承者，俄利根首倡從象徵與類型來解讀聖經。埃烏塞比烏斯就連解讀世俗歷史也帶有濃厚的神意觀點──他親眼目睹在發生了教會史上最嚴厲而漫長的迫害之後，皇帝居然立即改信基督教，這使得他不得不認為這是件神蹟。君士坦丁的改信對埃烏塞比烏斯而言幾乎成了第二次的道成肉身，而君士坦丁顯然是上帝在塵世的代理人。

埃烏塞比烏斯的《教會史》（*History of the Church*）涵蓋時間從基督降生到寫作時的西元三二〇年代，而且成書後很快就被譯為拉丁文。除了《教會史》之外，埃烏塞比烏斯也因《編年史》（*Chronicle*）這部作品而在中古時代享有盛名，他在書中簡要描述從上古時代的偉大民族到羅馬人的歷史，並且嘗試同時參照異教與希伯來編年史來進行詮釋。中古時代編年史的前言多半沿用這種做法，如聖哲羅姆就曾接續埃烏塞比烏斯的作品，因此有時被稱為「埃烏塞比烏斯哲羅姆」。埃烏塞比烏斯寫作的目的有部分是為了彰顯希伯來人宗教的歷史比其他宗教來得久遠，而這也是約瑟夫斯關切的主題。

埃烏塞比烏斯曾經寫下另一種獲得極大迴響的文類，即基督徒殉教史，描述凱撒里亞當時所發生的大迫害。殉教，預示於基督的十字架苦刑以及〈瑪加伯書〉的古老先例中，成了基督徒的核心關切。殉教者以死亡彰顯自身的勝利而隨即被帶往天國。紀念殉教者成了基督教禮拜儀式的重要特徵，對殉教者受難的描述通常非常詳盡，如埃烏塞比烏斯的作品即是個例子，而這樣的描述也成了流行的拉丁文學形式，或者也可以弔詭地稱之為記錄性的民間傳說；而殉教者受難的記錄就像後來的聖人傳記，兩者之間有著類似之處。殉教者在某些方面與異教傳說及歷史的英雄有相合之處，但他們的死是自己選擇的，其中包括為數甚多的婦女，而他們的結局終究來說並非悲劇而是勝利。殉教者肉體痛苦的細節與基督的痛苦互補，成為基督教圖像的豐富來源。殉教者與聖人是具影響力的天國之民，參拜他們的祭品與朝聖者

190

成為財富的來源，因此，能擁有他們遺體或部分遺骸的教堂與修院可說是相當幸運。

　　埃烏塞比烏斯的歷史概念具有高度的原創性，而且成為早期教會的「正史」：其意義顯示在後繼者只試圖延續他的寫法而非另闢蹊徑。埃烏塞比烏斯的歷史具有全新的主題，讀起來與古典時代歷史大不相同。教會史不可避免地涉及論戰，無論是建立不可偏離的正統，還是對正統與異端、偽書與偏差的詮釋做出區別。埃烏塞比烏斯也記錄了比較知名的主教與殉教者。猶太人、異教徒，以及最重要的是異端，為他論戰的目標，他以自己的歷史作品證明對方的錯誤，而且不主張遵守古典歷史的標準，亦即寫史時必須不帶熱情或偏私：他公然為確立與維護基督正教而寫。與古典歷史作家相比，這種做法似乎使埃烏塞比烏斯與當時所謂適切歷史（historical propriety）的觀念產生極大隔閡，但它也產生了諷刺的結果：埃烏塞比烏斯的做法與當時史家的做法逐漸合流，正如日後宗教改革的宗教爭議。由於他寫作的目的不是為了娛樂，而是為了證明與維護，所以他需要權威史料，史料的權威與否（不光是目擊者是否可靠的問題）對他來說至關緊要。因此他大量而詳實地引用史料，有時還謄抄其他史料以對偏差的詮釋提出質疑。事實上，缺少了他引以為傲的圖書館，他的作品無法動筆。因此，與其說埃烏塞比烏斯如同古典時代的前輩史家，不如說他更像是一名學者，雖然他顯然不夠公正客觀。

　　在埃烏塞比烏斯的寫作成為當代事件的記錄之前，其作品的一個特徵是從使徒時代開始基督教主要教區的主教傳承表。如我們所見，法老、國王、祭司與執政官的傳承表是最早的歷史記錄形式。當然在埃烏塞比烏斯的作品中，這些傳承表對於使徒傳承的建立具有關鍵意義，宛如正教制度的骨幹。另一個重要影響則是在教義領域，它建立並且合理化既有的聖經正典（另外還有一些待選篇章），並且接受公認的聖經評釋者，否認與其對立的異端。因此就某方面來看，埃烏塞比烏斯的作品似乎不能算是歷史，因為從道成肉身之後到君士坦丁改信之前，除了殉教與因為受迫害而不得不叛教的史事之外，幾乎未曾記錄其他事件。如某位現代評釋者所言：「他的歷史充斥的不是人或事件，而是那些書寫聖經篇章的人。」他的歷史不同於希臘哲學家及其學派的歷史，不具有濃厚的古典時代政治與軍事敘事的色彩。人們

191

常覺得自己閱讀的是一部經過揀選的傳記，充滿著論戰的評釋與廣泛的引文。以下是埃烏塞比烏斯對亞歷山卓的克雷門（Clement of Alexandria）做的評論：

> 我擁有克雷門作品《雜記》（*Miscellanies*）全部八卷（以下是卷名列表）……在《雜記》中，他將聖經以及他認為有用的世俗文學予以結合，並將兩者編織成一張掛毯。他讓內容涵蓋了一般人所接受的一切觀念，詳細解說希臘人與非希臘人的觀點，甚至糾正異端領袖的偽教義，並對大量歷史做出解釋，提供我們一部學識淵博的作品。藉由這些，他融合了各個哲學家的論點，因此他的作品充分說明《雜記》這本書的名稱。（6.13）

從與基督教相關的各種學識裡，無論是基督教還是異教，產生了相當好的創作觀念。埃烏塞比烏斯提到，他對異端的譴責與意見就是「將名稱與日期賦予在那些懷有創新熱忱但卻與真理漸行漸遠的人身上」（1.1）。因此，埃烏塞比烏斯作品的獨特性不僅表現在敘事風格，也表現在他選擇記錄與臧否的題材上。尤其他記錄了所謂正確與錯誤之路，而他也滿足於讓那些選擇道路的人為自己發聲，或僅讓他們以名稱與日期的形式存在。這不是說埃烏塞比烏斯的筆調不帶感情。魔鬼促成了異端的形成，異端是令人憎惡的騙局；異端教派「就像毒蛇一樣在亞洲與弗里吉亞爬行著」（5.14）。

僅是學術上的錯誤有時會被輕描淡寫帶過，但埃烏塞比烏斯的作品與史料（大部分是引文）對偽預言的解析經常是生動而精確的，例如他對處於不自然狂喜狀態的偽先知的描述（5.17），以及對安提阿異端領袖舉行儀式的描寫，後者「於復活節的偉大日子裡，安排婦女在教堂中央為他唱讚美詩：人們聽她們吟唱，感到顫慄不已」（7.30）。為了鼓吹人們信仰正教，書中也出現狂熱的史料描述：殉教者的遺骨「比昂貴的石頭來得珍貴，比黃金來得光采奪目」（4.15）。

在殉教的記錄上，埃烏塞比烏斯不做字面的爭執，這使得他作品的最後三卷具有明晰的性格；這三卷談的是當代事件，尤其是殉教者。他擺脫了學究氣，在確立正教的過程中，他看起來經常像是一名志得意滿的作家，並且從沉思上帝懲戒與教會最終勝利當中，寫出近

192

似聖經的修辭，當然，他做了大量的引用與暗示：

> 耶和華在震怒（不悅於某些教會領袖的傲慢與爭吵）下以雲
> 霧遮蓋錫安的女兒，並且從天國毀滅以色列的榮耀……事實上，
> 一切已在我的時代實現；我親眼目睹禮拜的地方被徹底破壞，神
> 啟的聖經被扔進公共廣場中央的火堆裡，而教堂的神父則顏面盡
> 失地躲藏起來。（8.2）

有些人丟臉出醜，有些人宛如英雄。前者未被明言，後者的姓名
被記錄下來，而其榮耀的方式讓人想起最早記錄歷史的動機：偉大的
功業不應被遺忘。

埃烏塞比烏斯的寫作也令讀者產生強烈的興奮感受，他詳述施加
迫害的皇帝加勒里烏斯（Galerius）出現步入衰途的徵兆：

> （他）被神定的懲罰追逐著，先是他的肉體，而後是他的靈
> 魂。毫無預警的，他的生殖器中間突然出現化膿的症狀，然後是
> 深層的管狀潰瘍；這些病症無可救藥地啃食深入他的五臟六腑。
> 從中繁衍出無法形容的大量蟲子，並且散發出令人作嘔的氣味；
> 早在他的病痛將他化為巨大的一坨肥油之前，他因暴食而笨重的
> 身軀已然變形，並且開始分解腐爛，見者莫不感到嘔心與恐怖。
> （8.16）

就連醫生也無法忍受這股惡臭。無怪乎吉朋說埃烏塞比烏斯描述
「（加勒里烏斯）的症狀與病程，帶有一種異常的精確與明顯的愉
悅」（*Decline and Fall*, XIV, n.37）。事實上，這種症狀與約瑟夫斯
對希律王病徵的描述有很多類似之處。埃烏塞比烏斯詳細刻畫上帝加
諸最後一位進行迫害的皇帝馬克西米努斯（Maximin）身上的症狀，
與加勒里烏斯略有不同，但同樣生動逼真：

> 他因飢餓而形銷骨立，他的肉體全被上帝降下的無形之火燃
> 燒殆盡，他的形體輪廓已然瓦解，如同受到長年消磨的幽靈，只
> 剩一堆乾枯的白骨，旁觀者唯一能想像的是他的身體已成為他靈

魂的墳墓，他的靈魂就埋葬在已經腐爛分解的屍體中。隨著從骨
髓深處燃起的熱病將他吞噬並且漸形熾烈，他的雙眼也從眼窩掉
出，就這樣懸在臉上，因而成了瞎子。（9.1）

194

　　或許不讓人意外的，馬克西米努斯懺悔自己冒犯了基督，因而獲
准以死解脫。

　　上帝懲罰祂的子民之後，又對他們轉趨溫和。君士坦丁在戰爭中
擊敗了共治皇帝，埃烏塞比烏斯將此事比擬成法老軍隊於紅海覆滅。
在君士坦丁凱旋進入羅馬的描述中，皇帝──「上帝之友」──受到
人民的擁戴，被稱為拯救者與救世主，搭配埃烏塞比烏斯大量引用聖
經的欣喜之詞，特別是〈詩篇〉。君士坦丁與兒子克里斯普斯向痛苦
的人群伸出援手，像極了上帝與上帝的兒子，另一方面，「他那最終
受到唾棄的對手」（實際指的是馬克西米努斯）似乎象徵著魔鬼的典
型（10.9）。君士坦丁被拿來與身為神蹟治療者的基督相比：「以唯
一的死者喚醒者為盟友與共事者，先潔淨與治療教會的病痛，再令墮
落的教會起死回生，為其穿上了衣裳。」（10.4）埃烏塞比烏斯提到
禮拜場所的重建，並且為再奉獻禮致上賀詞，他也特別提及泰爾
（Tyre）的禮拜堂，並為其做了演說，而且附上演說的全文。埃烏塞
比烏斯將教會的得救呈現成一種最後救贖的典型。基督徒之間的爭吵
完全退散：「一股聖靈的力量充斥所有成員，眾人異體同心。」
（10.3）

　　在埃烏塞比烏斯的作品中，教會的得救與帝國的再統一兩者結
合，教會和平似乎等同於羅馬和平（Pax Romana）。君士坦丁與其
子「重新將羅馬帝國統合為一體，將其置於和平的支配之下，其領域
廣袤直達四方極遠之地」。人們擺脫恐懼，「持續目眩於節慶之中；
到處充滿光亮，原本不敢抬頭的人，現在以微笑與發亮的眼神彼此致
意。在城市與鄉村，人們莫不跳舞唱歌……」（10.9）帝國與教會都
被治癒，兩者間似乎沒有重大差異。埃烏塞比烏斯不僅援用了基督教
救贖的觀念，也立於維吉爾宣稱的羅馬是永恆之城與永不滅亡的帝國
這個古老神話傳統的尾聲。羅馬永恆向來不是基督教的觀念，因為基

195

督教的歷史是以基督再臨作為終點，但在埃烏塞比烏斯的作品中，其
冷淡地看待歷史終點即將來臨的玄思（例如3.39），卻認為羅馬的永

恆已近乎實現。

在聖彼得（St. Peter）聲稱的羅馬殉教加持下，羅馬的神話及其歷久不衰的權威在中古時代盛期受到教廷（透過教會法學者的概念轉化）採用，此外也受神聖羅馬帝國皇帝的挑戰。埃烏塞比烏斯之後一個世紀，奧古斯丁（Augustine）提出質疑。面對異教徒大聲疾呼羅馬遭哥德人（410）劫掠是拒絕舊神祇的結果，是基督徒的過錯，奧古斯丁在《上帝之城》（*City of God*）表示，上帝的子民不等同於塵世間任何一個社群；地上與天上之城的區別不是外表可見的，而是靈魂的兩種不同狀態，唯有透過最後審判才能讓這些狀態具體實現。奧古斯丁對異教徒論點的關注，啟發了弟子歐洛西烏斯（Orosius）寫下《反異教徒的歷史七卷》（*Seven Books of History against the Pagans*, 417），書中顯示如羅馬劫掠這樣的災難在過去每個時代都曾發生。歐洛西普斯認為羅馬曾多次被高盧人占領，如李維所描述的；近來的災禍因此不能歸咎於放棄異教。歐洛西烏斯還寫了一部世界史綱要，其中尤其關注羅馬史，這部作品連同日後塞維爾的伊西多爾（Isidore of Seville）所寫下與其類似的歷史綱要，成為中古時代的關鍵作品，不斷被編年史的前言概說和各種地方志沿用。而歐洛西烏斯也超越奧古斯丁的想法，與其說他師承奧古斯丁，不如說他比較接近埃烏塞比烏斯的歷史觀點。事實上，歐洛西烏斯比埃烏塞比烏斯更屈服於永恆羅馬的神話，跟埃烏塞比烏斯一樣，歐洛西烏斯把教會的命運等同於帝國的命運。

當時流行著兩種世界史架構：四個帝國相繼而起，源自於聖經〈但以理書〉（2.31-44）描述的預言之夢，其影響力與日俱增；另一種古典區分是將人類歷史畫分為六個時代，對基督徒來說，六個時代之後還緊跟著永恆的安息日。奧古斯丁採用後者說法；歐洛西烏斯兩者兼採。在他們眼中，羅馬帝國處於系列的最後階段，是人類歷史的最後一幕，隨之而來的是末日。因此，羅馬帝國將會後繼無人，並且持續到世俗時代結束為止。羅馬帝國是以顯赫而非負面的面貌出現在歐洛西烏斯作品的神意架構中，尤其奧古斯都和平被連結上道成肉身的樞紐時刻；不僅在時間上如此，它也是傳播福音的必要條件。羅馬帝國的興起因此是神聖計畫的一環。近世蠻族的改信是帝國擴張的附屬品，歐洛西烏斯語帶肯定地說：「陷落」，儘管哥德人的入侵，

在他的概念裡不是帝國擔負的神定角色的一部分。

　　基督教在帝國獎掖下逐漸昌盛，確保埃烏塞比烏斯羅馬中心論的基督教史觀得以居於主導地位。帝國西半部在蠻族入侵下崩潰，但埃烏塞比烏斯和歐洛西烏斯的普世歷史概念並未如人所預期的遭到取代。羅馬城──聖彼得的墓塚座落於此，據說基督將教會託付給他──的教宗與後來的梅洛溫諸王（the Merovingian kings）和卡洛林諸帝（the Carolingian emperors）都在羅馬與基督教的關係上有著龐大的既得利益。西方最終採用了「神聖羅馬帝國」一詞，而這只是更凸顯了基督教史學長期以來的支配概念。

第十四章
圖爾的額我略：國王、主教與其他

　　與古典史學相較，中古時代歷史寫作的特點既是無所不包的普世 197
史，又是極具特殊性的地方史。一般而言，編年史家在以編年的方式
（多少有點完整或者是插曲式的）描述起源制度與地方之前，都會寫
一段普世史概要的前言，這些概要通常混合了聖經事件與世俗的古代
史，援引歐洛西烏斯或塞維爾的聖伊西多爾（約560-636），以及由
埃烏塞比烏斯發端、哲羅姆賡續的聖經與世俗編年史（見原文頁
189）。之後，多少有點不連貫地，當代編年史主要以地方史作為開
端，偶爾穿插廣大世界的重大事件，且經常是斷章取義的。在西方，
從西元四七六年最後一任羅馬皇帝遭罷黜後，就未再出現以單一世俗
主角（羅馬帝國）為中心的歷史；波利比奧斯為此類歷史的開創者。
西方中古時代帝國與民族王國的鞏固此時尚未來到；而中古時代帝國
除了曇花一現的查理曼（Charlemagne）時代，沒有任何一個帝國能
稱為普世帝國。《教宗傳》（*Liber Pontificalis*，歷任教宗的編年
史）起初處理的是羅馬主教的在地關切。在政治分崩離析的世界裡，
主要約束者是主教會議與統治家族的王朝盟約，幾乎所有的歷史，無
論規模大小，都是地方史與依地方需要而寫的歷史；為保存記錄而採
用的最重要形式，是教宗、主教與修院院長的傳承表，以及根據陰曆
編訂的教會曆大事，當中穿插著當代各種事件的敘事，不過通常相當
簡短；如同異教羅馬的曆書（慶典與節慶書籍）與祭司年表。 198

　　額我略在西元五七三到五九四年擔任圖爾大主教，他的《歷史》
（*Histories*）一共十巨冊，第一卷顯示普世史典型的混合，而後額我
略即將主題侷限在西元五世紀法蘭克人入侵高盧後的一般歷史，最後
六卷則是當時各地的編年史。然而，前一個世紀的歷史非比尋常地完
整，而當代編年史也非常豐富而生動，這些都強烈顯示作者個人特質
以及其帶有某種古典時代史家的自我意識，儘管不是文學氛圍上的。
額我略的一生與他記錄的當代事件主要以羅亞爾河（the Loire）谷地

為中心，雖然不完全侷限於此。羅馬帝國當然仍存在於東方，而且以近乎化身的形式存在於義大利，主要以拉溫那（Ravenna）為中心，但本質上已處於邊緣。羅馬教宗在他的作品中具有較大的關聯性，但介入的時刻並不多。偉大的修院運動，特別是往返於歐洲、超越種族與教區藩籬的愛爾蘭修院運動，則屬於西元七世紀，而非額我略的六世紀。一般而言，法國的大主教們總是各自處理地方的事務，偶爾聚集開會。額我略雖然在高盧四處遊歷，卻從未到過阿爾卑斯山以南或萊茵河以東之地。身為大主教，他只在意與他有關的世界。

他在作品一開始，根據聖經寫了一篇世界史概要，而在快速進行到高盧之前，他還簡述了基督道成肉身與教會歷史；在進行到高盧前，他也在出生地克雷蒙費宏（Clermont-Ferrand）稍作停留，而這還屬於第一卷的範圍。對現代讀者而言，這段從普世史縮減為特定史的過程似乎太過匆促，但對額我略來說卻顯得理所當然，而且並不違反一般做法。額我略的後繼者人稱「弗雷德格」（Fredegar），但這並非他的真名，而弗雷德格在其著作前言提到為了著述歷史，他閱讀了不少編年史（他提到的作者有哲羅姆、塞維爾的伊西多爾與額我略），「從世界之初到岡特拉姆（Guntram）統治的衰微」。此外，還有哪些編年方式是他曾經採用過的？弗雷德格有關創世的說法，換言之，就是將神聖與世俗歷史混合起來的說法，令我們感到詫異。同樣在西元八世紀，英格蘭的比德寫史時，著眼於弗雷德格忽視的教會史上；比德以道成肉身的時點為準，往前與往後紀年來解決編年的問題，這種做法先前的史家也曾嘗試過，儘管從道成肉身回溯紀年時會有些許的不便。額我略混合了世俗與教會歷史，「國王發動的戰爭與殉教者的神聖行為」，而且以埃烏塞比烏斯與哲羅姆（II，前言）的前例來為自己的寫法辯護。他說他會「根據發生的次序將混亂而混淆的事件」記錄下來，而他也這麼做了。

額我略的關切在他的作品中並沒有得到正確的表述，他的作品後來被稱為《法蘭克人史》（*The History of the Franks*）。額我略不是法蘭克人，他對法蘭克人（主要是他們的國王）的興趣似乎絕大部分出於偶然；要不是法蘭克人於西元六世紀成為高盧的統治者而出現在當地，額我略也不會對他們產生興趣。然而，額我略對法蘭克人命運的關注與波利比奧斯對羅馬人（羅馬人是波利比奧斯同胞的征服者）

的關注大異其趣。額我略對種族的意識與興趣都相當薄弱：他甚至未提到高盧是個擁有拉丁語與法蘭克語兩種全然不同語言的國家。

聖額我略本人如同許多法蘭克高盧主教，是高盧羅馬貴族，他的家族出了許多元老院議員、主教與聖人。他在克雷蒙費宏由擔任圖爾主教的伯父聖加魯斯撫養長大，最後他於西元五七三年接任堂兄聖埃烏夫羅尼烏斯（St Euphronius）的圖爾主教職位。聖人稱號似乎是西元六世紀高盧教區的一個非正式榮銜，而且帶有家族承襲的因子，儘管主教的任命必須經由選舉；教廷的封聖程序一直要到十二世紀才加以形式化。主教是基督教正統與公眾道德的維護者，他是教士與教民的領袖，也是教會財產的管理者與受託人，負責維護建築（圖爾的建築，特別要維護大教堂與聖馬丁的聖壇）與救濟窮人；他們必然是法蘭克諸王熟悉的人士，擔負起建言、斡旋與調停的任務。而這些關切便成了額我略的歷史主題。

高盧的城市在各地貴族主教的統治下，大致維持著羅馬的行政傳統，正如羅馬遺產留存在額我略的拉丁用語及他的會眾之中；我們不清楚額我略是否瞭解法蘭克語，而他也從未提過這個語言。額我略並未受過良好的古典文學傳統教育，對希臘文學亦一無所知。他對自己不夠出色的拉丁文所提出的辯解，與常見的自謙之詞差異不大，他表示自己以拉丁文寫作是為了讓人理解，而非刻意模仿上古時代晚期的作家風格。有人提出一種看似合理的說法，指額我略的歷史是田園作品的延伸，是帶有說教目的的故事集。額我略其他作品還包括殉教史、教父傳記與圖爾的聖馬丁傳，以及神蹟集；他自己也經常向讀者提到這點。

我們已經看過埃烏塞比烏斯記錄殉教的歷史。聖人傳記開啟了在中古時代廣受教士歡迎的閱讀主題，其原型有幾部著作，首先是阿塔那西歐斯（Athanasius）的《安東尼傳》（Life of Antony），傳主是西元四世紀的隱士，他隱遁在埃及沙漠之中，飽受逼真的魔鬼的騷擾，這部作品隨即被翻譯成拉丁文；另一部時間稍晚且較接近額我略家鄉的作品，是蘇爾皮奇烏斯·塞維魯斯（Sulpicius Severus）絕大部分屬虛構的作品《聖馬丁傳》（Life of St Martin，約403），這部作品實際上開啟了對圖爾聖人的崇拜，無價的聖人遺骨就安厝在圖爾的大教堂中。這類膜拜中心是神蹟治療的一大來源，是聖人死後產生

的效果，它證明聖人的神聖與聖人對上帝的影響力，而且掀起一股有利可圖的朝聖與捐獻潮流。聖人傳記是刻板固定的，先說明聖人的出生與起源，再詳述其神聖與勝利的死亡，而其人生歷程卻被化約成接續不斷的神蹟，這些神蹟通常回應福音書的陳述，並且明顯依托在早期的文類模式上，但有時也涵蓋從古典上古時代與基督教影響後的民間傳說改編的故事。與聖安東尼（St Antony）一樣，聖人總是遭到魔鬼的騷擾，雖然不一定是誘惑，而神蹟則是他用來混淆魔鬼的武器。我們若拿聖人傳記這種道德化的娛樂與異教世界的普魯塔克《希臘羅馬名人傳》比較，對照之下可以發現，聖人傳記的呈現往往相當天真，而且一般而言欠缺個性。

死後，聖人遺體不會腐化而且散發出芬芳的香氣——額我略對此極為熱中——人們藉由接觸遺物，包括聖人碰觸過的物品，來製造神蹟。可以想見遺物的爭奪極為激烈。額我略提到聖馬丁遺體抵達圖爾的故事就是個例子。圖爾與普瓦提耶（Poitiers）的居民聚集在聖馬丁臨終床前爭論遺體的歸屬：

> 普瓦提耶居民說道：「身為一名修士，他是我們的。他在我們鎮上當上修道院院長。我們將他託付給你們，但現在我們想把他要回來。他為你們做的已經夠多了，當他還在塵世擔任主教時，你們有他的陪伴，分享他的飲食，因他的祝福而堅強，更重要的是，你們因他的神蹟而振奮。讓這一切滿足你們的需要，至少允許我們帶走他的遺體。」對此，圖爾居民回道：「如果你們說，我們應該滿意於他對我們展現的神蹟，那麼你們該坦承當他跟你們在一起時所展現的神蹟比在我們鎮上時多。姑且不論其他神蹟，他讓你們的兩個死人復活，卻只讓我們的一個死人復活……」他們不斷爭論，直到太陽下山、夜幕低垂。遺體放在房間的中央，房門上鎖，由兩方人馬看管。普瓦提耶居民打算天一亮就帶走遺體，但上帝不允許圖爾鎮的守護聖人被奪走。最後，普瓦提耶的居民全睡著了，沒有人看守遺體。當圖爾居民看見普瓦提耶人全睡著時，他們抬起神聖身體的死亡肉身，有些人經由窗戶將遺體送出去，其他人則站在外頭接住遺體。他們將遺體放在船上，所有在場的人一起划船順著維安河（the River Vienne）而

201

下。（I. 48）

　　他們沿著羅亞爾河以勝利之姿將遺體帶回圖爾，沿途「讚美上帝與唱讚美詩」。對窗戶、船與歌唱的詳細刻畫，是額我略描述軼事的典型方法。

　　獲得聖馬丁遺體是個偉大時刻，不過對額我略而言，即便是極卑微或個別的情況或純屬家中事務的行動，也有值得陳述之處，但前提是其中必須帶有道德或精神意義。額我略的歷史並未侷限於政治甚或教會事件，他顯然未曾以任何特定的政治概念來作為寫史的範疇。除了與阿里烏斯異端戰鬥之外，額我略的世界，甚至是統治的梅洛溫王朝以及與其敵對的統治者（或許「酋長」會是比「國王」更好的詞彙）的世界，是高度個人的世界，就連圖爾這座城市的重要性與財富也大多源自於聖馬丁的遺體。動機與行為專屬於個人，幾乎無法被概括，除非是為了取悅或激怒上帝。不同於一些基督教歷史，如英國的吉爾達斯與比德的歷史，額我略的特色在於上帝懲罰或喜愛的對象是個人而非民族。額我略前言的第二句曾經提到「憤怒的國王」，就在提及他提議予以編年的當代事件的發生原因時。他的作品裡不存在抽象的說法，如「王室政策」或「貴族的反抗」。大人物的行為與小人物大同小異，同樣都出於憤怒、貪婪、執拗與報復。像法蘭克各族間的血仇這類抽象概念也未曾出現：額我略，或許還有他的讀者，認為這種寫法是理所當然。在額我略的世界裡，就連聖人也知道死後如何洗刷恥辱。

　　額我略以令人難忘而十分精確的反思作為自己作品的開頭，他說：「許多事件不斷地發生，有些是好事，有些是壞事。」這種說法或許不算是誤導人們做出過度解讀，我們不該在額我略的歷史中尋求完整的情節，雖然有人試圖為他這麼做，例如從舊約歷史中剽竊架構、主張說法蘭克人是身負使命的民族，或說高盧從國王克洛維斯（King Clovis，死於511年）之後便逐漸衰微（IV. 45）。雖然額我略不斷提到「不同國家人們」之間的爭吵，而且偶爾描述暴民的行為，但他的主角仍是個人。不過，額我略確實簡單思索過高盧入侵者法蘭克人的起源問題（II. 9），並且引用了早期某位以拉丁文寫作的史家的看法（現已亡佚），他也罕見地以概括的方式思考「長髮國王」的

202

起源以及他們擁有的國王身分。一般認為在額我略時代，梅洛溫王室要是剪掉自己的頭髮就會喪失擔任國王的資格。

法蘭克歷史中最重要的單一「歷史」事件是國王克洛維斯於西元四九六年改信基督教，其之所以重要也是因為它是個教會史事件，而根據額我略的說法，改信基督教的人還包括他的軍隊；侵擾西方的其他蠻族改信的是基督教的阿里烏斯異端。額我略相當不尋常地對這種情況做了明顯而且一般的類比：君士坦丁。當時的羅馬皇帝授予克洛維斯執政官的頭銜。洗禮創造了法蘭克人與教廷之間的連結，三百年後，這層關係成為法蘭克人（卡洛林王朝）西方帝國興起的關鍵。然而克洛維斯之後，法蘭克諸王（在額我略時代有四位法蘭克國王並立，因為王國均分給諸子）及其貴族在額我略歷史中不再以歷史命定之人的姿態出現，而是基於他們是當時的世俗權力。他們能做好事，主要是向聖馬丁聖壇捐獻，但他們更常做的卻是壞事，如發動毀滅性的戰爭、燒殺擄掠，所到之處對和平城鎮與農民進行敲詐與屠殺。對額我略來說，內戰在當時是一項特殊的罪行，他祈禱這一切能夠停止。

額我略不帶情緒地記錄王朝內部的仇殺，這種將這類事件視為尋常（實際上亦是如此）的態度震撼了讀者。人們逐漸察覺到，梅洛溫王朝的情況就是如此。讀者有時會提到血仇的存在，想必額我略當然知道這一點，但他並未想到要將血仇當成法蘭克人的一項制度，因此血仇看起來像是單純的報復或不具目的的暴行。額我略對克洛維斯的描述與為其撰寫的墓誌銘相當著名；克洛維斯被當成歷史英雄（但顯然不是如此），而他顯然是梅洛溫王室最偉大的戰士國王，他統治了高盧大部分地區也擁抱了基督教。額我略冰冷地描述克洛維斯的行為，包括他毫無徵兆地以斧頭將人砍成兩半的恐怖習慣，額我略甚至欣賞他那令人不寒而慄的幽默。在講述克洛維斯用斧頭殺死兩名親戚以及下令處死第三名親戚之後，額我略說道：

這三人接連遭屠殺之後，克洛維斯取得他們的王國與財富（王國的中心在康布雷〔Cambrai〕）。他以同樣的方式殺死其他許多國王與自己的血親，因為他懷疑這些人陰謀篡奪他的王位。克洛維斯藉由這種手段將國土拓展到高盧全境。有一天，他

召集臣民開會，據說他對自己殺害的親族做了以下陳述：「實在
令人悲傷！我就像個孤獨的朝聖者，身處於異邦人之中，當災難
來臨之時，我沒有任何親族可以依靠！」他之所以這麼說，不是　　204
為了他們的死而悲傷，而是在他的奸險行徑下，仍想找到某個在
世的親戚供其屠殺。（II. 42）

　　然而，額我略以聖經詞彙寫成的概要卻是：「日復一日，上帝使
克洛維斯的敵人屈服在他的支配之下，並且壯大他的力量，因為他以
正直之心行走在上帝面前，做出令上帝悅目之事。」（II. 40）不可
否認，偉大的國王就像聖經大衛享有上帝的恩寵，人們並不期待他是
完人，但是，唉！當然，重要的是，對阿里烏斯異端的厭惡是額我略
歷史的唯一「意識形態」元素。他表面上逐字逐句記錄自己與阿里烏
斯異端的激烈辯論（V. 40），以及在信奉阿里烏斯異端的西哥德西
班牙殉教的基督徒，但實際上當地發生的殉教事件相當罕見。他敘述
一名受折磨的基督教女孩被迫忍受重新受洗成為阿里烏斯異端，在頭
被砍下來獻祭基督之前，她抗拒地喊叫──她清楚記得希臘哲學賦予
她的良好素養──「我相信聖父、聖子與聖靈是一個實體。」（II. 2）
　　法蘭克諸王是額我略歷史的元素之一，有時他的歷史會將焦點放
在諸王及其經常出現的殘暴惡行上。然而，法蘭克諸王並未支配歷
史。從前四卷的概要最能看出這點；後面幾卷，當歷史逐漸步入當代
而額我略本人也出現時，在主題上的處理也較為適切。第一卷短暫介
紹舊約與基督教會的歷史之後，我們看到高盧的改信，緊接著的是首
任克雷蒙費宏主教無益於教化的婚外情，而後是第三任圖爾主教聖馬
丁於西元三九七年去世，然後第一卷結束。額我略的作品最主要的核
心是羅亞爾河谷地地區的主教歷史。法蘭克人出現於第二卷，但第二
卷前半部絕大部分談的是主教歷史，後半部才以克洛維斯為主題，最
後則以克洛維斯去世於西元五一一年畫下句點。第三、四卷如額我略
所承諾的，添入了法蘭克人與主教的主題。他以討人喜歡的語氣為第
五卷開場，並且寫下他親身的經驗，他說道：「在此，我很高興地
說，第五卷開始，阿門。」額我略首次出現就面對一場戲劇性的對　　205
峙，在這個例子裡，教會（其具體代表是聖馬丁的聖壇，而額我略是
守護者）違抗法蘭克王權的代表。這段插曲充分顯示額我略說故事的

方式，因此值得大篇幅地加以引用：

> 接著，羅寇倫（Roccolen）接到奇爾佩里克的命令朝圖爾進
> 軍……他在羅亞爾河的對岸紮營並且派遣使者前來，命令我必須
> 將岡特拉姆逐出教堂，因為岡特拉姆被控殺死了特德貝爾特
> （Theudebert）。如果我不執行他的命令，他將下令將這座城鎮
> 與周圍的郊區夷為平地。

當時，奇爾佩里克是四位法蘭克王之一，也是克洛維斯的孫子。
他同父異母的兄弟岡特拉姆在戰場上殺死了他的兒子特德貝爾特。書
中並未提到羅寇倫的來歷，就這樣直接出現在我們面前。額我略打算
違抗命令：

> 我一聽到命令，就派使者回稟羅寇倫，他要求的乃是曠古未
> 聞之事，褻瀆神聖教堂更令人難以想像；他若堅持如此，則無論
> 對他或者下達這種命令的國王而言，得到的不過是蠅頭小利；面
> 對聖馬丁主教，他最好戰戰兢兢小心應對，因為就在昨天，聖馬
> 丁的神蹟力量讓已經癱瘓的四肢伸直（額我略將此事記錄於《聖
> 馬丁傳》中）。羅寇倫毫無愧色。他將原本用來充當營舍的羅亞
> 爾河對岸教堂拆毀。建築物是用釘子固定起來的：組成羅寇倫軍
> 隊的緬因人（Maine）將釘子拔掉放到自己的口袋裡偷偷帶走，
> 沿途破壞莊稼與一切事物。羅寇倫犯下這些惡行的同時，也受到
> 上帝的懲罰，他得了黃疸而全身泛黃。

為了解除病痛，羅寇倫被帶到他威脅要褻瀆的教堂，但他仍然病
痛纏身，他本人也未受到寬恕。他顯然未真心悔改，因為：

> 當時正值神聖的四旬齋，而他居然大啖幼兔。先前他草擬一
> 份法令，計畫在三月一日搶奪與毀滅普瓦提耶居民。而在法令施
> 行前二十四小時，羅寇倫死了，他不可一世的傲慢也跟著離開人
> 世。（V.4）

下一節開始，「就在此時，南特（Nantes）菲力克斯（Felix）寫了封信來辱罵我。」表面上看來是一樁牽扯到額我略的弟弟彼得犯下謀殺的複雜事件，身為助祭的彼得被指控殺死了他的主教，而主教一職正是他垂涎的。但真正的原因，根據額我略的說法，是菲力克斯這個貪婪而傲慢的人物覬覦額我略教區的教堂土地。額我略以同樣的方式回敬，他讓我們知道菲力克斯書信的主要內容，然後加上一句：「我不會說出跟你一樣的話，免得你以為我跟你同屬一類。」

額我略的作品並不特別呈現出自我中心或自我辯解的風格，但從第五卷開始，歷史仍比較集中在圖爾與他自己的教區。在這個範圍之內，他所關注的層面相當廣泛，而且反映出這位身為牧者與教士的高盧主教的多重興趣與關懷；閱讀他的作品有時會令人想起某位具有廣泛人性同情而且愛說長道短的地方治安官或法官的回憶錄；就某種意義來說，額我略的角色也確實是如此。額我略生來能言善道，人類生活的各個層面他都能一一觸及：家中的奴隸、工匠、抗命的修女、騙子（一個特別令人憂心的問題）、酒鬼（其中包括幾位主教，這些人容易產生心靈的不平衡）與酗酒的苦行者、私通的神父與修院院長，以及殘忍的法蘭克貴族如羅寇倫和殘殺手足的法蘭克諸王，這些人都成了他故事的題材；或許，身為個人，他唯一無法接觸的是農民生活，額我略對他們只能投以較為一般的關切。

羅寇倫的故事具體說明了主教與法蘭克諸王及其代表之間的緊張關係；前者如額我略，決心維護教會的權利，而後者不斷地掠奪與復仇，連一般民眾也遭受波及。羅寇倫依國王的命令行事，在王室內部追捕血仇，而且也擔任稅吏；稅賦這種隨機與偶一為之的事務，給予官僚頭銜是一種誤導。王室權力與教會特權的對峙當然相當普遍，而且不只發生在高盧。或許最著名的是米蘭大主教聖安布羅斯（St. Ambrose）拒絕讓有罪的狄奧多西（Theodosius）皇帝進入他的教堂，直到皇帝尋求他的寬恕為止，這件事透過凡‧戴克（Van Dyck）戲劇性的畫作而流傳後世。在額我略的描述中，最特出的部分在於羅寇倫是個凶惡傲慢的人物，他對聖馬丁的聖壇不敬，在四旬齋期間吃肉，而且還是個巧取豪奪者；他的疾病可能來自神的懲罰，而額我略的描述予人一種印象，以為羅寇倫狼吞虎嚥地吃下一堆兔子。然而，聖馬丁能夠而且確實對侮辱他的遺物與教堂的人施以報復；還有其他

的例子。某種並不罕見的疾病也被歸因為神意的介入與懲罰。

神蹟是額我略經常思索的主題，但可理解的是，雖然他能認識神蹟，卻無法精確而現代地將神蹟定義為自然規則秩序的中止。或者應該這麼說，整個世界一直注視著上帝的力量，但其中某些面向與事件卻比另一些面向與事件更引人注目，並具有更深刻的教化意義，主要因為它們具有明顯的道德或精神內涵。當道德脈絡欠缺時，額我略坦承自己陷於困惑。他指出幾個異常的天體運行現象，如同之前數千年史家所做的，他認為這是個預兆，但「我不知道它預示什麼」（V. 22）。不過，從與道德相關的情境來看，肝硬化的剛好發生（如羅寇倫）對虔誠沉思而言顯然是一項適時的神蹟。上帝不干預世事，至少當人們具有影響力或擁有像聖馬丁這樣強有力的守護聖人時是如此。有些神蹟的出現毫無原因，尤其是與聖人遺物有關的芬芳香氣，卻有助於信仰與虔誠的愉悅。神蹟戰勝了魔鬼，也戰勝了甘為魔鬼走狗的邪惡之人。雖然如此，要在持續不斷的形上鬥爭（部分由有形的手段引發）中獲勝並不是件容易的事。魔鬼也具有超凡的力量，正因如此騙子才具有高度的說服力與危險性。魔鬼驅使大群蒼蠅折磨布爾日（Bourges）的某個鄉民，把他逼到發瘋。他因此成了四處游蕩的苦行者，穿著獸皮，「為了懲戒他欺騙，魔鬼賦予他預言未來的力量。」他以預言家自居，最後還自稱是基督，身旁聚集了大批追隨者，部分是狂熱的信徒，部分是盜賊。他的行徑對勒皮伊（Le Puy）主教構成威脅，於是主教底下孔武有力的僕役起而攻擊他；他們殺死了偽基督而且驅散他的追隨者，其中一些人終其一生都未能恢復清醒。這類欺騙者獲得「掌控普通人的龐大影響力」，他們是巨大的麻煩。額我略說：「我曾親眼看過少數這樣的人。我盡全力與他們論辯。」（X. 25）

額我略的說書風格經常讓讀者想起後世的小說故事作家，如薄伽丘（Boccaccio）。他的故事甚至常用相同的方式開頭，比較常見的是在謀殺或有時是神蹟（有時兩者兼有）之前，先說一段故事作為前言，情色內容並不多見，但亦非罕有。「有位名叫克里斯多福的商人旅行到了奧爾良市……」「此時，尼斯鎮附近住了一位名叫霍斯皮奇烏斯的隱士……」「有位布列塔尼伯爵殺了自己的三個兄弟……」這些故事提到卑微之人的次數，不亞於偉大之人。每個靈魂的作為都很

208

重要，不論邪惡或良善的。額我略在前言裡賦予歷史寫作一個純然傳統的理由：「鮮活地保存死者與逝者的記憶，使將來的世代能注意到他們。」額我略心裡想的可能主要是「偉大人物」，特別是殉教者與聖人。但其歷史的後半部，也就是當代部分，卻提到許多並不偉大的人物，這或許可以從他後來說的話來解釋：「邪惡之人與正義之人的爭吵。」殉教事件變得罕見，而爭吵卻永無止境，從定義來看，凡是爭吵的人都有其意義。

額我略寫作的一項明顯特徵，是他能自信地與讀者密切交流，並且以樸實而自信的詞彙加以表現，雖然這些文字在譯自拉丁文時可能受到渲染。他甚至為自己忘記編年史家的規矩而道歉，人們可以想像他一邊搔頭、一邊發出嘖嘖聲的樣子：「先前我打算告訴各位我與聖薩爾維烏斯（Saint Salvius）主教的對話。但我卻忘了這件事，如果各位不介意，我會把這段對話記錄於此。」（V. 50）他自身的情感與判斷並不讓人覺得突兀，但有時相當直率，尤其當他哀悼孩子們因瘟疫而死時，這一段相當著名：「我們就這樣失去了幼小的孩童，他們是如此惹人憐愛，我們將他們摟在懷裡珍愛著、逗弄著，充滿愛意地撫育著、滋養著。我一邊寫著，一邊拭淚……」（V. 34）他接著又援引了〈約伯記〉。額我略就像希羅多德一樣，具有在沉思人性共通點時弭平時間鴻溝的能力。他寫的軼事，典型來說篇幅大約數頁，經常是鉅細靡遺地描述，加上虛構或約略來自回憶的對話、人們在危機時的確切做法、大致的天氣狀況、犯下謀殺或攻擊的詳細經過，以及身體所受的傷害。唯有對於外貌的描述受到忽略。除了必要的長髮外，一般而言我們全然不知額我略筆下的梅洛溫諸王的長相，這種情況剛好與後世艾因哈德（Einhard）對查里曼的描述形成對比；艾因哈德學習的對象是蘇埃托尼烏斯。前後關連（如果有的話）也大多留待讀者自行補充，至於行動者，如我們看到的羅寇倫，幾乎或完全沒有任何介紹。當然，額我略這麼做是連貫著說教的目的。人們可以想像一些故事被安插到道德講道中，雖然一般認為額我略不是個明顯的道德說教者：事實上，他在這方面有時還盡可能避免。

這是一部主教的歷史，廣義而言是如此，有時就狹義而言亦是如此：流血的特洛勒普（Trollope）。其中比較屬於制度面的關切，包括具爭議性的主教選舉與女修道院反叛的長篇描述，這場暴動由卡里

貝爾特王（King Charibert）的女兒領導，她以實際行動證明了家族傳統，除了她未曾親手殺死任何人，不過她的確組織了一群暴徒攻擊女修道院院長，並且與暴動的院長支持者戰鬥，因而造成死亡。這場動亂以暴力結束，造反的修女頭髮全被剪掉，根據額我略的說法，有些人甚至被砍掉了手、耳朵與鼻子。這是個令人憤怒的事件，他以長篇加以描述（IX. 38-43, X. 15-17）。這種作法相當罕見，但層出不窮的叛亂對身為主教的額我略來說已是家常便飯。他在第十卷同時也是最後一卷的結尾附了一張歷任圖爾主教表，並且簡短描述了他們的行誼，最後他計算從創世到他被授任成為主教——「羅馬教宗額我略五年，國王岡特拉姆三十三年，國王奇爾德貝爾特二世（King Childebert II）十九年」——之間的年數，一共是五千七百九十二年。國王的名字只是作為紀年之用，真正列在表上並且簡述行誼的則是主教。

　　中古時代的編年史通常是各家作品集合而成，佚名的作者接續另210　一位作者的作品繼續記錄。即使作者可以辨識，之前的作者通常仍被簡略成（歐洛西烏斯與之後的塞維爾的伊西多爾是特別受喜愛的作者）編纂的一部分。然而，額我略似乎對於自己身為一名作者與自身作品的完整性有著超乎尋常的強烈體認，他在作品末尾提出請求，他認為後繼者可以依自己的意思將這部作品改寫成韻文（就我們所知，沒有人達成這個要求），但重要的是他的作品原貌必須保存下來。額我略很幸運，他的作品相當受歡迎，而且被原封不動地保留與傳抄。

　　這項特點也反映在額我略作品結束後約七十年的續寫作品上，以及文藝復興時代認定作者是「弗雷德格」的編年史；弗雷德格之名也流傳至今。在《法蘭克王國編年史》（Annals of the Realm of the Franks, 741-827）中，雖然內容七拼八湊，但這些續寫作品還是將編年史延伸到卡洛林時代：其中最重要的焦點是法蘭克宮廷與法蘭克人的戰爭，這些作品愈來愈強調法蘭克人是一個民族，並且進一步渲染他們的神話起源。弗雷德格的歷史是第一部主張法蘭克人祖先是特洛伊人的作品，而這項歷久不衰的主張顯然拉近了法蘭克人與羅馬人的距離。弗雷德格的編年史值得做簡短的討論，因為它採取的典型不同於額我略，卻顯現出額我略的特質。

　　在照例寫下世界史前言與編年——他承認哲羅姆與伊西多爾的重

要性——以及簡述額我略各卷主旨之後，弗雷德格反覆陳述發生於梅洛溫王朝各個宮廷的史事，其中夾雜了最近發生的世界大事，這些事件有些顯然來自道聽塗說。弗雷德格的主題比額我略來得連貫，一般來說也較為簡潔與世俗，鮮少提及主教或超自然事物。然而，有一則故事特別引起他的關注與興趣。這則故事提到西元六一〇年愛爾蘭人聖科倫巴努斯（St Columbanus）被梅洛溫國王特德里克（Theuderic）逐出勃艮第（Burgundy），因為他憑藉自己在當地與義大利打下的基礎，強力推動修院制度的發展。弗雷德格以家庭因素來解釋這起驅逐事件，事件的導火線是國王的祖母布倫希爾德（Brunechildis, Brunhild），她不想被年輕的王后搶走風采，因而反對國王採納科倫巴努斯的勸誡，放棄淫行只擁有一個妻子。弗雷德格描述科倫巴努斯時，謹慎地提及他不熟悉的超自然力量。

布倫希爾德主導弗雷德格的部分敘事，正如她的妯娌，亦即與她敵對的邪惡王后芙蕾德貢德（Fredegund），是額我略最後六卷無所不在的人物。芙蕾德貢德曾行刺布倫希爾德未果，不過這個行為在她犯下的無數可怕罪行中還算比較輕微的。在額我略的描述中，芙蕾德貢德令人難忘的事蹟包括將珠寶箱的蓋子重重壓在她女兒脖子上，因為她女兒不斷提到她卑微的出身而激怒了她：

> 她全身前傾用盡所有力氣，箱子重重壓在女孩咽喉上，她的雙眼隨即凸了出來。房裡的女僕大喊：「快來人啊！小姐快被她的母親悶死了。」（IX. 34）

根據額我略的說法，這兩個女人從此交惡。而據弗雷德格的記載，芙蕾德貢德的兒子克洛塔爾王（King Chlotar）成功捕獲布倫希爾德，在指控她殺死了不下十位法蘭克王後，他折磨她，讓她坐在駱駝上於士兵面前走過，之後將她綁在野馬上受肢解之刑。

弗雷德格的描述不常這麼生動。以下才是他典型的敘事風格，這是隨機摘錄的片段，最能顯示他文字的簡潔與編年方式：

> 本年十一月（弗雷德格以君主統治年數紀年），岡朵爾德（Gundoald）在曼莫魯斯（Mummolus）與德西德里烏斯

211

（Desiderius）支持下，大膽入侵岡特拉姆的王國，並且摧毀他的城市。岡特拉姆派遣軍事長官勒德格西爾（Leudegesil）與貴族艾吉拉（Aegyla）率軍前去抵抗。岡朵爾德逃走，躲到孔曼吉（Comminges）避難，博索公爵（Duke Boso）將他從山崖扔下，使他死於非命。（4.6）

　　弗雷德格經常為了編年的必要而中斷敘事，例如追捕血仇。他在前言中告訴我們：「編年史是希臘詞彙，翻成拉丁文意思是指每年的記錄。」（根據塞維爾的伊西多爾《語源》〔*Etymologies*〕的定義），而他認真地看待這個定義所加諸的義務：「我應該將事情的原委依照適當的順序記載於正確的年份裡。」他偶爾會插入一些簡短記錄或最近發生的世界大事，這在中古時代編年史相當常見，而其內容有時令人吃驚，特別是「波斯皇帝」與六萬臣民受洗的報導，以及之後波斯全境改信基督教：這宛如克洛維斯改信的翻版。

　　無論「弗雷德格」是誰，他不像額我略那樣具有描述軼事的能力與對人性的好奇。額我略本人幾乎不能算是偉大的史家：他的描述太片段，對一般性的事物與脈絡漠不關心，而且太容易將一切視為理所當然。但是，用一句評釋者最喜歡使用的隱喻來說，額我略為西元六世紀的高盧開啟了一扇窗，使人看到當地各個社會層面生動、多元與充滿活力的景象，一切都充滿了家庭與個人的色彩。總之，世上很難找到跟他風格相近的作品。

第十五章
比德：英格蘭教會與英格蘭人

奧古斯丁是首任坎特伯里（Canterbury）大主教，他被教宗大額 213
我略（Gregory the Great）派往英格蘭傳教，並於西元五九七年抵達
肯特（Kent）。西元五九六年，在由義大利出發前往北方的路上，他
與隨行的修士在圖爾稍做停留。圖爾主教額我略已於五九四年去世，
只差兩年他就能為這趟旅程寄予祝福。若非如此，人們將可確切描述
奧古斯丁經過額我略的現在，而進入一個世紀後吸引首位英格蘭史家
比德（他知道額我略的作品）注意的過去之中。比德的歷史始於羅馬
人對不列顛的經營、基督教在當地的早期發展，以及西元五世紀晚期
撒克遜、盎格魯與朱特入侵者的建立。但對比德而言，英格蘭人作為
一個民族的歷史，實際上始於奧古斯丁從事傳教與英格蘭教會的建
立，這才是他的《英格蘭人教會史》（*Ecclesiastical History of the
English People*）的真正起點。

比德的歷史如同額我略的歷史，主要談的都是主教制度，除此之
外，兩者幾乎沒有任何共通點。在高盧，基督教的主教制度在法蘭克
人抵達之前就已建立，城鎮多半承襲了羅馬統治的傳統；相反的，在
英格蘭，入侵者將全國分割成許多變化無常的政治體，這些小國國王
是基督教傳教工作成功與否的關鍵：他們的獎掖幾可保證成功；他們
的敵視代表著嚴重的挫折。與額我略相比，比德對於為世俗而世俗的
歷史更沒興趣，但國王在他的歷史中卻扮演了相當不同的角色，一般
而言具有更正面的意義。比德也比額我略具有更強烈的種族興趣：他
仔細地區分構成不列顛人口的各種民族，而且也清楚地將盎格魯撒克
遜人視為一個整體，即「英格蘭人」。
214

比德的作品在繼承西方羅馬統治的蠻族歷史中占有格外重要的地
位，相反的，額我略的《法蘭克人史》（書名與內容不符）顯然無法
反映真實的蠻族歷史。除了額我略與比德的作品外，我們還看到了約
旦尼斯（Jordanes，約逝於 554 年）的《哥德人事蹟史》（*History of*

the Deeds of the Goths），塞維爾的伊西多爾（逝於 636 年）的哥德人與汪達爾人（Vandals）歷史，主要由摘錄構成，以及擔任卡洛林王朝大臣的卡西諾山（Monte Cassino）修士助祭保羅（Paul the Deacon，逝於 799 年）的《倫巴底人的歷史》（*History of the Lombards*）。有關匈人的最佳描述，來自於西元五世紀希臘人普里斯庫斯（Priscus）的羅馬史，他的作品大部分已經亡佚，只剩下一些羅馬使臣（普里斯庫斯陪同前往）晉見阿提拉（Attila）的精采描述。這類「蠻族」歷史在經過檢視之後，往往比表面上看來更為複雜與異質。除了品質的問題外（其中比德自成一類），作者與作者的目的也不同；哥德人與倫巴底人是阿里烏斯異端，描述他們的史家卻是天主教徒，亦即三位一體的信仰者，這造成史家與其記載的民族間的隔閡，也賦予他們超越種族的興趣與關切。約旦尼斯雖然祖先是哥德人，卻屬於東羅馬世界，儘管他以拉丁文寫作，而他是當時的皇帝查士丁尼（Justinian）的擁戴者；同樣的，保羅則屬於征服倫巴底人的查理曼的世界。

　　比德寫的是自己民族的歷史，不過他使用的卻是拉丁文。比德對羅馬帝國並無感情，他支持的是羅馬教會。比德仔細但不一定精確地描述羅馬不列顛歷史中的重要片段，也持續區別出入侵部族的起源與他們如拼布般散居的王國（他提到了省份）之間的不同。例如南、東與西撒克遜人建立的王國，還有肯特（朱特人在此定居）、東安格利亞（East Anglia）、諾森布里亞（Northumbria）與莫西亞（Mercia，米德蘭王國），以及其他附庸國。比德對羅馬不列顛並無懷舊之情，不只因為他的種族，也因為他明顯輕視不列顛人，包括他們的基督教內容。在四種民族與五種語言（第五種是拉丁文）中，比德對於在北不列顛建立修院的愛爾蘭僧侶別具溫情，但亦非毫無批評，他通常稱他們是蘇格蘭人；皮克特人（Picts）相當神祕，不列顛人聲名狼藉；英格蘭人是上帝的選民。比德自信地認為英格蘭人是一個民族，儘管其政治上分崩離析的程度遠大於額我略的高盧；高盧有單一的統治王朝，雖然其最高權力經常是分裂的。為什麼比德會如此認為？以多年的研究對這個問題提出的解答是：這種想法的特殊來源似乎得自於教宗額我略（在比德之前），他曾在信中提到「盎格魯人」（gens Anglorum）是應使其改信的民族。為什麼額我略選擇以盎格魯人來

215

稱呼而非撒克遜人，原因不明；著名的教宗雙關語（「不是盎格魯人（Angles）而是天使（Angels）」）的故事源自於教宗在市場看見一群盎格魯男孩，他們被當成奴隸販售，比德說這是「我們祖先的傳統所流傳給我們的故事」（II. 1），它具體顯示出教宗的喜好，卻未解釋其原因。然而，可以肯定的是額我略從一開始就認為必須在英格蘭人中建立單一教會，大主教以坎特伯里為中心，而比德樂意遵從他的看法，尤其是他不斷地提到的「英格蘭人」。

因此，就某種意義而言，英格蘭民族的存在，或至少說受到承認，是基於教廷的緣故，而這點也可從比德的歷史中得到確認，他作品的核心即在敘述教會事務，且完全採取「額我略的」觀點。英格蘭人存在的先決條件是天主教正統與隸屬於坎特伯里教區之下的單一教會。比德的作品是教會統一的歷史，時間從奧古斯丁傳教後的一個世紀到他的作品完成之前，方式則是透過英格蘭人改信基督教與英格蘭教會的建立。比德對異端的敵視不下於埃烏塞比烏斯或額我略，他特別提到不列顛的異端佩拉糾斯派（Pelagianism），此派認為沒有上帝的恩寵也能獲得救贖，此外他也提到阿里烏斯派（Arianism），但這些異端在比德的時代已不構成爭議，異教亦然，至少在知識與權力階層是如此。令比德感到困擾的是凱爾特派，基督教的愛爾蘭支脈，它因愛爾蘭僧侶的努力傳布而廣泛流傳於諾森布里亞，比德經常提到凱爾特派在復活節日期上的爭議。比德本身善於計算曆年，因此日期的 216 確定對他來說並不陌生，但最讓他頭痛的還是這個教派對單一教會構成的威脅。

比德的歷史是英格蘭人的歷史，更重要的是，它也是一部教會史。書中在提到國王改信時，有時會以聖經意義的模範君主形象來加以呈現；一般認為，比德這麼做有部分是「為了鼓勵他那個時代的其他君主」。英格蘭人（我們或許可以依循比德的方式來稱呼他們）的處境畢竟就像以色列人擊敗原初的土地所有者而定居在他們的土地一樣。比德曾經寫過〈撒母耳記〉與〈列王記〉的評釋，而且習慣為顯屬世俗與部族的歷史事件提供神意與諷喻的解釋；他的拉丁文寫得極好，有時呼應著聖經武加大譯本。英格蘭的征服是上帝計畫的一部分，是對不道德的不列顛人所施加的懲罰——比德從不列顛的耶利米（Jeremiah），也就是吉爾達斯那裡發現這個主題，吉爾達斯約於西

元六世紀的第二個二十五年寫下這個主題。英格蘭人因此是上帝選擇用來懲罰罪惡的工具。

比德約生於西元六七三年，七歲時進入剛設立的諾森布里亞芒克威爾矛斯（Monkwearmouth）修院，之後他便終身待在此地與鄰近的傑洛（Jarrow）女修院。比德日後成為歐洲最有學識的人，寫下種類繁多的權威作品，絕大部分是聖經評釋，也有時間的計算，以及聖人傳、殉教史、讚美詩與詩歌。除了《教會史》外，他也寫了他所待的修院的歷任院長史。比德學識的先決條件是他能使用修院的圖書館，以當時而言，該院的藏書量算相當驚人，這些書籍絕大部分是由他的院長與導師本篤・比斯寇普（Benedict Biscop）到義大利與高盧旅行時蒐集而來。比德生活且工作於最遙遠的諾森布里亞，但從教會的角度來看，這裡卻是充滿活力與教養的地方；到了西元七一〇年，芒克威爾矛斯已擁有六百名以上的僧侶。當時英格蘭甚至有能力派遣傳教士到日耳曼傳教。

首次閱讀比德歷史第一卷的讀者，可以感受到作者巨大的力量與權威，並覺得其極為可靠。然而如果從比德前言所宣示的道德說教宗旨來看，則其可靠性似乎略嫌誇大；他的宗旨是，藉由記錄著名的善惡例子來鼓勵善行。他冷靜（評論異端時則非如此）、謹慎，完全掌握了主題與史料。比德做的一般編年清楚易懂，他顯然是首位以基督出生作為紀年標準的史家，而他的做法也成為定例──具有極大的便利性。但比德不像編年史家一樣完全受制於編年順序，他不反對有用的回溯。他謹慎地提出史料。聖人傳是其中最重要的一種，比德抱持著信仰與說教目的記錄神蹟。與額我略的作品相同，有些人純屬「無稽」，有些人則可歸因於及時的好運：海面平靜下來，風向及時轉變，疾病不藥而癒。比德的神蹟總具有道德或精神意義，絕大部分意味著基督教戰勝異教；神蹟是與諸神戰爭的武器，當然，異教諸神全是魔鬼。比德不光只是為了神蹟而記載神蹟。他的《歷史》不僅相當節制──至少寫到他自己的時代是如此，因為愈靠近自己生存的年代，愈受到史料限制，資料也更零碎──也極富戲劇性。神蹟故事與基督教和異教的對立被栩栩如生地展現出來，例如一些領導人物，特別是國王歐斯沃德（King Oswald）、主教艾丹（Bishop St Aidan）與聖威爾弗里德（St Wilfrid）。比德的作品不意外地很快在歐陸與

英格蘭廣泛流傳，現在也被視為中古時代早期的史學傑作。

比德的前言是一封給諾森布里亞國王寇沃夫（Coelwulf）的書信，在國王的要求下，他將作品獻給國王。據說寇沃夫亟欲「知道過去的人，特別是我們這個民族著名人物的一言一行」。比德告訴我們歷史是從羅馬時代傳承下來，給予我們應效法的善例與應避免的惡例，而如今這已成為標準的一項定則。之後，相當不尋常的，比德居然跟現代史家一樣，一一列出自己曾引用的主要史料。其中最重要的是修道院院長阿爾畢努斯（Albinus），他透過「倫敦教會的教士」諾特赫爾姆（Nothelm），把坎特伯里保存的教會文獻交給比德。諾特赫爾姆曾四處旅行，他也曾在羅馬看過與抄寫過教廷檔案，包括教宗大額我略的信件，這些資料他全拿給比德過目，而比德也表示他得到全國各地主教與修院的協助。至於諾森布里亞歷史的撰寫，比德並未仰賴任何特定史料，而是「憑藉無數可信的目擊者」，不過他特別提到林狄斯法恩的聖克斯貝爾特傳記（Lindisfarne Life of St Cuthbert），他在撰寫聖人傳曾引用這部傳記，而且在教會史中又引用了一部分。 218

比德的教會史與吉爾達斯的作品一樣，一開始先簡短精確地介紹不列顛群島的地理，而且熱切地將不列顛描寫成一幅人類墮落前的天堂景象。敘事從凱撒入侵開始（此後許多不列顛歷史均如此處理），比德將此事的發生年份訂在道成肉身前六十年以及羅馬建立後六百九十三年，藉此將基督教編年與羅馬編年連繫起來。比德宣稱，釘在泰晤士河河床的木椿是不列顛人防禦工事的一部分，這些木椿一直留存至今，約有七百年的歷史，因此他得以描述它們。比德知道接下來曾發生克勞狄烏斯入侵不列顛的事件，卻未能正確釐清年代，他對自己知之甚詳的羅馬長城（吉爾達斯對這項工事的解釋有誤）做了解釋，認為它就是連結著佛斯海灣（Firth of Forth）與克萊德河海灣（Firth of Clyde）的羅馬防禦工事。比德並未提到布狄卡（Boudicca），而是提到傳說中的不列顛國王魯奇烏斯，這顯然參考了《教宗傳》；魯奇烏斯曾寫信給教宗埃勒烏特里烏斯（Eleutherius）尋求基督教的指引（I. 4）。他也指出羅馬帝國對不列顛基督徒的迫害，尤其是戴克里先（Diocletian），並且詳細描述西元三〇一年不列顛殉教者聖阿爾班的死亡，以及他被處死時顯現的神蹟。雖然比德對羅馬長城的記

錄不盡可信，但他以相當有趣的筆法描述羅馬占領時期殘存的有形證據：城市、燈塔、橋梁與石板路（I. 11）。聖奧古斯丁傳教團終於抵達肯特是第一卷的主要事件，但比德也具名引用吉爾達斯的作品，對不列顛人的膽怯、道德敗壞與精神萎靡投以相當的注意：上帝有足夠的理由懲罰他們，撒克遜人與其他入侵者是祂選定的工具（I. 12-16）。比德是第一位，但不是最後一位反不列顛人的英格蘭史家。

　　從比德對入侵的描述，我們首次看見吉爾達斯作品裡的人物，這些人物或許不完全來自傳說，但真相如何已難以考究。首先是不列顛國王沃提根（Vortigern），他與入侵者結為軍事盟友，這種做法是典型的羅馬策略；「盎格魯人或撒克遜人」乘著長船抵達。（根據約旦尼斯的說法，哥德人也乘了三艘船前來。）還有撒克遜部落酋長亨吉斯特與霍爾沙（Hengist and Horsa），他們自稱是沃登（Woden）的子孫，比德如實記載他們的說法而未做評論。（這個主張並不奇怪，法蘭克王室族譜也有類似說法，但人們懷疑比德是否知道沃登是誰。雖然他對異教的細節並無興趣，但說他不知道似乎有些不合理；既然他視異教神祇為魔鬼，那麼他不應該錯過這個該下評論的機會才對。）接著我們看到不列顛戰爭領袖安布羅西思斯·奧略里阿努斯（Ambrosius Aurelianus），這同樣取材自吉爾達斯，奧略里阿努斯在貝登山（Baden Hill，地點不明）擊退入侵者。後世的評釋者試圖將奧略里阿努斯連接上更晚出現的文學人物，即不列顛人的國王亞瑟。比德對盎格魯人、撒克遜人與朱特人的區別禁得起考古學的調查，他們之間的區別當然也以英格蘭郡名的形式流傳下來，如薩塞克斯（Sussex）與埃塞克斯（Essex），不過威塞克斯（Wessex）卻未成為行政單位之一，反倒成了觀光單位的文學想像利器。*

　　對比德而言，在聖阿爾班之後，征服時期的主要英雄首推高盧人歐塞爾的聖格爾瑪努斯（St Germanus of Auxerre）。與聖阿爾班一樣，人們為紀念他而以他的名字為地方命名，也就是康瓦爾的聖日爾曼斯（St Germans in Cornwall）。格爾瑪努斯駁斥在不列顛盛行的佩

---

* 本書引用的比德作品是一九五五年版的譯本，該書譯者曾說，比德作品是「每個英格蘭孩子珍愛的故事集錦」。如今看來，這顯然是個過於樂觀的論調，或許過去真的是如此，本書作者六十年前上課的學校，各個「學舍」分別被命名為盎格魯人、撒克遜人、朱特人與維京人。現在人們普遍認為這個例子可以用來說明集體「記憶」，但我總懷疑那是校長對我們這些孩子的識字水準的一種諷刺評論。

拉糾斯派異端，而在一些著名神蹟的助威下他做到了——儘管魔鬼故意讓他摔斷了腿，比德因此將格爾瑪努斯比擬成約伯（I. 19）。格爾瑪努斯不因受傷而畏懼，他勇敢而堅決地領導不列顛對抗皮克特人與撒克遜人的混雜異教力量，並且獲得勝利（I. 20）。儘管有這些事蹟，不列顛人仍本性難改，犯下了不願向新移民傳教的罪愆。然而上帝「並未完全離棄祂選擇的民族」，並且促使教宗額我略派遣奧古斯丁與僧侶來拯救他們（I. 23）。肯特國王艾塞爾貝爾特（Ethelbert）允許奧古斯丁一行人以坎特伯里為據點，他的妻子貝爾塔（Bertha）是信奉基督教的法蘭克人。不過基督教事業仰賴王朝政治也有其脆弱之處，隨著改信的肯特國王艾塞爾貝爾特去世，繼位的子嗣也成了叛教者。基督教在諾森布里亞的發展也同樣面臨不安。

220

諾森布里亞最初的改信讓比德寫下幾則著名故事。其中一則牽涉到異教大祭司寇伊菲（Coifi），他一開始對基督教做了實用層次的評估（「如果諸神具有力量，那麼他們必然會支持我，因為我一直……熱切地服侍祂們」），而後他宣布自己得到確信，並且慶賀自己因還俗而能持有武器，因為祭司被禁止持有武器：

> 於是裝備停妥之後，他動身前去摧毀偶像。他佩戴刀劍手中持矛，騎上國王的種馬朝偶像疾馳而去。群眾見他這樣，以為他瘋了；但他毫不猶豫，一抵達神廟，便將手中長矛擲入神廟之中，因而褻瀆了神明。之後，他因知道自己信仰的是真正的上帝而滿是喜悅，他要同伴放火燒毀神廟與廟地，將其完全摧毀。這些偶像曾經矗立之處依然可見，此地離約克東部不遠，位於德文特河（river Derwent）對岸，今日稱之為古德曼罕姆（Goodmanham）。（現在也還是。）（II. 14）

有人指出矛是沃登儀式的一部分，這點比德不太可能知道，因此大為增強了這則故事的真實性。

諾森布里亞另一個主要的人物以寓言形式提供了不同的論證風格：

> 陛下，當我們比較塵世的生活與未知世界的生活時，我覺得

這就像是一隻麻雀飛過了宴會廳，時值冬日，陛下與領主、大臣們圍坐著享用晚宴。大廳中升起舒適的火堆溫暖整個廳堂；大廳外，冬日暴雨或大雪呼嘯肆虐。麻雀迅速從大廳的一扇門飛進，從另一扇門飛出。當牠在屋裡時，免於冬天的風暴摧殘，但在短暫舒適之後，牠又消失在原先的蕭條世界中。即使如此，人短暫出現在塵世之中；但此生之前或之後，我們一無所知。因此，如果這個新教義帶來了任何確定的知識，那麼遵循它似乎是唯一正確的做法。（II. 13）

溫暖與明亮的大廳，舒適與宴饗的中心，這種生動的意象對照著周圍的黑暗與未知的外在世界，以及麻雀快速飛過廳堂，使這段演說獲得後世的讚賞。它具有的性質、意象與敏感度就像盎格魯撒克遜的方言詩：

明亮的建築物，泉水流淌的大廳，
喧鬧之聲，響徹高聳的山形牆；
寬敞的宴會廳，擠滿了人群
高昂的歡樂氣氛：薇爾德（Wierd）改變了這一切。
——〈廢墟〉（The Ruin）

宴會廳在何處？人聲鼎沸的廳堂在何處？
唉，明亮的酒杯！唉，甲冑閃亮的戰士！
唉，自豪的王公貴族！美好時光何以消逝，
夜盔籠罩下，萬物黯淡無光，彷彿一切從未發生過。
——〈漫遊者〉（The Wanderer）

詩歌是比德眾多興趣之一，之後（IV. 24）他寫了一篇關於卡德曼（Caedmon）的雜談。卡德曼是惠特比修院（Whitby）的僧侶，比德發現他的詩人天份，非常欣賞他而且視此為神蹟。

對此比德並未做出一般性的探究，有關異教心態的一個更典型的洞察，可以從東撒克遜人的基督教國王三個信奉異教的兒子看出，雖然他們並未受洗，但他們要求教會能賜予他們聖餐，就像過去教會賜

予他們改信的父親聖餐麵包一樣。主教向他們解釋受洗的必要，但是徒勞無功：

> 主教回答：「如果你們跟你們的父親一樣，接受救贖之水的洗禮，那麼你們就能像他一樣分得受到祝聖的麵包；然而只要你們拒絕生命之水，你們就沒有資格分得生命的麵包。」他們反駁說：「我們拒絕進入洗禮池內，也不認為有此必要；但我們想藉由聖餐來增強自己的力量。」

主教的立場堅定，於是被逐出王國之外（II. 5）。

222

然而，在國王歐斯沃德治下（604-42），基督教在諾森布里亞發展昌盛。他豎立十字架作為舉行崇拜儀式的地點，許多神蹟在此發生。歐斯沃德是基督徒，由於他在流亡時曾受蘇格蘭人（愛爾蘭人）指引，愛爾蘭人於是接受他的請求，從艾歐那（Iona）派了艾丹主教前去諾森布里亞；在歐斯沃德支持下，艾丹在諾森布里亞海岸外的林狄斯法恩建立教區。比德接著又談到愛爾蘭人在北不列顛的傳教工作，其時間甚至早於坎特伯里，這段歷史記錄在他回溯西元五六五年聖科倫巴（St Columba）讓皮克特人改信的著名章節中（II. 4）。比德熱切地提到位於蘇格蘭西海岸外的艾歐那島上愛爾蘭人聚落呈現的純淨生活與對上帝的愛，但也哀嘆當地採用了錯誤的復活節日期，他認為那是當地修士過於孤立所造成的。來到諾森布里亞的艾丹不通英語，因此由國王歐斯沃德充當翻譯。比德份外讚揚艾丹生活的神聖與謙恭，與「我們這個時代的冷漠」大異其趣（III. 5）。從比德對艾丹的描述可以得知，愛爾蘭傳統的僧侶寧可走路而不願騎馬，就算成為一般而言會表現得比較正式的英格蘭主教，他們仍謹守徒步的習慣。國王歐斯沃德賜給艾丹一匹駿馬，而艾丹卻將馬給了乞丐（III. 14，亦見IV. 3）。歐斯沃德因此頗有微詞，但艾丹反而教導國王：與馬相比，人的價值更高。歐斯沃德被他的謙卑感動，於是乞求他的寬恕：

> 在主教堅持下，國王坐了下來，心情也慢慢平復；然而相反的，艾丹此時卻悲傷流淚，身旁的教士問他——使用的是艾丹自

己的語言，歐斯沃德與侍從都聽不懂——何以哭泣。艾丹回道：
「我知道國王來日無多；因為我從未見過謙遜的國王。」（III.
14）

另一則故事是一名基督教國王遭親族所殺，因為他原諒了他的仇
敵，亦即他違背了血仇倫理（III. 22）。歐斯沃德實際上是在與信仰
異教的莫西亞國王彭達（Penda）交戰時喪生（642），在此之前彭達
已殺死了艾德溫（Edwin），也就是諾森布里亞第一位基督教國王。
歐斯沃德的神聖藉由死後神蹟而獲得支持。

223　　艾丹在世的時候也曾展現過神蹟。比德為艾丹寫的訃聞再次動人
地顯示出他對凱爾特修院制度的複雜情感。艾丹陶冶和平與博愛、安
貧與謙遜，並且運用自己的主教權威箝制傲慢者與掌權者，撫卹病者
與減輕貧人的痛苦。「我大力稱揚與喜愛艾丹所做的一切，因為我毫
不懷疑他的作為可以取悅上帝；但我無法贊同或讚美他未能在正確的
時間慶祝復活節，他這麼做是因為不知道正典規定的時間，抑或為了
遵循自己民族的習慣，我們不得而知。」（III. 17）艾丹臨終前倚靠
的木柱，遺體在大火中奇蹟似地保存下來；木柱的主題也是異教中索
爾（Thor）崇拜的一項民間傳說。

比德在描述基督教傳教成功的同時，也夾敘了一些聖人生平。值
得注意的是比德喜歡教化人心的正面事例，相反的，圖爾的額我略則
舉了較多負面事例，或許這只是基於他的親身體驗：比較合理的說法
是，與額我略相比，比德對於過去的世代抱有較多的理想主義成分，
而且認為現世缺乏英雄色彩與崇高德性。比德歷史的核心是有關惠特
比主教會議（Synod of Whitby, 664）的描述，這場會議解決了惱人的
復活節日期問題，也確保了不列顛教會的統一，不過當然不包括不列
顛人。這場會議由諾森布里亞國王歐斯維（Oswy）召開與主持，他
是比德心目中另一位基督教國王的典範，歐斯維遵循愛爾蘭的計算方
式，但他的妻子卻接受肯特（羅馬）習俗的指導而遵循羅馬的計算
法，因此他們夫妻一人守四旬齋時，另一人卻大開筵席，這顯然造成
王室的不便。在惠特比，我們首次遇見傑出的人物威爾弗里德，他是
諾森布里亞人，曾經到過羅馬與高盧（或許應該說是布魯塞爾），而
後帶著強烈的羅馬（或歐陸）色彩的復活節觀念與修院削髮儀式返

國；他以為羅馬發聲的姿態在惠特比現身。

　　然而，恕我不敢苟同比德的意見，復活節日期的爭議實際上與愛爾蘭人的野蠻質樸、粗魯無文無關；計算的基礎用哪一種方式都各有所據，但威爾弗里德有一個堅強的論點，而他也運用得極為有效，他認為愛爾蘭和與其意見相左的廣泛共識及教會傳統相比，顯得相當孤立。

224

　　　　我們的復活節習俗，如我們所見，是羅馬普遍遵循的習俗，受祝福的使徒彼得與保羅都生活、教導、受難與埋葬於此。當我們旅行到義大利與高盧從事研讀與祈禱時，也看到當地人遵循同樣的習俗。此外，我們發現不同民族與不同語言的人都是在同一個時間過復活節，無論是在非洲、亞洲、埃及、希臘，還是其他基督教會遍及之處。唯一愚蠢對抗整個世界的人，就是這些蘇格蘭人（即愛爾蘭人）及他們頑固的同夥皮克特人與不列顛人，他們居住的不過是大海中兩座遙遠島嶼的一隅。（III. 25）

　　比德謹慎地概述這些論點，但技術性問題的完整描述則見於修道院院長寇爾弗里德（Ceolfrid）日後的信件中（V. 21）。國王歐斯維在總結時，推崇聖彼得教區的權威與歷代教宗繼承聖彼得決定弛張的權柄，於是他決定採取羅馬的立場。一些無法接受新儀式的愛爾蘭人，帶著艾丹一部分遺骨離開諾森布里亞返回艾歐那島。比德再次對愛爾蘭修道院的苦行與他們從民眾身上得到的支持致上敬意，認為他們襯托出當時世界的墮落：「這些日子以來，這些導師唯一關注的是侍奉上帝，而非塵世，他們滿足的是靈魂，而非口腹之欲。」（III. 26）

　　比德對威爾弗里德的態度受到許多討論，他同意威爾弗里德的立場；一般認為比德尊敬威爾弗里德，但不太喜歡他，他對威爾弗里德不像對艾丹一樣帶有那麼多情感。威爾弗里德日後的起伏也在比德作品中隱約提及：由於他獨裁而毫不妥協的性格，因而在恢復主教職位與在薩塞克斯傳教之前曾遭到放逐與監禁。比德似乎還掩蓋了威爾弗里德的一些事情，例如威爾弗里德後來變得非常富有（IV. 12-13, V.19）。

惠特比主教會議之後，各地愛爾蘭人逐漸採取一致的做法（在愛爾蘭南部，他們從未意見不合，因此爭議不在於凱爾特派基督教與其他教派的對立上）。比德非常關注教會統一的問題，對他而言，西元七一六年的事件顯然是個偉大的關鍵時刻，因為就連艾歐那島上的不妥協者也接受了羅馬的計算結果與削髮儀式：

> 這似乎是上帝恩寵的安排，為了讓這群願意毫無保留地向英格蘭人溝通自身對上帝的理解的愛爾蘭人，能在日後藉由英格蘭人實現他們迄今未能享有的完美生活方式。（V. 22）

在此之前的歷史高點似乎出現在第四卷的開頭，當由義大利奉派前來（669）的新任坎特伯里大主教狄奧多（Theodore）成為「全英格蘭教會遵奉的首任大主教」時，改信的時代就此確定，統一的英格蘭主教制度與羅馬的緊密關係於焉建立。或許是一種使命已經完成的感受，也或許是近世與當代來自全英格蘭龐大的親歷證言，使得比德歷史最後兩卷帶有強烈的聖人傳風格。例如，大約從西元六九〇年後，比德就未曾提起世俗事務；也無此必要。

在同一卷（IV. 27-32）中，比德穿插了自己寫的《聖克斯貝爾特傳》（*Life of St Cuthbert*）的材料；聖克斯貝爾特在不情願下成為林狄斯法恩主教。比德的描述技巧純熟，聖人傳及其附隨的故事能讓研究該時期的史家看出著述者的心態，不過對現代一般讀者而言，只會看到比德最後兩卷充斥著許多神聖死亡、天堂與地獄的異象、具有神奇力量的遺物、不腐化且散發香氣的屍體，乃至於讓瀕死的馬復活的神蹟（聖歐斯沃德的死後神蹟）（III. 9）。改信的英雄時代結束，但聖人的個人英雄主義持續展開：英格蘭教會仍永無休止地與魔鬼戰鬥。

比德以西元七三一年不列顛當時的情況作為全書的結論：無論世俗或教會，一切均安詳平和（V. 23）。皮克特人與蘇格蘭人是基督徒，溫順而自足。唯有不列顛人在復活節一事上還懷著憎恨，並且維持自身的惡劣習俗。但他們之中——顯然是為了自身的利益——「有一部分人在勸誘之下願意臣屬於英格蘭人」。

前面曾經提過，比德的歷史傾向於描述善的事例而非惡的事例，

他也不像圖爾的額我略那樣直率地說出教會中的醜聞——執行戒律是主教的職務，與修士幾乎無關，除非醜聞是發生在修院之內。如果只看比德的結論，我們可能認為他志得意滿。事實上，比德晚年的一封書信顯示他相當煩惱於當時英格蘭教會的死氣沉沉、世俗與財富。儘管如此，無論是先見還是後見之明，比德必須同意自己生活在一個幸運的時代，就某方面而言，他的確同意這點：與異教偶像及頑固的凱爾特派的鬥爭已在上個世紀獲得勝利；至於他身處的世紀，將在世紀末尾首度面臨北蠻（Northmen）的入侵。

第四部

世俗史的復興

第十六章
年鑑、編年史與歷史

年鑑與編年史

西元七八九年，一段具有不祥之兆的文字記載於以方言寫成的 229
《盎格魯撒克遜編年史》（*Anglo-Saxon Chronicle*）中：

> 本年，國王布里崔克（Brihtric）迎娶歐法（Offa）的女兒艾
> 德柏兒（Eadburh）。布里崔克在位時首次遭逢北蠻，他們搭乘
> 三艘船前來，於是官員騎馬到他們那裡，想強迫他們去見國王，
> 由於他不清楚對方虛實，最後反被對方所殺。這些是丹麥人的船
> 隻，他們首次來到英格蘭人的土地上。

又是那三艘船！對於比德寧靜追求學問的修院生活而言，以及他
的圖書館、學校與財富，這三艘船是造成嚴重破壞的惡兆。這部編年
史前幾年的記錄絕大部分是毀滅性的戰爭；最後丹麥人的入侵促成了
統一王國的形成，十一世紀初，丹麥國王（克努特〔Cnut〕或卡努特
〔Canute〕）統治了整個王國。首次出現丹麥人的記錄後過了四年，
編年史記載了異教徒以劫掠屠殺的方式摧毀了上帝在林狄斯法恩的教
堂（艾丹建立的教區）。隔年則輪到比德的傑洛修道院。

這部以方言寫成的編年史記錄了這些災難的年份。比德的偉大傑
作不僅普遍流傳而且廣受推崇，無論在歐陸或英格蘭皆受歡迎，但在
他之後四百年的時間，一直未出現能與其相提並論的後繼者。這當中
的闕漏，就留待《盎格魯撒克遜編年史》這部作品來加以填補，雖然
它的條目精簡，尤其是早期的部分。它是個傑出的成就，就整個歐洲
而言亦屬獨特。這部編年史最早編纂於西元九世紀左右，作者對西元 230
七八九年的評論實屬後見之明。之後，這部作品的抄寫與改動就在修

道院中持續進行，整部編年史因此從撒克遜人於西元四九四年登陸開始一直到一一五四年盎格魯諾曼王朝結束為止。這部作品確切的寫作時間、地點與寫作動機至今成謎：有人認為寫作地點位於威塞克斯，而且是出於王室的鼓勵；編年史最後幾年記錄的重點在彼得伯勒（Peterborough）；據說國王阿爾弗雷德（King Alfred）是創始者，當然，在提到阿爾弗雷德時條目變得較完整且較不具純粹的編年體性質，戰爭敘事會延伸好幾個段落以上。

　　年鑑與編年史以及編年史與歷史之間的差異，是量變造成質變的顯例。當然，從個別的例子以及從邊緣的角度來看，這種分類還有商榷餘地，但其間的分野仍相當清楚。《盎格魯撒克遜編年史》提供了一個年鑑轉變成編年史的例子，正如有些日記僅是約會的表列，有些則被視為對文學與歷史有所裨益。年鑑有時能轉變成編年史，而年鑑本身似乎絕大部分是由曆書演變而來，曆書必定保存於修院之中，主要用來計算每年的復活節日期。預兆、天氣、地方、全國、乃至於國際事件，各種題材都有可能成為年鑑的主要內容，否則就是記錄在邊緣空白處。教宗、主教、修院院長與國王的死亡與繼承特別受到注意，其他還有戰爭、火災與其他災害。典型的例子，我們可以隨機選擇十三世紀歷久不衰的《伯里聖艾德蒙斯編年史》（*Chronicle of Bury St Edmunds*）某個條目來做說明。當然，它的原文是拉丁文：

　　一二三九年。威廉·拉雷（William Raleigh）於四月十日被選為諾里奇（Norwich）主教。人稱韃靼人的可怕種族曾一度從遙遠的地方快速蜂擁而來，他們橫行各地，匈牙利及其鄰邦幾成廢墟。六月十八日，英格蘭王后艾麗諾（Eleanor）生下長子愛德華。他的父親是亨利……

　　接下來記錄的是亨利的族譜，一直上溯到阿爾弗雷德，而阿爾弗雷德的族譜又可交互參照上溯到亞當。這是個內容豐富的條目：蒙古人（韃靼人）入侵、愛德華一世誕生，以及東安格利亞主教選舉。我們當然期待當中能出現敘事內容，不過這種期待勢必落空；各條目之間沒有任何主題的連結，除了出生與族譜之外。我們應該視其為報紙，只不過時間的尺度是年而不是日。對於這種以並列及一成不變的

231

格式來呈現最多樣故事的做法，我們並不感到驚訝。

歷史作為一種文類，雖然與絕大多數古典史家一樣，處理的通常是年代的推移，但其特色卻是延伸的敘事、與脈絡相關的細節，以及主題的連貫；事實的記錄取決於對主題、戲劇性與解釋的考量，而不只是為了編年紀事。十二世紀坎特伯里的傑維斯（Gervase of Canterbury）已經認識到這些區別。我們也許可以說，就類型而論，年鑑是不連續的，編年史是插曲式的，歷史則理想上是連續的；更詳細的區分有時會引起爭論。

雖然年鑑的寫作形式持續存在，但帶領我們進入十二世紀的卻是編年史與歷史。而在討論它們之前，我們不能忽視往後三百年間偶然匯流進來支持歷史地位的事物：傳說。不列顛人或威爾斯人雖然有豐富的吟遊詩人文學，但就我們所知，他們在五世紀到十二世紀之間只產生兩部短篇而片段的歷史，更甭提能有一部如比德的歷史一樣連貫、權威、充實且受尊敬的作品。到了十二世紀，有人嘗試為不列顛人寫出這類著作：《不列顛諸王史》（*The History of the Kings of Britain*），由世俗教士蒙矛斯的喬弗瑞所撰寫，而且顯然是以牛津為根據地。喬弗瑞也許藉由早期作品與口述傳統而寫出充分詳細的內容，特別是西元五世紀的黑暗時期，亦即撒克遜人入侵的時代，這部分就連比德也一筆帶過或保持沉默。事實上，我們不得不提及亞瑟這位偉大的不列顛英雄國王，他就如同在三個世紀後成為英格蘭英雄與國王的阿爾弗雷德。不過當時與阿爾弗雷德有關的敘事資料相當少（糕餅的故事是十二世紀添加的情節），主要是以方言寫成的編年史與阿瑟（Asser）的《阿爾弗雷德傳》（*Life of Alfred*），而其作者與成書時間引起許多爭議。相較之下，與亞瑟有關的知識卻汗牛充棟。阿爾弗雷德一直是人們感興趣的人物，但從十二到十七世紀，儘管出現反對的聲音，卻無人懷疑誰才是民族集體記憶中真正的英雄國王：亞瑟。

232

偽歷史：蒙矛斯的喬弗瑞

就我們所知，亞瑟最早出現於歷史作品中是在西元九世紀，比阿爾弗雷德早了一百年，不過距離他傳說中的生存年代已過了四個世

紀，而且是否真有亞瑟這個人仍是個問題。五世紀的不列顛修士吉爾達斯並未提到亞瑟，他記述撒克遜人的入侵，而他生存的年代也接近傳說中亞瑟活躍的時期，不過我們發現他確實提到一個名叫安布羅西思斯·奧略里阿努斯的羅馬不列顛領袖或軍事指揮者，他在一場大戰中擊敗撒克遜人。比德沿用吉爾達斯的說法。亞瑟的名字首次出現是在蘭尼烏斯（Nennius）的《不列顛人史》（*History of the Britons*，約830），蘭尼烏斯以拉丁文寫作，但他顯然懂得威爾斯語和威爾斯系譜與傳統。在他的作品中，亞瑟雖是戰勝撒克遜人的戰爭領袖，卻只是個名字。直到三個世紀之後，蒙矛斯的喬弗瑞才藉由各種傳說或僅靠姓名，將亞瑟塑造成偉大的國王與民族英雄，騎士們全聚集到他的宮廷之中。

　　亞瑟的歷史證據十分薄弱，但他的傳說如同希臘英雄故事與《伊利亞德》（*Iliad*）以及羅馬的埃涅阿斯與羅穆魯斯，卻是一種歷史事實，而且是重要的歷史事實，它深刻影響、甚或支配了許多不列顛人對過去的想像，包括英格蘭人，特別是從十二世紀到十七世紀。之後，人們對於歷史與傳說的差異更敏銳，但又傾向於不去理會這樣的懷疑，於是亞瑟這個角色在十九世紀變得舉足輕重。在喬弗瑞之後，亞瑟與他的王后桂妮薇兒（Guinevere）的遺骨於一一九一年被格拉斯頓伯里（Glastonbury）的僧侶「發現」，而亞瑟與他的騎士成了新興騎士精神的中心，連帶也出現了一些次傳說，發展於法國與日耳曼地區，激勵了以亞瑟的圓桌武士為藍本的中古時代騎士勳章的建立，如十四世紀愛德華三世創立的嘉德勳章（Order of the Garter）。繼一些中古時代的騎士文學之後，到了十五世紀，湯姆斯·馬洛里爵士（Sir Thomas Malory）的《亞瑟之死》（*Le Morte d'Arthur*）賦予英格蘭讀者亞瑟傳說古典的形貌；《亞瑟之死》是卡克斯頓（Caxton）的新出版社最早出版的幾本書之一。十六世紀時，亞瑟的原型是都鐸宮廷崇拜的對象；都鐸王室成員有時帶有一種威爾斯人的自覺，亨利七世的長子在受洗時被命名為亞瑟。到了十七世紀，密爾頓（Milton）構思以亞瑟為主題的史詩未果，退而求其次寫下與撒旦有關的史詩。文藝復興時期的學術研究對亞瑟的歷史性造成一些破壞，但我們說過，從十七到十九世紀，阿爾弗雷德與撒克遜人在政治因素影響下再度受到矚目。維多利亞時代的想像把效忠之臣區分成紳士浪

233

漫的亞瑟與較親民的阿爾弗雷德；維多利亞時代最偉大的詩人曾以亞瑟傳說為題材，而這位詩人受洗時被命名為阿爾弗雷德，可以說是恰到好處。（譯按：作者指的應該是十九世紀英國的桂冠詩人丁尼生〔Alfred Tennyson〕。）

倘若沒有蒙矛斯的喬弗瑞，則亞瑟傳說（如果可以想像的話）頂多只需一筆帶過。喬弗瑞的作品寫於一一三〇年代，不僅開啟了亞瑟傳說，而且以各種看似合理的方式宣稱這段傳說是歷史。喬弗瑞的作品是否具備事實基礎並不影響人們對它的興趣。他清楚知道當時人們期待的是什麼樣的歷史，而他的聰明才智顯然足以讓敘事免於受到史料支配的危險，而又能寫出一部詳細的歷史給讀者。光憑蘭尼烏斯的作品不可能產生傳說：它記錄了太多系譜、片段、不連貫而且缺乏修飾，與其說它是歷史，不如說是一部編輯作品。蘭尼烏斯對梅林（Merlin）的介紹遠多於亞瑟，他對不列顛國王沃提根及其難以駕馭的撒克遜盟友亨吉斯特與霍爾沙的描述遠較比德廣泛，這些記述全被喬弗瑞引用並且進一步發揮。喬弗瑞雖然詳述了系譜，卻改正了蘭尼烏斯的缺點。

喬弗瑞並未宣稱自己是作者，他說自己只是把牛津會吏長沃特（Walter）交給他的「一本非常古老的書」從威爾斯語翻譯成拉丁文。實際上沒有證據證明這本書真的存在，以及如果存在的話內容如何，這些問題耐人尋味，可惜無關宏旨。如果喬弗瑞只是譯者，那麼他描述的史料來源問題就可轉移到原書上面，不過這本書如果真的存在，那麼書籍的年代，亦即它離亞瑟的時代有多近，就變得非常重要。一般認為，雖然書中含有威爾斯傳說與系譜的軌跡，部分來自口述傳統，但本質上仍屬喬弗瑞的創作。若真是如此，那麼這部作品當然是所謂十二世紀史學復興中相當傑出的部分，不僅因為它聲稱填補了不列顛歷史知識的重要漏洞，也因為喬弗瑞完整而自信的敘事風格。就某個意義來說，它的廣受歡迎是實至名歸。然而除了一些著名的與一些被篡改的羅馬史片段，以及吉爾達斯、比德與蘭尼烏斯的一些條目，喬弗瑞並未引用任何知名史料。更糟的是，有些長篇的描述，特別是亞瑟於高盧痛擊羅馬行省長官魯奇烏斯・希布爾努斯（Lucius Hiburnus），在羅馬記錄與史書中毫無記載：在一個具有高度文化與歷史自我意識的社會，如此重大的事件不可能受到忽視。

234

　　喬弗瑞的歷史提及亞瑟的部分約占了五分之一，如果包含梅林則比例可提高到三分之一，不過梅林除了安排亞瑟被懷胎降生外，在故事後半段並未扮演任何角色。喬弗瑞作品以創始神話開場，沿《埃涅阿斯紀》（Aeneid）故事脈絡展開。布魯圖斯是埃涅阿斯的曾孫（其系譜可上溯到挪亞），是喬弗瑞從蘭尼烏斯作品中挑選出來的人物——在經歷一場略帶維吉爾風格的飄泊之後，與一群特洛伊追隨者抵達某座島嶼，該島因布魯圖斯而被命名為不列顛，在此之前這座島嶼名叫阿爾比翁（Albion），只有巨人居住其上。巨人當中最難對付的是哥格瑪哥格（Gogmagog），他被科里內烏斯（Corineus，康瓦爾因他而得名）丟入普利茅斯（Plymouth）附近的海中。喬弗瑞喜歡這類語源學；這方面他最成功的說法是不列顛國王魯德（Lud，倫敦〔London〕與魯德門〔Ludgate〕因他而得名）。喬弗瑞的作品雖然結構完整，卻步調不一。有時僅是列王表就穿插了延伸的敘事。有些被草草帶過的國王日後卻擁有自己的神龕，其理由就喬弗瑞的目的來看純屬偶然，主要是為了留下他們的名字以資紀念：哥爾巴達克（Gorbaduc，英格蘭最早的悲劇主題之一）與胡狄布拉斯（Hudibras，十七世紀諷刺詩的主題）在斯賓塞（Spenser）《仙后》（Faerie Queene）中扮演跑龍套的角色；還有柯伊爾王（King Coel），他既不老也不快樂；莎士比亞的雅奇摩（Iachimo）與伊莫珍（Imogen）使辛貝林（Cymbeline）只能唱獨腳戲；雷爾王（King Leir）與他的家族連同他們的姓名一起出現，他的故事與莎士比亞說的相同，但有個幸福的結局——寇爾德莉亞（Cordelia）成為不列顛王后。

　　在第八卷（總共十二卷）中，我們看到人們熟悉的梅林傳說。梅林最大的功勞除了為亞瑟的父親烏瑟爾‧潘德拉貢（Uther Pendragon）易容，使亞瑟得以被懷胎降生外，另外就是將巨人的指環（Giants' Ring，巨石群〔Stonehenge〕）從愛爾蘭運到威爾特郡（Wiltshire），以作為不列顛諸王的陵寢。喬弗瑞對於超自然事件相當謹慎，他使整個過程看起來像是一項工程而非巫術：當國王的屬下把事情弄得一團糟時，梅林如工程管理員般出現，將事情安排得井井有條。梅林的專長是預言，喬弗瑞在第七卷提到這些預言，並且將其獨立成篇，定名為〈梅林的預言〉。這篇文章相當風行，主要是因為

235

其中暗示了不列顛人或威爾斯人未來的復興。這些預言幾乎全是刻意編造出來的，由於手法拙劣，在現代讀者眼裡不可避免顯得荒謬可笑，特別是將充滿雄心壯志的動物象徵與人們熟知的英格蘭郡名結合起來的虛矯手法：「野狼成了掌旗者，帶領著軍隊前進，並且用牠的尾巴將康瓦爾團團圍住。戰車上的士兵抵抗野狼的攻擊，並且將康瓦爾的百姓變成野豬。」象徵性的動物處處可見：邪惡的驢子、裝滿蘋果的刺蝟、脾氣暴躁的山牛、伍斯特（Worcester）的龍、托特尼斯（Totnes）的野豬、倫敦的毒蛇等等。這使人產生一種印象，以為喬弗瑞寫下的是自己的夢境。梅林告訴沃提根——這段話對讀者來說或許太冗長了點——象徵不列顛的紅龍將被國王不智引入的撒克遜白龍所壓制，但「被壓迫的種族終將反敗為勝」；這種以不列顛為視角的歷史觀相當罕見，與比德的觀點正好相反。

　　喬弗瑞謹慎考量後來增補的傳說，裡面提到亞瑟未死，他宛如日耳曼神話的沉睡皇帝，終有一天將會復活。喬弗瑞對於亞瑟結局的描述有點含糊不清。在最後一場與莫德雷德（Mordred）的大戰之後，據說亞瑟「受了致命傷」；他並未死亡，但據說被帶到阿瓦隆島（Isle of Avalon），一個神話中的治療之所（後來被稱為格拉斯頓伯里），「讓他的傷能得到照料」。

　　喬弗瑞寫作之時，騎士精神的觀念尚未如後世那樣蓬勃發展；騎士精神擴大與形塑了亞瑟傳說，並且從亞瑟傳說中獲取力量。除了我們即將介紹的異國風情外，喬弗瑞的作品也是黑暗時代權力政治的可靠描述。亞瑟是偉大的國王與軍事領袖，他的性格舉止比較近似於凱撒與查理曼，而非日後的遊俠騎士。亞瑟的妻子桂妮薇兒受亞瑟外甥莫德雷德的引誘，但這裡沒有蘭斯洛（Lancelot），也沒有理想的謹守禮儀之愛；這些很快就牢牢附著在莫德雷德身上。這裡也沒有聖杯。這裡有戈文（Gawaine）、凱伊（Kay）與貝德維爾（Bede-vere），亞瑟的劍因偽裝成卡利布恩（Caliburn）的樣子而得以認出，不過他的矛則無從辨識，令現代讀者驚訝的是，這根矛被稱為隆恩（Ron）。這裡沒有石中劍。亞瑟的宮廷位於烏斯克河（Usk）畔的卡爾雷翁（Caerleon）（Book IX），它的壯麗無可比擬，成為各地騎士景從的對象。亞瑟征服高盧之後，也在巴黎建立宮廷。此外，他也征服了皮克特人、挪威人與丹麥人；這似乎使人想起統治龐大北

236

方帝國的卡努特。當亞瑟被喚回平定莫德雷德反叛時，他正在前往羅馬的路上。

亞瑟有時也展現出他的本領，特別是在殺死巨人這件事（X.3, 4），他像行家一樣估量巨人們的特質。一個食人的巨人住在聖米歇爾山（Mont Saint-Michel）的山頂上；另一名巨人擁有一件斗篷，是以他殺死的人的鬍鬚編織而成的。這類英勇事蹟讀來如同從《貝奧武夫》（*Beowulf*）的世界進入到羅馬的歷史模式之中，喬弗瑞似乎採取這種手法來描述亞瑟的戰爭；它們可能源自喬弗瑞改編的各自成篇且在此之前已經存在的傳說。在遭遇羅馬高盧行省長官魯奇烏斯·希布爾努斯的挑戰時，亞瑟似乎在不經意間顯露自己的羅馬習性。他招募一支為數達十八萬三千人的軍隊，還不包括步兵，喬弗瑞稱說不計其數。羅馬從世界各地召來軍隊，人數有四十萬一百六十人。在隨後的戰爭中，首先將領們發表古典風格的演說，兩軍對峙：

> 舉起標槍……號角聲一響，西班牙王與魯奇烏斯·卡特魯斯（Lucius Catellus）大膽朝蘇格蘭王與康瓦爾公爵的部隊衝鋒，但後者肩並肩穩住陣腳，羅馬軍無法衝破。羅馬軍團持續猛攻，傑林（Gerin）與博索公爵指揮部隊快速迎向前去。羅馬軍團如傳言所云戰鬥十分勇猛，但這支新加入的生力軍以騎兵猝不及防地往前衝，突破了防線而直接與正和丹麥王艾斯奇爾（Aschil）酣戰的帕提亞王軍團交鋒……

諸如此類的描述（X. 9-12）。

這段敘述的確非常具說服力，或許軍隊人數除外。考慮到我們閱讀的喬弗瑞是現代譯本，或許將他的作品比對三個世紀後馬洛里《亞瑟之死》（1469）對同一場戰爭（薩西〔Sassy〕）的描述會更具啟發性：

> 然後雙方軍隊開始逼近、推擠與叫喊，一輪猛攻之後，雙方人馬倒地、負傷與陣亡；當日展現的偉大英勇、果敢與戰功足以讓後世傳頌，將士們高貴的功勳應載於史冊。尤其是馳騁沙場的亞瑟王……（V. viii）

　　亞瑟親手殺死魯奇烏斯。喬弗瑞的新古典風格有餘裕說明軍隊的部署與戰術，儘管他不願計算步兵人數。馬洛里的描述則帶有騎士混戰的色彩，並且以一場戰爭作為結束。

　　喬弗瑞具有各種傳達真實性的手法，有些還相當微妙。例如，當雷爾的孫子（瑞根〔Regan〕所生）當上國王時，「連續下了三天的血雨，人們死於成群的蒼蠅」——一副故做天真的編年史家語氣。蘭尼烏斯與之前許多史家一樣，其中也包括李維，在作品中提到血雨，卻未提到蒼蠅。喬弗瑞想必也虛構了一些人物，不過這是相當普遍的做法。他也在聖經、羅馬史與自己的不列顛史之間做了編年史的交互參照，這種做法的開山祖師是埃烏塞比烏斯。以賽亞（Isaiah）提出 238
預言時，不列顛的蒼蠅正成群肆虐著；寇爾德莉亞與羅穆魯斯及雷穆斯生於同時，特洛伊的布魯圖斯與以色列士師以利（Eli）處於同一時代。

　　是什麼構成了喬弗瑞的意圖及其文字中蘊含的精神？這兩者或許不完全是同一件事。不列顛愛國主義與尋求教會高位的驅力似乎是充足的動機，但喬弗瑞如何看待自己的創作，一如我們如何看待他的作品？或許以「騙局」一詞形容不算離譜，而且一定很吸引人，但喬弗瑞是否也當自己是騙子，仍是個疑問。他是近乎天才的模仿者，也是充滿想像力的作家。喬弗瑞是否相信自己寫的內容完全忠於史料——若他根據的史料真的完整或存在——我們不得而知。有人認為，如果喬弗瑞能坦誠表示自己的作品就像《埃涅阿斯紀》一樣是文學史詩，則他的名聲將更為響亮。或許真是如此。認為喬弗瑞對於自己的惡作劇樂在其中，這種想法頗能迎合現代人的感受；現代人對文學騙局、意有所指的笑話、嘲諷的模仿，以及混合了事實與虛構的文類特別有興趣，對此我們無疑應謹慎留意。喬弗瑞的技巧與成功甚至加強了後現代對歷史真實的懷疑：它看起來像歷史，聞起來像歷史，為什麼不能算是歷史？事實上，它背後蘊含的剛好是懷疑論的反義。在文藝復興時期，所謂君士坦丁的捐獻（Donation of Constantine）的揭露，亦即將羅馬皇帝的西方主權授予教宗，引發或加強了對一切歷史文獻基礎的懷疑。不過這樣的推論顯然有誤：真正的重點在於人們有可能證明捐獻文件是贗品。喬弗瑞的作品亦然。他的作品不同於與他同時代的編年史家的作品，後者有時笨拙、輕信、輕率或帶有偏見，但我們

知道兩者的不同之處：欺騙的概念在邏輯上是以真實的概念為前提。比喬弗瑞晚了半個世紀的紐伯格的威廉（William of Newburgh）說道，《不列顛諸王史》完全是虛構的，「要不是出於對說謊毫無節制的喜愛，就是為了取悅不列顛人」。除了明顯想在教會中求得晉升，這些恐怕也是喬弗瑞寫作的動機。接下來我們應該回到十二世紀編年史與歷史的堅實地面，即使其中隱藏著陷阱。

世俗歷史與編年史：馬爾姆斯伯里的威廉的《現代史》與馬修‧帕里斯的惡言誹謗

《盎格魯撒克遜編年史》在當時算是一件相當獨特的作品，蒙矛斯的喬弗瑞的風格亦然。不過在中古時代，全歐各地都有人撰寫編年史。與英格蘭一樣，中央集權的法國君主將焦點放在世俗編年史上，並且創造出撰寫國別史的可能。《法國大編年史》（Grandes Chroniques de France）是其中的代表作，它是從十三世紀開始由法國王室贊助，以方言寫成的歷史作品。不過，為了避免毫無生氣與蜻蜓點水式的討論，我們在此必須將視野限縮在單一國家上面。如果只考慮英語讀者的可及性，那麼這裡的焦點應該集中在英格蘭，幸運的是，英格蘭擁有豐富的編年史文獻，其中一部分譯自拉丁文作品。

到了十二世紀，不列顛島已經歷了五次重大轉變，這些轉變全是歐陸民族入侵的結果：羅馬人、撒克遜人、丹麥人與諾曼人的入侵與征服，以及從愛爾蘭和羅馬傳入的基督教信仰。每次入侵都在記錄中留下了痕跡：在凱撒與塔西佗的作品中，在吉爾達斯與比德的作品中，在《盎格魯撒克遜編年史》中，以及在十一世紀晚期與十二世紀對黑斯廷斯（Hastings）戰役與諾曼征服（Norman Conquest）的描述中。十二世紀初，當一流的編年史家人數愈來愈多之際，諾曼征服的事件正逐漸從世人的記憶中消失，不過盎格魯諾曼編年史家理所當然視諾曼征服為史料的一部分。有些人甚至在不同的歷史遺產與上一代產生的巨變驅使下進行寫作。實際的當代描述留下的並不多。最好的散文敘述出自編年史家普瓦提耶的威廉之手，他是諾曼第公爵威廉的讚頌者。不過就各方面來看，最好的記錄是一份獨特的文獻：巴耶掛毯（Bayeux Tapestry）。

巴耶掛毯涵蓋的歷史範圍與普瓦提耶的威廉的作品大致相同。這 240
面長兩百三十呎寬九又二分之一吋的掛毯，是由征服者威廉的弟弟巴
耶主教巴耶的歐多（Odo of Bayeux）下令在當地織成，至今它仍以
榮耀而光采的姿態展示在巴耶鎮上。這面掛毯也是一份文本，但不是
時下流行的具有隱喻意義的文本，因為它帶有拉丁文的敘述。這件美
麗的物品，上下緣添飾了狹長的水平帶狀空間，如同頁邊空白處的注
釋，寫實描繪著紋章般的鳥獸與尋常的生死景象。

巴耶掛毯的敘事始於威塞克斯伯爵哈洛德（Harold）受命前往諾
曼第，為英王懺悔者愛德華（Edward the Confessor）傳信給威廉公
爵。哈洛德遭遇船難，被地方上的顯貴俘獲，但威廉釋放了他。他們
一起出征，之後哈洛德對著聖物宣誓效忠公爵。返回英格蘭後，愛德
華去世，哈洛德無視對威廉的盟誓自立為王。威廉率軍登陸薩塞克
斯，擊敗撒克遜人；哈洛德顯然因為流矢射中眼睛而死，但這個說法
一直有爭議。掛毯生動描繪了當時的生活情景：海上航行、造船、打
獵、馱負重物的挑夫、士兵劫掠、準備食物、建造木製堡壘、放火燒
毀民宅、從民宅內還跑出一名婦女與她的孩子。在掛毯上下緣空白
處，鳥獸逐漸轉變為放箭的小弓箭手與殘缺不全的、死亡的、被隨意
脫去盔甲的士兵。這是一份炫目又富人性的文獻，它在歷史上的重要
性足可比擬特拉亞努斯之柱（Trajan's Column），不同的是它比後者
容易觀覽。

《盎格魯撒克遜編年史》如人們所預期的對於諾曼征服感到哀
傷，而且與吉爾達斯看待撒克遜人一樣，將諾曼人視為對罪的懲罰。
因此這部編年史不同於以往的作品，它對一般百姓的痛苦更為敏感。
年代稍後的盎格魯諾曼編年史家歐德里克・維塔利斯（Orderic Vita-
lis）、朱米耶吉的羅伯特（Robert of Jumièges）、杭廷頓的亨利
（Henry of Huntingdon）與馬爾姆斯伯里的威廉都引用了這部作品
（以及蒙矛斯的喬弗瑞的作品），而他們彼此之間也相互引用，當然
這並無不妥。其中歐德里克與威廉帶有英法混合的家世背景，不過所
有人的編年史都對哈洛德抱以尊重。如果只是簡略地介紹這些編年史
家，勢必無法做出公允的評價。如果必須做一選擇，事實上也做了選
擇，那麼人們首先想到的是馬爾姆斯伯里的威廉。 241

威廉，如其名字所示，是威爾特郡馬爾姆斯伯里修道院的一名僧

侶，並且擔任圖書館員；威廉與一些修道院作家一樣為自己所屬的修道院修史，他同時也為格拉斯頓伯里修道院撰寫歷史。他的作品與我們平常看到的作品風格不同，其格外關注秩序與主題的選擇。在他篇幅最大的兩部作品中，他分別處理了世俗與教會的歷史：《英格蘭諸王事蹟》（*Dees of the Kings of the English, Gesta Regum Anglorum*）與《英格蘭歷代主教事蹟》（*Gesta Pontificum Anglorum*）。後者是比德作品的接續。在《英格蘭諸王事蹟》中，他哀嘆英格蘭過去的記錄除了《盎格魯撒克遜編年史》以外，留下了一大段空白，並且宣稱這是令人羞恥的事。他也抨擊他所謂的不列顛人的謊言。威廉的作品中最容易簡述的一部是他的當代作品《現代史》（*Historia Novella*），其涵蓋的年份從一一二六到一一四二年，這本書因他的死亡而畫下句點；這個作品儘管並非鉅細靡遺，但至少能代表全體。

　　威廉在《英格蘭諸王事蹟》前言裡，解釋自己對史家任務與史料所採取的進路。他說他無法證明「遙遠過去的記錄」是否真實，但至少能確保「時代的一致性……無論我對晚近時代做了什麼記錄，要不是基於親眼所見，就是耳聞於可信的權威。」更不尋常的是，他自主地意識到歷史敘事與主題連貫的必要。例如在談到阿爾弗雷德時，威廉說：「詳細追溯他錯綜複雜的努力過程絕非我的本意」，將他的功績「按照時間次序詳述反而會混淆讀者」；威廉顧慮周到地做了摘要。在描述諾曼征服時，與其他作品沒有太大不同，他盡責地評估了征服的後果，描繪撒克遜人與諾曼人的性格（一個是不可靠而揮霍的，一個則是工於心計而儉約），而且特別將焦點放在（惡劣的）諾曼征服時期的教會狀況上。重點不在於威廉的評估是否適當，而在於他做了嘗試。在《現代史》中，威廉也做了公然違反嚴格編年體形式的準備，「將散見於文本各處且與英王亨利之子格洛斯特（Gloucester）伯爵羅伯特行為有關的主要論點加以整理，以重述要點的形式呈現給讀者評價。」格洛斯特伯爵是威廉呈獻作品的對象與資助者，蒙矛斯的喬弗瑞也將作品呈獻給他。

　　《現代史》的敘事以亨利一世（Henry I）統治的結束作為起點，而後緊跟著充滿爭議的王位繼承事件。亨利唯一的嫡子於英吉利海峽的一場致命海難中死亡（1120），遇難的船隻名叫「白船」（White Ship）。威廉在《英格蘭諸王事蹟》中哀悼此事：「沒有任

242

何船隻令英格蘭如此悲傷，如此聞名於世。」《現代史》記錄了英王史蒂芬（Stephen）在位期間（1135-54）的動盪紛爭，以及已故國王亨利之女瑪提爾達（Matilda）主張王位繼承而引發的內戰。亨利曾命貴族向瑪提爾達宣誓效忠，但他死後許多貴族卻倒戈支持史蒂芬。值得注意的是，威廉承諾自己要重述英王亨利統治的後半期有哪些重要大事，然而他所記錄的事件卻顯然無關緊要，例如男人流長髮的時尚令人感到羞恥、藍戴夫（Llandaff）與聖大衛教區主教之間的領土爭端、充滿爭議的主教選舉以及牛瘟：威廉至此似乎也陷入編年史的窠臼。不過《現代史》的剩餘部分則是以內戰為主題而寫的結構謹嚴的專論，從布洛瓦（Blois）伯爵史蒂芬在兄弟溫徹斯特主教（威廉認識此人）支持下篡位寫起。威廉向後世提出他的專論，在第三部分的前言中，他重申記錄的缺乏是一項恥辱：「主道成肉身的第一一四二年，我探究那些發生於英格蘭、令人毫無頭緒宛如迷宮般的事件，希望後世不因我們的粗疏而對這些事件一無所知。」主要應該記取的教訓是人類命運的反覆與無常。

　　要找到類似的當代史專論，我們必須回溯到羅馬時代；威廉與絕大多數中古時代作者一樣，不僅知道薩魯斯特與李維，也知曉維吉爾、尤維納爾（Juvenal）、西塞羅與其他古典時代作家。他必須講述的故事不外乎強盛的盎格魯諾曼國面臨的重大危機；威廉提到了與亨利一世統治時期的和平與安定形成強烈對比的景象。威廉的《英格蘭諸王事蹟》引用了《盎格魯撒克遜編年史》這部作品，滔滔不絕地描述隨後出現的無政府狀態為人民帶來的痛苦，以及彼此攻伐的貴族與土匪沒什麼兩樣：

243

　　　　一一三七年。他們嚴厲壓迫國內的悲慘民眾建造城堡。當城堡修築完成時，他們讓裡面充滿了魔鬼與邪惡之人。之後不分晝夜，他們抓來他們認為饒富資財的人士，無分男女一律送入監牢，施以無法形容的酷刑，藉此勒索金銀。

　　接著該書作者描述折磨的過程。同一項條目提到一段著名的話：「人們公開表示基督與他的聖人都睡著了。」之後，依循編年史家的風格，主題轉而提到彼得伯勒修道院（《盎格魯撒克遜編年史》即成

書於此）的建築工程，以及諾里奇的猶太人對一名孩童施以折磨並褻瀆地將他釘在十字架上，之後這個孩子被尊稱為諾里奇的聖威廉。馬爾姆斯伯里的威廉在內戰造成的痛苦上也回應《盎格魯撒克遜編年史》的說法，但他的語氣具有強烈的政治性。《現代史》也提到城堡的修築，但主要把它當成和平的絆腳石。各地主教大概是基於安全的考量而修築城堡，但此舉違反了教會法，而英王也違反教士豁免於世俗法的規定，將這些主教關入監牢。兩方各執一詞，而威廉完整呈現了這個兩難的局面。

　　雖然身為修士，但威廉顯然也是個世俗之人，他有熟識的達官顯貴，也有權威的史料；威廉顯然花費極大的心力鑽研事件內幕。他與他的資助者瑪提爾達庶出的兄弟格洛斯特伯爵，以及教宗的使節溫徹斯特的亨利過從甚密。他也熟識亨利一世的大法官，一個在前朝擁有大權的人物，索爾斯伯里（Salisbury）主教羅傑（Roger），羅傑同時也是威廉修道院的地方壓迫者。威廉說，羅傑「瞭解自己的權力且濫用上帝賦予他的恩典」，但另一方面，他又大大光耀了索爾斯伯里教區。羅傑對馬爾姆斯伯里修道院的攻擊被威廉改寫成一句優美的雋語。羅傑也試圖將他的雪爾伯恩（Sherborne）小修道院提升為修道院：「羅傑試圖把修道院改成主教教區，把主教教區改成修道院。」（以拉丁文閱讀才能感受其中的優美：「abbatias in episcopatum, res episcopatus in abbatiam.」令人不禁拍手叫好。）羅傑在新王登基後失勢。威廉說：「雖然許多人覺得他很可憐，卻沒有人對他伸出援手。」又說：「對此，我深表同情。」（II. 33）

　　內戰的命運變動無常；史蒂芬和藹而仁慈，但也軟弱無能；瑪提爾達固執而難以共事（I. 14-15）。忠誠在此遭受考驗。威廉大幅省略軍事事件，而集中於和解的嘗試，特別是教宗使節溫徹斯特主教於一一三九與一一四一年召開的兩次會議，同時也講述其失敗的原因。威廉參與了第一次會議。他個人顯然傾向支持史蒂芬，但對於史蒂芬違反教會的自由特許則加以責難，這項特許是史蒂芬同意的，並且由威廉加以謄寫。輕率者利用史蒂芬的軟弱，一些海外傭兵則趁機分取利益（I. 18）。威廉說，在英王亨利時期，來英格蘭的外國人是為了躲避家鄉戰亂的難民；現在則為了前來掠奪（II. 36）。會議議程背後隱藏著不可明言的威脅，那就是史蒂芬可能因逮捕主教而被逐出教

244

會，但事態並未演變到這種地步；威廉說，不僅因為缺乏教宗直接授權，也因為擔心英格蘭會發生更暴力的事件，特別是反教會事件。我們可以感覺到，威廉瞭解這些公眾人物的動機，他們耐心等待時機，不是做他們想做的，而是做他們能做的。教會的利益顯然是威廉關注的重點，但他並未因此做出過於主觀的判斷，也不因此而憤世嫉俗，不過他很明確地反對瑪提爾達「這個潑婦」（this virago），亦即他的資助者格洛斯特的羅伯特的同父異母姊妹。

威廉只能從報告瞭解第二次使節會議的內容。他對於會議的一無所獲深感哀悼：「我已簡短描述了一一四一年這一整年的悲劇，它對英格蘭是個致命的惡兆，我原以為這場會議可以在某種程度上為英格蘭帶來喘息之機，然而最終還是重回悲慘之境，除非上帝垂憐伸出援手，否則災難將長久持續下去。」（III. 59）這段時期的中心事件是瑪提爾達從牛津的圍城戰中逃脫。其他作家察覺有機會對此做出生動的描述——她從城牆上垂降下來，然後涉雪逃走。威廉卻不這麼認為。這場衝突的最終解決之道在威廉作品中有概略的描述：史蒂芬終其一生穩坐國王寶座，他的王位由瑪提爾達的兒子亨利繼承，也就是未來的亨利二世。但威廉無法活著看到此事實現，他的歷史也在此戛然而止。 245

威廉稱一一四一年是預示不祥的一年，而在前一年他記載的某個事件或許也值得一提：一一四〇年三月二十日，日蝕。威廉說，「許多人認為這預示了國王史蒂芬的災難（他吃了敗仗）。」威廉又說，在馬爾姆斯伯里，「起初人們坐在桌前……恐懼太古時代的混亂；之後，聽聞天有異象，於是爭相奔出室外，看見太陽周圍環繞著眾星。」（II. 38）「之後，聽聞天有異象」——日蝕仍然是個預兆，但人們也可以清楚看出它是個可辨識的天文現象。

威廉對於達官顯要的批評未曾稍減，但他的言辭總是符合禮節。即使是「潑婦」這個用來形容瑪提爾達的詞彙，在古典拉丁文中仍有「女英雄」與「具男子氣概的女子」的意思，日後才演變成僅具貶義。羅伯特・費茲・修伯特（Robert Fitz-Hubert）是個例外：「最殘忍的男人而且是反上帝的褻瀆者。」羅伯特在犯人身上塗滿蜂蜜，然後讓他們受烈日曝晒，飽受蚊蟲叮咬的痛苦（II. 39）。當他被吊死時，我們都高興不已。我們可以感受到威廉有時較為謹慎，他說過當

代史尤其詭譎多變。他在《諸王事蹟》中顯得較不拘謹，有時如同蘇埃托尼烏斯與艾因哈德一般，對諸王的外表舉止做出生動描述。例如：威廉·盧佛斯（William Rufus）臉色紅潤（當然是如此）、大腹便便而身強體壯，有著不同顏色的眼珠子，同時也是個惡人。馬爾姆斯伯里的威廉或許還有點勢利眼。一些倫敦人（一個預兆）參加了第二次溫徹斯特會議（councils of Winchester），提出對國王史蒂芬有利的論據。溫徹斯特主教稱他們為「賢達」，因為他們來自如此繁華的城市。威廉卻認為這些人是不速之客；他們宣稱自己代表「所謂的倫敦市鎮」（III. 49）──威廉口中的「所謂的」（quam vocant）不禁讓人揚起眉頭。倫敦的第一部編年史於五十年後的一一八八年問世。

　　「謹慎」這個詞永遠無法用在下一個主角馬修·帕里斯（Matthew Paris）身上：他民粹、尖刻、憤世嫉俗、黨同伐異、充滿偏見而滑稽可笑。值得注意的是，他的編年史手抄本留存至今，裡頭充滿輕率之語，他事後顯然還試圖塗改最受批評的幾處記載。然而這是白費力氣，不僅因為他改不勝改，其中的輕率之語更是多不勝數，要刪修他的作品如同去除戈爾貢佐拉（Gorgonzola）起司上的斑紋一樣困難。馬修不是史家，而是編年史家，但他插曲式以及由各種異質內容組成的《大編年史》（*Greater Chronicle*）卻生動而具娛樂性，充滿高度個人化的世界觀。

　　馬修於一二〇〇年之後不久出生，並且成為聖阿爾班斯（St Albans）本篤會修道院的修士。他編纂了一部世界通史，這在當時相當普遍，時間從創世開始一直到一二五九年，內容承襲他在聖阿爾班斯的前輩溫多佛的羅傑（Roger of Wendover）的作品。馬修的編年史比溫多佛的羅傑的作品多了二十年左右，其卷帙浩繁，除了英格蘭外也包括歐洲的事件。有鑑於此，馬修對自己的作品刪減了兩次以上，最後形成只包含英格蘭歷史的簡明編年史，之後他又刪減了這個版本。此外，他也編訂了《文獻附錄》（*Liber Additamentorum*）。馬修的材料維持著異質多樣的內容，但也可以看出新的形式正在形成。他以盎格魯諾曼韻文書寫聖人傳（包括聖阿爾班的傳記），用意顯然是為了便利俗人與婦女閱讀，至於他的《大編年史》雖未排除教會

246

史，卻完全屬於世俗作品。著名的中古史家高爾布瑞斯（V. H. Gal-braith）稱馬修的作品是「中古時代英格蘭歷史寫作的高水準之作」（*Kings and Chroniclers*, 1982）。

馬修堅持編年的形式，卻也因此無法讓敘事進行鋪陳與發展，想為《大編年史》增添風味勢必會使作品充滿馬修的偏見，也會產生憤怒與嫌惡的情緒。幸好這些描述具有娛樂性。馬修的同情比較傾向於民眾的立場，而不完全站在本篤會那邊，他向來反對權威，包括教宗、國王與主教，特別是當這些權威橫徵暴斂，忽視特許與行之有年的權利時，尤其是修道院的權利。馬修對民眾的意見相當敏感，而且認為這些意見值得加以重視，這或許是第一次有人如此主張。當時的人普遍敵視亨利三世的外國寵臣，馬修亦不例外，他說：「飢餓的外國貴族……肚子空空，張開大嘴吞噬國王的金錢。」（27）最後一句話營造出他相當喜愛的意象，而他也將這句話用在教宗身上。247

馬修偶爾語帶同情地提到議會反對國王強行徵稅，也反對外來者。他的描述總是相當口語而淺顯易懂：國王「大為光火並且對他的顧問說：『貴族們紛紛離我而去，這全是你們的錯。你們看！我就要失去加斯康尼（Gascony），連普瓦圖（Poitou）也被奪走。我的寶庫全被搬空！我該怎麼辦才好？』」（64）英王亨利不僅貪婪，且吝嗇又毫無威嚴。他拿起十字架（宣誓參與十字軍），用意不過是為了籌錢。亨利打算在倫敦設立自己的臨時市集，藉此收取通行費，在開市期間，禁止其他地方進行零售交易以打擊商人；開市的地方飽受風吹雨淋，大風扯掉了雨篷，商人們「又冷又溼又餓又渴……他們雙腳沾滿爛泥，商品全被雨水淋壞」（70）。馬修比馬爾姆斯伯里的威廉晚了一世紀，他對於倫敦市長與市民群起反對國王表示同情，不過一般而言，修院的編年史在提及市民與鎮民的桀驁不馴時，總帶著否定立場。馬修不僅敵視外國人與橫徵暴斂的大領主，也基於本篤會的立場反對托缽僧，而且對聚集於新大學的人士冷嘲熱諷：「整個世界都因自傲而洋洋得意，他們瞧不起修道院的宗教。」他特別又補了一句：「他們的目的是奪取修士的財產。」（110）

除非馬修引用的是教宗與主教的書信，而且是正式書信，否則沒有任何權貴能在他的作品中維持尊嚴。馬修津津有味地描述坎特伯里大主教薩伏衣的波尼菲斯（Boniface of Savoy）的行為，他是國王的

舅舅。一二五〇年，波尼菲斯造訪倫敦的聖巴特雷米教堂，他發現教堂正典居然帶有獨立精神，大為光火，隨即向修道院副院長興師問罪，他「亂拳痛打那位聖人、教士與僧侶，他站在教堂中央，怒火中燒地揮舞雙拳，一下子打在年邁的臉上，一下子打在滿是白髮的頭上，嘴裡還叫嚷著：『這就是英格蘭叛徒的下場。』」（148）波尼菲斯把副院長打成重傷，倫敦市民群情激憤，造成騷動。我們似乎回到圖爾的額我略的世界；或許，我們從未真正離開他的世界。世俗的神職人員酒醉嘔吐；托缽修士的穿著宛如領主，並且在教宗差遣下成為油嘴滑舌的勒索者（8）──馬修反對打著宗教之名到處流浪乞食。有人說馬修是早期的立憲主義者。這個說法不完全錯誤，但過於理論化。馬修當然支持所有的既存權利，尤其是修院的權利；他當然也同情貴族的「反抗」與倫敦市民，並且反對專制君主的橫徵暴斂。他有時讓人聯想起現代小報的形象：無禮、民粹、仇外與反智。

　　馬修也是頗具天份的插圖畫家，這點相當獨特。他的頁緣插圖雖帶有諷刺性質，卻不屬於諷刺畫，而是搭配主題與場景繪製的優雅、吸引人、偶爾帶點古風的圖畫，還有一些則是純粹裝飾用的盾形紋章。當然這些圖畫不像一些附插圖的祈禱書、福音書與時禱書那樣精緻與豐富。它們就像馬修的文字一樣，生動、通俗而有時恐怖：刑枷、錢包（與主題有關）、方濟會修士、猶太人、被虐待的犯人、絞刑、地圖（包括聖地與駱駝）、迴廊、戰爭、船難、經常被編年史家用來形容地震的崩塌建築物，以及殉教（聖阿爾班、貝克特〔Becket〕）。其中最不尋常的畫面，是克雷莫納鎮樂隊居然一群人全坐在一頭大象上；這座城鎮的重要之處在於它在義大利抵抗皇帝腓特烈・巴巴羅薩（Frederick Barbarossa）的時候扮演了令人不恥的角色，而其採取的措施也吸引了馬修的注意；它們成了弗萊辛的歐托（Otto of Freising）的當代史主題。瀏覽馬修圖文並茂的作品，欣賞其中的鳥類、盾形徽章、諷刺畫與當代生活的小古玩，閱讀的樂趣因之倍增。

修道院編年史：聖阿爾班斯與伯里聖艾德蒙斯

　　馬修・帕里斯也為所屬的聖阿爾班斯修道院撰寫《歷代院長事

蹟》（*Deeds of the Abbots*），這是另一種普遍的修道院文類。馬修在前言提到，他寫這部本質傳統的地方史，理由與國別史的標準相同，但在結尾部分則有些出入。這部作品完成之後： 249

> 人們的善行與惡行將可傳之久遠不致埋滅，不只現在的人，連未來的人都會受激勵而努力行善，惡人則會畏懼醜事流傳而有所忌憚。此外，如果世俗或教會的人虔誠捐獻教會，不只是他的姓名，還有捐獻的內容……都將毫無虛假地載於史冊……

保存捐獻記錄是編纂修道院歷史的動機之一，也促成了特許的偽造；這些捐獻不只是實物，還有土地與特權。特許可以更充分地保障捐獻財產，這些捐獻多半發生在強調習慣而忽視文獻的時代，在爭議發生時往往缺乏可資釐清的證明（即書面記錄）。特許也可以充當存貨清單，防止侵占情事發生。

馬修的寫作，如同他坦率的前言所云，並未因轉向內省而失去對權威的尖酸批評與質疑：他對修道院院長並無敬意，對於國王與大主教的態度亦是如此。雖然馬修也是聖人傳的作者，而且堅持維護傳統權利，但在這裡不難辨識出他寫作《大編年史》時的風格。他的興趣包含了教會與世俗。舉例來說，修道院長久以來一直飽受威脅，狡猾的建商給了「不牢靠的建議，要求增建多餘、無用與過度奢靡的裝飾」，院長因此感到恐懼，於是工程陷入停頓，院牆也開始傾頹。為了支付工程費用，院長派了「一位名叫阿姆菲巴魯斯（Amphibalus）的教士；在聖阿爾班與聖阿姆菲巴魯斯的庇佑下，天主在第四天令這個教士復活」，阿姆菲巴魯斯帶著聖人的遺物巡迴各地傳道募款（15）。馬修似乎把這件事當成單純的募款活動而未做任何評論。然而工程仍繼續延宕。不過最後還是完成了食堂、宿舍與廁所。聖阿爾班則和以往一樣只能自求多福。當修道院可能敗訴時——一名不忠的修士因接受敵對修道院的賄賂而偽造特許，造成這個結果——叛徒的犯行曝光並且被流放到泰恩矛斯（Tynemouth）分院，或許因為氣候的關係，此地被當成了一座監獄。那位修士在當地酗酒暴食，最後罪 250 有應得地在如廁時死亡，斷氣時嘴裡還叫嚷著：「帶走他吧，撒旦！」圖爾的額我略的死狀也很類似，或許是模仿自異端的祖師爺阿

里烏斯，據說他也是在如廁時去世。當然，如廁死亡的例子所在多有。以聖阿爾班斯那位修士為例，馬修說，有人質疑死者是否有資格接受基督教葬禮，然而為了避免醜聞，教友們「對許多事情悶不吭聲」（18）。

　　修道院是具體而微的政治體，國王、主教（我們看到索爾斯伯里主教對馬爾姆斯伯里的壓迫）、修院院長、女修院人員與輔助修士及修院佃戶間不明確的權力與傳統權利區分，使得修道院不斷出現摩擦與爭端。院長是個專制君主，但在院長之位空缺時，修士就成了（在一定限制下）選民，他們有權提出人選交由國王批准。他們選出的修士將成為偉大人物與王國的顯貴。馬修詳細說明選舉的正當程序與選舉人應遵守的行為。修道院與教會以及接鄰的世俗領主在土地與司法管轄權、使用權與通行費上的衝突，造成繁多的法律訴訟，甚至偶爾引發暴力，不過暴力衝突通常只限於修道院的僕役。聖阿爾班斯修道院的世俗敵人曾偽造過特許，他們反對院長有權罷黜他們所支持的某間教堂的副主持。他們一方面提出偽造的特許或另一份特許，另一方面則暗中派人圍困教堂，宛如圍城一般，並且威脅閹割新任的副主持與他的修士，根據馬修的說法，這些僧侶最後被徹底斷水斷糧。修院方面向約翰王求助，雖然我們聽聞國王懷恨於伯爵，但故事裡的國王形象仍躍然紙上。國王吼道：「天啊！怎有如此駭人聽聞之事！」於是要脅伯爵的手下放棄圍困（20）。

　　馬修提供有關修道院內部事務的一切資訊，從委託畫師為教堂繪製畫作與為圖書館添購書籍，到停發零用金以避免修士耽於飲酒。約翰院長曾因建商的漫天要價而陷入恐慌，他的去世在馬修筆下顯得既虔誠又動人。約翰擁有一項專長，他「判讀尿液的能力無人能敵」（30），但他衰退的視力卻使他無法診斷自己的病症。歷代院長的去世與隆重葬禮均屬重大事件。約翰院長向修士告別的場景令人動容，不過馬修也如他先前承諾的，記錄了院長的犯罪行徑，一一指出他的奉承者，並且哀嘆他如同暴君一般，將修士流放到遙遠的小修道院或修道院的單人小室以為懲罰。修士們要求新院長禁止這項作法並且獲得首肯，但隨後院長又違背承諾；其中一名受害者哭著懇求留在原修道院與其他修士作伴。流放在某些例子中明顯意味著單獨監禁。另一項針對新院長特蘭平頓的威廉（William of Trumpington）的指控，則

251

是指出他偏好與俗人而不願與「友善的修院教眾」一起用餐（49）。馬修還大膽地批評修院人員。

在其他方面，威廉院長的表現還不壞，在眾多善行中，他最大的貢獻是從伍斯特主教那裡取得聖伍爾夫斯坦（St Wulfstan）的一根肋骨（49），我們不知道他如何取得。馬修再次遵守他的承諾，對獲得的物品與裝飾品的記錄均存有高度興趣，這些物品都是經由委託與捐贈取得：肖像、圖畫、祭壇飾物、強化教堂屋頂用的鉛。修道院院長與修士以及俗人都在捐贈者之列。馬修慷慨地對負責製作這些物品的畫家、工匠與這些禮品的精緻致上敬意，不過他也記錄了聖餐禮與飾以寶石的神聖金銀器皿兩度從教堂中被盜走，這些事件不僅受到譴責也令人震驚。在記錄俗人施捨時，馬修的敘述似乎預示往後無數教區雜誌所記錄的無數條目，其中記載了不可勝數的禮物，如聖帶、祭壇布與跪墊，每一件都虔誠地加以緣飾、以鉤針編織與繡上花紋：「愛麗絲小姐，亨利·寇克斯之女，為祭壇獻上紅色絲綢飾以金色花紋的十字褡。」（50）

聖阿爾班斯修道院是編撰編年史的著名中心。我們知道馬修續寫了溫多佛的羅傑的編年史（從創世開始）。不斷接續寫作的聖阿爾班斯編年史一直持續到一四四○年，比原作多了兩百多年。事實上，高爾布瑞斯曾提出「聖阿爾班斯歷史學派」的說法；沃爾辛漢的湯瑪斯（Thomas of Walsingham）是聖阿爾班斯修士，也是蘭開斯特時代（Lancastrian period）著名的編年史家。其他編撰編年史的修道院中心是伍斯特、坎特伯里、德漢（Durham）與彼得伯勒。然而，在這類中心中，伯里聖艾德蒙斯修道院編撰的作品是各類盛行的平庸之作中的珍品，如同馬修的聖阿爾班斯編年史，不過與馬修不同的是，這部作品只專注在修道院的事務上。

十一世紀末，聖艾德蒙修道院為他們的聖人編纂了神蹟集成；這位聖人於西元八七六年被丹麥人所殺，遺骨保存於修道院。這份文獻也將修道院歷史上溯到一○九四年新教堂落成之時，此外也提到與塞特佛德主教（Bishop of Thetford，塞特佛德教區後來轉移到諾里奇教區）在自治權上的無盡爭論。這種狀況似乎並不罕見，聖人傳記轉變成地方史，正如後者有時在外界對修道院的豁免權施加壓力時合併了國別史，特別是來自國王的壓力，而且特別表現在財政方面。伯里也

252

編撰了修道院建築史,並且續寫修道院編年史直到十三世紀下半葉,其中最著名的事件是一二六四年有一群年輕鎮民反叛修道院。伯里編年史還提到一二七二年諾里奇發生的嚴重反叛事件,教堂被縱火,三十多名修士僕役被拖出來殺害;伯里編年史估計這次事件涉入的市民在三萬人以上,其中有許多是婦女。

伯里編年史的續寫作品中,最知名的是布雷克隆德的喬斯林(Jocelin of Brakelonde)的編年史,坎登社(Camden Society)於一八四〇年出版這本書後不久,湯瑪斯‧卡萊爾即選擇它來象徵過去,而與他的小書《過去與現在》(*Past and Present*, 1842)所象徵的現在形成具警惕意味的對比,而喬斯林這部作品也在英格蘭文學中取得永恆的地位。卡萊爾慧眼獨具,很早就發現喬斯林的價值,不過他的高傲有時也令人光火。喬斯林的編年史從十二世紀最後數十年(亨利二世,理查一世)開始,延續到十三世紀初的約翰王時代。以修道院而言,它始於休(Hugh)院長時期,休院長老邁孱弱,無法理事。喬斯林的作品雖稱為編年史,卻展現了歷史敘事的原型主題:年邁的統治者、混亂、解救者與重現生機。院長與他手下的副院長原本應負責維護聖艾德蒙的一切權利與自由,對抗強鄰與國王、教宗,最終則要維持內部紀律。然而,修道院逐漸走向崩潰,由於管理不當(主要是聖器管理人與地窖管理人)而積欠大量債務。聖器管理人負責教堂內外勤務與建築物的維護,以及向鎮民收取規費;這些鎮民全是修道院的佃農。地窖管理人負責為修士與客人採買食物,以及從修道院的土地取得收益,包括規費與實物。因此,聖器管理人與地窖管理人均負責收取與花用金錢(其區別不同於司庫與管執事,不過也有類似之處)。他們很有機會陷入龐大的債務之中,而且實際上也是如此,原因顯然不是出於侵吞,而是散漫與無能,一旦開始舉債,便無望地陷入支付利息與更多債務之中。

老院長去世,接下來是一段過渡時期;修士們依照往例祈求新院長的出現,不過喬斯林嘲諷地評論說,如果他們知道未來的院長是誰,他們「將不會如此虔誠祈禱」(11)。喬斯林對於隨後選舉的描述是件極出色的作品,他幽默而充滿活力地詳述並引用許多直接對話,描述在重大決定之日逼近下,出現的耳語、遊說、公開訴諸舊仇與偏見,以及新的焦慮與算計。選舉造成老人與年輕人、博學者與目

不識丁者的分裂，而透過喬斯林我們可以發現修道院院長應有的特質，以及被嫉妒、憎恨與憂懼沖昏頭的修士們，還有每個人獨特的個性：膽怯、驕傲、乃至於憤世嫉俗。智識者的自負遭受反智主義的反制。有人說：「歐爾丁（Ording）院長是好人而且能明智地處理院內事務」；一個未受過教育的人也可能成為一位好院長，「雖然他不像其他人一樣能成為完美的哲學家」。

對此，另一個人回答說：「這怎麼可能？一個不識字的人如何能引經據典或在宗教節日上向民眾傳道？不懂聖經的人何能知曉寬嚴相濟之道，怎能理解『靈魂的規則是藝術中的藝術與科學中的科學』？上帝絕不允許愚蠢的形象設立在以博學知名的聖艾德蒙教會裡。」還有人說：「那位弟兄博覽群書、辯才無礙且精明謹慎、恪守戒律；他熱愛修道院，為了教會財產忍受了許多困難；他有資格被選為院長。」另外也有人回道：「來自所有善良修士的祈求，喔，上帝解救我們；這或許能取悅你庇佑我們免受諾佛克（Norfolk）爭論者的攪擾，懇求你垂聽我們。」

喬斯林本身支持的是智識派，不過在隨後的描述中他似乎責怪自己年輕時的道貌岸然：

身為一個年輕人，我確實「在理解上像個孩子，說話也像個孩子」，而我當時說，除非有人瞭解辯證法以及能區別論證的真偽，否則我不同意由這樣的人擔任院長。而另一位自以為聰明的人說道：「願全能的上帝賜給我們一位既愚蠢又無知的牧者，如此他就必須事事求教於我們！」（12）

喬斯林在選舉上的無經驗使他做出困窘的鹵莽舉動：

在某個場合，我無法控制自己的情緒，因而不假思索地說出心裡的想法，我以為聽眾不會把話告訴第三者，我說的是某位弟兄沒有資格成為院長，雖然他喜愛我且待我不薄；我又說我認為另一位弟兄有資格成為院長，某個我較不喜愛的人。我依照良心

說話，看重共同善更甚於自己的前途，我說的句句屬實，如結果
所證明的。瞧！有個自甘墮落的傢伙將我說的話洩漏給我的捐助
者與朋友；直至今日，再多的祈禱與禮物都無法挽回對方對我的
喜愛……如果我能活著見到院長一職再度出缺，我會謹言慎行。

論辯不斷在各方之間搖擺著。有些人完全在恐懼下做出決定：某
人「在修院裡」一副卑屈的樣子，「然而一旦幸運接下職位，他就變
得狂妄自大，蔑視僧侶且親近他不該親近的世俗之人。」（這也是馬
修・帕里斯的主題。）另一位候選人則顯然有演說障礙。

255 山姆森（Samson）被選為院長，在經過一段焦急等待後，國王
批准的旨意終於下來。山姆森原本擔任聖器管理人的副手，他在全體
修士投票中獲選成為王國裡的偉大人物；修道院支配的不只是城鎮，
還有城鎮周邊地區，而修道院是國王的直屬佃戶，如同世俗的大貴
族。與馬修的編年史一樣，喬斯林把大部分注意力放在前任院長遺體
的處理過程與葬禮上，以及獲勝者的就職儀式，典禮結束後，一同用
膳的竟有一千多人。喬斯林成為院長的隨行修士，因而得以近距離地
認識這個人，而他也將這個經驗與讀者分享。山姆森是個強人，行事
專斷，是堅定的統治者，但也有吸引人的人性面。他不採用親信，即
使是之前的支持者也一樣，因此招致怨恨。山姆森顯然不認為原來的
聖具管理人與地窖管理人能做好份內工作，於是另外提拔世俗教士而
非修士作為親信，以清查帳目是否核實，此舉犯了眾怒。

一如以往，修道院內外充滿許多會引起紛爭的因素，喬斯林的編
年史無論鉅細均予以記錄：與鄰接的世俗貴族和坎特伯里大主教在司
法管轄權上的爭論，與伊利主教（Bishop of Ely）在木材上的爭議，
與鎮民在行之有年的權利與規費、糞肥與建築物、未授權的磨坊（山
姆森已將其拆毀）與漁獲上的紛爭。山姆森與英王理查對於如何處置
聖艾德蒙的一名受保護人起了爭執，理查希望這名受保護人與他指名
的對象結婚。山姆森立場堅定，國王先是驚訝，而後展現寬容。山姆
森努力恢復修道院的財富，但他與修士的關係卻因一些爭議而變得緊
繃，包括：院長的魚池對修士的草地造成損壞，以及從牧牛草地收取
的規費如何劃分，還有接待客人的費用如何分攤，哪些客人該由院長
付帳，哪些客人該由修道院出錢。地窖管理人總是處於爭論的激烈核

心。山姆森以高超的手腕贏得勝利，但他感受到職責的重大，並且相
信喬斯林寧可擔任卑微的學校老師（他在成為修士之前所從事的工
作）或修道院的低階職位，而非院長。這當中也有非常感人的場景， 256
當一些反對者因畏懼院長的權勢而降服時，勝利的山姆森在公眾面前
為院內充斥著尖酸刻薄的言論而落淚。院內修士們也感動流淚，於是
雙方交換了和解之吻。

　　有一段長達數頁的精采描述，內容是關於聖艾德蒙神龕的啟用與
虔敬的遺體開棺儀式，在一場大火之後，這些都需要加以修復。對一
些修士而言，能親眼目睹乃至於觸摸他們的守護聖人，顯然是莫大的
特權，而這也引來嫉妒。十二名修士，包括最高階的職位，雀屏中
選。

　　　於是，當整座修道院沉睡之際，這十二個人穿上白麻布僧
　　袍，將棺木拉出棺架，他們抬起棺材將它放置在棺架古老地點旁
　　的桌上，準備掀開棺蓋，棺蓋以十六根長鐵釘牢牢釘在棺木
　　上……站在一旁的院長朝棺內望去，首先看到覆蓋全身的絲質布
　　料，然後是白得不可思議的亞麻布：蓋在頭上的是一小塊亞麻
　　布，亞麻布下面是一小塊絲巾，質地細緻，如同修女的面紗。然
　　後他們發現遺體包裹著亞麻布，最後終於看到神聖遺體的輪廓。
　　此時院長停下來，說他不敢繼續觀看未包覆的神聖肉體。於是他
　　將頭埋進兩手之間，呻吟地說：「光輝的殉教者，聖艾德蒙，你
　　出生之時即被施予祝福！光輝的殉教者，不要因我的鹵莽，我，
　　一個可悲的罪人，現在要觸摸你，而使我淪落地獄；你知道我的
　　虔信，你知道我的意圖。」於是他開始觸摸眼睛與鼻子，這是個
　　挺直的大鼻子，之後他觸摸胸部與手臂並舉起聖人的左手，他觸
　　摸手指且讓自己的手指與聖人的手指交握；接著他發現雙腳僵硬
　　朝上，如同同一天死去的男人，院長觸摸腳趾，一邊觸摸一邊數
　　著腳趾的數目。（113-14）

　　在這段高潮之後，接下來又是一連串的爭論與和解；修道院的生
活如此持續下去。然而，末尾值得一提的是約翰王。加冕後他造訪修
道院，「在虔誠與自己的誓言引導下走到該地」。遺憾的是，約翰的

虔誠是廉價的。「我們真的以為他會做出大筆捐獻；但他什麼也沒
捐，只拿出一塊絲質布匹，而這還是他的僕人向我們的聖具管理人借
的，甚至連錢也沒付。約翰王在聖艾德蒙受到熱情招待，所有的花費
全由院方支付，當他離開時，並未給予聖人任何榮耀或捐獻，只付了
十三便士……」（116-17）

　　聖艾德蒙有資格成為所有款待王室者的守護聖人。

第十七章
十字軍歷史與騎士歷史

維爾阿杜安《君士坦丁堡的征服》

西元一一八七年，當伯里聖艾德蒙斯修道院院長山姆森聽聞十字 258
軍王國將耶路撒冷這座由基督徒占領了八十七年的城市拱手讓給了穆
斯林時，他穿上苦衣開始齋戒。耶路撒冷是第一次十字軍東征取得的
巨大戰利品。十字軍東征是最令基督徒感到興奮的外交事件，不可避
免在編年史中占有一席之地。馬爾姆斯伯里的威廉在《英格蘭諸王事
蹟》中，以相當篇幅提到教宗烏爾班二世（Pope Urban II）於一〇九
五年的克雷蒙宗教會議（Council of Clermont）中發表第一次十字軍
東征的宣告，並且引用了文獻，同時還附帶向讀者描述羅馬、君士坦
丁堡與耶路撒冷。一個世紀後，馬修・帕里斯斷斷續續提到——他對
一切事物都是如此——日耳曼皇帝腓特烈二世（Frederick II）發起的
十字軍，腓特烈的事業與令人懷疑的聲譽（他發動十字軍，卻被逐出
教會）顯然令馬修頗為著迷。

從一〇九六年第一支基督教軍隊成軍開始，十字軍東征總共涵蓋
了三個世紀，不意外地這些戰事深刻影響了歐洲人的想像與感受。我
們不久將會看到，十字軍東征也使曾經相當普遍的戰爭專論式歷史文
類再度興盛。在此之前，最後一次出現的戰爭敘事是在拜占庭史家普
羅寇皮歐斯（Procopius）的《戰史》（The Wars）中，描述歐洲發生
的一場戰役，查士丁尼皇帝於六世紀上半葉自拜占庭出兵，為羅馬帝
國再次征服義大利的哥德王國。（普羅寇皮歐斯還有一部名著《祕
史》〔The Secret History〕，主要是對皇后狄奧朵拉〔Theodora〕淫
行的有趣描述。）十字軍東征是自西元三六三年背教者尤里阿努斯的 259
波斯戰役以來，歐洲在傳教活動外（包括查理曼強迫撒克遜人改信）
首次持續性的東向擴張。

就定義來說，十字軍是一支朝聖隊伍，十字軍戰士獲得朝聖的好

處與特權，包括罪的赦免。唯有教宗才有權允許朝聖，因此也唯有教宗才能號召十字軍，正如唯有藉由宣誓才能成為十字軍戰士。十字軍東征有好幾次，範圍不限於小亞細亞。十字軍也是教廷在歐洲的武器——對抗西班牙的穆斯林、波羅的海沿岸的異教徒、南法與北義的阿爾比異端（Albigensian heretics），以及教宗的政敵。十字軍解釋了史達林日後的疑問：「教宗與多少人意見不和？」以十字軍的出征次數來看，敵人還真不少，但出征通常是間歇而短暫的。對教宗而言，十字軍也像飛彈一樣，一旦發射就難以控制，第四次十字軍東征充分證明這點，他們表面上攻打耶路撒冷，實際卻征服了君士坦丁堡與希臘基督教帝國大部分地區。

教宗烏爾班鼓吹第一次十字軍東征，這項創舉的背景是前往聖地的基督教朝聖者愈來愈常受到當地穆斯林統治者的騷擾，此外拜占庭對土耳其人的軍事抵抗也開始節節敗退，促使他們向教宗尋求援助。有些十字軍戰士的動機似乎從一開始就是為了替自己奪取土地，而十字軍的產生也伴隨著有計畫地屠殺歐洲猶太人；猶太人與穆斯林都被視為基督的敵人。十字軍在拜占庭人眼中也經常被視為入侵者而非援助者，這種觀點並非毫無理由。衝突與流血時有所聞，部分是因為第一次十字軍東征並未經過完善組織，也沒有充分的後勤補給；更貼切地說，這些十字軍是一群往東流竄的散兵游勇，而非號令嚴明的正規軍。儘管如此，耶路撒冷最後還是落入十字軍手中，時間是一〇九九年，伴隨而來的是劫掠與屠殺，他們在耶路撒冷推選出基督教國王，不過實際上只是找個年高德劭者來充當。

第一次十字軍東征留下一些目擊者描述。其中最有趣的一部作品是拜占庭皇帝阿雷克西歐斯一世（Alexius I）的女兒安娜・康姆妮娜（Anna Comnena）寫的《阿雷克西歐斯一世傳》（Alexiad），它之所以有趣主要不是著眼於內容，而是它的視角。這本書是對她父親的頌辭，但也清楚顯示拜占庭對十字軍的態度，這些十字軍如天上星辰或海邊沙粒般不計其數，安娜稱他們為法蘭克人（一般名稱）、野蠻人，以及更常見的凱爾特人。安娜對十字軍的憎惡是可以理解的，她說這些人狡詐又貪婪。在她寫作之時，十字軍領袖塔蘭托的伯希蒙德（Bohemond of Taranto）才剛從南義根據地出發攻打阿爾巴尼亞的希臘人。在安娜眼中，他是不折不扣的惡棍。她甚至拒絕說出其他領袖

的名字，因為這些名字的音節實在太粗鄙（10.x）。烏爾班之前的額我略七世（Gregory VII）是個「可憎的教宗」（1. xiii）。安娜的作品相當有組織，她的評斷也是可以理解的，但這些批評卻使她喪失史家的首要條件：好奇心。她對自己父親的描述就只是不斷重複讚頌之辭。可惜的是，拜占庭政治家米卡埃爾‧普塞爾洛斯（Michael Psellus）傑出而觀察入微的宮廷史完成於一〇七八年，比十字軍抵達拜占庭早了十年。然而安娜的確提到十字軍自招敗亡的性格：「凱爾特人一開始毫無懼意地以騎兵進行衝鋒，但之後由於甲冑沉重以及他們躁進的性格，要擊敗他們可說輕而易舉。」「凱爾特人……結合了獨立精神與目中無人，更甭提他們完全不培養有紀律的戰爭技藝。」（11. vi）這些評論直到一三九六年法蘭克騎士在尼科波利斯（Nicopolis）的最後一場致命戰都還管用，十字軍的希望終於破滅。十字軍的殖民地位於仇視他們的穆斯林與希臘人的大海中，從未吸引其他拉丁人前來，只憑著天主教移民加以確保。十字軍有時令人印象深刻，而且對拜占庭與穆斯林構成威脅，但它總是間斷不繼，熱情也太短暫（就某種意義來說，這不違反他們原先的意圖：十字軍的誓詞不包括建立殖民地），因而無法長期保住成果。

關於一一九八年由教宗英諾森三世（Innocent III）所發起的第四次十字軍東征，最易取得的描述作品是書名取得毫不掩飾而精確的《君士坦丁堡的征服》（*The Conquest of Constantinople*），作者是喬弗羅瓦‧德‧維爾阿杜安（Geoffroy de Villehardouin），他是這場戰役的主要參與者。一個世代之後，第六次十字軍東征的目擊作品是讓‧德‧喬安維爾（Jean de Joinville）的《聖路易傳》（*Life of St Louis*），它有著維爾阿杜安缺乏的生動與人性，而且更具閱讀樂趣，不過它比較近似於個人回憶錄與傳記，而非通論性的歷史，此外，法王路易九世胎死腹中的北非戰役也不如十字軍離奇攻打君士坦丁堡來得引人入勝。就某個意義來說，維爾阿杜安是生逢其時，他在自己的十字軍歷史中實際擔任要角。他從頭到尾參與這次東征，而且在軍事會議中舉足輕重，數度擔任使節與談判者，與藉由海路遠征的威尼斯人磋商、與希臘人會談，以及在劃分領土時為十字軍各路領袖折衝樽俎。唯有穆斯林不在他接觸之列，而他們確實未在他的書裡扮演任何角色。（阿雷克西歐斯一世因畏懼十字軍，曾與穆斯林實際結

261

為盟友。）

　　不過維爾阿杜安的作品與安娜‧康姆妮娜有著相同的缺點，他反映出安娜無意間顯露的偏見，而且是顛倒過來：希臘人是狡詐而不可信任的。他非常認同十字軍採取的戰略，這些策略本質上是為了支援威尼斯人橫渡亞得里亞海攻取基督徒領土，然後攻打君士坦丁堡，維爾阿杜安如此支持十字軍，以致凡是反對十字軍決策的人都無法獲得他的理解、甚至好奇心：他們只是蓄意破壞者。維爾阿杜安身為與威尼斯人商談運輸事宜的十字軍使節之一，實際上也是十字軍進軍路線的設計者。由於他對需要運送的軍隊人數估計過於樂觀，造成使節們與威尼斯訂立的契約代價過高，十字軍為了應付自身的費用，沒有能力也沒有意願再負擔這筆款項。於是他們屈服於威尼斯人針對拜占庭帝國所擬定的計畫，威尼斯人無論如何也要從中榨取商業特權。

　　可以理解的，有些十字軍戰士希望排除威尼斯的參與，改從諾曼法國人的南義大利基地出發，橫渡亞得里亞海，直接登陸敘利亞岸邊。這是個合理的觀點，但維爾阿杜安完全不接受，即使十字軍領主們為了保住剛從希臘帝國取得的土地而陷入與保加利亞及瓦拉奇亞（Wallachia）的基督教國王約翰尼查（Johanitza）奮戰的困境，似乎也無法動搖他的決定。同樣的，他也對十字軍在一二〇四年徹底且毀滅性地掠奪與蹂躪君士坦丁堡並分配戰利品無動於衷。他曾受封為香檳元帥，日後又受封為拉丁帝國的「羅馬尼亞」元帥，這種典型的將領性格，讓他深信自己的路線是正確的，即使對手在戰略上釋出善意，也絕不做任何讓步。他總是將各種不同的意見混為一談，認為他們全是「想擾亂軍心的人士」，至於那些想返回歐洲另謀出路的人，以及打算獨自前往「毫無利益可言」的敘利亞的人，對他來說沒有太大區別。他這種自利的描述有時讓人想起約瑟夫斯，但後者顯然是更優秀的敘事者與分析者。就一名軍事領袖而言，維爾阿杜安在戰術上毫無裨益，僅以「上帝的旨意」籠統解釋成敗。他有時以傳令兵報告戰事與騎士比武的方式提到騎士們贏得榮譽與功勳，他也記錄重大傷亡，但羞辱罪人似乎才是他從事記錄的重要動機。他列出的背教者名單遠多於有功人士名單；在他冗長的贅語中，背教者總是「想擾亂軍心的人士」。

　　維爾阿杜安的歷史是以方言與散文寫成，雖然方言比較常表現成

韻文形式。他的作品是歷史，不是編年史：它是一部精心安排的專論，從適當的地方開始——始自十字軍的宣揚而非亞當的創造——呈現出連貫而持續的敘事。就這一點而言，它使人想起上古時代的史家，不過維爾阿杜安在寫作上遠不及他們。但這樣的比較似乎只有我們知道，維爾阿杜安自己顯然未察覺到前輩的存在；他的書缺乏傳統的前言與其承諾，而且他沒有文學架子，這毋寧是在安娜·康姆妮娜惱人的文學自我意識後的一種解脫。事實上，有人懷疑他是否具有讀寫能力，他的作品或許是出於口述。

　　儘管沒有前言，也不管再怎麼缺少自我意識，維爾阿杜安寫作的動機仍不難理解。他知道君士坦丁堡落入十字軍之手是件罕有的大事，他稱之為成就，而他親身參與其中。在沒有前言之下，維爾阿杜安的書不像傳統的做法那樣宣揚自己所述事件的偉大，但他很清楚這些事件有多特殊：城市的壯麗與十字軍的殘暴，即使表面上十字軍一開始是為了讓被罷黜的儲君復辟。維爾阿杜安數度震懾於十字軍艦隊規模之盛大，雖然實際上數量沒那麼多。一般而言，他不是個文筆生動的作家，但登岸的情景卻讓他有感而發寫下讚頌之辭：「這是一副令人驚嘆的景象；騎士與重騎兵從戰艦蜂擁而下，許多健壯的馬匹自船舶裡牽出，無數棚子與營帳被卸下來準備搭建。」（46）至於君士坦丁堡，沒看過的人無法想像世上竟有如此美好的地方。十字軍戰士： 263

> 　　看到周圍環繞著高牆與尖塔，以及富麗的宮室與聳立的教堂，若非親眼所見，沒人會相信竟有如此多美麗的事物，而且他們發現這座城市的長寬遠邁世上其他城市。再怎麼勇猛與膽氣十足，見了這副景象莫不感到顫慄……從創世以來，沒有任何民族能營造出如此壯觀的事業。（59）

　　在描述十字軍掠奪的戰利品時，維爾阿杜安也有類似的驚奇與誇飾之語。

　　很難說維爾阿杜安有多虔誠，儘管他經常將「上帝的旨意」掛在嘴邊。當然，他對教會事務的興趣似乎不高。他提到教宗反對攻擊亞得里亞海沿岸的基督教城市，但未提及威爾斯人被逐出教會。他記錄

西妥會（Cistercians）內部對十字軍路線有不同意見，卻也認為西妥會的異議領袖是個背棄者與「恥辱」；這個異議領袖是沃（Vaux）修道院院長，他最後對十字軍感到作嘔而獨自前往敘利亞。維爾阿杜安未提到天主教會在君士坦丁堡設立宗主教，以及在聖索菲亞教堂設立天主教的分支教會，然而這些舉動卻招來東正教希臘人的強烈憤恨。更令人驚訝的是，他對城市戰利品的沾沾自喜使他忽略為數甚多的遺跡，這些物品在西方受到重視而且實際上賣了很高的價錢。維爾阿杜安提到教宗的赦罪是十字軍東征的一項動機，但作為目標的耶路撒冷卻很快從他的書裡消失，而且未再提及。他記錄了一段耐人尋味的宣告，這想必並不罕見，這段話出自某個拋棄船隻從敘利亞返回加入十字軍的人，當他離開先前的夥伴時，他對他們說：「我要跟這些人一塊，我相信他們可以為自己謀取一些土地。」（57）對於這種不是很具朝聖氣味的情感，維爾阿杜安未做任何評論。

弗羅瓦薩爾：「名聲顯赫的事件」

根據維爾阿杜安的說法，一些法國騎士在他的省份香檳參加於埃克里（Ecry）舉辦的騎士比武大會；這些騎士曾於一一九九年宣誓參加十字軍，並且派遣使者與威尼斯人商議運送士兵渡海。騎士比武雖然是在更有限的時間裡進行，但與十字軍類似的地方是它也聚集了騎士與貴族階級成員，有時還具有國際重要性。作為一種具體而微的戰爭，有時甚至還會致命，騎士比武有真實衝突的性質，雖然沒有弓箭手或圍城：有傳令兵記錄與宣揚英勇事蹟，儀式更加光彩奪目，對於對手謙恭有禮，甚至必須宣誓，不過與宣誓加入十字軍將戰士變成朝聖者相比，騎士比武比較具有個人特異的風格，乃至於有點古怪。騎士比武甚至影響實際戰爭的報導與進行方式，其更強調個人武藝的展示，連帶也看重功勛與榮譽的取得；我們在維爾阿杜安的作品裡發現幾個例子。比維爾阿杜安晚了約兩個世紀的讓·弗羅瓦薩爾（Jean Froissart），他的寫作資料來源似乎是傳令兵，他的敘述帶有一種或許可稱之為傳令兵視角的風格，如同計分卡一般。作為一種有規則的戰鬥，騎士比武促進了騎士階級的團結，演練與激勵符合騎士精神的行為，重視騎士應有的舉止，犯規的攻擊是可恥的；雖然有時也會產

生仇恨與實際流血，甚至造成騷動與混亂。

騎士精神是貴族戰士階級的行為規章，是以亞瑟及騎士為中心的 265
方言騎士文學的教士作者們培養出來的，騎士精神的觀念從十二世紀
開始發展，到十四世紀臻於極盛。騎士精神的核心儀式除了封爵典禮
外，騎士比武也從十二世紀毫無章法的混戰鬥毆（馬修‧帕里斯記錄
十三世紀初有些騎士比武大會因擔心造成混亂或由於氣候因素而取
消）轉變成愈來愈豪華而儀式性的事物。早期的混戰肯定就像早期村
落間的足球賽，幾乎沒有規則，沒有清楚劃界的區域，而且造成一些
死傷。後來市鎮廣場劃出一塊區域，按照先後次序進行個人戰鬥，設
立觀眾席，其中包括女士的座位，比賽結束後還舉辦慶典活動。

與戰爭一樣，失敗者的良馬與盔甲歸勝利者所有，因此騎士比武
有商業的一面；這些比武者有點類似以此「為業」的貧窮騎士。在戰
爭中，戰俘被留下性命以換取贖金，他們既是可協商的商品，也是時
運不濟的騎士兄弟；戰俘可以被買來當成投機的贖金，或者更像是貼
現票據。以騎士精神（謙恭有禮以及如兄弟般的情誼）對待戰俘是階
級團結的另一項特徵，一般平民無法享有這種待遇。

對於騎士出身的俗人來說，騎士精神是個清楚的個人觀念，它是
幾種影響匯集造成的結果，在此我們只思考其中一種影響。教會的影
響主要反映在愈來愈像宗教儀式的封爵典禮，以及宣誓維護正義保護
弱者上面。這是個重視宣誓的社會：核心的社會紐帶處於臣民與領主
之間，並且由效忠的誓言來加以建立，不忠的臣民會被認定是背棄誓
言。十字軍戰士普遍認為自己是宣誓過的臣民，而基督是他們的領
主，穆斯林占有聖地等於侮辱基督的榮譽。誓言也在騎士精神的另一
個來源中扮演一定角色：對優雅愛情的崇拜，主要發展於十二世紀的
阿基坦（Aquitaine），它反映在亞瑟傳說的日後發展，以及散文與韻
文的騎士文學上。這代表一種企圖讓戰士貴族的風格變得柔軟的嘗試 266
──透過女性而非教會。為自己愛慕的女性做出奉獻，是一種效忠。
不忠是恥辱，騎士的奉獻既是感召也能滌除罪惡，就像勇氣一樣，要
禁受磨難的考驗。北方理想的通俗形式把騎士視為勇氣更大、武藝更
高的愛人；我們可以從弗羅瓦薩爾的作品中看到許多這類觀念的例
子。

當然，無論是愛情還是戰爭，理想與現實總有很大差距：掠奪、

搶劫、屠殺是十四世紀戰爭常見的副產品，弗羅瓦薩爾的《編年史》將這些史事呈現在我們面前。如同維爾阿杜安的十字軍瓜分君士坦丁堡的戰利品，騎士仍常被認為類似於法蘭克人的部落酋帥，這些部落酋帥在圖爾的額我略眼中如同盜賊。戰爭的動機大體相同，在完整的計分卡上附帶著對榮譽與名聲的渴望。

　　無論從騎士精神模式還是其他方面來看，弗羅瓦薩爾都是描寫十四世紀戰爭最重要的史家。他的作品帶有編年史家的特徵，其中之一是他合併了前人讓‧勒‧貝爾（Jean le Bel）的作品。弗羅瓦薩爾承認這一點，貝爾的敘事構成他作品中從一三二七年（英格蘭國王愛德華三世登基）到一三六〇年代初期絕大部分的內容，之後則完全是弗羅瓦薩爾自己的手筆；他的作品結束於一四〇〇年，也就是理查二世被罷黜之後。弗羅瓦薩爾不排斥在作品中穿插各種故事，他從別人口中聽到這些故事，而且喜歡這些故事。一般而言，弗羅瓦薩爾的敘事流暢、節制而具有關聯性，他的敘事可以讓人感受到某種虛構的散文騎士文學的影響，尤其是當時所流行的亞瑟傳說。他經常以對話來開展敘事。弗羅瓦薩爾的作品是歷史，但他並不盲目推崇史家的嚴肅冷靜：人們有時認為只要掌握史實的大方向就已足夠，弗羅瓦薩爾對細節就比較馬虎。他的作品具有自由而輕鬆的敘事風格，極具可讀性且絲毫沒有學究氣息。他以方言寫作，顯然是為了便利世俗讀者閱讀，他的作品在一五二三到一五二五年間首度翻譯成英文。以法國北部、英格蘭與法蘭德斯（Flanders）為中心，旁及蘇格蘭、加斯康尼與西班牙，弗羅瓦薩爾的描述是一種全景式的觀點，他以特殊而大體屬於

267　（並非只限於此）騎士精神的視角來注視他的時代。英格蘭與法國君主之間的長期衝突是他描述的焦點與方向，但他寫作的範圍並未因此受到侷限。弗羅瓦薩爾的描述也包括巴黎、倫敦與根特（Ghent）等地的反叛，以及法國農民暴動，又稱賈克里之亂（jacqueries）。一三八一年英格蘭農民暴動獲得他長篇幅的介紹，但處理上似乎無法令人信任。黑死病只是略微提及，卻詳加敘述瘟疫產生的自我鞭笞教派。因選出兩名彼此敵對的教宗而造成的教會大分裂（Papal Schism, 1378-1417），也受到些許注意。

　　弗羅瓦薩爾約於一三三七年出生於埃諾郡（Hainaut）的資產階級家庭，他的家族經營放貸生意，這顯然與騎士精神互相違背。弗羅

瓦薩爾很早就被引薦到英王愛德華三世的宮廷裡，緊跟在與他同鄉的女子，也就是愛德華的皇后埃諾的菲莉帕（Philippaof Hainaut）之後。他曾為菲莉帕寫過一篇韻文，描述最近發生的英法戰爭，他說他因這篇文章而獲得重賞。弗羅瓦薩爾最後回到歐陸，不過之後他又造訪了英格蘭。他後來接受神職，並且於一四○五年以神職人員的身分在列日（Liège）附近的希邁（Chimay）去世。在《編年史》前言中，弗羅瓦薩爾告訴我們，他是在贊助人納穆爾的羅貝爾（Robert of Namur）要求下寫這本書：「為了讓英法戰爭期間發生的榮譽事業、高尚冒險與戰功能合宜地敘述與流傳後世，並激勵勇者效法這些典範，我希望將這些名聲顯赫的事件記錄下來，載諸史冊。」後世與典範都是相當標準的說法，但以下這些辭彙則完全源自於騎士精神：勇敢進行的「榮譽事業」、「高尚冒險」與「顯赫名聲」。而他接下來說的話並不令人意外，他表示他結識了法國、英格蘭、蘇格蘭、不列塔尼與其他各地的偉大君主，並且在他們之間做了調查。

然而，要把弗羅瓦薩爾的作品安放在「騎士歷史」的類別裡，需要一些解釋，甚至必須滿足一些條件。榮譽、英勇與謙恭有禮的概念隨處可見，我們也發現許多例子顯示出騎士的階級情誼以及商業面向。在一場結束於克雷西（Crécy, 1346）的戰役中，一些法國騎士擔心自己將死於這場屠殺，高聲向他們認識的一名英格蘭騎士求救，「因為他們曾經在格拉納達（Granada）與普魯士（這兩處都是經過認可的十字軍聖地）並肩作戰……因此彼此的確曾見過面」。他們乞求他收容他們當戰俘，意味著接受他的保護。「聽到他們的呼喊聲，湯瑪斯爵士面露喜色，他們的被俘不僅意味這一天的工作順利完成，也表示獲得大批珍貴的戰俘。」（75）湯姆斯爵士接受這些戰俘，不僅顯示十字軍昔日袍澤的連帶關係，也說明騎士有憐憫被征服者的責任，以及日後十八世紀所說的「溫和商業」（*le doux commerce*）；十八世紀頌揚國際貿易帶來的文明效果，市民承襲了「謙恭有禮」的騎士精神。在英語中，「謙恭有禮」（courtesy）是騎士精神的關鍵，它在語源上與「宮廷的」（courtly, *courtois, höflich*）僅有半步之遙，與宮廷禮節相關，正如「騎士精神」（chivalry）——後來幾乎廢棄不用——保留了與馬有關的原初意義。

有一段有趣的描述，顯然弗羅瓦薩爾取得的是第一手資訊：有人

268

企圖教導愛爾蘭人騎士精神，而愛爾蘭人似乎頑強地抗拒騎士的價值與風俗。他們不以騎士的方式戰鬥，不拿贖金，必要的時候轉身就跑；尤其法國騎士沒有能力區別撤退與恥辱的區別，因此造成極大的戰術缺陷。據說愛爾蘭人會吃掉敵人的心，此舉顯然違反了騎士精神。弗羅瓦薩爾的消息來源是一名苦惱的英格蘭騎士，他負責指導四名愛爾蘭國王騎士的行為準則，包括餐桌禮儀，雖然不包括菜單。他們必須與吟遊詩人及侍從分桌而食，而且不能共用器皿。國王顯然被激怒了，因為大廳的傢俱全依照身分等級重新擺設。還必須向愛爾蘭人解釋的是他們封爵方式的不正確，未依儀式就封爵給七歲的孩子。偽封爵儀式無法產生效力，這些人必須依照儀式再次封爵，就像聖威爾弗里德堅持愛爾蘭的修士必須再削髮。他們還必須學習穿馬褲。這很像傳教工作，但沒有神蹟相助，也沒有麻雀指點迷津，不過騎士或許還需要更華麗的服飾。愛爾蘭人學習了「騎士的美德與義務」，接受適當的指示，或許還穿上馬褲，然後根據理查二世的適當儀式舉行封爵典禮。無獨有偶，雖然不是赤裸著雙腿，但根據弗羅瓦薩爾的說法，日耳曼人也不像英格蘭人、法國人與蘇格蘭人那樣瞭解騎士精神，而且他們還虐待戰俘（414-16）。

269

　　騎士精神當然不僅關乎榮譽與英勇，也關乎禮儀與人道。弗羅瓦薩爾是鑑定騎士功績的行家。就這點來看，普瓦提耶戰役（1356）明顯勝過克雷西戰役：普瓦提耶更為優異，「與克雷西相比，有更多無可比擬的戰功」（138）。在這兩場戰役中，弗羅瓦薩爾承認弓箭手的關鍵角色。在溫徹希（Winchelsea）之役中，愛德華三世採取騎士比武的戰述，把他的船當成戰馬與長矛：「朝那艘船正前方駛去，我要來一場馬上比武。」（116）（船隻正面相撞，愛德華的船受損嚴重，不得不棄船。）愛德華的命令足以媲美法王在克雷西的指揮，兩人都具有騎士風格，當法軍中的熱那亞十字弓兵撤退時，法王下令：「殺掉那些烏合之眾。他們只會擋住我們的路。」（89）

　　有時在弗羅瓦薩爾的書中，人們可以捕捉到從優雅的愛情倫理所衍生出來的觀念：戀愛是一種戰鬥優勢。尤斯塔斯·朵布里庫爾爵士（Sir Eustace d'Aubricourt）戰功彪炳武藝超群，「因為他年紀輕輕、處於熱戀，又充滿進取心」（161）。他不是唯一的例子。弗羅瓦薩爾補充說，尤斯塔斯因他的功勳而獲得大量財富；他的愛情或許也因

此一帆風順。另一個例子是兩名法國與英格蘭騎士之間的私怨，他們穿著女士送他們的衣物，兩件剛好都是藍色的；他們是否因而彼此猜忌，書中則未詳述。

從騎士精神的倫理與規矩來看，弗羅瓦薩爾作品的主要核心是愛德華之子黑王子（Black Prince）如何對待他的俘虜法國國王善人約翰（John the Good），約翰是在普瓦提耶之役淪為階下囚。故事開始的場面有點難看，國王成了珍貴的戰利品，人人為了擁有他而爭相搶奪，每個人抓住他時高呼「他是我的」──不禁讓人覺得國王似乎僅成了一件能賣得好價錢的東西。可以想見，國王被王子拘留時反而鬆了一口氣。當晚，王子設宴款待法王約翰以及與他一同被俘的貴族們，並且上演一齣只能以騎士芭蕾舞劇來形容的好戲：

> 他十分謙恭地在國王與其他人桌旁服侍著，即使國王不斷懇 270
> 求，他仍堅持不與國王共席。他堅稱自己沒有資格與當天顯露出
> 有力君主與英勇士兵形象的約翰國王同坐一張桌子。他一直跪在
> 國王面前，說道：「敬愛的主上，不要食不下咽，即使上帝今日
> 未垂聽陛下的祈禱。我高貴的父王必將彰顯陛下的名譽與友
> 好……依我之見，陛下其實有充分的理由高興，雖然戰事未盡人
> 意，但今日陛下已贏得戰士的最高榮譽，即便麾下最優秀的騎士
> 亦自嘆弗如。我這麼說絕非奉承，敝國每位將士都目睹了奮戰過
> 程，大家一致同意，並且要向陛下獻上棕櫚與花冠，願陛下接受
> 眾人的敬意，佩戴起來。」（144）

在場的法國人與英格蘭人都高度肯定王子的行動，認為「他是最具騎士風範的貴族與東道主」。

至少對現代讀者而言，與這個場景相對的是弗羅瓦薩爾對利摩吉（Limoges）市民遭屠的描述，黑王子攻下這座城市後下令屠殺。就這麼一次，弗羅瓦薩爾對貴族喪失了同理心：

> 這些可憐的景象。男人、女人與小孩急忙跪在王子面前，哭
> 喊著：「可憐我們吧，慈悲的大人！」但他怒火中燒，聽不進這
> 些求饒。無分男女，只要找得到的全死於劍下，包括許多無辜

者。我不明白他們為什麼不饒了這些卑微得不可能犯下反逆的百姓。但他們還是付出代價，而且比真正造反的領袖還要昂貴。

　　若有人當日曾在利摩吉，而且心中牢記著上帝，則他絕對無法鐵石心腸到目擊如此可怕的屠殺而不難過落淚。超過三千名男人、女人與小孩，被拖出來割開喉嚨。願上帝收容他們的靈魂，因為他們是真正的殉教者。（178）

　　弗羅瓦薩爾本身是資產階級，他一向同情鎮民更甚於農民。他不同情法國賈克里之亂的參與者、反抗上層階級的農民暴動，或一三八一年英格蘭農民叛亂。據說他曾逐字引用教士領袖約翰·伯爾（John Ball）宣揚平等的講道內容，這篇文章在六個世紀後似乎變得極具說服力，但他認為伯爾「精神錯亂」，叛軍是「惡人」，而他們的行動是「惡行」（212）。弗羅瓦薩爾對於反抗法蘭德斯伯爵的根特叛軍有著更多尊重；他們幾可說是他的同鄉，但他們的失敗，就在他們於庫特雷之役（battle of Coutrai, 1302）遭到屠殺之後，仍符合「基督教世界與所有貴族和士紳的光榮與利益」（350）。任何事物只要威脅到秩序與身分等級，就是一種邪惡。不過弗羅瓦薩爾不僅在評論市民時同理心出現反轉。當然，他喜愛騎士制度的華麗與外觀，包括絲質大帳、精巧的繪畫、王室物品、慶典、封爵與婚禮儀式。但在敘述法國準備進攻英格蘭時（最後胎死腹中），弗羅瓦薩爾提到船隻毫無節制的彩繪與裝飾，甚至還貼上金箔，他也像突然發現什麼似的補上一句：「這些全由法國各地的貧苦民眾負擔。」（305-6）弗羅瓦薩爾接受光榮戰爭帶來的附隨物，但這不代表他支持如此，他清楚這些事物是什麼：掠奪、焚燒與蹂躪。「諾曼第良田受到英格蘭人如此毀壞與掠奪」──影響所及，連「英軍的僕役也開始蔑視這些穿著毛皮襯裡長袍的人」（71）。

　　在弗羅瓦薩爾作品中，有個明顯例子顯示資產階級英雄主義與作者的同情，那是愛德華三世圍困加萊（Calais）的最後一幕，當時這座城市因斷糧而被迫投降。當宣布說若有六名領頭市民願意脖上套著絞索，手持鎮鑰表示臣服，那麼愛德華將饒了居民，此刻馬上就有六名志願者挺身而出。隨後的場景──王后菲莉帕向原本毫不寬貸的國王陳情，希望他饒了這些人的性命，最後終於成功──觸動人心，深

深吸引愛德華時代的人（Edwardians，譯按：指英王愛德華七世時代，1901-1910），他們設立羅丹（Rodin）為表現這些悲慘者困境而造的鑄像，至今仍可見於倫敦堤岸上。愛德華將鎮民全數逐出，打算以英格蘭人填充這座城鎮，弗羅瓦薩爾再次表示遺憾，不過這項驅逐行動似乎被誇大了。有趣的是，被俘的騎士被有條件釋放，愛德華宣稱，「他們是紳士，我相信他們必能遵守諾言。」（109-10）騎士要能夠被釋放，條件在於騎士誓言的神聖是否能發揮功能。這方面的極端表現在法國國王身上。在許下諾言之後，他獲釋返國，他發現有一名追隨者違背誓言，於是他自願返回英格蘭充當人質，以信守對王子的承諾。可想而知，他的返回成為舉行盛大慶典的理由。但有條件的釋放只存在於騎士階級內部。當年輕的法蘭德斯伯爵被他的資產階級臣民俘虜時，「他們嚴密地看管他，使他幾乎無法起身去撒尿。」（99）

　　弗羅瓦薩爾是個既高雅又質樸的作家，他具有騎士精神，偶爾會有寬廣的人道關懷，有時又表現出一種資產階級走過騎士與貴族身旁時小聲說話的調調。然而不可諱言的是，弗羅瓦薩爾畢竟是以騎士世界史家的身分為人所牢記，而這個名聲他應該會樂於接受。有一幅描繪愛德華三世於克雷西之役橫渡索姆河（the Somme）的畫作，作者是英王喬治三世時代出生於美國的畫家班傑明·衛斯特（Benjamin West）；畫作主題直接取材自弗羅瓦薩爾，並且清楚傳達出他的作品留給後世的印象。法國人爭奪渡口。以下是弗羅瓦薩爾的敘述：

　　　　兩名英格蘭元帥下令旗手以上帝與聖喬治之名前進，自己則親率大軍緊隨其後。最勇敢的騎士策馬渡河，最優秀的騎士在前面引領著。河中出現許多比武場面，雙方都有人落馬，哥多瑪爾爵士（Sir Godomar）與他的部下英勇守住這道渡口。他的一些騎士，以及其他來自阿爾特瓦（Artois）與皮卡迪（Picardy）的騎士決定不在岸邊等待，而是疾馳到淺灘戰鬥，以博得更多名聲。如我所言，淺灘上因此出現許多比試與精采絕倫的戰鬥……熱那亞人也以他們的十字弓造成重大傷亡，但英格蘭弓兵技術純熟，在他們的齊射下，產生令人驚異的景象……（80）

272

弗羅瓦薩爾在這裡並未責怪那些法國騎士，他們放棄擁有戰術優勢的岸邊地形，到河中尋求「更多名聲」，不過在稍後克雷西戰役的描述中，他卻責難法國人因自傲與虛榮陷入要命的混亂狀態，「法軍裡有太多大貴族，他們一心想著如何顯露自己的本領。」（86）

衛斯特的畫作將愛德華置於中心位置以及河流中央。一小群英格蘭弓兵在背景的岩石露頭上放箭。它不是寫實主義；泥濘是不可想像的。它是弗羅瓦薩爾理想世界的一部分，而且因歷史距離與歷史畫的慣例而更形理想化，而且也缺少弗羅瓦薩爾偶爾出現的質樸與寫實。但這幅畫還是極為生動耀眼。畫作的焦點是國王本人，他矗立在被四分為英格蘭獅徽與法國百合花飾的飄揚旗幟下；相同的四分紋章也出現在他的盾牌與外衣上，他的戰馬也飾以相同的紋章。紋章可以用來識別敵我：愛德華似乎全身飾滿紋章，以免別人無法認出他的身分。此外他也顯露出英姿煥發的形象，以瀟灑的姿態揮舞手中戰斧（另一種受人肯定的騎士特質），鼓勵他的部屬，而非威脅接近岸邊交戰的法國人。這幅畫作是選擇性的，但不會不適當，它表現出弗羅瓦薩爾看待世界的一般方式，雖非一成不變。英王喬治三世認為這幅畫是適當的，因此它被懸掛在溫莎城堡內，愛德華國王曾在此地創設嘉德勳章，根據弗羅瓦薩爾的說法，這座城堡是亞瑟王所建（67）。

273

第十八章
從城市編年史到人文主義歷史

溫徹斯特會議中不請自來的倫敦人（見原文頁245）是個徵兆。　274
隨著城市財富與人口的提升，以及發展出自我管理的法人制度，城市
的法人意識也開始茁壯，並產生保存記錄的要求，與修道院的發展如
出一轍。我們已經看過修道院的編年史、以國王事蹟為主的國別史，
以及以方言寫成的歷史，內容主要是具騎士精神的戰士貴族的事蹟。
城鎮編年史也是以方言寫成，它們表達了類似的自我意識，在這些編
年史中，大部分未受教育但識字的市民主導了城鎮生活，包括商人、
金融家與勞工僱主，主要分布在製衣產業的各個層面。他們的編年史
有時呈現出一種爭論不休而分裂的自我主張形式，殷實的市民不僅要
對抗貴族與大地主，還要對抗委屈的下層工匠。一三七〇年代末期與
一三八〇年代初期，在幾個人口稠密充滿都會繁華與力量的主要城
市，發生了幾次嚴重的動亂，包括巴黎、倫敦、根特與其他的法蘭德
斯城鎮，而佛羅倫斯也首次發生嚴重的下層工匠（*ciompi*，梳毛工）
暴動。城鎮生活在義大利中部蓬勃發展，並且顯示於十一與十二世紀
開始的佛羅倫斯城市編年史中。

在義大利的中部與北部，有些城市享有實際的自治地位，本質上
如同城邦；教宗與皇帝的衝突，以及皇帝把關切的重點放在日耳曼地
區，使帝國宗主的地位逐漸變得有名無實。結果造成內部政治的共和
形式出現，最著名的是威尼斯與佛羅倫斯，以及義大利在政治上分裂
成幾個彼此猜忌與仇視的國家，兩者均影響了歷史寫作。此外，歷史　275
寫作也受到古典學問復興（人文主義）的形塑，這種學問從十五世紀
以來就結合了對典範羅馬史家風格與內容的密切注意，特別是李維。
但義大利當時的情況並非帝國，亦非民族王國：它比較類似共和時期
羅馬面臨的處境，起初與敵對鄰國發生衝突，而後是愈演愈烈的毀滅
性階級鬥爭。如研究文藝復興的傑出史家丹尼斯・黑（Denys Hay）
所言：「《盎格魯撒克遜編年史》、馬爾姆斯伯里、聖阿爾班斯的作

者們，及至馬修・帕里斯，無論他們有無自覺，他們寫的都是英格蘭史⋯⋯法國亦然，只是風格沒那麼明顯。但在義大利找不到類似的作品。」（*The Italian Renaissance*, 1977）

　　不過義大利的城市編年史卻大量出現，加上古典作品的復興，因此在十五世紀以佛羅倫斯為中心，逐漸衍生出一種比過去更貼近羅馬習俗的歷史寫作方法，以及反思歷史教訓的新方式。它結合的不僅是羅馬史學傳統——雖然希臘史的翻譯已開始進行，但希臘的歷史寫作方式仍未受重視——還有將羅馬史與義大利當代史的內容視為共和政治的靈感與政治教訓的來源。最受喜愛的古典史家仍是那些在中古時代已廣受讚譽的作者，例如薩魯斯特與李維，直到十六世紀末，塔西佗才享有盛名。但羅馬形象此時的形式與中古時代流行的形式並不相同，它不聚焦於帝國城市，而是將重點放在充滿鬥爭的早期共和國時期，西元前一世紀的羅馬人在回顧那個時代時，認為那是共和國逐漸喪失愛國情操的年代。

　　方言編年史的寫作不表示某種脫離，如之後的人文主義歷史將關注點移往古典世界，剛好相反，方言編年史緊密而深刻地涉入城市生活中，如同修道院的編年史家處於自身所屬的小社群裡。有些修道院編年史似乎發展自曆書；而在俗人、商人社群裡，例如在佛羅倫斯，存在著家族與企業檔案，其與修道院編年史是同一種事物，由識字俗人記錄他們的事務。這些檔案自然而然地開始涵蓋公共事務，包括公職人員列表，有時則穿插記載一般市政或國際事件。在義大利，這類公共事件，如戰爭，牽涉到城市與一個或多個鄰近共和國或公國之間的事務；從比較廣大的尺度來看，教宗，乃至於國王、十字軍戰士、土耳其人與蒙古人的行為都具有利害關係。從比較在地的角度來看，公共生活與家庭、家族生活之間存在著連續性，它關連著引起公眾矚目的大家族間的世仇關係，因為這通常是造成動亂的原因，另一方面，家族聯盟又是通往權力的關鍵。在佛羅倫斯，公職任期非常短暫，人員的輪替迅速，參與者也相當廣泛；擔任公職對家族與個人來說是身分地位的重要表徵。

　　我們可以透過佛羅倫斯看到演變過程，從私人回憶錄與家族歷史，到方言編年史，再到講述佛羅倫斯政治形態的人文主義歷史。不過後兩者之間的轉折比較像是斷裂，人文主義歷史被置放於方言編年

史之上，例如馬基維利的歷史以方言寫成，他把早他兩個世紀的作家喬凡尼‧維拉尼（Giovanni Villani）的《編年史》（*Chronicle*）的章節合併到風格與焦點完全不同的作品中，而他訴諸的是另一批比較有教養的讀者。這種轉折既斷裂又連續，其代表的不僅是在地的意義，對歐洲史學而言也意義重大，象徵著歐洲史學發展的關鍵時刻。人文主義史家不同於編年史家的口語風格和在地且雜亂無章的興趣，人文主義史家所受的教育、對古典模式的持續關注，以及對關聯性的嚴肅看待，使其有別於編年史家；而與馬基維利同時代的佛朗切斯科‧古伊奇亞迪尼（Francesco Guicciardini）認為，關聯性是「歷史法則」加諸的。研究古伊奇亞迪尼的現代權威馬克‧菲利普斯（Mark Phillips）提到古伊奇亞迪尼未出版的作品如何顯示我們在此思考的單一文學事業的轉折：除了其他事物，古伊奇亞迪尼還寫了家族史，並且從中發展出佛羅倫斯的歷史；之後他又增添另一種對洗練的人文主義歷史滿懷野心的嘗試，例如正式的虛構演說，但又附隨許多文獻研究。至此他的作品仍處於不完整與草創的階段。最後，古伊奇亞迪尼繼續寫出他的代表作《義大利史》（*History of Italy*），此書讓他名垂千古。

喬凡尼‧維拉尼

要更全面地瞭解這個演變，我們首先必須更仔細地檢視一般所認定的，中古時代佛羅倫斯編年史中最卓越的作品，也就是喬凡尼‧維拉尼的歷史著作。這部作品寫於十四世紀上半葉，而作者則死於黑死病這個在十四世紀中期宰制歐洲的災難。維拉尼出生經營銀行與貿易事業的小商業家族。他採納中古時代教廷編年史的神意史架構（最早源自於歐洛西烏斯，見原文頁195），並且在這個架構下追溯他自己的城市歷史（他總是用所有格「我們的」來描述），從他認為的起源開始，到他身處的時代為止；《編年史》記載的事件離當代愈近，內容就愈詳細，原因無庸贅言。他的著述帶有一種公共性格的特徵，他死之後，作品由他的兄弟與姪兒續寫，如同修道院的編年史由年輕修士續寫。起初維拉尼的事業蒸蒸日上，但在雅典公爵（Duke of Athens，那不勒斯國王之子，他的頭銜讓人想起十字軍）的外來政權

於一三四二到四三年的短暫統治遭到推翻，佛羅倫斯建立起較為民主的城市政權後，他的事業也被摧毀。在此之前，他曾數度擔任行政委員（prior）；行政委員任期兩個月，員額八名，共同組成佛羅倫斯的行政政府（Signoria）。

維拉尼的《編年史》沒有解釋全書意旨的前言，但日後在作品中，他提供了類似前言的內容。教宗波尼菲斯八世（Boniface VIII）宣布，一三〇〇年是禧年（jubilee year），這類慶典總能為羅馬帶來財源，凡是前來聖彼得之城朝聖的信徒，都能獲得赦宥。維拉尼告訴我們，他也是朝聖者之一，並且還致贈金錢給值得讚揚的負責接待朝聖者的機構（VIII. 36）。維拉尼與早他一千年的安米阿努斯和晚其四個半世紀的吉朋一樣，被羅馬的神聖莊嚴所感動，因此在感召之下編纂了這部作品，並且署名其上。不過他跟吉朋一樣，似乎並未花費數十年的時間寫作此書。維拉尼或許沒有察覺羅馬在共和時代、帝國時代以及他身處的教廷時代的對比；而吉朋在詳盡說明自己作品的概念時，對其中的差異著墨甚多。維拉尼說，看到：

278

> 羅馬城偉大而古老的事物，回想羅馬人的故事與偉大時代（他提到維吉爾、薩魯斯特、李維、歐洛西烏斯與其他人），以及其他的史學大師，他們一同寫下了渺小與偉大的事物（一個相當好的自我描述，但這些事物不可能引起他提到的那些作者的興趣）、羅馬人的事蹟與行動，以及世界各地的異國事物，我為了保存記錄及為後世留下典範，採取了他們的風格與構想，雖然身為後學，我仍不夠資格做這件工作。但考慮到我們的城市佛羅倫斯——羅馬的女兒與創造物——正在崛起，未來將有偉大的前景，而相反的，羅馬正步入衰途，因此我認為在這部新編年史（他的作品的名稱）中蒐集佛羅倫斯的事蹟與起源是恰如其分……今年，一三〇〇年，我從羅馬回來之後，便開始編纂這部作品，除了尊崇上帝與真福約翰，也表彰我們的城市佛羅倫斯。

佛羅倫斯是羅馬的女兒，因為根據傳統的說法，它是凱撒建立的城市。人文主義者對羅馬的文學與歷史有更確切的掌握，他們修正這個說法，確定佛羅倫斯建城的時間是在羅馬共和時期——對維拉尼來

說，凱撒是皇帝——比維拉尼的說法早了數十年，薩魯斯特在他的《卡提里納》中提到，佛羅倫斯是蘇拉麾下退伍軍人的屯墾地。不過，維拉尼在提到佛羅倫斯建城時，也提供了義大利殖民的廣泛脈絡。在簡短描述巴別塔（Tower of Babel）與佛羅倫斯的宿敵菲耶索雷（Fiesole）在阿塔特王（King Attat）帶領下於河畔山丘上建城之後，維拉尼流暢地將故事帶入人們熟悉的維吉爾領域中，也就是特洛伊人的遷徙。他的說法一如往昔，認為義大利的歷史受到流徙的特洛伊王子的侵擾。在短暫離題談論羅馬的鷹與佛羅倫斯的百合所構成的紋章後（維拉尼總是對這類標識充滿興趣），他描述羅馬人在佛羅倫斯座落的地點建了一座戰神廟，並且以黑色和白色大理石雕塑神祇，維拉尼明確指出這座神廟就是後來的佛羅倫斯主教座堂（至今尚存）。羅馬帝國在二七〇年施加的迫害，使佛羅倫斯出現第一位殉教者聖米尼亞托（St. Miniato），他原是亞美尼亞國王之子，後來徙居義大利，成為一名隱居的修士。這位聖人遭到斬首，但他取回自己的頭顱，走到他的教堂後來座落的山丘上，然後才死亡並被埋葬。戰神廟經過適當的程序祝聖之後，便奉獻給聖約翰，成為佛羅倫斯的主教座堂，而由於建築時天上星辰呈現有利的排列，因而使這座教堂免於哥德人的蹂躪（I. 32, 35）。維拉尼煞有介事地告訴我們，天體的力量不完全束縛人的命運或人的自由意志，但絕對有所影響……（III. 1） 279

　　根據維拉尼稍後的陳述，或者應該說從他引用的史料中，我們發現我們仍處於傳說時代，維拉尼提到國外傳來的訊息，指大不列顛（「現在的英格蘭」）有個童貞女生下了梅林。「根據不列顛人的傳說」（II. 4），梅林為國王烏瑟爾‧潘德拉貢，亦即埃涅阿斯的孫子布魯圖斯的後裔，他召集各方流浪騎士組成圓桌武士，日後潘德拉貢的兒子亞瑟重新恢復這個制度。其他章節（10, 12, 13）則對法蘭克人將義大利與教會從倫巴底人手中解放一事做了簡短而切要的歷史陳述。西耶納（Siena）繼菲耶索雷之後成為佛羅倫斯的主要對手，首先居住此地的是伴隨法蘭克國王鐵鎚查理（Charles Martel）而來的傷殘者，「西耶納」這個地名源自「non sana」，即身體不適之意。之後查理曼加冕且建立帝國，據說佛羅倫斯就是在他手中獲得重建（III. 1）。維拉尼詳述重建的過程，並且將成果與他當時的佛羅倫

斯做比較，他再次提到重建時天體運行的位置有利城市建設，不過他也悲傷地將隨後的紛擾歸咎於城市從一開始就出現「高尚的羅馬人與殘忍好鬥的菲耶索雷人」混居的狀況；接納菲耶索雷人到城裡居住（IV. 6）聽起來很像是李維所描述的早期羅馬歷史的同化過程。在對十一世紀帝國與教廷間的爭吵稍加著墨之後，維拉尼很快將目光移向十二世紀，從這裡開始，《編年史》變得更深入而詳盡。佛羅倫斯人的宿怨與政治體制，以及為了自由而對抗外來威脅，這些都成了這個時期的焦點，雖然仍有歧出的主題；維拉尼也描述佛羅倫斯蓋爾夫家族（Guelfs）與吉貝林家族（Ghibellines）之間爭鬥的起源，以及各大家族分屬哪些派系（例如 V. 39）。佛羅倫斯是擁護蓋爾夫派（教宗派）的城市，維拉尼的立場也傾向於蓋爾夫。吉貝林家族則是皇帝
280 的支持者。

維拉尼對佛羅倫斯的自豪，以及他對佛羅倫斯當地的一切及其生活具體內容的濃厚興趣，是很引人注目之處。薩魯斯特認為過度的安寧與繁榮是孳生驕傲與派系的溫床，維拉尼接受這種陳腔濫調，有時還以此來解釋史事，然而他自己也禁不住對佛羅倫斯的繁華感到驕傲。

> 我們的城市佛羅倫斯正處於重建以來，或包括之前，最偉大與最幸福的時代，同樣的，佛羅倫斯人不管在偉大、力量與數量上都遠邁前代（他估計有三萬人，而在佛羅倫斯控制的領域之內，役齡男子有七萬人）……因此，不知感恩的罪惡在人類之敵的煽動下，從繁榮中產生了驕傲與腐化，進而終止了佛羅倫斯人的享受與快樂。因為佛羅倫斯人已過慣充滿愉悅與珍饈的生活，也習於安寧與每日宴饗的日子；每年到了五月一日，城市到處都是樂團與結伴出遊的男女，還有體育競技與舞蹈活動。但現在，這種安逸的時光卻因嫉妒而在市民之間產生嫌隙……（VIII. 39）

一三〇〇年左右，派系開始分為白派與黑派，因此出現所謂的黑派蓋爾夫家族與白派蓋爾夫家族。新分類顯然相當空泛，但由這種分類的出現可以看出所謂的世仇，本質上指的是各大家族（維拉尼照例

指出他們的姓名）連同其擁護者之間的宿怨：佛羅倫斯的派系鬥爭帶有階級向度，它是貴族與市民、富人與貧民之間的鬥爭。維拉尼在後面幾卷描述這些派系以及他們產生的騷動與流血衝突。（馬基維利後來的作品《佛羅倫斯史》〔*Florentine History*〕也提到派系問題，如人們所預期的，馬基維利帶有更濃厚的政治探索與好奇心，雖然同樣詳盡，但比較不那麼「表面」。）

維拉尼的佛羅倫斯不只是一座派系與政治體制複雜的城市，也是一座旗幟與紋章的城市，市民各有其歸屬的旗幟與紋章，在危險與動盪之時，他們在鐘聲召喚下齊聚於旗幟與紋章之下，組成民兵與部隊（例如 VI. 39）。根據維拉尼的說法，在十二世紀晚期，即便是派系鬥爭，有時也可能因夥伴情誼而中止。據說佛羅倫斯人已習慣內戰的日子，因此經常是「今天戰鬥，隔天卻一起吃喝，並且吹噓自己在戰鬥中的英勇表現」（V. 2）。

維拉尼詳細描述一二六六年短暫掌權的吉貝林派在政治體制上做的更動（VII. 13）。吉貝林家族為了表現大公無私，任命了兩名非帝國提名人選的騎士團成員擔任臨時領袖（*podestà*），這個騎士團正式名稱是聖瑪利騎士團（Knights of St Mary），但俗稱為「伯洛尼亞的快樂修士團」（The Jovial Friars of Bologna）。維拉尼描述這個騎士團的袍服與紋章，也提到他們擔任職務的時間相當短暫，「正如他們的名稱，他們只在意日子過得快活，其餘一律不管。」各同業公會（同業與各區的範圍部分重疊）設立的協會是城市政府結構持續存在的特徵，不過他們的數量隨時間而改變。維拉尼列出這些組織，以及這些組織用來充當旗幟的紋章與顏色：法官與公證人、製衣商人、匯兌業者（他們的旗幟是紅底上繪有弗洛林金幣）、毛織商人（白綿羊）、醫師與藥師、絲織商人與毛皮商人。之後，下層同業也跟著加入，包括肉販（黑山羊）、石匠與木匠（鋸子與斧頭），以及鐵匠（鉗子）（VII. 13）。維拉尼在這裡的描述，最讓人難忘的部分是城市的圖騰軍旗戰車（*carroccio*），一二六〇年佛羅倫斯人攜帶此物與西耶納人作戰：

281

　　軍旗戰車由佛羅倫斯共和國人民引導，它是一輛四輪戰車，
全車塗以紅漆，兩根紅色的長杆一起豎立其上，杆上飄揚著巨大

的黃白相間的共和國軍旗，這面旗子至今仍可在聖喬凡尼（主教座堂）看到。戰車由一對經過精挑細選且覆蓋紅布的大公牛拉著……我們的祖先以軍旗戰車舉行凱旋式與神聖儀式，當他們率領大軍出征，鄰近的伯爵與騎士（他們通常被嚴禁過問城市事務）從聖喬凡尼的軍械庫取出軍旗戰車，運至新市集廣場（piazza of the Mercato Nuovo），停放在顯眼的地標旁，這地標至今尚存，是一塊雕成戰車般的石頭，他們將軍旗戰車交由人民看管……

282　　　政府派出最精良的士兵護衛戰車，而戰車也成了召集點。從一個月前開始，政府在某個城門安置警鐘，並且持續鳴鐘：

他們自豪地敲鐘，除了警告敵人……也讓自己做好準備。有些人稱這座鐘為瑪爾提內拉（Martinella），有人則稱之為驢鐘。當佛羅倫斯的軍隊出征時，他們從拱門取下這座鐘，將它放入戰車的木塔內，以鐘聲指引軍隊。軍旗戰車與鐘這兩件神聖之物讓祖先在出征時展現出威嚴與自豪。（VI. 75）

馬基維利認為市民組成的民兵優於傭兵組成的軍隊，這個觀點源於對羅馬共和主義的懷舊，然而無法讓人特別有生動的想像。人們只能根據印象去猜測這段文字很可能是他依照自己的想像與感性虛構的。

另一件城市財產是獅子。倫敦塔中也飼養獅子，牠們屬於國王所有，但這裡所說的是共和國的獅子。其中一頭獅子因被用來解讀預兆而在《編年史》中占有一席之地。「一頭美好的年輕獅子」，教宗本篤八世將牠呈獻給共和國，但這頭獅子卻意外被一頭驢子踢死，這要不是一件可怕的事，「就是一件神蹟」。精通預言的人表示，這個現象對教宗來說並非好事，而教宗過了不久便與世長辭（VII. 62）。一二五八年，另一頭獅子的出現似乎更缺乏理由：維拉尼之所以描述這個引人注目的事件，只是因為它發生了。由於看守人的疏忽，有一頭獅子逃出籠子，嚇壞了市民，牠抓住一名男孩，將他脅持在腳掌之間。但獅子卻讓男孩的母親硬生生把孩子搶了過去，「這頭獅子既未

傷害婦人，亦未傷害孩子（後來這孩子被稱為『獅子的歐爾蘭杜奇歐』（Orlanduccio of the lion），牠只是一直凝視著，一動也不動」，這要不是因為獅子有著高尚的本性，就是出於命運的安排（VI. 69）。然而，這裡有一段政治註解：某位佛羅倫斯最高行政官員，據說在當時有著傲慢的名聲，他擅自將原本安裝在獅籠上的金屬柵欄帶走送往他的別墅，柵欄被棄置在聖喬凡尼廣場的泥淖裡，他因此被罰款一千里拉，罪名是侵占共和國財產（VI. 65）。這是個彰顯共和國道德的好例子，很難想像梅第奇的羅倫佐（Lorenzo de' Medici）會因偷竊市府堆置在廣場的雜物而受罰，同時令人不解的是，這樣的故事居然有人認為值得記錄在歷史中。這則故事可以幫助人們區別維拉尼的編年史與羅倫佐時代出現的人文主義史學之間的不同。維拉尼的觀點並非不寬廣，只是他的視角是神學的、占星術的與天啟的，而不完全是政治的與史學的。

283

很少能在如此短的時間內看出文類的轉變：短短一世紀，佛羅倫斯先是出現維拉尼的《編年史》（雖然不斷續寫），而後產生嶄新的人文主義史學；事實上，人們可以說這是從中古時代到文藝復興時代的轉變。這種現象表現在洗練而博學的拉丁文散文中，這些散文深受新古典時代政治視角以及各種仿傚薩魯斯特與李維的歷史作品的影響；維拉尼天真地以為自己的作品帶有他們的風格。二十世紀中期，漢斯・巴隆（Hans Baron）稱頌十五世紀初佛羅倫斯人文主義學者勒歐納多・布魯尼（Leonardo Bruni）的作品是這場轉變的種子，在這場「近似哥白尼革命的過程」中，布魯尼的《佛羅倫斯人的歷史》（*History of the Florentine People*）是重要的里程碑（*The Crisis of the Early Italian Renaissance*, 1955）。從這個主張衍生出「市民人文主義」（civic humanism）一詞，有些學者以這個詞彙來表現當時共和政治的轉折與西塞羅式的道德外觀，而這兩者正是布魯尼作品所展現的內容。約翰・波寇克（John Pocock）的《馬基維利時刻》（*The Machiavellian Moment*）針對這個態度做了漫長溯源，經由馬基維利，持續到十八世紀英格蘭反行政部門的論戰，以及美國建國之父的政治思想與美國憲法。當然，義大利以及十七世紀以降的歐洲其他各國對於早期羅馬美德的概念又產生興趣，並且認同西塞羅所主張的，

民眾應主動參與公共生活以服務國家。近來的學術作品挑戰巴隆所主張的布魯尼具有獨特的原創性，此外，這些作品也質疑巴隆提出的，米蘭公爵吉昂加雷阿佐‧維斯康提（Giangaleazzo Visconti）的權力與侵略計畫對佛羅倫斯獨立產生的威脅，在孕育布魯尼政治思想上具有重要意義。即使我們不把布魯尼當成獨特原創的哥白尼式人物，但人們現在已能接受，當時義大利中部已出現一個清楚的共和主義意識形態，這種思想表現在人文主義的寫作中，它改變了人們理解與訴諸古羅馬的方式，其中最有名的就是馬基維利的作品。

布魯尼本身是位著名的學者，也是最早閱讀希臘文的義大利人。他成功再造上古史家的風格，而且也閱讀修昔底德與波利比奧斯的原文作品，這在當時相當罕見。一個世紀後的馬基維利雖然受過良好的教育，但一般認為他的希臘文造詣不深；雖然他偶爾提到希臘史（我們知道他讀過普魯塔克），而人們可能因為他與修昔底德及波利比奧斯在脾性與興趣上類似，就預期這兩人可能會出現在他作品中，然而實際上馬基維利並未提及這兩人。布魯尼是羅倫佐‧瓦拉（Lorenzo Valla）的老師，瓦拉後來成為最偉大的義大利人文主義文獻學者，不過他的修昔底德作品的拉丁文譯本並不令人滿意。（爭議頗多。）

布魯尼是佛羅倫斯的首席行政官，擔任國家書記的角色，一個世紀後，馬基維利也擔任同一職務。這個職位負責的是與其他民族交涉，因此需要具備古典修辭學的人文素養。「人文的」（humanist）一詞衍生自教育課程的「人文學科」（humanities）：本質上是一種拉丁文修辭學教育，以仿傚最受好評的上古模範為基礎，特別是西塞羅與塞內卡，也包括薩魯斯特、李維與維吉爾。因此，相對於構成中古時代教育頂端的法律、神學與辯證法，文法與修辭學被視為比較初步的教育，並且經常只以上古作者的摘要為教本，例如比德曾經引用維吉爾的作品，但人們懷疑比德是否真的知道維吉爾的作品，還是只引用了他作品的摘要。

修辭學聲望的提升對於所謂的人文主義來說是必要的，它引導學者對公認的古典作者的原始版本進行密集研究、模仿並嘗試恢復。從十四世紀晚期的佩脫拉克（Petrarch）開始，人文主義學者不僅如他們的中古前輩一樣渴望向古典作家學習，還希望重建西塞羅與塞內卡的精神、風格與道德世界。就某個意義而言，他們希望「成為」古典

作者，除了模仿他們的雄辯，採納他們的價值，還注意他們的書信與其他自我抒發的形式以及更公眾的作品；佩脫拉克據說把西塞羅當成另一個自己。作為一種說服的技藝，修辭學在羅馬世界被當成核心的政治技術而受到重視。整個中古時代，至少在原則上，原本依附於苦行冥想生活、在修道院中被制度化，並且隨後遭馬基維利強烈攻擊的價值，被人文主義者提倡的西塞羅式與共和主義式為服務共和國而積極生活的呼聲所取代，除了勇氣與意志，也要有雄辯術與公共精神這些必要特質。中古時代晚期義大利共和城邦的公共生活是開放、好爭論、時而危險，且命運的轉變突然又猛烈，在可能的情況下必須加以控制，因此他們既需要這些特質。

　　布魯尼與其他史家運用早期的編年史，包括維拉尼的作品，來重寫佛羅倫斯史，除了使用拉丁文與人文主義（李維式）風格外，還採取羅馬共和時期歷史激發的人文主義視角。人們不難從羅馬早期與鄰邦的鬥爭看出其與佛羅倫斯的處境有著類似之處。這種對共和羅馬歷史而非帝制羅馬歷史的強調，就某個意義來說扭轉了埃烏塞比烏斯與歐洛西烏斯於一千年前實現的驚人史學成就，他們使奧古斯都與君士坦丁的帝國成了基督教神意史的一部分，將帝國當成（與歡迎其成為）基督信息與基督教會傳布的必要條件。在東方，基督教帝國一直持續著，至少理論上是如此，而在教宗認可下，基督教帝國在西方查理曼手中獲得復興。人文主義以被圍攻的早期羅馬共和國作為典範，不僅重建西塞羅、薩魯斯特與李維所說的公共生活倫理，以及服務國家所帶來的榮譽與名聲，也提高了從羅馬成功擊敗對手中學習政治教訓的可能，如波利比奧斯所提倡的。薩魯斯特清楚指明（見原文頁90），在追求榮譽、自由體制的共和時期鬥爭與羅馬人展現的征服能量之間的關連，不僅使羅馬成為基督教歷史的樞軸，也成為典範與靈感的來源。這個信息對佛羅倫斯尤為適當，它以城市自治來「對抗」 286 殘餘的帝國力量，因此反吉貝林派的情緒，如我們從維拉尼得知的，雖然不是舉世皆然，但至少居於主流地位。

馬基維利

　　馬基維利惡名昭彰地將人文主義追尋榮耀的行動倫理推至極端，

在採取這些極端行動時，他無視手段與基督教原則的不相容，甚至樂於彰顯這一點。馬基維利也嘗試使共和羅馬的歷史與現代歷史的事例，變成具有永恆政治用途的教訓根據——系統地呈現在《論李維前十卷》（*Discourses on the First Ten Books of Livy*，完成於一五一九年），還有一些則散見於其他作品。他的《佛羅倫斯史》出版於一五三二年，其看法大致相同。在布魯尼之後，有幾位曾經擔任過行政官員的前輩也撰寫了這類歷史；馬基維利將自己的作品獻給梅第奇的朱利歐（Giulio de' Medici），朱利歐後來成為教宗克雷門七世（Clement VII）。對馬基維利而言，《佛羅倫斯史》的撰寫，部分是為了恢復梅第奇家族的名譽，但當梅第奇家族重新掌握佛羅倫斯權力，推翻他曾經任職——他曾代表佛羅倫斯出使法國、羅馬與晉見皇帝馬克西米利安（Maximilian）——的共和政權後，馬基維利從此未能擔任他在一五一二年失去的官職。他的史家朋友古伊奇亞迪尼也曾擔任佛羅倫斯政府的外交使節。這種委派大使密切監視鄰邦的作法是一種新的發展，由於數個獨立國家緊密相鄰，彼此之間變幻莫測的意圖與同盟造成了緊張與焦慮，促成了這種互派使節的情況。

這種情況使古伊奇亞迪尼有意識地提出國與國之間權力平衡（*contrapeso*）的概念，藉由這種概念，每個國家的獨立地位可以獲得保全，沒有任何一個國家過於強大。大使的重要任務之一是撰寫報告，這些報告之後成為史家的重要史料（見原文頁465），它必須評
287 估駐在國的國力、軍備、意圖、陰謀，以及影響力的競逐。以拉丁文經典進行修辭學的訓練，以及研究上古史家的作品，這兩項素養對於撰述當代與晚近義大利歷史有極大助益。馬基維利與古伊奇亞迪尼都深切著迷於外交經驗，不過馬基維利比較擅長的是構思政治通則以供後人運用；古伊奇亞迪尼則傾向懷疑論，他也因此批判馬基維利的《論李維》。古伊奇亞迪尼認為政治是由環境構成，要評價環境的獨特結構，歷史是理想媒介。古伊奇亞迪尼的《義大利史》本質上可說是一部「外交史」，因此相當厚重而精詳。這部作品在他死後的一五六一年出版，其實際寫作時間是一五三〇年代，完成時間則是在一五二七年。

馬基維利的《佛羅倫斯史》交替探討內政與外交事務。《佛羅倫斯史》的後面幾卷也呈現出高度的詳密敘事，但馬基維利這位政治科

學家總是努力想掙脫這些細節，試圖得出一般性的格言與廣泛的比較，並且在每一卷的開頭嘗試提出通論性的看法。這些事件經過適當剪裁而能切合於即將描述的主要事件所顯露的主題，它們全依照特定的政治問題加以分類，而且在描述之前都已經過通盤思考。這些主題包括羅馬的內部分裂何以能藉由妥協來加以彌縫（李維作品中的著名主題），甚至助長羅馬人的好戰精神，反觀佛羅倫斯人的內部傾軋卻只是讓自己更加衰弱（III）；何以羅馬人能夠維持自己的制度不變，而佛羅倫斯卻不斷地變更制度（IV）；何以國家擺盪於秩序與混亂之間，答案是，「勇氣招致安寧，安寧招致安逸，安逸招致混亂，而混亂招致毀滅。相反的，混亂產生秩序，秩序產生勇氣，而勇氣產生榮耀與好運。」（V）薩魯斯特是首位提出此說法的人。這種說法導致對文學追求造成的危險誘惑與衰弱影響的責難，尤其從監察官卡托的精神中可以看出這點，他為了驅逐哲學家而制定的法律，受到人們的支持與引用。

《佛羅倫斯史》第六卷贊同上古時代國家的掠奪習慣；反觀現代戰爭卻是貧困的，因為被征服的地區受到饒恕，戰利品全被軍隊一掃而空——這是馬基維利反對傭兵的部分原因。第七卷一開頭提出反對派系的警語，在往後數個世紀不斷有人呼應他的說法，特別是十八世紀的英國與美國，直到十九世紀，憲政上的對立才成為值得尊重的事物；馬基維利認為，政權愈強大，對立只會更以陰謀的形式呈現。他承認這個觀點應該在第八卷的前言提出，其中包括著名的一四七八年帕奇（Pazzi）謀殺梅第奇的陰謀，然而實際上他並未這麼做，理由是他已在《論李維》中討論這個事件。這項陰謀的後果是梅第奇的羅倫佐受傷，他的弟弟朱利安諾（Giuliano）遇刺身亡，儘管如此，這件刺殺行動還是功敗垂成。在敘述這項陰謀的後果時，馬基維利這位政治行家忍不住詳列了政治刺殺所需的條件：冷靜、勇氣與決心，這些特質必須長期在生死中打滾才能培養得出來（VIII. 5）。

從馬基維利早期對一三七八年貧窮工匠（梳毛工）大暴亂的描述可以看出他對雋永格言的喜好，而人們無論如何無法想像他居然會對這樣的事件產生同情。一名帶頭的暴亂者在演說時向徒眾提出忠告，這段文字雖然帶點誇大，卻有作者鮮明的印記：

288

要讓過去的惡行受到寬恕，我認為，我們必須犯下更新更多的惡行，要更肆無忌憚地焚燒搶掠，要盡可能招募更多人馬一起違法犯紀。當違法者數量龐大時，沒有人會受到懲罰；寡少的違法者會受到懲戒，龐大的違法者會受到獎賞；當受害者數量龐大時，幾乎沒有人會尋求報復。所有人都蒙受的惡行，要比個人蒙受的惡行更受到容忍。（III. 13）

　　這是下層階級的馬基維利主義。演說者以行善受罰與為惡得賞的一般性反思激起民眾的情緒，人們不禁懷疑馬基維利是恣意自我嘲弄，還是想以暴徒演說這個安全而虛構的表象來偷渡他真正的想法。在這個世界上，通往財富與權力的道路是武力與欺騙。不懂運用武力與欺騙的人是失敗者：「忠實的僕人永遠是僕人，好人永遠是窮人。除了不忠實與大膽的人，沒有人能擺脫束縛，除了貪婪與不老實的人，沒有人能擺脫貧窮。」

　　馬基維利歷史的前半部，有很多地方與維拉尼的歷史極為類似，但馬基維利更清楚地凸顯教廷與皇帝因彼此競爭而使義大利維持分裂，雙方的對峙也延續了幾座大城的獨立現狀。事實上，馬基維利曾在書中向教宗的外交手腕致敬，原本仰賴皇帝鼻息的教宗，以高超的外交手段將自己提升到與皇帝平起平坐的地位。馬基維利採取古典時代虛構演說的做法，在引介演說之前，先寫下「其大意如下」的文字。最著名的一篇演說，據說是在一三四三年為抵抗雅典公爵發表的，當時民眾群起拿著自製的軍旗湧入廣場（公爵沒收了原本代表自由與城市認同的象徵物）。其中一位行政委員發表了冗長且充滿反抗意味的演說，他提到城市過去擁有的自由，其象徵物是「行政官員的座椅、自由行會的軍旗」，這些事物使自由不被遺忘（II. 34）。他質問公爵，「你做的事情當中，有什麼能勝過自由的愉悅，有什麼能使人不再渴望回到舊日時光？」人們不禁猜想，當馬基維利寫下這段對城市自由的讚頌時，是抱著什麼樣的懷舊心情，是苦澀還是希望？

　　在描述佛羅倫斯的派系鬥爭與政治體制轉變之後（以梅第奇家族的興起告終），接著在第五卷中馬基維利將焦點轉到描述得相當有技巧的外交史上，他對傭兵的蔑視使這段歷史帶有一種諷刺性的轉折；這些傭兵的領袖與軍隊只關心自己的利益，只要有利可圖，隨時可以

投奔敵營。結果是一種既非戰爭亦非和平的狀態，既無安寧之日，亦無表現愛國心或英勇的時機：「義大利的戰爭已經到了一種徒勞無功的地步，即使進入戰場也不令人恐懼，戰事正酣仍無危險，結束後亦無損失。」（V. 1）在漫長而詳盡的敘事中，馬基維利以羅馬式的風格描述佛羅倫斯人與傭兵隊長尼科羅·皮奇尼諾（Niccolò Piccinino）之間看似艱困的戰鬥，而他也樂意提供傷亡名單：

> 這場大潰敗與漫長的戰鬥，從下午四點持續到晚上八點，只有一個人被殺，他甚至不是因為受傷或是在戰鬥中遭重擊而喪命，而是墜馬之後被踩踏而死。人們在如此安全的狀況下戰鬥；所有人都穿上盔甲騎在馬上，深信為了不讓自己送命，投降也是應該的，他們找不到任何戰死沙場的理由。當他們戰鬥時，身上的甲冑起了保護作用，當他們無法戰鬥時，投降也能保全性命。（V. 33）

290

雖然馬基維利的《佛羅倫斯史》描述許多佛羅倫斯與鄰邦的關係，但其中寫到軍事史的部分相對較少，儘管他曾寫過《戰爭術》（*The Art of War*）一書；《佛羅倫斯史》的實際戰鬥場景顯然比李維的作品少得多。馬基維利在處理對外關係時，對不斷變動的同盟模式以及同盟背後的動機進行探究。傭兵部隊的職業指揮官傭兵隊長表面上是受僱者，有時卻宛如獨立國家的領袖，其中幾位傭兵隊長甚至成為貨真價實的領導人。馬基維利以清晰的筆調描述各國政府的盤算、威脅、示威、背叛與祕密交易。人們可以合理地稱這部作品為「大使的歷史」。例如在第六卷中，馬基維利精采描述佛羅倫斯內部對於是否支持傭兵隊長弗朗切斯科·斯佛爾查（Francesco Sforza）當米蘭公爵，產生了不同意見，顯示內部政治考量與佛羅倫斯國家利益的評估之間的複雜關係如何影響決策的形成（VI. 23）。馬基維利讚賞威尼斯在這方面的成果：「彷彿威尼斯共和國註定輸掉戰爭，卻能在協議和平時獲取利益。」（VI. 19）由於威尼斯共和制度的穩定，使得馬基維利援引它作為例證。威尼斯共和國作為一種政治典範，影響了十八世紀的政治論述。馬基維利簡短介紹了威尼斯早期歷史，認為威尼斯共和國「無論制度還是重要性都值得義大利諸邦稱道」，雖然現在

（一五二〇年代）威尼斯人的性命「與其他義大利王公一樣，均操之在他人之手」（I. 28, 29）。

馬基維利也讚揚教宗的手腕，其採行權力平衡的政策，使義大利維持分裂狀態，馬基維利承認這種分裂使義大利諸邦得以自由發展，不過現在反而使它們無望地遭受阿爾卑斯山以外諸邦的干涉——馬基維利與古伊奇亞迪尼有時稱這些外邦為「蠻族」（I. 23, 28）。馬基維利對於佛羅倫斯的內部分裂也有類似的矛盾態度。從派系競逐與渴求公共榮譽來看，馬基維利接受薩魯斯特的說法，認為這是精力與力量的來源。他把這種情況與利益分配和恩蔭制度運作下的派系區別開來，後者惹人反感而且是對佛羅倫斯有害的特徵。這是馬基維利思索梅第奇的科西莫（Cosimo de' Medici）掌權的前言（VII），因此他指的顯然就是科西莫。

雖然馬基維利在梅第奇家族鼓勵下寫了《佛羅倫斯史》，但這本書卻比預期中在判斷上少了點奉承之語而多了點獨立意識，這顯然與梅第奇統治者在官方層次上維持著共和派有關。例如，馬基維利在結尾時稱頌梅第奇的羅倫佐（全書以羅倫佐之死作結），讚美他謹慎恪守「共和派風格的簡樸」，儘管羅倫佐曾給予他豐厚的庇護。馬基維利也提到羅倫佐並未利用自己的子女跟外國君主進行聯姻。不過，馬基維利在描述帕奇對梅第奇策動的陰謀時，卻帶有一種苦澀的諷刺。當「自由」呼聲一如過去響起，沒有人接受號召前來，因為「民眾的耳朵已被梅第奇的繁榮與賞金所堵塞，在佛羅倫斯，自由已無人知曉」（VIII. 8）。

對馬基維利來說，一四九二年羅倫佐的去世是個轉捩點，馬基維利的結語是，因為「義大利已無法再從他身上獲得忠告，而那些比他活得久的人亦無良策，這些人面對米蘭公爵監護人盧多維科·斯佛爾查（Ludovico Sforza）的野心，不是接受就是反對。」如馬基維利的讀者所知，盧多維科尋求外援導致一四九四年法王查理八世的入侵，馬基維利與古伊奇亞迪尼認為義大利就是從這時起開始淪為外國勢力掌握的悲慘局面。馬基維利描述這次入侵使「一切邪惡的種子迅速摧毀義大利，而且仍持續踐踏著義大利」。有關這次事件的後續說明，可以閱讀古伊奇亞迪尼於一五六一年出版的《義大利史》，它剛好從馬基維利《佛羅倫斯史》結束的地方接續撰寫。

291

292

弗朗切斯科‧古伊奇亞迪尼

　　古伊奇亞迪尼比他的朋友馬基維利更具聲望，他曾擔任大使，於一五一二到一三年間派駐西班牙。他出身顯赫的佛羅倫斯家族，而且與梅第奇家族的關係一向良好，所以在兩任梅第奇教宗雷歐十世（Leo X）與克雷門七世任內，他在教廷內部擔任非常高的職位，包括洛瑪尼亞（Romagna）統治者、教廷軍副元帥，之後又擔任伯洛尼亞總督。古伊奇亞迪尼失勢之後，與許多上古史家相同，他致力的退休事業是撰述歷史。他挪揄自己曾經有過的風光榮景，並且以第三人稱的角度來描述自己：他的同胞市民大概認不出他來，「他的宅第滿是掛毯、銀飾……四周環繞著一百名以上的步傭兵所組成的守衛，另外還有斧槍兵與騎兵戍守……出巡的隊伍絕不少於一百或一百五十匹馬；沉浸於統治階層、頭銜、『最卓越的君主之間……』」古伊奇亞迪尼在教廷裡擔任重要官職，而這件事本身即是一項諷刺，他在自己的歷史作品中明確表示，他對教廷與義大利教會的可悲深感不屑，也哀嘆教廷在義大利事務上的邪惡表現。他私底下表示，如果「我在幾任教宗底下任職（未能）使我基於私利而萌生競逐教宗寶座的欲望……那麼我應該會喜愛馬丁‧路德」。他毫不留情地描述教宗的政策與性格，當然這都是在失勢之後寫的，不過他不因此肯定路德的作為。

　　古伊奇亞迪尼的歷史作品相當長，卻只涵蓋從一四九〇年到一五三四年這四十四年的歷史，因此內容相當詳盡。不過，由於他把焦點完全集中在國際關係上，使得他的作品成為第一部將義大利視為一個整體的歷史著作。相對於馬基維利著名的循環觀念，古伊奇亞迪尼對歷史變遷所做的一般描述，使我們注意到他對歷史事件細節的重視，以及他的歷史解釋的多樣化。古伊奇亞迪尼的確提供了各種解釋，儘管這些解釋絕大部分關聯著各項動機、意圖、盤算、誤解、非理性的衝動以及短暫或持續的心理傾向；如果他能想出三個或更多的動機，那麼他絕不會以單一動機來解釋單一行動。古伊奇亞迪尼在作品一開頭說，人類事務是反覆無常的，「就像隨風翻攪的海面」，他的讀者應能感受到這種類比的力量。

293

　　古伊奇亞迪尼專注於特殊事件以及每個處境的獨特之處，此舉產生兩個重要結果。首先他提醒大家留意過度自負的評論者，更重要的是要留意政治家，對此他有充分的體認：傲慢是愚蠢的。其次，這點顯示出古伊奇亞迪尼歷史的整體風格，他藉由敘事以及描述每個重要歷史時刻的細節來進行解釋。密集的敘事不可或缺，古伊奇亞迪尼提供的就是這樣的敘事。不過他的歷史也有一般性的主題。馬基維利儘管專注於外交事務，但其歷史的一般主題主要是派系主義與市民自由的喪失，然而如果他能更詳細地探究梅第奇的科西莫與羅倫佐用來操縱政府以及有效地以共和國外觀進行統治的方法，則這些主題的描述或許會更清楚；馬基維利亦承認這點。古伊奇亞迪尼也關切佛羅倫斯的自由，可以理解的是，他在探討佛羅倫斯時將其視為富足的寡頭政權，但他的歷史重心仍取決於作品涵蓋的時期以及他對外國事務的關注：義大利事務遭受外國支配，使義大利諸邦淪為屬國，這是一齣悲劇；馬基維利也有同感，但並未追溯這段歷史。憑藉著非凡的組織能力以及深入的研究（雖然這點幾乎無法從外表看出），古伊奇亞迪尼以一系列的複雜協商插曲說明義大利何以淪落至此。唯一可與古伊奇亞迪尼比擬的史學成就是十九與二十世紀所謂的「歐洲國家體系」研究。

　　古伊奇亞迪尼的作品雖然明確、節制且具有格調，但整體而言是一齣悲劇，這種悲劇角度有時出現在敘事裡，還穿插著反派人物。這些反派人物是義大利的統治者，其中最受矚目的是教宗，其鹵莽而短視的野心是義大利悲劇的根源。古伊奇亞迪尼有時提到命運，但他的敘述不帶有決定論的色彩，儘管統治者確實應該考慮這點：他追溯人類愚蠢造成的後果，無論愚蠢以什麼樣的形式出現。悲劇是可以避免的，這種想法促使古伊奇亞迪尼熱烈控訴義大利諸邦領袖的狹隘自私。唯有羅倫佐，作為對比的人物與被緬懷的對象，受到毫不吝惜的讚美，因為他瞭解義大利內部權力平衡的必要。潛在的強人浮上檯面，尤其是切薩雷·波吉亞（Cesare Borgia，馬基維利《君王論》第七章的主角）與教宗尤里烏斯二世（Julius II），他們的好大喜功終於導致失敗。沒有任何義大利人大到足以造成危害，然而他們助長且加重了危害的產生，有時因為輕率，有時出於無知。身為一名政治行動者與前任大使，古伊奇亞迪尼深知表象與表象背後隱藏的思考之間

的不同，也瞭解應該加以盤算與回應的各種因素與壓力，和蒙蔽判斷的誤信與謠言之間的差異。

一四九四年法國首次入侵義大利，時間雖然短暫，卻使得義大利門戶洞開，並且顯露出阿爾卑斯山另一邊的國家在軍事上有著駭人的優越與無情。古伊奇亞迪尼知道，一切不會再跟過去一樣。法國人為了勝利而作戰、焚燒房舍並拒絕收容戰俘，他們使用恐怖而難以抵禦的新式武器，特別是野戰砲。義大利用來攻城的槍砲是一般人熟知且笨重的武器，但法國人的大砲發射的是青銅砲彈，用來拖拉大砲的是馬匹而非牛隻，它們既快速又靈活：「他們使用這種與其說是人類的不如說是惡魔的武器，不只運用在攻城上，也運用在野戰上。」（I）這種武器「讓上古時代的人使用的攻擊性武器成了笑柄」。古伊奇亞迪尼很快注意到當時這種超邁上古世界知識與技術的發展。他提到威尼斯的香料貿易被葡萄人奪走，葡萄人繞過非洲南岸直接航向香料群島，以及西班牙力量的興起。這些航行「清楚顯示上古時代的人在地球知識上有許多地方受到欺瞞」（VI）。

我們可以恰當地說，古伊奇亞迪尼的歷史作品雖然就某個意義來講深受人文主義的影響，但並非一味模仿當時流行的模式。古伊奇亞迪尼遵循傳統做法，將評論政策與決定的各種演說拼湊起來，但他對於外交關係複雜網絡的描述卻具有高度原創性；從一個權力中心跳接到另一個權力中心，過程快得離奇，我們必須承認，這樣的敘述有時讓人感到困惑。古伊奇亞迪尼的技巧使他的作品充滿抑揚頓挫，而人文主義歷史一般而言相當流暢，甚至平淡無奇。古伊奇亞迪尼的歷史的力量表現在道德與思想層面；認為他的作品是大量細節的堆砌與敘事繁複的歷史名著，將會是一場悲劇。閱讀古伊奇亞迪尼的作品是一項挑戰，而非愉悅：據說曾經有人讓囚犯做選擇，看是要閱讀古伊奇亞迪尼對佛羅倫斯與比薩（Pisa）交戰的描述，還是上船去做苦工，犯人讀了幾頁之後，還是決定去做苦工。自修昔底德以來，沒有人將國家——一群脆弱、胸懷野心而充滿恐懼的小國，它們擁有共同的語言與文化，卻有著不同的政治制度——之間的互動放在如此縝密而冷靜的理性分析之下。沒有任何歷史作品的複雜度比得上李維對早期羅馬共和國努力求生與擴張的描述，但必須牢記的是，李維的敘述不同於修昔底德與古伊奇亞迪尼，他的作品不是當代的，甚至也不能說接

295

近當代。然而，一般而言，翻譯修昔底德作品所遭遇的困難，以及人文主義者對於拉丁文修辭範本的需求，加上馬基維利對於共和國的士氣、這股士氣帶來的成功，以及成功後所招致的危險等等先入為主的看法（受到李維與薩魯斯特的影響），這些都使得羅馬史家成為人文主義傳統下歷史寫作的主要啟發者，這種情況一直持續到十八世紀。

第五部
研究過去

第十九章
古物研究、法律史與封建制度的發現

最後一部的標題「研究過去」，標誌著一個新的開始：從十六世 299
紀以降，文藝復興時代人文主義文本方法的使用所揭露與理解的不只
是上古哲學家與詩人的作品，還包括歐洲的過去，而這段過去從十七
世紀晚期開始被稱為中古時代。這種技術是檔案的歷史研究，不過這
個詞彙要到更晚之後才逐漸流行，憑藉這種技術，「探究」可以上溯
到史家或目擊者記憶以外的時代，並且擺脫對早期史家與編年史家的
依賴。這是個大轉變，我們必須問它是怎麼發生的。檔案研究對歷史
的重要性在此之後並未受到重視。部分是因為文藝復興以來，人們一
直專注思索什麼才是歷史寫作的主導原則：模仿受尊崇的上古典範，
意味著歷史寫作主要是一種能從中汲取道德教訓的政治敘事。另一部
分則是因為人們對於檔案研究的興趣有限，而且相對缺乏這方面的自
我意識。許多例子顯示，十六、十七世紀的學者（當時稱為古物學
者）是在偶然間開始從事檔案研究，而非有計畫地將其作為歷史研究
的方法。如我們將看到的，這些學者的動機通常是政治的，而不是如
十九世紀提倡的所謂「科學的」，歷史研究的理想也是於此時被揭櫫
出來。十八世紀時，這類檔案研究的作品經常被詆毀與貶低，與古典
模範的高雅模仿相比，它們被視為是缺乏教養的、無用的、學究的、
（就許多手稿的狀況來看）髒汙的與不入流的。

長期下來所造成的影響，使人們對這些不夠高雅、甚至難以閱讀
的古物研究產生輕視，因而對歷史研究的歷史形成扭曲的看法，即便
後來對檔案研究的態度有所改變。尤其這種影響帶來一種誇大的觀點 300
（在倡導者的全力支持下），認為十九世紀的歷史方法出現值得喝采
的「革命」，特別是在德國。在國家獎掖下，德國在創立歷史學術機
構以及設立教育機構以培養新興史學專業史家上顯然取得了領導地
位，特別是雷歐波德・馮・蘭克（Leopold von Ranke）著名的專題討
論會（seminar），而且考訂原始史料成為重要的史學倫理。這些舉

措具有巨大的影響，但令人懷疑的是，這些做法是否稱得上是一場思想革命（見第二十五章）。過去半個世紀以來，已有不少學者提出不同的看法。因此在本章中，我們需要思考十六與十七世紀學者的作品與動機，這些作品與其他各章討論的歷史迥然不同，它們並非由現成且可能具閱讀樂趣的敘事所構成，而是對高度特定的文獻學與古物研究主題所做的一般評釋。儘管如此，我們仍有必要瞭解這類作品的影響。

不過在此之前，我們必須進一步討論這個時期最受認可的歷史寫作文類：以上古史家為範本的政治敘事。古伊奇亞迪尼的《義大利史》雖然遵循人文主義傳統，卻具有高度原創性。在這部傑作之後的兩百年間，一般認為人文主義敘事史學是乏善可陳的，不僅在數量上，連品質上也未曾留下足以超越時代與專家視野的不朽作品。這或許是個過於簡化的判斷，但我無法反駁。人文主義的歷史寫作方針依循最優秀的上古範本，學習其流暢的修辭並著眼於政治主題，其中最著名的範本是李維。歷史是文學文類，為了提供激勵人心的例子，使人勇於向善與投身偉大事業，真實只能退居修辭效果之後。然而對當時的讀者而言，這不只是為了刺激閱讀而已。

激昂的共和主義熱情曾賦予早期人文主義歷史優勢地位，雖然它持續鼓舞歐洲的政治思想傳統，直到英格蘭、美國與法國革命時期，但在歐洲絕對主義時代，它對史學的影響卻逐漸衰頹。王室史家的職位於一六六一年在英格蘭設立，而在法國，王室史家的職位由一些傑出與具顛覆性的史家擔任，從十六世紀的弗朗索瓦·歐特曼（François Hotman）到十八世紀的伏爾泰，均曾出任此職。威廉·羅伯特森（William Robertson）是十八世紀中葉蘇格蘭的王室史家，我們之後將簡短介紹他。然而王室史家這個頭銜對歷史而言是個雙面刃：國家的獎掖也可能是一種箝制。在都鐸王朝統治下的英格蘭與路易十四時代的法國，謹慎的史家在處理敏感的主題之前，會先取得當局的核可。理查二世（後來遭到罷黜）的執政在伊莉莎白時代是個棘手的主題。法國史家尼古拉·弗雷列（Nicolas Fréret）因為任意提出法蘭克社會的日耳曼性格（因此帶有塔西佗的色彩）並否定了法國的特洛伊起源，而於一七一四年被關進巴士底監獄：塔西佗的《日耳曼誌》是十六世紀初新出現的文本，它因支持日耳曼人並不存在世襲君主而惡

名遠播。劍橋教授艾塞克‧多里斯勞斯（Issac Dorislaus）——可能是荷蘭人，因此沾染了共和派的氣息——的課程受到打壓，他的罪名與時運不濟的弗雷列相同，只是早了一個世紀，在一六二七年。

當然，政治箝制並未使人文主義歷史敘事的整體文類淪為教化與奉承的溫和文學習作。一位對十六世紀人文主義歷史做了詳盡調查的學者表示，這個時期的史學相對而言較不受政治檢查所箝制，他提醒我們毋須嚴肅看待當時作品前言裡不斷出現的虔信，也毋須認為這些作者是以這種態度作為寫作方針（Fryde, *Humanism and Renaissance Historiography*）。十六世紀晚期與整個十七世紀，塔西佗的《編年史》與《歷史》逐漸流行，成為比李維更受讚美的典型，這股風潮引領出各種受歡迎的形式，不過這股對塔西佗的熱情也表現在政治行動警語的收集上：引用塔西佗要比引用馬基維利安全多了。有些史家與評釋家渴望寫出像塔西佗一樣簡短的警語以及細微的心理刻畫——雖然古伊奇亞迪尼也可作為仿傚的對象。

當時的人對於隱瞞似乎情有獨鍾，這一點有時顯露在當時的回憶錄中，這種比較隱晦的做法有時比歷史更令人感興趣。雷茲樞機主教（Cardinal de Retz）曾在一六四〇年代路易十四尚未成年時所發生的暴動中擔任巴黎人的領袖，他的《回憶錄》坦白地令人驚訝，例如，他誠實交代自己為巴黎大主教發放救援品時，曾利用職務之便為自己招攬一批政治支持者。對宮廷動機的關注，公共專業和私人意圖間的對比，在絕對主義時代尤其適切。這個時代並非全然不同於塔西佗的時代，塔西佗曾承認，政府的行動是一小群人決定的，而非訴諸公眾或展現於演說之中；「國家機密」（*arcana imperii*），專制政策的密室祕密，它們之所以令人著迷，正因為它們是封閉的。即使在十八世紀初的英格蘭國會，當時政府的領導人博林布洛克伯爵（Earl of Bolingbroke）與波利比奧斯一樣對學者嗤之以鼻，認為學者「無法知道公共交易賴以決定的私人訊息……他們看不見我的運作，他們只能收集被丟出來的材料」（*Letters on the Study and Use of History*, Letter 5）。這種說法有其真實性，至少對法國來說是如此，過去的公共記錄被經過認可的學者組織得更完善且可被檢視，這些學者有時負責保管這些記錄。瓦羅瓦王朝（Valois）與波旁王朝（Bourbon）的統治者瞭解過去有作為宣傳的潛在價值，也知道檔案可以作為必要

302

的實踐資源，即使這些事物必須加以審慎處理。

當時最有趣的兩部「塔西佗式」敘事史成書於十七世紀初：弗蘭西斯・培根（Francis Bacon）的《英王亨利七世時代的歷史》（*History of the Reign of King Henry VII*, 1622）與威尼斯人保羅・薩爾皮（Paolo Sarpi）的《特倫特宗教會議史》（*History of the Council of Trent*, 1619）。這場在一五四五到六三年間舉辦的大型宗教會議發生於路德的宗教改革之後，再度磨亮了天主教會的武器。培根的作品運用了一些未出版的新史料，但並沒有突破性的進展，他仰賴的絕大部分是既存的編年史。他對英王的心理描繪讓後世留下深刻，或許還是不可磨滅的印象：亨利被認為是貪婪、吝嗇、謹慎、多疑與有所隱瞞的，這裡似乎可以看出一點塔西佗形容提貝里烏斯的元素，不過培根也提到他比較好的一面，亦即仁慈。薩爾皮被重要的現代英語評釋者大衛・伍頓（David Wooton）呈現成一個偽善者，根據伍頓的說法，薩爾皮表面上是修士，實際上卻是堅定的無神論者。特倫特宗教會議為天主教反宗教改革奠下基礎，薩爾皮因此深感不安，而在描述這場宗教會議時，薩爾皮成功地以塔西佗和古伊奇亞迪尼式的風格剖析心理與動機，並且敘述與會者的希望在此均遭落空的歷史諷刺。伍頓也從薩爾皮的描述中發現其他原創之處，個人不僅受制於個人的動機，也受制於他們所代表的集體利益：科層的必要性支配了他們的行動。

溫和不一定是人文主義史學的特徵。十六世紀末法國內戰期間產生許多激烈攻擊政敵的當代史作品。但十六、十七世紀人文主義對歷史最大的貢獻，不在於為敘事史學立下新古典的規範，而是將人文主義的考證方法應用在研究過去上。雖然十八世紀之前考證的完整效果（其影響延續至今）還未為人所察覺，但這種方法的創新性如此顯著，我們不得不進一步加以檢視，即使當時未有任何單一作品，更不用說是容易接近的作品，可讓非專家的讀者找出考證的原則、運用及其表現出來的成果。考證是個不斷擴大的實踐傳統，較之於已經固定下來的作品所構成的全集，考證的運用範圍與日俱增才是真正有趣的地方。

早期基督教世紀——歐洛西烏斯的世界史綱要是這個階段發展的顛峰——在過去以及如何看待過去的概念上標誌出一個新紀元（見原

文頁195），一個延續了千年以上的紀元，因此現在我們必須思考如何在研究過去上面開啟一個屬於現代的時代。雖然自早期基督教世紀以來已經出現一些變化，特別是與歷史專業的建立有關的事物（對此我們隨後將做討論），但並未產生任何足以造成轉變的影響。主要的創新表現在這個我們曾經簡略帶過的詞彙：「研究過去」。我們現在必須試著解開這個詞彙的意義。

從希羅多德身上找到的史學動力是調查性的與紀念性的，但前者是為後者服務。就某個意義而言，只要不光是以謄錄方式寫成的歷史，就一定具有調查性，只是內容或深刻或膚淺，不過如我們所見，長期而言，不僅是人文主義歷史敘事，在所有歷史中，紀念性的面向隱約居於較重要的地位。歷史是對值得記憶之事所做的恢復與呈現，它所對抗的是永不休止的時間之流。很長一段時間，少有人察覺到過去是處於一種無生命但潛在上可恢復生機的狀態，直到研究者與史家透過文獻與檔案讓過去復活。因此，歷史的記錄與寫作宛如是一場與遺忘對抗的競賽。雖然距離人文主義者於十四世紀末發展出來的方法獲得充分實現尚有兩個多世紀的時間，但調查的動力已非常急迫，並且受到人文主義方法的指導與控制。

起初，這種史家技藝的基本特徵並非來自於統稱為歷史的動力，而是來自恢復、讚美乃至於模仿。一開始把人文主義方法稱為文學的與道德的，要比稱為歷史的來得容易許多，而這種方法主要運用在過去的文獻（文本）上，這些文獻廣義來說屬於文學，其中也包括古典史家的作品。這種方法是文獻學的，而它在尋求真實文本時使用的主要淨化劑是對時代倒錯的探知。這種方法要成為可能，憑藉的是一種來自博學的產物，亦即要熟知共和時代晚期拉丁文的文法、風格與用語，以此來判定某份文件是否出自有知識的羅馬人或文學大師之手，或者更重要的，是能判定其並非真品。（最受推崇的典範是西塞羅。）考證學藉由探知時代倒錯來修訂過去，其最戲劇性的一次力量展現不在於將考證方法應用於古典與文學文本上，而是應用於中古與政治文本上。十五世紀初，偉大的義大利人文學者羅倫佐·瓦拉做了著名的證明：西元四世紀時有份文獻載明了皇帝君士坦丁將權力轉讓給教宗西爾維斯特（Pope Sylvester），此即「君士坦丁的捐獻」，但此文獻不可能是完成於西元四世紀，因此是中古時代的贗品。從長

期來看，影響更深遠的是將人文主義考證技術應用於基督教的基礎文本《新約》之上，從事這項工作的著名人物是十六世紀初的埃拉斯穆斯（Erasmus）。但在一般史學上，影響最深遠的轉變性發展則是將考證應用在羅馬法學大成《民法大全》（*Corpus Juris Civilis*）上，這部作品編纂於皇帝查士丁尼統治期間，從此被當成權威傳承下來；這個史學上的轉變起初發生於十五世紀的義大利，之後則在十六世紀的法國開枝散葉。

人文主義的學問是破除對過去的既有觀點與過去文本版本的有效方法。人文主義者重視的上古世界文本，包括羅馬法，其流傳到現代的是經過數世紀傳播與謄抄之後的產物。因此，這些文本容易覆蓋上立意良善但時代倒錯的評釋、詮釋、穿鑿附會與誤解，以及抄寫者的錯誤與偽造。對人文主義者而言，這些淤泥與沉積物之下埋藏著原始精純的黃金。想取出黃金，必須以道德與美學熱忱從事文學考古學的研究，為了模仿，必須恢復、重現珍貴時代的文學風格與文化和政治價值。因此，人文主義者強烈意識到一種或許可稱之為文化傳播病症的現象：上古無價的智慧與文學遺產經歷了十五個世紀的浮沉、不幸、善意但無知的誤用，以及（毫無罪惡感的）刻意操弄。

文獻學方法運用在重建過去上，依照適當的次序，不僅重建羅馬文學，也重建羅馬歷史，最後則重建比較近期、不過仍相當遙遠的歐洲過去。一般而言，這種運用是一種延伸與傳遞的過程。人文主義學術的方法自然而然運用在羅馬法文本上，並且經由羅馬法而對法律指涉的羅馬制度產生更深刻的理解。於是在義大利之外，特別是十六世紀的法國與半個世紀後的英格蘭，法律史的學術實踐逐漸運用在蠻族與現代法律制度與習慣的前身上。對歐洲過去的一般理解如何進行、其動機及最終結果為何，這些都將是本章接下來探討的重點。

這個論點的第一部分簡述如下：文學考古學引導與提供工具來研究法律考古學，而法律人文主義則引導出主要不是針對事件而是針對制度的研究，其中最重要的是中古時代的研究，亦即封建制度，這個主題極為普及，它形成了十八世紀所謂的「社會狀態」（the state of society）。例如「封建時代的社會狀態」是十八世紀的常用語，但經過兩個世紀如火如荼的研究（絕大部分集中於法律）之後，勢必使這個隨意指涉的詞彙變得更加清晰。伴隨著人文主義學術而來的還有急

速增加的各項資訊傳播，包括學術方面，這種快速傳播的現象出現在十五世紀末印刷術的發明之後，以及對檔案做出更完善的組織，使人更容易利用檔案；一般來說是如此，但其中仍有許多阻礙。這些發展為未來的歷史研究以及有系統地「研究過去」奠下基礎。稍後我們將看到，直到十八世紀為止，人文主義模式──模仿而非調查──在古典先驅的震懾下，相對而言仍維持原有的樣貌，而其長期的結果則是敘事史學。

不過，我們將先從法律人文主義的觀念著手。法律學後來與政治衝突糾結在一起，並且受到政治衝突的刺激與扭曲，在英格蘭尤其如此。但起初人文主義技術運用在法律文本上似乎是受到恢復與純化羅馬世界遺產的熱情所觸發，而一般而言，這份熱情也同樣激勵了人文主義。不過，這項技術在法國的運用卻產生諷刺的結果，尤其在十六世紀中晚期的布爾日大學。為揭露與運用羅馬人法律智慧而進行的各項探究，清除了中古評釋的渣滓，這些評釋事實上是羅馬法在比較晚近的社會中受到調整與應用的部分過程，而探究最後將羅馬法定位成純粹之物，並且顯示羅馬法其實是性質完全不同的過去與社會的法律。這種純化的做法在無意間轉變成一種具破壞性的歷史化與疏離。有些法學家坦然面對這個結果。在《反特里伯尼安》（*Anti-Tribonian*, 1567）中，弗朗索瓦・歐特曼宣稱羅馬法是另一個時代與地點 307 的法律，對法國法學毫無用處；他將注意力集中在本土的習慣法研究上。

事實上，以人文主義方法研究羅馬法，使羅馬法具有雙重歷史意義：羅馬法不僅變得遙遠，也被賦予歷史的相對性。羅馬法不是被凍結在時光中的理想，而是法律史長期演變的產物，在這段過程中，羅馬本身也經歷巨大的轉變；羅馬法其實是到了最後才由查士丁尼的法學家匯集起來，而這些法學家有時似乎對自己處理的法律並不全然瞭解。因此，沒有永久存在的單一法學時刻，它不可能為了現在的用途而恢復與返回原初狀態。

這裡有個與人文主義者對於是否應賦予西塞羅作品權威而產生的爭論類似的問題：西塞羅的拉丁文一直是必要的嗎？有人認為應該就是如此，但這種想法被視為完全站不住腳的極端觀點而受到嘲弄，但法學家面臨的問題不僅於此。懷抱理想，但這個理想本身卻是充滿爭

議與限制的典範，在這種情況下，人們還是可以寫出通行於西元前一世紀的拉丁文散文，然而這麼做卻必須以犧牲口語拉丁文的彈性為代價；口語拉丁文在某些圈子裡仍然是活著的語言，如今卻被責難成粗鄙的語言。此外，即使可以辨識理想的法律典範，律師仍無法避免一個問題：理想的法律典範如何適用到棘手的當代現實中？其他的選擇是將羅馬法貶抑為純學術研究的地位，或者正視調整的必要性，如中古時代註釋者所面對的。

讓羅馬法成為一種歷史現象而非脫離時間的典範，並且逐漸發覺難料的現實（尤其是起源較晚的現實）與這些典範其實無法相容，這些現象使人察覺到現代國家特有的法律、習慣與制度絕大部分必定源於國家本身的蠻族祖先，或至少是從蠻族王國建立後才發展出來的，而與羅馬及皇帝敕令毫無關聯。一個可能的結論是對於在地習慣法應加以重視，對於這些在生活中逐漸衍生出法律的民族來說，習慣法是最適合他們的法律。這是歐特曼的解決之道。蠻族風俗的影響就某個意義來說是真實的，必須加以面對，而歷史學術的注意力必須將焦點
308 從羅馬與帝國移向中古時代初期與盛期。十六世紀法國法學家致力辨識羅馬晚期法典中經常出現的外來性質，他們的做法就某種意義而言是挖掘中古時代的歷史（雖然當時還沒有中古時代這個詞），並從中發現中古時代的歐洲並非全然無知、野蠻與欠缺理解力，相反的，它具有豐富的創造力。對於希望從自身法律找出起源與指導原則的法學家來說，中古時代是各種制度的根源。

這裡存在著一種愛國主義的、有時甚至是民粹的向度。羅馬民法繼承的主要是上古時代晚期的編纂版本，因此自然帶有一種強烈的威權主義傾向。羅馬法格言中有句惡名昭彰的話，「凡能取悅君王者，即有法律效力」（Quod Principi placuit legis vigorem habet），以及君王「不受法律拘束」（legibus solutus）的觀念。與此相對的是，習慣法傾向於支持承襲下來的私人與法人權利與特權：事實上，習慣法具有封建性質。帝國法與習慣法就某種意義來說處於對立狀態，如同彼此敵對的觀點：特洛伊人的與蠻族的，源自歐洲民族的與源自歐洲君主制的。與特洛伊人的親緣性——跟隨維吉爾立下的例子，體現在布魯圖斯、弗蘭庫斯（Francus）與其他同名的流亡的特洛伊王子身上——是一種諂媚的攀附，它把相關的民族，透過與埃涅阿斯的親

屬關係以及同為普里阿摩斯的後代，而與羅馬人連結在一起。近代初期，當人文主義學術對於從未載明於歷史與上古文學的特洛伊傳說的年輕王子漸感懷疑且最終予以否認時，以及當塔西佗的《日耳曼誌》逐漸知名且影響力與日俱增時，日耳曼人原初的「自由」自此投身於歐洲史學的長期事業中。

　　然而，我們不應產生過度化約的圖像，以為人文主義學者以文獻學方法滌淨了歐洲的史前史，事實上，他們自己的作品可能提供了新的混淆根源，甚至於是新的贗品。此外，無所不在的特洛伊人不僅使基督教與文字出現之前的歐洲出現了偉大的國王與傳說的住民。這些人在理論上也能上溯到挪亞，有些人甚至明白表示自己就是挪亞的子孫，畢竟聖經，連同維吉爾的虛構與古典傳說，是早期歷史的主要來源，它提到了巨人（彷彿在當時相當常見）與挪亞的近親，如挪亞的孫子歌篾（Gomer），他被視為高盧人的始祖。十六世紀的古物學家約翰·貝爾（John Bale）認為特洛伊之前的不列顛是薩摩特斯（Samothes）建立的，他是挪亞的兒子雅弗（Japhet）的兒子，薩摩特斯的後代德魯伊斯（Druys）創立了德魯伊（Druids）教派。這個想像系譜之所以被迫放棄，部分是因為真實上古正典被掌握得愈來愈明確，是博學與時間的必然結果；部分是因為另一種選擇與其說是新知識，還不如說是空頭話，除了《日耳曼誌》的發現之外。由於當時考古挖掘的潛力尚未充分發揮，因此仍無法完整勾勒出歐洲北方各國在羅馬時代前的樣貌；不過作為一手證據的工藝品，特別是古典時代的工藝品，逐漸受到重視。一五七〇年代，一名由法國培養出來的卓越蘇格蘭人文學者喬治·布坎南（George Buchanan），自信地列出一張洋洋灑灑寫著四十名傳說在基督教時代之前的蘇格蘭國王姓名表，其中包括特勒斯（Thereus）、杜爾斯坦（Durstan）、摩加魯斯（Mogallus）與阿提爾科（Athirco）這樣的名字；不過布坎南在當時瑪麗·斯圖亞特（Mary Stuart）的統治時期，也是一名黨同伐異者與不可靠的新教史家。在威爾斯古物學者韓弗瑞·魯伊德（Humphrey Llwyd）否定這張列王表後，布坎南自信盡失，魯伊德嘲笑蘇格蘭的虛矯，不過他自己倒是對蒙矛斯的喬弗瑞頗為滿意。

　　十六世紀的人文主義世界是個難以尋覓路徑的多產而複雜的世界，即使是博學者亦不例外，特別是當我們將那些與敘事歷史交集的

309

作品一併列入考量時，包括歷史地誌學、語源學、「普世史」，甚至是剛萌芽的註釋目錄學，則情況顯得更加複雜。從這個時期一直到十八世紀，近代學者開始習慣於明確區分新古典模式的敘事史與不故作優雅的人文主義古物研究。當時的人也曾提到這種區分，而在史家方面，則又添上大量對無用、學究與無意義學識的濫用。在《書簡：論歷史的研究與用途》中，博林布洛克抨擊那些只會「照抄骯髒手稿、使用艱深詞彙與採取大量複雜文法」的學者，認為他們只是低級勞工；博林布洛克心目中的史學典範，是受人文主義者尊崇的三位大師，薩魯斯特、李維與塔西佗，他提議從流亡政治家的歷史觀點中找310 出具啟發性的例子，使這些觀點產生用處。即使是最卓越的學者，如偉大的文藝復興時期學者斯卡里傑（Scaliger），博林布洛克也毫不猶豫「公然輕視這些博學者所有的作品，包括所有的古代研究，以及所有的編年體系與歷史」；他寧可搞錯歷史事實，「也不願花上大半輩子的時間，收集這些填滿古物學者腦子的無用知識」（Letter I）。然而，現在我們輕易發現人文主義處理歷史的方式只是沉悶地加以模仿，反倒是一些一般認為毫無組織而五花八門的古物研究充滿各種對歐洲過去的再評價。

　　祖先仍具有影響力，即使是遙不可及的祖先。中古歐洲是個拘泥法律的社會，在這個社會中，除了羅馬民法與教會法主導的脈絡外，權利與絕大部分公認的義務結構被繼承而來的既有資格所合理化，而非仰賴哲學原則。有時唯一能證明這類法定權利的是習俗，但在沒有文獻支持下，習俗的根據顯得愈來愈不可靠──這構成偽造的有力動機，至少表現在證明人們擁有什麼而非人們未擁有什麼的良性形式上。

　　在最高的政治層次上，文獻可以是對某個重要主張的有力支持，或被視為該主張不可或缺的一部分，例如偽造的「君士坦丁的捐獻」。修道院是這類文獻式的「記憶」最有可能保存的地方，如果僅就記錄習俗的形式來看，我們知道英格蘭的愛德華一世藉由巡視修道院以強調他是蘇格蘭最高統治者的主張；而一有機會，他就將蘇格蘭的檔案盡數摧毀。在十六與十七世紀，搜尋先例與文獻權威在某些脈絡下變得相當急迫，它們需要現代的詮釋技術與學識的資源，而在經過羅馬法研究的磨練之後，逐漸適用於較為晚近的國別史中。由於當

時有一股強烈的傾向，想將政治主張與爭議投射到拘泥法條的模式中，因此挪用與擁有權威版本的民族歷史變得十分要緊。有些歐洲國家就提出了「古憲法論」（ancient constitutionalism）這類政治論點，包括蘇格蘭（其理論提供者是布坎南）與尼德蘭。

歷史—法律論點當然不是唯一的論據。聖經的先例、神學的格言、甚至於亞里斯多德的《政治學》，連同經驗與歷史的教訓，紛紛被提出來。歷史的例證，特別是羅馬的歷史（但並非僅限於此），可以透過馬基維利的角度將其詮釋成例證的儲藏室而非權利與先例的倉庫。但十六與十七世紀，特別是在法國，與半個世紀後處於內戰前夕的英格蘭，是個在立憲與政治辯論中祈靈於起源、先例與長久建立或已被遺忘的權利的偉大時代。這類論辯理所當然是律師，或至少是受過法律訓練的人（許多受過教育的俗人都具有這類素養）可以介入的領域。雖然這種論辯模式有時只會產生一連串無視歷史脈絡的任意引用，但還是逐漸在歷史層面上產生深刻的討論。在某些脈絡下，法律—古物研究的熱情也應用在各種面向的過去上，它們超越了政治辯論而成為單純為瞭解起源與流變而進行的調查，或者基於一股廣義的愛國情操而非直接的政治因素而起的研究衝動。

事實上，愛國主義與政治關注同時出現在十六世紀法國的法律—歷史學術中，而且混合了所謂的「高盧主義」（Gallicanism），其主張法國具有歷史的獨特性，不僅獨立於教廷，也獨立於帝國。但高盧主義也包含了反王室的民粹主義，雖然不總是如此；後者關聯著塔西佗式的與法蘭克人的「自由」，「法蘭克人」這個詞本身就是自由的具體表現。要將高盧人（日後的高盧羅馬人）合併到獨立法國的故事裡，顯然具有較高的難度，儘管有人嘗試這麼做，此外，還存在著凱爾特主義者（Celticist）與日耳曼主義者（Germanist）。十六世紀晚期的法國陷入內戰、屠殺、政治暗殺與連續不斷的危機之中，這樣的局勢使這類歷史觀念充滿了論戰性質。宗教衝突使法國面臨分裂的威脅。當時最知名的法學家都是雨格諾派（Huguenots），或至少是受愛國主義與秩序黨派政治黨人（the Politiques）吸引的溫和派人士。極端天主教黨派神聖同盟（the Holy League）在洛林吉斯家族（Guises）的領導下，與西班牙合作支持教廷，即「阿爾卑斯山以南」（ultramontane）的立場，他們被視為維持現狀使法國聽命於外

311

312

國勢力的代表。這是法國君主制遭遇的一大危機,在十七世紀上半葉,英格蘭人也遭遇類似狀況,國會特權與王室特權的支持者尋求西敏寺與倫敦塔檔案局的職位,試圖為各自的立場取得法律先例,且先例愈早愈好。人們激烈地爭論國會——包括下議院,事實上,下議院源自於十三世紀的國王令狀——與君主制是否出現於同時或甚至更早。撒克遜人的「自由」問題及其是否未受諾曼征服的影響延續至現代,成為延燒到十九世紀的歷史爭論;撒克遜人是日耳曼人旁支,同樣的,日耳曼人也有「自由」問題。即使在伊莉莎白統治期間,盎格魯撒克遜人的研究仍在帕克(Parker)大主教獎掖下持續進行,他想證明英格蘭教會獨立於羅馬之外。這種想法與法國的高盧主義如出一轍。

在十六世紀法國的法學家當中,最飽受政治攻擊的是弗朗索瓦‧歐特曼。在《法蘭西高盧》(Franco-Gallia, 1573)一書中,歐特曼從各個編年史家的作品中,包括圖爾的額我略與弗雷德格的作品,逐一抽繹先例,藉此顯示上古時代的法國國王是透過選舉產生,可以加以罷黜。對歐特曼而言,法國的三級會議(Estates General)源於古老的日耳曼集會。日耳曼習俗的演進也涵蓋了封建紐帶。有些作者最終是從羅馬世界的恩蔭制度導出這個觀念,其他作者則是從條頓部族首領與近身隨從構成的扈從關係(comitatus)導出這個觀念;這些隨從的地位後來藉由封建領地(tenure)的世襲而得到確保,相對的,他們也對領袖負有軍事義務,如此而建立了完整的封建關係。

對習俗與法律史的熱情,其特徵在於雖然它激起了對過去的興趣,但也涵蓋了不斷演進的觀念,甚至對於追溯遙遠起源的可能性感到懷疑。從這個角度來看,法律史提供了嶄新的國別史與比較史的基礎,並且在內容上涵蓋了習慣、風俗、甚至觀念。例如埃提安‧帕斯基耶(Etienne Pasquier)的《追尋法國》(Recherches de la France,從一五六〇年開始寫作,方言書寫是其特徵)公開追尋法國的獨特「精神」,並且具有強烈愛國主義色彩。《追尋法國》不是敘事史,而是針對法國文化各面向而寫的專論之結集,基本上它使用的是文獻學方法,輔以制度與習俗當中各種名詞的歷史評釋。這個時期的法國作家,例如著名的讓‧博丹(Jean Bodin),嘗試撰寫世俗的普世史,將文明的歷史回溯到原始起源;博丹特別引用了修昔底德的作

313

品，並且抨擊基督教與中古時代的四帝國時代分期，這種分期源自於〈但以理書〉，認為俗世在進入末日之前，羅馬將是最後一個帝國。「文明」（civilization）這個詞在法國要到十八世紀晚期才出現，因此我們會看到另一種替代說法：「禮儀開始的時代。」（Loys le Roy, 1575）對於宗教、法律、習慣與風俗的一般世俗歷史的需求逐漸出現，而這是古典史家無法提供的。

十六世紀英格蘭尚未如法國法律人文主義那樣，嚴厲地對過去做再評價：一直要等到十七世紀中葉，才因為保王派與國會派的衝突而興起這股可能。但是直到十六世紀末為止，古物研究仍在伊莉莎白治下的英格蘭如火如荼進行，其通常深受愛國熱忱的影響，一種英格蘭與英格蘭意識之間的密切關係，對此十六世紀的英格蘭歷史與編年史扮演了吃重的角色。一五五八年，伊莉莎白在信仰天主教的姊姊瑪麗去世後繼任王位，此後，英格蘭歷史便以新教的、愛國的與神意的方式重新整理。最偉大的影響似乎是約翰·佛克斯於一五七〇年出版的《行誼與事蹟》，這本書經過不斷擴充而達到八百頁的巨大篇幅，裡面還穿插了刻版畫。由於《行誼與事蹟》的第二部分記錄了瑪麗統治期間新教徒的殉教事蹟，而佛克斯撰寫此書的初始任務便是如此，因此這本書又稱為佛克斯的《殉教者之書》。但佛克斯將這些殉教者置於由基督教與英格蘭歷史作為整體構成的廣大脈絡中，而這個整體觀 314 也逐漸產生影響。事實上，佛克斯相當仰賴義大利人文主義者維吉爾的《英格蘭史》（*History of England*, 1535），佛克斯以一種長期鬥爭的角度將其改編成符合新教宗旨的作品，其中以聖經為根據而有時以上帝差遣的英格蘭國王（亞瑟、阿爾弗雷德、伊莉莎白）為代表的基督教信仰，先是與異教（撒克遜人，丹麥人）對峙，而後與腐敗的羅馬教會權威對立。繼十六世紀聖經英譯本之後，佛克斯的作品被認為是都鐸王朝晚期與斯圖亞特時代初期英格蘭新教思想的最大影響來源。

宗教改革之後，人們強烈渴望證明英格蘭不受羅馬影響獨自接受了基督的啟示，而這牽涉到讓比德所輕視的基督徒不列顛人重新恢復名譽；不列顛人已在對亞瑟的崇拜與威爾斯都鐸王朝入繼大統下走入時代潮流。英格蘭基督教擁有獨立起源，這個想法受到伊莉莎白時期帕克大主教（1504-1575）的支持，他同時也是古物研究的獎掖者。

據說在西元一世紀時，基督的門徒亞利馬太的約瑟（Joseph of Arimathea）曾造訪英格蘭，甚至基督也可能來過此地，這個源自中古時代的傳說（聖杯傳說的一部分）相當吸引人，而且持續回響於威廉·布雷克（William Blake）的《耶路撒冷》（*Jerusalem*, 1804-20）。新教的歷史需要多方重估。亨利二世在與教士原則的護衛者貝克特大主教的衝突中，扮演的是英雄而非惡棍。亨利四世不僅篡奪了堂兄理查二世的王位，也被指責是羅拉德派（the Lollards）的迫害者；羅拉德派是十五世紀英格蘭新教徒雛型，被愛國主義者認為是歐洲宗教改革的始祖。

真實基督教在近代獲得勝利。玫瑰戰爭（Wars of the Roses）之後，國家獲得統一，結束了蘭開斯特家族篡奪王位的歷史，都鐸王朝產生了亨利八世這位對抗教廷不實主張與擁護獨立英格蘭教會權利的偉大護衛者。然而，在亨利八世女兒瑪麗（1553-8）統治期間，不僅真實新教信仰遭受迫害，英格蘭的事務也受到教宗與瑪麗的丈夫西班牙國王菲力普的支配。伊莉莎白的即位因此是神意的拯救，不僅對新教如此，對國家亦是如此，一五八八年西班牙無敵艦隊被「上帝之風」驅散即是明證。佛克斯把伊莉莎白比擬成皇帝君士坦丁（生於英格蘭，是不列顛基督徒王后海蓮娜〔Helena〕之子），並視其為基督教會的解放者與保護者；佛克斯並且把自己比擬成史家埃烏塞比烏斯。宗教真實與國家獨立結合在一起，英格蘭因此成為歐洲的主要新教國家。顯然，英格蘭人是選民，英格蘭歷史是國家與宗教獨立的神意史。伊莉莎白時代的編年史家約翰·斯托（John Stow）與芮夫·荷林歇德（Ralph Holinshed，莎士比亞以他的作品為根據進行創作）將這個版本的國家歷史與角色加以普及，其中廉價、便利、可攜帶的八開印刷本幫了不少忙。斯托的《英格蘭編年史概要》（*Summary of English Chronicles*, 1565）與荷林歇德的《英格蘭、蘇格蘭與愛爾蘭編年史》（*The Chronicles of England, Scotland and Ireland*, 1577，此書深受佛克斯影響）成了極為成功的出版品。

愛國的古物研究使愛國的歷史獲得了可靠性與深度。帕克、柏雷勳爵（Lord Burleigh，伊莉莎白時代首相）與羅伯特·卡頓爵士（Sir Robert Cotton）成立優良的私人圖書館與手稿收藏，這些圖書館後來構成公眾、大學與學院圖書館的基礎。伊莉莎白時代的古物學家學會

（Society of Antiquaries）成員絕大多數是受過一些法律訓練（這在當時相當普遍）的世俗鄉紳，他們充分體現出合作精神，凡是參與學會的學者均可使用學會的資料。

愛國的古物研究衝動的另一個面向，是龐大的英格蘭地誌學調查的出現，這項調查的先驅是約翰·里蘭德（John Leland）的《旅行誌》（*Itinerary*，直到一七一〇年才出版）。土地本身以及土地帶有的歷史證據成為吸引學者注意與調查的對象。新教的神意歷史與地誌學的古物研究這兩項要素並非毫無交集。里蘭德的弟子約翰·貝爾（見原文頁309）成為一名激進的新教徒，同時也是佛克斯的導師。最成功的作品是威廉·坎登（William Camden）的《不列顛尼亞》（*Britannia*, 1586）。其他著名的同類出版品有威廉·蘭巴德（William Lambarde）的《漫遊肯特》（*Perambulation of Kent*, 1574），這是已知的第一部郡史，另外還有約翰·斯托引人注目的《倫敦調查》（*Survey of London*, 1598-1603）。

作為一種學術文類，地誌學古物研究在歐洲早已開展，其中尤其著名的是弗婁里歐·比翁多（Florio Biondo），他的《闡明義大利》 316
（*Italia Illustrata*）成書於十五世紀中葉。更晚近的模式是以深入的歷史調查進行地圖繪製的工作，這類作品稱為地方誌，這方面的贊助者是偉大的法蘭德斯地圖繪製家歐特里烏斯（Ortelius），他激勵了坎登的作品。坎登之後，隨著修道院的消逝，英格蘭地方史資助者不可避免轉移到鄉紳身上，而鄉紳主要關注的重點是系譜。此外，封建領地以及官職的歷史與名稱也引起人們興趣，從這裡衍生出斯圖亞特時代初期英格蘭偉大的古物學者約翰·塞爾登爵士（Sir John Selden）與亨利·斯培爾曼爵士（Sir Henry Spelman）有關封建領地的歷史作品，其中斯培爾曼也探討了早期的國會歷史。

羅馬風俗以及無法同化到羅馬民法中的蠻族王國風俗兩者間可能的重要決裂，使封建制度在十六世紀法國格外引起關注。歐特曼寫了一本討論封建領地的專論（*De Feudis*, 1572）。這類作品從晚近時代往上探究，它們特別關注法律術語的變化，試圖釐清這些變化是否僅是膚淺的名詞改動還是實際實踐的差異。約翰·波寇克對於十七世紀英格蘭法律史研究的萌芽過程做了經典研究，最後完成了他的《古憲法與封建法》（*The Ancient Constitution and the Feudal Law*）。在這

本書中，波寇克顯示在此之前半個世紀，英格蘭律師由於執著於年代久遠的普通法與憲法觀念——雖然十七世紀初的英格蘭律師也專注於法律先例與文獻——因而抑制了適當的歷史調查，使他們無法像法國法學家那樣有效地探尋歷史。在法國，法律形勢是複雜的，沒有單一的普通法，而且存在著習慣法與成文法（the *pays du droit écrit*）的區別，此外羅馬法的影響更為深刻。這種複雜性激發了繁複的歷史調查，不僅溯及各項元素，甚至也觸及法律的比較研究。對比之下，英格蘭是狹隘與故步自封的，對於過去法律權威的尊崇，形成一種本質上「非」歷史的做法：英格蘭法維持不變，是永恆的，就某種意義來說是無時間的風俗體。

在波寇克極具說服力的描述中，這方面的突破主要出現在亨利‧317 斯培爾曼爵士的著作中，他的《考古辭典》（*Glossarium Archaeo-logicum*, 1626）首開先河對封建領地的歷史進行研究。斯培爾曼發現封建領地不僅源自羅馬法認可的古老制度，也與晚近的制度有關。封建制度的多面性格，用現代的話說，使其特別適合用來代表社會的整體類型。封建制度的核心關係既是法律的也是社會的，既是軍事的也是經濟的，它的成熟伴隨著忠誠與榮譽的倫理，而這一切均透過世襲而傳之久遠。封建制度既是一種組織軍事力量的方式，也是一種社會科層，是一種精神特質，也是後來馬克思所稱的生產模式。

當然，封建制度的一些特質在此刻仍未明確地加以概念化。斯培爾曼的方法跟過去一樣，是文獻學式的。形式上他的作品是辭典或名詞彙編，這種做法在古物研究上相當普遍，用來解釋慣用語、身分等級、官職、風俗、封建領地等詞彙，這些名詞依照字母排列，如同百科全書一般。斯培爾曼的作品堅決否認布魯圖斯與傳說特洛伊的起源。英格蘭法、日耳曼與盎格魯撒克遜起源，以及封建關係都是演變的產物，是蠻族風俗對土地墾殖與世襲的新環境所做的調適。事實上，采邑（feud of feudum）是英格蘭法整體的關鍵；國會的上議院原本是國王的直屬佃戶（tenants-in-chef，亦即在他們與國王之間沒有比他們更高的封建等級）組成的議會，參加會議是他們對封建領主負有的義務；下議院一詞並未出現於大憲章（Magna Carta, 1215），因此不可能存在於十三世紀之前。斯培爾曼也知道封建關係已經衰頹，不過他對此並未加以著墨。如波寇克所言：「英格蘭史學的封建

革命是將英格蘭歷史區分為前封建、封建與後封建時期，這些分期從此構成英格蘭歷史的特徵。」斯培爾曼有生之年遭遇的巨大公共危機是國會與國王之間的內戰，其最終導致了弒君，而這起事件也確認了後封建近代時期的概念，由於弒君這個行動不是出自貴族而是出自下議院之手，因此本質上這是一種篡奪最高權力的行為。

從這裡也產生對整體歷史概念最一般化的推論，而這項推論被詹 ₃₁₈ 姆斯・哈靈頓（James Harrington）援引之後，呈現在他的作品《大洋國》（*Oceana*, 1656）中。哈靈頓是共和派人士，他提出樂觀的共和派通史構想，其中最富現代色彩的部分是他認為英格蘭君主制不是被封建直屬佃戶而是被下議院獨立鄉紳所推翻，而下議院如今已具有左右國內政局的力量。在新局勢提供的優勢下，哈靈頓提出令人矚目的對歐洲通史的概要探究，他並未採取敘事形式，而是以羅馬共和主義為起點，以現代自由地產保有人的共和主義作為當前狀態，以立基於獨特封建領地形式的封建關係（哈靈頓稱此為「哥德式平衡」〔the Gothic balance〕，即國王與貴族間的平衡，夾在當中的平民無關緊要）為樞軸。哈靈頓的歷史關鍵是地產的分配，地產是一切權力的基礎。富人對土地的壟斷摧毀了羅馬市民軍隊的基礎，因而造成羅馬共和國的毀滅；格拉庫斯兄弟試圖以農業法重新分配土地，但成效不彰。取而代之的是，羅馬皇帝仰賴一批僱傭的專業軍隊，而這支軍隊逐漸被「哥德化」。軍事俸給的分配經過一段時間的演變之後，服役的報酬變成世襲制，並且對未來的服役附上各種條件；這是封建領地與軍事臣服的本質，也是哥德式平衡的核心，民眾則成了封建大領主的從屬佃戶。

哈靈頓認為，這個平衡起初有利於國王，但日後卻逐漸衰微，他引用培根《英王亨利七世時代的歷史》，提到亨利七世立法禁止家臣蓄養私人軍隊。在哈靈頓的描述中，另一項關鍵是修道院瓦解後，土地所有權逐漸落入鄉紳手裡，造成封建科層之外又出現一個由獨立的自由地產保有人組成的強大階級。因此，自由地產保有人的共和國，連同市民組成的民兵，出現復興的良機。波寇克總結大要，認為哈靈頓的《大洋國》是「對封建制度做一種馬基維利式的冥想」。當然，哈靈頓對封建制度衰微的描述無法被現代學者接受；他的用語不同於現代學者，而且他的單一因果的構想也很粗糙。儘管如此，我們仍可

以從他的作品中看出歐洲歷史過程與起因的一般性描述，此後的史家，伴隨著修正與不安，也以他的作品作為主要依循的對象。與先前法國人嘗試的世俗普世史（包括社會與文化史）相比，哈靈頓的計畫在野心上雖然不那麼包羅萬象，卻較為具體而完整。他作品的重點起初是風俗，隨後是作為一種制度的封建領地概念（包括它的開始與結束），即使如此，這兩者的介紹仍舊模糊，尤其是後者。哈靈頓提供了一種歷史概觀，以十八世紀自由地稱之為「社會狀態」的事物作為堅實基礎，其中最富意義的變化不再是四帝國的分期，而是歷史研究接連不斷的轉折。

第二十章
克拉倫登的《叛亂史》：特定人士一意孤行的結果

　　伊莉莎白統治期間，編年史家對都鐸王朝的讚揚與對女王的崇敬　320
不絕於耳，因此，當十七世紀英格蘭最偉大的史家克拉倫登伯爵愛德
華‧海德（Edward Hyde, Earl of Clarendon, 1609-74）寫下他所謂的
「大叛亂」（the Great Rebellion）主題時，不禁讓人產生一種矛盾之
感。然而，這裡存在著一種連續性。雖然一六二〇到四〇年代國王與
國會間關係的崩解在財政與立憲緊張下愈演愈烈，但紛爭的真正根源
與經常顯露於外的主題卻是「不完整」的宗教革命觀念。伊莉莎白時
代史學蘊含著英格蘭人是上帝選民的觀念，這不是一種自滿，相反
的，它隱含著一種行動的號召，人們被要求實現難以達到的、神所強
加的角色。某些立場更極端的新教徒（他們開始被稱為清教徒）對於
伊莉莎白教會建制的妥協深感不滿，卻從未因此反對女王，因為他們
認為伊莉莎白是天主教迫害下的解救者。由於對天主教繼承者心懷疑
懼，他們不忠的念頭因此受到抑制。但激進的新教渴望，加以對國會
歷史特權的維護，構成查理一世統治時期（1625-49）爭執不休的問
題。國王與國會間關係的崩解，國會出現兩股彼此敵對勢力，以及隨
之而來的內戰，這些提供了克拉倫登寫作歷史的主題，而他自己也深
陷其中。

　　克拉倫登的歷史為日後所有描述英格蘭革命的作品提供基礎。
《英格蘭叛亂與內戰史》（*The History of the Rebellion and Civil Wars
in England*）開始於事件如火如荼展開的一六四〇年代，它受到英王
查理的鼓勵與資助，而且顯然具有許多目擊描述的優勢。克拉倫登在　321
英王復辟後被封為貴族，他身居有利的高位，起初是長期國會的領導
成員，後來成為英王樞密院成員與英王重要的諮詢者。這本書，如同
許多上古時代歷史作品，作者是流亡的元老政治家──克拉倫登身為
查理二世的大法官，於一六六七年失勢下台，一六七四年死於法國，
而他的叛亂史直到十八世紀初才出版，在當時獲得極大的成功，而且

或許是唯一以出版所得資助興建大型建築物的歷史作品，亦即牛津大學的克拉倫登館（Clarendon Building）。

克拉倫登的歷史既可以說是、也可以說不是一部符合古典史學模式的作品；當然它也不屬於啟蒙運動晚期的模式。他的作品有部分原本是以自傳形式寫成，而且維持了某種非正式的回憶錄形式，不過它也盡可能涵蓋廣泛的內容，包括作者只能從傳聞得知的事件，以及只有他才能與聞的事件。然而不可否認的是，正是由於後者才使這部作品具有深刻的生命力。就描述同一時期的歷史作品而言，與半個世紀後的休謨相比，克拉倫登的風格比較輕鬆也不那麼嚴謹。例如，休謨為自己從克拉倫登作品引述詹姆斯一世（James I）的愚蠢行為略表歉意，他說，這段描述「雖然微不足道……但還是具有一點歷史價值」（p. 195）。克拉倫登本人顯然不覺得有辯解的必要。他的作品著眼於公共事件，試圖瞭解這場災難。克拉倫登緊盯他認識的那些公眾人物的性格與行為，包括國王，以古典與人文主義風格分析造成這場災難的弱點、誤判、野心與焦慮。克拉倫登不斷思索各種可能，討論局勢何以如此，並且自由地添入自己記憶所及的事物。他有時使用第一人稱，有時使用「海德」，但他對自己的描述不會讓讀者感到浮誇或固執地自我辯解，不過他也不像修昔底德以冷淡與簡約的方式陳述自己在事件中的角色。

克拉倫登的歷史理所當然且毫不遮掩地具有黨同伐異的色彩：他的陳述帶有個人的判斷。但他抱持的是尋求和解的穩健派立場，第一次尋求和解是在國會，之後是在戰爭期間。兩方陣營都有他的朋友與敵人，因此他在判斷上相當審慎。這項歷史寫作計畫一開始是由國王向他提出的，因此人們認為這本書主要是為查理絕大多數（儘管不是全部）的行動辯護。克拉倫登引用與評論一六四〇年代初期雙方陣營留下的許多文件，其中一些是他為國王擬定的：坦白說，這些文件並非一般讀者想閱讀的。戰爭的爆發自然在某種程度上限制了克拉倫登對事件的視野。他對保王派的瞭解遠多於國會派，對南方戰役的掌握遠多於北方戰役，因他住在牛津。當然，他也受制於自己的心靈傾向，他給讀者的印象是重視榮譽、聰敏，有時還顯示出懷柔的態度，但他也有拘泥成法的一面，可以預料十七世紀初國會派人士是這麼看他的。克拉倫登原是國會反對派領導者，但他早期的同僚，特別是皮

姆（Pym）與漢普登（Hampden），逐漸傾向他認為不可行的極端立場。因此，與其說他投向敵營，不如說在局勢轉變的過程中，他仍堅持原先的原則，當國會派領導人變得愈來愈激進與革新時，他不可避免投向為國王發言的一方；在一六四〇年代末的災難過後，他以後見之明寫下的歷史，甚至比他輔佐國王時還更具保王派色彩。克拉倫登對蘇格蘭人心存偏見，憎惡他們的長老教會信仰以及查理一世及其子落入他們手中時所受的待遇。他原本採取國會派的觀點，認為王室特權需要加以抑制，並且瞭解國會激進派人士對自身安全的恐懼與確保安全的需要，但之後他卻認為國會派人士，亦即由皮姆領導的「暴力黨」，其核心宗旨是長期有計畫地顛覆現有政治體制。

　　克拉倫登對事件的一般觀點與後來的休謨大異其趣，不過他既不同情清教，也不認同獨斷統治。他的觀點具有政治謀略的外觀，從這點看來，他並非墨守成規之人；他認為問題在於應把正確的人安插在正確的職位上，他將絕大多數的結果歸咎於國王未能做到這點，以及國王經常接受錯誤的建言行事，此外還有那些受排擠的人所造成的傷害，他認為引發這些人的不滿毫無必要。根據克拉倫登的說法，那些受排擠者所帶來的傷害充分表現在埃塞克斯伯爵（Earl of Essex）的遭遇上，他被摒除於樞密院之外，之後英王將朝廷移至牛津（一六四二年），而他繼續留在倫敦，成為國會軍的將領。克拉倫登認為，要贏回埃塞克斯伯爵的支持是辦得到的，而其後果將難以估計。若伯爵仍任職於樞密院，「他就不會接受勸說而領導一支日後反抗國王的軍隊……凡是瞭解當時情勢的人都不會懷疑，若伯爵未同意擔任將領，兩院也不可能順利籌組軍隊。」（V. 33）克拉倫登或許過於樂觀，但他擁有後世史家所沒有的珍貴優勢，例如休謨有意識地從更廣泛的視角來書寫歷史，但對克拉倫登來說，這個時代就存在於他的記憶之中，對當時的他而言，沒有任何事物是不可避免的。

　　克拉倫登的歷史隨著事件進展實際區分為三個部分，儘管不是那麼正式：戰爭前夕、戰爭本身，以及保王派失敗後的流亡歲月。起初，他身處國會的激辯之中，雖然與激進派人士漸行漸遠，卻還是參加了與朝廷的協商，日後則受召進入樞密院，並且在宣言、抗議與反駁的言語戰爭中居於領導地位。在最終決裂與戰爭爆發之後，他在王國首都牛津擔任樞密院成員與國王的諮詢者。克拉倫登具有影響力，

323

但在戰爭中他必然只能當個旁觀者，儘管如此，他對戰爭的瞭解相當深入。他對軍事行動的描述不同於以往的做法，也不力求生動逼真。他的敘述貼近現實，並且瞭解在戰爭迷霧中總是充滿誤解與意外，這一點顯然得自於參與者的經驗。此外，他提到後勤的重要性與軍紀問題，還有薪餉、補給、軍需品、武器輜重，以及俘獲這些物品的價值。對於一些戰死沙場的有名貴族與鄉紳，他慎重其事地加以記載，有時加以哀悼。這是一種古典與騎士的傳統，但在招募與紀律相當仰賴個人地位與在地支援的戰爭中，這種傳統也具有高度的實用性。然而，如克拉倫登所指出的，國會軍方面則非如此：「敵軍軍官從未被提及，因為他們絕大多數出身背景與普通士兵相同。」（VIII. 160）

　　在戰爭期間，克拉倫登極力尋求調停的可能。有個特別引起人們注意的時刻；它雖然帶給人們錯誤的期待，卻短暫讓克拉倫登獲得極高的個人聲望與適合他扮演的角色——從事一場言詞的戰爭，再度面對面進行祕密協商，以及經營與對手的個人關係。這個時刻就是厄克斯布里吉會議（Uxbridge Conference），舉行於一六四五年二月，目的是為了擬定可能的和平條款。克拉倫登以國王代表的身分與會，他花了三十五頁的篇幅（VIII. 215-50）詳細敘述往後三個星期的事件發展。雖然他公正評價了雙方的論點，但他對協商的描述也召喚出一個團結的世界，他描述了精心安排的座次與會議室，雙方代表在寒冷的夜裡圍繞著火堆，重拾過去的情誼。克拉倫登提到，當國會派的盟友蘇格蘭人現身時，國會派代表變得拘謹起來，他們擔心被蘇格蘭人發現他們與保王派人士獨處的樣子，「他們喜愛老朋友遠勝於新朋友」。會中爭論的三個主題是宗教、民兵的控制與愛爾蘭叛亂的弭平；每個主題各分得數日時間討論。進行到宗教議題時，討論的核心是要求採用長老教會的教會治理形式，保王派代表利用對手間的嫌隙與重要詞彙的含糊不明進行運作。被要求做出解釋的蘇格蘭羅德戴爾伯爵（Earl of Lauderdale）講得讓人一頭霧水，保王派於是要求做出書面說明，此舉「激發了蘇格蘭代表的熱忱；至於英格蘭人則安靜坐著不發一語，彷彿他們與此事無關。雙方的神學家紛紛加入爭論。」

　　日子在毫無成果下流逝，克拉倫登對蘇格蘭人的敵視也與日俱增。他舉出會議期間一段輕鬆的對話為例，認為這是個「令人愉快的偶然」。

雙方代表在就座之前或起身之後，一起在火堆旁談笑風生，　325
一如過去大家有時聚會時做的，天氣極為寒冷，在隨意的一般交
談中，某位保王派代表低聲詢問一名他過去熟識的國會派代表，
為什麼他們未（在國會的宗教提案中）提及主禱文、信經或十誡
（的確，提案中確實沒有提及），潘布洛克伯爵（Earl of Pem-
broke）偶然聽到他們的對話，於是以他慣有的熱情大聲回道：
他與其他人對於經文遺漏一事深感遺憾；關於是否要把這些經文
安放進來，下議院已經討論了好幾個小時，最後有八或九名議員
要求去掉這些經文……許多議員聽到主禱文、信經與十誡遭受質
疑與拒絕，都微笑以對……（VIII. 232）

另外兩個主題也同樣棘手，民兵的控制涉及國會派成員對自身安
全的恐懼，而國王未能平定愛爾蘭叛亂，與英格蘭國會派未能擺平長
老教會同樣困窘。雙方私底下的關係相當熱絡，克拉倫登看出國會派
上議院議員與比較激進的下議院議員及軍方之間的裂痕。但他表示，
他無法對前者寄予希望，因為潘布洛克伯爵與索爾斯伯里伯爵對後者
的恐懼遠超過怨恨，雖然他們比國王更希望看見這些激進份子遭受摧
毀，但「他們更希望國王與他的子孫遭到毀滅，而不願自己的同黨喪
失（他們的地產）威爾頓（Wilton）或哈特費爾德（Hatfield）」
（VIII. 245）。會議在未達成結論下草草結束。克拉倫登說，會議定
期召開，一直討論到清晨一兩點，此外還要準備文件，「如果談判繼
續延宕下去，恐怕許多代表將會因缺乏睡眠而病倒」。

一六四五年後，克拉倫登因國會派勝利而開始流浪生涯，此時的
他擔任威爾斯親王（Prince of Wales）侍從，他傾注心力防止威爾斯
親王在英格蘭輿論注視下受其母后天主教與親法傾向的影響而做出妥
協。克拉倫登指出，在查理二世流亡期間，他主要的建議只有一項，　326
那就是等待與忍耐，而這確實是個正確的戰術。不意外的，克拉倫登
把一六六〇年的復辟視為神意的安排。在此同時，克拉倫登也從遙遠
之處描述查理一世遭受的侮辱，雖非親眼目擊，卻具有一種感染力，
這種力量顯然衍生自克拉倫登個人對國王的情感。例如，有一段對國
王外表的敘述，後來休謨也加以引用：「一頭灰白凌亂未加修整的頭
髮，身上的衣物早已破舊，從他臉上找不出昔日風采。」令人意外的

是，他似乎還保持愉快心情（XI. 157）。克拉倫登拒絕描述國王的最後時刻與處決場景，原因是這段歷史令人心痛且早已人盡皆知。

他描述的流亡歲月中，最重要的一段插曲人們已耳熟能詳，它記載查理二世從伍斯特戰役中脫身的過程。雖是二手史料，但顯然得自最佳的來源，亦即國王本人。這段描述極為詳盡，約占二十五頁的篇幅（XII. 84-106）。克拉倫登欣慰地表示，「從最平庸與最卑微的人身上，我們看到了善良、慈悲與慷慨。」他們知道交出逃亡者就能得到報酬，卻在不知眼前的人是誰的狀況下協助國王脫困。他也提到國王詳述自己在蘇格蘭「受到各種野蠻對待的細節」，國王被迫接受傳道與簽下長老教會的聖約。

不可避免的，流亡歲月乃至於內戰時期一般而言不像長期國會初期那樣幾乎每天都能出現戲劇性的場面，在國會開議期間，克拉倫登身為國會派領袖而後又擔任國王的諮詢者，他努力挽救決裂避免戰爭，而人們終究以此來衡量《英格蘭叛亂與內戰史》的性質與立場。克拉倫登對國會開議期間與私人對話的描述極為生動，原因在於他將敘事安放在這些經常感到疲憊、憂心與迷惑的國會議員之中，他們有時在極為擁擠、吵雜、以燭火照明的房間裡熱烈進行討論。一六四一年，在討論主教制度的存廢時：

327　　　國會每天很晚才開議（議長一般是在九點左右離開議長席，直到下午四點才開議），因此人數非常少；推動法案的議員不耐地留在議場，厭惡這項法案的議員則懶得出席，他們利用晚餐時間離開議場，隨後便尋歡作樂去了：因此福克蘭勳爵（Lord Falkland）常說，痛恨主教的人這遠超過痛恨魔鬼，喜愛主教的人卻更喜愛他們的晚餐。（III. 241）

公共場合的喧鬧夾雜著私人祕密、非正式的遊說，以及對人物身分與利益的評判——在極為緊張而關鍵的時期，國會每天上演相同戲碼。為了記錄論辯過程，克拉倫登經常寫下摘要，遇到特別值得記錄的部分，還會一字不漏地抄錄下來。克拉倫登的私人對話記錄，有些後來成為政治格言，被後世史家所引用。當國王指派的可怕的愛爾蘭總督斯特拉佛德伯爵（Earl of Strafford）遭彈劾時，

海德先生來到一處名叫皮卡迪利的地方（Pickadilly，這是一幢用來娛樂與賭博的美麗府邸，怡人的林蔭石子路，高低起伏的草地滾球場，吸引了許多具有身分地位的貴族與鄉紳前來，不僅從事運動，也可彼此寒暄），貝德佛德伯爵（Earl of Bedford）向他攀談，根據伯爵的說法，國王表示，如果斯特拉佛德的命可以保住，那麼一切都好談。（I. 161）

問題卡在埃塞克斯伯爵身上，貝德佛德因此帶著海德前去，試圖說服他採取較寬容的立場。埃塞克斯不為所動，他擔心斯特拉佛德被赦免後可能對議員們構成危險。「他搖搖頭，語氣堅定地說：『死刑是唯一選擇。』」（I. 164）

特別苦澀的一場戰爭是大諫章（Grand Remonstrance）引發的辯論，這篇由國會針對當前苦況所提出的申訴，於一六四一年十一月通過，克拉倫登認為這是對和解前景的一次重要打擊：

辯論從早上九點開始，持續了一整天：當天色漸暗，議員們要求點起燭火（雙方都不願意休會等待隔日再議；不過顯然不少人會開到一半就忍不住睡著，撐不到決議之時），這場辯論就在充滿熱忱下一直開到隔天十二點。

328

大諫章以九票之差通過。當議員魚貫走出議場時，奧立佛‧克倫威爾（Oliver Cromwell）低聲在福克蘭勛爵耳邊說道：「如果抗議文沒有通過，他會在第二天早晨變賣所有家產，從此離開英格蘭。」克拉倫登嘆道，差一點「這個可憐的王國就能得救！」（IV. 52）

最終的決裂使一些議員，包括海德，追隨國王前往戰時首都牛津，此時樞密院成員的忠誠也成為重要議題。這給予克拉倫登一個研究人物性格的機會，而他也有意識地運用一些技巧。他的散文風格有時相當冗長，並且使用複雜的句法，特別是在進行論證時。與其說這是一種作家風格，不如說是一種演說家風格；它不是華麗或激昂的修辭，寫作的標點是為了配合聲音的抑揚頓挫，有時在一長串子句與隨後更多子句之間，穿插帶有揭人隱私意味的用語「所以我說……」。克拉倫登對公眾人物的描繪，雖然經常是節制謹慎，但有時也帶有尖

酸的文字與諷刺的警句，這種風格不禁讓人想起塔西佗，而克拉倫登大概也有意讓讀者產生這樣的聯想。塔西佗是最常被引用的上古史家，此外克拉倫登也引用了李維、普魯塔克與修昔底德。類似這類的描述在《英格蘭叛亂與內戰史》中到處可見，其不僅僅是以由來已久的方式寫成的訃聞。

在這些人物描述中，最令人難忘的首推阿倫德爾伯爵（Earl of Arundel），他被任命為將領，負責率兵抵禦蘇格蘭人。「人們認為他之所以雀屏中選，只是因為他的負面特質：他不喜歡蘇格蘭人、他不喜歡清教徒，至於另一個混雜著負面特質的好特質是：他不喜歡任何人。」（II. 25）名聲敗壞的哥林上校（Colonel Goring，後來被封為勛爵）善於偽裝，「即使被他騙了兩次，人們也不覺得羞恥或不安」（VII. 69）。對於復辟的重要推手蒙克將軍（General Monck），克拉倫登寫道：「他的功蹟足堪紀念，他促成偉大事業的實現，但這些事業他並無智慧預見，亦無勇氣嘗試，更無才智籌畫。」（XVI. 115）亞瑟・阿斯頓爵士（Sir Arthur Aston）是牛津總督，但他寧可接受由王后任命的職位，「註定要在無人知曉他，甚至眾人厭惡他的地方，贏得顯赫的名聲。」（VIII. 121）在對諾森伯蘭伯爵（Earl of Northumberland）的冗長評價中，我們看到這樣的陳述，「如果他能像認為自己在眾人之上一樣，認為國王在自己之上，那麼他會是好臣民。」（VI. 398）

其他的人物描繪需要以更完整的篇幅來介紹，例如對國會派艦隊司令渥里克伯爵（Earl of Warwick）的刻畫：

> 他是個討人喜歡、和善而健談的人，他喜愛大宴賓客，他的言語與行動如此放蕩不羈，以致找不到比他更缺乏美德的人：因此人們或許有理由相信，這副德行的人不可能對顛覆國家與王國的行動起什麼作用。但擁有這麼多瑕疵，他仍具有巨大權威，並且得到在叛亂之初進行一切破壞的人的信任；他敞開大門讓他的宅第成為當局壓迫下所有受壓制的牧師的聚會之所，他以名下的龐大資產支持他們，而藉由與他們一起祈禱，一起同樂，給予他們之前遭到剝奪的事物，他因此成為該黨的領袖，取得了「虔誠者」的稱號。（VI. 404）

329

最大規模的人物研究是給克拉倫登朋友的訃聞，亦即一六四三年在戰爭中身亡的福克蘭勛爵：

> 他和藹可親，與人談笑風生，態度隨和，勤勉而樂於助人，生活簡樸廉潔，如果要找出一項足以代表這場可憎與不幸內戰的重大損失，那麼福克蘭勛爵的死對所有後代子孫來說勢必是最可恥與可恨的。（VII. 217）

因語帶含糊而更令人玩味的是克拉倫登對國會派領袖約翰·漢普登的評價，漢普登也在查爾葛羅夫（Chalgrove）戰役中喪命：

> 他在辯論時有著罕見的和藹與好脾氣，在評斷時也相當謙和，彷彿自己毫無意見，渴望得到他人的訊息與指導；然而他的詢問方式極為巧妙，在提出懷疑的同時也暗示自己的反對，他佯裝學習與接受他人的看法，實際上卻以自己的意見影響他人。（VII. 83）

330

克拉倫登認為顛覆的陰謀全出於漢普登之手。

克拉倫登清楚意識到，不同特質使人展現出不同的價值。舉例來說，潘布洛克伯爵「擔任一個容易發怒的職位（宮內大臣），使他有權做出粗魯的舉動，而且宮廷秩序的維繫也有賴他的無禮」（VII. 399）。以樞密院內部個別成員的缺點來評估樞密院是一種錯誤之舉，例如說「這個人很遲鈍、那個人很浮躁、另一個人軟弱又腦袋簡單」，沒耐性與不明智的魯伯特王子（Prince Rupert）就會這麼做，而其之所以錯誤，是因為「所有被執行的偉大事業與設計都是由許多部分組成，即便是計畫亦然，這些部分適合以不同機能與能力來進行調查與研討，也適合由較敏銳與較沉著的智性來決定」（VII. 279-81）。

克拉倫登用一種日後普遍流行至十九世紀的方式，認定克倫威爾是個工於心計的偽君子，他的一切行動全是為了追求權力；即便如此，克拉倫登對他的描繪並非全然負面。克倫威爾不是「嗜血者」，他擁有一些美德。他也是個具有傑出能力與意志力的人，他使全歐洲

都懼怕他；「他將被後世視為勇敢的惡棍。」（XV. 147-56）對克拉倫登而言，做出區別相當重要，以免——思及國王的悲慘命運——人們「相信整個國家的心靈都已敗壞，因而招致這些令人哀嘆的結果；這些事件的唯一來源是特定人士的愚蠢與剛愎自用，軟弱與任性胡為，傲慢與激情」（IX. 1）。克拉倫登不具備一個世紀後休謨與羅伯特森精深歷史分析的一般概念。對他而言，有一點是不證自明的，那就是在神意下，叛亂非一人所為，而他們亦非全然邪惡之人。克拉倫登值得聆聽，因為他認識這些人。

第二十一章
哲學性的歷史

休謨：狂熱與弒君

　　啟蒙運動時代有關習慣、風俗與意見的歷史文類，其出現的關鍵 331
是一項在歐洲歷史中逐漸被視為定論的事實：「社會進步」。商業的
成長與「封建無政府時代」的結束，「學術的復興」，新世界的發現
與印刷術的「超邁前代」，以及戰爭技術的改良（古伊奇亞迪尼是第
一位提出這個觀點的人），這一切均有助於這項看法的產生。再加上
過去兩個世紀以來「風俗」日漸改善的概念，從宗教改革時代粗暴、
學究、毫不寬容的宗教狂熱與爭論，到十八世紀將有禮、寬容與良好
社交關係培養成溫和、人道與理性的高尚社會的標竿。

　　在理性與自以為是的饗宴上，至少在英格蘭是如此，駐足著十七
世紀革命的鬼魂，這是由一群非英國國教派份子施行的短暫而令人難
忘的統治時期，其特徵是「狂熱」與平等主義式共和主義的威脅。鬼
魂顯然已被驅除，但十八世紀末以降的諸般事件有時賦予這場革命一
種既是先例又是警告的外觀。革命，關連著進步，逐漸扮演起過去古
典與城市人文主義典範的奢華與衰微所扮演的角色：復仇女神。麥考
萊在一八三二年第一次改革法案（Reform Act）通過前所進行的下議
院辯論中表示：「革命發生的主要原因，在於國家前進之時，立憲體
制卻停滯不前。」馬克思後來發表了相同的觀點，不過他立基的卻是
革命立場，而休謨則是對查理一世政府提出類似評價（見原文頁
335）。這場革命經驗如此顯著，連同其引發的恐懼與希望，迫使我 332
們必須留意史家如何面對革命對他們的理解與技藝所構成的挑戰。

　　今日，休謨主要是以哲學家的身分聞名於世，他的史家身分罕為
人知。在十八與十九世紀，情況剛好相反。休謨在當時之所以著名，
主要是他寫了一部具有紀念性、權威性，但也充滿爭議的六冊作品，
《英格蘭史》（*History of England*, 1754-62）。休謨是蘇格蘭啟蒙運

動的主要人物，他的歷史作品是這場運動的獨特產物，啟蒙運動一些最基礎的觀念就運用在這部厚重的政治、立憲與社會史作品中：風俗和意見的根本變化與封建制度衰微和商業成長之間的連結，以及對於宗教對社會與政治生活造成的影響所做的思索。與休謨同時的威廉·羅伯特森將這些觀念應用在比較安全的十六世紀歐洲，不過他將約翰·諾克斯（John Knox）與蘇格蘭宗教改革定位在粗魯無禮的時代裡，並且主張他們沾染了那個時代的特質，這種說法並非毫無爭議。休謨一開始就向十七世紀的英格蘭歷史提出挑戰，他作品的獨特之處在於寫作及出版順序與歷史年代相反，他也遭遇近代英格蘭政治生活最具爭議的議題。「輝格黨」（Whig）與「托利黨」（Tory）這兩個政治標籤源自十七世紀的兩大派系，就連比較複雜的近代標籤「宮廷黨」（Court）與「地方黨」（Country）也在相當程度上類似於十七世紀的派系分野。十七世紀革命史是休謨的英格蘭史的第一部分，出版於一七五四年。蘇格蘭王詹姆斯六世（James VI）於一六〇一年登基為英格蘭王，改稱詹姆斯一世，休謨為了對他表示敬意，將書名取為《大不列顛史，詹姆斯一世與查理一世時代》（*The History of Great Britain, Containing the Reigns of James I and Charles I*）。這部作品支配這個領域達四分之三個世紀，雖然在當時它只是眾多英格蘭革命史的其中一部，而這些作品反映了政治光譜的各個部分。崔維廉（G. O. Trevelyan）在麥考萊的傳記中，提到麥考萊在書店櫥窗看到休謨作品時的滿足與愉悅，因為作品上標示著，「價值連城，足以作為麥考萊歷史的引介之作」，而當時距離休謨的作品出版已經過了一個世紀。

333　　休謨在幾個地方冒犯了當時的信仰，其中最主要的是他不接受輝格黨的觀念，輝格黨認為存在著一部被斯圖亞特王朝推翻的永恆「上古憲法」。對休謨而言，英格蘭的立憲先例到了十七世紀初已充滿混亂矛盾，反映出幾個世紀以來國王與貴族間不斷變化的平衡關係：憲法已變得「不可理解」（p. 111）。早期的斯圖亞特王朝能為自己的大多數行為找到先例，而更早的都鐸王朝則避免一切理論性的主張，以更絕對的方式進行統治。事實上，憲法先例是一六四〇年代國會領袖們的發明，對休謨而言，這種做法原則上並無大礙：英格蘭需要一個「規律的自由體系」，而這個體系終於得以建立。雖然休謨滿心歡

迎這樣的結果，但他對絕大多數粗俗又盲信的國會派領導份子的嫌惡而非讚譽，卻惹惱了立場更激進的輝格黨人。休謨對十七世紀英格蘭清教與蘇格蘭長老教會的措詞相當嚴厲。他們身上的「盲信天分獲得充分的展現」，他們的熾烈想像使他們「狂野而即席地對上帝演說」（p. 72）。十七世紀非英國國教派份子所受的苛待，普遍存在於十八世紀的不列顛，但休謨本身惡名昭彰的宗教懷疑論卻冒犯了許多人，這也使他無法像羅伯特森那樣獲得愛丁堡或格拉斯哥的教職。面對如此不利的情勢，休謨《英格蘭史》仍贏得重要地位並且在出版上獲得成功，為他賺取了巨大財富，實在令人驚訝。

除了一些我們必須提及的例外，休謨的《英格蘭史》並不是一部生動有趣的作品：它的力量是思想性的，表現在反思的性質與敘事的說服力上。儘管作品中四處可見專論性的敘述——亞當·斯密（Adam Smith）在這方面是個傳統主義者，他反對對流暢的線型敘事構成阻礙的敘述方式——但它不屬於啟蒙運動的社會學式論文，而是一部詳盡而豐富的歷史，它具有古典的文字風格，採取的是編年體例。虛構演說的傳統變得不受歡迎，於是休謨傾向以摘要的方式呈現多數人的意見，而不僅僅呈現單一個人的看法。儘管作品裡的專論性文章，其中最長的是一篇討論社會變遷的文章，在隨後版本中被移轉到較不重要的附錄裡，但一般認為休謨歷史仍屬以公共事務與公眾人物為核心的古典傳統。當然，除此之外，他的作品也屬於十八世紀討論風俗與市民社會歷史的論說文類，具有啟迪思想的作用。

休謨歷史最具爭議性的特徵之一，乍看之下似乎與啟蒙運動的社會學式關切和休謨慣常的超然與諷刺的立場格格不入。這項特徵就是對受害者的同情，即歷史上著名的輸家，尤其是查理一世。事實上，在國王被俘、審判與處決的描述中，休謨有意識地運用了悲愴與「感傷」（與其說帶有貶意，不如說是一種技術性詞彙）。

　　坦白說，國王在人生最後時刻的行為，使人對他的記憶又增添了一分榮譽；在法官面前，他無論何時都未忘記自己的身分，不管是身為國王或男人。每次回應，他都能堅強無畏地提出主張，無論在思想或表達上，都展現出極端的明晰與公正：他溫和平靜不帶任何情緒地面對處置他的不尋常權威。他的靈魂似乎僅

僅毫不費力或毫無矯飾地停留在他熟悉的處境中，以輕視的眼光
注意著人性的惡意與不公。（p. 678）

　　十八世紀歷史寫作出現的情感修養，也出現在休謨與同時期羅伯
特森的作品中，特別是他們對蘇格蘭女王瑪麗的描述方式。（關於這
點，參見Phillips, *Society and Sentiment*。）休謨對查理下場的描述產
生的感染力，經常被視為是他的「托利黨立場」的明證。事實上，休
謨不屬於托利黨或詹姆斯黨（Jacobite），但他的確對於傳統輝格黨
的信念毫無興趣，並且在論述裡顯露出十八世紀不列顛相當罕見的立
場。休謨曾居住法國，不僅研究上古時代的共和國，也探討法國絕對
君主制下臣民的立場，以此對公共與私人自由做出敏銳區分。上古時
代的共和國完全不瞭解私人自由，但若由一個重視秩序的君主制透過
法律遂行統治，則私人自由未必會因為公共自由的不存在而遭受傷
害。個人的生活與利益可以如同在代議體系之下受到保障。事實上，
身處不列顛的休謨對於無限派系傾軋下可能出現的無政府狀態，要比
對絕對君主制來得恐懼；他說絕對君主制是「最輕鬆的死法，可以讓
不列顛憲法真正的安樂死」；可以料想得到，他應該是目睹了喬治三
世（George III）統治初期為了支持激進派份子約翰·威爾克斯
（John Wilkes）所爆發的動亂而心生警惕。

　　「感傷的」歷史所衍生的爭議不是黨的標籤或自由或絕對主義的
問題。休謨歷史的目標之一，在於以啟蒙理性處理充滿爭論的晚近過
去，以緩和派系的暴力精神。在這種脈絡下，感傷主義不是黨同伐
異，而是促進和平。感傷作為史家曲目裡的一個項目，其發展關連著
日後十八世紀對感性進行的一般探索，包括賦予歷史敘事中再現的直
接性與同情的理解更高的價值。（關於這點，參見Phillips, *Society
and Sentiment* 深富洞察力的討論。）同情的理解與具體的直接性，這
兩種史學方法比較常出現在十九世紀，並且成為當時偶爾用來詆毀十
八世紀的藉口；他們指責十八世紀缺乏這種做法。當時這些方法的產
生不僅與感性崇拜有關，也為了鼓吹更多人閱讀歷史，特別是女性，
而休謨當然也察覺到這點。悲愴的效果與休謨嚮往的啟蒙超然並不牴
觸，就某個意義而言還可以說是它的一部分。「正因」查理在人們眼
中並非試圖推翻既有傳統憲法的專制君主，而是無法理解或適應風

335

俗、意見、權力平衡與財產的歷史變遷的受害者，所以理解這些變遷的啟蒙史家應該為他「掬一把同情淚」。

這是休謨早期的斯圖亞特歷史所傳達的核心訊息，雖然也帶有感動人心的效果。人們無法期待查理能像哲學性的史家那樣具備長遠的眼光，要做到這點需要後見之明與適當的概念工具。休謨說，查理「不具有大師天分，無法見微知著地察覺國內氣氛的變化，也不知如何調整自己的行為」（p. 381）。他是個迷失於兩個世界與兩種角色之間的人物：「要是他生來是個絕對君主，他的人性與良知能讓宇內太平無事，並且留給臣民珍貴的記憶；要是當時的特權限制已經固定與確立，他的正直將會使他謹守（視其為神聖）憲法。」（p. 684）他的致命瑕疵在於他未能看出時代的徵兆；這個缺點就人性而言或許可以原諒，但在政治上卻是一場災難。 336

休謨在一些專論中，包括一個完整的篇章（VI），提到這些時代徵兆，這些文章隨後收錄到附錄中，並且開啟了麥考萊作品中著名的第三章對「社會」史的討論。麥考萊的論點引起批評，人們對他在對比「過去」與「現在」時流露的優越感有所不滿。休謨的作品也用了相同對比，但其中毫無對現代性的誇耀。休謨作品並非因循舊例之作，其特別之處在於包含了一些統計。他的核心論點有兩個層面：與羅伯特森一樣，休謨看到十六世紀發展出來的自由與思想獨立的新精神，尤其這些精神還結合了商業的興起（他清楚提到大城鎮支持國會派的理由）。如同十八世紀初哈靈頓與「地方黨」論戰者、特別是博林布洛克的主張，休謨認為隨著封建制度的終結與地產的擴散，權力也從上議院轉移到下議院：

　　在先前幾位君主統治期間，商業與技藝的初次興起促使貴族的龐大財富——這使貴族令人生畏——分散到國王與人民手裡。在現任國王統治期間，這些優勢進一步發展，小地主開始受到摧毀，這兩項事件使鄉紳，或者說構成下議院的份子，擴大自身的權力與權威。大貴族抓住機會開始過著奢侈生活，他們不再節儉與錙銖必較，而將財富虛擲於昂貴的娛樂上。

下議院逐漸發掘出自己的力量，斯圖亞特前兩任君主不智地對自

身特權提出理論爭辯，卻因此助長下議院的力量。對休謨而言，一切權威最終都不是立基於權利，而是立基於意見，而意見在本質上是可以操縱的。既有權威的主要支柱是習慣與傳統。在宗教與政治問題上提出理論主張，無異於鼓動臣民進行爭論，而其結果是致命的。

國王的財政處境也對國會有利。國王仍希望仰賴傳統收入維生，但支出卻不斷增加。國會雖然無法控制收支，卻能輕易利用國王的財337 政困境要求讓步。查理政府被迫訴諸古老財源的重徵或新財源的聚斂，但兩者均引來強烈憎恨。就某方面而言，詹姆斯與查理是悲劇人物，他們不智地火上澆油而不懂得息事寧人。宗教改革以來的宗教盲信精神在此時正值顛峰。休謨在著名的論文〈論迷信與狂熱〉（Of Superstition and Enthusiasm）中提到一個概念。他以「狂熱」一詞來稱呼這種盲信精神，雖非原創，卻成功將這個負面詞彙轉化成理論類別。狂熱可以產生於任何時刻，本質上是隨機的（有點像馬克斯·韋伯〔Max Weber〕的「卡理斯瑪」〔charisma〕），而且抗拒一切謹慎計算與個人利益的思考：「盲信精神，若任其發展，使人們放棄舒適、安全與利益，並且破壞所有道德與世俗義務。」（p. 502）對休謨而言，在宗教信仰動力中，狂熱的反面是迷信。迷信也是非理性，它源自於取悅神明換取利益的衝動。因此，迷信是奴性的，是宗教與世俗建制的助力；它在歷史上的具體成果是天主教。反觀狂熱，充斥著獨特而個人的唯信仰論，是大膽的、具威脅性的、熱忱與具破壞性的；而清教仍讓理性時代感到焦慮震顫，十七世紀非英國國教派份子的恐怖盲信令人記憶猶新。十七世紀盲信與休謨所說的「現代風俗的溫和與人性」（p. 98）之間有著歷史差距，雖然這麼說或許能產生激勵效果，但歷史事例仍讓人不敢掉以輕心。根據休謨的看法，詹姆斯一世認為盲信對世俗與宗教權威造成威脅的想法並無不妥，錯只錯在他直接向盲信提出挑戰。

休謨的描述時常訴諸諷刺，例如對於蘇格蘭人狂熱向國外移殖自己的教會體系，他評論道：「優雅的希臘人向野蠻世界傳布科學與人文技藝時，從未如今日的蘇格蘭人那樣沾沾自喜於將自己的野蠻熱忱與神學痴迷散布給鄰邦。」（p. 449）儘管休謨承認狂熱的歷史功能338 已與其固有性質略有不同（以一種十八世紀逐漸習慣的方式來說），但他對狂熱的嫌惡卻未嘗稍減。缺乏「如瘟疫般有害的狂暴」（p.

446），國會自由將無法維持，「規律的自由體系」（p. 283）終將胎死腹中。封建貴族的權力衰微後，更「理所當然的」結果將會實現，從歐陸來看亦即君主制絕對主義的興起。以當時的情況而言，唯有虔誠盲信才能不計後果地支持人們冒著必然的危險與犧牲來抵抗這股潮流。在「我們眼下享有的那個單一而幸福的政府」背後，存在著陰暗而凶猛的非理性。從蘇格蘭人的事例中，休謨特別明確提到原因與結果之間的道德分離：「蘇格蘭起初被宗教改革的狂暴（在當時極為有害）襲捲，但事後證明產生極為有益的結果。」（p. 145）歷史因果與道德內容完全是兩回事，而美德與自由之間則有著高度連結。休謨將這個觀點運用在宗教改革與十七世紀的政治危機上，我們看到，這個觀點也被年輕一輩的吉朋所採用，他以此來看待基督教歷史以及野蠻與文明之間的長期關係。

休謨對「狂熱」的嫌惡在他的世紀相當普遍，而他以獨特力量表達出這種感受。到了下個世紀，隨著十七世紀宗教狂熱逐漸消失，以及宗教復興帶來更多尊重，對狂熱的嫌惡也逐漸衰微。但休謨有關英格蘭革命與長期社會變遷的其他關注，仍持續成為麥考萊《英格蘭史》的重要主題；他被譽為休謨作品的偉大繼承者與取代者。

羅伯特森：「社會狀態」與歐洲的觀念

「社會狀態」對十八世紀最重要的歷史作品而言是個關鍵概念。此外還包括一些新概念。這些概念有些清楚例示在威廉‧羅伯特森（1721-93）的《皇帝查理五世時代的歷史》（*The History of the Reign of the Emperor Charles V*, 1769）中。有人主張這本書是第一部現代史學作品。當然現代性有許多判準，其他人也舉出不同佐證，但這項主張是可辯護的。 339

事實上，現代性是個與羅伯特森作品息息相關的觀念，其意義有二：這本書談的是現代性，亦即十六世紀「現代」歐洲的出現，而且是其他種類的現代性。在羅伯特森眼中，現代性是世俗的世界主義，包括文化與政治（以後者的意義而言，現代性表現在「權力平衡」的觀念上），現代性使歐洲在十六世紀進入現代，並且基於相同理由使歐洲成為一個整體，擁有自己的歷史。羅伯特森的作品具有世界主義

的觀念，亦即將歐洲視為一個整體，這不僅是從其觀點來看，也包括它的起源與意圖。十年前他已因成功的《蘇格蘭史》（*History of Scotland*）而聲名大噪。《查理五世》是為擴大文學市場而寫的作品，事實上是以整個歐洲為目標；書一出版，羅伯特森就準備將其翻譯成法文。

要找到羅伯特森作品的先例並不容易。迄今為止，史家主要是被自己的國家或城市的歷史吸引而開始寫史，不需要特別解釋，要不然就是受事件的吸引而撰寫敘事，史家可能自己也牽涉其中，或是至少能宣稱自己對這些事件具有某種特殊知識或利害關係。薩爾皮的特倫特宗教會議史是個例外，儘管如此，他仍調查了自己所屬教會歷史中近來所發生的具有重大意義的插曲。休謨的《英格蘭史》不完全是例外，儘管其中存在著休謨的蘇格蘭觀點；羅伯特森起先視休謨的《英格蘭史》為競爭對手，之後則認為自己更勝一籌。羅伯特森之所以撰寫查理五世帝國的歷史，是因為查理五世帝國在早期現代歐洲居於核心地位，以及早期現代歐洲作為歷史時期所具有的意義與重要性；羅伯特森就是以這種角度看待早期現代歐洲。事實上，羅伯特森作品的範圍甚至超越查理五世帝國的廣袤領域而涵蓋整個歐洲歷史，這麼做也使他有選擇作品焦點的可能。

主題的不受限制是一項創舉，之所以能夠如此，完全是仰賴過去兩百年來印刷出版的大量資料，包括歷史文獻。羅伯特森在寫作時維持了一個外國通信網路，特別是在西班牙，而隨後他在《美洲史》（*History of America*, 1777）前言中，列出這些通信者，為此他還採取了高度現代而簡便的問卷調查。就連在《蘇格蘭史》中，他也在前言列出想要感謝的對象，並且在附錄裡列出重要史料，就跟現代史家的典型做法一樣。旅行一般來說還不屬於史家實際工作的一部分，例如吉朋在初次造訪羅馬之後，就沒有再回到羅馬。羅伯特森從未到歐陸旅行，但圖書館、書商與有益的通信員使他能在愛丁堡寫出查理五世時代帝國的詳細歷史；他在愛丁堡擔任蘇格蘭教會牧師，而且當了三十年愛丁堡大學的校長。他的歷史寫作方式毫無膚淺之處，他是學者，也是充滿文學性的史家。

然而，為市場寫作是可能的，羅伯特森的做法就是如此，他從出版商那裡得到《查理五世》的豐厚稿酬，令當時的人大為驚訝。羅伯

特森的庇護者布特勛爵（Lord Bute）是喬治三世的蘇格蘭裔首相，他曾重新恢復羅伯特森的蘇格蘭王室史家一職，但羅伯特森仍重視自己的牧師生涯。雖然羅伯特森主持著學術機構，卻不必然是現代意義下以教授歷史為生的「專業」史家。無論在當時、過去或下個世紀，歷史仍未成為學院課程的一部分，雖然當時已有少數教授歷史的教授職位。在蘇格蘭授課體系中，歷史課程通常由修辭學與美文、道德哲學以及法律教席講授，例如亞當·斯密與約翰·米勒（John Millar），但羅伯特森卻未如法炮製。憑著出版歷史作品也能得到豐富報酬。克拉倫登伯爵的《英格蘭叛亂與內戰史》賺取了史無前例的金額；休謨的《英格蘭史》為他帶來在哲學領域追尋不到的報酬。從依賴庇護者到為市場生產而獲得獨立，是十八世紀蘇格蘭思想的主題之一；從文學人的生涯也可以看到這點。羅伯特森是個包容且具自我意識的現代蘇格蘭教士，他以「穩健派人士」自居，並且是現代的文學人與改良派的大學管理者。 341

　　我當然不是為了曲解而如此任意使用「現代」一詞，我只是為了在語義上進行簡化。十八世紀的術語其實更加豐富：「文雅的」、「有禮的」、「高尚的」；「文明的」、「禮儀」與「開化的」（相當常見的詞彙）乃至於「我們的啟蒙時代」（吉朋語）。一直要到十八世紀末，才出現「啟蒙運動」（Enlightenment）一詞，而且這個詞源自於德文，「文明」（civilization，最早源於法文）一詞也出現在十八世紀下半葉。如果我們不使用「現代性」（modernity），那麼與上述詞彙完全相反的概念當然只能如此描述：「那個粗野的時代」、「粗鄙無文的年代」、「迷信的時代」、「野蠻時期」與「封建無政府狀態」。這項對比成為羅伯特森關注的焦點，如果不援引這項論點，要解釋羅伯特森的《查理五世》與絕大部分《蘇格蘭史》的意旨是不可能的。這些完全相反的詞彙，用另一種詞彙來說，是「風俗」（manners，法文是 moeurs）的對比，包括習俗與傳統，價值與典型行為。這些詞彙表達的現代性的觀念，與歐洲的觀念有著互惠關係。歐洲的歷史，更廣泛來說是人類的歷史，可以從風俗因時而異的角度來加以分類。現代性也能以羅伯特森在《美洲史》中令人驚異的具預言性質的詞彙「生計模式」（mode of subsistence）來形容：「封建體系」被商業（現代性的標記）以及伴隨而來的風俗的溫和化

與優雅化（相對於封建時代的尚武精神）所取代。在政治上，封建制度被統治歐洲各國關係的「巨大體系」即「權力平衡」所取代，這也是《查理五世》一書最關注的焦點。

十八世紀普遍認為社會狀態與風俗經過連續幾個階段的演變，這種看法也在十八世紀產生特有的文類：將人類歷史概要節略為幾個「階段」，並且為階段間的轉折添上玄思性的理由陳述。在某些事例中，如果分類的要素勝過連續的要素，如孟德斯鳩的《論法的精神》（*Spirit of the Laws*, 1748），則結果將傾向於一套社會學式分類，它既非詳盡的敘事，亦不必然是明顯的歷史研究，雖然其中引用了來自世界各地與不同歷史時期的證據。歷史作為階段、社會狀態或人性的連續，這種「啟蒙」觀念就某種意義來說是繼承自悠久的基督教普世史，衍生自聖經、奧古斯丁、歐洛西烏斯與四帝國的歷史連續。基督教普世史與啟蒙運動普世史之間的敵對，最明顯的例子是伏爾泰的《風俗論》（*Essay on Customs*, 1756），以及十八世紀末孔多塞（Condorcet）的反教士作品《人類精神進步史概要》（*Sketch for an Essay on the Progress of the Human Mind*, 1794）。在法國，我們看到盧梭的《論人類不平等的起源》（*Discourse on the Origins of Inequality*, 1755）。而蘇格蘭也有顯著貢獻，如休謨的《論文集》（*Essays*），亞當·佛格森（Adam Ferguson）的《市民社會史》（*The History of Civil Society*, 1767），亞當·斯密的《法學講論》（*Lectures on Jurisprudence*），約翰·米勒的《身分等級的起源》（*Origin of the Distinction of Ranks*, 1771），卡姆斯勛爵（Lord Kames）的《人類歷史概要》（*Sketches of the History of Man*, 1774），以及詹姆斯·鄧巴（James Dunbar）的《論原始與文明時代的人類歷史》（*Essays on the History of Mankind in Rude and Cultivated Ages*, 1780）。羅伯特森也對這種文類做出貢獻，他的《美洲史》有部分論及原住民的風俗與信仰，而在《查理五世》序言裡，他以較明確而嚴謹的歐洲風格寫下〈論羅馬帝國覆滅到十六世紀初歐洲社會的進步〉。

撰寫這些概要性質的歷史的動機，某程度而言相當多元。最明顯的是一種讓歷史變得具「哲學性」的普遍渴望，亦即，挖掘歷史的根本原因，並以此為基礎推論出有用的通則。孟德斯鳩的事業有部分受

到所謂對法王路易十四的絕對主義產生「封建反動」的影響。孟德斯鳩把「專制主義」（despotism，其具體例證為鄂圖曼帝國）與君主制區分開來，他認為前者的基礎是恐懼，而後者依法而治，並且受到遵守榮譽原則的強大貴族制的制衡與支持。伏爾泰與孔多塞的作品是對教士干政與迷信的攻擊。蘇格蘭人則將焦點放在市民社會與風俗的形式（如孟德斯鳩的作品），以及財產權的形式（如哈靈頓的作品）。特別在斯密的《法學講論》中，我們得到所謂社會「四階段」的清楚描述：狩獵與採集的野蠻狀態；牧歌般的遊牧生活與財產權的出現；農業（在蠻族入侵後的歐洲，農業被封建制度當成財產而加以把持）；以及最後一個階段，商業。

蘇格蘭人將焦點放在市民社會，而不關注政治體制，這點可以理解，在某種程度上孟德斯鳩亦是如此。聯合法案（Act of Union, 1707）之後，蘇格蘭不再是政治體，愛丁堡不再是政治首都。另一方面，蘇格蘭的繁榮成長與風俗的提升卻非常明顯。有禮而進步的市民社會概念提供了另一種自我評估與競爭的可能形式。約翰生（Johnson）與波斯威爾（Boswell）對於英格蘭與蘇格蘭社會之間相對優點的那種半開玩笑又具競爭意識的對話，是相當好的例證。

此外，還有一項因素也值得注意，在蘇格蘭內部，社會各種典型形式之間存在著巨大差異，不僅是所有歐洲人都知道的城鄉對比，還有地理上的對立。高地線以北宛如印第安準州（Indian territory），此地在一七四五年叛亂期間急速蛻變成愛丁堡的文明街道。高地氏族社會成為羅伯特森描繪的蘇格蘭封建制度陰森圖畫的一景，成為封建軍閥獲得力量與獨立的額外來源，加強了他們桀驁不馴的特質。一般而言，十八世紀似乎不像十九世紀那樣，將氏族社會特別區分為一個類別，尤其是當馬克思主義者採用「異邦人社會」（gentile society，源自拉丁文 gens）作為封建制度前的一個特定階段。（休謨比羅伯特森更清楚認識這點，他敏銳地區別以長子繼承制鞏固封建制度的蘇格蘭版本，以及採行較原始的諸子均分制的愛爾蘭版本。）同樣的，當十九世紀末人類學家發現親屬體系是原始社會的組織原則時，十八世紀的評釋者，如羅伯特森，卻認為原始社會是完全的性雜交，如獸群一般。如果沒有財產權，他們何須追溯血統或辨識親屬？

另一方面，關於封建制度被取代的過程的解釋也變得更加複雜，

諸如與哈靈頓相較，特別是亞當·斯密。這表示一般歷史因果關係的取向出現典型而重要的轉變，階段的連續或社會（而非政治體）與風俗形式的觀念，影響了時代轉折的理解。儘管十七世紀英格蘭對習慣法與遠古（不變）憲法的觀念充滿狂熱，但一般而言，法律與憲法仍如同某種審慎制定下的產物。此外，風俗似乎不可能透過立法而加以創造或抹煞。風俗的演進可以用人為的方式加以延緩，但風俗轉化的過程似乎總是漸進而「難以察覺」；這是以吉朋喜愛的詞彙來說，這個詞彙也被羅伯特森所援用。偉大立法者琉克格斯、梭倫、努瑪的神話令譽終於開始瓦解。亞當·佛格森意味深長地寫道：「國家在偶然間產生的建制，的確是人類行動的結果，卻不是任何人類計畫的執行。」在《國富論》（*The Wealth of Nations*, III.iii and iv），斯密經典地描述封建制度的逐漸崩壞不是因為立法，而是單純因為人性面對市場機會。城鎮與商業生產力的上升造成商品日益充裕，封建大領主被吸引著將農業剩餘花費在商品上，他們不再藉由維持武裝家臣與加諸軍事義務於佃戶之上的方式，將資源轉化為軍事與政治力量；取而代之的是，這些義務逐漸折合成金錢租金的形式。

　　羅伯特森的《蘇格蘭史》絕大部分以哈靈頓的觀點來描述法國與英格蘭封建制度的終結：這是法王路易十一世深思熟慮的政策，並以狡詐的手段加以實行，以及英王亨利七世審慎的立法行動，及其子解散修院使財產權分散出去的結果。蘇格蘭未能走出封建時代，是蘇格蘭諸王無能的結果。在〈社會的進步〉（Progress of Society）一文中，羅伯特森提出一套更詳盡的理由，包括歐洲貴族接觸君士坦丁堡的優雅生活與十字軍東征時期的東方，以及義大利商業城市共和國的興起，這些共和國成為與封建領主支配競爭的社會與政治模式。羅伯特森相信十字軍東征具有正面效果，雖然十字軍東征始於狂熱與迷信，而這個信念是歷史因果觀念的另一個複雜例證：即「出乎意料的結果」的觀念，對此斯密在《國富論》第三部分各章提供了非常生動的例子。邪惡可以產生可欲的結果；美德卻不能保證如此。羅伯特森藉由亨利八世奢侈、虛榮、頑固的例子來凸顯這個論點：亨利八世的惡劣行徑反而實現了修院的解散與英格蘭宗教改革。意圖與結果的錯誤結合在歷史作品中自然地加以陳述，本身即是一種諷刺；吉朋充分利用這點。

345

羅伯特森在《蘇格蘭史》的兩篇導論概述性質的章節中，描述蘇格蘭封建貴族由來已久的邪惡力量與君主的軟弱無能，這兩篇文章與十年後他在《查理五世》前言中呈現的樂觀歐洲版本相比，顯得充滿限制與了無希望。然而，無論確立或剷除，封建制度就思想上言都不可能消失。學界總是持續而勤勉地關注它。僅在羅伯特森《蘇格蘭史》（封建制度是這本書的重要主題）之前兩年，蘇格蘭古物學家約翰・達里波爵士（Sir John Dalrymple）出版了《大不列顛封建領地通史》（*An Essay towards a General History of Feudal Property in Great Britain*），而羅伯特森在前言中承認自己深受他的影響。在對蘇格蘭封建貴族歷史角色抱持高度負面評價的觀點中，羅伯特森斷然反對十六世紀布坎南提出的「上古憲法」傳統，布坎南認為貴族是自由的守護者。對羅伯特森而言，自由是現代的而非上古的，人們對於羅馬人之前的蘇格蘭上古史根本一無所悉。導論概述之後，羅伯特森《蘇格蘭史》的敘事始於蘇格蘭女王瑪麗，結束於瑪麗的兒子詹姆斯六世於一六〇三年伊莉莎白死後登基成為英格蘭王。從這時起，身兼英格蘭與蘇格蘭國王的詹姆斯擁有令蘇格蘭貴族相形見絀的力量與資源；蘇格蘭進入現代（後封建社會）的歷史得以展開。如同英格蘭脈絡下的休謨，羅伯特森不是古憲法論者，而是現代輝格黨人士。封建制度意味著無政府狀態。

346

在《查理五世》中，羅伯特森以整個歐洲為範圍來描述封建貴族衰微的後果，為此他選擇了某個時期加以陳述。由於貴族的衰微，以及隨後權力集中於幾個歐洲主要君主，歐洲的國家體系得以創立；羅伯特森明顯受到古伊奇亞迪尼的影響。歐洲史作為一個整體，可以用敘事方式加以呈現，而非僅能以概述方式處理或視為個別國家的歷史。人們因此聯想到波利比奧斯，他的歷史作品以羅馬力量崛起的結果作為貫穿全書的主題，不過在羅伯特森的作品中，所謂統一指的不是範圍涵蓋全歐的帝國，如此將會是人類的一場災難。（羅伯特森與波利比奧斯一樣援引神意，但他不是以神意解釋帝國的興起，而是感謝帝國的失敗。）對羅伯特森而言，歐洲成為一個整體的關鍵是權力平衡。藉由這種弔詭方式形成的歐洲統一，似乎更近似於斯密所描述的市場創造：每個個人，賣家、買家、政治家，只追求自己的利益與安全，結果卻形成了秩序。羅伯特森熱情地稱之為「一個大家庭」與

「那個大體系」（*Charles V*, XI）。吉朋日後則將其比擬成「一個大共和國」（*Decline and Fall*, General Observations）。

當然，羅伯特森不只是概括，而且還詳密描述相對權力的不斷轉變、國王與日耳曼王侯對利益的算計、聯盟的持續重新洗牌，偶然湧現的過度自信（經常出現在查理身上）與追求榮譽而非追求利益的虛榮（法蘭西斯一世〔Francis I〕）。憎恨與復仇的欲望也削弱了謹慎的利益評估的運作及其訂出的政策。後者構成了現代治術的特定性質，因此凸顯出法蘭西斯騎士榮譽觀念在文化上的過時。

然而，最大的入侵來自於具有現代特徵的宗教改革，因其關係著熱忱與不妥協，而羅伯特森以標準的處理方式，將宗教改革與新的「探究精神」連結起來，而宗教改革也破壞了查理將仍處於封建的日耳曼統合成統一現代國家的機會。羅伯特森對宗教改革的處理主要放在政治層面：教會的腐敗受到譴責，但神學爭議則被邊緣化。不過，宗教改革如果在某種意義上是現代性的一個面向，那麼它在文化上也被刻意地隔離於羅伯特森自身的時代，如《蘇格蘭史》中所示。路德與諾克斯是固執於過去的人物，他們兩人都身負必要任務，即便他們文明開化的程度有所不足，但卻是適合這項任務的不二人選，這是另一個說明私德不彰仍能帶來公眾利益的例子；他們屬於比現在更為粗魯、凶暴而不妥協的時代。在這方面，他們與蘇格蘭貴族有著相同特徵，後者在飽受驚嚇而身懷六甲的女王面前殘殺其寵臣大衛·里吉歐（David Rizzio），他們「當時的風俗……令我們深感恐怖」（*Scotland*, IV）。然而，「在評斷這些人物的性格時，我們應以當時的原則與標準來檢視他們。雖然美德與邪惡互古不變，但風俗與習慣卻因時而異。」（*Scotland*, VIII）當時還沒有既成的時代分期術語供羅伯特森使用，例如「現代初期」與「啟蒙運動」，但他特意與之前的時代保持距離的方式，卻蘊含著學術以外的意義。藉由將宗教改革者置放於歷史脈絡之中，亦即那些十八世紀食古不化的喀爾文教派人士（他們反對羅伯特森所屬的具包容性的現代長老教會）的祖先，羅伯特森默默地剝奪了宗教改革者自以為獨特與合於聖經的主張。文藝復興以來至少經過兩個時代的概念也已出現。即便是學術界也肯定這個概念的重要性。閱讀歷史的經驗有一部分是由這種文化距離所構成的，反之亦然，鴻溝的另一邊存在著什麼事物，這種感受可以藉由

歷史的想像與研究而變得可理解。羅伯特森在這類議題上與十八世紀作家同樣敏感，而對於研究像十六世紀這麼近的時期，他的投入尤其明顯。

十八世紀鮮明「禮貌」的建立不僅來自於聲明，也來自於當時創造出來的「感性」（想像的同情或沉迷到甚至落淚的「感情」）一詞的運用，以及文雅、寧靜的散文風格，其形塑了羅伯特森的詮釋與意見。這一點清楚顯示於他對蘇格蘭女王瑪麗的描述上，她在道德與女性特質上顯得薄弱，在政治上受到誤導，她在不幸中流露的驚疑不定令人憐憫，例如在被迫退位的場景中：「瑪麗簽署詔書時淚如雨下；當她親手交出主掌已久的王位時，感到極為悲傷而憤怒，這或許是最大的一種痛苦，足以動搖人的內心。」（*Scotland*, V）毫不寬容的布坎南，他熟悉瑪麗，卻只是輕描淡寫地說道，她「不願為她的兒子指定監護人，因此代理人便受命安排國王在斯特靈（Stirling）的加冕事宜」。

關於羅伯特森散文的道德與審美效果，人們必須隨機舉例加以說明。據說羅伯特森閱讀自己的信件時非常有節奏感，彷彿是在聽一首曲子。這個說法相當可信，閱讀這段援引自《查理五世》的文字：

> 梅蘭希通（Melancthon）的各項優點使他有資格成為新教牧師的第一把交椅，如今他失去了路德給予他具男子氣概的忠告——鼓勵他堅忍卓絕，使他在面對威脅教會的風暴與危險時仍能穩健前進——他變得軟弱、渴求和平，以及對上位者過於順從，因而被誘陷到毫無理由的讓步之中。（X）

就算稍微調換一下「軟弱」與「渴求和平」的次序，都會有損羅伯特森句子在審慎處理後的和諧感，不過損害更大的是語義上相對無害地去除掉「過於」、「各項」、「具男子氣概的」或「毫無理由的」，如同奏鳴曲少了一小節。羅伯特森的句法將會變得突兀而不連續，而非在冷靜控制下使一切看起來不可避免，事實上，會變得比較像是古伊奇亞迪尼。羅伯特森的作品讀起來流暢、簡單而沉穩；古伊奇亞迪尼則是不連續、斷裂，以及作為一種文學經驗，是不流暢與充滿挑戰的。吉朋說得再真切不過，他在《回憶錄》中向「羅伯特森博

348

349

士完美的文章、充滿力量的語言、適當的時代分期致敬」。

　　羅伯特森在愛丁堡有一位名叫沃特‧史考特（Walter Scott）的弟子。提起史考特並不是為了說明他的史觀受羅伯特森的影響遠大於蘇格蘭啟蒙運動的歷史觀念，雖然羅伯特森的確更為關注蘇格蘭的歷史。重點在於更一般性的問題：在某個特定的歷史時刻，何種主題可以加以思索或清楚陳述，何種主題不可以。從蘇格蘭啟蒙運動如何理解一個民族在觀念與風俗上的變遷，史考特強烈意識到這一點。時間的距離造成主流理想與行為模式的差異。史考特的系列小說第一冊《威佛利》（*Waverley*, 1814），以一七四五年詹姆斯黨叛亂（Jacobite Rebellion）為背景，原本的副標題是「之後五十年」，十年後為了保持精確，改成「之後六十年」。隨著小說裡的英雄威佛利到北方旅行，從英格蘭到蘇格蘭、從低地到高地，時光彷彿回到從前，而威佛利不小心捲入了叛亂。威佛利成長時所居住的英格蘭莊園本身就是一種時代倒錯，如史考特清楚顯示的：騎士黨（Cavalier）、高托利黨（High Tory）、詹姆斯黨同情者。撫養他長大的叔叔沉溺於家族傳統與族譜。當威佛利從軍時，他的叔叔對於當時已不流行讓家中侍從隨行感到遺憾。他的家庭教師是一名未宣誓效忠的教士（拒絕向漢諾威王室宣誓效忠），曾經寫下難以卒讀的高教會詹姆斯黨的宗教小冊子。威佛利的嬸嬸妄想查理二世在伍斯特之役結束後會來家中避難。這間宅院是十七世紀的時空膠囊，裡面裝滿了過去的封建殘餘。

　　在蘇格蘭低地，威佛利遭逢更早的過去。布萊德沃丁男爵（Baron of Bradwardine）似乎是十四、十五世紀的人物。他熟悉封建制度的詞彙與紋章，而且著迷於封建制度的象徵。他從未打算成為半獨立的軍閥，他忠於自己的臣屬地位，忠於斯圖亞特王室。身為學究型的古物學者，布萊德沃丁非常重視家族世襲職位（負責脫下君主的靴子），其連繫著他的封建領地，他還引用許多不雅的拉丁文來證明自己的說法。不過，真正屬於當時軍事現實的封建人物是高地酋帥佛格斯‧麥克艾佛（Fergus Mac-Ivor），他是威佛利接下來遇到的人物。佛格斯是氏族首領，也是軍閥，他參加叛亂不僅出於忠誠，更是出於自利。他渴望成為復辟的詹姆斯英格蘭宮廷的偉大人物，更利用

族人對他的忠誠擴大查理・愛德華王子的軍事力量，以實現自己的目
的。他是個表裡不一的人物。佛格斯在威佛利參與的氏族大會——蓋
爾語吟遊詩人的出現使會場顯得相當完備——中扮演首領的角色，對
於聚會的粗野行徑，佛格斯維持超然的態度，並且向威佛利做了一點
自我辯護。這暗示著氏族世界在某種意義上先於封建制度；史考特舉
了幾個荷馬史詩的類似例子。與布萊德沃丁的對比加強了這點；佛格
斯嘲笑布萊德沃丁不過是個學究。不過成長於法國宮廷的佛格斯也是
個文雅的現代紳士。對於時代相當敏感的史考特，認為唯有在那個特
殊時點才可能出現佛格斯這種人物：「要是佛格斯・麥克艾佛早六十
年出生，他不可能擁有現在的教養與禮儀；要是他晚六十年出生，他
的野心與對統治的熱愛將缺乏局勢的刺激。」他的時代倒錯是經過計
算與操作的：他維持氏族首領的慷慨好客，並且讓自己的土地擠滿大
量佃農以作為徵募人力的基礎，而這一切都是為了向復辟的斯圖亞特
王朝爭取封爵。

　　佛格斯是半個現代人，或者就內在來說幾乎是個現代人；但在
《威佛利》中，現代性還具有兩個面向。一個是威佛利的父親，他為
了獲得地位與利益而與漢諾威王室和解，並且成為羅伯特・沃波爾爵
士（Sir Robet Walpole）的國會追隨者，沃波爾爵士是個腐敗的笑
柄。他放棄家族原則，等於不受一切原則束縛；在小說中，他只是個
幕後角色。但現代性仍有其值得榮耀的一面：軍事。威佛利的英格蘭
戰俘塔爾伯特上校（Colonel Talbot）雖然「以一點好處」換取威佛
利的赦免，卻一心服務自己的國家。他的責任感以及對國家最佳利益
的敏銳知覺，與卑微高地人的愚忠以及佛格斯自利的獨立（一半是軍
事，一半是政治）形成對比。贊同職業軍隊的羅伯特森當然贊同塔爾
伯特，一如他對麥克艾佛性格刻畫的認同。

　　但是，這裡的一般重點在於，如果時間提早一個世紀，那麼史考
特對於其角色的描繪，以及對角色精神不同的歷史定位，恐怕就無法
呈現出來。史考特能看出這些歷史意義，其能力的背後是以超過一個
世紀的歷史覺察與反思為基礎。史考特對此有清楚的自知之明。他是
個嘲弄古物學者的古物學者；他是帶有基本輝格黨不列顛歷史觀點的
現代托利黨員，並且以想像的方式來認知詹姆斯黨人；他是知道如何
馴服浪漫主義的浪漫主義者，瞭解崇高（Sublime）——如柏克

（Burke）的著名說法——是一種遠觀之美。歷史，如實地提供過去的樣貌，在現代的再現中，它成了一間風俗陳列室，或者如同與史考特同時的詹姆斯・麥金塔希爵士（Sir James Mackintosh）的說法，是人類的博物館，提供了當代生活無法望其項背的各種替代經驗與部分認同。史考特的宅第，阿伯茲佛德（Abbotsford），成了滿足這項目的的博物館。佛格斯的妹妹（威佛利曾一度愛上她）熱情支持詹姆斯黨，她諷刺地描繪威佛利享受家庭幸福與過著閒散日子的未來；威佛利不像佛格斯的妹妹在內戰中鼓吹殘酷與英雄主義：「他會整理舊圖書館，使其充滿高雅的哥德派氣息，他會以最珍貴的書籍裝飾書架；他會繪製平面圖與風景畫，寫下詩文，興建神廟與挖掘洞窟……他將是個快樂的人。」這是史考特略帶諷刺意味的自畫像，他的歷史已成了伊比鳩魯式充滿想像的古物研究。維多利亞時代的人喜愛史考特的特質，卻忘了他的作品出現的條件：蘇格蘭啟蒙運動的風俗史概念。

吉朋：羅馬、野蠻與文明

352　　吉朋令二十世紀晚期的學者著迷，而且這波熱潮未有減緩的跡象，然而在之前的十九世紀卻非如此，至少在英國。吉朋兩百週年逝世（一七九四年）紀念如火如荼地進行；大衛・沃摩斯利（David Womersley）於一九九四年出版《羅馬帝國衰亡史》精美的全新版本，適時為慶典揭開序幕，而慶祝活動包括了在牛津大學莫德林學院（Magdalen College，吉朋曾因自己在大學時期遭受冷落而對莫德林學院大加抨擊）舉行的學術研討會。吉朋在《回憶錄》中的預言已清楚證明是錯的：牛津大學「將愉快地不認我是她的兒子，一如我樂意否認她是我的母親」。我們對於吉朋心靈的理解，不僅因針對他個人所進行的研究而增進，也因討論啟蒙運動、馬基維利人文主義傳統、十七與十八世紀學術和古物研究，以及尤其是蘇格蘭啟蒙運動的大量作品的出現，而更為深入，吉朋顯然受到這些思想傳統的影響，而這些思想傳統直到十九世紀仍停留在概念層次，尚未成為研究標的。阿爾納多・莫米格里阿諾（Arnaldo Momigliano）對十七、十八世紀歷史寫作分化成高雅而非學術的敘事以及繁瑣的古物學術研究的經典描述中，提到吉朋是這段過程的集大成者，他既是學者型的史家，又是

精於敘事的學者。

　　吉朋自己也察覺到莫米格里阿諾所分析的情況，並且在他出版的第一本原以法文書寫的論文《論文學研究》（1761）中，面對了此一局勢。這是個廣義的文學辯護，這裡所謂的文學是人文學科，包括歷史，它反對十八世紀流行的將文學貶低為單純博學。在笛卡兒哲學懷疑方法出現之後，一切與過去相關的事實似乎都受到懷疑；古物學家愈是探求事實，他們的發現似乎變得愈斷裂，甚至瑣碎，相較於清晰、體系與效用的「哲學」標準，古物研究更顯得笨拙、學究而無用。在法文《百科全書》序言中，數學家達朗貝爾（d'Alembert）把 353 歷史貶低為單純記憶的科目。數學，而非人文學科的學識，是受尊崇的典範；古人已經被超越，他們已不值得學習。

　　對此，吉朋意識到自己身為史家的天職，因此起而抗議。他本人並不介意揶揄那些「單純只是編輯者」的古物學者，或是指控這些人犯了學究、妄想、虛耗精力的毛病，事實上，日後他在《羅馬帝國衰亡史》的注釋中，也明確指出這些問題。不過在《論文學研究》中，他提到「哲學性的史家」將新舊思想成果典範融一爐而冶之的可能——有些精通上古文學的學者，既致力於事實的精確，也能從歷史看出事件深層的因果條理，而非停留在膚淺的表象，並且能連貫而清楚地將其呈現出來。孟德斯鳩就是一個典範，他不僅博學，而且在思想上深具探索力與體系性。在上古史家中，吉朋特別提到塔西佗：「他運用修辭的力量，只為了展示構成歷史事件之鏈的連結，並且以合理而深刻的反思來指點讀者。」（*Study of Literature*）

　　吉朋並未親自處理手稿，不過他對處理這類資料的人士表達深切的感激之意，特別是法國本篤派的聖摩爾信眾（Congregation of St-Maur）學者，他們從十七世紀末開始大量編訂並深入考證教父作品（吉朋廣泛引用了這些作品）與中古時代初期的歷史文獻。雖然吉朋並未親自整理檔案，但他是天生的學者，對他而言，博學是一種愉悅而不僅是文學寫作的附屬品。在《回憶錄》中，他愉快地提到他花了二十英鎊買到二十卷法蘭西銘刻學院（French Academy of Inscription）的《論文集》，「與其他開支相比，要產生這麼大筆而持續的理性娛樂基金並不容易。」法蘭西銘刻學院的作品見證了古物研究的熱情，尤其是上古工藝品的研究，如錢幣、金屬、葬禮銘文等等：

研究上古世界的史家仍相當依賴這些資料。研究這些物品使吉朋日後得以超越上古文學史料，包括那些人文主義者滿足於恢復、模仿與遵循的史家。表面上看來，吉朋似乎只是這些人文主義者中晚近出現的一位，他自己的敘事首先仰賴的是遵循以及偶爾批判或試圖融通過去史家的作品，這與其他的古典史家並無不同。然而當時與上個世紀的學術成果（絕大部分被貶抑為古物研究），加上吉朋本身令人驚異的廣博學問，以及他對史料的精詳考證遠逾上古史家對前人作品不情願且偶爾為之的考訂，使他的成就超邁前代。

　　以現在的眼光來看，我們很難瞭解吉朋這部生涯作品所具有的開創性。撰寫上古世界的歷史在當時並不常見，雖然亞當‧佛格森出版了一部羅馬共和國史，而一般認為無論是作品的優點或與時代的親近性，上古史家都是不可超越的。因此，取而代之的是評釋的撰寫或仿傚上古史家寫法撰述其他時代的歷史；吉朋在學徒時期曾嘗試評釋薩魯斯特與李維的作品。半個世紀後，十九世紀初的英國出現了引起政治爭議的民主話題，因而產生威廉‧米特佛德（William Mitford）與喬治‧格洛特（George Grote）彼此針鋒相對的希臘史。但在吉朋的年代，他的作品是獨特的，其獨特之處不僅在於規模。嘗試這項寫作無疑是個大膽的舉動，吉朋只能以漸進的手段來完成它。值得注意的是，即使開始寫作，吉朋選擇的起點仍在塔西佗作品之後的半個世紀，也就是西元二世紀中葉。他使用狄歐與安米阿努斯以及其他次要而受到忽略的史家作品，有時表達對他們的感謝或不滿，但他避免直接挑戰他認為最偉大的上古史家作品。當然，之後當他進入基督教中古西方與拜占庭時期，他也進入了另一個世界，這個時代的史學權威經常讓他參雜著輕視與尊敬；而隨著君士坦丁堡落入土耳其人之手，他的歷史也結束於十五世紀。但延伸到後來這個時期已非原先的意圖，因為他的歷史已遠逾它的起源，成為一個龐然大物。

　　雖然大家都知道這篇自述中的想像成分，但我們不可能不援引吉朋在《回憶錄》中對於作品誕生時刻的描述，儘管從萌生念頭到實際撰寫之間隔了許多年的時間：「在羅馬，一七六四年十月十五日，我在卡皮托山的廢墟中靜坐沉思，就在此時，朱庇特神廟傳來赤腳修士的晚禱聲，我突然產生寫下這座城市衰亡的念頭。」有兩點必須提出。首先，原初的想法是要撰寫城市的歷史，比較類似於古物研究，

354

355

而非帝國的歷史；吉朋直到這部鉅作完成後才舊地重遊，此時作品的內容已遠逾城市的範圍。這部歷史擴大到包括俄羅斯、波斯、蒙古與中國，並且遠達帝國在北非、不列顛與近東的邊境地帶。它涵蓋了君士坦丁大帝改信前後的基督教神學爭議、拜占庭直到一四五三年的歷史，以及拜占庭的土耳其征服者早期的歷史；在此之前，吉朋還向我們介紹伊斯蘭的興起與十字軍東征。另外一點是讚揚之情，明顯表現在他唯一一次造訪羅馬時所寫的書信中，這種情感之所以在吉朋心中油然而生，主要源自於對「共和國」的回憶：「每個值得紀念的角落，無論是羅穆魯斯站立的地方，或圖里（Tully，即西塞羅）發表演說之處，或凱撒倒地不起的地點，就這樣直接呈現在我眼前。」吉朋並不哀嘆帝國的崩潰，只是對帝國的幾個面向感到惋惜。他惋惜（雖然只是偶爾提到）的是更早先的災難——共和國的被取代。吉朋與羅伯特森同樣敵視普世帝國，也同樣熱中於現代的權力平衡：帝國耗盡生命力，獨立與競爭則增進生命力。對吉朋而言，羅馬在他的歷史作品開始時已步入衰運，甚至早於基督教與蠻族的蠢蠢欲動。在第一章，我們彷彿再次聽到修士的晚禱：坎帕尼亞（Campagna），羅馬的腹地，是「羅馬幼年時期勝利的劇場（呼應李維）。在那片著名的舞台上，首任執政官贏得實至名歸的勝利；他們的後繼者裝點別墅，而『他們的』子孫則興築修院。」

在羅馬人遺留下來的偉大廢墟中沉思今昔榮枯，是十八世紀英國的一種古典喜好，吉朋一直深受這種喜好影響。這種哀輓的音符不只提供給古典時代的羅馬人，甚至在吉朋不具同情的脈絡中也能聽到這種樂音。對拜占庭希臘人而言，君士坦丁堡的聖索菲亞大教堂在被拉丁儀式的引介玷汙之後成了遭人遺棄之所，「巨大而陰暗的死寂盤據於莊嚴的圓頂，昔日香煙裊裊、燈火通明、迴盪祈禱與感恩之聲的情景已不復見。」（*Decline and Fall*, LXVIII）

在前三章的導論概述以及頻繁離題地介紹各省之後，吉朋的第一卷（共六卷），除了結尾那兩篇惡名昭彰描述初期基督教的章節（第十五、十六章），幾乎全集中在羅馬本身以及帝位未能和平轉移的問題上，常備軍的腐化與貪汙造成帝位繼承的混亂，其中禁衛軍（Praetorian Guard）影響尤大，他們甚至公然拍賣帝國。在這十二章中，吉朋非常貼近薩魯斯特、李維與塔西佗的道德世界及他們對歷史

的理解。十九世紀有一種迂腐的說法，以為十八世紀史家沒有能力同情過去或認識過去特有的道德性格。這完全是胡說。但事實是，就君士坦丁改信前的羅馬而言，吉朋的作品與共和時代晚期史家及塔西佗共存於一個簡單的價值社群中，這有時造成他探討基督教會（我們記得塔西佗對基督教的鄙夷）與拜占庭的障礙。雖然如此，相對來說卻無損於他對蠻族入侵者的處理（對此塔西佗的《日耳曼誌》實際上是一本具同理心的指南），吉朋對共和國的鄉愁以及對優雅寬容的城市多神教知識分子的純政治背書所帶有的遺憾與尊敬，並未扭曲他對蠻族的解釋。

這一點不令人意外，從吉朋對西元三到五世紀羅馬衰微的呈現中，我們經常聽到他對馬基維利診斷——自由的喪失，伴隨而來的是復仇女神透過腐敗的形式進行征服——的呼應或公開背書，而這種診斷是以古羅馬的道德與諷刺為基礎。同樣的想法也被吉朋早期的典範孟德斯鳩所採納，如其撰寫的《論羅馬人盛衰之原因》（*Considerations on the Causes of the Greatness and Decadence of the Romans*, 1734）。這類觀點的基本元素，亦即關注著職業常備軍對自由的威脅與腐化的危險，從十八世紀初便深嵌於英國為反制行政機構而生的政治說詞。吉朋在第三卷附錄（第三十八章）概述了這個想法，這篇附錄在當時看來宛如整部作品的結論（裡面提到克洛維斯改信天主教是查理曼「新」西方帝國的基礎），而吉朋為附錄定的標題是〈西羅馬帝國衰亡的一般評述〉：

357

> 羅馬的衰亡是過度偉大下自然而不可避免的結果。物極必反；盛極必衰……戰無不克的軍團在遙遠戰場染上異邦人與傭兵的邪惡，他們先是壓制共和國的自由，而後干犯帝王的權威。皇帝焦慮於自身的安危與公眾的和平，於是採取卑劣的權宜之計，將軍隊賴以威脅主上與怖懼外敵的紀律予以腐化……

我們不該輕率地將它當成通往吉朋思想的捷徑。事實上，吉朋提出了各種衰亡原因，雖然這些原因仍不脫新古典主義、城市人文主義的指涉框架。在第二章，吉朋告訴我們，衰亡源自於羅馬人長期和平而統一的政府斷喪了精神與活力；在第七章，衰亡源自於羅馬人與奴

性的各省百姓混合;在第二十七章,提到奢侈品與陰柔氣質。吉朋也認為羅馬首都遷至君士坦丁堡標誌著帝國決定性的東方化,其具體縮影是陰柔而奴性,而他對此帶有一種卡托式的蔑視,諷刺的是,這種輕蔑可以上溯到上古時代的希臘人——皇帝「奴隸」的宮廷儀式(使人想起孟德斯鳩提到的以畏懼進行的獨裁統治模式,他將這種統治模式等同於東方)取代了元老院的威嚴,後者至少過去還能在羅馬城見其外觀。除了第二章提到的「羅馬人長期和平而統一的政府,將緩慢而祕密的毒藥注入到帝國的生命中樞」,這一切對羅馬人來說似乎都是常識:和平標誌著危險,這種想法至少可以上溯到薩魯斯特;但「統一政府」的危險顯示了混合式憲政、聯合政府與權力平衡的現代觀念。

　　吉朋也將衰亡的角色給了基督教,孟德斯鳩的《論羅馬人盛衰》未提及這點;上古時代的異教徒(當他們察覺到基督教時)責怪基督教,不過他們的理由是基督徒不敬神明。對吉朋而言,神學爭議——這方面他是個專家——引發內爭,而基督教倫理,特別是修院的苦行主義,斲喪了崇尚武勇的美德。雖然吉朋不只是根據人文主義的看法,但人文主義的衰敗定則卻在他的歷史與觀點留下深刻的印記:美德、征服、奢侈、腐化、喪失自由與最終降服於吃苦耐勞的蠻族征服者,這個致命的循環對吉朋而言就像是普世法則,因為蠻族征服者也不可避免地陷進這個循環之中。這是一種羅馬史家至少暗示過的現象,如李維描述漢尼拔的凱旋之師陷溺於卡普阿的奢侈生活而遭致毀滅。在吉朋的作品中,哥德人、汪達爾人,乃至於征服中國的蒙古人,全都屈服於相同的文明病毒:「阿拉里克(Alaric,征服羅馬城的哥德人)看到他那不成材的繼承人的裝扮時,想必會感到羞慚:頭上戴著珍珠王冠、身上穿著不利行動的金銀刺繡飄逸長袍、斜躺在象牙製的由兩頭白騾拉的乘輿上。」(LI)權力乃至於文明本身似乎牢牢固結在自我毀滅的循環裡。

　　在職業軍人的乖張與貪汙之後——吉朋的描述讀起來經常像是塔西佗《歷史》的續篇,包括諷刺的運用——《羅馬帝國衰亡史》宣示下個重要主題是基督教:這個主題出現在第十五與十六章,但此後不斷出現,成為在東方與西方持續而具有高度影響力的存在。吉朋雖然反對法國「哲士」(philosophes)對宗教的激烈攻擊,他稱伏爾泰是

狂熱份子，但吉朋卻以他的時代特有的理性與人文精神，將宗教視為盲目的迷信與狂熱（休謨曾經區別迷信與狂熱是宗教心態擺盪的兩極）。十八世紀對宗教狂熱的仇視，泰半源於對刻畫著前兩個世紀的宗教戰爭、迫害與屠殺時代似乎已經結束的感激，儘管它們或許只是處於蟄伏期。吉朋的「我們的啟蒙時代」是一種解脫的象徵，法國大革命爆發時，他很快就從法國「愛國」狂熱份子身上看出僧侶群起鼓譟的情景，這種狂熱正是他常在《羅馬帝國衰亡史》中嚴厲批評的。

　　他對抗宗教的主要武器是諷刺。這採取了幾種形式。有時我們可以用虔誠或懷疑的方式（端賴讀者的先入為主之見）來解讀某個詞彙，如聖奧古斯丁的「從理性進展到信仰」，或「自然法則經常為了教會的利益而暫時中止」。在上個世紀的學術作品中可以找到這類諷刺前例，例如吉朋讚賞的皮耶・貝爾（Pierre Bayle）的《哲學字典》（*Philosophical Dictionary*），但吉朋自己舉的例子更為文雅精練。大部分的戲謔出現在措詞的使用上，特別是運用了文雅甚至莊重的十八世紀詞彙來形容早期基督教苦行與信仰的熱情與詭異狂熱：「周延的」、「奇特的」、「經驗」。俄利根（據說這位教父為了守貞而自我閹割）「判斷這是斬斷禍根最『周延的』方法」。聖希梅翁登塔者（St Simeon Stylites）隱居在柱子頂端，「藉由在空中悔罪的『奇特』發明」來博取名聲。此外，「在原始教會時期，真理的影響力因某種意見而大為加強，這種意見──無論其用處與歷史多麼值得尊敬──至今無法符合於『經驗』。人們普遍相信，世界即將終結而天國即將來臨。」（XV, XXXVII, XV）這種想法雖然冠冕堂皇，卻無法產生同理心。

　　然而，吉朋對基督教神學與實踐，或教父們的基督論爭議，以及君士坦丁時代大宗教會議的處理，絲毫沒有一點馬虎。對於這些主題，吉朋就跟處理拜占庭宮廷政治或蠻族入侵者的征服、風俗與新王國一樣嚴肅精確與詳細。針對最後一項主題，吉朋有一些當時的專論，主要是法文作品，例如德・吉涅（de Guignes）的匈人歷史，當然還有上古時代晚期與中古時代史家的作品，如約旦尼斯、普里斯庫斯、執事保羅（Paul the Deacon）與圖爾的額我略。額我略的多言魅力與薄弱或不存在的高層政治概念，遭到吉朋以嚴厲的西塞羅式風格予以非難：「在冗長的作品中……他幾乎漏掉一切後世亟欲知曉的事

物。在痛苦地細讀之後，我沉悶地獲得了發表這句不太中聽的話的權利。」（XXXVIII）

360

不過，在概念上，吉朋對於自己所稱的〈遊牧民族風俗〉（Manners of the Pastoral Nations）（第二十六章）的描述，深受蘇格蘭啟蒙運動產生的「市民社會歷史」的影響。吉朋從市民社會歷史推演出遊牧民族的生活方式及其附隨風俗的一般概念，例如匈人、阿拉伯人與蒙古人，以及有些令人生疑的日耳曼人。他提到這些民族具有戰爭與征服的天賦。吉朋依照這些蠻族橫掃羅馬世界的次序敘事，使我們想起希羅多德以民族誌與地理雜談依序介紹波斯王征服的各個國家，而這些國家又被波斯王（與希羅多德）徵集起來入侵希臘。吉朋顯然樂於身為史家並扮演著這些國家的經理人角色，並引以為傲。「我將引領阿拉伯人征服敘利亞、埃及與阿非利加這幾個羅馬帝國行省；我不會對他們的勝利事業橫加阻撓，直到他們推翻波斯與西班牙的君主為止。」（XLVIII）不過吉朋自己對於蠻族風俗的刻畫，遠比上古史家列出的蠻族習俗與信仰來得豐富。透過經濟「階段」的組織概念，以及各階段相應的風俗（呈現在市民社會歷史中），吉朋使這些特徵成為可理解的生活整體方式的相關面向。儘管如此，吉朋仍是史家，而不只是進行社會學分類的學者，他探究蠻族對定居民族的衝擊以及兩者間的互動關係，他留意這些民族的特殊之處，例如「穆罕默德」教條的形成。

吉朋與蘇格蘭啟蒙運動領導成員的關係，以及他在思想上受到的影響，值得花點時間加以留意，因為這層影響不僅反映在文學上，也反映在個人層面。作為他在朱庇特神廟階梯上著名沉思的補充，我們也許可以添上另一段較不為人知的故事，兩篇合在一起正可表述思想的兩極，即新古典的道德與現代的社會學知識，吉朋的作品就立足於兩端之間。一七七六年四月八日，休謨寫信給出版商威廉・斯特拉肯（William Strachan），信中提到他非常喜愛斯特拉肯印行的吉朋先生新作，又說：「斯密先生的作品是貴社今年出版的另一部傑作。」

361

在同一年出版《羅馬帝國衰亡史》前兩卷與斯密《國富論》，有如得了雙料冠軍，確實值得慶賀。這個連結是適當的，因為吉朋作品的各種面向泰半是蘇格蘭啟蒙運動的衍生物，如同斯密作品是該運動最著名的文學紀念碑。吉朋與斯密、佛格森、羅伯特森及休謨維持著熱切

的思想夥伴關係；他與後兩位偉大史家甚至是師徒關係。吉朋在《回憶錄》中詳述前兩卷的大受好評，並且給予兩位史家最高的評價：「羅伯特森博士的坦誠，支持著他的弟子；休謨先生的書信，價值更勝十年筆耕。」沉思他們身為史家的成就，曾一度讓吉朋感慨萬千，如他所言，「混雜著愉悅與絕望的情緒。」而他明確地表示，這主要是他們的敘事功力造成的。從他們身上，他找到了他在《論文學研究》中尋求的東西：文雅、流暢與明晰，雖然學識淵博，卻無學究迂腐或艱澀難讀的缺點。吉朋的散文顯然受羅伯特森《查理五世》的影響，我們看到他對此書的讚美，但他的作品更具風格、更鮮明也更令人難忘。對比是吉朋最喜愛的手法，而他的句法經常有技巧地維持平衡或漸進，例如連續三個句子之後，他會以高潮或突降的方式來結尾。我們已經看過幾個例子。突降的一個有趣例子是他對羅馬征服不列顛的著名描述，由三個可恥的形容詞帶出真正的高潮結尾：「在經過約四十年由最愚蠢的皇帝開啟，最荒淫的皇帝接續，最膽怯的皇帝終結戰事之後，該島絕大部分均臣服於羅馬的牛軛之下。」（I）

　　吉朋作品另一個毀譽參半的顯著特徵是注釋，它的用處不僅是用來註明出處。羅伯特森與休謨利用注釋帶入各項學識以支持文本，同時避免讓文獻影響文本的可讀性。吉朋將注釋變成特異的藝術形式，一種任由輕鬆絮聒的談話與控制整齊的文本對位交錯的評釋。注釋以一種讚美的同志情誼、輕視與偶爾口出穢言的方式，召喚出整個史家、學者與古物學者的社群，無論古代或現代。最能理解這種說法的方式是隨機舉幾個例子：「請參閱銘刻學院論文集中某一篇討論民族起源與遷徙的傑出文章……古物學家與哲學家能融合無間是相當罕見的。」（IX）談到對異教徒的永恆詛咒時：「勤勉研讀教父作品的楊森教派（Jansenists），以卓越的熱忱維繫這份情操；博學的德・提爾蒙（M. de Tillemont）絕不會在未宣布罪狀前就否定有德的皇帝。」（XV）「現代希臘人（他指的是史家）……展現出對虛構的喜愛，而非天分。」（XXXII）「我在某個地方聽到或讀到一名本篤派修道院院長的告解：『我的守貧誓約在一年之間給了我一百頂王冠；我的順從誓約將我拔擢到王侯的地位。』我忘了他的貞潔誓約帶來什麼結果。」（XXXVII）談到一名異端主教遭到處死時：「主教職位現在一年叫價兩萬枚德克特金幣……因此不太可能產生新的異端

362

唆使者。」（XXVII）

　　當然，諷刺是一種拉開距離的方式，如吉朋將羅馬帝國的腐化對比於共和國的美德，或高舉基督教苦行者的怪行，以作為啟蒙思想之用。諷刺也可以轉而向內，帶有一語多義的效果。一般而言這是奧古斯都時代的英國文學寫作（Augustan English writing）經常出現的特徵，在吉朋作品中也相當常見，方法是以兩個對比的動機作為行動的原因：「輕視或審慎」、「貪婪或人道」等等。這種歧義性也可能變成不安與弔詭。美德、征服、奢侈、腐化的循環，經常是這類弔詭產生的原因。或許美德，乃至於文明，都不能擺脫自我毀滅的命運。伴隨著「文明的」這個詞的不安與積極影響，出現於吉朋歷史作品的首段。他的開場白充滿了自豪：「基督教時代的第二個世紀，羅馬帝國掌握了世上最美好的部分與最文明的人群。」但這裡的文明指的是什麼？我們看到三句話之後，吉朋寫道：「和平的居民享受與揮霍他們的財富與奢侈品。」或許，享受在當時就是揮霍。吉朋的諷刺不僅來自於征服顯然不可逆轉地變成奴役的弔詭（羅馬與城市人文主義的弔詭），也來自於市民社會歷史產生的弔詭，特別是「出乎意料的結果」的概念，它可以是良性也可以是惡性，不過任由惡行不受懲罰或甚至予以獎賞，只會在道德上造成更大的不確定性。這個弔詭的極端形式出現在貝爾納・德・曼德維爾（Bernad de Mandeville）的諷刺作品《蜜蜂的寓言》（*The Fable of the Bees*, 1714）中，其要點總結來說就是「私人的邪惡，公眾的利益」；這種形式受到普遍的批評與借用。這個思想吉朋極為熟悉，甚至被他用來顛覆共和國的美德語言：「史家薩魯斯特經常實踐他言詞上批評得體無完膚的邪惡……」（XXXI, n. 105）在呈現基督教時，吉朋反轉了這個弔詭，並加以扭曲以符合他的諷刺目的。我們必須承認基督教的美德如虔誠與熱忱的確是美德，但它們的結果似乎經常讓人感到非常遺憾：私人的美德，公眾的禍害。

　　吉朋當然認為這不令人驚訝，但文明這種雙面刃的性格卻令人不安。吉朋在「現代」思想——由孟德斯鳩宣示，而後休謨發展——找到希望，認為唯有征服獲得的奢侈才會使活力衰退，至於產業獲得的「財富」（opulence），一個中性的詞彙，則無害處，因為它獲得的是能量與紀律支持的產出。

363

　　事實上，《羅馬帝國衰亡史》就某個意義而言有兩個結論，其中之一至少暗示著樂觀主義。最明顯的結論是拜占庭落入土耳其人之手，以及最後一次蠻族入侵造成羅馬帝國最後餘燼的熄滅。但這是最後的餘燼嗎？吉朋在〈一般評述〉中引用文藝復興時代歐洲文明復興的觀念。另一個高潮（在第七十章）則是返回羅馬城，如吉朋承諾的，而我們在此地看到共和國的復興，以及文藝復興時代象徵性地透過佩脫拉克被加冕為桂冠詩人而展開。然而這是虛假的黎明。共和主義遭到摧殘；文藝復興時代只是一種膽怯的模仿而非嶄新的開始。吉朋真正在敘事中注入樂觀主義，必須等到十五世紀之後，直到十八世紀。吉朋在〈一般評述〉中所做的，其實是綱要式的，而且只是一種概述呈現。如果〈一般評述〉，如同吉朋原初的想法，是擺在整部作品的末尾，那麼樂觀主義的軌跡將是清晰的，因為吉朋對當時歐洲抱持的觀點，直到法國大革命爆發前，是全然的肯定。生活技藝得到改善。羅馬帝國致命的統一性及其鼓吹的消極被動，被有益的分裂所取代，造成民族國家的多元性與民族國家彼此競爭產生的活力。在權力平衡的支持下，歐洲可以視為「一個大共和國」（一個深具意義的詞彙）：緊繃、精力旺盛、多元，此外也是營造和平的夥伴關係。文明不僅在羅馬帝國——長久以來一直是文明的主要居所——滅亡後存活下來，而且自身還不斷改善。在《羅馬帝國衰亡史》的結尾，我們可以看到至少有某種類似這類思想的觀點透過間接的方式表現出來。羅馬城的廢墟在羅馬帝國衰亡後留存下來，吉朋稱其為「人類史上最偉大，或許也是最令人敬畏的場景」，而如今其被「來自遠方曾經野蠻的北方國家新朝聖種族虔誠造訪」（LXXI）。朝聖者是文明的，否則他們不會是虔誠的，而他們的野蠻過去被遠遠拋諸腦後。沉思羅馬的滅亡，如同在陽台瞭望，正如十八世紀鑑賞「崇高」的行家可以從安全的距離欣賞崇高帶來的恐怖感。吉朋的歷史作品就是這樣的陽台，因此它是羅馬衰亡後留存下來的文明部分。

　　至少在英國，尋找吉朋的直接傳人是無用的。沒有這樣的人物。在法國與美國（見原文頁429-31, 452），情況有所不同。偉大的十九世紀親英派法國史家弗朗索瓦·吉佐（François Guizot）注解與翻譯吉朋的作品。在美國，吉朋受到傑出史家普里史考特、帕克曼

（Francis Parkman）與亨利・亞當斯的尊崇。但在英國，整體而言卻是忽視與敵意。這象徵著某種更廣泛的意義。維多利亞時代是相當安定的統治時期，當時的人普遍認為十八世紀的歷史感或史學充滿了輕視、無知與扭曲。十八世紀這樣的心態建立了現代對歐洲史的理解類別，而在十九世紀的英國習慣描述其為「非歷史」。這種荒謬見解背後所持的理由成了觀念史的好題材。在這種分類下，人們產生一種印象，以為幾乎沒有人閱讀十八世紀史家的作品。詆毀的陳腔濫調在毫無檢驗下透過筆墨相傳，甚至連嚴肅的學者都不能免俗。雷斯利・史帝芬（Leslie Stephen）的開創性作品《十八世紀英國思想史》（*History of English Thought in the Eighteenth Century*, 1876），其鑑賞十八世紀歷史寫作的能力是出了名的匱乏。人們至今仍聽見這種詆毀的回音；該是破除這種謬見的時候了。 365

　　這種謬見似乎部分來自於以為敵視歷史是十八世紀的思想主流，對此吉朋曾在《論文學研究》中試著回應。另一部分則來自於輕率解讀，在解讀某些上古史家作品時亦是如此，他們輕率解讀十八世紀對人類共同本性的肯定，忽視這種說法提醒了人們在不同歷史環境下人性會採取各種不同的形式。另一個相關因素是法國大革命創造的文化斷層，這使一些十八世紀主張看似自以為是，而且汙辱了整個法國啟蒙運動。（蘇格蘭啟蒙運動是在二十世紀後期才成為一種概念。）伏爾泰被視為這個時代的縮影，雖然他被羅伯特森與吉朋批評為不學無術與膚淺。此外，在十九世紀，「種族」與「民族」的分類開始變得具體，而且被視為精確而無法抹煞的特質的承載者；十八世紀的世界主義，如同休謨與吉朋的作品中所見到的，總是被視為他們膚淺的明證，然而我們傾向於認為這是一種合理的懷疑論。吉朋身為惡名昭彰的嘲弄者與譏諷者，也遭到基督教的堅決反對。不可知論者也強烈反對他。維多利亞時代的人，如尼采（Nietzsche）指出的，允許基督教批評者自行其是，但希望他們謹守適當的莊重。對大多數人而言，天主教會的錯誤已是不證自明，但若因此斥其為荒謬可笑，亦不妥當。在英國，吉朋的文學造詣要等到里頓・斯特雷奇（Lytton Strachey）與溫斯頓・邱吉爾（Winston Churchill）這對奇怪的組合出聲，才獲得賞識，他們於二十世紀初讚美他的作品，並且以不同的方式模仿他的寫作。在學術世界，吉朋的復仇是全面的，如今他已安厝於史家萬

366　神殿中。這可以從當代傑出的「上古時代晚期」（Late Antiquity）史
家彼得・布朗（Peter Brown）的一句形容吉朋及其同時代史家的話
看出：「在吉朋的陰影下。」

第二十二章
革命：英格蘭與法國

麥考萊：光榮革命

　　十七世紀英格蘭的憲政危機是十八世紀英國史學的核心，對這項　　367
主題的興趣也一直延續到十九世紀。事實上，晚近時代逐漸從文化脈
絡發現中古時代的價值，撒克遜人也重獲人們的注意，部分是因為沃
特・史考特爵士的支持。到了十九世紀末，帝國主義熱情激起了人們
對伊莉莎白時代的崇拜。騎士黨與圓顱黨（Roundheads）的衝突持續
提供了政治的參考點，而且使圖像學大為流行。英國以外的史家也受
到這些題材的吸引。十九世紀最偉大的兩位史家弗朗索瓦・吉佐與雷
歐波德・馮・蘭克都寫過英格蘭內戰時期的歷史。在英國，支持歷史
研究專業化的重要史家塞繆爾・加迪納（Samuel Gardiner）與查爾
斯・佛斯爵士（Sir Charles Firth），致力於整理十七世紀的歷史記錄
與更正之前非專業史家的錯誤。從十八世紀中葉《詹姆斯二世即位以
來的英格蘭史》（*History of England from the Accession of James II*）
出版（1848-61）以來，這些歷史著作中最受歡迎的顯然是輝格黨國
會議員、大臣與退休駐印官員湯瑪斯・巴賓頓・麥考萊勛爵
（Thomas Babington Macaulay, 1800-59）的作品。

　　麥卡萊的《英格蘭史》結束於一七〇二年威廉三世去世之時，其
重心放在「第二次」的十七世紀革命，即一六八八年「光榮革命」
（Glorious Revolution），在這場革命中，信仰天主教且據傳是名暴
君的詹姆斯二世遭到推翻，王位傳給了奧蘭治的威廉（William of
Orange）與他的妻子，詹姆斯的女兒瑪麗。十九世紀初，三名輝格黨　　368
政治人物撰寫了這場革命歷史，他們分別是：查爾斯・詹姆斯・佛克
斯（Charles James Fox）、約翰・羅素勛爵（Lord John Russell，曾
擔任首相）與詹姆斯・麥金塔希爵士（他留給麥考萊珍貴的文獻收

藏，其中最重要的是當時的小冊子文學）。對光榮革命的關注並不令
人驚訝。國會改革是當時在野輝格黨的政策，最後導致一八三二年改
革法案的誕生；而必須加以改革的憲法制定於一六八八年的革命中，
有人認為這次通過的憲法是決定性的永恆憲法。然而革命必須重新安
放在輝格黨的準則之中。這是精神與文字必須分離的問題。根據改革
者的說法，對於一六八八年先烈的成就表示尊敬的最好方式，不是將
他們的作品銘刻在憲法大理石上，而是實踐他們的做法，並且調整憲
法使其適應新的環境。重新定位憲法的任務由麥考萊完成且大受好
評，他援引了輝格黨憲政史家亨利·哈倫（Henry Hallam）的作品，
但兩相比較下，哈倫的作品枯燥乏味，而麥考萊的作品生動、戲劇
性、具說服力且令人振奮。

　　當時的兩起事件協助形塑了麥考萊的《英格蘭史》。首先是一八
三二年的改革法案。在支持這項法案的過程中，麥考萊身為輝格黨國
會發言人的演說獲得令人矚目的成功。他鼓吹改革法案的演說至今仍
廣為傳頌。這些演說有著不可抗拒的魅力，而且旁徵博引各項歷史事
證。麥考萊將當時的危機比擬成查理一世與長期國會面臨的危機，而
他的診斷本質上與休謨如出一轍：

　　　　查理的治理，我沒有提到邪惡，亦未明言暴虐；我只說他把
　　十七世紀的人當成十六世紀的人來治理；正因如此，縱然他有再
　　多天分，再多美德，都無法挽回他失去民心、陷於內戰、困於囹
　　圄、接受審判與送上斷頭台的命運。被記錄下來的這些事物可以
　　作為我們的指引。此外還發生了一場偉大的思想革命；我們的命
　　運被投射到一個在許多方面類似於長期國會即將召開之前的時
　　代。社會出現變遷。政府也必須做出相應的變革。

369　　　社會進步創造了一批數量龐大、嶄新繁榮與政治上具自我意識的
階級，他們必須透過立憲變革以獲取市民權並使其涵蓋到政治民族之
中，否則革命將隨之而來，如十七世紀的英格蘭，又如法國。麥考萊
的政治信念充滿歷史與政治往事。他對於重大的國會事件有著強烈情
感，而且總讓他回想起過去。他看著眼前的政治事件，彷彿它們已是
歷史：在寫給妹妹的信中，麥考萊把改革法案的關鍵性投票比擬成凱

撒在廣場遭到刺殺，或克倫威爾從下議院桌上拿起權杖，驅逐國會議員與開啟自己的個人統治。

第二起事件是一八四八年的法國革命，麥考萊的心靈與政治觀念受到決定性的影響。他的《英格蘭史》就在一八四八年革命浪潮襲捲全歐之後出版，書中暗示這場革命是個可怕的預警，也認為它與一六八八年英格蘭的光榮革命形成對比，而光榮革命正是他的《英格蘭史》的中心主題。他在前言中寫著，正當「西歐最令人驕傲的幾座首都蒸騰著市民的鮮血時」，英國卻一直安然無事。麥考萊毫不懷疑地指出，一六八八年的革命與適時而和平地通過一八三二年改革法案，「保護」英國免於歐陸尤其是法國的革命經驗。如果麥考萊的《英格蘭史》能按照計畫寫到一八三二年，而非因他的去世而中止於十八世紀初，那麼對於一六八八年與一八三二年、對於使國王與國會和諧的革命，以及使國會與國家和諧的革命，他所做的連結將會更為清楚。事實上，我們大概可以知道麥考萊有關十八世紀的內容很可能如他已出版的論文結集，包括那些臧否十八世紀政治家的文章。

和解是《英格蘭史》一個不斷出現的主題。當中的英雄是奧蘭治的威廉，又稱拯救者（Deliverer），他在詹姆斯逃亡後重建秩序與自由。英格蘭雖因前兩任斯圖亞特國王的統治而腐敗，卻也為自身的得救盡了一份心力，不僅有冒生命危險敦請威廉赴英的貴族，還有詹姆斯統治後期立憲與新教徒決心的加強。麥考萊描述當時有一股保衛法律與自由並抵制詹姆斯獨斷獨行的團結力量，這股力量預示了日後革命中全國近乎統一的（短暫）時刻，當國王逃亡而奧蘭治親王尚未掌控局面之際，輝格黨與托利黨暫時放下成見一起保衛法律與秩序，全民上下一心的景象令人印象深刻。

人們很自然地將麥考萊一八二八年論「歷史」的文章視為他對史家任務的明確陳述。然而若將此文當做他成就的指引，則是一種誤導。這篇文章有時被認為是對「社會史」的呼籲（這個承諾只實現於《英格蘭史》的第三章），以及要求史家從小說中學習技巧，尤其是史考特的作品。歷史應該摒棄尊嚴，放下身段到一般人常去的地方，例如市場與咖啡廳。至於要放下身段到什麼程度，是個值得提出的疑問：人們可以做到比去市場與咖啡廳身段更柔軟且更不褊狹的事。麥考萊或許認為自己如休謨一般經常試著概述公眾輿論的狀態，已經算

370

是實現文中的要求。麥考萊顯然成功地將前所未有的生動、戲劇性與情感強度注入到歷史敘事之中，而在這方面他將史考特視為模範，但他不是一名「社會史家」。麥考萊的《英格蘭史》主要仍聚焦於王室政策、國會辯論與國家審判，以及對公眾人物的意圖與性格的評價。

麥考萊實際上並非出身輝格黨貴族（他在輝格黨貴族中覓得早期資助者），而是生於寬裕的中產階級之家，但他成長的環境卻瀰漫著濃厚的公眾運動氣氛。他的父親札察里（Zachary）是反奴聯盟的領導成員。一八二〇年代初，麥考萊在劍橋大學以辯論者的姿態嶄露頭角，顯現出家族托利黨與福音派的色彩。他後來成為先進的輝格黨員與改革者，但從未是激進派份子。身為評論者與隨筆作家而贏得名聲與選上國會議員之後，麥考萊在一八三〇年代於印度獲得一個有利可圖的職位，並且帶著一筆收入返國。他後來回到國會並且成為大臣，但他人生的最後部分實際上完全奉獻給了《英格蘭史》。

事實上，麥考萊在許多方面可以視為最後一位偉大的新古典史家，在公眾事業獲得成功之後，他開始撰述歷史。他自身的文化主要是古典的，而他對十八世紀小說與戲劇的喜愛，以及他對他所尊崇的柏克與史考特作品的接觸，進一步擴展了他的文化內涵。麥考萊卓越之處不在於他是社會史家（他當然不是），而在於其歷史作品的情感範圍與深度、圖畫般的生動與具體，以及戲劇張力。這些全非嶄新事物，在此之前已出現在羅伯特森與休謨的作品中，但沒有任何史家能像麥考萊一樣做出如此大量乃至於過度的展示。麥考萊心目中的史家典範是塔西佗與修昔底德，而他對普魯塔克（他早期曾為此寫過一篇文章）以及十七世紀末英格蘭、尤其法國大革命時期的英雄式（麥考萊稱之為作態）古典共和主義傳統有著揮之不去的嫌惡。他並非全然敵視古典共和主義傳統，相反的，他認為就長期而言能產生好的結果，他討厭的是其中的普魯塔克式煽動民眾的傾向。

雖然蘇格蘭啟蒙運動的確深刻形塑了麥考萊的社會進步觀點，但他是現代英國輝格黨人，不同於休謨，他珍視自身政治傳統的虔敬語言，一種只能在柏克作品中找到的獨特雄辯。在評論普魯塔克的文章裡，麥考萊提到他的法國讚美者在政治上的無根，他寫道：「在我們耳裡，元老院的聲音不像國會那樣受人尊崇。我們尊敬大憲章更甚於梭倫的法律。卡皮托山與羅馬廣場比不上我們的西敏廳與西敏寺威

嚴，一個是二十個世代的偉大人物辯論之地，另一個則是這些人物一同長眠之所。」麥考萊經常援引早期英格蘭的歷史，其用意主要是促進和平而非黨同伐異。在《英格蘭史》的第五章，有個典型的例子是倫敦塔的禮拜堂，蒙矛斯公爵（Duke of Monmouth）叛亂失敗並於一六八五年遭處決後，遺骨埋葬於此，麥考萊詳細描述：

> 頭顱與身體安放在靈柩中，上面覆蓋黑色天鵝絨，私密地埋 372 在塔內聖彼得禮拜堂的聖餐桌下。四年後，禮拜堂的地面再次被掘開，蒙矛斯的遺骨旁埋下傑弗瑞斯大法官（Judge Jeffreys）的遺骨。坦白說，世上沒有比這處小墓地更令人悲傷的地點。在此，死亡不同於在西敏寺與聖彼得禮拜堂，讓人聯想到天賦和美德，或者公眾的尊敬與不朽的名聲；亦不同於在較小的教堂與墓地一般，讓人聯想起社會與國內慈善界最受喜愛的人物；它讓人想到的是人性與人類命運中最黑暗的事物，是毫不寬容的敵人的野蠻勝利，是朋友的不忠、忘恩負義與怯懦，是偉大與名聲遭到毀滅的悲涼。

隨之而來的是讓死者蒙羞的例子。

這是個令人悲傷的橋段，但麥考萊是精力充沛之人，他毫不遲疑以光輝、活力與忙碌回應。有個例子發生在詹姆斯統治期間，國王打算在豪恩茲洛（Hounslow）設立軍營來威嚇首都。對於習慣獨斷獨行的詹姆斯而言，市民社會是個礙眼的事物：

> 倫敦人懷著恐懼注視著這支集結於鄰近地區的大軍，然而久而久之，熟悉感很快就沖淡了這份不安。前往豪恩茲洛遊覽成了倫敦市民喜愛的假日活動。軍營宛如一處巨大市集。混雜著火槍兵與龍騎兵，許多來自蘇活廣場（Soho Square）的優雅紳士與淑女，來自懷特弗萊爾斯（Whitefriars）的騙子與打扮得花枝招展的女子，乘轎前來的病弱者，穿著風帽長袍的僧侶，套上制服的僕役，小販，賣橙女孩，淘氣的學徒與吸引目光的小丑，不斷在低矮的帳篷行列間穿梭。有些大帳裡傳來酒醉歡宴的吵雜聲，另一些大帳則可聽到賭客的咒罵。事實上，這裡不過是首都郊外

一處尋歡作樂的地方。（VI）

這是一幅賀加斯式（Hogarthian）場景，或者——如果我們從維多利亞時代中期尋找類似的場景——如同佛斯的畫作《達比賽馬日》（Derby Day），充滿了活力與各種小風景。但這裡還有另一層意義，雖然麥考萊可能沒有確切意識到這點。這是對於嚴肅古典共和傳統的熟悉主題所做的諷刺模仿：軍隊被首都的奢華買通與腐化（見原文頁139）。麥考萊或許不常為濃妝豔抹的女性喝采，也不習慣將她們當成是立憲自由這個意外好處的媒介，但他同意奢侈是和平時期產業與貿易的結果。與其說軍隊被市民社會敗壞，不如說再次被市民社會所吸收，而詹姆斯原本想以軍隊迫使市民社會在社會層面上（即便在憲法層次還辦不到）同化為國家的一部分。

麥考萊敘事的形象特質也帶有較濃厚的家庭或通俗劇的調性，使人產生憐憫與熟悉感。例如他描述詹姆斯的王后沿河逃離白廳（Whitehall）。詹姆斯將王后與嬰孩託付給兩名法國紳士：

> 洛贊（Lauzun）伸手扶住瑪麗；聖維克托（Saint Victor）用他溫暖的斗篷裹住原可繼承多國王位卻命途多舛的嗣子。他們一行人偷偷從後面的樓梯離開，登上一艘毫無掩蔽的小船。這是一趟辛苦的旅程。深夜寒冷刺骨；大雨傾盆；冷風呼嘯；波濤洶湧；最後，船終於抵達蘭貝斯（Lambeth）；這群逃亡者在一家小旅店附近上了岸，馬車已在此等候多時。為了替馬匹戴上馬具，又耽擱了一點時間。瑪麗擔心自己的臉可能被人認出，因而不敢進入屋內。她與孩子瑟縮地在蘭貝斯教堂塔樓下躲避風雨，每當馬伕提燈靠近，一陣恐怖便襲上她的心頭。（IX）

這完全是維多利亞時代「落難美人」（Beauty in Distress）的場景，這種文類深受十八世紀「感傷主義」（sentimentalism）傳統的影響：狂風暴雨的夜晚，無法遮風蔽雨的船隻，在陰暗的河面航行；年輕女子與她的孩子瑟縮地在黑暗的教堂塔樓下尋求庇護，膽怯地躲避著馬伕的燈火，恍如畫中的光源。

蒙矛斯失敗的亂事與三年後由威廉率領的成功入侵，這兩次叛亂

373

當然提供了另一個生動描述與戲劇性情節的機會。對麥考萊而言，蒙矛斯叛亂的失敗終結了激進輝格主義、共和主義與清教主義的誇大不實與狂熱，對於支持叛亂的英格蘭西南各郡的新教農民而言，則是一場悲劇。這場叛亂最糟的一面表現在老陰謀家羅伯特‧佛格森（Robert Ferguson）身上，他為蒙矛斯草擬了義正辭嚴的宣言。麥考萊的人物研究與往常一樣呈現出激昂的情緒：

> 暴力、邪惡、無視事實、恬不知恥、貪得無厭，喜愛陰謀、動亂、破壞，他以這些特質在最黑暗的派系礦坑中辛苦了許多年。他生活在誹謗者與偽證者之間。他是祕密財庫的看管者，特務們——由於從事的勾當太過卑鄙，因此無人願意承認——從他那裡領取工資，他也是祕密出版社的主管，每日印製匿名小冊子四處傳布。（V）

374

　　一六八八年，佛格森試圖參加威廉的遠征軍，卻遭峻拒。麥考萊利用佛格森對比威廉的事業與早先蒙矛斯的叛亂：「蒙矛斯在這群無知而冒進的亡命之徒中是個偉大人物，但軟弱的他卻受這些人慫恿而走向毀滅：具有決心與遠見的威廉關心的事務，均有重要政治家與將領參與其中，卑鄙的煽動者與狂熱無賴者毫無置喙餘地。」（IX）

　　蒙矛斯的叛亂是一項業餘事務。部分出於對古典共和主義以及古典共和主義因文藝復興而復活的厭惡，麥考萊蔑視古典共和主義對市民軍隊的崇拜，他認為這在貿易與專業化時代是一種時代倒錯。麥考萊有時用「小丑」一詞指稱英格蘭西南各郡的武裝農民；他認為這些人絕非詹姆斯專業軍隊的對手。身為蘇格蘭啟蒙運動的追隨者與維多利亞時代的愛國者，麥考萊衷情於專業軍隊——基於正確的宗旨與完全服從文職權威。羅伯特森理當同意他的看法（見原文頁351）。麥考萊以威廉部隊閱兵通過第一座被他攻下的城市埃克塞特（Exeter），進一步強調其與蒙矛斯可悲的烏合之眾的對比。在強烈的異國情調下，威廉的軍隊令人想起——很可能是刻意為之——希羅多德所回顧的，薛西斯麾下統合多個民族的大軍（見原文頁15）。這支軍隊雖然潛伏野蠻與恐怖，但在紀律與威廉號令嚴明下，變得有益而具戰鬥力。

從西城門到主教座堂內院，街道兩旁的民眾向前推擠與叫嚷，此景令人想起市長日（Lord Mayor's day）的倫敦群眾。屋子裝飾得喜氣洋洋。門窗、陽台與屋頂擠滿了圍觀群眾……從未見過輝煌而井然有序的軍營的德文郡（Devonshire）民眾，內心充滿欣喜與敬畏。軍事慶典的描述傳遍全國，滿足了一般民眾希求奇觀的欲望。由出生於不同氣候、服役於不同軍旗之下的士兵所組成荷蘭軍隊，隨即在一般而言對異國觀念非常模糊的島民面前呈現出怪誕、華麗與恐怖的一面。首先率領兩百名騎士的是麥克爾斯菲爾德（Macclesfield），他們絕大多數具有英格蘭血統，穿戴著閃亮頭盔與胸甲，騎乘法蘭德斯戰馬。每個人身旁都有一名從幾內亞（Guinea）蔗糖種植園帶來的黑人隨侍。從未見過這麼多非洲人的埃克塞特市民，瞠目結舌地望著這些襯托著刺繡頭巾與白色羽毛的黑色臉孔。之後出現的是佩帶出鞘闊劍、穿著黑色盔甲與毛皮斗篷的瑞典騎士隊。民眾帶著一種異國興趣注視著他們；謠傳他們住的地方，海水都已凍結，夜晚持續半年，他們親手宰殺巨熊，將牠們的毛皮穿在身上。（IX）

一六八八年最後一個偉大場景是非常國會（Convention Parliament）為解決立憲爭議而做的辯論，詹姆斯遭到罷黜，在激烈爭吵之後，王位由威廉與瑪麗共同繼承（X）。演說是麥考萊歷史的偉大主題之一，不過是以概述而非逐字記載的方式呈現。麥考萊對於這個偉大的國會事件充滿敬意，一如他對改革法案通過的描述（見原文頁369），他藉由回顧歷史與放眼未來為國會增添了莊嚴性。在描述非常國會時，麥考萊花了一些篇幅記錄威廉‧薩徹弗瑞爾（William Sacheverell）的風采，「他是一名演說者，其老練的議事能力在許多年後仍是那些活著見到沃波爾與普爾特尼（Pulteney）衝突的老人們津津樂道的話題。」議院軼事的流傳顯示制度的永續存在，而它尤其受到麥考萊的珍視，他也是這個俱樂部的一員。

非常國會當然卯足全力進行辯論。麥考萊強調議員們很少關心政治哲學，他們看重的是英格蘭法，以及該法如何延伸到當前史無前例的局勢：「如果法律箴言中有一句王位不可虛懸，那麼也有一句在世者無繼承者。詹姆斯仍然在世，奧蘭治公主怎能是他的繼承者？」諸

如此類。一八二八年，在一篇評論哈倫的文章中，麥考萊哀嘆一六八 376
八年國會議員的褊狹心態。如今，在經過兩次法國革命之後，他支持
議員們的實用主義。認為宣言中將王位授予威廉與瑪麗雖然缺乏邏輯
且悖逆事實，卻能解決問題，而其創造的解決方式也禁得起考驗。英
格蘭從未發生過革命，這種說法是一種出於善意的虛構，它使實際曾
經發生的革命持續受到先例的壓抑。對國會審慎風格的描述不只是為
描述而描述，如以下文字清楚顯示的，它也是一種教訓與支持：

> 我們的革命是為古代權利辯護，所以在實行時應謹守古代規
> 矩。從每個字句與行動中，幾乎都能看出對過去的深刻尊崇。國
> 內各等級（Estates of the Realm）在舊議事廳裡審慎討論，並且
> 遵守舊規定……佩帶鎚矛的衛士帶領上議院使者來到下議院桌
> 前；正式行三鞠躬禮。會議的舉行依照古代儀式。繪廳裡，在桌
> 子的一側，上議院負責協議的議員身穿貂皮與金飾長袍，戴帽坐
> 著。下議院負責協議的議員，脫帽站在桌子另一側。與其他國家
> 的革命演說相比，他們的講詞滑稽可笑。英格蘭的兩個政黨都同
> 意以莊嚴尊敬的態度看待本國古代憲法傳統。唯一的問題是，這
> 些傳統要以何種意義來理解……當爭論終於結束，新君的冊立完
> 全依照古代盛典儀式進行……對於活在一八四八年的我們來說，
> 以恐怖的革命為名，卻對瑣碎的禮儀規定如此在意，這樣的議事
> 似乎有濫用詞語之嫌。然而，這場所有革命中最不暴力的革命，
> 卻是所有革命中收效最大的……

　　與麥考萊同時的湯瑪斯・卡萊爾站在清教的立場，輕視一切儀式
的虛假與偽裝，而且他也蔑視國會。無怪乎他選擇成為一名法國大革
命史家，對他而言，這場革命是歷史對已過時卻佯裝仍是現實的陳腐
形式所做的報復。卡萊爾與麥考萊的感性分別屬於清教與柏克派的輝 377
格黨，他們代表了十九世紀初兩種看待歷史的角度。

卡萊爾的《法國大革命》：用一百根舌頭陳述的歷史

　　湯瑪斯・卡萊爾生於一七九五年，此年標誌著法國大革命的結

束，當然，它的影響仍未終止：巴黎出現暴動，反對剛成立的穩健但腐敗的督政府（Directory），這場暴動被卡萊爾稱之為「砲兵軍官波拿巴」（Artillery Officer Buonaparte）所指揮的砲火所鎮壓。這是卡萊爾於四十多年後出版的《法國大革命》（*The French Revolution*, 1837）的最後插曲。卡萊爾末尾的陳述讓孜孜不倦的讀者感受到與大革命倖存者相同的情感疲憊，一七八九年後的六年間，一切理想與大多數領導人物都被不名譽地埋葬：「法蘭西的風雲人物一個接一個地消失，如同劇場裡的燈火依次熄滅。」（Volume III, Book VI. III）卡萊爾以獨特的描述說出他同樣感受到的疲累：「喔，讀者們！打起精神。我看到陸地了！」

卡萊爾生於蘇格蘭西南部一個貧窮、閱讀聖經的喀爾文教派家庭。他在愛丁堡大學接受古典與科學的良好教育：地質學、化學與天文學提供他隱喻的寶庫。卡萊爾在喪失基督教信仰的同時保留了大量喀爾文教派的元素，但他也因此失去教堂牧師的職位，為了替自己建立文名，他決定前往倫敦。他首次展現高度個人文學風格——聖經的、日耳曼的、諷刺的與威嚇的——是在《服裝哲學》（*Sartor Resartus*, 1833-4）中做的個人哲學陳述。《法國大革命》是他尋求文名的大作，而且獲得成功。這本書就像卡萊爾其他作品一樣，具有訓誡性質。法國大革命對他而言是民主（Democracy，他總是以大寫來表示）恐怖而崇高地降臨於現代世界，它顯示神聖正義對目空一切的腐敗貴族的審判。

378　　　法國大革命自然鼓動了天啟的玄思。卡萊爾雖是千年至福派牧師愛德華·厄文（Edward Irving）的好友，卻不完全相信基督教的天啟說法，但天啟的大火與毀滅的意象卻總是浮現在他的腦海中，我們看到他在作品中做的特別結論（見原文頁187）以及他對攻陷巴士底的描述。《法國大革命》寫於法國自由派「七月王朝」（July Monarchy）初年，這個政權誕生於一八三〇年的二次革命。在英國，一股恐懼革命的氣氛（並非誇大其詞）不斷瀰漫，不只在一七九〇年代，也包括拿破崙戰爭之後的時期，以及一八三〇年代初的改革法案運動。卡萊爾撰寫《法國大革命》的一八三〇年代，憲章運動（Chartism）的興起引發眾人疑懼，卡萊爾也於一八三九年寫了長篇文章評論此事。

　　卡萊爾對法國大革命充滿複雜情感，混合了敬畏、共謀與不屈的
熱情，也結合了恐怖與憐憫。卡萊爾從未真正習慣一八五〇與六〇年
代的安寧歲月，他以一種受挫的不耐將這段時光形容為停滯不前的時
期。雖然他對革命的多愁善感故示憐憫，而且震懾於它的殘暴，但法
國大革命引發他的舊約與喀爾文教派感受，使他將這場革命視為上帝
降下的懲罰。卡萊爾的矛盾情緒可以清楚從他描述所謂的「無裙褲黨
運動」（Sansculottism）看出，這場運動受到飢餓與絕望的驅使，創
造了英雄事蹟，也造就了殘暴不仁。卡萊爾以最抽象的方式──這種
情況並不多見──將大革命形容成幾個擬人化抽象力量的衝撞：「無
裙褲黨運動」、「愛國主義」、「值得尊敬的特質」、「詭辯的哲學
狂熱」、「俱樂部主義」。但他的說詞通常相當具體，而這些抽象說
法有時賦予了有形的寓言特質；「無裙褲黨運動」（有時被具體化為
窮困的巴黎「聖安東尼」郊區）相當具體：「萬頭攢動，口出惡
言。」巴黎暴民有時是「沾滿煤灰的聖安東尼區」，正如朝臣是「牛
眼廳」（the Oeil-de Boeuf，凡爾賽宮的一個聚會廳）。介紹人物
時，卡萊爾運用了有利記憶且刻意讓人想起史詩傳統的方式，因為他
把法國大革命視為史詩，他以荷馬般的風格用重複的形容詞或片語來
形容他們：「率先發難的瑪伊亞（Maillard），下了一千道命令的梅
里（Méry）」（據說在巴士底陷落當天由他在市政廳寫下），「老
龍騎兵德魯埃（Drouet）」。布羅格里元帥（Marshal de Broglie）被 379
稱為「火星」（戰神），他枉費宮廷仰仗他指揮王室軍隊發動政變，
而宮內迎賓大臣布雷澤侯爵（Marquis de Brézé）被稱為「水星」，
負責傳遞訊息，他有幾次成為絕佳與象徵性的喜劇來源。布雷澤將國
王要求解散的命令傳達給國民會議（National Assembly），但會議非
但不聽，反而締結了網球場誓約（Tennis Court oath）。他的角色如
同守門人，擁護自己賴以維生的舊體制與舊禮儀，並因此試圖關門拒
絕接納世界史（I. V. II）。布雷澤有其象徵的時刻，但最常出現、最
令人難忘與最不祥的人物則是讓·保羅·馬拉（Jean-Paul Marat），
卡萊爾稱其為「壓榨人的」或「沾滿煤灰的」馬拉，他低沉的聲音發
出仇恨的訊息，當他進屋時，卡萊爾說道，房間的燈火也變得暗淡。

　　馬拉既卑鄙又惡毒，他代表大革命邪惡的一面，並且要為一七九
二年九月的監獄屠殺負責，但就馬拉能把無裙褲黨追隨者的仇恨與狂

熱具體化來說，卡萊爾認為他比「親英的」國民會議以及日後「值得尊敬的」吉隆德（Girondins）共和派來得更真實與更具力量。大革命的偉大人物米拉波（Mirabeau）與丹敦（Danton）具有這種真實或──用卡萊爾的話來說──「現實」的特質，即便如馬拉這樣一無是處之人，也有這種特質。卡萊爾尊敬狂熱。「現實」無論出現在何處，都是一種神聖的發散，至於輕佻、虛假與理論，它們只是歷史的殘骸，終將被最誠摯的人所鏟除。卡萊爾對中產階級沒有同理心，他將值得尊敬的立憲主義，無論是君主制還是共和制，等同於迂闊與拘泥法條。法國大革命的群眾場景激勵了卡萊爾，使他的措詞變得極為亢奮，幾乎到了胡言亂語的地步，這些場景對卡萊爾而言是崇高的，因為它具有自發性，相反的，一七九〇年七月十四日的巴士底陷落紀念慶典，全國舉辦了盛大節慶並且在「祖國祭壇」旁舉行宣誓儀式，這是個多愁善感的裝腔作勢，因為一切都是預先安排。然而，暴民「是」真實的：

> 暴民是自然的真實爆發；源自於或相通於最深的自然深處。當無生命的拘束產生這麼多咬牙切齒與扭曲臉孔，在僵硬拘謹下感受不到心跳時，再一次，這裡──如果別的地方沒有──有著誠摯與現實。對他們感到顫慄發抖，甚或對他們厲聲尖叫，如果你不得不如此；然而，還是想想他們。這樣一個人類力量與個別性的複合體在超越性的心境下投擲出去，在環境與彼此之間行動與回應；找出他們蘊含的運作之道。他們要做的事無人知曉；只有自己心知肚明。這是最一觸即發與最盛大的煙火，它將點燃自己、燃燒自己。無論哪個時期、哪種程度、哪些結果，它都將燃燒殆盡，哲學與洞察力的猜測只是徒勞。（I. VII. IV）

380

法國革命的暴民是個前兆，而法國大革命本身在這個世界依然活躍，它是「我們現代至高無上的現象」，也是卡萊爾同時代人的教訓。封建貴族在各地被財富貴族所取代，但「在我們這個世界，千年內將不再有第二次無裙褲黨運動，讓我們好好瞭解第一次；讓我們的富人與窮人有『別的』的做法」（III. VII. VI）。法國大革命既是民主史詩，又是個警示。

至此，卡萊爾並非一般史家已是清楚明白之事。彌爾稱他是詩人，不過值得一提的是，不會低估史家責任的阿克頓勛爵（Lord Acton）曾向卡萊爾的作品致敬，他認為「這些作品使前人得以從柏克的束縛解放出來」。《法國大革命》開始的步調緩慢，讀者必須藉由前面幾卷（介紹舊體制）習慣卡萊爾獨特的寫作風格及其具實驗性的措詞與句法：他經常以呼喚的方式對讀者與歷史人物說話，偶爾使用法語措詞來傳達翻譯的韻味，例如，「叫他管好自己的事吧！」一個即將覆滅的頹廢社會，透過象徵圖案的拼貼來加以描繪，以吵雜的喀爾文派作家傳道風格黏合。其中偶爾出現受歡迎的可笑幽默或突降筆調。在觀賞氣球上升的鄉村節慶（這一章饒富意義地取名為〈喋喋不休的人〉〔Windbags〕）中出現的鮮豔服飾如花團錦簇，如此，根據超現實的邏輯，身穿華服的人乘坐的馬車就成了花盆：

> 各種款式，色彩明亮，閃爍金光；充滿整個布洛涅森林（Bois de Boulogne），一長排色彩斑駁的行列；就像一長排有生命的花壇，鬱金香、大麗菊、鈴蘭，全生長在移動的花盆裡（新裝飾的馬車）：賞心悅目，生活中值得自豪的景象！於是行列搖曳著、舞動著：平穩地，具有堅定的確信，彷彿站在世界的堅石與基礎上；而非在印有紋章的羊皮紙上搖曳。然而在羊皮紙下，悶燒著一池火湖。繼續跳吧，你們這些蠢蛋；你們不尋求智慧，也找不到智慧。你們和你們的父祖種了因，就得承擔這個果。不是有句古諺說：罪惡的代價就是死亡？（I. II. VI）

381

敘事確實提到了為處理公共破產問題（卡萊爾投以冷酷自滿的目光）而召開三級會議，並且導致國民會議的選舉，國民的希望投注於國民會議，然而當然註定失望。身為具有非凡特異能力的敘事者，卡萊爾需要事件，為了向讀者展示最好的一面，事件愈緊急重大愈好。

就卡萊爾的作品而言，如果要下判斷的話，我們必須承認他的確是一名史家；期待他做出他從未打算做的事，根本毫無意義：線型敘事與謹慎因果分析的明晰提供者。這些性質雖然可以在卡萊爾的描述中發現，但他刻意營造出更為奇特的效果，其絕大部分來自史詩前例，一種舊約風格的想像，一種強烈的傳道方式，與一種特異的宇宙

觀：這是一種藉由象徵而加以具體化的形上學。這些特質影響了他的敘事，使他快速從個人（通常是卑微的而且只是短暫地受到關注）與高度特定的處境（以充分而具體的方式描述整個環境）裁剪到宇宙與世界史的視角，而在這當中又布滿許多中介點。

卡萊爾曾經仔細思索歷史寫作的問題，並對此寫了兩篇文章，與麥考萊的類似反思相比，他的見解更具有洞察力。卡萊爾的觀點以及這個觀點對他選擇的修辭策略的影響，可以用他的兩句名言來概述：「歷史的本質是由無數傳記所構成的」與「敘事是『線型的』，行動是『確實的』」。前者警告我們「歷史尊嚴」未對我們加諸任何限制；後者提醒我們不要期待直線的因果解釋鏈，也不要尋求思考而具目的性的政治描述。歷史的一切事物都是由多重原因決定的；行動者很少能看到超越自己雙腳以外的事物，在每個時刻，許多不同事件不斷進行中，任何事件都可能具有重大意義。我們的觀察必須是連續的，雖然事物的出現經常發生於同時，而且「事物一個接一個地從無數元素中不斷具體成形」。因此，敘事雖然挑戰著自身的線型本質，仍必須嘗試從側面向前移動。

為了做到這點，卡萊爾的方法主要有二：選擇某些事件、人物與行動，將這些事物當成外在現實的象徵，並且針對所謂的多元聲音敘事進行另外的創新實驗。在實驗中，原本經常先聲奪人、闖入與霸凌的作者聲音，有時似乎會暫時停止，並且接受其他聲音構成的不協調，此時作者擔任起這些聲音的經理人，他查閱新聞、小冊子、告示與回憶錄，從中摘錄一些流行標語，自行組成嘈雜的談話聲。這些被想像出來的革命群眾（卡萊爾把讀者安放於群眾中，當然，他總是使用現在式）吵雜談話，用卡萊爾自己的話說，容易使人情感激昂。只要某個特定的詞彙或事件就能煽動群眾，使他們付諸行動，而他們將隨機地決定任何可能的方向：巴士底、凡爾賽、杜樂麗宮（Tuileries），並因此引發大革命的各項核心事件。群眾情緒的可燃性是由飢餓與仇恨、懷疑與謠言構成的。舉例來說，由於懷疑王室軍隊即將發動政變，因而引發攻陷巴士底的事件。七月十二日：

> 街上貼滿巨大告示，上面寫著「以國王之名」：「懇請愛好和平的市民待在家中」，毋須驚慌，不要加入群眾。這些話的用

意為何？這些「巨大告示」指的又是什麼？尤其軍隊雜沓的聲
響；龍騎兵、輕騎兵從四面八方湧進城內，朝路易十五廣場集
結……

這些破壞者攻擊我們了嗎？從塞弗爾橋遠及凡森，從聖德尼
到戰神廣場，我們被重重包圍！每個人心中充滿著對不明匪徒的
恐懼……這些軍隊真的是來「對抗盜匪」嗎？這些盜匪又在哪
裡？這股神祕氣氛究竟真相為何？聽啊！有人不斷清楚重述約伯
報的消息：內克爾（Necker），人民的大臣，法國的救世主，遭
到罷免。不可能的；這不可信！這背叛了公共和平！……（I. V. 383
IV）

　　卡萊爾對巴黎市場婦女前進凡爾賽一事寫下類似的前言與解釋，
這場發生於十月的事件迫使王室返回巴黎，成了名副其實的階下囚，
也開啟了大革命的下一幕。謠傳凡爾賽方面為慶祝援軍到達，正舉辦
一場不忠的晚宴，國家因此受到侮辱，嶄新的三色旗帽章也受到踐
踏：

　　是的，我們飽受饑饉之苦，但凡爾賽卻酒池肉林，食物多到
吃不完……蠻橫的貴族過著奢華淫佚的生活，踐踏國家的帽章。
真有殘暴之事嗎？不，看啊：綠色滾紅邊的制服；黑色的帽章，
黑夜的顏色！我們將遭受軍隊攻擊嗎？飢餓是否也將置我們於死
地……

　　在聖厄斯塔什（Saint-Eustache）區的一處哨站，「一名年
輕女子」搶了鼓，國民衛隊怎麼可能對婦女開火，尤其是年輕女
性？這名年輕女子搶了鼓；一面打鼓，一面「高喊缺糧」。下來
吧，母親們；下來吧，茱蒂絲們（Judiths，譯按：傳說率領女僕
以美色誘惑亞述大軍並割下元帥首級的猶太寡婦），為了糧食與
報復！所有婦女集合動身；群眾衝進樓梯，強迫所有婦女出門：
婦女組成的叛軍，如卡密爾‧德穆蘭（Camille Desmoulins）所
言，像極了英國海軍；舉目所及均是「婦女群眾」。中央市場的
壯碩婦女、縫製寬鬆長衣的纖細婦女，她們勤奮努力，清晨即
起；少女踏著輕快步伐前去晨課；女僕一早忙於打掃；她們都必

須前往。起來吧，婦女們；慢吞吞的男人不會行動；她們說，我們自己動手！

　　就像山邊的防雪林，每個樓梯都是融雪的小溪，洶湧地向下奔流……（I. VII. III-IV）

　　這裡的用語當然是史詩式的，但敘事技術也是一種詮釋，無論正確與否。

　　有關法國大革命的詮釋，幾乎是從革命爆發的那一刻就已出現。陰謀是最初偏好的解釋，首先歸因於王室旁系的年輕激進派首領奧爾良公爵菲力普（Philippe, duc d'Orléans）運用他的財富進行操弄，菲力普後來自稱為「平等者菲力普」（Philippe Egalité）並且投票贊成處死路易十六。一七九〇年代晚期，法國天主教流亡者，特別是巴呂埃爾神父（Abbé Barruel），產生另一個陰謀版本，將革命歸因於共濟會員（Freemasons）。在英國，以「較深層的」原因（特別是經濟）所進行的解釋很快取代這些早期版本，但陰謀觀點仍存活很長一段時間，至少在通俗層面是如此。一個例子是狄更斯（Dickens）的《雙城記》（*A Tale of Two Cities*, 1859），這部作品有時被引用為卡萊爾影響的例證。在群眾場景的描寫上或許如此，但在法國大革命的詮釋上，兩名作者卻南轅北轍。狄更斯詳述了一個完全出於想像的陰謀網路，它組織成一個祕密社會，擁有確認身分的神祕符碼與暗號；這反映了十九世紀中葉的歐洲情態，特別是義大利與法國，但與真實的法國大革命或卡萊爾並無關聯。卡萊爾呈現法國人蹣跚經歷革命各階段的狀況，其中並無清楚意圖，而是受事件、懷疑與恐懼、理想主義與狂熱主義的驅策，抵達無人能計畫或想像的境地。卡萊爾的原創性主要表現在他將這個觀點加以戲劇化與呈現在讀者眼前的方式——還有讀者的耳朵，人們可以把卡萊爾的敘事者想像成（如他邀請讀者做的）人們聽聞的聲音。

　　要敏銳評斷卡萊爾的聲音，就應該將其與麥考萊做一對比，後者的模式通常是演說式的。舉例來說，麥考萊描述一六八八年革命很可能演變成無政府狀態的時刻，當時威廉尚未加冕，軍隊已解散，詹姆斯逃亡，反教宗的暴民蠢蠢欲動：

這是個可怕時刻。國王已經逃走。親王尚未抵達。無人被任命為攝政。一般司法行政所需的國璽不翼而飛。不久，傳來費佛香姆（Feversham）接到王室命令，要求他立即解散軍隊的消息。如果武裝與集結的士兵從紀律束縛中解放，加上缺乏日常必需品，那麼從他們身上能找到對法律與財產的尊重嗎？另一方面，倫敦百姓在這幾個星期顯示出強烈的動亂與搶奪傾向。危機造成的緊急狀態在短時間內團結了所有希望社會和平的人。（History, X）

這是麥考萊的局勢報導，但從措詞與句子的審慎鋪陳來看，其風格也是國會式的。把動詞改成現在式，偶爾穿插「議長先生」或「各位議員先生」等稱呼，人們很容易想像這是大臣對國會的發言（當時並未開議）。「各位議員先生，國王已經離去。親王尚未抵達……國璽不知去向。我們知道費佛香姆勛爵接到國王陛下的命令……」聲音，無論是誰的聲音，掌控了一切，因此讀者推論聲音代表的機構也掌控了一切。它不像卡萊爾痛苦而破碎的句法，正如卡萊爾《法國大革命》的聲音不帶有這種權威。在英格蘭，我們從麥考萊得知，理性與尊敬無論受到什麼壓迫，終將掌控一切與獲得勝利。但在卡萊爾的作品中，無論理性或尊敬都得不到任何保證。

麥考萊與卡萊爾站在長期運動的頂端，這場運動從十八世紀開始，直到嚴謹專業主義破壞這場遊戲為止，提供了讀者充分的感官感受與情境。但兩人抱持的視角不同。麥考萊讓讀者涉入的情感是國會情感，或至少是得以在國會表現的情感；人們就算感受這些情感也不會有多大影響。至於卡萊爾則認為，我們嘗試進入過去的過程中，喪失了「恐懼」這項重要元素；他致力於重現恐懼，而且極為成功。他的句法具體顯示出他不安地在謠言與一知半解的事件迷霧中摸索事實，他的心情是高度焦慮的、憤怒的，有時還帶有危險的志得意滿。

卡萊爾在表現恐懼的效果上無人能及，直到二十世紀以及以不同媒介加以表現後，才打破這樣的態勢。如今，閱讀卡萊爾讓人想起塞爾蓋·艾森斯坦（Sergei Eisenstein）以電影技術處理另一場革命的群眾場景，藉由搖鏡的技巧使影像從高度個別化的特寫轉為最寬廣的視角。卡萊爾不僅在親近度上帶有濃厚的艾森斯坦風格，在視角的突

然轉換上亦然，我們注視群眾的方式彷彿透過架設於高處的攝影機，群眾是河流，門戶與樓梯是支流。這類突然轉換的另一例證（這次是轉換到宇宙的視角）是透過聚焦於中性的非人目擊者；其前置動作非常具有電影風格。當圍城戰如火如荼進行之際，「巴士底大鐘在內院裡滴答作響（無法聽見），不疾不徐，不間斷地進行；彷彿沒有任何特殊事件發生，對它或對這個世界而言。」（I. V. VI）它是歷史上無數同時發生之事件的一部分，而一切歷史也是無盡時空中的一部分。傍晚，巴士底被攻陷，七月落日的餘暉照在「寧靜田野的收割者；茅舍裡編織的老嫗；沉默汪洋中的船隻；凡爾賽宮橙園的舞會，即便到了此時，宮廷貴婦仍濃妝艷抹與穿著雙排扣短上衣的輕騎兵軍官翩然起舞」（I. V. VII）。在不斷重複的日常生活與永續自然世界的無所不在與不朽面前，世界史相形見絀。布勒哲爾（Breughel）畫作中的農人在田裡耕作時，伊卡洛斯（Icarus）正從遠方天際墜落，這是典型的卡萊爾式象徵。當恐怖統治正值顛峰，巴黎夜間有二十三家戲院開演，六十家舞廳開張：「在驚人的轉變中，在顏色不斷加深的過程裡，崇高、滑稽與恐怖接續出現；或者應該說，在群眾動亂中，一切都在同一時間結伴進行。」卡萊爾說，史家樂意擁有一百根舌頭。沒了舌頭，他必須為讀者攫取「這個或另一個對事物的重要一瞥，並且盡可能排列出最適當的順序」（III. V. I）。

相對於麥考萊，卡萊爾有時會為自己不留意國民公會（National Convention）的沉悶議事進行辯解，他認為公會制定的是一部無關緊要的憲法。卡萊爾依照自身的喜好，只有在國會失序與公會本身成為某種形式的暴民時才提到它，例如，來自巴黎的婦女全身濕透、髒汙、飢餓與憤怒，她們在凡爾賽攪亂公會的議事秩序，主席因而不得不下令從鄰近飯館運來食物給這些婦女，對此，卡萊爾在做了許多暗示之後，以真正的荷馬風格引文回應：「也不會有任何靈魂缺少應得的食物」：麵包、葡萄酒與「大量的香腸」（I. VII. VIII）。香腸一般來說不會出現在全國性的集會裡，在歷史作品中也相當罕見。對卡萊爾而言，婦女暴動既滑稽又崇高。想制定憲法的欲望與想得到香腸的欲望，兩者之間的對峙正可說明法國大革命絕大部分的內容。現世的、日常的與家務的主題不斷出現，而卡萊爾對這些事物的重視不亞於他對世界史的讚揚。即使如此，在民主史詩中，英雄當然都是一般

人：「那麼，凡是體內懷抱熱忱的法國人。你們這些自由之子，無論你們的喉嚨是軟骨還是金屬，扯開喉嚨大喊吧；將你們靈魂、身體或精神的能力發揮到極限，直到痙攣為止；此時不做，更待何時！攻擊吧，路易·圖爾奈（Louis Tournay），瑪黑區（Marais）的造車匠，多菲內團（Regiment Dauphiné）的老兵；攻擊外頭吊橋的鏈條……」（I. V. VI）這裡的靈感顯然主要來自於荷馬；對於形形色色事物以及群眾巨大能量所做的史詩式描述，也令現代讀者想起詩人惠特曼（Walt Whitman）。

卡萊爾對突降法的使用不僅有趣，而且使他的敘事更具人性而不總是傾盡全力，這一點理所當然。當祭壇上受崇拜的理性女神返家（「卸下女神光環」）見到丈夫時，我們能想像他們在夜裡談論晚餐嗎？可以想見這是當時或從前的史家不會提出的問題，因此人們可以（而且必須）原諒他許多傳道性的說詞。我們被強烈地提醒，歷史的本質是由無數傳記所構成的。突降法也出現在革命軍隊守邊的描述上，對卡萊爾而言，這是另一首法國大革命史詩。反動強權入侵的威脅讓卡萊爾寫下和襲捲巴士底或前進凡爾賽同樣倉促緊湊的模擬敘事，名稱與名詞的快速連結搭配時間的急迫：

> 聯盟不就像火的浪潮般洶湧而至？普魯士突破門戶洞開的東北邊境；奧地利、英國從西北入侵……在土倫的軍火庫上飄揚著一面旗幟——不，那甚至不是僭王路易的百合花飾；而是令人厭惡的英國與海軍上將胡德的聖喬治十字旗……圍攻它，炮轟它，你們這些委員，巴拉斯（Barras）、弗雷隆（Fréron）、小羅伯斯比爾（Robespierre Junior）；你們這些將領，卡爾托（Cartaux）、迪戈米耶（Dugommier）；尤其你這位非凡的砲兵少校拿破崙·波拿巴（Napoleon Buonaparte）！（III. IV. V）

但是，在凡爾登（Verdun，因法式糕餅而著名）市府的忠告中，卻有著悲愴與喜劇性的突降表現，市民發現自己在不情願下捲入世界史並且被期望成為英雄：「至死都要抵抗他（布倫斯維克公爵〔Duke of Brunswick〕）？每日的抵禦是寶貴的？驚訝的市民問道：波爾貝爾將軍（General Beaurepaire），我們要抵抗他嗎？……抵

禦，愛國主義固然不錯；但同樣不錯的是愛好和平的糕點烘焙與安然
無恙地睡覺。」（III. I. III）凡爾登毫無抵抗地投降了，從它日後作
為抵抗象徵的地位來看，這無疑相當諷刺。

　　對現代讀者而言，卡萊爾是個弔詭，是個特別的組合體，他結合
了古代（或者更糟的說法是落伍）與我們認為現代特有的要素。在他
之前的斯威夫特（Swift）與拉伯雷（Rabelais）有著類似的特質，之
後的惠特曼亦然。卡萊爾的同學給他取了「主任牧師」的綽號，等於
承認他具有斯威夫特的特質。雖然卡萊爾曾推崇席勒（Schiller），
並且傾向於結束長期以來歷史尊嚴觀念遭受腐蝕的現象，但他與早期
史學的關係仍難以說明。卡萊爾有餘裕欣賞崇高，卻從未提及尊嚴。
無怪乎古典共和派史家從未出現在他的作品中，儘管法國革命份子對
他們投入相當大的關注。令人驚訝的是，卡萊爾主要借用的對象來自
於佛羅倫斯：他好幾次把「軍旗戰車」（見原文頁281）當成一個象
徵的圖像。此外，他並非人文主義者或哲士，而是一個在舊約薰陶下
於現世與超越界悠遊自得的清教徒。幽默、威嚇與偶爾陷於狂亂，卡
萊爾為他的紀念性任務找到一名嚮導，即荷馬史詩的寫實主義，此外
他完全獨行其是。在他不只一段的全盛時期，卡萊爾的歷史與散文具
有巨大的想像能量，然而之後卻墮落為誇大其詞，這是讀者必須付出
的代價。

米什雷與泰納：人民與暴民

　　就法國而言，關於大革命的嚴肅研究始於一八二〇年代，而且自
此從未停止。法國大革命的詮釋是十九世紀以及之後流行的政治態度
與衝突的核心。各政治派系在政治、思想論爭、偶爾還透過暴力對各
個法國史版本進行鬥爭，而他們發現法國大革命是其中不可避免的參
考點。君主世襲原則持續受到那些被稱為正統主義者（Legitimists）
或極端保王派人士（Ultras）的支持，並且在一八一四到一八三〇年
波旁王政復辟期間大為流行。波旁家族中偏自由派且資歷較淺的奧爾
良支系在一八三〇年七月革命後登上王位，成為法王的是路易・腓力
（Louis-Philippe），他的父親曾投票處死自己的堂弟路易十六。一
八四八年革命後，七月王朝——受穩健自由派與一般親英立憲派人士

支持，後者如史家弗朗索瓦‧吉佐（見原文頁405），他成為教育大臣並於日後擔任政府領袖──被第二共和取代，在第二共和時期，階級衝突很快就引發第二次胎死腹中的巴黎工人階級暴亂，其領袖路易‧布隆（Louis Blanc）是研究第一次法國革命的史家。卡爾‧馬克思（Karl Marx）曾諷刺地指出，第二共和於一八五一年被皇帝的姪兒路易‧拿破崙（Louis Napoleon）推翻，完全是第一共和被拿破崙取代的翻版。第二帝國持續到一八七一年，結束於普魯士引發的軍事挫敗，伴隨而來的是對巴黎公社（Paris Commune）的暴力鎮壓，其方式讓人鮮明地想起一七九三到九四年的革命恐怖時期。第三共和，包括自由派、反教士，但主要是反社會主義，由另一位研究法國大革命的史家阿朵爾夫‧提耶（Adolphe Thiers）領導。

法國十九世紀的歷史似乎經常重演第一次法國革命的各個階段：部分恢復的舊體制、七月王朝呼應自由派立憲時期、共和國的建立、聚焦於巴黎的革命恐怖時期，以及總是蠢蠢欲動的波拿巴。法國大革命史學因此幾乎無法擺脫濃厚的政治氣息。所有政治派系都在一七八九到一七九七年的事件中，為自己的政治忠誠與恐懼找到相關的歷史事物。天主教會是法國大革命早期的箭靶，對其地位與角色的持續鬥爭，尤其在教育上，光是這樣的鬥爭本身就足以使當時已形成的分裂繼續處於政治的最前沿。對絕大多數共和派人士而言，反教士主義是他們的信仰之物。

過去本身所具有的政治重要性，連帶確保了史家的地位。吉佐是傑出的自由派史家，卻未針對法國大革命寫過任何作品。提耶於一八二○年代出版了最早的有關法國大革命的歷史作品，之後於七月王朝期間擔任政府高官，成為吉佐的對手。提耶最後在一八七一年成立的第三共和被選為首任總統。另一位研究第一次法國革命的史家是詩人阿封斯‧德‧洛斯丁（Alphonse de Laustine），他是第二共和的領袖之一。路易‧布隆的法國大革命重要歷史作品已經提過。第三共和時期，法國社會主義的領導人物讓‧喬赫斯（Jean Jaurès）寫了《社會主義法國大革命史》（*Socialist History of the French Revolution*）。

政治人物撰寫歷史在十九世紀並不罕見：如我們看到的，英國十九世紀初著名的政治人物如查爾斯‧詹姆斯‧佛克斯、詹姆斯‧麥金塔希爵士、麥考萊與未來的首相約翰‧羅素勳爵，全寫過一六八八年

390

英格蘭革命歷史。然而沒有任何例證顯示他們的歷史作品產生了直接的政治影響。到了十九世紀初，雖然詮釋上有細微差異，但一六八八年革命在英國已成為共識的象徵。以法國而言，對大革命領導人物米拉波、吉隆德派、丹敦、羅伯斯比爾、巴黎公社與拿破崙的支持或反對，反映出當代的政治認同。「雅各賓」（Jacobin）這個詞已跳脫當代的政治用法；也許是因為缺乏公開主張者的緣故，儘管雅各賓派並非沒有讚揚者。此外，大革命也提供了其他忠誠的象徵與政治的詞彙，包括「左派」與「右派」，這兩個詞原是用來指稱議場中派系的座位。

　　一般認為，十九世紀上半葉，或許是整個十九世紀，最傑出的法國史是朱爾・米什雷（Jules Michelet）的作品，他的著作最後擴充為二十三卷（1833-67）。在他的鉅著中，根據年代順序，其中有兩卷是《法國大革命史》（*History of the French Revolution*, 1847-53）。雖然米什雷並未從事政治事業，但他對政治的投入卻無庸置疑。米什雷在法蘭西學院（Collège de France）的講座被吉佐下令停止，吉佐是米什雷的資助者與該講座的前任教授，同時也是現任大臣；這是個雙重諷刺，因為吉佐過去在這個講座任教時，也曾被復辟時期的政府下令停止。第二帝國時期，米什雷失去教席與吉佐為他謀得的國家檔案館職位，他被流放到布列塔尼，繼續在當地檔案館工作與撰寫歷史和其他具高度個人色彩的作品。

　　在撰寫法國大革命之前，米什雷已因他的《法國史》（*History of France*）的中古之卷聞名於世且廣受讚揚。他的作品帶有深刻個人性與情感性，值得一提的是他早期所受的思想影響。一八二七年，米什雷翻譯十八世紀初拿破崙時代思想家姜姆巴提斯塔・維柯（Giambattista Vico）的《新科學》（*New Science*, 1725）。維柯對十八世紀晚期日耳曼人思想的影響程度不易探究，但受他影響最著名的是赫德（Herder），維柯與赫德有許多共通點，赫德也深刻影響了米什雷，而維柯對米什雷的影響更是明顯。對維柯而言，文化是全體民族的集體產物。特別是神話，它賦予人們理解「初民」（the first peoples）心態的鑰匙，「他們全是天生的詩人」（*New Science*, 352）。透過神話我們可以追溯「人類的觀念、風俗與行為的歷史」（368），因為它們是「全體民族的思維方式」（816）。這些初民缺

乏形成抽象概念的能力，他們藉由擬人化來表現他們的觀念
（209）。在缺乏抽象能力的狀況下，他們能更生動地瞭解與感受到
特定知覺，這解釋了他們崇高的詩意心態（819）。藉由這種方式，
維柯建立了日後幾乎成為老生常談的一套事物，一套對照的事物，不
僅介於早期與晚期時代之間，也介於平民與知識階層心態之間，前者
是詩意與感官的，後者是形上與抽象的；這些當然受到米什雷的贊
同。一八三〇與四〇年代流行於法國的民粹浪漫主義對這類觀念有著
高度的同理心，米什雷亦熱中於此，但就米什雷的例子而言，維柯的
影響是直接的。《法國史》，連同其對法國人民的生活、經驗、思想
與情感的強調，讀來有時宛如維柯觀念的龐大具體實現。米什雷身為
作家，其風格如我們將見到的，充滿當時流行的浪漫主義朗誦與感
嘆，而與卡萊爾一樣，這種風格發展到極富個人色彩的地步，其方式
在今日已非主流。不過身為史家，米什雷的注意力卻相當專注，他對
想像再創作的熱情（他稱撰寫歷史為「重現」〔resurrection〕），在
現代法國史家的興趣中找到了回音。

　　就某方面而言，米什雷對於「重現」以及他對民眾心靈的興趣，392
凌駕於他其他的個人偏好。米什雷是法國啟蒙運動與法國大革命反教
士主義的繼承者，但其歷史的中古之卷卻受到天主教右派的讚賞。他
對聖女貞德的描述尤其受到喝采，他認為聖女貞德是法國國家自我意
識的化身。米什雷的歷史不僅組織嚴密而且具戲劇性；他在國家檔案
館中勤勉研究，他的職位也使他能夠輕易接觸到館內資料。他被稱為
「歷史的維克多‧雨果（Victor Hugo）」；伊波利特‧泰納（Hip-
polyte Taine）認為他媲美德拉克羅瓦（Delacroix）。米什雷對法國
與法國人民的認同如此緊密，以致他將《法國史》視為自己的精神自
傳：「透過個人的悲傷，史家感受與重現國家的悲傷。」他欣喜於自
己的天職，「在歷史作品中，上帝賦予我參與一切事物的憑藉。」

　　然而，米什雷的共和派反教士主義，特別是他對耶穌會持續影響
法國教育的仇視，使他將注意力轉向法國大革命──就《法國史》的
整體架構來說，他的法國大革命之卷似乎太早問世。他也在一篇稱為
《民眾》（The People, 1846）的短文中，探討他視為自身根源的事
物並重現了自己早期的生活。在獻給他朋友同時是另一位研究法國大
革命的史家艾德加‧基內（Edgar Quinet）的前言裡，米什雷讚美自

己的工匠淵源。他的父親是個不成功的印刷業者，而這個行業正是革命群眾被徵募的主要來源。在大革命創造的教育晉身階為他打開更寬廣的遠景之前，米什雷曾為父親工作了一段時間。大革命的宣傳戰對印刷業大有助益，但拿破崙的審查制度則重創了印刷業。在撰寫晚近及當代民眾（我們必須停留在比較上層的事例上）的生活之前，米什雷如他所解釋的與他們一起生活，跟他們一同談話、詢問與聆聽。但他也說，他的主要材料來自於他年輕時的記憶：

> 要認識民眾的生活，瞭解他們的勞累與苦難，我必須問自己的記憶。我的朋友，因為我也曾用自己的雙手勞動過。現代人的真實姓名是工人（workman），而我有資格冠上這個名稱，而且理由不只一個。在成書之前，我逐字「編纂」這些內容。在未理解觀念之前，我排列字母；我不是不知道工坊的沉悶與長工時的煩悶。

393

米什雷從一八四七年轉向法國大革命，他以自身觀點看待這場民眾最偉大的歷史成就。民眾是集體英雄；對米什雷而言，如同對卡萊爾而言，大革命是民主史詩；個別的政治領袖是次要的，有時應嚴厲予以譴責，但民眾不可能犯錯：在大革命的「仁慈時代，全體民眾都是行動者；在殘酷時代，只有少數個人是行動者」。在革命的第一場危機裡，每一個民眾的「心胸時刻感受偉大的情操」。

米什雷與卡萊爾有許多類似之處，這使得他們的差異更具啟發性。他們獨立地進行寫作，但都受到相同的一些文化影響，擁有某種類似的脾性。兩人都認為史家的任務是重新創造與重演，而且兩人都常以洋洋得意乃至於狂熱的心情將自身的特質投射在行動中，無論是呼籲還是勸誡。米什雷說：「我以實際行動向教士與恐怖統治進行鬥爭。」卡萊爾大聲埋怨撰寫歷史對他的神經造成的傷害：對於默默勞動的信徒而言，他的抱怨的確是精力充沛。提到群眾行動，法文提供米什雷非人稱代名詞的便利。他通常稱群眾為「我們」（on，譯按：on 是法文的非人稱代名詞），藉此避免「我」與「他們」；卡萊爾有時使用「我們」。米什雷自稱是敘事者，他描述自己的出場：「我在巴士底監獄腳下，在它的塔上升起不朽的旗幟。」米什雷與卡萊爾

都有意識地對抗語言的限制。如我們所見，卡萊爾希望史家擁有一百根舌頭，米什雷則渴望「一個新語言，一個嚴肅的、充滿熱愛的拉伯雷式語言」。可以預料的是，他們都受到相同隱喻的吸引。卡萊爾與米什雷在言語中帶有對「機械式」的厭惡，其代表了抽象與無靈魂。兩人都援引了火山，並且提到新革命世界的形成是一種「騷動」。米什雷與卡萊爾對丹敦的讚賞都有所保留，米什雷在他對丹敦與丹敦俱樂部（即寇爾德里耶派〔Cordeliers〕，雅各賓俱樂部的對手）的描述中，引用了這兩種意象。米什雷說，我們必須注視寇爾德里耶派 394「在他們的埃特納火山（Etna）底部徹夜議事時的沸騰與騷動」。丹敦那張被天花蹂躪的臉慘不忍睹卻顯得崇高：「這張幾乎看不到眼睛的臉，似乎是座沒有火山口的火山——泥與火的火山，在他封閉的熔爐內部，人們聽到自然的衝突。泥與火也是卡萊爾最常引用的兩個元素。在缺乏精確的回憶文字與允許人們轉譯之下，即使最專精的讀者也可能被騙，無法確定哪位作者該為上述引文負責。

　　卡萊爾與米什雷都受天啟的影響，但兩人的差異也在此浮現。米什雷的觀點比較親切；從他的作品可以看出中古神祕主義歷史哲學家菲奧雷的約阿基姆（見原文頁186）的痕跡，對後者而言，世界的第三個時代將是自由、愛與和諧的時代。卡萊爾的天啟是由較嚴厲的希伯來元素所構成：除惡務盡而講求應報的大火。卡萊爾的感性是新教與猶太教的，而米什雷則受印度教神祕主義影響。他不像卡萊爾那樣把上帝形容為「萬能的工頭」。在他心中，自然逐漸沾染上泛神論的色彩。雖然卡萊爾在日耳曼形上學影響下也經常談及一切事物之間的相互連結，但他與卡爾・馬克思一樣，把物質的自然視為某種人類必須與之鬥爭並從中取得生存資源的事物。

　　談到卡萊爾與米什雷各自對法國大革命關鍵插曲的處理方式，我們的篇幅只允許進行兩項特定的比較。第一段插曲，為了歡迎新加入保王派的軍官團，一批忠誠人士在凡爾賽大辦宴席，與這些軍官有關的謠言助長了巴黎的革命義憤以及對反革命的恐懼，因而引發由市場婦女領導的行進隊伍，進而將王室家族從凡爾賽帶回首都。卡萊爾的處理超乎尋常的直接，幾乎讓人覺得好笑。年輕人喝醉酒，自吹自擂，一邊說話一邊做出愚蠢的事：

任由香檳流淌吧；一長串誇耀武勇的演說以及樂器演奏的樂曲，這些腦袋空空的笨蛋愈來愈喧鬧，他們腦子一片空洞，彼此的談話只是噪音！今晚面容看起來相當悲傷的王后陛下（國王陛下對於白天的打獵感到無趣而呆坐著），據說這樣的排場可以讓她開心。看啊！她離開自己的包廂，如同月出雲端般進到那裡，這張最美麗而悲傷的紅心Q……這些愚蠢的年輕軍官，除了從纖纖玉手接過白色波旁帽章；揮舞寶劍為王后的健康祝願；踐踏國家帽章；爬上可能傳來闖入者低語聲的包廂；在門裡門外吼叫、跳舞（以勝利的姿態）、喧鬧、暴怒、焦躁不安外，難道沒有別的事可做？這充分顯示他們有多麼愚蠢不智。直到香檳與舞蹈結束；所有人躺平；一動也不動地入睡。（I. VII. II）

卡萊爾的評論超乎尋常地寬大：「如此地自然，卻又如此地不智。」

米什雷以極度的嚴肅與憤怒來解釋這段插曲。在他的敘事中，整個事件是狂熱的、非理性的與近乎走火入魔的，同時也是歌劇式的。軍官們不僅喝得酩酊大醉，當國王與王后進入御用劇院時，「包廂內部全是鏡子玻璃，向每個方向反射光輝」，他們也感到目眩神迷。軍官們撕掉革命紅白藍帽章，新的國家帽章，並且將它們踩在腳下。米什雷總是對象徵的事物有強烈的感受，而且也實地使用它們：在《法國史》中，英格蘭人摧毀了童貞女貞德，「認為他們奪去了法國的貞操」（X）。在凡爾賽：

音樂持續著，熱情與激昂逐漸升高；此時奏起了波蘭輕騎兵進行曲（Marche des Hulans），宛如衝鋒號響起。軍官們一躍而起，四處尋找出現的敵人；由於找不到對象，他們爬上包廂，衝到屋外的大理石庭院……這種道德上毫無節制的狂暴行為似乎感染了整個宮廷。（II. Vii）

然而，這些差異在米什雷處理第一次「聯盟節慶」（Festival of the Federation）時表現得最為強烈，亦即一七九○年七月十四日攻陷巴士底的週年紀念。卡萊爾的說法尤其諷刺：普世的善意很快讓位給

屠殺與斷頭台。但無論如何，人性無法長久支持博愛。雖然他承認聯盟運動自發地開始於各省且激起全法國人民的熱情，但他卻視其為一種具散播性的毒物，並且認為巴黎戰神廣場上最偉大的節慶顯然是人為的，且特意被經營成舞台形式，而事實上也確是如此。對卡萊爾而言，這場節慶的福音只是情感上的：他對儀式帶有如我們所見的一種長老教會式的尖酸，雖然他可能縱容自發性的暴力（如蘇格蘭宗教改革）。但對米什雷而言，聯盟是他的歷史作品與法國國民意識的高點，它指出通往更光明未來的路。他說，對聯盟的撰述標誌著他人生的偉大時刻。他的敘事有著不祥的元素：在舉行聖禮的時刻，人們誓守博愛，但王室家族帶有敵意的行徑卻敲出刺耳的音符。但敘事中幾乎沒有諷刺成分，雖然他接下來哀悼即將出現截然不同的未來。聯盟的時刻是「神聖的紀元，全國上下在同一面博愛旗幟下前進」。他比較來自全法國的參與者前進巴黎與十字軍：「耶路撒冷何以吸引一整個民族……眾人心靈中的耶路撒冷，博愛的神聖統一，由眾人構成的偉大而有生命的城市……」它的名字叫祖國。在戰神廣場的宣誓儀式中：

> 曠野突然被四十門大砲的鳴放所撼動。在轟隆聲中，所有人起身朝天空伸手……喔，國王！喔，人民！停頓……上天正在聆聽，太陽穿越雲端而出……傾聽你們的誓言！喔！民眾是如此真誠宣誓！他們還是那麼容易受騙上當！……但國王為什麼不讓民眾看見他在祭壇前宣誓的樣子好討他們的歡心？他為什麼在遮蔽下、在陰暗處宣誓，為什麼對民眾遮遮掩掩……看在老天份上，陛下，舉起你的手來，好讓所有人能看見。（III. Xii）

四分之一個世紀之後，伊波利特·泰納在《法國大革命史》提出他自身的聯盟誓約與法國大革命版本，這段敘事構成另一部更長篇的作品的第二部分，即《當代法國的起源》（*The Origins of Contemporary France*, 1875-95）。他對法國大革命的描述幾乎在每個面向都與米什雷相反。這兩種描述的對比使人們視其為原型。阿克頓勛爵將它們串連成兩種模式的解讀，認為它們構成讀者生命的一個紀元：「只有讀到米什雷作品時，人們才感受到大革命的宏偉，而只有讀到

泰納作品時，才感受到恐怖。」喬治‧魯德（George Rudé）是分析革命群眾的重要現代學者，他提到史家指涉群眾時，會遵循米什雷與泰納各自建立的傳統，因此分別將群眾稱為「民眾」或「暴民」。魯德嚴厲抨擊泰納透過文獻來刻畫群眾的組成，但魯德於四分之三個世紀之後以與泰納論辯的方式闡述自己的論點，這種做法即是對泰納的一種敬意。泰納的研究是徹底的，即令他對用來支持自身說法的文獻有考證不足的問題，此外他的修辭具有震撼與警醒力量。米什雷認為大革命的本質，亦即民眾的角色，是仁慈的、博愛的與啟示的，而且將其造成的恐怖完全歸咎於那些拒絕擁抱博愛的人。相反的，對泰納而言，大革命從一開始就是病態的社會現象。民眾在暴民形式下掙脫常軌的拘束，因而是非理性的、失控的與高度危險的。泰納在一八七一年巴黎公社的陰影下寫作，巴黎公社使人想起第一次法國大革命的暴行——對有些人來說是一種英雄主義——而它本身確實也顯示了這項特質。

　　泰納認為革命領袖也有類似的失控現象，這些領導人物沉醉於一般觀念，而這些觀念激起一種過度自信，政治上的無經驗又使這種情況更加惡化。實際上，米什雷與泰納態度唯一的共通點在於，他們不像某些人傾向於理想化大革命第一階段的親英立憲派領袖，特別是米拉波。但他們反對的理由顯然不同。身為強烈反英的共和派份子，米什雷不同情立憲君主制與「折衷路線」，至於泰納則認為法國大革命無論如何只是鹵莽的烏托邦。尤其，泰納認為，從一七八九年七月國民會議利用民眾作為它的突擊隊而接受民眾分發武器的時刻開始，法國大革命便走上命定之路。

　　泰納是自由派立憲主義者，理所當然受到七月王朝的吸引，七月王朝結束於他二十歲時，也就是他進入高等師範學校就讀那年。他欽羨英國立憲制度的穩定及其負責而有經驗的統治階級，並且認為麥考萊的政治論文是政治智慧的來源。泰納未參與以學生為主角的一八四八年革命，他有意識地將自己包裹在「科學」（他將此視為自己的天職）的外衣下，遠離政治鬥爭。儘管如此，他是自由派人士，並且強烈信仰思想與言論自由。由於第二共和時期，教士在教育上舉足輕重，泰納受到教士的猜忌，儘管他有顯赫的學術成就，仍被迫流放外省。但他一八六〇年代的作品卻為他在文化、藝術與心理學上建立名

聲，從六〇到八〇年代，數十年間他成為法國思想界的主導人物。

　　泰納特別重要的一點，是他主張以科學的取向——通常他指的是心理學——來處理藝術、文學與尤其是民族性格的問題。他在生物學上是拉馬克（Lamarck）的追隨者，相信性格的遺傳，他的口號「種族、環境、時機」，作為一切文化現象與集體心理的解釋架構，可以大致表達成「遺傳、環境與時代」。泰納相信每個文化環境與時代各有其主導觀念或傾向，它們決定了環境與時代所有的表現形式：因此，十八世紀法國心態的特徵是凌駕一切的信心，泰納認為其提供了大革命的原動力。對泰納而言，這份自信尤其可以在盧梭身上得到印證，它造成對單一抽象的普世觀念的應用；這種「古典精神」在大革命期間表現在人民主權觀念上與體現在人權宣言中。

　　直到一八七〇年代，當泰納以思想的高傲看待政府與民眾時，他的興趣主要是在心理學。在他的作品中，被認定為傑作的是《論智性》（*On Intelligence*, 1870），此書經過數年的研究，內容包括對瘋狂的分析與觀察。泰納的心靈概念嘗試具有濃厚的實驗性質，他將心靈哲學與神經學結合起來。在結合的過程中，穩定的自我遭到去除。瘋狂要比樂觀主義者認為的更接近人類心靈的表面；泰納的心理學具有明顯的病理學轉向。

　　無論是討論文化與民族性格，還是日後的法國史，泰納明確將自己的作品視為應用心理學，所以掌握他的觀點是一件重要的事。泰納認為大革命標誌著疾病的侵襲，法國至今仍受這場疾病的折磨；在一封書信中，他一度將大革命比擬成梅毒的長期影響。隨著他的心理學理論的建立、第三共和的肇始，以及巴黎公社遭受駭人反制的刺激，泰納開始撰述《當代法國的起源》（尤其是大革命的部分）探究其中的病因。 399

　　泰納的心理學理論對心靈哲學的傳統做了調整，這種傳統有時稱為經驗論，或許更有助於理解的說法是感官論。我們對世界的認識來自感官，心靈將感官知覺的事物結合為意象。當導致意象的原始感官輸入停止時，先前產生的意象仍留駐於心靈之中。因此，這些意象就某個意義來說有如幻覺，就連在神智清醒的狀態下亦是如此。泰納稱這種現象為「真實的幻象」。然而，由於心靈只擁有自身的意象，因此，在持續傳達有用資訊且受當前感官確認的事物，以及看似零散紛

亂的事物之間所存在的界線，是令人不安而模糊的。意象在心靈中競相爭取注意──泰納使用了明確的達爾文式類比。有時，在記憶或情感的扳機觸動下，特別是在幻想或高度興奮的狀態，原本不被感官確認為真實的事物又重新活化起來並且進行接管。

　　向非現實降服有兩個彼此對立的種類；這條思想路線被泰納的朋友與追隨者特歐杜爾‧里波（Thèodule Ribot）充分地加以發展。其中一端出現的是一堆混亂的意象，這些意象並不固定，彼此亦無連結關係；這是心靈的混亂，進一步造成不穩定，最終導致譫妄。另一端則可能浮現某個被固定下來、取代其他意象並且變得根深柢固的意象。這是一種執念（idée fixe），其產生的狀態是妄念與偏執。（明顯類似於無政府與專制主義之間的對比。）心靈的均衡可以更正與控制幻覺意象，並且在譫妄與妄想間的緊繃繩索上行走，但其是不穩定的；對現實掌握的喪失──瘋狂──隨時有可能發生。泰納將法國大革命視為集體瘋狂；這兩種類型的區別絕大部分與群眾和領袖相符。他私下說，從一七八九年以降，法國要不是幼稚就是瘋狂。

400

　　泰納對大革命的陳述可能受到理論或者說是偏見所形塑，同時也是廣泛研究下的產物，援引了相當多的文獻，雖然不一定做過考證。法國在一七九〇年代被「執念」所把持：此即人民主權的觀念，它表現在盧梭的《社會契約論》與人權宣言上（FR I.IV. iii, VI.I.i）。這個觀念受到一些人的狂熱宣傳，藉此操縱與壓迫他人，並且藉由流亡的痛苦、甚至死亡來迫使他人就範。革命領袖沉醉在觀念中；革命暴民沒有批判的力量，他們同樣陶醉於彼此感染的高昂情緒裡，他們的人數不斷增加，而且受到需要、恐懼與仇恨的驅策（I. IV.v）。（泰納的作品是日後群眾心理學與群眾行為研究的先驅，尤其古斯塔夫‧勒朋的〔Gustove Le Bon〕經典之作《群眾》（The Crowd, 1895）運用且擴充了泰納的觀念。）而泰納堅稱，暴民當中也有人被收買了。

　　表面上的政治主權，亦即國民會議與後來的國民公會，實際上掌握在暴民與政治俱樂部手中，例如雅各賓派，該派的革命領袖不斷宣傳他們的需求。國民會議本身就是暴民（勒朋也如此認為），他們持續處於喧譁與吵鬧混亂的狀態，易受煽動而且藉由口號進行辯論以尋求旁聽群眾的喝采。這些旁聽群眾由於代表人民主權，是不可更改的。他們增添喧譁，威脅那些敢吐露不受歡迎意見的人，他們實際上

是參與者而非旁觀者（II.I.i）。在這種狀況下，不令人意外地，國民會議沉溺於莽撞的熱情，導致匆促而混亂的立法。過度興奮成了一種毒品；國民會議不是處理事務的大會，而是一齣「愛國主義歌劇」（II.I.i）。法國國內有經驗的人士、各省省長、地方「議會」成員、大教區的教會領袖絕大多數都被排除於國民會議之外。先驗觀念賦予無經驗者不受箝制的傲慢。猜忌也不斷滋生，言語的攻訐受到鼓勵。（泰納的說法總是如此，彷彿所有想像出來的反革命情節都是狂想。）國民會議的「壞顧問」是恐懼與理論。領袖之間流傳的抽象觀 [401]
念與自負，與民眾之間的暴動與流血衝動，兩者相輔相成。政府被「間歇的專制主義，以及受熱情、輕信、苦難與恐懼盲目驅使的派系」把持（I.II.vi）。此後，在國王與國民會議之外：

> 出現了真正的君主：人民，也就是說，在偶然中衝動、恐慌、猝不及防地集結起來的百名、千名、十萬名暴民構成了立法者、法官與執行者……暴民連同他們的母親，怒吼與畸形的自由女神，坐在大革命的門檻上，如同密爾頓地獄之門前的兩個幽靈。（I. II. viii）

米什雷，如我們所見，對於我們所謂早期大革命的俗民元素有著強烈的同情：舞蹈、歌唱、街頭戲劇與狂歡。至於泰納，可以想見的他認為這些元素不僅不祥，而且縱慾與病態。一七九○年七月巴黎的聯盟誓約與在此之前法國各地爆發的聯盟熱情，在他眼裡全屬群體幻覺：「這種努力絕對無法用來麻醉感官，也無法使人傾盡全力超越忍耐的極限……自誇與誠懇、虛假與真實、矯飾與實際之間的差異不再是可區分的。」舉國上下失去對現實的掌握，把譫妄當成博愛。但當中也存在著操弄，儘管操弄者本身並未意識到自己在做什麼。九歲的孩子高聲朗讀愛國講詞：「沒有人想到自己是傀儡」，嘴巴講的全是別人的話。民眾仍維持以往的樣子：他們拖欠債務，有機會就侵占公物──「每個言語慈善且法律均衡的地方，往往行動暴力且一切失序。」（III.I.i）泰納並未提出類似的例子，但修昔底德的讀者應可聯想到科西拉的無政府狀態與政治狂熱，在當地言語喪失了或反轉了意義，正如泰納在別處做的恐怖政治陳述使我們想起塔西佗對專制者

全能與猜疑的眼光與羅馬放逐的悲慘敘述（見原文頁84, 121）。米什雷看到的一七九〇年是個逐漸成形的國家，而泰納看到的卻是個解體的社會。

泰納不常陳述事件。更確切地說，他調查的是法國社會的狀態，以及分布在社會與制度光譜各處的行動者與受難者：國民會議與國民公會；領導人物的心理，以及提供他們政治基礎的政治組織；巴黎暴民與巴黎公社和各階層；革命法院及其受害者；以及從巴黎派往各省的代表，亦即令人生畏的議會特使，他們擁有獨裁權力以貫徹政府的（通常是他們自己的）意志。泰納的寫作中雖然穿插了許多稗官野史，但與其說是敘事，不如說是紮實的證據累積，這些證據來自於文獻、目擊者、被引用的重要政治人物的陳述，以及回憶錄。他不是在書寫敘事，而是運用強烈的影響與技巧編纂一份起訴書。

泰納認為，「積極公民權」所需的時間與精力使人民當中最糟糕的份子出線，這些人擁有大量的時間與精力，而且懷有煽動與支配的強烈欲望。他們掌控小規模單位的政治，亦即階層：「政治成為一種專業。」首都比各省更狂熱，城鎮比鄉村更熱切；泰納直接以膿瘡來比喻。國民會議立法的不一致，也沒有司法審查的可能，使地方領袖有操弄的空間，他們全憑一己的好惡詮釋與施行法律（II.III.iv）。政治集會組織成了「人權的擁護者、法官、詮釋者與管理者」（II.III.v）。

第四卷提供我們泰納對雅各賓派心理與戰術的分析，這項分析本質上是對他過去做的革命心態研究再加以闡述的結果。泰納有時會以清教徒來進行類比。革命份子在典型上如同反道德律法的信仰者，深信自身的公正，因而與現實脫節。革命份子以為自己是獲得授權的共同意志執行者。「沿著想像的群眾為他組成的行列前進，受到數百萬根據他自身形象創造的形上意志的支持，獲得他們的一致同意，如同高呼凱旋的合唱團，以自我的內在回音填充外在世界。」革命份子因此是個病態事例：「某個不屬於他自身的事物，一個怪異的寄生物，一個外來而格格不入的概念，活在他的體內。」（IV.I.iii）《論智性》論點的關聯性在此顯得特別明顯。

往後三卷泰納繼續深入探討雅各賓如何建立與行使權力。第八卷討論的是「被統治者」：貴族、教士、資產階級與平民，以及他們各

自在大革命期間如何過活。他的歷史結束於拿破崙來臨之時。雅各賓的獨裁統治無法持續，因為它缺乏政治社會的本質特徵：相互尊重，特別是在統治者與被統治者之間，因而無法建立互信與信心。一七九七年的法國民間社會，「在三千名參與最高會議的立法者中，沒有任何一人能得到一百名法國人的服從與效忠。」然而在軍中──「軍隊的法國」──情況完全不同（IX.I.x）。泰納非常忽視邊境戰爭：他總是將革命領導風格說成是自主的、受到自身虛榮與妄想的決定論式驅策。他的控訴極有威力，卻有決定論式證明的弱點。

然而，如今邊疆與控制和擴展邊疆的軍隊變得有關聯性。它不只是紀律的問題。軍隊裡萌生相互依賴、尊重與同情。因此，軍隊就是社會，在軍隊的同意下，軍隊指揮官可以掌握權力，法國人民把他們當成解放者與秩序回復者來歡迎，結果造成專制主義。大革命本身除了造成國家大權集中，並未指出其他可能──從革命爆發初始即有此傾向。革命的混亂遺留下來的是政府的無所不在，這是「地方與私人進取心的闕如、自願與自由團體的懸宕、自發性小團體逐漸消散、對長期世襲職業的預先禁止、個人賴以超越自己而投身過去與未來的情感的滅絕」所造成的結果（IX.I.x）。光憑這段話，就能看出泰納是柏克與托克維爾（Tocqueville）的讚揚者。他對法國狀況的隱喻是軍營：乾淨、建築完善、對稱而且「更適合對人性中平庸而卑下的部分進行規訓……在這座哲學軍營中，我們生活了八十年。」

泰納的作品一如預期受到嚴厲批評：明顯的單一因果決定論、化約、任意使用可疑資料佐證自己的說法。其中持續最久的攻擊是一部題為《泰納，法國大革命史家》（*Taine, Historian of the French Revolution*）的作品，由阿爾封斯‧歐拉爾（Alphonse Aulard）於一九〇七年出版，這位作者於一八八六年擔任巴黎市議會於索邦（Sorbonne）新設的法國大革命史教席。他在宣讀自己的上任證書時，稱自己是「解放人性與科學的大革命之子，對大革命充滿敬意與感激」。他宣稱，要瞭解大革命，必須喜愛大革命。歐拉爾的態度與米什雷差異不大，不過他的風格更嚴肅，而他獲得的形容詞是「乏味的」。與米什雷一樣，歐拉爾認為民眾是大革命的英雄，不過他堅持革命領袖的舉措應從他們的時代背景與這些背景引發的合理恐懼來判斷。某方面來說，歐拉爾似乎也合理化恐怖政治，認為那是為求生存

404

與保存大革命成果的必要手段；這項論點後來用在史達林身上。

　　這是後見之明，但對泰納的欣賞很容易因察覺到二十世紀歷史的陰暗面而增加。不可否認的，泰納的確過於誇大。他的作品未能符合（也不想符合）公正無私的歷史理想，但當時所有其他大革命史家均是如此。然而，即使考慮到誇大、觀點單一、沉迷於盧梭，以及古典精神的影響，泰納的控訴依然引人注目，他的作品是修辭學的傑作，也是威力十足的心理劇。我們不能因泰納輕信可疑的史料就認為他的作品全不可信。他在一八七〇年代描述的特徵，到了二十世紀轉而被稱為「極權主義」。

第二十三章
歷史是自由的故事：立憲自由與個人自治

斯塔布斯的《英格蘭憲政史》：從市鎮到議會

「我們無法找出貫通現代政治紛亂與複雜的線索，除非是朝著更 405
完美而確實的自由邁進的進步觀念。」被任命為欽定歷史學教授的阿
克頓勛爵在一八九五年於劍橋大學授課時如此說道。如果他在「政
治」旁邊添上「歷史」，十九世紀歐洲各國的許多史家仍將同意他的
說法。舉例而言，法國最偉大的十九世紀立憲史家弗朗索瓦・吉佐
（1787-1874）就曾以此作為他一八二○年代在索邦大學授課的主
題，其內容後來出版為《歐洲文明史》（*The History of Civilization in
Europe*）一書，英譯本於一八四六年出版。他認為其他文明是神權
的、獨裁的、民主的或以種姓約制的，但在歐洲，沒有任何一項原則
能支配所有其他原則。歐洲的原動力源於自由以及使自由得以存續的
多樣性，這是多重影響形塑歐洲文明的結果，包括羅馬、基督教與蠻
族。

羅馬與城市共和主義遺產──上古世界的自由象徵──的重要性
是可辯論的議題。以上古城邦為標準來畫定界線是普遍的做法，尤其
是在英國，然而上古城邦本質上是已作廢的古物，因此並不適宜作為
現代世界的模範，其蘊含的危險充分顯露在法國大革命時期對這類古
代事物的熱情上。現代歐洲的自由實際上來自入侵羅馬帝國的日耳曼
人，他們從日耳曼森林帶來了塔西佗式的自由（見原文頁308）。吉 406
佐的說法比較中肯，他提到高盧的羅馬化性格，特別是在南部，也就
是他出生的地區。他在《法國文明史》（*History of Civilization in
France*, 1829-32）中強調，羅馬高盧的自治市鎮制度一直存續到中古
時代初期，連同主教治下的城市基督教社群的政府；主教既是行政長
官又是牧師。但吉佐不得不坦承，在這兩者以及中古時代晚期的城邦

之間並未建立起直接的連續性；法國資產階級是商業生活恢復與各種職業勃興下的產物。

　　無論如何，中古時代晚期城鎮的半獨立地位在利希留（Riche-lieu）與路易十四中央集權專制主義下受到打擊。同樣的情況也發生在中古時代晚期的北義城邦，如古伊奇亞迪尼所述，除了威尼斯，這些城邦受困於內部分裂與法國及神聖羅馬帝國的軍事力量。有關這段歷史的經典描述出自十九世紀瑞士史家夏爾‧德‧希斯蒙迪（Char-les de Sismondi）之手，他的《義大利共和國史》（*History of the Italian Republic*）出現於一八〇七年。希斯蒙迪是自由主義者，他熱情描述自由的義大利城邦生活，但他的敘事卻是一則描述失敗的故事，他以傳統人文主義與真正的羅馬共和主義風格來解釋義大利城邦在性格與公共美德上的墮落。自治的城市共和國，作為一種政治形式，似乎是一條死胡同。

　　然而，至少英格蘭證明日耳曼森林的自由是可延續的，而其未來就落在自由主義議會立憲政治與有限王權之上。對法國人而言，自由的延續有其難度。法國的君主制在第一次法國大革命之後，就成為一個引發嚴重分歧的爭議，此外，大革命的結果，尤其對英國人而言，也使共和模式受到懷疑，條頓人遺留下來的觀念在與貴族支配的觀念結合之後開始變質。從十七世紀晚期開始，法國貴族作家宣稱法國貴族是條頓的高盧征服者法蘭克人的後裔。這項論點主要是為了反駁君主絕對主義的主張：塔西佗說過一句名言，日耳曼諸王是由選舉產生，因此權力受到限制；我們看到十六世紀時歐特曼也提出相同的論點（見原文頁312）。然而，由此衍生出一個觀點，認為法國平民——所謂的第三階級，既非貴族亦非教士——是高盧人的後裔，因此是被征服的民族。修道院神父歇耶斯（Abbé Sièyes）在《何謂第三階級？》（*What is the Third Estate?*, 1789）這本小書中提到，大革命期間出現某種類似平民反動的極具影響力的現象，這點不難想見。如果貴族本質上是日耳曼入侵者，那麼貴族就成了外來者，他們的頭銜來自於暴力篡奪。因此該是高盧人後裔恢復自己國家主權的時候了，而在這個新國家裡，貴族完全被排除在外。

　　英國人對條頓人入侵及其在後羅馬時代於不列顛殖民的理解，並未受這類區隔貴族與平民的說法影響，反而認為入侵與殖民的本質是

自由，甚至是民主的。在約翰・米契爾・坎伯（John Mitchell Kemble）的《英格蘭的撒克遜人》（*The Saxons in England*, 1849）、愛德華・弗里曼（Edward Freeman）的《諾曼征服史》（*The History of the Norman Conquest*, 1867-79）與威廉・斯塔布斯（William Stubbs）的《英格蘭憲政史：起源與發展》（*The Constitutional History of England in its Origin and Development*, 1873-8），條頓人殖民英格蘭的歷史被推崇為英國自由傳統的起點。其中尤以斯塔布斯對英格蘭中古立憲史的權威影響了數個世代，他也在各大學新設的歷史系，為該領域取得核心地位；一八六〇年代之後，大學允許學生接受考試，在畢業後取得歷史學位（見原文頁455）。雖然對弗里曼而言並非如此，但對斯塔布斯而言，羅馬的遺產象徵的不是文明而是暴政，而令他慶幸的是，英格蘭鮮少留下羅馬的痕跡。入侵英格蘭的條頓人是殖民者與先驅。他們並沒有像在高盧發生的情況一樣，成為土地貴族——如日後諾曼人的做法——受底層的在地羅馬不列顛人服侍；一般深信羅馬不列顛人要不是被滅絕，就是被驅趕到威爾斯山區的邊緣，他們既未與條頓人通婚，亦未受其奴役。

在這個基礎上，英國與日耳曼史家有著短暫的緊密關係。坎伯曾是偉大的日耳曼民俗學者、語言學家與古代法學家雅各布・格林（Jacob Grimm）的弟子。與法國法學家在十六世紀的研究相同，從十八世紀以降，日耳曼學者開始領導歐洲針對古希臘、羅馬與條頓社會的法律習慣根源進行學術探索，其中名聲較卓著的有巴托德・尼布爾對早期羅馬的探討（見原文頁116）、羅馬法律史學家卡爾・馮・薩維尼（Karl von Savigny），以及格林對早期日耳曼語言、神話與風俗的研究。這段時期的日耳曼學界受到民粹概念的啟發與感召，認為每個原始民族均有其獨特性與創造性，而這項論點尤其受到約翰・戈特弗里德・赫德（Johann Gottfried Herder）的詳細闡述；赫德與維科的觀念（見原文頁391）的可能連結並不明顯。民族精神展現在生活所有層面：語言、神話、習慣法與制度。一個逐漸意識到民族認同但自身歷史卻沒有民族國家作為主角的民族，會產生這樣的熱情是可理解的。

在這些調查中，與本書最為相關的，首推日耳曼學者對早期條頓風俗的重建嘗試，特別是那些被認為屬於古條頓社會原始核心的事

408

物，如村落或「邊區」（Mark）社群。英國學者依循日耳曼學者的方式研究中世紀，不過斯塔布斯對此卻語帶保留；根據他日後的讚揚者與批評者的說法，他認為這種做法有不足之處。但日耳曼專家中也有斯塔布斯敬佩的研究英格蘭立憲史的傑出人士。每個國家似乎都能提供其他國家一些成果。在日耳曼地區，尤其是什列斯威（Schleswig），有些殘存的習慣證據可以提供瞭解撒克遜人制度觀念與實踐的線索。然而在英格蘭，條頓傳統似乎顯示另一種未曾在日耳曼出現的風貌：日耳曼制度不間斷地延續下來，而且完整發展出國家議會憲政。

斯塔布斯（1825-1901）學術生涯的起點是從編輯中古時代手稿開始。解讀手稿背後指涉與體現的實踐與概念，成為他作品與聲譽的基礎，也使他於一八六六年獲選擔任牛津大學中古史教席。透過這些手稿，人們可以記錄緩慢演變的社會與制度的細微變化，一般來說，沒有任何立法將這些細微變化加以具體化，但對於能察覺這些變化的人而言，無論從技術角度與程序形式，或從行政、財政與司法方式，或從特權與苛捐雜稅的成長與衰微，以及從職能的擴充與限縮上，都能看出其微妙之處。斯塔布斯寫道：盎格魯撒克遜的英格蘭，「沒有立憲革命，沒有激烈的立法翻轉：風俗比法律更有影響力，而且風俗每天不斷改變。法律的改變通常只是人們發現風俗性質改變後對風俗的記錄。官職與集會的名稱永久不變，但它們的性質卻歷經難以察覺的本質變化。」（*CH*, 69）有關這類變化的簡單例子，如王室官員中管家與內臣職能的轉變：原本是國王的家僕，之後成為國家首席重要官員，最後縮減為單純的宮廷榮銜。

自從十六、十七世紀法律史家的作品問世後，便存在著某種歷史寫作的可能性，這種歷史是與人無關的、非戲劇性的與技術性的，其所關切的是長期變遷而非審慎施行的政策。迄今為止，這些歷史主要表現在古物研究專論上，處理的是特殊且通常相當特定的制度。啟蒙運動「出乎意料的結果」的概念培養出以另一種觀察歷史的可能角度：人們開始探究那些未經計畫的大規模社會變遷，吉朋稱這些變遷為「無法察覺的革命」，而所採取的作品形式一般而言是隨筆而非專論，例如亞當·斯密在《國富論》第三卷中以寥寥數頁的內容，精采說明了封建主義的興起與衰亡。根據斯塔布斯，如今的新立憲史有部

409

分受到日耳曼文化與風俗觀念的激勵，認為文化與風俗是無名「民族」的產物，並且結合了兩種取向。斯塔布斯關於憲政史的調查極為仔細且具有學術性，而且規模相當龐大，並以條頓自由遺產的觀念（也是發端於十六世紀）作為指導主題。斯塔布斯將古物調查的傳統帶向符合嚴謹學術要求的新層次，並將成果總結為三冊英格蘭中古史研究作品，其時間結束於十五世紀，所呈現的是立憲自由的保存與成長的故事，起始是最小單位的地方自治政府，最終則成為全國性的議會。

斯塔布斯對於能做到這點的歷史類別有著自我意識與信心。他瞭解這類歷史必須犧牲或許能吸引最多讀者閱讀的歷史之物：具戲劇性的插曲與重要人物的衝突，亦即對英雄事蹟的頌揚，簡言之，就是設身處地認同過去的人物，以及能啟迪人心的高尚人格。他在前言中如 410
此說道：

> 制度史鮮少提供浪漫或生動等構成一般歷史魅力的內容，也罕能引誘那些需要引誘才願意瞭解真實的心靈。但對有勇氣研究制度史的人而言，它具有深刻的價值與永恆的趣味。制度史在各個分支均呈現出規律發展的因果關係，而且擁有大量生活連續性的例子，認識這些事例必能給予讀者個人對過去的掌握與對現在的正確判斷。現在根植於過去，對於想瞭解現在何以成為現在的人而言，過去絕非死物……立憲史擁有自身的觀點、洞見與語言；它以不同於虛偽耀眼的軍功角度解讀古人的功蹟與性格，它詮釋那些對於只聆聽名聲號角的人而言完全無聲的話語，進而彰顯其地位與事實。

雖然國王與貴族仍扮演一定角色，但斯塔布斯歷史的主要推動者卻是多重的、隱晦的、甚至是無名的。隨著時光流逝，這些發動者以無數不可見的行動建立起英格蘭制度的結構，如同與斯塔布斯同時的查爾斯·達爾文（Charles Darwin）所看到的，由「無數迷你建築師」創造的珊瑚礁。斯塔布斯《英格蘭憲政史》的主角是英格蘭人民，他們默默運作著與緩慢轉變著他們身處其中的制度，並以細微而自發的方式進行創新與調適。閱讀斯塔布斯就像對艾德蒙·柏克

（Edmund Burke）的思想進行學術解說與歷史闡述：這種緩慢、積累的成長與持續的調適，正是生命的表徵。英格蘭制度史的連續不僅守護著英格蘭自由：它「就是」英格蘭自由，而且持續、自發地行動著。由於它是自發的，因此充滿不規則；方法與內容終究殊途同歸：「複雜性是成長的表徵；細節的簡化代表早期的架構已經消失在歷史之中。在面對現在並做出調適這項原則下出現的事物（如我們的整體體系所做的），其所展現的是存續，這段過程可能是複雜的、不方便的與經驗主義的，但也是自然的、自發的，以及對實質自由的關鍵測試。」（*Lectures on Early English History*, p. 326）

411　　在斯塔布斯對英格蘭中古史的描述中，仍可清楚看出文明、進步與殘存的自由之間自古已有的緊張與辯證關係。強大的君主所加諸的法律與秩序形成對自由的威脅。「一般而言，」斯塔布斯在出版於一九〇六年的《早期英格蘭史講座》（*Lectures on Early English History*）中寫道，「暴政往往在古老基礎毀滅下崛起；從英格蘭本身歷史來看，上古時代的自由不斷演進，利用了封建制度中好的一面，從先例的累積中擴展出完全的政治自由。」（p. 265）世代傳承的英格蘭自由，其最大威脅是諾曼征服。強大的君主制與封建概念在諾曼征服下強加在原始條頓制度之上，原始條頓制度的殘存需要仔細辨識。根據斯塔布斯的說法，這些制度殘存於最微小與最隱晦的形式中，例如地方自治政府、村落法庭與陪審團：

　　在舊形式的保存中——被指控者的共誓滌罪（以宣誓來免除罪名），贖罪賠償責任，百人法庭的市鎮代表，郡法庭的百人代表；目擊證人的挑選；從全族大會挑選成員以代表指控者行使共同司法權；財產移轉的證人，百人法庭和郡法庭在處理罪犯與履行生產與懲罰責任時的證據，從極其多樣的風俗中找出幾個社群以執行法律的一般命令——留下了未來自由的種子……這些形式是卑微的規訓，受壓迫的民族群集在這樣的規訓下做著微不足道的小事，直到時機成熟，便開始有一番作為。（*CH*, 80）

　　藉由這些隱晦的方式，原初的條頓自由才得以留存。斯塔布斯不接受完整的「邊區」理論，亦即所謂的原初村落土地共有制。十九世

紀晚期的一些論戰者從土地共有制理論看到現代社會主義的根據，他們以此證明私有制代表著對共同體權利的篡奪。斯塔布斯在政治上是托利黨人，最後成為牛津主教，但他並非這些論戰者的一份子。對他而言，原初的條頓自由，其基礎是自主的土地所有制，或稱為絕對所有制（allodialism）。凱爾特人的土地可能是共有制，例如由親族一起共有，而關於這點，已有證據可資證明，但條頓的證據卻顯示個人可以擁有土地，身為自治村落社群的成員，每個自由人都有發言的權利：「絕對所有制的體系是一切自由制度的源頭。」（*EEH*, 204）然而，英格蘭自由的歷史（部分源於諾曼征服）並非單純的凱旋前進，而是朝聖式的過程，中間遭受許多威脅與榮枯，直到象徵國家最高權力的國會出現，勝利的號角才響起。連結條頓的土地完全所有者與現代投票者和陪審員的世系據說從未間斷，但必須坦承的是，這條世系有時幾乎隱匿不見，只有精微的學術眼光才能看出。

十九世紀英國對這項遺產的吹噓顯示出極度的自滿。世界主義者與天主教徒阿克頓從中看到可悲的褊狹主義與對普世原則的忽視。即使是最好的制度，也要能保護更高利益才有價值，這個利益就是個人自由與個人對自由的運用。對阿克頓而言，還有更重要的歷史類別：思想、道德與宗教。他在一八九五年擔任劍橋大學欽定歷史教授的就職演說中說道：「安蒂戈妮（Antigone）的演說、蘇格拉底的話語、第二次布匿克戰爭前銘刻在印度岩石上的幾行文字、居住在死海旁沉默但充滿預言而後毀於耶路撒冷陷落的民族的足跡，這些都比用赫西尼安森林的橡實餵豬的蠻族祖先的智慧更貼近我們的生活。」這種鄙夷養豬人的高傲態度，在以古典方式稱呼日耳曼森林下更形顯著。「自由史」通論是阿克頓珍視的計畫，是他的學術生命的顛峰，然而這部作品並未完成，只留下片段線索供人解讀其性質。顯然，自由作為道德的原則以及自由本身終將獲得認識，將是故事的核心。相形之下，對阿克頓而言，英格蘭的傳統過於重視財產權，而後又過於重視種族。一六八八年革命是無人關注的混亂，是在自利驅使下產生。唯有在一六五〇年代清教徒獨立份子的要求下，英格蘭傳統才達到一般原則的層次，唯有在美國，在普世人權概念的系統表達下，英格蘭傳統才具備充分的自我意識與實現更高層次的自我。

吉佐區別出制度的與思想的兩種自由史：「我不建議各位研究人

類內在靈魂的歷史；我努力鑽研的歷史……是可見與社會的世界。」
阿克頓在劍橋大學講座也提出類似說法。如傳統與授課大綱顯示的，
它們一如人們預期，以政治史為主軸：菲力普二世、三十年戰爭、路
易十四，而後則是美國革命的高潮。（另外還有完全以法國大革命為
主題的系列。）不過阿克頓也明白表示內在靈魂才是他後期真正關注
的焦點：對他而言，宗教與自由史其實是同一件事，兩者最終關切的
都是良心。他不只一次明確提到「觀念的運行，觀念不是果，而是公
共事件的因」。「自由史」，如我們可猜測，是範圍廣泛的觀念史，
自由制度的發展是次要的，真正的重點是對自由與人性自我實現的道
德責任發展出充分的自我意識。然而，也許因為阿克頓的觀念史只留
下不完整說明，因此在內容上顯得斷斷續續，是一連串解釋不足的頓
悟過程。這種精神似乎任意散布在天主教神學家、清教徒狂熱份子與
美國鄉紳的駁雜歷史集合中。阿克頓毫不羞怯地指出啟示降臨的日期
與時刻。因此，他日後在劍橋大學講座中說道，美國就是自然法（他
有時稱之為「較高的法則」）化身為人的地方：「一七七三年十二月
十六日晚間，它首次成為歷史的統治力量。」

　　宗教改革的宗教鬥爭產生了宗教自由與良心自由的觀念；領導宗
教改革的人士並非寬容之人，因此這絕非他們的本意。但阿克頓對人
類自我意識史的沉思也為文藝復興找到了位置，雖然文藝復興並未鼓
吹對政治權利與人權的尊重。阿克頓在劍橋大學講座中對文藝復興的
刻畫，顯示出十九世紀對該時代或實際上任何時代文化的傑出看法，
如瑞士史家雅各布・布克哈特（Jacob Burckhardt）的《義大利文藝
復興的文明》（*The Civilization of the Renaissance in Italy*, 1860）。
阿克頓在評論一本關於波爾吉亞家族（the Borgias）的作品時，提到
布克哈特這本書是「現有作品中最具洞察力與最敏銳的文明史論
著」。在講座中，他指出，「文藝復興的優雅個人能隨機應變、能掌
握時機、不仰賴家世、只靠自己的才能……鮮少顧慮他人的權利，亦
不在乎生命的神聖。」對布克哈特的讀者而言，這是一幅可辨識的肖
像畫，它構成了十九世紀潛心鑽研自由史的另一個篇章，而其就某方
面而言是聳人聽聞的。

414

現代性的初生子：布克哈特的文藝復興人

布克哈特的作品構成十九世紀自由史概念的一部分，也形成一種觀點。對布克哈特作品的深厚情感連結，使我們難以將他的作品視為對自由史概念的諷刺批判，儘管如此，他的作品確實將自由史概念帶進狂野而警醒的道德領域。將當代現代性的觀念視為單純的慶賀是一種錯誤：許多現代性的觀念具有高度批判性，而且隨著十九世紀的消逝，專注於庸俗與一致，而這兩者正是布克哈特反對的事物。其他還有針對原子化與自私而起的批評。不過布克哈特的作品開創了新領域，呈現出現代性的起源與文藝復興義大利甫受解放的歐洲人，這些人被視為對道德冷漠，卻具有令人著迷與創造偉大事物的能力。藉由援引馬基維利的「能力」（virtù，指精力與才能）概念與歐洲浪漫主義的非凡特質，布克哈特將兩者結合成不朽的原型；如同他在巴塞爾大學的後輩尼采，藉由酒神觀念的協助，創造出嶄新的古希臘人形象。兩位作者的作品讀來均令人感到興奮。布克哈特的文藝復興人是個無視周遭禮儀原則的自由主義英雄：「自由精神」變得反道德律法、自我辯護與不受任何拘束。

布克哈特的作品無論在方法（具有高度的原創性）還是在詮釋的連貫與生動上（雖然誇大，卻能永遠留存在人們心中）都具有不朽的重要性。布克哈特提到「一個」文明，而不是只提到文明本身，儘管就更長期的發展來看，這是個短暫的文明，卻是「我們自己的文明的母親」。在布克哈特的作品中，敘事實際上已經消失，雖然作為實例的軼聞相當豐富且事實上也是他寫作的主要方式：我們彷彿聽到圖爾的額我略以一種清楚預見與堅定理解的當代道德與習俗概念向我們說故事。有個先例（雖然布克哈特的任務更為廣泛，但他的證據較不具體，因而較難處理）始於一個世紀前藝術史家約翰・溫克爾曼（Johann Winckelmann）進行的希臘人研究，試圖將藝術或建築風格的性格視為整個民族的產物，並且從中辨識出民族的內在性格與渴望。例如，在布克哈特之前不久，拉斯金（Ruskin）的《建築七燈》（*The Seven Lamps of Architecture*, 1849）與《威尼斯之石》（*The Stones of Venice*, 1851-3）便以妄想的手法將建築的形式特質予以道德

化（以文藝復興來說則是去道德化）。藝術與生活不可分，藝術顯露社會的靈魂，無論崇高還是卑下。布克哈特本人具有高度敏銳的視覺：他在巴塞爾大學講授藝術史，寫了一本義大利藝術指南，並且將藝術排除於《義大利文藝復興的文明》之外，只因為他希望在別處單獨處理藝術這個主題。

在日耳曼，藝術是精神的表現，這種觀念尤其連結著黑格爾（G. W. F. Hegel），往後到了法國，這種觀念又連結上泰納。布克哈特迴避黑格爾對世界精神概念賦予的目的論意義，亦即世界精神的各個時刻形成人類的道德與思想歷史。然而無疑地，這種意義有助於布克哈特看出義大利文藝復興所代表的特殊文明時刻的統一性。布克哈特並非只是將該時刻予以分類，而是舉出大量實例來解釋過程。除了奇聞軼事外，《義大利文藝復興的文明》尤其善於形容。藝術史的根源仰賴鑑賞行家。布克哈特正是鑑賞（座落於歷史與地理之中）人類性格的專家。而人類性格也是日耳曼學者專注的主題：從歌德與席勒的時代以降，人類性格的美學一直是個尖銳的道德與文化主題，這些從藝術評鑑借用的範疇是美學的一個主要面向。

文藝復興作為一個時代，這個概念產生重大意義始於文藝復興對自身成就產生自我意識，並且將這層意識表現在藝術與文學重生的主張上。這項主張有時明確地將之前的千年視為被蠻族盤據的間隔期或空缺期，即「中」世紀。一般認為十七世紀晚期的日耳曼學者克里斯托夫·克爾勒（Christoph Keller，姓亦可表示為 Cellarius）首次有系統地使用今日人們熟悉的三時代分期：上古時代、中古時代與現代。但是，隨著人文主義者的時代隱退成為過去，現代性的概念逐漸需要區別。我們在古伊奇亞迪尼的作品中看到一些成就的記載，包括印刷術、新世界的發現與現代砲火，這些成就早已超邁前代，因此用復興一詞形容並不適當。在休謨與羅伯特森的作品中，我們也看到宗教改革時代粗魯而狂熱，與當時的啟蒙與有禮時代差異甚大。雖然如此，既有的時代分期仍略嫌貧乏。在此之前，伏爾泰《路易十四時代》（*The Age of Louis XIV*, 1751）將時代的概念擴展超越統治期的概念，他將文化與政治成就囊括其中，並且從橫向與編年的角度擴充時代規模，使路易十四時代的文化成就轉變成十七世紀歐洲的文化成就：伽利略、培根、洛克與牛頓，以及「偉大世紀」（Grand

Siècle）的笛卡兒與重要法國文學人物。不過，伏爾泰的方法本質上仍是一種成就目錄或清單。可以說，十七世紀仍缺乏令人滿意的時代標籤；卡爾·弗里德利希（Carl J. Friedrich）在二十世紀中葉理所當然地從藝術史借用詞彙，以《巴洛克時代》（*The Age of the Baroque*, 1952）作為他對歐洲歷史與文化通論研究的名稱。不過，「文藝復興」一詞直到一八三〇年代才首次獲得現代的時代分期意義，米什雷以此為他《法國史》的一冊命名。「近代早期」（Early Modern）則是二十世紀創造的詞彙。

阿克頓正確認識到布克哈特的微妙之處：他的書是一部隱藏主題與思考的作品。起初，讀者被編年史、傳記與回憶錄的一連串軼事淹沒。但繼續讀下去，輪廓逐漸明顯並且形成連貫的圖畫，解釋也隨之浮現。 417

第一部分的標題是〈國家作為一件藝術品〉（The State as a Work of Art），雖然布克哈特提出其他許多證據，但這個概念顯然源自馬基維利。書中透露當中的關鍵人物是「傭兵隊長」。布克哈特雖然瞭解殘酷與背叛是傭兵隊長交易的本質元素，也知道傭兵隊長建立自身王朝的無情野心，但與馬基維利相比，他給予更多的尊重。對馬基維利而言，傭兵隊長有時是可笑的。在布克哈特的作品中，傭兵隊長展現出典型的馬基維利式「能力」，但缺乏市民的愛國主義：大膽與堅定，加上冷靜計算與無情決心，不讓任何人、原則或忠誠阻擋他邁向偉大之路。傭兵隊長是軍事企業家與政治冒險家，完全為自己行動，只仰賴自己的技術、機敏與遠見尋求生存與成功。階級、騎士規章（包括忠誠）與以出身為依歸的社會科層構成的網路（這道網路圍繞著北歐的勇士貴族）對他毫無意義。明白地說，他是最自由的自由僱傭者，沒有國家，沒有固定社會地位，以機智、勇氣與決心對抗命運謀取巨利：財富、封侯，甚至自建王國。即使成為統治者，傭兵隊長的權力仍然是個人的而非王朝的，而且本質上欠缺正當性；唯有敬畏、顯赫、聲望或恐懼才能維持權力，因此總是岌岌可危。

布克哈特讓這個角色以及擁抱和支持這個角色的人格類型成為他作品的概念核心，至於其他被他視為義大利文藝復興特質的技術與角色，在某種意義上是軍事冒險家的平民版本，這些擁有技術與扮演角色的人物是文藝復興文明的支撐者：藝術家與建築師，人文主義學者

與文人。他們是具有獨特天賦與人格的企業家。他們不受束縛，遊走於金主之間，尋求晉身階或造成各種爭端。如同米開朗基羅，他們有時甚至向地位尊貴的人如教宗毛遂自薦。又如同傭兵隊長與小國君主，他們也從自治城邦獲利，因為教廷與帝國為了支配義大利而衝突不斷，城邦因而得以在夾縫求生；邊疆的鄰近總是有所助益，越過國境就是另一名金主，運氣好的話就能衣食無缺。在布克哈特的描繪裡，他們一般來說也缺乏傳統制度（同業公會或大學）的支持與約束，或者只是非常鬆散地依附其上。他們的生活重心是宮廷與城市，他們在此取得富貴，也可能一夕間化為泡影。他們與統治者因彼此需要而沆瀣一氣：他們需要獎賞與地位，獨裁者需要藝術家與人文主義者的才華與技術賦予其正當性。暴發戶般的統治者需要被光采簇擁；他們希望能受人矚目地出現在外國宮廷與公共場合，例如，以優雅的拉丁語專家接待使節；他們希望受到祝賀、頌揚與弔祭，並且被讚美為慷慨的庇護者。

傭兵面臨的危險不言可知，但布克哈特極力強調傭兵的遭遇在相當程度上，似乎也能以不同形式適用在學者與工匠的寧靜生活上：

> 對一名野心勃勃的青年而言，人文主義學者的名望與顯赫地位是個危險誘惑……他因此在引誘下陷入刺激且浮沉不定的人生：殫精竭慮的研究、家庭教師、祕書、教授、王侯家中的職位、致命的敵意與危險、奢侈品與乞討、無盡的讚美與無盡的輕視，一個接一個混亂地跟隨著。（Part III）

人文主義者一般而言居無定所；布克哈特將其與希臘的詭辯學派做比較，「但文藝復興的學者不僅博學，還要抗拒不斷變遷的追求與情勢的影響。」無節制的傲慢是生存的必需品：人文主義者是「最顯著的例子與恣意主觀的受害者」。布克哈特援引十六世紀初皮耶里歐·瓦勒里埃諾（Pierio Valeriano）的作品《論學者的不幸》（*On the Infelicity of the Scholar*）。瓦勒里埃諾描述的生活確實可怕。布克哈特說，我們在書中看到一些人，他們：

> 在困難的時候，先是沒了收入，而後喪失容身之地……還有

不善交際的守財奴，他們將錢縫進衣物夾層，當他們被洗劫一空
後，便發瘋而死；另外又看到一些人，他們接受薪水優渥的職
位，卻因喪失自由而陷於憂鬱。我們讀到有些人年紀輕輕死於瘟
疫或熱病，他們辛苦撰寫的作品連同他們的床鋪與衣服一起被燒
個精光；其他人在同事威脅殺掉他們的恐怖陰影下過活；有人被
貪婪的僕人殺死，其他人在旅程中被攔路盜匪擄走，然後被留在
地牢裡折磨得不成人形……（Part III）

　　瓦勒里埃諾顯然聽到不少學者的牢騷，但作為一幅圖畫，這幅圖
畫具有非凡的力量。這是自由，卻是一種極端危險與亟需自力更生的
流浪漢式自由。它相容於非凡的成就，甚至有激勵後者的作用。
　　布克哈特認為貴族、學者、藝術家與統治者之間的自由交流打破
了義大利城鎮的階級藩籬。據說出身並不重要，能力幾乎可以決定一
切。以現代術語來說，就是「事業開放給有才能的人」，然而這似乎
是種嘲諷，暗示沿著正規的科層循序晉升。布克哈特腦中浮現的世界
是人們將自身意志與才能押注在命運的輪盤上。有時，布克哈特的文
藝復興人似乎是現代性的受害者：他是首位經歷現代精神磨難的人，
以一種無拘束與無保護的激進形式，他隻身一人，只能以自己的力量
支持自己──「文藝復興的義大利人必須承受新時代首波洶湧浪潮」
（Part VI）。
　　布克哈特作品的前三個部分受到作為原型形象的傭兵隊長支配，
而其敘事活潑與激昂最能振奮人心。第二部分〈個人的發展〉（The
Development of the Individual）的核心是對傳記與肖像畫呈現的人格
特質形式進行討論，並且顯示其中蘊含的強烈自我覺察與興趣。布克
哈特在這方面對中古時代與文藝復興的情況做了對比，但是不可避免
地被批評為過度誇大：

　　在中古時代，人類意識的兩面，亦即內省與外求，在共同面
紗掩蓋下處於半夢半醒狀態。這層面紗由信仰、幻覺與幼稚的偏
見編織而成，透過面紗看到的世界與歷史帶有一種詭異色調。人
們意識到自己只是種族、民族、黨派、家族或團體的成員──只
能透過某種一般性的範疇來定位自己。在義大利，這層面紗首先

420

消散成空氣；對國家與此世一切事物進行「客觀」討論與思索成為可能。在此同時，「主觀」面也以相應的強調提出自我的主張；人成為精神的「個人」，而且如實地認識自己。

第三部分〈古代的復興〉（The Revival of Antiquity），其雖然包含先前援引有關人文主義者生活的精采描述，但理所當然比較容易預料。接下來的〈世界與人的發現〉（The Discovery of the World and of Man）則以客觀性為主題，將客觀性呈現為文藝復興個人的另一項特質，他被迫冷靜計算與如實地理解世界，而非將世界理解成可能是什麼或應該是什麼。然而對他而言，對外在世界的敏銳沉思也是一項愉悅的來源。

雖然布克哈特的作品強調文藝復興的異教非道德性，而且幾乎未能認識到文藝復興的虔信性質，但最後一部分〈道德與宗教〉（Morality and Religion）卻顯示出布克哈特發覺要編製整體社會的道德資產負債表有其難度。他呈現的義大利文藝復興是個對官能體驗與殘酷行為加以精緻化的世界，沉溺於優雅的恐怖，尤其是對報復的追求，不過這種做法並無新意。他的描述停留在波爾吉亞家族毒殺政敵的惡名，以及對但丁筆下故事的回憶──這些故事培養的全是這類名聲，而且受到十八世紀哥德式小說（通常以義大利為背景）與拜倫（Byron）和布朗寧（Browning）詩文的增色。在日耳曼，文學「狂飆」（Sturm und Drang）運動有時會向義大利尋求暴力與恐怖場景，日耳曼與義大利的愛情故事則具體表現在歌德（Goethe）《義大利之旅》（Italian Journey）對義大利異教誘惑的描述上。布克哈特到了最後仍努力營造一種不可磨滅的印象，雖然他有時強調獨特的義大利特徵，但他最重視的還是作為現代（原型的現代性）的文藝復興。文藝復興的義大利人是「現代歐洲諸子中的初生子」。

阿克頓讚美布克哈特的作品，認為「它的優點在於作者以原創的方式運用常見的書籍，而非進行積極嶄新的調查」。這是典型的阿克頓式謙遜的說法：作者在檔案館待久一點，不會讓自己更糟。這不僅僅是懷疑，但的確點出了事實，雖然這種說法並不公允。儘管布克哈特參考的書籍範圍相當廣泛，而且未明確指出是哪些書籍，我們仍可從他對文藝復興人格與環境的一般概念，以及他對文藝復興的原初討

421

論中看出，支配他的作品的是哪些知名作品與作者的綜合體：瓦薩里
（Vasari）的《藝苑名人傳》（*Lives of the Artists*）（技法，技術，
自豪）；本維努托·切里尼（Benvenuto Cellini）的《自傳》（*Auto-biography*）（在藝術大師引導下，以目中無人的自信支持惡棍與非
道德的生活）；阿瑞提諾（Aretino）（以筆作為一種自我主張、殘
酷與報復的武器）；當然，還有馬基維利；弗朗切斯科·斯佛爾查，
最成功的傭兵隊長，他讓自己順利當上米蘭公爵；佩脫拉克，一位具
有強烈自我覺察與對古代充滿熱情的先驅者；卡斯提里歐尼
（Castiglione）的《廷臣》（*The Courtier*）是描述紳士的著名範本，
這部作品顯示對近來日耳曼、新希臘的道德與哲學文化的關注。提起
這些作品不是為了減損布克哈特的原創性，而是為了讚美他將這些主
題交織成一個合理而醒目的綜合體，無論受到什麼樣的限制，這個綜
合體對於研究文藝復興的史家而言仍是一項挑戰與參考指標，而且仍
被尊崇為一部極可讀的作品。

　　事實上，我們很難想像布克哈特會缺乏讀者，至少只要尼采筆下
被解放的英雄繼續讓讀者著迷就不會如此。一般而言，十九世紀的自
由史本身也逐漸成為歷史。崔維廉的義大利統一運動三部曲（1907-
11）焦點集中在加里波底（Garibaldi）身上，其或許是最後一部被視
為自由派民主與民族主義史詩的重要歷史作品。崔維廉是麥考萊的外
甥孫而且長期對抗著新專業主義對生動敘事的輕蔑，他在《加里波底
守護羅馬共和國》（*Garibaldi's Defence of the Roman Republic*,
1907）的序言中提到，加里波底的生命是「詩與羅曼史的和弦」，但
他也懷疑「與加里波底相關的記憶，如今是否能引起比維多利亞時代
多了份世故少了點理想主義的這個世代的英國人的興趣」。崔維廉對 422
當時的時代過於悲觀，但長期而言他的說法卻相當正確。一般來說，
十九世紀最後幾年的新思想氣候，對於廣大選民支持的社會主義深感
畏懼，經常造成以陰鬱的眼光重估民主，而且也澆熄了追尋議會制度
根源的熱情。歷史的「科學」與「客觀性」崇拜亦是如此，它連結著
歷史專業的興起。夏爾·佩提·杜塔伊（Charles Petit-Dutaillis）在
一九〇八年對斯塔布斯作品進行增補的序言中，故示親切地提到斯塔
布斯的思想起源是自由派愛國主義的日耳曼學界，他認為斯塔布斯從

中得到「樂觀主義與愛國主義的英格蘭歷史概念」。杜塔伊又說，如今，「當許多幻覺被驅散，當幾乎每個文明國家設立的議會制度更加明白地顯示其不可避免的褊狹心態，以及當國籍的形成把歐洲轉變成武裝陣營時，撰述歷史的熱情也隨之消退。」杜塔伊是對的，民族主義長久以來連結著浪漫主義與自由主義歷史觀，現在卻在「現實政治」（*Realpolitik*）中找到口號，這個新詞彙象徵著「國家理性」（reason of state），主張不擇手段追求成功，而且通常追求的是支配而非只是追求獨立。這種「新」民族主義對史學史的意義，我們將在稍後的章節再做討論（第二十五章）。但在此之前還有一個新世界需要探索。

第二十四章
新世界：美洲經驗

蒙特祖馬廳：狄亞斯、普里史考特與新西班牙的征服

美國的建立可視為是一則發生於最廣大地理範圍的自由故事。對 423
美國第一位史家喬治‧班克洛夫特（George Bancroft, 1800-1891）而
言，美國自由是誕生於日耳曼森林的自由的民主延伸。其他史家，尤
其弗瑞德里克‧傑克森‧特納（Frederick Jackson Turner, 1861-
1934），則傾向以自給自足的角度認為美國自由是由土地本身與開闊
邊疆所形塑，這個過程一直持續到特納的時代才告一段落。都鐸王朝
的清教徒認為英格蘭人是被選定的民族，這種概念被十七世紀殖民者
帶到新英格蘭，因而與北美的自我意識交織在一起。

但美洲的歷史也可說成是剝奪、鎮壓與奴役的故事，它最早開始
於歐洲對美洲大陸的滲透，即西班牙征服墨西哥。新世界最早的史家
是西班牙人，他們自然而然將征服的故事說成是史詩般的成就，使其
沾染上十字軍的概念。當新英格蘭普利茅斯莊園殖民者於一六二○年
代在他們的上帝面前掙扎求生時，寇特斯（Cortés）與西班牙征服者
推翻蒙特祖馬的阿茲特克帝國並在其廢墟上建立「新西班牙」已歷百
年的時光。而從西班牙人開始在曾以近乎工業的規模進行活人獻祭的
阿茲特克大神廟遺址建立巨大的巴洛克式主教座堂算起，也過了五十
多年。這則征服故事只花了兩年時間（1519-21），是有史以來最離
奇的故事。色諾芬的遠征波斯與寇特斯的遠征具有某些相同的特徵， 424
但其並未開創新的基礎。亞歷山大遠征的規模更大，但故事不像西班
牙人那麼具有戲劇張力，因為亞歷山大與他的軍隊征服「蠻族」帝國
後，又繼續往東前進。

在同胞的史詩探險及後續發展吸引下編纂編年史的西班牙史家，
對絕大多數英國讀者而言，主要的意義只有姓名而已。巴爾托洛梅‧
德‧拉斯‧卡薩斯神父（Fra Bartolomé de las Casas）是個例外，他

為被征服的印第安人（本書將如此稱呼他們）發出不平之鳴，此舉使他名垂千古。另一個例外是追隨寇特斯從海岸向阿茲特克首都進軍，並且與寇特斯一起激烈戰鬥的同伴，貝爾納爾・狄亞斯。他的描述寫於晚年，是一篇生動而充滿活力的敘事，擺脫了傳統的比喻與華麗的修辭，從將近四百名西班牙士兵帶了十六匹馬與十把黃銅槍登陸猶加敦（Yucatan）海岸說起，到標誌西班牙全勝的特諾奇提特蘭（墨西哥城）遭血腥圍城、摧毀與攻陷為止。狄亞斯的目擊陳述與敘事優點，使他的作品在現代被翻譯成英文版《新西班牙的征服》（*The Conquest of New Spain*）。

另一部以英文撰寫的經典敘事是威廉・希克林・普里史考特（William Hickling Prescott, 1796-1859）的《墨西哥的征服》（*The Conquest of Mexico*）。普里史考特與十九世紀中葉從事寫作的所有著名美國史家一樣，都是哈佛大學培育的新英格蘭人。普里史考特克服近乎全盲的殘疾撰述了大量作品，其中最早的一部是關於十五世紀末與十六世紀初完成西班牙統一並且贊助哥倫布（Columbus）出航的國王斐迪南（Ferdinand）與女王伊莎貝拉（Isabella）治下的西班牙史（1838）。之後，他為《墨西哥，祕魯的征服》（*Mexico, The Conquest of Peru*, 1847）添上附錄與一段未完成的西班牙菲力普二世的歷史。在《墨西哥的征服》中，普里史考特大量使用狄亞斯的描述，並在《筆記》（*Notebooks*，現已出版）中表示狄亞斯是「我的主要權威」，儘管狄亞斯的文學能力受到貶抑且以其「樸實」風格見長（*Mexico*, V. 文末注釋）。狄亞斯無法聲稱這是他的功勞。普里史考特是相當重要的學者，曾在西班牙檔案館從事研究。因此，與四分之三個世紀前羅伯特森撰寫《美洲史》征服章節相比，普里史考特對狄亞斯的依賴相對較少。普里史考特曾經出版謝辭前言，並且在注釋中提供了大量史料來源。

狄亞斯與普里史考特的作品今日讀來仍令人興味盎然，兩人的優點是彼此對比與互補。他們的故事實際開始於寇特斯接受任命，在古巴總督維拉斯奎斯（Velasquez）資助下率領探險隊前往猶加敦半島；普里史考特描述寇特斯曾是個放蕩不羈的探險家。猶加敦半島在兩年前，也就是一五一七年，已被西班牙人發現；狄亞斯與他們同行並且描述此行的見聞。總督不久便後悔做了這項任命，而且打算逮捕

寇特斯，但他逃走了。於是維拉斯奎斯派了人數更多的兵力追捕他，但寇特斯先以高超的戰術擊敗他們，而後又僱用他們。這支探險隊的經歷是個軍事戰鬥的故事，寇特斯在穿越阿茲特克帝國境內時與帝國轄下的各民族戰鬥並且贏得他們的支持。他利用阿茲特克皇帝蒙特祖馬統治的不安，以及西班牙人造成的敬畏：西班牙人穿著盔甲、蓄鬍又攜帶火器，有些人騎馬，印第安人從未見過這種陣仗。寇特斯偽裝成他們的拯救者；狄亞斯並未對這種欺騙行徑做出評論，但普里史考特卻說得很露骨：

> 唉！他們看不見未來，否則他們會發現沒有理由對於這場遠逾他們的吟遊詩人與先知所能預言的革命徵兆高興……文明之光將傾瀉在他們的土地上；但這道光將是燒毀一切的火焰，他們未開化的榮耀、他們的制度、他們作為一個民族的存在，都將在火光中萎靡與滅絕！當白人踏上他們的土地時，他們毀滅的命運即已註定。（II. vii）

西班牙人在各地受到幫助，不僅因為各地居民對蒙特祖馬皇帝不滿，也因為在墨西哥人的神話中，他們的神祇奎查爾寇阿特爾（Quezalcoatl）曾預言白皮膚的半神將抵達並統治他們。

西班牙人行經的奇異地形與他們對墨西哥文明的逐漸瞭解，使這則故事成為令人著迷的戰爭敘事。西班牙人驚異於墨西哥人的技術與處理金銀、棉與羽毛的工匠手藝，以及他們計畫完善的城市與石砌建築，同時也驚懼於他們高度儀式化與大量活人獻祭的證據。高潮的場景是特諾奇提特蘭城的出現，它矗立於湖上，運河以直角縱橫其中，且有堤道連通。龐大的人口（以歐洲的標準來看），巨大的市場，聳立於大道兩旁獻祭用的金字塔形高塔，以及蒙特祖馬的宮殿，連同花園、巡迴動物園與精緻的宮廷儀式，這些都是三十年前哥倫布發現的新世界從未見過的事物。如狄亞斯告訴我們的，可以理解的是西班牙士兵覺得自己彷彿置身於十六世紀初流行的羅曼史幻想故事裡。

狄亞斯承認自己「不是學者」，他也坦承有時在表達自己與同伴的反應時有不當之處。他提到他們的驚奇，但他知道自己無法適當傳達他們的感受，儘管他盡了全力。狄亞斯平淡無奇的實錄對現代讀者

426

而言反而是項優點，對普里史考特來說亦然，這使狄亞斯不受現成的傳統隱喻與華麗詞藻所影響。他當然提到騎士的羅曼史，而且恰當地將大城的圍困與摧毀比擬成耶路撒冷的陷落。他也提到寇特斯在對部隊演說時，認為他們的功績足以與羅馬人相比（*New Spain*, pp. 405, 131）。不過，狄亞斯的歷史一般而言不帶有文學的自我意識。用現代的話來說，他告訴讀者事情如何發生。普里史考特稱狄亞斯是「未經琢磨純任天性的小孩」，並且對其敘事風格致敬。普里史考特將狄亞斯的敘事比擬成攝影或銀版照相，這種說法想必是最早的文學比較例子：「他引領我們進入軍營的核心，我們與士兵一同擠在營地裡，一同疲憊地行軍，聆聽他們的故事、他們的牢騷話、他們的征服計畫、他們的希望、他們的勝利、他們的沮喪。」（*Mexico*, V，文末注釋。）

這種說法只能說還算公允。狄亞斯不僅向我們訴說精采特異的故事，即便讀者閱讀的現代譯本已將其中枝節與重複的部分刪除；他也賦予征服者人性，偶爾提到他們的名字，或者說「我忘了他的名字」，而且在不經意間個別地介紹他們。寇特斯是位能激勵人心的領袖，但也相當狡詐；歐爾梅多神父（Fra Olmedo）是隨軍的慈悲僧侶，他有時明智地約束士兵狂熱地破壞偶像。此外還有一些比較卑微的人物：如面貌極為醜陋的火槍兵，寇特斯說墨西哥人把他當成偶像（p. 117）；在猶加敦岸邊發現的西班牙人，他「與土著一起生活」，拒絕回到同胞身邊，但狄亞斯對他並無責備之意（p. 60）；無法勝任的占星術士（pp. 297, 301），他使狄亞斯在不知不覺中寫下非典型的荷馬風格文字：「他的占星術幫不了他，因為他跟他的坐騎一起喪命。」然後是一名士兵，「一個彬彬有禮的男子，雖然很難知道他心裡在想什麼」，他負責看守被俘的阿茲特克皇帝並且叫道：「該死的狗⋯⋯我已經受夠了整天看守他！」（pp. 253-4）當然還有蒙特祖馬本人，有關他的描述充滿了尊敬與同情，而在一般的墨西哥人當中，特別令人難忘的是肥胖的「酋長」及其醜陋的姪女（墨西哥女子經常被狄亞斯描述成美麗動人，而他自己也擁有一名女子），寇特斯必須接受她作為禮物，並且「裝出一副愉快的樣子」（p. 125）。值得注意的是，根據普里史考特的記載，生來即是領袖的混血子嗣，包括寇特斯自己的子女，也被徵募為西班牙貴族。

　　狄亞斯給讀者的印象是既無情又仁慈。他予人一種寬容的印象，他接受自己發現的各個族裔，他憐憫蒙特祖馬，他與所有西班牙人一樣，對墨西哥人以活人向「偶像」獻祭感到驚駭。狄亞斯的文字傳達出蒙特祖馬的慷慨與威嚴，當寇特斯囚禁蒙特祖馬時，讀者與皇帝本人均同感震驚。當蒙特祖馬被殺時，狄亞斯在墨西哥人反抗外國人的暴動中偶然提到此事，西班牙人的哀悼顯然發自內心：「寇特斯與我們所有的軍官與士兵都為他流淚，我們當中凡是認識他以及與他有過接觸的人沒有不感到哀悼的，他彷彿是我們的父親，這不令人驚訝，因為他是如此和善。」（p. 294）另一方面，狄亞斯卻毫無悔改之意，他反駁拉斯・卡薩斯指責西班牙人懷疑（或許確有其事）印第安人想造反而進行屠殺的行徑。狄亞斯的論點分為兩部分：征服是合理的，事實上征服宛如十字軍東征，而屠殺本質上是為了軍隊的生存，沒有屠殺就沒有征服。普里史考特堅持應以十六世紀而非十九世紀的標準與觀念來判斷這個事件，但他也坦承較具選擇性與較節制的報復行動應已足夠（*Mexico*, III.vii）。

428

　　雖然普里史考特的說法不免對兩個民族的後裔造成冒犯，卻在讀者心中留下難以磨滅的睿智形象。普里史考特並非清教徒，他在南歐旅行時學到對天主教保持尊重。這使他免於頑固而咄咄逼人的褊狹主義（儘管他在德國受過教育與擔任過外交官），不過如此的問題卻出現在另一位同樣也是畢業於哈佛的研究十六世紀的歷史學家約翰・洛斯若普・莫特利（John Lothrop Motley）身上，他的作品《尼德蘭共和國的興起與衰亡》（*The Rise and Fall of the Dutch Republic*, 1855）因為褊狹這項缺點而失色不少。普里史考特的紳士風度的寬容顯然受十八世紀啟蒙運動的影響，卻沒有啟蒙運動破壞偶像的狂熱：他自由運用「哲學的」這個重要詞彙。他對征服所抱持的立場，與基督教的耀武揚威、內省的新教反天主教信仰、十九世紀的種族傲慢，以及現代反帝國主義原則均保持一定距離。有人認為普里史考特並未站在上述任何一項立場而發表激烈的黨派言論是一項缺點，對此他在《筆記》中做了回應，儘管是自言自語：「絕不口出惡言，那是違背歷史的、缺乏哲學思維的與毫無紳士風度的。」這三個形容詞轉變成正面形式就能貼切地說明普里史考特的特質。他認為征服既是非凡的成就與探險——他用「史詩」與「羅曼史」來形容——也是一個文化與一

個民族的毀滅，不過他也希望自己別高估了墨西哥的文明規模。

普里史考特不反對下判斷：極度崇拜「客觀性」的時代尚未在史學史露出曙光，而所謂「客觀性」意謂著不下判斷而且避免判斷。如我們所見，他認為要以十六世紀的標準來評斷十六世紀人物的行為。另一方面，他並未被活人獻祭的恐怖所蒙蔽而未能看出獻祭背後的信仰，或未能看出蒙特祖馬數十萬臣民曾經有過的和平、自信傳統的生活被西班牙征服所毀滅，而這樣的生活顯然要比他們與他們的子孫未來在非自願下成為天主教徒與查理五世和菲力普二世的臣民要好得多。寇特斯勇敢的墨西哥盟友在寇特斯對抗阿茲特克帝國的戰爭中成了悲情的冤大頭，他們在毫不知情下合作毀了自己的自治地位與文化。

普里史考特的寬容公正與某個在今日或許爭議更大的特質有密切關係，這項特質在十九世紀受到廣泛讚揚，但在二十世紀有時卻受到嚴厲貶抑：他的寫作具有文學的自我意識，說他的寫作帶有英國「奧古斯都」時期風格亦無不可——這正好是狄亞斯的描述缺乏的特質。從普里史考特寫給自己的筆記可以清楚看出，風格對他而言與內容一樣重要，此外，史詩與如畫作一般的主題也能夠吸引他，雖然在早期西班牙歷史的作品中，普里史考特自然地受到征服的吸引而將其當成主題。相較於華盛頓·厄文（Washington Irving）的哥倫布傳記，普里史考特把自己的計畫說成是「獻給史家之筆的最詩意的主題」。他的出發點很單純，他只是在吉朋自傳的激勵下立志成為史家，而他的散文也充分反映出吉朋的風格。我們也發現他思索了李維描述漢尼拔翻越阿爾卑斯山的風格，而這似乎也反映在《墨西哥的征服》中。他提醒自己必須呈現軍事史的多樣性以及：

> 描述壯觀如畫的西班牙人行軍場景；敘述各種建築遺跡、農產品、山脈、城鎮等等，此外，對照當地現狀，提供適宜與有益的樣貌，為歷史圖象注入生命與色彩；敘述蒙特祖馬宮殿、宮廷禮儀、生活方式、他的花園、自然史收藏等等；墨西哥市、它的建築、市場、人民風俗等等……

現代讀者已經知道普里史考特的歷史完成於十九世紀中葉之前，

429

因而很容易發現他的作品帶有陳舊的「十八世紀」措詞，例如「適宜 430
與有益的」。從一些跡象可以看出普里史考特自己也察覺到這點，特
別是他與曾撰寫征服史（雖然簡略得多）的十八世紀偉大前輩威廉‧
羅伯特森之間的關聯性。「留意羅伯特森，」他在日記中告誡自己，
「直到主題已經在我心靈成形並且形諸文字，否則絕對別看羅伯特
森，我必須避免受他的風格影響。」這個告誡或許不完全成功。普里
史考特生於十八世紀，在十九世紀的前數十年，美國文學仍受英格蘭
與蘇格蘭十八世紀模式的高度影響。二十世紀評釋者極不認同普里史
考特的作品具有十八世紀風格。然而，在一個半世紀前寫作的作者有
時應該會類似於兩個世紀前寫作的作者，為什麼這一點會困擾我們？
或許因為他的作品不大像美國風格。

　　普里史考特對「或者」這個詞的使用非常具有吉朋的風格，無論
是指出對立詞還是插入懷疑或條件：「蒙特祖馬的宗教，或者正確地
說是迷信……」（Mexico, II.vi）不同字體也一如典型的吉朋做法，
用來暗示懷疑：「**據說**每年都有六千名受害者被送上血腥的神龕充當
祭品。」（II.vi）普里史考特對於墨西哥宗教詮釋所做的評論，帶有
一種吉朋式的高傲。原本墨西哥宗教被西班牙人視為對魔鬼的崇拜，
然而，

　　　一個世紀不到，同一批西班牙人的子孫卻在阿茲特克的宗教
神祕中辨識出猶太教與基督教啟示的特徵——其實模糊而難以看
清。不識字的士兵與學者得出截然不同的結論。不受迷信左右的
哲學家也會困惑於哪種說法較為特出。（IV.iii）

　　這是位仍在思索的「哲學史家」：結論中顯現的困惑顯然受十八
世紀的影響。在別處，普里史考特似乎對吉朋作品中著名的對立詞做
了一些更動（「抵抗必死無疑，高飛亦無可能」，Decline and Fall,
III）：寇特斯的軍隊似乎中了圈套，以致「要戰鬥還是高飛似乎都同
樣艱難」（Mexico, III.Vi）。

　　普里史考特的散文帶有英國奧古斯都時期的嚴肅風格，這使他的
文字成為記錄阿茲特克首都的壯麗與環繞著蒙特祖馬的精緻建造、奢
侈品與儀式的利器。普里史考特當然不會錯過機會做出東方式的類 431

比，包括「女性陰柔特質」這類標準說法：

> （魚池）岸邊為各種水鳥提供棲息之所，針對這些鳥禽的習性都已仔細做了調查，所以有些池子是鹹水的，一如牠們最愛聚集的環境。以大理石鋪設的道路圍繞著廣大水灣，輕盈而奇特的大帳篷延伸其上，花園的芬芳香氣飄然而至，在酷暑中為國王與嬪妃提供了一處清涼之地……
>
> 這個地方如今已成了灌木叢生的蠻荒之地，香桃木陰暗、光滑的葉子混雜著紅莓與胡椒樹脆弱的枝葉。當然，再沒有別的地方比這裡更適合清醒地沉思過去；再沒有別的地方比這裡更適合旅人——當他在歷盡滄桑的柏樹下，與陳年的苔蘚一同席地而坐——思索印第安人與曾在此樹下舉辦宮廷饗宴的國王的悲慘命運。
> （IV. i）

當然，對阿茲特克人而言，西班牙人充滿了不可思議，普里史考特的文字捕捉了西班牙人引起的敬畏與驚奇——他們為圍攻特諾奇提特蘭而建造船隻，當船隻划過圍繞城市周邊的湖面時，這副情景還是第一次見到：「對單純的原住民來說，這是個奇異景象；他們目瞪口呆看著這些在水面上輕巧跳躍的壯觀船隻，宛如海鳥振起雪白的雙翼飛翔……」（VI. iv）

普里史考特的比喻與措詞充滿十八世紀風味，用來描述戰爭與流血場面讓人甚感厭倦，陳舊的習慣用語壓垮了整個敘事。可以料想得到，狄亞斯深諳戰爭敘事：詳細、寫實，而且一副軍人口吻。他特別善於表達長期戰鬥後的倦怠與戰爭之前的恐懼。當然，普里史考特的寫作範圍也包括了景象，這點恐怕狄亞斯力不能及，而他也志不在此。

我們知道歷史視角也是景象的一種，從歷史視角觀察更能清楚瞭解墨西哥人處境的悲慘。相形之下，狄亞斯只有在據他親眼所見這種悲慘影響到某個個人與國王（即蒙特祖馬）時才加以記錄。構成背景的風景具有崇高而如畫的性質，相對來說，感性，如我們所見，也是普里史考特審慎培養的性質，而它也標誌著從狄亞斯到普里史考特這三百年間歐洲感性的變化。普里史考特致力於上個世紀所發展的崇高

432

與如畫的審美範疇。狄亞斯回應花園與花卉、安逸與富足，就這點來看，他不只是追求舒適的軍人，也是時代下的產物。崇高的風景一般而言並不舒適，甚至帶有危險，對這種風景的欣賞始於上古世界，本質上來說是過度文明的。普里史考特以狄亞斯未有的方式沉醉在寇特斯一行人面前開展的風景：在海拔差異下，多樣的氣候產生了各種植物類型，從峭壁上亦可瞥見谷底豐饒的植被。（普里史考特援引地質學家與地理學家亞歷山大・馮・洪堡德〔Alexander von Humboldt〕的作品來描述風景。）軍隊的行進引導他的描述穿越火山活動的不毛之地：

> 他們穿越荒涼的景象，小徑時常引領他們沿峭壁邊緣而行，瑟縮地往峭壁下兩三千呎深處望去，可能看見另一種氣候與色彩鮮明的熱帶植物，遍布於峽谷底部。（III.i）

之後，當然，前方出現遼闊的遠景，尤其這是征服者首次看到阿茲特克首都。他們朝首都前進，此時狄亞斯無法適切描述眼前的景象，他援引流行的羅曼史《高盧的阿瑪迪斯》（*Amadis de Gaul*）：它「就像阿瑪迪斯故事中被迷惑的幻影。事實上，有些士兵甚至懷疑自己是否身處夢境……這實在太過美好，以致我不知如何描述自己首次看到的這幅從未聽過、見過或夢過的景象。」（*New Spain*, p. 214）。對普里史考特來說，這個奇景是從遠眺這座美麗的墨西哥城開始：

> 她與她的白塔與金字塔神廟安穩地躺在湖泊的懷抱裡——遠近馳名的「阿茲特克人的威尼斯」。居高臨下的恰波特佩克（Chapoltepec）王室山丘是墨西哥諸王的居所，上面長滿相同的巨大柏樹，廣闊的樹蔭至今仍遮蔽大地。穿過湛藍的湖水，遠處幾乎被茂密枝葉所掩蓋，隱約只看到閃亮的小點，那是與此地競逐的都城特茲庫科（Tezcuco），再往遠處望去，斑岩構成的暗色環帶圍繞著整座山谷……（III.viii）

433

普里史考特藉由描寫景象而寫下大量文字，他希望這些描述能賦

予他的歷史性格與吸引力。至於另一種風景，北美的蠻荒地帶──十七、十八世紀對這個地區的瞭解僅限於密西西比河（Mississippi river）──則是十九世紀第二位偉大的美國史家所挑選的歷史場景。

蠻荒的前哨：帕克曼的大西部歷史

　　土地是與普里史考特同時代的新英格蘭年輕後輩弗蘭西斯·帕克曼重要的靈感來源，他經常稱它為「森林」。土地在帕克曼作品中具有深刻的支配地位，因為在廣闊北方荒野中並無出人意表的原住民文明可吸引史家與讀者注意。取而代之的是森林居民，有原住民也有歐洲人或歐洲混血兒：獵人與捕獸者（後者絕大多數是法國人），用法文表示是 *coureurs de bois*（盜獵的皮貨商）。帕克曼不僅對獵人與捕獸者感興趣，他也曾清楚表明，一開始最吸引他的其實是森林；包括森林中的印第安居民與法國天主教傳教士以及貿易商，這些法國人最初沿著水系探索，從聖勞倫斯河與大湖區到墨西哥灣。帕克曼發現，在賓夕法尼亞州、紐約州與維吉尼亞州西部殖民的英裔農民先驅具有永久的定居性，他們代表土地的未來。儘管如此，帕克曼是浪漫主義者而非盎格魯撒克遜美德的宣傳家，坦白說，他對這些英國後裔並無太多興趣。他知道這些移民破壞了森林與印第安人的生活方式，一如寇特斯與屬下對墨西哥古代文明的摧殘，因此他對這些人的感情頂多是宿命論式的，並不帶有熱情。

434　　帕克曼很早就對美洲森林產生濃厚的愛好。不管在新英格蘭學校還是身為哈佛大學生，他在大學期間閱讀了許多上古史家的作品，一遇到假期他便盡可能將時間花在新罕布夏州與緬因州的偏僻密林裡。他極為傑出的第一部出版品是以第一人稱敘述自己到遠西地區進行長期而辛苦的探訪旅程，書名是《加利福尼亞州與奧勒岡州小徑》（*The California and Oregon Trail*, 1849），通常稱為《奧勒岡州小徑》（提及加州是為了在淘金熱中炒熱話題）。這是一部傑出的十九世紀旅行作品，與道提（C. M. Doughty）的《阿拉伯沙漠之旅》（*Travels in Arabia Deserta*, 1888）齊名，而兩本書也頗為類似。帕克曼終其一生未能擺脫各種病痛的折磨，他與普里史考特一樣罹患嚴重的眼疾，但他仍與印第安人一同生活了幾個星期，印第安人在當時

還維持傳統的生活方式。

帕克曼在他的歷史作品中清楚表示自己經常援引這段與印第安人共處的經驗，不過他描述的印第安人並非他在大草原上親眼目擊的騎馬獵牛的族裔，而是大湖區與俄亥俄州以及密西西比河谷地區的森林居民。從《奧勒岡州小徑》中，人們可以充分瞭解關於帕克曼這個人以及他的態度：他認為生命是一場鬥爭，這種想法早於達爾文主義，不過人們有時發現他的晚期思想受到達爾文的影響；他受到如畫性質的吸引，卻未因此忽略印第安人的悲慘生活與特質，他也堅持不將他們的處境理想化；他以斯多噶思想（stoicism）自持，並且讚賞英勇與獨立的特質；他深信印第安人不可信任而且缺乏堅定的目標。

帕克曼的歷史「全集」由近而遠。他的第一部歷史作品，《龐提亞克的陰謀》（The Conspiracy of Pontiac, 1851），處理的是一七六〇年代英國終於擊敗法國稱霸北美後，印第安人起而反抗英國人的事件。在簡介印第安人的生活方式與各部落人物之後，該書（以領導叛亂的渥太華〔Ottawa〕傑出酋長之名命名）接著探討過去兩個世紀歐洲兩強在北美的對峙，以及它們與印第安人的關係：就法國人而論是好的，西部的法國人是傳教士、捕獸者與貿易商，而且與印第安人自由婚配；就英國移民與英國政府而論是壞的，在擊敗法國人後，英國人的無謀與傲慢隨即引發龐提亞克組成印第安部落聯盟發動叛亂。 435

帕克曼以三個章節調查上一個世紀英國人、法國人與印第安人的關係，而這只是一連串研究的開始，之後帕克曼又以多達七冊的作品研究北美的法國人與英國人（主要是前者），從十六世紀開始，直到十八世紀中葉雙方衝突告終為止。這些作品，除了《龐提亞克的陰謀》與最後一冊，皆以年代順序依次出現，直到一八九二年，此後不久帕克曼即離開人世。這段期間，他還出版了兩本小說與一本有關玫瑰的作品，他是研究玫瑰的專家。從歷史「全集」各分冊的標題可以看出帕克曼作品的性質：《新世界的法國先驅》（Pioneers of France in the New World, 1865）、《北美的耶穌會修士》（The Jesuits in North America, 1867）、《拉薩爾與大西部的發現》（La Salle and the Discovery of the Great West, 1869）、《加拿大的舊體制》（The Old Regime in Canada, 1874）、《弗隆特納克伯爵與路易十四時期的新法蘭西》（Count Frontenac and New France under Louis XIV,

1877）、《蒙卡爾姆與沃爾夫》（*Montcalm and Wolfe*, 1884），以及
《半世紀的衝突，一七○○至一七五○年》（*A Half-Century of Conflict, 1700-1750*, 1892）。帕克曼明顯獨鍾法國。對他來說，美洲
的羅曼史專屬於法國人，其場景不在森林，也不是森林中的印第安居
民，更不是他們古老而瀕於毀滅的生活方式：這些人是盜獵的皮貨
商，他們有時搖身一變成了印第安人；他們是英雄般的耶穌會傳教
士，在遙遠荒野建立孤立哨站，他們是最早的歐洲探險家，是求仁得
仁的殉教者，而他們的成果長期而言如同印第安人傳統方式一樣脆
弱。不過帕克曼並未忽略歐洲強權間的鬥爭，尤其他是從法國駐魁北
克（Quebec）總督的視角來描述此事。

　　在探險者中，最有趣同時也是最具野心的人物或許是卡弗里耶・
拉薩爾（Cavelier La Salle, 1643-87），他不是僧侶，而是一名貿易
商。拉薩爾是法國資產階級，他是從大湖區沿密西西比河抵達墨西哥
灣的第一人，他還夢想在西部建立龐大的法蘭西帝國，以大河連通墨
西哥灣的南部港口，挑戰英國與西班牙的利益。他是帕克曼的英雄之
一，其他的英雄包括貴族出身而且獨裁的法蘭西歷任總督、十六世紀
末的香普蘭（Champlain）與十七世紀末的弗隆特納克，他沿著大湖
區建立了一連串哨站，還有兩位偉大的軍人，蒙卡爾姆與沃爾夫。人
們禁不住想把龐提亞克加入帕克曼的英雄之列，因為帕克曼曾讚揚
（雖然不是毫無條件地加以肯定）龐提亞克的堅毅卓絕與政治家特
質，而且瞭解他是在絕望下才鋌而走險。帕克曼說道，魁北克遭英軍
攻陷以及新法蘭西的投降，對印第安人來說「完全是個災難」。

　　帕克曼評論英國與日耳曼移民時，說他們勤勤懇懇地在賓州、紐
約州與維吉尼亞州西部擴展墾殖的範圍，他對他們的獨立精神表示欽
佩，認為他們遠勝魁北克省那些溫馴服從封建領主的法國農民，並且
對他們的堅忍不拔表示讚揚，認為他們與不受拘束的盜獵皮貨商形成
對比。但英國與日耳曼移民沒有羅曼史：「就效率與力量來看，加拿
大人比他的對手少得可憐；但就受人矚目與引人入勝而論，加拿大人
觸發的想像遠勝他的對手。」（*Pontiac*, I.iii）。在英國人當中，無
人具有香普蘭的偉大願景，也無人像拉薩爾那樣對美洲大陸懷抱帝國
大夢。這些人與他們的作風，而非殖民者，激起了帕克曼的想像，如
他所描述的高潮時刻，拉薩爾與同伴乘獨木舟沿密西西比河順流而

436

下，他們不僅感受到春天的接近，還有更溫暖的南方氣候，此外，在歷經一千哩以上的艱險旅程與極度的物資匱乏後，他們（如同色諾芬的士兵們）感覺大海已經不遠：

> 他們愈往前探險，廣大新世界的神祕面紗便愈揭開一分。他們逐漸進入春天的領域。矇矓的天光，溫暖而令人昏睡的空氣，翠綠的枝葉，綻放的花朵，預示大自然生命的復甦。往後幾天，他們沿著蜿蜒的大河，在折磨人的航行中穿過沼澤與藤叢的不毛之地，直到（一六八二年）三月十三日，他們發現自己被濃霧包圍。完全無法辨識河岸；只聽到右方傳來低沉的印第安鼓聲與戰舞刺耳的叫囂。

在首次遭遇住在泥磚屋以及在神廟向日神獻祭活人的印第安人之 437
後，他們知道旅程已近終點。

> 當他順著混濁的急流而下，漂浮在低溼的岸邊，略帶鹹味的河水轉變成鹽水，微風變得清新且帶有海水氣味。接著廣闊的大灣呈現在他眼前，不斷翻騰的巨浪，遼遠無邊、無聲無息，彷彿生來充滿混亂，毫無船帆，全無生命跡象。

拉薩爾豎起象徵法國武力的柱子，以及宣示路易十四主權的十字架。帕克曼的評論暗示這場美夢不久將化為泡影：

> 那天，羊皮紙上的法國領土大幅擴充。德克薩斯州的肥沃平原；廣大的密西西比河流域，從寒凍的北方源頭到悶熱的灣岸；從森林茂密的阿勒格尼山脈到寸草不生的洛磯山脈峰頂——這片布滿草原與森林、被陽光烤得龜裂的沙漠，以及茂密草地的區域，它受到上千條河流的灌溉，散布著上千好戰的部落，他們全向凡爾賽蘇丹的權仗低頭；因為人類的聲音微弱，只要相距半哩便音訊中斷。（*La Salle*, XX）

即使就狹義的疆界來看，路易西安納地區長期而言也未成為法國

人的領土：密西西比河未如拉薩爾依偉大法國政治家命名的成為柯爾貝爾河（the river Colbert）。

帕克曼顯然樂於提到歐洲的上古世界，拉薩爾返回這個世紀，再度率領探險隊從海路前往墨西哥灣，然而他錯過了密西西比河口，最後在充滿敵意的岸上遭遇不測，被叛變者所殺。西部蠻荒與法國宮廷陰謀及繁文縟節的奇異組合，不斷激起帕克曼的想像。「許多英勇的紳士，許多高尚的法國人，他們踏過凡爾賽地毯的雙足踩在森林的黑土與軟苔上。」（*Pontiac*, I.ii）帕克曼在英國、法國與北美的檔案館進行研究。要寫出帕克曼的作品必須仰賴大量一手史料：信件、回憶錄與戰報。就某個層面來說，帕克曼算是一名先驅者，而他也承認這個類比。在評價法國人時，帕克曼認為法國人對新舊事物做了突兀的結合，他們一方面將嚴密的社會結構帶到魁北克，另方面又與印第安人維持極有彈性的關係，就連他們的總督也是如此。弗隆特納克伯爵（1620-98）對印第安人作威作福，如同一位既父權又和藹的「大領主」，他「像印第安酋長一樣飾以羽毛塗上彩繪，在愉快的盟友營火旁跳著戰舞高唱戰歌」（*Pontiac*, I.iii）。在英國人中，威廉‧培恩（William Penn）與印第安人的關係格外友好，然而難以想像他會做出類似的事。耶穌會傳教士更是引人注目地跨越了兩個世界：

> 我們看到他們在阿卡迪亞（Acadia）寒凍的森林裡穿著雪鞋努力求生。他們與遊牧的阿爾根琴人（Algonquin）為伍，蜷縮在擁擠的打獵小屋，或待在充滿煙霧幾乎令人窒息的巢穴裡，或與飢餓的狗群爭搶少許糧食。我們也看到黑袍僧侶涉水通過渥太華的白色湍流，他與他的野人同伴拖著獨木舟奮力對抗凶猛的河水。我們也看到在休倫人（Hurons）的黑森林中，他穿著明亮的僧侶祭服，向飾以羽毛全身彩繪的改宗跪拜群眾主持聖餐禮……（*Pontiac*, I.ii）

然而，位於新法蘭西心臟地帶的魁北克「不存在增加的原則」（no principle of increase），在森林中，「野蠻人未成為法國人，法國人卻成了野蠻人。」在此同時，在更南方的地區，英國移民緩慢而堅定地向蠻荒地帶屯墾，「倒在斧頭前的森林，在秋火中冉冉升起的

陰暗煙塔，是軍隊的前鋒。」在聖羅倫斯河谷與大西洋沿岸，「封建制度擺好陣勢對抗民主制度，天主教對抗新教，刀劍對抗犁頭。」（*Pontiac*, I.ii）但英國移民到了十八世紀中葉才開始超越阿勒格尼山脈的藩籬，而英軍在西部與法國人和印第安人的戰事正好位於賓州與西維吉尼亞州的邊境之外。英國勝利後，除了少數從法國人手中奪來的遙遠哨站的駐軍，這批移民遭受龐提亞克煽動的印第安人暴亂的恐怖襲擊。

局勢最複雜的地區當屬賓州，帕克曼寄予此地陰沉的幽默而非無限的同情。這些邊疆居民被他們的家人與朋友的命運所激怒，於是遷怒於已改信基督教在賓州過著和平生活的印第安人。這些印第安人被送到費城接受看管並受保護，但頑固且目無法紀的邊疆居民卻發動暴亂企圖劫獄。負責保護印第安人的是貴格會（Quakers）。然而在帕克曼的敘述裡，這群貴格會人士未能發揮作用，身為多愁善感者，他們對於邊疆的殘暴故事深感懷疑，身為和平主義者，他們堅持不組織防衛力量對抗暴亂。被激怒的邊疆居民大部分是來自阿爾斯特（Ulster）的新教徒，他們對聖經的好戰詮釋使他們要求懲罰惡人，與對手貴格會對聖經的解讀形成強烈對比。帕克曼採取「一名有人性的學生」（普里史考特會說「有哲學心靈的」）的超然立場，他對「白人殘暴的野蠻行徑」（有時超越了印第安人）與和平主義（有時淪為委屈求全）面對印第安人主戰派的愚蠢深感哀悼（*Pontiac*, II.viii）。

帕克曼的叛亂故事主要談的是散布於大湖區的小堡壘遭受圍攻的故事，他為這個故事添上龐提亞克這個雖然名氣響亮，卻充滿神祕感的名字。所有的堡壘唯有底特律藉由湖泊獲得補給而堅守超過一年，其餘的堡壘全被攻陷，守軍不是被殺就是被俘；後來有些俘虜脫逃或是獲釋，帕克曼的資料大部分出自他們的陳述，不過未被攻陷的底特律自然是所有故事中篇幅最長與最完整的。帕克曼以特有的描述天分呈現這群人數寡少、孤立無援受到圍困的士兵（大部分是蘇格蘭人），在與文明失去聯繫下面臨的處境，同時也提到被俘士兵遭受的痛苦折磨。逃亡者面對孤獨、恐怖、飢餓與困惑，而帕克曼顯然以自身經驗說明他們的困境，被「森林中上千個陷阱與障礙」層層圍繞，在黑暗中，一切變得更恐怖：

439

440　　　終於，他聽到附近溪流的潺潺水聲，於是朝那兒走去，沿著
鋪滿礫石的河床跋涉，以免在森林軟土與爛木上留下足跡，讓追
捕者的獵犬本能循跡追來。清晨，雲霧瀰漫，他仍努力摸索，此
時他的注意力被一棵古老樺樹的詭譎形態吸引，它的白色樹皮垂
掛下來，一股悲慘的熟悉感浮現眼前。附近的樹叢隱約升起了藍
煙，他頓時感到一陣恐怖與驚駭，他認出了這正是幾個小時前他
逃出的火堆。

　　帕克曼繼續重建被圍困在森林中的人的典型經驗，死亡與折磨追
逐著他，直到他偶然間抵達某個邊境哨站，或「絕望而死，成了狼群
乏善可陳的一餐」（*Pontiac*, II.v）。
　　對印第安人而言，當然，森林是家也是生計來源。「他不學習文
明的技藝，他與他的森林共存亡。他們心靈的堅定、不變的特徵，激
起我們讚美他們的堅忍。」（*Pontiac*, I.i）帕克曼對印第安人性格與
外表的一些描述可能會惹惱後殖民的感受，例如，他喜歡「蛇眼」，
但就他的時代標準而言，他的態度是複雜的。他會說，他的態度與印
第安人性格的反覆無常相符，而印第安人這種性格必須被歸類為「另
一種人心難測的謎團」。他讚美印第安人「高傲的獨立」、尊嚴與堅
毅。印第安人不總是站在舞台中心，但對帕克曼而言，他們似乎是引
人注目的人物：「描繪印第安人乃是往後歷史的目標。」（*Pontiac*,
I.i）
　　人們衡量帕克曼對印第安人的態度時，不能忽略他對文明的態
度，兩種態度似乎都模稜兩可，甚至帶有悲劇性。一切生命均混合著
善與惡；美麗與如畫經常和功利衝突；他意味深長地說：沼蝮具有
「令人厭惡的美」。帕克曼的文化根源不在於前代的史學作品，而在
於歐洲與美國的浪漫主義文學：拜倫與史考特（Scott）的作品為
《奧勒岡州小徑》各章提供了題辭，還有費尼摩爾・庫柏（Fenimore
Cooper）的作品，另外他也求教於研究印第安人的學術權威亨利・斯
庫爾克瑞夫特（Henry Schoolcraft）。不過，與此相比同樣重要的
441 是，人們從他的作品感受到一股醞釀中的達爾文主義。這是一種感
受，也是一種看法。《奧勒岡州小徑》（比《物種原始》〔*The
Origin of Species*〕早十年出版）有個段落證明了這項說法：

　　我走到一處由泉水匯集成的深而清澈的池邊躺了下來。一群像別針一般大小的魚兒正在池裡玩耍，牠們追逐嬉戲，看起來悠遊自得；但仔細一瞧，發現牠們正進行一場同類相噬的戰爭。有時小魚成了受害者，而且隨即被貪婪的征服者吞吃下肚。然而，池裡的暴君，一尾約三吋長的怪物，震動著牠的鰭與尾巴，從傾斜的池岸下緩慢游出……「心軟的慈善家，」我想：「也許會為和平的至福千年長嘆；因為不管是微小的米諾魚或龐大的人類，生命是一場無休止的戰爭。」（XIX）

　　因此，當帕克曼對波士頓反奴主義者不表同情，甚至敵視婦女選舉權運動時，我們也不感驚訝。他的態度似乎與亨利‧詹姆斯（Henry James）《波士頓人》（The Bostonians）中的密西西比人巴塞爾‧蘭森（Basil Ransom）有異曲同工之妙。惋惜，這類情感表現總是被帕克曼的斯多噶式心靈所壓抑，藉由諷刺找到發洩口。他描述密西西比河沿岸的火山露頭曾一度裝飾著一幅印第安人壁畫，耶穌會目擊者說那是一頭「怪物」，帕克曼在此下了一個註腳：「一八六七年，我經過此地，有一部分岩石已經粉碎，馬爾克特（Marquette）口中的怪物已不存在，取而代之的是『苦味酒莊園』的巨大廣告看板。」（La Salle, V）在別處，帕克曼惋惜明尼阿波里斯（Minneapolis）鄰近地區因地質侵蝕而使美景不在，他提到「其他同樣具災難性的變化，以藝術觀點」來看明尼阿波里斯的城市形式，「一八六七年，該市有一萬名居民，兩間國立銀行與一間歌劇院」，至於對岸的競爭城市則以「巨大的水療地與一所州立大學自豪」，如畫的景色已不復見（La Salle, XVIII）。文明與地質的變化均難以抵抗。前者在十八世紀經常被視為珍貴乃至於屬於脆弱的遺產，如今似乎成了無法阻擋的權威事物，其所到之處均標誌著平庸，其捎來的訊息是不適應就死亡。

　　然而，帕克曼雖然是斯多噶思想者，卻不是陰沉的作家。有些嚴謹而吹毛求疵的二十世紀評釋者認為他的思想極為豐富。事實上，帕克曼是位敏銳的文學藝術家，他擅長書寫訴諸感官的散文。理所當然，他勢必受他的時代所形塑，如同麥考萊與米什雷，他們也超越了晚出且較脆弱的文學限制觀念。美洲的蠻荒已經受到讚美與頌揚。在

442

帕克曼的歷史中，美洲蠻荒無所不在且處於核心，而它也為他的作品提供了遠逾其他事物的強大想像動力。

亨利・亞當斯：從共和國到國家

　　美國的歷史寫作遵循一條令人熟悉的路線：從歷史作為一種高度文學編纂形式，由業餘文人書寫，到逐漸專業化與投入於客觀性，有時稱為「科學的」。從一八四〇年代普里史考特的作品，到一八九〇年代亨利・亞當斯（Henry Adams）的作品，標誌著以這個方向前進的距離。此外還有一項差異。普里史考特寫的是尚未被歐洲人殖民的美洲大陸歷史，帕克曼寫的是尚未合併為一個政治聯邦的英國殖民地歷史，至於亞當斯寫的則是新共和國的早期歷史。

　　以英文寫下新世界經驗的歷史，始於十七世紀英格蘭最初的殖民時期。威廉・布萊德佛德（William Bradford）是新英格蘭殖民地首位史家，也是一六二〇年率領殖民者登陸鱈魚角（Cape Cod）的領袖。這群人是英格蘭分離派清教徒，為了過著虔誠的會眾生活（只依照自己相信的神所規定的方式來敬拜神）與不被俗世腐敗所汙染而離開自己的國家。前往美洲其實出於偶然，是不得已才做的決定：他們起初是以團體名義移居荷蘭萊登（Leiden），當地雖無宗教迫害，卻難以維生，而他們也發現無法避免年輕人受外在不虔信世界的影響。他們最終還是登陸北美，之後布萊德佛德成為他們的總督（governor）；這裡的總督指的當然不是日後的含義，不是由國王任命。布萊德佛德未受過教育，卻非毫無教養，他顯然是個有天分的人，而他的天分之一就是成為一名史家。根據自身的集體意志定居下來的社群，如布萊德佛德自己的社群，其自我意識自然激起一股記錄自身命運的欲望，特別是上帝對他們的垂憐，儘管他們充滿弱點。布拉德佛德的《普利茅斯墾殖史》（*History of Plymouth Plantation*, 1620-1647）以手稿形式受到後世史家的傳閱，直到一九一二年才出版。麻薩諸塞灣殖民地首任總督約翰・溫斯羅普日記，長期以來也是以手稿形式流傳，到了十八世紀末則以《一六三〇到一六四九年的新英格蘭史》（*The History of New England from 1630 to 1649*）之名出版。約翰・史密斯（John Smith）船長寫下對維吉尼亞州詹姆斯鎮

443

（Jamestown）這處更古老的殖民地的描述：他的重點在於宣傳美洲殖民地吸引人之處。

《普利茅斯墾殖史》顯然是歷史，不過人們也許比較喜歡稱它是編年史，因為布萊德佛德的作品無可避免地具有一些中古時代修院編年史的特徵，表現在其地方主義與被迫專注在嚴密約束的社群上，無所不包的虔信賦予作品一種普世向度。彼得·蓋伊（Peter Gay）稱其為「真正的傑作」。在描述移民所經歷的登陸與荒涼後，布萊德佛德的書成為一部記錄完善的殖民地事務編年史。他滔滔不絕地提到箇中艱辛，殖民地的荒涼凸顯出上帝為保護祂的聖徒而施加的恩寵：「如此橫越了大洋……沒有歡迎他們的朋友，沒有娛樂身心或讓舟車勞頓的身體恢復疲勞的酒館，沒有房舍，更甭說有城鎮可供投宿與尋求幫助……此外，他們能看到的只有恐怖與淒涼的蠻荒地帶，充滿了野獸與野人。」布萊德佛德希望殖民者的子孫知道，「他們的祖先是在何等困境中奮戰。」

殖民地是立約民族的殖民地：「藉由建立殖民地，人民神聖且相互地呈現在上帝面前，（我們）立約結成一個民眾的政治體。」但這些民眾不是「美洲人」，而是英格蘭人，他們自認為是為了敬拜上帝而「集合的民族」。當溫斯羅普描繪的景象逐漸知名，他所援用的正是這個概念：「我們必須把自己想成是一座山丘上的城市。所有民族的眼睛將注視著我們。」亦即，他們是模範，他們自願離開，作為上帝的聖徒社群，而不只是成為新土地的居民。培里·米勒（Perry 444
Miller）在半個多世紀前的重要研究《新英格蘭心靈》（*The New England Mind*）中表示，這種自我意識要成為美洲人所特有的，還需要幾個世代的時間。伴隨著不可避免的幻滅，並採納一種得自舊約聖經、不斷重演的歷史動力，以及將這股動力適用在殖民地歷史上，米勒稱這段歷史為「長篇的悲慘故事」。這個民族總是與恩寵擦身而過，而且不斷遭到天譴。這種模式與布萊德佛德對上帝的信仰形成對比，啟發了當時最知名的喀爾文教派牧師卡頓·梅塞（Cotton Mather），他於一七○二年完成了新英格蘭通史。

最能描述一七六○年代與七○年代政治危機的歷史作品，一般認為是麻薩諸塞州保王派總督湯姆斯·赫欽森（Thomas Hutchinson）的《麻薩諸塞灣殖民地歷史》（*History of the Colony and Province of*

Massachusetts Bay），他與在此之前許多轉行成為史家的公眾人物一樣，在流亡返回英國後完成了這部作品。值得注意的是，獨立戰爭具有一些內戰性質。獨立時期的歷史讚揚者中，最知名的是傑爾德‧斯巴克斯（Jared Sparks, 1789-1866），他是一位論派（Unitarian）牧師，也是哈佛大學教授，後來還成為校長。他寫了十二冊的喬治‧華盛頓傳，但實際上是編輯了華盛頓的書信。斯巴克斯自一八三九年起擔任哈佛大學第一任美國史教席。他的作品必然傾向於處理文獻累積的領域，而且普遍地激勵與扶助歷史寫作，而非只是反映史家個人。身為學生的帕克曼將《龐提亞克的陰謀》獻給了斯巴克斯。

美國第一位史家喬治‧班克洛夫特（1800-1891）曾是斯巴克斯的學生。他不像普里史考特與帕克曼那樣具有資力，他的事業包括在哈佛教授歷史，在此之前，他曾到哥廷根（Göttingen）與柏林留學並取得博士學位。班克洛夫特跟莫特利一樣，曾擔任美國駐英大使，之後又派駐柏林（1867-74）。他曾擔任海軍部長這個與政治直接相關的職務。他的歷史作品最後達到了十二冊，出版於一八三四到一八八二年間，而且廣受歡迎。他是傑佛遜派民主黨員，他的歷史作品毫無批判地推崇美國是自由與民主之地。班克洛夫特的格言「社會組織必將與自由原則漸趨一致」，這句話使他躋身我們最後一章所談的自由派史家之列。班克洛夫特也是位極具熱忱的民主主義者，與其相比，歐洲的民主主義者望塵莫及：對他而言，有件事千真萬確，那就是人民的聲音即上帝的聲音。班克洛夫特對美國歷史略帶天真、褊狹與不加批判的取向，雖然使他在十九世紀大受好評，卻帶來不可避免的反響，他的歷史雖非文筆拙劣，卻未能獲得顯赫的文名，使其不被史學與意識形態多變的流行浪潮吞沒。美國十九世紀的史家格外多產，而十二冊的篇幅即使對支持者而言也是卷帙浩繁。班克洛夫特的歷史不可否認是個里程碑，但在可預見的未來似乎還是乏人問津。

亨利‧亞當斯對第三與第四任總統的詳細研究《傑佛遜與麥迪遜主政時期的美國歷史》（*The History of the United States of America during the Administrations of Jefferson and Madison*, 1889-91）則是完全不同的情況，這部作品原本分為九冊，至今仍受到重視。亞當斯是史家中的史家。這既非恭維亦非貶抑，而是事實陳述。他諷刺地評論自己銷售不佳的作品，認為歷史是貴族事業，物質報酬極少。事實

445

上，亞當斯本人可說是美國所能見到最接近世襲貴族的人物：波士頓望族，美國第二任總統的曾孫與另一任總統的孫子。亞當斯過分挑剔的批評呈現在他的自傳《亨利‧亞當斯的教育》（*The Education of Henry Adams*）中，並充分體現他的貴族形象。他的事業也符合他的身分，包括在哈佛大學念書與教書、在日耳曼各大學以及倫敦大使館做研究，美國史家經常被吸引到這裡來，而當時他的父親是駐英大使。

身為史家，亞當斯起初是位中古史學者，他與人合寫一本關於盎格魯撒克遜法律與制度的書籍。他的美國史大作以十九世紀為主題，箇中原因有時令人費解，有人認為是因為這個時代具有強烈的爭議性，與他的曾祖父約翰‧亞當斯（John Adams）擔任總統期間相比糟很多。亞當斯藉由編輯他稱許的政治家艾伯特‧加勒廷（Albert Gallatin）的文件而成為這個時代的專家。加勒廷是傑佛遜與麥迪遜時期的財政部長，曾參與協商一八一四年的根特條約，並因而結束了對英戰爭，這起事件構成亞當斯歷史的高潮。亞當斯的敘事就規模而言是綿密的、複雜的與漫長的，他探討傑佛遜與麥迪遜兩位總統任內的重要事件，特別是從法國人手中買下路易西安納地區與對英戰爭。在作品的主要敘事部分，亞當斯處理的主要是傳統的歷史主題：政黨的立法與鬥爭，外交與戰爭。與普里史考特和帕克曼一樣，亞當斯也在歐洲和美國的檔案館從事研究；他的研究主題使他必須評估塔列蘭（Talleyrand）、拿破崙與英國首相斯賓塞‧珀西瓦爾（Spencer Perceval），以及美國總統與其他政治人物的動機與策略。他老練地處理英國下議院與美國國會的會議記錄與意見衝突。不同於班克洛夫特，亞當斯的歷史以不帶個人情感為基調，但不可否認地，其中仍具有愛國主義傾向：他以美國的活力與勇於創新對比歐洲的保守與嚴謹，並且做了擬人化的比喻，例如，穿著馬靴與胸甲的英國御林軍，以及像職業拳手般光著上身下場打拳的美國士兵。

然而，對於非專業的讀者來說，亞當斯的敘事經常給人既感動又畏懼的複雜體驗，但其作品最吸引人的地方不是敘事，而是長篇序言，書末則是相同性質的短跋，而在序言中亞當斯調查了一八○○年美國的文明狀態，這篇文章在今日讀來仍令人獲益良多且趣味橫生。亞當斯的序言類似於麥考萊著名的論查理二世時代英格蘭狀態的篇

446

章，不過兩者相比，前者似乎更為出色。亞當斯的調查，優點在於毫無慷慨得意之詞，而麥考萊的社會史論述則因披上這層外衣而顯得極不協調。亞當斯的調查有時也讓人想起泰納的文化解釋公式：「種族、環境、時機」——在亞當斯的作品中，則變成傳承、土地與當前的歷史挑戰與機會。亞當斯與泰納同樣傾向於將歷史視為社會與文化發展的決定論科學。序言的結語〈美國理想〉（American Ideals），與題為〈美國性格〉（American Character）的跋（試圖衡量一八〇〇年到一八一七年間的發展），對亞當斯而言，這兩篇顯然代表整部作品的頂點與主要精神：理想與性格一旦加以描繪後，象徵調查與歷史的解釋成果。這項公認極為困難的嘗試並未完全成功，但整體而論，序言仍是一部傑作，其被區分成幾個小節，有精采的〈物質與經濟條件〉（Physical and Economical Conditions），有一節談〈人民特質〉（Popular Characteristics），有三節分別談新英格蘭、南方與「中部各州」的「心靈」。從一開始，地理即支配了讀者的印象，根據亞當斯的說法，地理不僅形塑美國文明的進展與國家統一，也構成了巨大障礙。他不以浪漫的角度（如帕克曼）看待土地，除非提到宰制土地的羅曼史，他認為土地對新成立的共和國的內在連繫構成巨大阻礙，對此他提出許多例證。

亞當斯強調美國生活的原始性與褊狹性。他根據自己的中古歐洲知識，比較西部各洲移民的處境（當時的實際情況）與早期英格蘭的盎格魯人與朱特人，「即便是新英格蘭，一般農舍幾乎比不上查理曼時代富裕人家房舍的完善、寬闊或溫暖。」如果對帕克曼來說，文明有時像是一部蒸汽壓路機或不可抵擋的權威，那麼對亞當斯來說，一八〇〇年的文明就像一輛在凹凸不平的道路上顛簸行進、輪子經常陷在泥裡的馬車。政治統一的美國是個未發展的社會，其四散的要素使歧異性壓過了統一性。即使是在移民長期定居的東部，大城市間往來的費時、危險與艱困令人咋舌，平均的旅行時間也令人望之卻步：一般而言，從緬因州到喬治亞州的快遞郵件需二十天才能送到。在亞當斯的書裡，這一部分的「英雄」，甚至就全書來說最具象徵性的，首推汽船，它是羅伯特・富爾頓（Robert Fulton）設計的，於一八〇七年進行處女航。汽船帶來了遠景，它能在美國各大水道（河流與湖泊）航行，為旅客及貨物提供簡易而定期的旅程。從此汽船的甲板使

美洲大陸的資源獲得統合與有效運用。亞當斯忍不住得意地嘲諷：與 448
此相比，「拿破崙與斯賓塞・珀西瓦爾的中古野蠻並不會比阿奇里斯
與阿加曼農的行徑好多少。」

　　這些令人讚賞的調查不僅詳盡，而且對亞當斯作品中想像的簡潔
與描繪的對比起了重要作用，唯一相對失敗之處是序言的結語以及與
此相應的〈美國性格〉的結尾。身為隨筆作家，亞當斯試圖捕捉誘人
卻捉摸不定的現象，但在這方面他顯然比不上同時代的沃特・巴吉特
（Walter Bagehot）與泰納的《英國筆記》（*Notes on England*,
1872）。令人驚訝的是，他從未提及托克維爾的《美國的民主》
（*Democracy in America*, 1835與1840）。為了保持客觀，亞當斯絕大
多數時間都躲在他人正反意見背後，他將正反意見並陳，卻不設法組
織成令人滿意的圖畫。從他身上我們得到的只是零散的判斷，而非整
體的評價或一部小說與連貫的詮釋。

　　亞當斯的歷史是如此卷帙浩繁且在各方面都令人印象深刻的傑
品，因此對其中某些弱點予以放大解讀似乎有些悖理與不公。就某個
意義而言的確如此，但有證據顯示，這些章節雖然相對來說較為短
小，但對亞當斯而言卻是整部作品最重要的部分。它們是對社會發展
進行科學性歷史解釋的測試場，亞當斯想實際演練，卻只能停留於紙
上作業，如同他投入精力描述政治人物使用各種他無法親自實踐的手
段。亞當斯對於這類解釋的可行性以及對一般「科學」概念的熱情，
似乎源自幾個地方：達爾文主義，這點無庸置疑，其他可能還包括了
赫伯特・斯賓塞（Herbert Spencer）與泰納，以及奧古斯特・孔德
（Auguste Comte）與巴克爾（H. T. Buckle）嘗試的歷史科學。因
此，他的作品有時會出現預示性的與不那麼清楚易懂的宣言，和身為
史家的他格格不入。亞當斯在寫給朋友的信中表示：「歷史是沿著最
小抵抗路線前進的社會發展。」「最小抵抗路線」是赫伯特・斯賓塞
對演化觀念的一般說法，並非達爾文的概念。亞當斯在作品中寫道，
一個時代的偉人會在「不知不覺中或多或少地達到社會追求的新層
次」。對亞當斯而言，「科學史」與「平凡人」的活動有著概念連 449
結，後者使美國史成為一個特別具有遠景的領域。亞當斯雖然缺乏將
民主視為一種政治形式的熱忱，但他在寫給帕克曼的信中表示，「人
民」是歷史唯一的主題；其「固定與必然的發展將以心理學、生理學

與歷史學來呈現」（這似乎就是泰納的「種族、環境、時機」，只是順序不同）。

亞當斯在作品的跋中做了更完整的陳述：「歷史學若想成為真正的科學，就必須建立自己的法則，這個法則不是來自歐洲諸國彼此競爭的複雜故事，而是來自一個偉大民主的經濟演化。」北美提供了最佳遠景，「像這樣一個腹地如此廣大、一致卻又孤立的社會，最能滿足科學的目的。」在此，講求科學的史家可以研究「處於不斷成長條件下單一而同質的社會」。我們發現這部作品除了不是重回「歐洲諸國彼此競爭的複雜故事」（作品的現代主題主要由這些內容構成）的歷史科學，也認識到作品中帶有一種十九世紀特有的不斷將某個特定國家視為規範基準的傾向，某個國家的歷史構成人類歷史發展的核心路線，以此對照其他國家的偏差；馬克斯·韋伯後來提出的「理想型」（ideal type）與此類似。我們可以從吉佐的《歐洲文明史》與巴克爾的《英國文明史》（*History of Civilization in England*, 1857-61）看出這種觀念，巴克爾認為這種思維尤其可以作為科學歷史解釋的基礎，並主張這與統計學方法有異曲同工之妙。亞當斯以美國為範本，因為它顯示出「一個龐大人口不斷成長的過程，在這群人口中，沒有令其他國家紊亂（confused）的社會區分。」（他經常使用『紊亂』這個詞。）這種說法演變成「定義國家的性格」，但我們不能以此認定亞當斯在這方面做了更多引申。我們也不能說他的詮釋判斷不當，但這些詮釋確實與他先前宣稱的廣泛而科學的目的有所牴觸。

從一八八〇年代以降，「科學」的說詞成了歷史的慣用語。並非所有史家都像亞當斯明確揭櫫，並且超越「客觀性」的既定觀念而擁抱「法則」；阿克頓就不是如此。然而亞當斯對客觀性的投入卻成了一種慣例。他說，史家「應抱著研究結晶形成的精神與方法來研究歷史」；他的意思或許是指，與他同時代以及年輕一輩的許多學者對文獻進行詳細而客觀的檢視。事實上，雖然亞當斯一般而言採取了不受個人情感影響的分析立場，而且寫出比普里史考特與帕克曼來得節制乃至於質樸的散文，他的歷史仍與結晶學的中立性有一段距離，我們對此感到慶幸。亞當斯對於新美國以及其所面臨的困難與潛力懷抱願景，正如帕克曼對美國森林懷抱期許一樣。路易西安納購地案與對英戰爭不只是他致力陳述的兩位總統任內的重要事件，它們也代表美國

在美洲大陸上的未來,與美國統一成一個國家的關鍵階段。

　　對於路易西安納購地案,亞當斯呈現的協商是一齣帶有趣味的緊湊戲碼,而這個案子解決了到底該由西班牙、法國或美國來支配密西西比河以外領域的問題。對英戰爭,與其說是戰爭,不如說是美國不願屈服英國提出的停船、受檢與沒收貨物的要求,所以才選擇戰爭,它在亞當斯眼裡是美國國家尊嚴的第一場重大試煉。對英國的反制措施嚴屬實行,卻損害了美國商業,新英格蘭地區損失最大,致使聯邦承受極大壓力。(當然,亞當斯是在南北戰爭這場更嚴酷的試煉過後寫下這部作品。)與英國協商的過程漫長迂迴,亞當斯分別從雙方角度切入觀察。對亞當斯而言,美國的抵抗與戰爭證明國家的存在與聯邦有能力維護國家榮譽與核心利益;若無法做到這點,不僅可恥,也顯示共和國已喪失國格。在刻畫美國的戰爭態度時,亞當斯的中立立場拒斥了那些將自身的商業利益置於愛國之上的人。他聽到戰場得勝的消息,尤其海軍方面,禁不住露出欣喜神色,但他也對戰爭行為嚴加批判。對亞當斯而言,戰爭促使這樣的情感達到頂點:人們不再覺得自己是居住於美國的英國人,也不認為自己是幾個聯合起來的州的成員,而是徹頭徹尾的美國人。愛國主義,既不天真也不露骨,是對 451
大陸天命的感受與維持聯邦完整的強烈感情,這些構成了指引亞當斯歷史的暗流。

　　亞當斯對「科學史」觀念的沉迷,如我們所見,只是一種夢想,而抱持這種夢想的人為數還不少。亞當斯生來就是菁英份子,或者應該說是上流人士,但世界正在變遷,他的角色也跟著改變。當他在哈佛的教學生涯接近尾聲時,他已經如同一位「專業」史家。亞當斯負責訓練(以當時流行的話說)——「烘焙」是他用的一個更生動的詞彙——未來的史家(見原文頁455)。美國大學的歷史教授數量成長得相當快速;《美國歷史評論》(*American Historical Review*)於一八九五年開始出版。亞當斯於一八九三年擔任美國歷史協會(American Historical Associaton)會長,在此同時,弗瑞德里克・傑克森・特納提出開放的邊疆如今已然封閉,他認為開放邊疆對於美國社會的形塑具有核心意義。哈佛大學喪失了近乎壟斷的地位;約翰霍普金斯大學(Johns Hopkins)成為新專業主義的另一個搖籃。特納成

長於威斯康辛州，他著名的「邊疆學說」（frontier thesis）對英國中心主義構成社會與經濟挑戰；英國中心主義主張美國民主是由德裔與英裔遺產所形塑。與特納方向大致相同的是查爾斯·比爾德（Charles A. Beard）的異端作品《美國憲法的一個經濟詮釋》（*An Economic Interpretation of the American Constitution*, 1913），他主張美國獨立是為了反抗英國重商主義經濟政策而起的鬥爭，美國的開國元勛本質上是為了確保私人財產權，反對「一切平等」的潮流。從一八八〇年代以降，開啟了一段「學說」時代，這是歷史專業興起的一項徵兆。其中最著名的是馬漢（A. T. Mahan）《海權對歷史的影響》（*The Influence of Sea Power on History, 1660-1783*, 1889），這部作品在偶然間對歐洲權力政治產生不良影響（這在歷史作品中是相當罕見的），它使德皇威廉二世（Kaiser Wilhelm II）下定決心建造德國海軍以挑戰英國的海上霸權。

普里史考特、帕克曼與亞當斯的生存年代綿亙了一又四分之一個世紀（普里史考特生於一七九六年；亞當斯死於一九一八年）。他們接續的作品使人依次思索美洲第一批歐洲殖民者西班牙人征服墨西哥；其次是北美處女地，生活於此的原住民以及最早來此的歐洲探險者，即法國人；最後則是美國國家意識的興起，緩慢、不完全，有時還造成痛苦，亞當斯認為直到十九世紀初，這項意識仍在創造中。此外，還有另一種接續，一個文化層面，它影響了歷史寫作方式。普里史考特的作品最接近十八世紀，他被恰如其份地描述成「新吉朋派」（亞當斯也非常讚賞吉朋，但影響並不顯著）；帕克曼毫無疑問受到浪漫主義文學的影響，包括華茲華斯（Wordsworth）、史考特、拜倫與雷爾蒙托夫（Lermontov），在美國則有費尼摩爾·庫柏與梭羅（Thoreau）。而亞當斯是三人中唯一的大學教授，從他對歷史的聲明以及他晚期的事業，可以看出他屬於十九世紀末歷史專業快速發展的一部分，無論是歐洲或美國。歷史專業的發展正是接下來我們必須更一般化地加以探討的主題，從十九世紀末開始，它成為影響歷史寫作的主要力量。

452

第二十五章
專業共識：德國的影響

專業化

　　集眾多學者之力寫成的多冊作品《劍橋近代史》（*Cambridge* 453
Modern History）出版於一九〇二年。首任編輯阿克頓勛爵寫的作品
簡介，以強調歷史寫作必須客觀與摒除個人色彩而聞名於世：「本書
的作者群會理解……我們的滑鐵盧必須讓法國人與英國人、德國人與
荷蘭人都滿意；在未查閱作者名單之前，沒有人可以看出牛津主教斯
塔布斯何時停筆，而提筆寫作的是否為費爾班（Fairbairn）或加斯克
（Gasquet，天主教樞機主教）、李伯曼（Liebermann）或哈里森
（Harrison）。」讀者或許會在不經意間諷刺地想起中古時代佚名的
編年史家以及他們接續書寫的作品，但對當時的人而言，《劍橋近代
史》代表了歷史寫作與歷史專業倫理的現代頂點。（附帶一提，阿克
頓就狹義而言並非專業史家，而是個毋須工作就能過活的貴族，他在
大學任教是晚年的事。）比作品簡介更具說服力的是《劍橋近代史》
本身，它由許多學者協力撰寫，匯聚了各國的學術成果，它見證了合
作與累積的信念，使歷史學取得科學的地位。就這個意義來看，這一
系列的作品乃是數十年來歐洲（出版時也包括美國）對歷史學術的嚴
謹與客觀產生愈來愈強的自我意識而得出的成果。因此，當時的時機
已經成熟到足以推動這項計畫，而阿克頓正是理想的編輯人選。他符
合一切條件，不僅因為他的世界主義，也因為他受人推崇的學術廣度
與深度，以及他經常公開強調考證史料乃是史家的核心特質。
　　十九世紀晚期與二十世紀初期最先進國家的歷史專業的發展，是 454
隨著中產階級教育擴展所帶來的職業化與專門化這個更普及的過程之
一部分，當然，這也創造出愈來愈多教職。專門化是針對知識快速成
長而產生的明顯且不可避免的回應，儘管有時令人悲悼，而知識成長
本身既是研究理想的因，也是它的果。在自然科學中，有些事例具有

明顯的功利性，其他學術專業對此感到欽羨，也主張自己具有相同的性質，不過有時卻也高傲地拒絕。歷史學是個古老的思想學科，卻未擁有堅實的大學教學基地，只有少數大學才能授予教授資格，直到十九世紀初才產生改變，哥廷根大學是其先驅。歷史學雖然有時必須為自己的獨立奮鬥，但亦受惠於與更古老的學院學科緊密連繫，如古典學科與法律學，因此與現代文學、社會學或人類學相比，它在不斷擴張的學術世界裡更快地成為主要角色。「實用歷史」的舊傳統，如波利比奧斯的主張（見原文頁74），可以重新加以翻修，用來支持歷史有助於政治家和公務員教育的理念。歷史也許也能培養愛國主義、國家意識與共識，反對過度激進與社會主義的傾向。

　　十九世紀末最先進與最工業化國家的性格儘管因地而異，卻逐漸科層化，教育組織乃至於研究亦是如此。十九世紀初期，各國政府開始獎掖對具有國家重要性的中古手稿進行印刷與出版，並且認為這是一項愛國行為（此時也有營利的私人出版社，例如坎登社出版的喬斯林編年史，卡萊爾曾經使用過這本書）。一般公認的先驅是出版於一八二一年、由普魯士政治家卡爾·馮·施泰因（Karl von Stein）贊助的《日耳曼歷史文獻》（*Monumenta Germaniae Historica*）。吉佐於一八三〇年代擔任大臣之後，也在法國培養類似的出版事業。這類出版事業某種意義上成了研究學派與共同學術標準的建立者，當然標準的建立並非毫無挫折。斯塔布斯透過編輯英國文獻古捲系列（Rolls series）的過程，完成了學術訓練。

455 　　歷史學作為一門教學與研究專業，其成長與聲望在德國獲得最大的進展。歷史機構組織形成具體而微的科層等級，對此抵制最力的是牛津與劍橋大學，尤其前者一直維持著個人的學院終身職的老傳統，類似有薪俸的教士職位，許多學院的研究員一直承襲這樣的生活。此後，希望學習歐陸組織「自己的」學院的教授與半獨立學院的研究員，兩者間的關係逐漸緊張。雖非絕對，這種緊張也呼應著歷史專業中，研究與教學模式之間的緊張。在歐陸與逐漸包括美國以及新英國地方大學，教授與研究生（即下一代的史家）之間的關係愈來愈密切，並且成為歷史專業自我形象與實踐的核心，其中也維持著另一類科層結構的主從元素。

　　雖然也有檔案學者這類輔助專業人士，但專業化的核心仍在於大

學受薪職位的成長，以及教學與研究的結合。多少獲得一點自主性的
歷史學院開始出現（牛津與劍橋從一八七〇年代初期開始出現獨立的
歷史學院），有時結合了其他學科，特別是初期，並且提供研究所需
的訓練。在英國，以筆試作為畢業條件使教授可以控制授課內容，應
試者也分成不同類別。這類大學歷史學院的存在不僅培養而且在某種
意義上也預設了研究標準（如任命資格）與寫作方式（保持語調的冷
靜〔有人說這是沉悶〕與中立是必要且適當的）的專業共識。研究成
果必須發表在專業學術期刊，至少最初是如此——這些新創立的期
刊，目的是為了供人發表學術論文，由期刊編輯根據標準加以篩選。
德國仍是這類建制的先驅：《歷史期刊》（*Historische Zeitschrift*）
開始於一八五九年，更早期的出版品《歷史袖珍書》（*Historisches
Taschenbuch*）從一八三〇年延續到一八九二年。法國的《歷史評 456
論》（*Revue Historique*）創立於一八七六年；法國史學受到一八七
〇年後德國典範的深刻影響。《英國歷史評論》（*English Historical
Review*）開始於一八八六年，美國歷史協會開始於一八八四年。《美
國歷史評論》於之後的一八九五年發行。

　　共識不僅存在於歷史該如何書寫，也存在於歷史的內容為何，因
此共識不僅是熱情的產物，對於胸懷大志的專業人士而言，共識更在
於能否執行。十九世紀末與二十世紀初，歷史尤其意謂著政治史，尤
其在近代史，包括將焦點放在歐洲列國體系的國際關係上，也包括立
憲與法律根源，以及漸受重視的經濟史。阿克頓在發表於《英國歷史
評論》創刊號的〈德國歷史學派〉（German Schools of History）一
文中，對德國經濟史家威爾赫姆・羅舍爾（Wilhelm Roscher）投以
與雷歐波德・馮・蘭克相同的關注；而在同一年代，少數被任命為劍
橋大學歷史教授的學者中，擔負起對新近（一八七二年）獨立的歷史
學位進行授課的是經濟史家威廉・康寧漢（William Cunningham）。
社會與文化史雖有布克哈特作為典範，卻罕有作品出現。對絕大多數
史家而言，這些領域的優先性是不證自明的，如同歷史學在獲得專業
承認與組織的過程中，找到了自己的認同。自希羅多德以降，歷史寫
作與歷史探究的漫長歷史已到了終點：克蕾歐（Clio）已揭開面紗且
占有一席之地，而這或許發生在德國。

　　適合表現這個時代的修辭當然是「科學」：透過適當研究，歷史

是具客觀性與累積性的知識形式，是許多投入心力的專業人士的成果累積。固然往後還有更多需要學習的事物，但有時會出現主張說，現代歷史實踐本身是「哥白尼革命」（Copernican revolution）的結果，是將史料考證的必要標準予以傳布的過程。人們可以合理預期後續不會再有革命：不可能比科學更科學。然而一味追求考證精確的歷史學界對於概括性的理論過於無知，事實上，與哥白尼革命一樣能撼動世界的理論早已出現在從克拉克・馬克士威（Clerk Maxwell）到愛因斯坦的物理學界。如何研究歷史？以及更令人感到疑問的，歷史本身的內容為何？對於這兩個問題的共識是如何建立的？畢竟，這種共識不像是我們之前在第二十二章看到的晚近發展：戲劇性的敘事與逐漸將「民眾」視為歷史的主角。而要回答這些問題，我們必須回到德國。

德國歷史主義：蘭克、上帝與馬基維利

十九世紀初以來，德國學界，尤其歷史學界，享有著崇高聲譽。它的組織與成就受人欽羨，而某種程度來說也受到法國、英國與美國的仿傚。與這個聲譽連結的是雷歐波德・馮・蘭克的崇高聲望，他被視為德國歷史專業的首席，除了他的長壽（1795-1886）與擔任柏林大學歷史教授這個重要地位外，也因為他的弟子們成就卓越，以及他的歷史作品數量驚人（全集共六十冊）。他的人生幾乎涵蓋了整個十九世紀，到了晚年，他的弟子已主宰了德國歷史專業，除了少數幾位偏離了他的興趣與戒律。

德國史學受到中古時代以來的一項事實所形塑：與義大利一樣，日耳曼被視為民族而非國家，儘管神聖羅馬帝國以日耳曼人為基礎，然而與義大利相比，日耳曼皇帝與王侯的權力遠大於「自治城市」。日耳曼作為一個整體，從未屈服於羅馬統治之下。因此，基於這兩項理由，古羅馬城市共和主義在日耳曼無法像在義大利那樣獲得共鳴。塔西佗對日耳曼部族與村落的描述，是研究上古日耳曼史的重要史料。這個結果是可理解的：一方面是帝國的視角，即基督教或普世史的視角；另一方面則是以地方史為重心，包括城市以及城市以外的歷史——公國或者地方農業社會的基本制度，人們認為這裡面存在著塔

西佗描述的自由殘餘。

之後，在十九世紀中葉出現了分水嶺，它反映出日耳曼自由主義在一八四八年法蘭克福全日耳曼國民議會失敗後遭遇的危機：人們熱 458 切期盼的德國統一只能藉由普魯士或奧地利的力量來完成。一開始是想法，之後則成了事實，一八七一年後組成的日耳曼民族國家產生一種催眠的效果。地方的自主地位變得不受重視，甚至遭到詆毀；十八世紀與啟蒙運動的普世主義，甚至是能約束主權國家的概括性自然法觀念，全被推到一旁。一種嶄新的馬基維利主義成為主流，即「現實政治」，這個詞創於一八五一年，原是用來表達唯有以力量才能達成統一的觀念，但逐漸用來正當化以任何手段追求國家目的。在所謂的「普魯士學派」的作品中，包括蘭克的弟子海恩利希‧馮‧敘伯爾（Heinrich von Sybel）與海恩利希‧馮‧特萊奇克（Heinrich von Treitschke），德國史被以目的論的角度加以詮釋（如同英國自由派看待自己的國會史），並以普魯士統治王朝，即霍亨索倫王室（the Hohenzollern），作為命定的統一工具。（雖然卡萊爾的學術標準較為混雜，但或許還是能將他的作品歸為普魯士學派的正典；一九四五年，在柏林的總理地堡中，戈伯爾斯〔Goebbels〕為希特勒朗讀卡萊爾的腓特烈大帝傳以提振士氣。）阿克頓形容普魯士學派是「卓越史家組成的衛隊，他們將普魯士抬升到至高無上的地位，連同自己的地位一起高升，如今（一八八六年），他們已將柏林當成一座堡壘。」但並非所有蘭克的弟子都走上這條路。他們也包括了舊傳統的中古立憲史家，如格奧格‧瓦伊茲（Georg Waitz）、魯道夫‧馮‧格奈斯特（Rudolf von Gneist）與萊因侯德‧波里（Reinhold Pauli），另外如布克哈特也是蘭克弟子，只是他偏離了老師的路線。

十九世紀，在一八○六年拿破崙入侵之後，普魯士遭到粉碎，之後在一八一三年所謂的「民族覺醒」與反拿破崙的復興戰爭中，國家的概念移動到舞台中心，但並未取代民族的地位。民族學者（見原文頁408）起初以厭惡的眼光注視國家，認為國家是一台無生命的機器，壓抑了民族自發的創造力。十八世紀的日耳曼宮廷在文化上崇尚法國，他們心目中「開明」的模範國家是獨裁的與高度理性的。因此第一位分析科層制的學者是日耳曼人並不令人意外，就連國家的讚美者也將焦點放在國家的機械性技術與效率上。然而一八一三到一四年

459 的「解放戰爭」（war of liberation）之後，民族概念逐漸被政治化，「國家的理念」也被整合到浪漫主義的思想世界中；費希特（Fichte）與黑格爾構思的國家——作為倫理生活（即精神的能動者）的具體展現——以源於赫德的形上技術觀點來看，已不只是機器，而是歷史的「個體」（Individuality），它既是赫德民族概念的補充物，也是獨特的個體。民族與國家這兩個概念，在民族國家的觀念中獲得了某種融合。

　　參與民族國家不需要民主或任何類似民主的事物，只需要強化對更高精神實體的歸屬意識與認同感。國家代表個人的最高自我。因此國家不只是工具，而是精神的實在，一種自我實現的理念，國家在歐洲列國體系中與其他國家、其他個體競爭以尋求生存與自我實現，同時藉由這些遭遇而獲得活力與訓練。這種說法呼應了羅馬與馬基維利生於憂患死於安樂的觀念（見原文頁87, 286）。黑格爾在《法哲學》（*Philosophy of Right*, 1821）最後部分（324, 325）提到，關鍵在於，處於戰爭的國家可以號召市民犧牲生命。戰爭不再像十八世紀那樣僅屬傭兵事務。國家對個人生命的權利，根據黑格爾的說法，明確昭示了國家不只是保護個人生命的工具（契約論），或用來生產福利的工具（開明專制），而是高於個人的精神實體。國家對個人生命的要求不是暴政，而是自我犧牲，屈服於自身的更高意志，而且參與在更高實體的生命之中。

　　十九世紀上半葉的日耳曼自由派知識分子逐漸對日耳曼政治的分崩離析感到厭倦，因而亟欲尋求統一。特萊奇克甚至盤算由普魯士以武力入侵各邦來完成德國統一。民族國家的概念，亦即致力於實現自我，作為最高的現代歷史理念，成為民族主義者的近代歐洲史概念核心；許多日耳曼自由主義者採納「國民自由派」的標籤，在名詞上做了極富意義的添加。歐洲史是自我移動的與自主的精神個體之間的遭遇與互動。人們認為（這不是蘭克的說法），除非日耳曼民族已在政

460 治上具體成為單一國家，否則日耳曼無法成為完整的角色，國家自我實現的需求凌駕個別市民的利益與以自然法為根據的國際法命令。

　　從十九世紀中葉開始，蘭克與弟子們的作品重新強調歐洲各國的互動關係是一種不穩定的權力均衡，而且認為這種關係是近代歐洲歷史的基調；這個觀念在十六世紀的義大利被有系統地加以陳述，此後

就不斷受到呼應。從近代初期的《教宗史》（*History of the Popes*, 1834-7）開始，蘭克大部分的作品都致力檢視十六世紀之後歐洲各國權力均衡的問題。對蘭克而言，國家作為歷史個體，是上帝心靈的思想，祂的臨在持續地受到感知。上帝的思想大多盤據在「強權」（the Great Powers，蘭克一篇論文的標題）之上。蘭克不是哲學家，而且斷定歷史優越於哲學。然而，他的作品雖未系統地陳述形上學，卻充滿了形上學色彩：他認為「神聖政府的計畫」（the plans of the divine government）是潛在的，未詳細表現於外，它是由史家瞥見的，而不是如黑格爾的歷史哲學能抽象地予以摘要。這些計畫存在於獨特歷史個體的指導觀念之中，有時不可忽視。蘭克在嚴謹調查文獻的基礎上，致力重構他心目中的歐洲史核心主題，而背後支持他的信仰則是藉此可直通神聖心靈。唯有史家，與蘭克自己，能從事件與力量的獨特歷史排列中辨識出上帝之手。這就是所謂「歷史主義」（Historicism）的思想核心。蘭克駁斥黑格爾的目的論，後者具體表現在通往最終歷史頂點的連續階段上，主張唯有哲學才能捕捉到這點。然而，蘭克並不反對黑格爾國與國之間權力關係的論點，當然也不反對戰爭。

　　將徹底而精確的學術研究與基礎形上學加以連結的是這個觀念：史家的任務不是處理抽象，而是處理獨特的精神實體，亦即研究被凝聚成國家的個體（這才是史家的主角），以及這些個體間彼此錯綜複雜的關係。歷史理解不可能是目的論，如黑格爾的作品，因為如蘭克的名言，每個時代平等地「直接關聯著上帝」，因此毋須依照次序排列（雖然「普世史」的觀念一直籠罩著蘭克的作品，蘭克晚年致力於此），而應詳細而客觀地調查。排斥歷史目的論使蘭克比同時代的人更接近現代觀念，但他對客觀性與觀察「過去實際如何發生」（他的另一句名言）的自信卻使他更遠離現代觀念。 461

　　蘭克的作品數量龐大，但絕大多數未譯成英文，要說明現代對他的共識是困難的，因為我們不清楚是否真有這樣的共識存在。幾乎每件事都有爭論：蘭克致力於政治史，尤其是「外交」史；他的影響程度；形上學或神祕主義觀念對他的重要性；甚至他的敘事性質，他的奧林帕斯諸神般旁觀世事的立場廣受稱讚。阿克頓說蘭克的敘事「平淡」，或許這是一種恭維。他寫道：「蘭克是這個時代的代表，他建

立起現代的歷史研究。他教導歷史必須考證、平淡與嶄新。我們在每個步伐都遇見他，他對我們的貢獻無人能及。」不過，阿克頓在評論蘭克英國史時表示（一八六七年）：「麥考萊描述得如史詩般生動的場景，被刻意鋪陳得單調乏味。」在形容蘭克晚期的作品時，他說是「無趣而呆板」，這些恐怕不能算是恭維。

蘭克對國家事務的專注程度，是眾人意見最為分歧的地方，因為它影響了這裡的一般論點。對約六十冊的作品採取武斷的看法並非明智之舉：我們只能說，蘭克作品給人一種專注於國家事務的印象——反對論點似乎有以偏概全的危險。阿克頓也說，蘭克寫的優秀作品比誰都多，但沒有一部可稱之為經典。這或許是在同時代的人當中獲得尊敬與影響力的一條明確路徑，但若想俘獲一個半世紀之後的讀者，462 這條路就不值得推薦。對絕大多數讀者而言，特別是英國與美國的讀者，最實際的做法是試著將蘭克理解成一股影響力、一個典範與一名傑出人物，而非一位仍充滿生命力的作者。無論如何，這種理解方式或許已蘊含了歷史專業與知識累積的觀念。

不完全是哥白尼革命

在我們曾經引用過的劍橋大學就職演說中，阿克頓向聽眾介紹一個全新的時代，而蘭克是這個時代的代表：「批評者取代了耐煩的編纂者、敘事生動的藝術家、善於描繪的肖像畫家、具說服力的道德家或其他人而登上王位，歷史王國的王朝因而更迭。因為批評者只要讀到一段有趣的陳述，便開始懷疑。」新王朝是一群擁有史料考證技術的歷史專業人員，而蘭克（阿克頓曾到柏林大學上他的課）立於他們之中的首位。

就職演說是個講究修辭的場合，需要的是虔信與勸誡而非異議。九年前，在《英國歷史評論》創刊號的〈德國歷史學派〉中，阿克頓對蘭克的看法有所保留。如今他簡化並因此略為誇大了史學革命在考證上的創新，而他認為考證源於十九世紀。阿克頓承認史學革命的原則在更早之前就已被充分理解；他為了讓人容易接受而主張將考證運用於書寫近代史敘事是一項創新，但近代史敘事的書寫也仰賴國家檔案的開放，這是一項容易被遺忘的條件。此外同樣重要的是，要廣泛

運用考證以及有系統地尋找手稿史料，而非零星散亂地蒐集，阿克頓指控即使是年輕時的蘭克也曾犯過這種錯誤。查閱「所有」相關史料是個好建議，但這麼做還不能算是哥白尼革命。一手史料優於二手史料，但誤傳、無知、乃至於偽造，總是有可能發生；因此必須嚴格加 463 以檢視二手史料，以確定是否具有可能的扭曲與是否能傳達真實——阿克頓坦承，這些並不神祕，應該說更像是常識。

　　一手與二手史料的區別對史家而言非常重要。這種區別本質上是文件（以此為根據而做某一件事，如命令、委任狀、特許狀或契約）與評釋或敘事之間的區別。就前者而言，真假並非爭議點，除非是偽造，善意與意圖或許值得考量，而意義則當然是爭議所在。阿克頓說：「編年史是記憶、想像與設計的混合物。特許狀則是現實本身。」另一種一手史料文件是，行為者試圖藉由文件來影響事件，因此這構成史家調查的一環；行為者是否說了事實，這個問題或許沒有意圖或功效來得重要。在敘事與評釋的二手史料中，情況則顛倒過來。最明顯而重要的問題是真假。當然，在評估時也必須區別目擊證言與傳聞。考證史家的做法與十五世紀人文學者熱情於回復最純粹、最不受汙染的古典文本版本上有類似之處：史家，如蘭克，以懷疑的眼光看待編年史家與之前的史家，宛如人文學者對中古時代評釋者的輕蔑。

　　然而，一手與二手史料的區別是有彈性的。同一份文件可能既是一手史料又是二手史料，如同一篇評釋可能被寫成一項政治行動。在某項調查下屬於二手的文件，在另一項調查下可能成為一手。蘭克顯然喜歡形構文件來源的人格印象，並以此作為評估可信度的部分基準。編年史家的偏見在史家與真實之間形成一道屏幕。然而在德國，尤其是早期時代的研究，卻公認神話也可以視為日耳曼史的一環。這種想法激勵了一些具有高度影響力的學術作品與玄思，包括十九世紀一部開創性作品，大衛·弗里德利希·史特勞斯的《耶穌傳》（*Life of Jesus*），在這本書中，福音書被當成歷史而受到摒棄，卻可作為西元一世紀猶太人心靈的證據。儘管如此，在追尋主要屬於近代史的 464 真實時，蘭克卻從未想到（雖然阿克頓原則上察覺到這一點）編年史家用來觀看世界的透鏡本身就是一項史料，是他們寫作當時時代的一部分，就這層意義來看，可說是一種潛在的一手史料。這反映了蘭克

世界中高層政治的首要地位——編年史家是小人物，是有用或不可靠的僕人——以及歷史本質上是由事實與事件構成的這類假定。編年史家是事實與事件的記錄者，而事實與事件並非歷史本身。我們也在高爾布瑞斯這位傑出的中古史家身上看到相同的態度，他在一九五○年代的文章提到，中古時代的英格蘭編年史家是令人討厭的同僚。現今老一輩的史家或許曾遭遇這種態度，或者也分享了這種態度。

雖然蘭克在他著名的柏林大學專題討論課程中有系統地訓練弟子，要求他們實際考證史料與討論文獻例子，但他的影響絕大部分似乎是個人的。阿克頓對於這種方式感到熟悉，因為文獻學者也是如此教導與要求他。一名美國學生回憶在柏林的求學時光，熱情洋溢地寫下參與專題討論的經驗：「學生出現了，他把從大學圖書館借來的書籍與文獻堆成一座堡壘，準備自己的重點提要與引證資料，就像一名即將出庭答辯的律師；權威受到討論，類似的史料被引用；舊的意見被推翻，正史被批評得千瘡百孔。」從這種對現在已熟悉的系統的熱情中——即使這種令人屏息的興奮感不一定時時發生——人們聽到嶄新的教學經驗之門正在開啟。與十九世紀末二十世紀初絕大多數著名的美國史家一樣，亨利·亞當斯在德國接受訓練，之後他於一八七一年將專題討論引進到哈佛大學（另外一個專題討論則於約翰霍普金斯大學開設），並且於一八七○年代初指導了數位哈佛最早的博士，半個世紀後，這類課程才引進英國。

蘭克與他的弟子們當然完成了許多傑出的歷史作品。在這段過程中，他們主要專注的歷史類別實際成為近代史的最後定本。在專業的要求下，史家必須檢視特定種類的史料以確定其是否反映真實的事件，此外，他們還必須面對先前提過的政治利益與壓力，這些均促使史家將焦點集中在揭露與分析國家文件上，其中有些直到最近才公諸於世，並以此作為史家的核心任務。其他歷史種類，除了在中古史家當中擁有雄厚基礎的立憲史外，全都被邊緣化，儘管如此，強調政治史與外交史乃是賡續多年來上古與人文主義對何謂歷史尊嚴所抱持的概念。十九世紀時，關注政治人物意圖的歷史（十六世紀與舊體制時代的密室政治；對祕密外交的探求，祕密一詞幾乎是贅詞）與史家扮演揭露祕密的角色這兩者之間，也存在著互惠關係。針對所有這些主題，蘭克寫了許多文章。政策愈隱密，專業史家調查檔案揭露真相的

挑戰愈大。蘭克仔細研究的第一本文件書籍是十六到十八世紀威尼斯大使報告全集，這本書似乎成了蘭克崇拜的對象與典範；就連與蘭克同時代的人有時也會抱怨他的歷史過度集中在王侯身上。

這是有代價的，如彼得‧柏克（Peter Burke）指出的，他認為蘭克再度將歷史帶離十八世紀拓展的「市民歷史」（civil history），並且使歷史返歸較受限制的人文歷史主題。柏克也注意到十八世紀晚期哥廷根學派的廣泛興趣，「在全盛時，被與蘭克相關的歷史革命所斲喪」，不過他也坦承，蘭克本人的興趣有時要比人們認定的來得寬廣。

這個論點進一步擴大，於是出現了與十八世紀培養的以「感傷」和戲劇方式處理事件，以及與卡萊爾和米什雷的法國大革命通俗歷史的鮮明對比。之前提過（第二十一章），為市場撰寫歷史，包括了為婦女撰寫歷史。然而，新興的歷史專業獨立於市場之外，在氣質與性格上都相當陽剛；直到一九五〇年代為止，菸斗的氣味一直附著在歷史之上。歷史專業的偏見持久而狹隘，限縮了研究過去可為文化帶來的啟發。一般而言，十九世紀的歷史研究過度重視「革命」，這是某種現象的面向之一，同時也促成了這種現象：十九世紀對於十六與十七世紀學者的各項創新顯然無動於衷，而且有系統地詆毀十八世紀史學。十九世紀「哥白尼革命」的觀念加強了這種持續扭曲的史學史觀點，使其往十九世紀與德國傾斜，這是本書試圖要糾正的。這種觀念構成專業共識的重要與限制部分，使其更為牢固而延續到二十世紀。今日的文獻考證方法當然仍與十九世紀相同，也許也與十九世紀之前相同。 466

「客觀」與「科學」的修辭終於在二十世紀遭到消音或放棄，愈來愈多人意識到這兩個詞引發的複雜爭議，有些人則察覺到這兩個詞在歷史寫作上的代價。然而，對各種歷史類別的重視程度仍有差別，而這種差別相當根深柢固，如政治史與外交史只願將它們的聲望分享給制度史，而且主要是中古時代的制度史。社會史與文化史略處於邊緣地帶。思想史，如果有這門領域的話，或許是其他學科的範圍。諷刺的是，德國唯心論形上學與英國實用主義都肯定政治史在近代的首要地位。英國人理所當然將國會（以及更早的諸王）置於核心，因為國會長久以來在英國人的生活占有重要地位。德國人重視國家，因為

民族國家對他們而言是如此晚近的事物。（在此同時，有著不同思想傳統的法國與美國歷史學界，卻彷彿成了德國人的附庸。）圍繞著政治史優先與「科學」的客觀理想的專業共識如何開始瓦解，我們必須在下一章進行思考。

第二十六章
二十世紀

歷史作為一門科學與歷史作為一門藝術

在最後一章，我要對為數可觀的二十世紀歷史寫作的主要創新發 467
展做必要的簡短說明，並且介紹其中的趣味與價值。即使留心避免，
但這麼做還是有個明顯的危險，亦即企圖讓內容更包羅萬象可能使這
最後一章不成比例地過度膨脹，即便這是因為二十世紀的歷史寫作遠
多於之前任何一個世紀的作品，而就算只針對二十世紀最令人印象深
刻的歷史作品做一般性的調查，也可能僅是列出一張自以為是的書
目。因此，這裡未能提及的重要而原創的二十世紀史家，其姓名足可
寫成一長串傑出的名單。這張名單包括了最具原創性的史家，以及對
於十九世紀晚期建立的文類做出貢獻的所有史家，這些文類人們耳熟
能詳，如高層政治與立憲史、外交與軍事史的研究。此外，本章對社
會與經濟史投以關注，這兩種歷史類別在二十世紀中期與晚期取得較
重要的地位，但這並不表示二十世紀之前不存在這方面的著名作品；
文化史亦然，該領域也是到了二十世紀才快速崛起成為研究重鎮。前
面各章提到的前例，包括如十六世紀法國對「完全」（全部的或總括
的）歷史的擁護；啟蒙運動對「市民社會史」或文明的興趣，以及日
耳曼地區繁盛的「普世史」研究，特別是在十八世紀末的哥廷根；維 468
柯對文化史的開創性觀念，以及之後赫德具影響力的思想與米什雷的
作品。因此，相較於前面幾章，本章將更不要求完整，但我可以自我
安慰說：讀者對二十世紀歷史作品的熟悉度或許遠高於之前各個時代
的歷史作品。

重要的是從一開始就要知道，新穎、相對新穎以及較傳統的歷史
類型之間的區別不只在於質的對比。並非所有創新作品都是好的，而
以既成文類寫成的著作也並非全屬陳腔濫調。尤其在二十世紀最後三

分之一的時間（約略來說），史學界出現百花齊放的盛況，然而其中有些很快就凋謝了。因此，本章只嘗試思考一些具有影響力或代表性的新事例，以及一些我認為特別令人印象深刻的作品。我不認為我的任務是告訴同行史家如何寫歷史，或提出責難與讚美，或開立處方與做出預測，上述任何一種做法終究會賦予本書爭議性，而使其偏離原先的目的。在此同時，舊文類仍舊持續存在，有時以小說的外貌呈現，對此我們應感慶幸，不過在這裡我沒有足夠的篇幅好好鑑賞這類作品。

在調查二十世紀歷史寫作的歷史時，人們總喜歡把歐洲各國與美國所採取的最典型歷史形式繫於這些國家近來的歷史經驗。順著這些路線產生的任何說法都必須接受檢驗，不過這種想法的確可能描繪出某種宏觀的輪廓。我們將會看到，在法國出現的著名創新歷史種類伴隨著焦點的轉移，從原本集中於民族國家，轉而關注日常生活，其不僅將眼光下移到地區與村落，也往外擴展到世界的歷史。這似乎反映出法國（早於英國或德國）作為一個強權的衰微，以及對於利希留、路易十四與大革命以來惡名昭彰的中央集權傾向的幻滅。美國史家自然傾向於研究美國的創立與美國在內戰苦難中遭受的試煉，他們也必須面對美國成為世界超強所經歷的各個階段；這意味著他們需要傳統政治史文類的資源，包括外交政策史，而美國在這種歷史中享有格外的選擇自由。這當中的意義在於美國代表世界的未來，因此書寫美國史就是研究世界的歷史。

在德國，深深吸引十九世紀史家關注的通往民族國家歷程的這個主題，勢必被理解二十世紀兩次大災難（一九一四年與一九三三年）的嘗試所取代，並提供長期或短期的解釋，也大量援引既有的政治、外交、軍事與某種程度的民族文化史文類。這種企圖及其背後的制度理由構成的主題過於龐大，在此無法詳論，但我們必須說明一項事實：針對近代初期以來歐洲面臨的重大社會與文化轉變所進行的較具國際面向的思考，主要出現在德國，而且被歸類為社會學而非歷史學。只要列出幾位學者的姓名即已足夠：馬克斯·韋伯、維爾納·宋巴特（Werner Sombart）、格奧格·齊美爾（Georg Simmel）、狄奧多·阿多諾（Theodore Adorno）、諾伯特·愛里亞斯（Nobert Elias）與尤爾根·哈伯瑪斯（Jürgen Habermas）。

　　英國從一九七〇年代以來便樂於接納其他地方的發展,特別是法國。英國對其他國家歷史的關注程度令人矚目。在這個時代,對德國與俄國的興趣也許可以被視為理所當然,如同對亞非的關注,因為英國曾統治這兩個洲的絕大部分地區。似乎沒有任何歷史義務要求英國史家應當成為西班牙、義大利、波蘭與瑞典歷史的領導權威,但目前的情況就是如此。理查‧科布(Richard Cobb)是他那個世代的傑出英國史家之一,他畢生致力於革命時期法國史,並且得到《世界報》(*Le Monde*)「令人驚嘆的科布」(l'étonnant Cobb)的讚譽。

　　二十世紀初,我曾提到的專業共識本質上仍未動搖,但前面第二十三章提及的,歷史是持續成長的自由故事這樣的自由主義概念,逐漸受到批判。新專業性格較為冷靜,我們之前已看到這樣一個例證:一九〇八年,夏爾‧佩提‧杜塔伊《斯塔布斯英國憲政史增補》(*Supplement to Stubbs' Constitutional History*)的序言(見原文頁422)。這清楚標誌出斯塔布斯作品(對日耳曼森林的自由與英格蘭國會史賡續的熱情)與一個世代後進行修訂增補的時代差異。世俗化是這個轉折的一個面向。斯塔布斯是虔誠的。二十世紀初傑出的無神論英國法制史家弗瑞德里克‧威廉‧梅特蘭(Frederic William Maitland)則不是。斯塔布斯是一名教士,一八八四年從牛津教席轉任牛津主教,他在一八六六年的就職演說中表示,歷史研究本質上是宗教的;即便在當時,這句話也引起一些人的側目。不是所有的自由史都像斯塔布斯一樣自信滿滿地從中尋求上帝的臨現。但這種上帝以意志促成英格蘭立憲或美國自由的想法,在十九世紀絕非罕見。

　　在法國,好戰的世俗主義的確傾向於挑撥宗教與自由的關係,雖然對吉佐而言並非如此;至於蘭克時代的德國,主宰歷史的上帝具有濃厚國家主義的色彩,而且支持「現實政治」。但在十九世紀晚期,作為政治信條的自由主義駛進了這片波濤洶湧的水域。普選與普選引發的「社會主義」被廣泛地視為一種威脅,在當時「社會主義」是個鬆散的詞彙,意指任何種類的集體主義或福利立法。為民族主義服務的經濟保護政策,其構成了為帝國巧取豪奪的動機,也腐蝕了自由貿易這項自由主義的核心信仰。這些都對自由主義樂觀態度造成很大的挑戰,而第一次世界大戰對自由主義而言更是巨大震撼。

470

自由主義的歷史勝利主義（historical triumphalism）本質上是一種敘事；專業主義對精確、徹底與因果解釋的熱忱，自然而然傾向於從敘事轉向分析。敘事與分析的緊張關係從一九二〇年代晚期明顯出現於英法兩國，不過這種緊張關係最早可以追溯到十八世紀，當時的解釋呈現於專論與雜談中。我們看到休謨曾寫作專論（見原文頁 333），而亞當·斯密對此不表贊同。二十世紀中葉的專業史家受到技術性解說與尋求長期原因的吸引，注意力自然大幅偏離對事件的描述。這種趨勢在社會學、人類學與馬克思主義的輸入下逐漸成熟；馬克思主義不可避免地強調「根本的」變化，而根本的變化正是經濟與社會史家的研究主題。與其相比，事件的敘事顯得膚淺。法國人稱事件的敘事為「事件史」（histoire événementielle），與此相對的則是「長時段」（longue durée）的結構變化；馬克思主義者認為事件的敘事只是追溯政治「上層建築」（superstructure）層次的變化，與此相對的則是「真實」（real）經濟力量與階級組成的變化。在這兩個例子中，新口號是「結構」（structure）。一九二九年，路易斯·納米爾（Lewis Namier）在《喬治三世即位時的政治結構》（*The Structure of Politics at the Accession of George III*）中提出極具影響力的觀點，重重打擊了自由主義自由大敘事的關鍵面向，特別是英國輝格黨（自由的守護者）與托利黨兩大政黨的歷史連續性的觀念，以及十八世紀晚期主宰英國政治的輝格黨主張，亦即守護立憲原則並且對抗想回復王室權力的君主喬治三世。

路易斯·納米爾是波蘭移民與猶太人，他的名字是經過劇烈英語化的姓名。他於一九〇八年抵達英國，年紀尚輕的他，學生歲月在倫敦政經學院與牛津大學貝里爾學院（Balliol College）度過。他致力研究十八世紀英國政治，這麼做看來似乎是為了撫慰十九世紀自由主義的幻滅與二十世紀混亂的歐洲政治，並藉由採用英國愛國主義與一段他認為缺乏意識形態壓力的歷史時代而獲得抒解。當納米爾離開這個時代時，政黨原則已從十八世紀英國政治一掃而空，留下的只是處於意識形態真空中亙古不變的政治人物的動機與策略。據稱納米爾掏空了歷史中的觀念。藉由這種做法，以及他對自己選擇領域的博學，他也掏空了歷史中的歷史，亦即，去除了大部分在歷史上相當明確的事物。

　　納米爾致力研究的年代範圍極為狹窄，這點可能因為他未能完成
自己所有的計畫而被放大，其實所有的史家實際上都無法完成自己所
有的計畫。儘管如此，他的研究並不因此而無法具體呈現他持續厭惡
的事物、他對細節的學術喜好，以及他對喚起記憶的敘事與觀念歷史
的輕視。對納米爾而言，不證自明的是，實際敘述必須從大臣與國會
議員間的私人書信尋找，這種私人書信相對來說不可能成為激勵彼此
共同遵守原則的宣言。事件的發展本質上受到個人動機與計算的控
制，政治觀念只是修辭的空談，從特定史料的選擇中或多或少可以迂
迴證明這點。公眾的談話乍聽之下令人生疑，因為它們是公眾的。納
米爾是個極端的事例，他預先決定什麼才算真實的歷史。

　　納米爾的典型方法是徹底而詳盡地貼近檢視個別國會議員的生平
與政治連結，當這種方法受到更一般地運用時，又稱為「歷史人群
學」（prosopography），尤其羅納德・賽姆爵士（Sir Ronald Syme）
曾於一九三九年運用這種方法研究羅馬共和國晚期的歷史，以及瓊斯
（A. H. M. Jones）曾用來研究羅馬帝國；《牛津英語詞典》（*The
Oxford English Dictionary*）於一九七六年同意收錄「納米爾化」
（Namierize）這個動詞。納米爾的方法催生了集體完成的《國會
史》（*History of Parliament*，實際上是下議院的歷史），這是在政府
贊助下由一群包括納米爾在內的史家合力撰寫的作品。「納米爾化」
是「國會史」明顯的意義所在，其完全不同於斯塔布斯所謂的「從先
例累積中拓展出」自由（見原文頁411）。納米爾對英國專業的影響
實際上只侷限於英格蘭，但其影響非常巨大而且範圍極為限縮。喬治
三世的名譽被恢復了，但政黨連續性的概念則遭受重創，政黨概念本
身在年輕學者手中仍無法超出十八世紀的舊觀；反觀崔維廉才在一九
二六年宣布政黨連續性的概念是「英國歷史上的一項偉大事實」。

　　對自由主義的歷史傳統發動與納米爾類似的攻擊者，還有赫伯
特・巴特菲爾德（Herbert Butterfield）的論文《輝格派的歷史詮釋》
（*The Whig Interpretation of History*），這是一篇貨真價實的專論，
出版於一九三一年。這兩位史家互不相涉，而且巴特菲爾德與納米爾
總是處於緊張、有時甚至是競爭的關係，因此他們在偶然間指出了相
同方向，似乎更具有重大意義。巴特菲爾德的論文攻擊的對象是自由
主義的歷史勝利主義，對此他相當不巧地選擇了具有地域色彩的英國

名稱「輝格派」。他認為輝格派是時代倒錯的與非歷史的，或甚至是反歷史的。根據巴特菲爾德的定義（但實際上並無任何解釋），輝格派歷史提供了進步的概念以作為英國史的核心主題，它將歷史發動者分為被封為聖人的先祖與微不足道的妨礙者，並認為以歷史角度理解後者的意圖與處境沒有任何真實好處，它甚至暗嘲「勝利者」，說他們可以隱約預知後來的觀念、需要與實踐。這些預期正是他們對歷史的重要意義。藉由這種方式，過去──其曾經是自身的「現在」，有著自己的利益、關切與迫切性──被犧牲以符合現代的關切，並且成為當下溫和而仁慈的預知。上帝的信仰者，如斯塔布斯，實際上比他們的後繼者更具有堅實的理由主張歷史的長期意義，以及歷史人物是歷史的推動者。將歷史的先見之明歸諸上帝而非人類是相當合宜的做法，而且某個意義來說也沒有時代倒錯的問題。巴特菲爾德其實也有自己的神意史觀，雖然他未明白說出，只不過他眼中的上帝主要彰顯在嘲諷的能力上：以意想不到的結果捉弄人類，將人類微不足道的預期與進步觀徹底推翻。

如「輝格派」一詞所顯示的，巴特菲爾德的爭辯本質上著眼於英國史黨同伐異觀點的缺陷上，但他論證的邏輯廣受認可，而且從某種意義來說需要更廣泛地加以運用。史家愈來愈普遍以「輝格派歷史」來表示將歷史視為本質上屬於歷史過程的目的論觀點。本章使用的通常也是這種描述。就這個意義而言，由於據稱歷史擁有一個被期待的終點，並以此衍生出歷史的道德與政治觀點，所以馬克思主義的歷史是典型的輝格派歷史。歷史更悠久、論點更單純的科學史亦然。科學的進展可以視為一連串超越前科學思考的勝利，而且唯有貨真價實而進步的科學家的觀點（或甚至只有他們觀點中的一部分是道地的科學，另外一些則是令人遺憾的大雜燴）才具有充分的關聯性。對現代科學家來說，這是個可理解的立場，但對歷史學家而言，卻是一種自我矛盾。這個說法很動聽，但不是歷史。

巴特菲爾德日後的路徑要比人們猜想的來得飄忽不定且難以捉摸。第二次世界大戰期間，他出版了一篇論文，《英國人及其歷史》（*The Englishman and His History*），其中「輝格派」歷史詮釋雖然仍與歷史保持一段距離，但有著可取的政治結果：「無論它對我們的歷史做了什麼，它對我們的政治具有絕佳的影響。」這篇論文可以視

474

為一種「因時制宜」的說法，一種在壓力下的愛國主義努力，但巴特菲爾德也承認其中具有一股持續的情感拉力：「每個英國人心裡都隱藏著一股輝格派傾向，它似乎撥弄著大家的心弦。」巴特菲爾德也是抨擊納米爾最力的批評者之一，他指責納米爾將原則逐出十八世紀政治並將敘事掃除於歷史寫作之外。然而必須指出的是，巴特菲爾德自己的作品也未能妥善調和歷史寫作與他所謂的「技術歷史」（technical history），後者需要空間但又不該反客為主。其中的不安相當明顯。

這不令人驚訝。故事與生俱來帶有輝格派風格，故事的時間拉得愈長，這種風格愈明顯，故事因此需要一個超越個人生命長度與個人目的的主角人物。故事具有選擇性，並且期盼自己後頭的插曲或最終結局能符合首尾呼應的判準。故事的巧妙感誘使現代主義小說的作者藉由中斷或玩弄敘事的期待，以吸引讀者的注意。在本書中，我有意識地抗拒敘事的衝動，避免強加一個單一的故事。若是屈服於這種衝動，則本書將成為一部目的論作品（見本書前言）。在此，巴特菲爾德早期論文中的警告，雖然微不足道且某方面來說無法令人滿意，卻仍投射出深遠的陰影。撰寫歷史的衝動滋養出令人印象深刻的敘事，而敘事，尤其荷馬史詩，則是歷史作為一種文類的來源之一。如果敘事與歷史變得互不相容，那將會是個弔詭。不過荷馬的例子也許能教導我們不用太悲觀地看待這種弔詭。《伊利亞德》擁有一個高潮，亦即特洛伊城的陷落，但它也有許多視角，因此若是只以特洛伊城陷落的解釋作為荷馬史詩的「主旨」，如此的解讀將會極為貧乏。一則故事的概念本質上是簡單的，但這不會讓所有敘事者的腦袋也變得簡單或單一。敘事可以既包羅萬象又具有方向。話說回來，《戰爭與和平》（*War and Peace*）或修昔底德的「主旨」又是什麼呢？ 475

巴特菲爾德曾經提到但並未解決的一個問題，也就是在技術歷史的學術成果陳述與文學敘事的呈現之間的緊張關係，這個問題在英國長期以來一直存在。對這層緊張關係的認識引發了爭論，而且持續延燒。我們可以從一八八六年《英國歷史評論》創立者的決心看到這點，他們要讓這本期刊成為「科學史」的專有領域，並將文人排除在外。在十九世紀晚期的牛津與劍橋，大學課程大綱與考試的建立將新的歷史學院粗分為廣泛歷史教育的支持者（絕大多數是學院的導師）

與「研究訓練」的擁護者（絕大多數是教授）。在牛津，新任欽定教授查爾斯·佛斯在一九〇四年就職演說中明確批評牛津的歷史教育，此舉讓牛津導師們大為光火，認為佛斯是在質疑他們的學術成就。在劍橋，伯利於一九〇三年在題為「歷史作為一門科學」的就職演說中提出類似說法，但仍維持著概括的層次；文中包含了當時慣行的對德國學術界的禮讚，但伯利對「文學性的」歷史的拒斥與他那飽受批評的結論，歷史是「一門科學，不多也不少」，卻引發爭議。對此，麥考萊的外甥孫崔維廉立即出版了答辯，後來經過修改於一九一三年寫成《克蕾歐：一位繆斯女神》（Clio: A Muse）。崔維廉在書中有力地攻擊自然科學的類比，主張歷史的教育功能，並將此連結歷史文學呈現的效果。他哀悼說，「兩個世代之前，歷史是我們民族文學的一部分」，現在卻僅成為「學者間的對話」，他宣稱：「歷史的技藝端賴敘事的技藝。」崔維廉的《英國社會史》（English Social History, 1944）是一部膾炙人口的作品。

在下一個世代中，崔維廉在劍橋的弟子普拉姆（J. H. Plumb），支持他認為的歷史是民族文化的一部分。身為研究十八世紀的史家，雖然普拉姆必須在一九三〇年代到五〇年代這段國會史的流行風潮中精通「納米爾化」的技巧，但他情感上仍效忠於崔維廉。在他回顧性的半自傳式反思《一名史家的養成》（The Making of a Historian, 1988），他自然而然地將納米爾與崔維廉視為兩個敵對傳統的代表人物：一方面是學者的內向性格，另方面是對廣泛公眾而非僅對專業人士負責的人文文學。人們可能反對這種太過死板的「傳統」分類。雖然要在單一作品中結合史家的雙重責任相當困難，但許多史家，包括普拉姆在內，仍在自己的生涯中結合了兩者。對普拉姆而言，致力於狹窄技術學問的當代代表人物，或多或少是自己選擇的，亦即他在劍橋的競爭對手，研究都鐸王朝的史家喬弗瑞·艾爾頓（Geoffrey Elton）。艾爾頓至少盡了一部分自己該盡的職責，即使就某種程度來說這樣的說法有點誇大。艾爾頓的確有時擁有相當廣泛的讀者群，至少在學校是如此，但他對史家責任的看法則與普拉姆一樣具有好鬥性，雖然兩者的差異很大（參見The Practice of History, 1967）。艾爾頓以研究行政部門的歷史著稱，著有《都鐸王朝的政府革命》（The Tudor Revolution in Government, 1953）。對他而言，訓練研究

476

生也是他的重要職責，這讓人忍不住要說是蘭克建立的傳統。艾爾頓將檔案館形容成樂園。

艾爾頓與納米爾一樣是移民，他來自德國，而且同樣是親英派，但艾爾頓同化得較為徹底。他粗暴地抗拒外國風尚，如佛洛伊德主義（不同於納米爾）、馬克思主義與社會學：史家不僅必須與文學胡扯保持距離，也要與理論維持一臂之距。然而，從艾爾頓如此投入科層制（都鐸王朝的引擎室）的研究不難看出他具有一種德國式的偏好，寧可選擇國家而不選擇國會這個英國人特有的制度。科層制最早被獨立為一個範疇，是在十八世紀晚期的日耳曼，至於用來分析科層制的傾向與有效性的概念，其經典形式則得自於二十世紀初的馬克斯·韋伯。然而，艾爾頓只有在《宗教與資本主義的興起》（*Religion and the Rise of Capitalism*，譯按：此書作者應該是英國學者陶尼〔R. H. Tawney〕）才提到韋伯，而且帶著典型的尖銳措詞：「歷史的無稽之談。」

普拉姆雖然年輕時傾向於馬克思主義，但對理論也敬謝不敏。他原先想從事小說寫作，如同他的朋友暨早期資助者斯諾（C. P. Snow）。普拉姆的對話帶有些許巴爾札克（Balzac）《人間喜劇》（*Comédie humaine*）與薩克萊（Thackeray）和羅蘭森（Rowlandson）筆下攝政時代的英國風格。他告訴我們，他身為史家的寫作生涯始於布萊頓（Brighton）的一家旅館，時間與地點都恰到好處；他的作品是《十八世紀的英國》（*England in the Eighteenth Century*, 1950）。他很高興自己的作品能博得廣泛好評，並且鼓勵他的弟子勇於冒險。在一個優先選擇枯燥乏味——「灰暗」是普拉姆的用語——的語調的時空裡，他喜愛的卻是華麗與過度，並且夾雜著一種滑稽與怪異感。從他身上得到的個人教導，如他所意圖的，是令人緊張、興奮而絕無冷場。

無論是否出於巧合，過去二十年來，普拉姆在劍橋大學基督學院的弟子與年輕同事將歷史帶到廣大公眾面前，這樣的突出表現的確值得注意。其中一個例子是若伊·波特（Roy Porter），他是位多產的瘋狂醫學史家，主要研究領域是十八世紀。而大衛·康納丁（David Cannadine）除了優雅地追溯近代世界英國貴族與君主的計謀外，也是崔維廉的研究者（*G. M. Trevelyan: A Life in History*, 1992），崔維

廉認為歷史寫作是民族文化的一部分，康納丁則以不同角度提出論辯。最廣泛的觀眾當然得自電視的吸引，如尼爾‧佛格森（Niall Ferguson）的節目，隨後出版為《帝國：英國如何形構近代世界》（*Empire: How Britain Made the Modern World*, 2003），賽門‧夏瑪（Simon Schama）以吸引人的方式寫作的大綱作品《英國史》（*History of Britain*，出版三冊，2000-2003）。夏瑪一系列作品的成功尤其要歸功於一套不連貫的「計畫」，一套總括性歷史概述，它呈現出與學校歷史教學的鮮明對比。這些做法似乎反映了「方法」凌駕於廣泛的理解，以及對早期某項歷史專業特徵的模仿：專門化。在最悲觀的意義下，崔維廉甚至不認為伯利能勝過學童。

478

「結構」：文化史與年鑑學派

納米爾的興趣不僅在於個人心理驅力與性情產生的作為（這點明顯表現在他對十八世紀政治的研究上），他也對於佛洛伊德的心理學很有興趣，這不可避免牽涉到他那個世代的中歐猶太人，不過這點興趣並未明顯表現在他的作品中。然而，在法國，史家受惠於心理學並從心理學中求得協助卻較為明顯，尤其呂西安‧費夫賀（Lucien Febvre, 1787-1956）的作品。費夫賀與中古史家馬克‧布洛克（Marc Bloch）於一九二九年（同年納米爾出版了《政治結構》）創立期刊，這部期刊以簡單的《年鑑》之名著稱於世，其原始全名是《經濟與社會史年鑑》（*Annales d'histoire économique et sociale*），而且以此名稱來稱呼一整個學派的法國史家，此即二十世紀史學最具影響力的學派。「年鑑學派」（Annales School）如今是個不可或缺的史家速寫，雖然它涵蓋的內容錯綜複雜。

然而，在介紹費夫賀，尤其是他對文化史的貢獻之前，我們必須先討論第一次世界大戰後一位最著名的文化史家出版的作品，即名聲顯赫的荷蘭史家約翰‧赫伊金格（Johan Huizinga），他的研究本質上屬於德國文化史傳統。赫伊金格的重要性受到費夫賀的肯定，他以經典作品《中古時代的衰微》（*The Waning of the Middle Ages*，1919）著稱。他也對心理學感興趣，曾在知名德國心理學家威爾赫姆‧溫特（Wilhelm Wundt）門下學習。赫伊金格主張文化概念是人

類玩的一種發明遊戲，它牽涉不同時代穿戴的面具，人類藉由這些面具呈現與認識自己並且建立自身的認同感。「表徵」（repre-sentations）這個詞被運用在艾彌爾・涂爾幹（Emile Durkheim）的社會學與人類學上，後來成為表示概念意象的時尚詞彙，人們透過這個詞建構對世界與社會的感受，以及他們作為共同文化蓄積的一部分所分享的自我形象與信仰。這些表徵顯然隨歷史而變動，因此需要史家進行研究，雖然它們跟社會及經濟結構一樣並非傳統敘事方式所能處理。布克哈特的傑作《義大利文藝復興的文明》（實際上是文化〔Kultur〕）是赫伊金格作品最明顯的先驅，它本質上是非敘事的作品。赫伊金格的作品內容（顯然有意如此）針對的是中古時代末期，正如布克哈特的作品針對的是文藝復興，其如今看來有點古老，陳舊的部分不僅在於書名與帶著有機隱喻的時代描述而已。但它的人氣一直維繫不墜。它完全有資格被稱為二十世紀上半葉文化史的傑出作品，而且是往後著作的知名前輩。

赫伊金格是個高度自覺的史家，他的一些論文出版為《人與觀念》（*Men and Ideas*, 1960），在其中他著手刻畫文化史，他說，文化史必須專注在「更深層的一般主題」上（The Task of Cultural History, 1926）。文化的存在只是一種「樣貌」（configuration），唯有「當學者必須決定結合了生命、藝術與思想的模式時，才有文化史的問題可言」。在別的書中，赫伊金格提到文化史的對象是「文明的形式與功能⋯⋯這些形式與功能合併成文化的圖案、動機、主題、象徵、概念、理想、風格與情感」；「形式與功能」是動物與植物形態學研究的常用詞彙。

赫伊金格顯然受到當時心理學、社會學與人類學，還有生物學的影響；這成為前衛史學的一項特徵。例如，他提到德國社會學家馬克斯・謝勒（Max Scheler）與涂爾幹的門徒法國人類學家瑪塞爾・牟斯（Marcel Mauss），認為他們與他的研究具有關聯性。因此不意外地，赫伊金格已約略勾勒出年鑑學派渴望的主題，而他的作品也受到追求「情感歷史」的費夫賀的肯定。赫伊金格提到「虛榮史」（history of Vanity）的可能，而且主張七宗罪是有待研究的文化史的七個章節。他也以巴特菲爾德更概括的意義，展現出明確的反輝格派傾向。藉由將某人當成先驅，「人們可以將他抬升到他所屬時代的架

構之外，這麼做，便是扭曲歷史」（出自 Historical Ideals of Life 一文）。他讚揚布克哈特是不以啟蒙運動與進步觀點看待文藝復興的第一人，他未將文藝復興視為序曲，而是獨立的特異之物。

在《中古時代的衰微》中，赫伊金格嘗試追溯中古時代晚期勃艮第地區宮廷文化的主要樣貌，將重點放在人們對出生、愛情、婚姻、死亡與騎士地位的態度上，其通常具體表現在生活的典禮與藝術層面。他特別感興趣的是表現出生活、宗教與騎士精神的理想形式的儀式與象徵。與布克哈特一樣，赫伊金格的視覺相當敏銳，他察覺到藝術是揭露意義的根源，如果我們能破解其中的意義符碼的話。他的書是高度感官的，從各個層面召喚出城鎮生活，包括日常經驗與特殊節慶，如國王入城儀式、婚姻與騎士比武。他認為，以形象與擬人化的方式思考，是中古時代晚期的特徵，這種思維模式被發展與系統化到了墮落的程度。在這種思考下，自然客體絕對不僅是自身與被視為自身（關於對客體的知覺，布克哈特曾以一整章加以討論），它也是一般理解的全面性符碼中的特定意義承載者，或通常是多重的意義。世界被建構成符號意義的階序，在這個階序中，色彩、植物與花卉、動物、礦物、行星、聖經故事與社會等級全參與其中，而且持續地召喚彼此與召喚其所連結的道德性質。無論任何種類，相似性構成了符號連結；這是個因果關係不如相當性來得重要的世界，它不同於日後的思想世界以分類和因果來連結事物。

赫伊金格認為這是一種遊戲，雖然是嚴肅的一種，因為對他而言，人類是玩遊戲的動物；他另一部作品的名稱就叫《人類，遊戲者》（Homo Ludens）。但對參與遊戲的人而言，遊戲構成了他們的世界與他們回應世界的條件；就某種程度來說，赫伊金格認為參與者包括了每一個人，因為當時的高等與庶民文化之間的區別不如日後那般明顯。赫伊金格尤其強調一股遍布各處的憂鬱心情，與文藝復興的重生感受形成強烈對比。這是個步入衰老的世界，而且「在貴族與封建制度停止在國家與社會中實際扮演核心要素的很久之後，它們仍銘記在人們心中作為生活的宰制形式」。要瞭解一個時代，人們不只必須瞭解轉變那個時代的力量，也要瞭解那個時代的幻覺。

赫伊金格雖然以荷蘭文寫作，但他屬於德國的文化史傳統。納粹主義使猶太人離散各地，結果造成德國文化史傳統連同藝術史家暨神

481

話學者阿比・瓦爾布爾格（Aby Warburg）的圖書館都遷至倫敦，而這座圖書館日後構成瓦爾布爾格研究所（Warburg Institute）的核心。這尤其關連著作為藝術史與觀念史研究工具的圖像學，也關連著中古時代晚期與文藝復興時代的研究。瓦爾布爾格與赫伊金格有著明顯的相似點，但如前所述，赫伊金格也與法國的費夫賀乃至於年鑑學派有所交集，只是年鑑學派的重點更偏向社會層面。費夫賀的主要夥伴馬克・布洛克是中古史家，他對心態史（history of mantalities）的興趣引領他寫出經典而具高度影響力的研究作品，他探討的是中古時代國王擁有的治療能力，這種能力象徵著國王神聖性格的一個面向（1924，英譯本《國王的觸治》〔*The Royal Touch*, 1973〕）。儘管年鑑學派公開宣稱他們的興趣是經濟史，但心理學與人類學對他們的影響也很強烈。費夫賀與布洛克曾在高等師範學校受到人類學家呂西安・雷維・布呂爾（Lucien Lévy-Bruhl）的教導，他是《原始心靈》（*The Savage Mind*, 1922）的作者。在他之後，同屬高師傳統的是涂爾幹，在他之前則是他的老師、指導者與傑出的觀念和制度史家努瑪・德尼斯・福斯特爾・德・庫朗吉（Numa Denis Fustel de Coulanges）。庫朗吉完成有關儀式的經典研究，他認為儀式構成上古時代的家族，而家族最終又包攝在城市之中（*The Ancient City*, 1864）。

費夫賀一九三八年刊登於《年鑑》的文章〈歷史學與心理學〉（History and Psychology），一開始先提到赫伊金格，接著又表示必須重建每個接續世代的自然、思想與道德構成的整體世界；不意外地，米什雷成為另一位受尊崇的先驅。在日後一篇題為〈感性與歷史學〉（Sensibility and History, 1941）的文章中，費夫賀認為赫伊金格已經在需要下復原了過去的情感生活。費夫賀以此連結上年鑑學派感興趣的一個面向，這個面向被稱為歷史「心態」（mentalities, mentalités）研究，亦即，探討特定時代的特定社會是以何種方式建構與表述出他們對世界與人類生活的看法。這種強調針對的是無意識的假定而非清楚陳述的理論，它表現在流行的象徵、隱喻，以及儀式呈現的分類區別上。這種做法與涂爾幹式人類學在二十世紀初發展出來的方法明顯類似，尤其他最後的作品《宗教生活的基本形式》（*The Elementary Forms of the Religious Life*, 1917）。在作品中，涂

482

爾幹認為宗教本質上是一種公眾的、社會的現象，因此信仰的主張應該視為只是為既有實踐提供事後原理，他接著表示社會是認識自我，因此在某種意義上也是建構自我，儘管公共儀式扮演了「集體表徵」，並且透過集體表徵將「集體意識」（他早先創造的詞）建構出來。涂爾幹的研究在經驗上根據的是對澳洲原住民圖騰信仰的描述，但概念上卻接近於對中古時代與近代初期歐洲農民心態與文化的興趣。

年鑑學派的取向本質上是人類學式的。以「心態」研究來從事文化史的探討，這種做法招致了與二十世紀中葉人類學以及文化史家早期經常運用的有機隱喻及模式類似的缺陷。整體論的文化史概念可以上溯到十九世紀初期甚至更早，德文的「時代精神」（Zeitgeist）一詞是這種概念出現的最早信號。其他的詞彙如社會學家卡爾・曼海姆（Karl Mannheim）取材自天文學的「世界觀」（Weltanschauung, world view）與米歇爾・傅柯（Michel Foucault）的「知識框架」（épistème）；除了馬克思主義的「意識形態」外，這個詞彙活躍於二十世紀。把文化當成一個整合的整體來處理，其招致的麻煩在於，這種做法似乎意味著以全體整合的角度將文化視為靜態、完全不變的事物。人類學家與文化史家最後逐漸認識到有將事物複雜化的必要（不過馬克思主義者在經濟層面從事壓倒一切的唯物論解釋，較少感受到這股衝動）。但這需要時間。例如，費夫賀在他的鉅著《十六世紀的不信仰問題：拉伯雷的宗教》（The Problem of Unbelief in the Sixteenth Century: The Religion of Rabelais, 1942，英譯本於一九八三年出版）中大聲疾呼，無神論在十六世紀是不可能的，它看起來就是不真實；但他在別的作品反駁了這點。「大眾文化」也比其詞彙本身所警告的來得更難以界定。思想世界的全球概念在解釋變遷時也遭遇這樣的難處，而這些問題在米歇爾・傅柯《知識考古學》（L'ar-chéologie du savoir, 1969，英譯本於一九七二年出版）中被間接承認是難解的事物，但他輕蔑地向這些問題揮手，並且宣稱他處理的不是思想史而是知識的考古學：很明顯的，考古學不需要煩惱這類事物。對敘事或對需要以敘事來處理的事物（亦即變遷）的蔑視，在敘事被結構與心態的分析取代時，遺留下一個可知覺卻未填滿的空間。

年鑑學派第二代學者受到費爾南・布勞岱爾（Fernand Braudel）

483

的支配。由於他的緣故,年鑑學派逐漸返回社會與經濟史的根源,並且發展出對統計的興趣,有時看起來煞有介事。布勞岱爾自己對十六世紀地中海地區的偉大經典研究植根於地理學(法國比其他國家更重視地理教育)與經濟學,但最終超越了這兩門學科(*The Mediterranean and the Mediterranean World in the Age of Philip II*, 1949,英譯本第二版於一九七二年出版)。這部作品擴充為兩冊,上冊是針對布勞岱爾所稱的「長時段」過程中,地中海地區自然與「人文」地理之間互動所做的龐大全景式研究,主要透過十六世紀檔案的運用來重現這段歷史,布勞岱爾的作品因此成為二十世紀的偉大歷史研究。上冊是一部一流的想像與學術傑作;它原本是下冊十六世紀政治史的補充,但後來卻被布勞岱爾視為不可或缺的前言。

上冊的最後部分是相當正統的經濟史,不過也詳盡地令人印象深刻,伴隨著對通貨、價格、人口統計與運輸的強調。第一部分是針對 **484** 十六世紀地中海海岸與內陸地區生活所做的廣大調查,這是個由距離與天然資源、機會與必要性交織的結構;陸地、海洋與島嶼構成的地貌,分布著各式各樣的地形與民族,以及民族之間的交流互動。布勞岱爾思索山地,連同山區無生產力的多石土壤與山牧季移的半遊牧生活;平原是可耕種的地區,通常遍布著沼澤與瘧疾;半島、島嶼與港口;城鎮與村落,以及兩者間的貿易,大小規模不等。之後他轉向水系、主要是朝向北方的商路,通往魯昂(Rouen)、漢堡(Hamburg)與但澤(Danzig),以及黑海與俄國。

儘管地中海地區充滿了多樣性,但布勞岱爾仍堅持它的統一性,商船穿梭於海上,從岬角到岬角,從島嶼到島嶼。船員的人口流動是混雜的而且交錯著數種語言;船員任意在船與船之間移轉,因此單一船上的船員可能包括了地中海地區從西班牙到希臘的幾乎所有民族。在「長時段」中,規律的模式持續在各地重演,在地貌與棲地的限制下幾乎一成不變地重複著,如同「農民與牧民的永恆戰爭」。地方經濟擴張與萎縮,城市興起與沒落,但它們供給的需求依然存在,只是轉往別的地方以獲得更充分的滿足。這是個無情的世界,布勞岱爾在描繪時不帶有理想成分,但有著人性的同情,這種感受無法言喻,卻能從檔案細節中得到感觸。讀者對當時生活的艱困與危險留下強烈的印象:辛苦工作、瘟疫(特別是在城市)、貿易機會、海盜掠奪與遭

綁為奴（正如上古世界）、有時因貧瘠多石的土壤無法供應糧食而近乎處於飢餓狀態——「梅諾卡島（Minorca）的原野，馬歐（Mahon）後方平原的石頭，直到十八世紀才清除乾淨。」這個群島一般稱為「飢餓之島」，它仰賴進口，而且因為只能出口單一作物而陷於貧困。有時這個群島會遭到圍困，因為島內山區是「地中海的無人之地，是窮人、盜賊與不法之徒的避難所」。

485 　　在布勞岱爾之後的世代，也就是一九七〇年代之後，年鑑學派的影響力變得更廣泛與普及，而且獲得英美學者的注意。地區研究是在布勞岱爾的影響下產生的，在規模上遠較布勞岱爾的研究來得適中，他的研究本質上是一種研究法國地方史的方式，加上地理學的前言。之前提過，年鑑學派知名的地方在於擁抱了量化方法。因此，電腦的使用勢必衝擊了歷史研究。在美國與英國，量化是一門被承認的歷史技術；為此而創造出相當諷刺的詞彙，「計量史學」（cliometrics）。當計量史學在美國被運用在奴隸制度的經濟資產負債表的問題上時，變得充滿爭議；它的研究者似乎展示出相同的冷漠，一如「有人在他的母親墳上現身與採集植物」（華茲華斯）。

　　在英國，對量化的驅使最有反應的是歷史人口統計學，它具體而微地表現在「劍橋人口與社會結構歷史研究小組」的作品中。小組的創立者，彼得・拉斯雷特（Peter Laslett），以受歡迎的形式呈現該小組的早期成果，《我們已經失去的世界》（*The World We Have Lost*, 1965）。拉斯雷特運用教區登記簿（parish registers）得出的一個或許最令人感到驚異的結論是，核心家庭不僅是近代英國的常規，在前近代（pre-modern）的英國亦是如此，此反駁了普遍接受的觀念。新家庭一般都會自立門戶；人們等到能自立門戶時才會結婚；寡婦搬出家中。人們普遍接受的前近代「傳統大家庭」，亦即三代與一些旁系親屬同住一個屋簷下的圖像，顯然毫無事實根據。

　　在法國，一九七〇年代之後的發展接續了費夫賀停止的領域；在布勞岱爾時代，對心態與大眾文化的研究略呈中止狀態，而布勞岱爾自己亦未投入心力於地中海特有的文化觀念上，如榮譽、羞恥、貞潔與世仇。從一九七〇年代開始，上古、中古與近代史的研究開始處理情感與感受的歷史，對於生死的概念與對生死的普遍態度，其歷史向度也逐漸受到探討。菲力普・阿里耶斯（Philippe Ariès）是童年史的

先驅，他宣稱童年直到十七世紀才成為一個概念。死亡、性、身體、清潔與排泄物乃至於氣味，都成為歷史研究的課題。 486

某方面來說，這種研究有點走回從希羅多德以降上古史學民族誌雜談的老路，但內容已有轉變，如同民俗被歷史學與人類學轉變成「大眾文化」。生與死的永恆特徵可能被歷史化，因為一切特徵都是透過「表徵」才被人所知覺與概念化，而表徵與其他許多事物一樣，在歷史上是可變的。如赫伊金格所主張的，分配給公眾與私人生活的空間，往往因社會而異：在中古時代，公共領域較為廣大，私人領域實際上根本不存在。第二次世界大戰之前，德國社會學家諾伯特・愛里亞斯辨識出「公共領域」的歷史，他使用的方式從此產生巨大的影響。

在探討這些主題直到二十世紀末的樣貌之前，我們必須先停在二十世紀中葉，甚至某種程度來說必須再往前一點，回溯地思考這個時代中最具影響力的一門史學：馬克思主義。尤其從一九二〇年代開始，到一九五〇年代的顛峰期，史家試圖以馬克思主義解釋範疇來說明兩場巨大的革命：英格蘭內戰（此後則稱為「英格蘭革命」）與法國大革命。

馬克思主義：最後的大敘事？

直到二十世紀中葉，馬克思主義才在歷史學領域獲得實質的實現。馬克思在一八八三年去世時是以經濟學者的名聲著稱，他曾預言在經歷一連串更嚴重的消費不足危機之後，資本主義將會崩潰。在美國，就在第一次世界大戰前後，曾有段時間一些轉向社會史的史家採納了馬克思主義的解釋架構，此即詹姆斯・哈維・羅賓森（James Harvey Robinson）與查爾斯・比爾德所說的「新史學」。但是美國的馬克思主義史學，如同美國的無產階級與美國社會黨，最終未能成形。研究古希臘的馬克思主義史家莫西斯・芬利（Moses Finley）自一九五〇年代起在英國建立了名聲。在歐洲，俄國革命、一九二九 487 股災與經濟大恐慌，這些事件使馬克思預言的資本主義崩潰似乎實現了，並因此孕育出馬克思主義觀點的當代史，必然也帶來馬克思主義觀點的過去。此外，一九三〇年代法西斯主義的興起似乎預示了共產

主義與資本主義的最後的對峙，或許是軍事上的對峙，將在埋葬了
「資產階級自由主義」之後到來。

　　尤其在一九三〇年代之後，注意力集中於英格蘭內戰與法國大革
命上，在二十世紀黨的路線下，這兩個事件成為測試馬克思主義歷史
概念的案例。如果這兩個事件符合馬克思主義範疇下的「資產階級革
命」，掃除了封建主義殘餘並且為資本主義的來臨鋪路，作為資產階
級終極毀滅的必要準備，那麼就有充足的理由預期資產階級的崩潰與
無產階級的最終勝利，後者已明顯預示於布爾什維克革命中。

　　在英國，馬克思主義詮釋源自於二十世紀初，甚至是十九世紀
末，其就體系而言還不完全屬於馬克思主義。當時出現的往作為社會
變遷塑造者的經濟史轉折的傾向，從一開始就具有左傾的特徵，然而
並非所有經濟史家都是如此。這種左傾的特徵是可理解的，因為十九
世紀晚期經濟史的起源，在很大程度上來自於一股衝動：從純粹經濟
理論轉向衡量經濟法則的運作所具有的社會意涵，以及工業資本主義
的社會成本。這種衝動明顯激勵了十九世紀晚期德國社會科學學會
（Verein für Sozialwissenschaft）的活動與德國所謂的「講壇社會主
義者」（socialists of the [academic] chair）的經濟史作品，如威爾赫
姆・羅舍爾與古斯塔夫・施摩勒（Gustav Schmoller）。宗教，連同
倫理學，在某些事例上屬於構成要素；在英國，約翰・拉斯金（John
Ruskin）的作品也經常被認為是這類思想的先行者。這些先行者包括
了阿諾德・湯恩比（Arnold Toynbee），他是另一位湯恩比的叔父；
湯恩比曾寫下宏偉的歷史哲學，在一九四〇年代與五〇年代引起騷
動。老湯恩比被認為曾在一八八〇年代牛津大學講座上創造出「工業
革命」一詞。他曾在講座上表示，政治經濟學過度與歷史學分離；要
瞭解這句話並不難。湯恩比的下一代追隨者是陶尼（R. H. Tawney,
1880-1962），他在《經濟史評論》（*Economic History Review*,
1941）的一篇文章〈鄉紳的興起，一五八八年到一六四〇年〉（The
Rise of the Gentry, 1588-1640）中率先發難，為英格蘭內戰原因的學
術論戰開了第一槍。

　　陶尼在當時已是兩部重要作品的作者，他結合了倫理的社會主義
與對資本主義的深刻憎惡。陶尼是英國國教派教徒，他首先發表於格
拉斯哥大學（Glasgow University）吉佛德（Gifford）神學講座的作

488

品是《宗教與資本主義的興起》（1926），這或許是迄今他最知名的著作。這本書的名稱承認了馬克斯‧韋伯《新教倫理與資本主義精神》（*The Protestant Ethic and the Spirit of Capitalism*, 1904-5）的影響，並且從中衍生出核心主題，然而在陶尼手中，這個主題變得明顯不同。韋伯作品研究的是某個特殊的宗教心理，亦即十六世紀的喀爾文主義（Calvinism），這種心理培養出資本主義企業精神與節儉的自律態度，並因此激勵再投資與獲利最大化。韋伯贊同這種精神，並且認為他那個時代的德國資產階級太缺乏這種特質。他的取向是冷靜而分析的，而他自身的意識形態驅力則是民族主義的。陶尼帶著強烈的基督徒憤慨，對企業家美德並無好感，他將韋伯的主題轉變成研究英格蘭宗教改革期間傳統教士試圖緩和經濟競爭而做的消遣。

陶尼其他的重要作品，如《十六世紀的農業問題》（*The Agrarian Problem of the Sixteenth Century*, 1912），作為分析性經濟史的主題，討論十六世紀對圈地與耕地變更為牧地的抗爭，以及由此而生的強取豪奪與失業現象。這是陶尼對農業史產生興趣的起點，他的〈鄉紳〉（Gentry）便是以此為根據。這篇文章重拾了十七世紀哈靈頓（見原文頁318）的主題，哈靈頓將君主制傾覆歸因於封建貴族的衰弱（亨利七世追求的政策）與鄉紳的經濟提升，其因修院瓦解與修院土地分散而加速。鄉紳在政治上支配了下議院。陶尼試圖從經濟上證明他們的興起。之後，第二次世界大戰爆發中斷了這場爭論，但辯論在戰後由支持陶尼論點的勞倫斯‧史東（Lawrence Stone, 1948）與攻擊陶尼的修‧崔佛羅伯（Hugh Trevor-Roper, 1950）於《經濟史評論》重啟戰端，言詞格外尖刻。這場論戰終止於陶尼的論點再也站不住腳，而且沒有堅實的理由主張貴族在經濟上的衰微或鄉紳的相對興起。

陶尼是英國的社會主義者，而非共產黨員。他的年事已高，因而難以擁抱一九三〇年代流行的共產主義思潮。共產主義熱情下的產物，是另一位在一九四〇年代專注研究英格蘭內戰的社會經濟起源的史家克里斯多佛‧希爾（Christohper Hill），他的馬克思主義者資格證明書清楚展示在他的第一部作品《英格蘭革命》（*The English Revolution*, 1940）。這場戰爭被大膽宣告為一場古典馬克思主義的資產階級革命。希爾後來成為貝里爾學院院長，這是湯恩比與陶尼曾經

489

待過的學院，而希爾在戰前是個學生共產黨員，這種情況在那個時代並不罕見，比較不尋常的是他曾在蘇俄待了一年，接受研究十七世紀英格蘭史的蘇聯史家指導。《英格蘭革命》即是成果。一九五六年蘇聯入侵匈牙利之後，希爾脫離了共產黨，他隨後做了修正，但從未放棄其核心論點。「英格蘭革命」是具企業精神的資產階級（包括鄉紳）的成果。它的主要效果是突破資本主義進一步發展的束縛。

一個世代之後，研究英格蘭內戰的史家的主要共識轉而反對這種詮釋。有些貴族與鄉紳在行為上也具有企業精神，但這（或者是較傳統的經濟態度）與政治傾向之間沒有可辨識的相互關係。即使是城鎮中具有領導地位的市民的政治忠誠，也無法提供簡單的資產階級意識圖像。在更極端的「修正主義份子」的作品中，就連內戰本身似乎也被拆解成一連串地方菁英間的衝突，這些菁英因中央權威的崩潰而受解放，並且因宗教而彼此區隔。

490　從十九世紀初開始，英國激進主義隨著反英國國教派異議人士的受苦而（非常漸進地）緩和，他們著眼於英國史上的兩項特徵。首先，如同陶尼的《農業問題》提到的，農村窮人的土地權利遭到剝奪，這種現象在十八世紀圈地運動達到頂點。其次是從十八世紀末到十九世紀中葉工業化的社會結果。這些特徵從一八二〇年代到一八四〇年代又結合了「英國狀況」（The Condition of England）問題的辯論，麥考萊與卡萊爾站在對立角度對這項主題提出看法。後來的史學作品傾向於對這場辯論的說詞提出回應，特別是湯恩比與陶尼對英國經濟與社會史所進行的社會主義研究，他們受到維多利亞時代偉大的社會批評者與先知如卡萊爾、拉斯金與威廉‧莫里斯（William Morris）的激勵。

這項傳統的晚近產物是愛德華‧湯普森（E. P. Thompson），他的第一部重要作品是針對威廉‧莫里斯所進行的大規模研究。湯普森那部深富影響力的作品《英國工人階級的形成》（*The Making of the English Working Class*, 1963）有著引人注目的馬克思主義特徵，卻未嚴守馬克思主義歷史正確的觀念，特別是其中的經濟決定論。湯普森選擇的時代是從法國大革命時代的英國激進主義到一八四〇年代的憲章運動，但他的作品不僅限於研究英國激進份子的思想與活動。它也處理農村的不滿與對農業機械化的抗拒；逐漸失業的工匠與其他各種

類型的工人；以及工人社群的倫理觀念與組織傳統。然而，它的指導路線卻是要求勞動窮人聯合起來並進行自我陳述，以構成全國性的工人階級意識。馬克思的後半生絕大部分投入於對英國工人的教育，促使其瞭解自身的階級利益與推展工會組織。但馬克思主義者幾乎未曾投注心力瞭解階級意識實際上「如何」形成，理論家與史家均是如此；他們似乎認為在工廠生產體系下集中的工人自然而然能產生階級意識；他們在集體要求加薪與改善條件的行動中變得統一而有紀律，而且或許在精通馬克思主義理論的中產階級協助下，他們能清楚表達自己的利益與歷史角色。湯普森的描述更加深入，而且強調正義與權利觀念的預先存在，以及工人階級組織的多重形式。他接受不斷變遷的「客觀」存在條件的重要性，但反駁經濟決定論。 491

然而，就它是一部研究階級認同感形成的作品來看，湯普森的著作如同所有馬克思主義的歷史，幾乎不可避免成為一種輝格派的故事，一種《天路歷程》（*Pilgrim's Progress*），在這段過程中，作為主角的工人階級在通往自我實現的歷史道路上遭遇各種阻礙，而湯普森指出這些阻礙。對英國憲法的信仰是其中一種阻礙，它有助於培養政治激進主義，但從一開始就誤導了路線的發展。衛理宗（Methodism）傳授自我組織的方法，但它在政治上的毫無作為卻帶來負面影響，而它對個人救贖的強調也使人脫離了政治領域。僱主的意識形態，以及從企業家精神與工業生產中為每個人取得擴大繁榮的展望，構成一種吸引人的虛妄。湯普森的指控令人難以招架，有時還表現出一種類似十九世紀初激進派記者威廉·科貝特（William Cobbett）的熱切：「治安長官、工場主與衛理宗信徒」構成了邪惡的三位一體，這句話簡直模仿自科貝特。使用帶有諷刺意味的大寫字母來表示，很容易讓人想起各種威脅工人階級使其無法認識自我的陷阱。被「內心的罪惡感」（Introspective Guilt）、「可憎的阿諛」（Odious Subservience）與「情感上的手淫」（Emotional Onanism）搭訕時，班揚（Bunyan）筆下的基督徒必須迅速加以回絕。在一篇反向論述的禁酒短文中，受過良好教育的激進份子弗蘭西斯·普雷斯（Francis Place）由於無法在酒館喝酒而結交了壞朋友，並因此勾搭上「功利主義與馬爾薩斯學說」。讀者只會對一個誤入歧途的好人搖頭。這種對於正在興起但尚未取得階級意識的狀態的隱喻也具有重大

意義，它暗示著有害而吸引人的事物：它被湯姆・潘恩（Tom Paine）的觀念，包括對企業家獲利的尊重，「嚇得無法動彈」，而「陷入」立憲的辯論之中。

492

法國大革命的馬克思主義詮釋據說始於一九二○年代的阿爾貝爾・馬提耶（Albert Mathiez）的作品，不過他不是馬克思主義者而是歐拉爾的弟子，而我們曾經提過歐拉爾是泰納的批評者（見原文頁404）。到了二十世紀中葉，接續馬提耶的是阿爾貝爾・索布爾（Albert Soboul），以及學術和知識素養更高的喬治・勒費夫賀（Georges Lefebvre）。「大革命只是長期經濟與社會演化下的一頂王冠，它使資產階級成為世界的主人。」做出如此宣示的正是勒費夫賀。索布爾以直率的馬克思主義用語解釋大革命，認為它是「生產關係與生產力性格產生矛盾」的結果；換言之，下層建築層次的矛盾一如以往地生產出政治上層建築的排列結果。在這個層次上，「商業資產階級……清楚察覺到自身的利益，指引著大革命走向自己的目標。」

對馬克思主義詮釋發動的首次真正有效反擊來自於研究法國的英國史家阿爾弗雷德・科班（Alfred Cobban），特別是他的《法國大革命的社會詮釋》（*The Social Interpretation of the French Revolution*, 1964）。科班在書中指出，人們已經推翻了馬克思主義對「英格蘭革命」的僭取。這項行動「炸毀了想像的資產階級革命，使貴族與鄉紳、王室官員、律師、商人、民眾、興起與衰微的階級、封建與資產階級社會、勞動者與農民的碎片四散於專論與教科書上。」法國舊體制的社會絕非較不複雜與較不難以處理；沒有任何單一公式可以表達個人的社會地位或由一群這樣的個人所代表的「階級」。它是一個有著多重角色與運用各種方式評估地位的社會：社會的、經濟的與法律的判準交錯縱橫，無法用簡單的階級加以歸類。對科班而言，對英格蘭內戰的修正主義者亦是如此，大革命本質上是政治的，而且實際證明並不存在單一的根本決定論。大革命在相當程度上也是一場「反」現代性的叛亂。

在法國，帶頭對馬克思主義詮釋進行批判的學者弗朗索瓦・傅瑞（François Furet）提出了類似的主張，尤其他的《詮釋法國大革命》

（*Interpreting the French Revolution*, 1978，英譯本於一九八一年出版），但他的注意力更多集中在大革命擁護者的動機與心境上。傅瑞指出，法國大革命一直是政治的一部分，卻未被承認為歷史，他懇求最終能將大革命置於歷史之中。法國大革命形塑法國政治生活達一個半世紀之久，但「法國大革命已經結束」。它不該繼續作為紀念物，而應受到解放，以接受無偏見的歷史研究。傅瑞指出，在十九世紀，大革命已被認為一個註定要被取代的階段，而非一項已完成的政治事件，只要大革命被當成即將來臨的無產階級革命的預兆，它的詮釋就會不斷被政治化。無產階級革命的第一場行動被認為是一九一七年的布爾什維克革命，它引領馬提耶在雅各賓黨人與布爾什維克黨人之間做出連結。

493

　　傅瑞論證裡的英雄，就某種意義來說是阿勒克西斯・德・托克維爾（Alexis de Tocqueville, 1805-59），托克維爾在《舊體制與大革命》（*The Ancien Régime and the Revolution*, 1850）裡建立起十七世紀以降君主制中央集權驅力，以及刻畫著大革命的驅力之間的行政連續性。根據傅瑞的說法，我們必須探求革命份子意識的背後，才能看出大革命成果其實是中央集權國家漸進地從市民社會機構與地方社群手中攫奪權力。大革命當然是重要事件（科班一度問起：「有法國大革命嗎？」），但它也是政治與意識形態事件，它集中與分散權力，並且認可了民主風氣。然而，馬克思主義詮釋在描述大革命時卻產生了一連串分類上的混淆，它合併了君主制與貴族制、貴族制與封建制、資產階級與資本主義。資產階級對企業精神抱持著複雜的態度，而貴族絕非不具有追求利益的企業精神。

　　歷史修正的本質在於沒有終點：即使到了今日，修正無疑仍在發生。這是歷史專業的常軌。然而，有關這兩場革命的嚴謹馬克思主義詮釋看起來的確成了過去，而這些詮釋偶然間比蘇維埃共產主義更早崩潰。簡單的階級術語已不再對史家唱著女妖（siren）之歌，而且很難想像一個充滿抱負的未來希爾或索布爾（如果有的話）能在興起的資產階級的歡呼聲中再次看到欣喜而自信的早晨。

人類學與歷史學：語言與典範

494　　一九六三年，基斯·湯瑪斯（Keith Thomas）在左翼社會史期刊《過去與現在》（*Past and Present*，創立於一九五二年）中發表了一篇令人矚目的文章。這篇題為〈歷史學與人類學〉（History and Anthropology）的論文是針對歷史專門化的主題所提出的抗議，與歷史專門化形成對比的是人類學家以全體性的角度研究小規模社會的方法。他指出，人類學家對於使用文字前的社會特別投以關注的部分，例如巫術、血仇、神話和系譜，與史家對於使用文字前的歐洲社會現象所進行的研究，兩者間有相當多的重疊。湯瑪斯認為人類學是指引史家的可能來源，除了法國的例子之外，其可信度實際上仰賴的是從一九二〇年代以來發生於英國人類學界的革命，這場革命有部分受到涂爾幹觀念的影響，遠離演化論，朝向透過結構與功能這類關鍵詞彙來對小型的、自給自足的異國社會進行概念性的理解。

　　詹姆斯·弗雷澤爵士（Sir James Frazer）是二十世紀初最著名的英國人類學家，他已經看見結合對異國或「原始」社會的研究與對前現代歐洲民間信仰與實踐（當時被稱之為「民俗」）的研究的可能性。但他與他的同儕卻以流行的演化角度來從事研究，這種觀點將民俗迷信、巫術信仰與農業社會周而復始的儀式貶低為「殘存遺跡」，是人類社會早期階段的片段，是演化進程留下的痕跡。這種將早期社會視為殘存遺跡的概念無法形成任何研究，只能產生古物研究式的記錄，以及確認歐洲社會曾經如演化論所指示的，是未開化的。以「功能」作為核心解釋概念的做法提供了另一種選擇，它首先運用於對非歐洲社會的研究，而後擴及對歐洲過去的研究。人類學家的注意力絕大多數停留在前者，不過牛津的人類學家伊凡·普理查（E. E. Evans Pritchard）卻例外地寫了一篇論文〈人類學與歷史學〉（Anthropology and History）（重新刊載於他的*Essays in Social Anthropology*,

495　1962）。

　　功能的概念與人類學一樣，可以轉變民俗與前現代（主要是農業）歐洲社會思想世界的研究。如湯瑪斯所見，藉由詢問被概念化為殘存遺跡的思想對那些如此想的人而言意味著什麼，以及這些民族的

儀式與其他實踐為他們做了什麼，可以發現這些現象與這些民族的生活，以及與這些民族對世界的概念，如何彼此符應，並以此開啟新的前現代社會研究方式與湯瑪斯所敘述的主題專門化——熟悉的政治、立憲與教會史研究，以及對社會經濟結構與條件的分析。民俗可以重新定位為大眾文化與心態的研究，並以法國早期倡導的方式進行。

或許值得注意的是，在美國最明顯能與湯瑪斯的文章相提並論者，是由史家理查・霍夫斯塔特（Richard Hofstadter）與社會學家馬丁・西摩・李普塞特（Martin Seymour Lipset）編輯的作品，《社會學與歷史學：方法》（*Sociology and History: Methods*, 1968）；後來湯瑪斯又增補完成他的經典作品《宗教以及巫術的衰退》（*Religion and the Decline of Magic*, 1971）。即使方向略有不同，但都類似地主張史學應接受社會科學的影響。社會學也引起英國史家的興趣，但社會學在美國的地位較為穩固。美國的人類學傳統著重在特定文化圈的獨特特徵上，或強調個人的心理發展，如瑪格麗特・米德（Margaret Mead）的薩摩亞作品，而非著重小規模社會的動力。霍夫斯塔特在《社會學與歷史學》的前言中表示，職業結構、社會階層、量化方法（他提到民調）、「宗教風格」、移民與「意識形態的社會角色」，這些都是吸引史家注意的主題。從上述條列可以看出，日耳曼森林的自由已不再流行，中古時代不被認為是美國故事的一部分，它的起點是清教。在美國，馬克斯・韋伯比涂爾幹擁有更顯著的外在影響，而韋伯的社會思想完全顯現出他是新教的個人主義者，而涂爾幹則立基於支配法國社會學思想的新天主教傳統，從十九世紀中葉的孔德與福斯特爾・德・庫朗吉開始，其興趣便放在宗教與儀式的社會功能上。 496

在歐洲，馬克・布洛克顯然是先驅，一九七〇年代之後，研究中古與近代初期的史家逐漸將注意力轉向他們一直知曉，但現在可以看到全新探索角度的歷史領域：他們研究的世界充滿神靈、鬼魅與驅邪之術，而且被灌輸了神聖觀念，並且以加入儀式、淨身、神蹟、祭禮與聖典，作為可見與不可見世界之間的接觸點。「迷信」是啟蒙時代的詞彙，「信仰」是基督教的詞彙；而如「信仰體系」這類詞彙則將前兩者予以相對化與歷史化，而且隱含著比較性。研究上古時代晚期的著名史家彼得・布朗在他對早期基督教的研究中，有效運用了本質上屬於人類學的神聖概念，例如思考東方基督教對聖人的崇拜，聖人

的角色須符合從事苦行與具有驅魔力量的資格（*Society and the Holy in Late Antiquity*, 1982）；而這個時代分期在他引領下成為必要分類。基督教在西元四、五世紀時，如同一些現代史家般，將關注的焦點集中在身體上。

從心態研究（大部分透過圖像、儀式實踐、象徵與假定）到具有高度文化修養的菁英創造的思想史，中間似乎有著漫長的過程。然而，從一九六〇年代與七〇年代之後，這段過程也受到往共享的語言之網轉折的影響，如果不是往人類學轉折的話。處於抽象的最高層次的「觀念史」，起初在戰間期找到了據點，主要在美國。《觀念史期刊》（*Journal of the History of Ideas*, 1941）在洛夫喬伊（A. O. Lovejoy）的影響下建立，洛夫喬伊在其令人矚目的作品《存有的巨鏈》（*The Great Chain of Being*, 1936）中指出，有一種有限的、他稱為「單元觀念」（unit ideas，他把這些觀念類比為設想的數量有限的虛構情節）的事物；人們可以看到這些事物在歷史中努力達成自我。「存有的巨鏈」即是其中一種觀念；它證明要找出其他觀念是困難的。「巨鏈」是存有形式的一種科層概念，從最精神的形式到最物質的形式；洛夫喬伊顯示這種觀念的支流從希臘人開始直到十八世紀，透過哲學、神學、科學與文學傳布開來。洛夫喬伊的作品是著名的傑作，卻未能提供一種他所希望的寫作模式。「觀念史」（history of ideas）的訓令有助於產生「字詞」的歷史，例如「哥德語」（Gothic），當然字詞會分流到不同的思想領域，但並不完全與原先預想的相同。

從歷史觀點來看，洛夫喬伊的作品至少對只聚焦於偉大思想家的觀念做了改善，這些思想家被孤立地加以處理，但以編年的順序排列。這種觀念史概念，如果它可以被稱為概念的話，在一九五〇年代末與一九七〇年代末之間徹底被取代，其中最著名的是兩位受過史家訓練的學者，約翰·波寇克與昆丁·斯基納（Quentin Skinner）。在此，居於支配地位的文類是政治思想史，而且很大程度上一直維持這種態勢，而主要基於制度的理由，我們很難看到其他文類出現。這門科目的課程可以在過去與現在的歷史系與政治系課程大綱中看到；思想史這門課程，至少作為一種勇於說出自身名字的實踐，一般而言是找不到的。（我們提的是思想史還是觀念史，在這裡並不重要。）然

497

而，這當中的邏輯人捉摸不定，例如，研讀的是盧梭的《社會契約論》而非他的《愛彌兒》（*Emile*），或洛克的市民政府論而絕非亞當·斯密的論道德情感。波寇克這些年來主要的學術貢獻是《古憲法與封建法》（1957）與《馬基維利時刻》（1975），斯基納的重要作品則是《近代政治思想的基礎》（*The Foundations of Modern Political Thought*, 1978），這些著作本書都加以援用。斯基納在一九六〇年代也寫了一些精采的論戰文章，他攻擊以毫無歷史向度與「輝格派」的手法來處理政治思想家的重要經典（重刊於 *Visions of Politics*, vol. I）。

　　波寇克早期對方法論的反省顯示出「語言學的轉向」（linguistic turn）。把思想生命的網絡視為社會傳布的一種意義（這不表示將思想史的研究化約為社會史），這種做法成為思想史的共同基礎。波寇克提到賴以建構政治與社會辯論的競爭「語言」。在他編著的哈靈頓作品的前言中，波寇克區分了十七世紀英格蘭出現的三種相關語言：普通法傳統、清教千禧年，以及共和派美德與腐敗的語言。相較於其他展現出語言學轉向的學者，例如傅柯似乎把語言視為一種牢籠，波寇克認為這類語言是多重的，因而具可塑性又具有發展性。斯基納強調詮釋文本的必要性，這些文本大部分來自於文藝復興時代（包括圖像）與十七世紀，而其採取的方式是將「字彙」安置於當時這些字彙賴以取得意義的意義之網中，少了意義之網，這些字彙將無法被它們的時代所理解。雖然這種做法並不尋常，不過若能理解心態的分析不屬於心理層面，那麼就算提到博學者的「心態」，似乎也是適當的。

　　對於這場學術革命的思想影響，每個參與者的回憶都不同。這些影響與其說是榜樣或範本，不如說是一九五〇年代與六〇年代相關思想氣候匯聚的指標，對每個人而言或多或少是顯赫的。我自身的回憶包括麥可·歐克修特（Michael Oakeshott）的隱喻，思想的生命是「對話」，以及維根斯坦（Wittgenstein）的口號，或許並未得到清楚理解，「一種語言就是一種生命形式」，與「我的語言的限制就是我的世界的限制」。其他人可能引用了柯靈烏的哲學歷史化，與奧斯丁（J. L. Austin）的「展演語句」（performative utterances）以及語言就是實做的概念，後者被斯基納加以有效運用。同樣重要的是，鄧肯·佛布斯（Duncan Forbes，一九五六年我在劍橋大學的指導老

498

師）在當時幾乎獨力創造與詳細解說了十八世紀「蘇格蘭啟蒙運動」的概念，而這個概念現在已不可或缺。我記得另一位劍橋的歷史學家曾說這個概念「帶有蘇格蘭的味道，我相信」。波寇克當時提到，至少在解釋他對「語言」的看法時提到，湯瑪斯・孔恩（Thomas Kuhn）在科學史運用的「典範」（paradigms）觀念（T. Kuhn, *The Structure of Scientific Revolutions*, 1962）。

　　孔恩的論點是從人們熟悉的哥白尼革命概念出發而做的大膽延伸。孔恩意義下的典範建立了特定的現象解釋方式，對於既有的科學或哲學社群來說，這種解釋方式是必須遵守的。典範比理論來得寬廣：它詳列成功理論必須滿足的各項判準。演化，通常被當成是一種理論，對孔恩來說是個典範的例子，因為它建立起一個整體的解釋模式，並且與在它之前的解釋模式創造論或「設計論證」（argument from design）對立。從典範中可以產生理論與解釋。以功能來解釋眼睛的結構，這種做法既能與設計論證的典範相容，又能適用於天擇演化的典範。但典範也能容納辯論，因而產生研究。例如，人類（hominids）中哪一種路線最後能發展出「智人」（Homo sapiens），為此而爭論的理論都必須接受演化的典範。

　　典範是歷史現象。根據孔恩的說法，「典範轉移」發生在整個解釋目的改變或反轉之時：創造論（經常）認為世界因人而做出調適；達爾文的天擇演化則主張人為了生存必須適應世界。典範轉移，文義上來說是調換，其經典事例是哥白尼的天體運行論，他主張太陽取代地球成為天體中心。典範轉移出現在既有典範產生的異例不斷累積，使人們必須「以解釋來加以搪塞」，相反的，新典範的簡單明瞭卻愈來愈受到矚目。達爾文自問，為什麼加拉帕哥斯群島（Galapagos）每座島嶼的雀鳥鳥喙形狀略有不同？上帝何以如此安排？（這些例子絕大部分並非出自孔恩。）典範是既已建立的共識，它受到社會與思想的支持，尤其這些共識被強加在後繼者之上，而後繼者也從中獲取既有的利益。科學社群因此形成，它如同法庭，決定何者才能構成解釋，科學社群本質上是保守的，但偶爾也屈從於劇烈的變動。科學史只有一部分能稱為累積的歷史：它的革命是周期性的。

　　孔恩的作品對科學史的觀點產生顛覆性的影響，科學史認為透過科學方法的運用，真理可以逐步累積。可以預見的是，孔恩的論點受

到挑戰，特別是他明顯的相對論，認為隨歷史而變的典範決定了什麼才算是解釋。但是，無論他的論點有何瑕疵，其重要性在於他視科學為人類合作的實踐，而且從一部分權力運作的角度刻畫出成熟的科學社群。藉由這種做法，孔恩開啟了不同種類的科學史的可能，使史家更能在其中占有一席之地。例如，大量作品研討十九世紀中葉英國演化共識的形成及其種類；一場典範轉移與一場政治革命有著異曲同工之妙。 500

　　與此同時但獨立出現的是，發源於圖像學與文化史傳統而具體表現在瓦爾布爾格傳統中（見原文頁481），尤其是文藝復興學者弗蘭西絲・葉茨（Frances Yates）的作品，她以另一種方式拒絕了科學輝格主義。輝格派科學史不僅將其角色區分成啟蒙的先驅與反對者。它也運用後來與時代倒錯的判準來挑出有趣的事物，並摒棄那些有時與「科學」歷史無關卻拖累其進展的宗教、占星術與煉金術，即使這些事物也存在於科學先驅的思維中。就科學一詞的特定定義而言，這種做法有其前後一貫的邏輯，但這並非史家心目中歷史的含義。弗蘭西絲・葉茨從她的《喬爾達諾・布魯諾與赫密斯傳統》（*Giordano Bruno and the Hermetic Tradition*, 1964）開始，將注意力從辨識與評價現代性的徵兆轉移到她書中主要人物的全體思想世界，這些思想世界有許多日後被置於一旁，只被當成是古物學者的興趣。（「古物學者的」是歷史輝派或非史家用來貶抑人的用語，意思是「歷史的」。政治思想史家有時被政治哲學家或政治科學家指控是古物學者，意思是說他們是史家。）葉茨的作品就某個意義而言等同於一部高深思想的著作，它嚴肅看待巫術信仰與農業社會實踐，視其為一種歷史現象。

被壓抑的認同與全球視角：世界史與微觀歷史

　　湯普森《英國工人階級的形成》是一部具有兩面性的作品，它既回溯馬克思主義根源，也往前展望二十世紀最後二十五年的史學。湯普森的「工人階級」起初仍是革命的無產階級。但工人階級意識的形成，如湯普森的豐富描述，也是一種次文化的形成（比較中立一點的社會學說法），歷史學家必須以次文化本身的觀點來探討次文化。湯 501

普森在前言中對自己的意圖做了陳述，他視自己的作品為一九七〇年代與八〇年代新歷史態度的先河，但工人階級意識的概念卻可溯源到正統的馬克思主義：「我試圖將貧苦的長襪織工、盧德運動的剪絨工，『過時的』手搖紡織機工人、『抱持烏托邦思想』的工匠師傅，乃至於受喬安娜・莎絲寇特（Joanna Southcott，一名千禧年預言家）蠱惑的追隨者，從後世的鄙視中解救出來。」這段話正好反映出一九七〇年代與之後的氣氛。重構未能清楚陳述之人或文盲與半文盲者的思想世界（雖然湯普森書中的激進角色有些口才便給而且實際上能夠讀寫），對史家來說似乎是件值得從事的任務。此外，可能流行的還有湯普森解釋書名的方式：「『形成』，因為這是個在主動過程中進行的研究，其中既有主動的因素，也有條件的限制。」

在一九七〇年代最著名的美國史學作品中，我們找到了相同的動詞與相同的理由：尤金・傑諾維斯（Eugene Genovese）的《奴隸形成的世界》（*Roll, Jordan, Roll: The World the Slaves Made*, 1974）。「Made」在這裡或許比湯普森的「Making」更具有醒目的主動力量。廣泛地使用書信，公允地處理人們對奴隸制度的各種感受，傑諾維斯藉此探究奴隸為自己創造的文化，他們處於最惡劣的環境，仰仗聖經，接觸白人社會以及非洲的影響，因而形成某種嶄新、獨特而不僅只於傳統或模仿的事物。傑諾維斯的作品令人印象深刻，它創造了一個重要的一般觀點。集體認同是文化產物，是一種自主性的創造，這項觀念抓住了二十世紀後期的想像。它意味著發動者與創造者團體迄今在歷史描述裡的形象僅是以殘酷命運的受害者，或對行政部門或政府界（反映在一些史家上）而言，是種問題甚或令人討厭的事物。

我們可以藉由對比來說明這點。這種觀點源於十九世紀後期，但它揭櫫的思維方式卻在往後四分之三的世紀裡維持著強大乃至於正統的影響力。一八八六年，《英國歷史評論》創刊號的序言注釋表示，「國家與民族將是本刊主題的主要部分。」在當時，這樣的內容讓人多少覺得有點累贅，而雖未署名撰寫人是誰，但實際動筆者是詹姆斯・布萊斯（James Bryce）。布萊斯給的理由要比他的宣言來得有趣，而且也跟這裡的主題有關。他以過於模糊為由否定了歷史意味著提供「一幅整體過去的圖像」的觀點，他將歷史定義為「人類行動的記錄」，並且補充說：「國家的行動以及在國家事務中扮演重要角色

502

的個人的行動，通常比市民私人的行動來得重要。」他使用了「重要的」這個詞，而非語氣較緩和的「值得注意」，這使他的主張變得有點重複。

布萊斯的論點在七十五年後得到回應，此即卡爾（E. H. Carr）具影響力的作品《何謂歷史？》（*What is History?*, 1961），書中對於巴特菲爾德《輝格派詮釋》提出了反對的論點。卡爾的視角明顯屬於輝格派：「真正所謂的歷史，只能由那些能感受與接受歷史本身方向感的人來書寫。」（「歷史本身」似乎是個需要嚴肅分析的詞彙。）卡爾又說：「歷史一般而言是人們行為的記錄，而非人們未能做出行為的記錄；以此而論，歷史不可避免是一則成功的故事。」（或一則勢必成功的故事？）人們認識到這句話是對布萊斯所說的「扮演重要角色」所做的呼應，即使聲音有些減弱。以提出一般的歷史觀點為名，布萊斯與卡爾公布了何種歷史才值得研究的規定，亦即，什麼才算是歷史。史家都會選擇自己感興趣的歷史來研究，但自身的選擇不需要普遍化成為他人必須遵守的規定；這裡說的應該是一種充滿自信的共識。

事實上，這些論點完全不堪一擊。布萊斯指出的反題「一幅整體過去的圖像」之所以模糊，只因為它被呈現在一般性的層次上，使得它在作為一種規定時顯得荒謬。若以較不概括的方式重新加以陳述，例如這樣的主張，過去的「任何」面向「或許可以」成為歷史研究的主題，這看起來既不模糊亦不荒謬。在此，值得思考一下布萊斯可能的想法，並且為《英國歷史評論》提出反駁。其中最可能的應該是地方的古物學與考古學學會的刊物，這些作品是立憲與政治史的新全國性期刊在地方上的既有競爭者。這裡的對比不僅是新與舊、政治與家務，也在於首都與地方。就某個意義而言，地方史是我們即將討論的「微觀歷史」（micro-history）這個現代文類的前身，因此需要簡要地加以說明。

503

關於古物學與考古學刊物，我們心裡所想的，與布萊斯或許思索到的，如同其他人必然思索的，其問題不在於它們的模糊，而在於它們過於明確，儘管明確的部分都是些五花八門的事物。約翰·理查·葛林（John Richard Green）是《英國歷史評論》的另一位創立者，他高傲地將這類學會的考古興趣說成是「一座稍微受到對羅馬軍營與

古老頭盔的熱情影響的教會建築」，並且認為這類學會的成員都是些「鄉村牧師與老處女」。古物學的刊物一般處理的是事實，如服裝、建築物、武器與其他工藝品、家庭生活的各種面向與地方大族、地方傳統，以及從地方檔案隨機引用的內容。這些事物當然來自各個層面，因此從這個意義來看等於是將「整體過去」視為它們的領域。這些刊物顯然不是學科專門化的產物，因此就布萊斯的意義來看是「模糊的」。這些作品的風格可以從它們一連串的標題看出，這些標題足以自我解釋，甚至坦率地讓人毫無疑惑。以下是從《皇家歷史學會學報》（*Transactions of the Royal Historical Society*）第一期（1875）引用的標題。儘管帶著華麗的名稱且總部設在倫敦，但這個創立於一八六八年的學會置身於發行各種古物學刊物的學會圈裡，不免沾染上地方色彩。文章即便帶有不同的地方名稱，卻仍具有壓倒性的氣勢：〈查理二世於伍斯特市的個人支出〉（The Personal Expenses of Charles II in the City of Worcester）；〈鄧布蘭的墳塚與阿洛那的羅馬駐地〉（The Mounds at Dunblane and the Roman station at Alauna）；〈都鐸王朝時期肯特郡的物價，以一五七七年為主〉（Tudor Prices in Kent, chiefly in 1577）。顯然，能夠接觸檔案的人，以及或許需照顧地方檔案的人士，對於這些事物的表列負重大責任。檔案受到查閱，因為它就在那裡，不過必須說明的是，即始是一九五〇年代《經濟史評論》的文章，也不一定令人振奮地連繫上更廣泛的歷史主題。

然而，到了二十世紀中葉，如基斯‧湯姆斯所見，除了「國家事務」外，歷史學仍有機會調和綜合性與連貫性。人類學家已經學到如何做到這點。事實上，有人對英國人類學提供的靜態世界提出批評，並且指控人類學的瑣碎與人類學對特定社會的專論有如「集郵」，但在一九六〇年代與七〇年代，「小」不再意味著瑣碎。湯瑪斯的時機選得恰到好處。對於新興的歷史感受而言，文化以及文化協助建構的集體認同是由其中的參與者「形成」的，這些參與者絕大多數是歷史中的無名者，是他們支撐起特定的集體生活方式。事實上，從這個意義來說，所有的成人都是行為者，甚至是成功的行為者，他們是社會關係的主動參與者，藉由參與在語言之中而進行傳達：將記憶與規則轉達給下一代；接收、重塑與傳播有關世界與人類生命的觀念。我們

想起卡萊爾說的：「歷史的本質是由無數傳記所構成的。」這是一種作為「口述歷史」現代文類基礎的思想。口述史家趁傳主（他們無法用文字寫下自己的記憶）尚能用口語傳達時，記錄下他們的個人記憶。這種做法恢復了史家最古老的實踐：對目擊者的詢問；這種實踐在過去一段時間裡絕大部分被大量的書寫文獻所取代，卻因錄音機的發明而復活。

現代對文化與文化價值的概念已知與維柯、赫德和米什雷有關，他們在蘭克與「現實政治」時代遭到邊緣化。這種衝動有時類似於赫德企圖喚醒日耳曼人認識他們被低估的認同的渴望，藉由培養，使日耳曼人察覺不知名的創造與傳承到他們身上的共同民族文化。雖然這似乎與現代對次文化的關切有所衝突，但實際上也使焦點得以聚集到地方社群的傳統生活方式上。這種思維在史學史留下了意義深遠的痕跡，如我們所見（見原文頁408），透過曾經流行的條頓村落社群土地共有制作為全條頓（包括英格蘭人與斯堪地那維亞人）社會的想像基礎的概念。這預示了現代對小規模社會的興趣，但小規模不再必然被視為與起源有關。同樣的，「民族」仍然是個具影響力的概念，雖然實際上它是個被禁用的詞彙，不過我們還是過分謹慎地傾向於以「民族的歷史」（people's history）來表示。

二十世紀晚期文化史的復興與清楚陳述的自我意識或對團體認同的覺察，兩者發生於同時且結合起來；在文化史的復興中，有些年鑑學派學者是先驅，至於那些自我意識或認同，迄今一直被認為受到壓抑、忽視或邊緣化。這些自我意識與認同通常不屬於赫德所說的「民族」，雖然有些可以如此認定，例如在「後殖民」的脈絡下；它們更不可能是布萊斯口中的「民族」。但十九世紀的民族概念有時擁抱的內容並不如「日耳曼文化」來得包羅萬象。奧古斯丹·提耶里（Augustin Thierry）是《諾曼人征服英格蘭史》（*The History of the Conquest of England by the Normans*, 1825）的作者，這本書提到撒克遜人臣服的原因，它也對被壓抑的「民族」有特殊的興趣，這些民族包括了不列塔尼人、阿基坦人、普羅旺斯人，當時許多人不願承認這些民族的存在（法國當然是如此）。既然認同感無法被民族國家所壟斷，那麼提耶里的觀念，植根於歐洲浪漫主義的民粹路線，顯然具有預言性質。人們對於可能的歷史主角的多樣性的察覺變得更敏銳、普

505

遍而肯定。

舉個熟悉的例子，聯合王國這個歷史創造物似乎要比它在輝格主義顛峰時期更受到質疑。（見琳達·柯莉〔Linda Colley〕，普拉姆的另一名弟子，《不列顛人：打造國家，一七〇七至一八三七年》〔*Britons: Forging the Nations, 1707-1837*, 1992〕。）少數種族找到發聲的管道；曾被殖民與併入某人的帝國美夢的族群亦是如此。從這場帝國夢境中解放，認同的創造與贏得對認同的支持可以是政治事務，甚至也關連著純粹的生存問題。（我有一名西非學生曾說：「我的國家需要的是更多輝格派的歷史。」我認為這句話既深刻又機敏，使人聯想到巴特菲爾德晚期對輝格主義做的區別：對歷史有過，對政治有功。）當然，輝格派歷史無法被否定，它可以被簡單地置換並且加諸不同的主角人物；昭昭天命是任何民族都可以玩的遊戲。因此，從一九七〇年代之後，出現了大量被史家承認與投入心力研究的認同：之前被壓抑的民族史、女性史、黑人史、工人階級史、種族史、農民史，以及少數性傾向史、盜賊史、叛亂史與不流行的宗教教派史。總括來說，這種歷史絕大多數被稱為「底層史」（history from below），雖然不一定精確。民族國家作為歷史核心角色的地位有部分受到取代，這種現象不僅鼓勵了將民族國家予以橫斷的各項範疇的興趣，例如種族與性別，也產生往外與往下發展的趨勢，一方面是朝世界史發展，另方面是朝小社群發展，例如工坊，而更常出現的則是村落或教區。

世界史有許多先例，它比較像是一種期望，而非已建立的歷史書寫文體。比較古老的說法可以上溯到波利比奧斯的「普世史」，中古編年史一開始是普世史，之後則窄化為地方史。當然，「普世」一詞必須從相對的角度來理解。波利比奧斯把焦點放在羅馬崛起支配整個地中海及其腹地上；即使在他的時代，也認為普世一詞並不包含波斯帝國在內。中古時代的普世史始於歐洛西烏斯、哲羅姆與塞維爾的伊西多爾，起初的用意是要將猶太—基督教聖經史與希臘羅馬世界的歷史融於一爐（見原文頁189）。新版本的普世史於十二世紀及其後出現。日耳曼與義大利由於缺乏民族國家作為焦點，因而特別能接受這種系統的且帶有啟示色彩的普世史版本，包括其中的預言，如弗萊辛

的歐托（1114-58），他是神聖羅馬帝國皇帝家族的成員，他的作品帶有強烈的奧古斯丁色彩，以及方濟會神祕主義者菲奧雷的約阿基姆的作品（見原文頁186）。約阿基姆對於後世的啟示觀念有著歷久不衰的影響。

文藝復興時代最著名的普世史是華特・拉雷爵士（Sir Walter Raleigh）的《世界的歷史》（*History of the World*, 1614），至少在英格蘭是如此，而它有著明顯的聖經色彩。十八世紀啟蒙運動，如我們之前所見（第二十一章），出現了實質的普世史，雖然未反映在名稱上，不過其明顯的世俗風格也引發爭議。伏爾泰撰寫《風俗論》讚揚埃及人而反對猶太人，「反對」天主教波緒埃主教（Bossuet）的《世界史》（1681）。這個新文明概念提供了一條線索，將人類歷史呈現為高度系統的與推測的兩種故事：人類理智的歷史（克服迷信是其核心）與市民社會的社會經濟史。馬克思與恩格斯的作品就歷史向度而言可以視為「市民社會」傳統的延續，在這個傳統中，市民社會的經濟組織被視為決定各階段政治秩序與觀念的要素。

日耳曼仍繼續接受普世史的觀念。十八世紀晚期，以哥廷根為據點而繁盛發展的歷史學派以普世史為其重要主題。雖然普世史在十九世紀被蘭克學派的近代初期歐洲政治外交史所取代，如前一章所描述，但蘭克本人在晚年時卻重拾早年對普世史的興趣，寫下了十七冊的世界史（1880-86）。

以二十世紀晚期後殖民主義時代較嚴苛的標準來看，所有的普世史全屬偶然的嘗試，都不足以稱之為普世，而且還受到本質上屬於歐洲的視角所汙染。同樣的聲明也可以用來指稱（只是程度不同）二十世紀初戰間期出現的幾部最著名的世界史：歐斯瓦爾德・史賓格勒（Oswald Spengler）的《西方的沒落》（*The Decline of the West*, 1918-22），威爾斯（H. G. Wells）廣受歡迎的《世界史綱》（*Outline of History*, 1920），充滿了演化進步的觀念，另外還有卷帙最為浩繁的湯恩比（Arnold J. Toynbee）十冊《歷史研究》（*A Study of History*, 1934-54）。湯恩比的名聲一直充滿爭議，他對宗教史的特殊關注並未產生可見的長期影響，但最初卻有著極大的號召力。最受尊敬的現代世界史家之一，加拿大學者威廉・麥克尼爾（William McNeill），其事業的開端便是從與湯恩比合作開始；英國史家中，

世界史火炬的主要接棒者喬弗瑞・巴勒克拉夫（Geoffrey Barra-clough），他於一九五六年接替湯恩比擔任倫敦皇家國際事務研究所教席。比較晚近的著名英國世界史作品是羅伯茲（J. M. Roberts）的《世界的歷史》（*History of the World*, 1995），以及在二〇〇四年處理現代「全球史」（逐漸流行的詞彙）的貝里（C. A. Bayly）《現代世界的誕生，一七八〇到一九一四年》（*The Birth of the Modern World 1780-1914*）。

508　　刺激全球觀點的來源之一是馬克思主義，馬克思主義從一開始就將資本主義視為一股國際力量與現代世界史的發動機。馬克思與恩格斯在《共產黨宣言》（*Communist Manifesto*, 1848）中寫道，「資產階級透過對世界市場的剝削而賦予每個國家的生產與消費一種世界性格……各地方與國家的隔絕與自給自足被打破，取而代之的是在各方面與全世界各國建立彼此依存的關係。」有位現代史家將這種思想適用在一系列四冊從法國大革命到二十世紀晚期的歷史作品，這一系列的作品像是一部世界史，而不只是資本主義誕生地歐洲的歷史，而這位史家就是艾瑞克・霍布斯邦（Eric Hobsbawm）。這一系列作品的最後一冊，《極端的年代》（*The Age of Extremes: The Short Twentieth Century, 1914-1991*, 1994），其實是最近期的世界史。霍布斯邦的馬克思主義已完全剝除了任何殘存的烏托邦主義。然而，人們可以從他的觀察中感受一股諷刺的愉悅，蘇維埃體系的崩解正可證明馬克思主義的真理：「沒有更清楚的例子可以說明馬克思的生產力與社會、制度及意識形態上層結構之間的衝突，這些上層結構將落後的農業經濟轉變成先進的工業經濟，之後上層結構的力量反而成為生產的桎梏。」（p. 497）

然而，英國的學院對世界史的接受度不如美國，世界史在美國大學課程中擁有較穩固的地位。但二十世紀下半葉受世界史吸引的最知名史家是布勞岱爾。在研究了十六世紀地中海世界之後，他又繼續撰寫規模更宏大的作品：一九六三年的《文明史》（*History of Civilization*），以及隨後三冊從十五世紀到十八世紀的物質文明與資本主義研究。布勞岱爾的地理與經濟興趣，以及他的跨學科傾向，自然而然產生世界史的觀點。比較特別的是，他渴望為經驗的歷史研究創造一個基礎，然而他在這方面為法國留下的遺產並不如他期望的那

樣充滿活力。

世界史與社會科學的概念與主題的連結並非出於偶然。在演化時期，也就是十九世紀晚期，社會學經常是高度抽象與系統化的人類社會發展史，如同赫伯特‧斯賓塞的作品，另一方面，較重視經驗實質與根植於歷史的馬克斯‧韋伯作品也將眼光往外投射於非歐洲社會，其中最著名的是中國，它可以應用這類典型的韋伯式概念，如「科層制」、「傳統權威」與「卡理斯瑪」。

世界史或全球史必然引發定義的問題。這些問題在《書寫世界史，一八〇〇至二〇〇〇年》（*Writing World History 1800-2000*, eds. B. Stuchtey and E. Fuchs）中獲得有益的討論，這部作品於二〇〇三年由位於倫敦的德國歷史研究所出版，它也提供了對過去與最近作品的介紹。世界史本質上關注的是，以布勞岱爾的話來說，「長時段」，它需要大規模地統合各項分類，這些分類不侷限於特定國家或嚴格界定的時期，因此需要其他學科的支援。近年來逐漸擺脫異國統治的社會歷史，其以自身的視角而非前統治者的視角寫成，也許能對世界史做出貢獻，而這些社會史就本身而言應屬歷史悠久的國別史文類的一環，包括偶爾提及從異國壓迫或支配下解放的歷史。斯塔布斯的《立憲史》也可以從這些觀點來進行敘述，在他的作品中，諾曼人是殖民強權；提耶里的《征服英格蘭》與許多德國史亦是如此。但在處理更廣泛的主題以及將目標放在包羅萬象、預定的世界史時，勢必要把焦點放在其他學科也感興趣的主題上：文化接觸與交換、經濟起飛與世界經濟、殖民與去殖民、奴隸制、遷徙、都市化、工業化與其他鬆散匯聚在現代化這個類別之下的經驗。考古學、人類學、地理學、社會學與經濟學全都具有關聯性。

從全球轉向特定時空的村落或其他小社群，引領我們進入微觀歷史的領域。微觀歷史除了類似人類學，從中獲取有關小規模社會生活的觀念，它也與小說和傳記相近——雖然是卑微乃至於無法清楚表述之人的傳記。以下舉的義大利、法國與英國的三個例子並非本書的結論或高潮，而是適當的完結。它們是受研究驅策而非理論驅策下的產物，也就是說它們源自特定的檔案或文本，由具想像力的史家從中發現潛力。

　　就特徵而言，微觀歷史採取的是小地區，狹窄的時間帶，或許是一個主角人物（雖然支配的程度不一）與一個小社群。微觀歷史闡明了比微觀歷史本身更概括的事物，但微觀歷史不必然被認為是既定類型的明確「證據」，如同被加添在立基於事例累積之通則上的一塊磚頭，儘管原則上它終究會以這種方式為人所運用。有時，微觀歷史的主題是單一的核心事件或一連串核心事件，要瞭解事件的意義需要詳加考察，或許還必須向別處求助可用的通則；有時，微觀歷史的事件較為分散，儘管它已以某種方式聚焦。換言之，當中存在著性格與情節或某種較為鬆散的整體性——一個地區、一個特定時間、一種行為與信仰的模式。微觀歷史有著典型的單一主要檔案來源，其中比較重要的是宗教裁判所、法院與教區記錄。

　　一個受歡迎而著名的早期例子是埃曼紐・勒華拉杜里（Emmanuel Le Roy Ladurie）的《蒙大猶》（*Montaillou*, 1975），這是十五世紀初朗格多克（Languedoc）一處村落的農民心態研究，內容源自於宗教裁判所調查當地流行的卡特里派（Cathar）異端的審問記錄。就某個意義而言，《蒙大猶》源自年鑑學派的地區研究文類：拉杜里之前曾寫過一部更通論性的作品《朗格多克的農民》（*The Peasants of Languedoc*, 1966）。之後的作品《狂歡節》（Carnival，英譯本於一九八〇年出版）屬於年鑑學派傳統。娜塔莉・芝蒙・戴維斯（Natalie Zemon Davis）的《馬丹・蓋赫返鄉記》（*The Return of Martin Guerre*, 1983）是一篇描寫十七世紀法國農村生活的小品文，故事焦點放在婚姻關係上，這部作品後來被拍攝成電影。《貓大屠殺》（*The Great Cat Massacre*, 1984）由研究十八世紀法國的著名美國史家羅伯特・丹頓（Robert Darnton）寫成，他告訴我們這本書源自於他與人類學者克利弗德・紀爾茲（Clifford Geertz）在普林斯頓合開的一堂課：與書名相同的論文詮釋了一七三〇年代巴黎印刷業僱工因仇恨而生的詭異行徑。

　　卡羅・金斯伯格（Carlo Ginzburg）的《乳酪與蟲子：一名十六世紀磨坊主的世界觀》（*The Cheese and the Worms: The Cosmos of a Sixteenth-Century Miller*, 1976），這部作品如同《蒙大猶》，根據的是宗教裁判所的記錄。金斯伯格的主角是一位名叫梅諾丘（Menocchio）的自學出身的磨坊主；他於一五三三年出生於北義大利，在教

會權威依慣例給他第二次機會之後，於一五九九年因異端而被處以火刑。他遭到教區僧侶的指控，這點並不完全令人意外，他與這些人爭論，因而挑戰了他們的權威。他與人爭論，而且向無法理解他的村民分享他特異的宗教觀念，他因為這股無法壓抑的衝動而必須支付罰款。因為這樣頑固的個性，他既無夥伴，且所做完全是為了自我滿足，同時也因為他無法控制自己，最後磨光了宗教裁判所的耐性。他受到宣判、囚禁，而且在適當程序下獲釋，但他的直言不諱使當局祭出了神裁法，最後將他處以火刑。他所發表的異端言論並非言不由衷，不過這些意見完全出於他個人獨特的看法，與任何教派無關。他是個可靠的人，顯然相當受歡迎，他育有十一名子女而且擔任村長，然而儘管史家分析之後認為他的觀點相當吸引人，但人們開始發覺他成了飯館裡避之唯恐不及的人物。

梅諾丘的意見的確非常不正統。他認為世界是一塊裡頭住著蟲子的乳酪，磨坊主對蟲子很熟悉，對他而言，蟲子是自我生成的；而他這個概念只是個開端。蟲子是天使，而上帝被創造的時間與天使相同。此外，宗教裁判所認為這種說法前後不一致，「我們看到的一切是上帝，而且我們就是上帝。」耶穌是凡人──從常識可知處女懷胎是不可能的──而且低於聖靈，而聖靈存在於每個人身上，包括不信神者在內。聖經有部分是真的，部分是假的，教士的聖職毫無價值。梅諾丘唯一比較尋常的說法，是他反對富有的教士與窮人之間的差距。金斯伯格很清楚梅諾丘的觀點有被扭曲的可能，一方面這些發言是由對他感到憤慨且經常被他難倒的審問者所記錄，另一方面則是他的命能不能保住端賴他的回答。然而，一般而言，梅諾丘的坦率似乎與他的多嘴一樣鮮明。他想到什麼就說什麼，而他說的話的確非常古怪。然而，這些話並不完全出自他自己的心靈。

由於梅諾丘能夠讀寫，而且熱切地閱讀偶然到手的任何書籍；他 512
與他的意見唯有在懂得讀寫與書籍這兩個條件下才成為可能。金斯伯格探討梅諾丘的例子，發現光是透過書籍的書名與數量無法妥適地研究讀寫的歷史。我們必須試圖理解書籍「如何」被梅諾丘這種人閱讀，以及這種人從閱讀中得到什麼。從梅諾丘對審問者做出的混亂回答中做出明智的推論，而且仰賴自己對文藝復興時代文學文化的博學，金斯伯格揭露了梅諾丘獨特的考古學見解，而且說明了他的觀

點。

　　顯然，梅諾丘不光只是重複他所閱讀的意見。他閱讀得很少，卻相當專注於他偶然發現的字句，而且以自身的心靈與社會世界重塑這些看法。其所產生的意見如此令人吃驚，讓審判他的法庭感到恐慌。他主動閱讀，並且加諸自身的強調與詮釋。他的閱讀是自修性質的閱讀，忽視大部分內容，只專注於自己有興趣的部分並予以加強。他當然不是狂熱信徒：造成他毀滅的原因是閱讀與輕率，而非宗教熱忱。梅諾丘從閱讀其他宗教與信仰的描述中學到了一種宗教的相對主義與一般性的寬容，他從約翰・曼德維爾爵士（Sir John Mandeville）的旅行中發現這些。他甚至從薄伽丘身上挖掘出異端。他的作者們不會像他那樣不知輕重。他的言論實在太過火了。

　　在金斯伯格的手中，梅諾丘的例子反駁了過於簡單的大眾文化觀念與過於化約的讀寫能力與書籍散播概念，並且責難了以此概念所做的引申。梅諾丘以如此可怕的方式死去，部分是因為他是跨足兩個世界人，識字與不識字。

　　布萊斯曾挪出篇幅容納另一項值得《英國歷史評論》刊載的類別：像路德一樣曾改變世界意見的人物。梅諾丘主張異端，但並非異端領袖，儘管他的意見引起人們的興趣，卻幾乎未能影響周遭的言論。不過，幾乎沒有讀者反對金斯伯格對梅諾丘的研究是，如卡爾所言，「真正所謂的」歷史與傑出的歷史作品。這予人一種思想距離拉大多少的衡量，不僅從一八八〇年代起算，也從一九六〇年代開始。梅諾丘除了為自己閱讀以及喋喋不休外還「做了」哪些事，我們並不清楚，但這顯然不是重點所在。

　　另一個例子：阿蘭・科爾班（Alain Corbin）在《吃人的村落：一八七〇年法國的狂暴與謀殺》（*The Village of Cannibals: Rage and Murder in France, 1870*, 1990）中調查拿破崙第二帝國（Bonapartist Second Empire）即將衰亡的時期裡，多爾多涅（Dordogne）某個村落的一名年輕貴族遭到一群攻擊者的公開拷問與謀殺。科爾班的作品可以看出屬於年鑑學派傳統；他也因撰寫氣味史而為人所知（英譯本《臭味與香味：氣味與法國社會想像》〔*The Foul and the Fragrant: Odour and the French Social Imagination,* 1982〕）。《吃人的村落》是一篇對謠言、階級仇恨與政治態度的研究。對局外人而言，這些概

513

念似乎難以理解，但科爾班使它們變得清晰易懂。這場謀殺是強烈且受到錯誤引導的集體焦慮尋求發洩而造成的結果。法國在邊境被普魯士人擊敗，這使人回想起過去普魯士入侵的歷史，因而產生不祥的預感；普魯士入侵分別在一七九三年與一八一五年，第一次是具威脅性的反革命行動，第二次是協助波旁王室復辟。反革命對農民而言意味著封建義務可能復活。因此，貴族等同於普魯士人，而這名不幸的年輕人相當受歡迎，而且不是個嚴厲的地主或積極參與政治的人士，但卻被他的謀殺者與折磨者說成是普魯士人。有人聲稱他曾高喊「共和國萬歲」，但這是不實的陳述，人們可以發覺這種說法前後不一。對共和派的仇視可以追溯到二十年前第二共和時期令人怨聲載道的稅賦。

這群拿破崙派謀殺者不是這名年輕貴族的近鄰，後者似乎只是觀望，或者如村長一樣並未真心進行抗爭。這些人為了村落市集而從鄰近地區集結過來，他們並不認識這名貴族。下午，有數個小時的時間，他們將他毆打至死，幾乎是以儀式的方式，每個人都有份，使用農具，彷彿是在打穀似的，然後燒了他的屍體——這項行動被說成好像是在烤一頭豬。事實上並未發生吃人的事件：吃人這個可怕詞彙是用來形容這個行為帶來的廣泛震撼，這個事件震驚了一般民眾，無論其政治傾向為何。

科爾班從這個事件轉而闡明人們對暴力與身體肢解的態度轉變。對於犯下這項罪行的農民而言，他們平日已習慣宰殺牲畜，他們所作所為似乎理所當然而且符合政治上的美德。他們公然做這件事，以為這是愛國行為，而且期待受到褒揚與獎賞。然而科爾班認為，剛好就在這段期間，人們對身體與疼痛的態度已有明顯的變化。元凶們後來受到審判與處決，他們剛好卡在這兩個歷史感受類型的文化時差間。科爾班以戲劇化的方式陳述他的故事，透過這則故事，他揭露了那個時空下若非以這種方式表現則無法理解的政治與情感。 514

最後是英國的例子：依曼・杜菲（Eamon Duffy）《摩爾貝斯的聲音》（*The Voices of Morebath*, 2001）敘述宗教改革時期位於英格蘭西南部遙遠一處艾克斯摩爾（Exmoor）教區。摩爾貝斯是英格蘭的保守地區，卻因教區牧師克里斯多佛・特萊切（Christopher Trychay）豐富生動的記錄而顯得特別。克里斯多佛的牧師歲月涵蓋

了整個宗教改革年代，從一五二〇年堅定信奉天主教的亨利八世初期，到一五七四年伊莉莎白統治期間。身為教區牧師的他，不僅遭遇了最初亨利與羅馬決裂的震撼，也經歷了愛德華六世如火如荼的改革與瑪麗時代天主教的復興，然後是伊莉莎白繼任後較深刻但也較溫和的崇拜再新教化。杜菲顯然喜愛克里斯多佛牧師，而且以同情的角度描述他不甘屈服於每一波改革熱潮：他的內心忠於天主教舊體制，並且將心力全奉獻給自己的教區。杜菲並未利用這種局勢來煽動讀者情感，但克里斯多佛牧師處境之艱辛想必讓每個讀者感同身受。儘管作者已力求克制，然而即使是熱切的新教讀者最終也會對處心積慮的改革派人士埃克塞特教長感到厭惡，後者是施行改革的最直接來源，也是遙遠而令人生畏的樞密院的代表。赫因斯教長（Dean Heynes）由於蔑視傳統而冒犯了保守的埃克塞特主教座堂參事會，不少讀者應會聯想到特洛勒普筆下的斯洛普先生（Mr Slope），雖然少了後者的偽善。

　　杜菲利用克里斯多佛牧師的記錄，重構前宗教改革時期以教堂與崇拜為中心的豐富而複雜的教區生活，他大量地引用與「轉譯」。教區記錄大部分聚焦於教區教堂的聖人崇拜上，教區教堂由不同的村民團體負責，輪流由不同的「教區委員」代表管理。由於教區委員的職責是向教區報告教堂的財務狀況，因此他們的報告數據大部分記錄於牧師的帳簿中。顯然，克里斯多佛牧師以教區委員的名義詳細撰寫了所有的報告。輪值意味著教區委員一職會落到窮人與未成年人身上，所以這種做法或許有其必要，而牧師似乎會以大聲朗讀的方式呈現他的報告。報告的條目帶有口語性質，而牧師顯然會利用公共集會的時候朗讀報告以激勵虔信與調解糾紛。這些活動呈現出一幅由教區居民構成的廣泛社會參與，並且表現出依附在共識與責任之上的價值。如杜菲所言：「描述充滿了集體認同與共同責任的說詞。」

　　對教堂特定聖人的崇拜是這些活動的核心，而崇拜的消滅——在遙遠權威的命令下——對教區居民的社會互動造成毀滅性的影響：結果是社會參與的明顯衰減與窄化。用來裝飾與維護聖人肖像、神龕及照明的金錢責任由特定團體負責，以如此方式建立的基金被稱為「儲金」（stores），而且冠上聖人的姓名。年輕男子與年輕女子的角色特別引人注目，他們被集體組織起來，連同他們自身擔任的教區委員

515

（有時由戶長代理）一起。還有青年儲金與少女儲金。青年們也要負責管理「教堂麥酒」，他們必須在定期的節慶中販售麥酒以取得利潤。這筆利潤是重要的收入來源，清教徒熱切地禁售教堂麥酒無異於使教堂財務陷入窘迫。此外，教區的集體財富仰賴羊群（譯按：即教區民眾），他們被分配支持不同的儲金以維護他們的守護聖人，所以才會有這種說法：「聖母瑪莉亞的羊」、「聖安東尼的羊」、「聖希德威爾的羊」（St Sidwell's sheep，聖希德威爾是女性，唯有她是埃克塞特的聖人）。

這幅景象絕大部分已遭到摧毀，這便是英格蘭宗教改革的縮影，它使天平從社群往個人傾斜。從之前被誤讀的模糊而半湮滅的條目中，杜菲顯示五名年輕人由教區為他們打理武器裝備，參與了一五四九年英格蘭西南各郡反抗宗教改革的戰事，其中數人很可能死於戰場。杜菲是英格蘭宗教改革研究的領導權威，他還有一部知名作品屬於通論性質的研究：《清理祭壇：英格蘭的傳統宗教，一四○○至一五八○年》（*The Stripping of the Altars: Traditional Religion in England c.1400-c.1580*, 1992）。他對摩爾貝斯的研究，如果沒有廣博的學識作為基礎，恐怕無法闡明出如此豐富的內容。此外，值得注意的是，這部傑作重構了如此廣泛的教區生活與克里斯多佛·特萊切牧師的人格，而其根據的竟然只是一部乏人問津的史料。要讓這部史料復活，需要非凡的想像與感性，以及廣博的學識。

當然，這種研究有點類似於中古修院編年史家對他們社群生活的記錄，他們特別注意慈善行為，這些饋贈必須在祈禱文中加以銘記，而這些行為也持續受到重視。甚至還有一個類似之處，如之前序篇所述，人類最早從事歷史記錄與敘事的動力之一：統治者向被安置於神廟裡的神獻上供品。在杜菲的指引下，人們著迷地看著清單以類似的方式轉變成敘事，而場所依舊相同：記錄與說明呈獻給神的供品，或者在這個例子裡是基督與聖人們。敘事是簡短的，但在修辭上與單純背誦清單有很大不同。敘事解釋了這些供品的由來與支付方式，以及上供時連帶做的事情：「羅傑·巴德（Roger Budd）的墳墓所需的價值六先令八便士的物品，連同其他遺贈……可以確定的是，阿格妮斯·巴德（Agnes Budd）不久就會來此而且支付所需的金額。」一句話就栩栩如生地描述了過去，接下來是更完整的敘述：

由於海恩的阿格妮斯（Agnes at Hayne，這是姓）去世，我們收到了長外衣與價值十二先令的戒指，海恩的尼可拉斯心滿意足地讓威廉·赫雷（William Hurley）把同樣數額的金錢送去倫敦，他到那裡之後，會為我們買一面絲質的旗幟，然後再帶回到這座教堂（「這座」指的是這段文字所要呈獻的對象）：如果這幅旗幟價值不滿十二先令，他說你們可以在旗幟送到這座教堂時拿走剩下的金錢。

摩爾貝斯的記錄最早是在一九〇四年由德文郡的古物學者加以編輯，不過其中有一些錯誤。我們應該慶幸這些史料能保存下來，而且必須對在興趣激勵下擔負起這項編輯任務的人喝采。不過，如果這裡存在著連續性的話，那麼也存在著巨大的思想距離。除了個人天分與想像力的問題之外，光是時代久遠這項因素就足以讓首位編輯者無法產生任何像《摩爾貝斯的聲音》這樣的作品。然而何以如此？杜菲並未推測，也沒有必要推測。忙碌的史家們並無義務為一個擁有相同技藝頂多屬於邊緣人物的史家處理難題。不過，也許方法論上的緘默本身就具有意義；阿蘭·科爾班未曾分享他的方法論，他對方法論具有一種法國式的態度。杜菲未曾概括地提起小規模社會的衝突解決方式或儀式的社會功能，就一般觀點而言，一名天主教徒無論如何都會履行儀式。儘管如此，認為無此必要的杜菲，除了他個人的傾向外，或許（尤其如果將他的做法拿來與湯瑪斯於一九六三年理由詳盡的敦促相比）透過省略而顯示出史家之間一種大為擴展的想像共識：對史家而言，可能從事的研究是什麼。

本書可以沒有結論，因為歷史的研究與寫作仍在持續。科技的創新可能已經指出新的時代。一九七〇年代之後，微捲（microfilm）使史家得以遠距離地接觸手稿與出版品。如今，網路開啟了更大的研究可能，至於其侷限與影響我們仍無法清楚看出。目前為止，歷史寫作上最大的科技創新仍是印刷出版，它保證作品的存續，若在過去，作品很有可能佚失消亡。但我們應該記住，如我們在二十一章提到的，印刷出版的完整意涵需要一段時間才為人充分理解，例如它使十八世紀的羅伯特森（得到西班牙的一些幫助）不用離開愛丁堡即能寫

下學識廣博的皇帝查理五世統治時代的歷史。我們或許可以有把握地說，網路將導致「更多」歷史被書寫，如果光就它縮減了研究時間來看的話，但我們可能無法知道短期內歷史學是否將有所不同或變得更好。

在歷史的呈現上，主要的新媒介顯然是電視。運用電影檔案是一個重要面向，但利弊互見，史家將因此專注於二十世紀以及新聞媒體、電影製片與政府宣傳所認為值得記錄的事物上。此外，電視節目通常如同幻燈片演講的舊公式，主持人或評論者以影像來支持自己的論點，往廣大的觀眾延伸。電視節目可以製作得相當完善，如本章一開始提到的一些例子，也可以製作得非常拙劣，如今充斥的都是這類節目。不過也可能從中探索出真正全新的可能，例如肯恩·伯恩斯（Ken Burns）製作的一系列令人矚目的有關美國南北戰爭的記錄片就享有極高的聲譽。節制但資訊豐富的評論、具敏感度的編輯、予人強烈感受的照片與音樂，以及書信和日記的朗讀，這一切均使這部影片深深地打動人心，其講述的事件規模非一般印刷書籍所能及。人們認為這部影片呈現出偉大規模的史詩主題，有資格稱為二十一世紀迄今為止的傑出歷史作品。

518

所以本書沒有結論，只有既有可能性的延伸，以及只有一本書該有的結尾。我希望，我以純粹的個人註解作結代表的是一種自謙而非自傲。我有兩個目的。首先，本書要傳達的是各種歷史作品的特殊性質，尤其是何種特質使它們能讓非歷史專業人士愉快地閱讀。為了做到這點，我也試著傳達這些作者們是以何種意圖從事寫作。其次，如同本章絕大部分的做法，我試圖追溯與（如果可能的話）解釋史家關注與運用過去的方式的重大轉變。但我總是意識到史家共有的特質。史家構成一種社群的觀念，最早是由波利比奧斯提出的，他相信如果他在完成歷史作品之前死去，會有另一名史家接續他的主題（見原文頁70），而或許這是正確的。中古時代的編年史家本質上是合作的，不過是以接續的方式表現。如今已存在著一個專業社群，或者更寫實的說法是，一群領域彼此交疊的專業社群，儘管不一定受到承認，不過過去的史學也是這個社群的一部分。畢竟，歷史學家都對過去感興趣。人們絕對無法知道已逝史家的作品會在什麼時候以何種方式突然產生關聯，或喚起同仁的情感與惱怒。我們擁有後見之明的優勢，但

史家要學著戒慎恐懼，不能濫用這股優勢。人們通常只消說出這麼一個令人畏懼的字眼「輝格」，就能讓人突然謙虛起來；後見之明的優勢之一，就是讓人學到不要濫用後見之明。

519　　　如我所說，我一直清楚意識到我在這裡寫的是可以回溯到兩千五百年前的一種實踐，其參與者是由死者與生者共同組成的社群。對這個社群的全體成員而言，過去非常重要：為了未來的世代，過去值得調查、記錄與保存。當我提到這些歷史作品時，我帶著相同的尊敬、興趣，通常還帶著讚美。對於一些作品，我略失公允；對於其他無可計數的作品我感到歉疚，因為我完全未做到公允。

致謝

我首先要感謝Stuart Proffitt，是他建議我撰寫本書，在長期構思的過程中，他一直堅持信念，協助我下定決心進行如此包羅萬象的計畫。我要感謝他的還不僅如此，他指引我擬定前面幾章的草稿，對已完成的稿件進行繁複又仔細的編輯工作，他給了我許多合理的批評與具建設性的意見，使整部作品增色不少。

我誠摯感謝一些朋友閱讀了部分或全部的草稿。他們的指正使我免於犯下令人困窘的錯誤，他們的鼓勵與忠告使我在進入陌生的領域時仍充滿勇氣。我要感謝Stefan Collini、John Drury、Patrick Mullin、Mark Phillips、Larry Siedentop、Quentin Skinner、John Thompson、Frank Walbank、Patricia Williams、Donald Winch與David Wootton。而對於事實或判斷上仍出現的錯誤，完全是我個人的責任。

Jane Wyatt 將冗長且偶爾費解的手稿打成字，她以無比的耐心與豐富的幽默感面對我的頻繁刪改。我要再次向她致上誠摯的謝意。

我非常感謝他們每一個人。

參考書目

　　希臘文、拉丁文、法文與西班文作品的英譯本絕大部分出自企鵝出版集團（Penguin Books）。我在非常偶然中對特定引文提供了另一種翻譯版本。這些英譯本的導論對我幫助很大，在此一併致謝。這些作品的出版地全在倫敦。

　　對於上古史家文本的引用，是以這類文本習慣上區分的卷數與章節編碼為主，而非頁數。引文因此可以來自任何版本。這也適用於維柯、黑格爾與斯塔布斯作品中的章節編碼。書目內的出版年代是文中引用的書籍版本，而非該書的初版，出版年代在文中引用該書內容時會加以註記。二手作品的清單並不完整：我只選擇我認為特別有用的作品，希望這些作者能接受我以這種概括的方式表達對他們的謝意。我偶爾會在文中引用某個現代作者的說法，這麼做是因為意識到自己特別緊密地遵循某種特定詮釋，並且希望自己承認這項事實。

通論性作品

Boyd, K. (ed.), *Encyclopaedia of Historians and Historical Writing* (2 vols., London, 1999)

Cameron, J., et al. (eds.), *The Blackwell Dictionary of Historians* (Oxford, 1988)

Woolf, D. R. (ed.), *A Global Encyclopaedia of Historical Writing* (New York and London, 1998)

Kelly, D. R., *Faces of History: Historical Writing from Herodotus to Herder* (New Haven and London, 1988)

Momigliano, A., *Essays in Ancient and Modern Historiography* (Oxford, 1977)

Hay, D., *Annalists and Historians: Western Historiography from the VIIIth to the XVIIIth Century* (London, 1977) 在範圍上限制較多，但有用。

Thompson, J. W., *A History of Historical Writing* (2 vols., New York, 1942)仍有參考價值。

有兩部我經常不表贊同的經典作品，但仍然具有啟發性：E. Auerbach, *Mimesis: Te Representation of Reality in Western Literature*, trans. W. R. Trask (Princeton, 1953), 與R. G. Collingwood, *The Idea of History* (Oxford, 1946)。

序言

Butterfield, H., *The Origins of History* (London, 1981)

Gardiner, A., *Egypt and the Pharaohs* (Oxford, 1961)

Gurney, O. R., *The Hittites* (rev. edn, London, 1990)

Staggs, H. W. F., *The Babylonians* (2nd edn, London,, 1998)

希臘

原典

Herodotus, *The Histories*, trans. A. de Sélincourt, rev. with intro. and notes J. Marincola (Penguin, 2003)

Thucydides, *History of the Peloponnesian War*, trans. R. Warner, intro. and notes M. I. Finley (Penguin, 1972)

Xenophon, *The Persian Expedition*, trans. R. Warner, intro. and notes G. Cawkwell (Penguin, 1972)

Arrian, *The Campaigns of Alexander*, trans. A. de Sélincourt, intro. and notes J. R. Hamilton (Penguin, 1971)

Quintus Curtius Rufus, *The History of Alexander*, trans. J. Yardley, intro. and notes W. Heckel (Penguin, 1984)

二手作品

Fornara, C. W., *The Nature of History in Ancient Greece and Rome* (Berkeley and London, 1983)

Marincola, J., *Authority and Tradition in Ancient Historiography* (Cambridge, 1997)

Moxon, I. S., et al. (eds.), *Past Perspectives: Studies in Greek and Roman Historical Writing* (Cambridge, 1986)

Murray, O., *Early Greece* (London and Cambridge, Mass., 1993)

Usher, S., *The Historians of Greece and Rome* (Bristol, 1985)

Bengtson, H., et al., *The Greeks and the Persians: From the Sixth to the Fourth Century* (London, 1968)

Pearson, L., *Early Ionian Historians* (Oxford, 1939)

Fornara, C. W., *Herodotus: An Interpretative Essay* (Oxford, 1971)

Gould, J., *Herodotus* (London, 1989)

Thomas, R., *Herodotus in Context: Ethnography, Science and the Art of Persuasion* (Cambridge, 2000)

Adcock, F., *Thucydides and his History* (Cambridge, 1963)

Connor, W. R., *Thucydides* (Princeton, 1984)

Hornblower, S., *Thucydides* (London, 1987)

關於色諾芬、阿里安與庫爾提烏斯·魯夫斯，請參閱企鵝版本各個作品的導論。

羅馬

原典

Polybius, *The Rise of the Roman Empire*, trans. I. Scott-Kilvert, selected and intro. F. Walbank (Penguin, 1979)

Sallust, *The Jugurthine War. The Conspiracy of Catiline*, trans. and intro. S. A. Handford (Penguin, 1963)

Livy, *The History of Rome from its Foundation:*

(I-V) *The Early History of Rome*, trans. A. de Sélincourt, intro. R. M. Ogilvie (Penguin, 1971)

(VI-X) *Rome and Italy*, trans. B. Radice, intro. R. M. Ogilvie (Penguin, 1982)

(XXI-XXX) *The War with Hannibal*, trans. A. de Sélincourt, ed. with intro. B. Radice (Penguin, 1965)

(XXXI-XLV) *Rome and the Mediterranean*, trans. H. Bettenson, intro. A. H. McDonald (Penguin, 1976)

Plutarch, *Makers of Rome*, trans. and intro. I. Scott-Kilvert (Penguin, 1985)

Appian, *The Civil Wars*, trans. and intro. J. Carter (Penguin, 1996)

Cassius Dio, *The Roman History: The Reign of Augustus*, trans. I. Scott-Kilvert, intro. J. Carter (Penguin, 1987)

Tacitus, *The Annals of Imperial Rome*, trans. and intro. M. Grant (Penguin, 1959)

——*The Histories*, trans. and intro. K. Wellesley (Penguin, 1975)

——*The Agricola and the Germania*, trans. and intro. H. Mattingly (Penguin, 1970)

Suetonius, *The Twelve Caesars*, trans. R. Graves. ed. and intro. J. B. Rives (Penguin, 2007)

Josephus, *The Jewish War*, trans. G. A. Williamson, ed. and intro. E. M. Smallwood (Penguin, 1981)

Ammianus Marcellinus, *The Later Roman Empire AD 354-378*, selected and trans. W. Hamilton, intro. and notes A. Wallace-Hadrill (Penguin 1976)

二手作品

Dorey, T. A. (ed.), *Latin Historians* (London, 1966)

Grieve, E. S., *The Image of Rome* (Princeton, 1969)

Wiseman, T. P., *Historiography and Imagination: Eight Essays on Roman Culture* (Exeter, 1994)

還有 Fornara, *The Nature of History*, Marincola, *Authority and Tradition*, 與 Usher,
The Historians of Greece and Rome，這三本前面皆已列出。

Walbank, F., *Polybius* (Berkeley and London, 1972)

Earl, D. C., *The Political Thought of Sallust* (Cambridge, 1961)

Luce, T. J., *Livy: The Composition of his History* (Princeton, 1977)

Walsh, P. G., *Livy: His Historical Aims and Methods* (Cambridge, 1961)

Barrow, R. H., *Plutarch and his Times* (London, 1967)

Jones, C. P., *Plutarch and Rome* (Oxford, 1971)

Millar, F., *A Study of Cassius Dio* (Oxford, 1964)

Dorey, T. A. (ed.), *Tacitus* (London, 1969)

Martin, R., *Tacitus* (London, 1981)

Woodman, A. J., and Luce, T. J. (eds.), *Tacitus and the Tacitean Tradition* (Princeton, 1993)

Wallace-Hadrill, A., *Suetonius: The Scholar and his Caesars* (London, 1983)

Barnes, T. D., *Ammianus Marcellinus and the Representation of Historical Reality* (Ithaca, NY, 1998)

基督教世界與蠻族

原典

Eusebius, *The History of the Church*, trans. G. A. Williamson, rev. edn and intro. A. Louth (Penguin, 1989)

Gregory of Tours, *The History of the Franks*, trans. and intro. L. Thorpe (Penguin, 1974)

The Fourth Book of the Chronicle of Fredegar with its Continuations, trans. J. M. Wallace-Hadrill (London, 1960)

Munz, A., From Roman to Merovingian Gaul: A Reader (Peterborough, Ont., 1999)

二手作品

Brown, P., *The Rise of Western Christendom: Triumph and Diversity AD 200-1000* (Oxford, 1996)

——*The Cult of the Saints: Its Rise and Function in Western Christianity* (London, 1988)

Chadwick, H., *The Early Church* (London, 1960)

Dahmus, J., *Seven Medieval Historians* (Chicago, 1982)

Markus, R. A., *Saeculum: History and Society in the Theology of St Augustine* (Cambridge, 1970)

Smalley, B., *The Study of the Bible in the Early Middle Ages* (London, 1974)

關於聖經的比喻詮釋，經典作品是 E. Auerbach, *Scenes from the Drama of European Literature* (Gloucester, 1973).

Barnes, A. T. D., *Constantine and Eusebius* (London, 1981)

Wallace-Hadrill, D. D., *Eusebius of Caesarea* (London, 1960)

Young, F., *From Nicaea to Chalcedon* (London, 1983)

Wallace-Hadrill, J. M., *The Barbarian West 400-1000* (London, 1967)

——*The Long-Haired Kings* (London, 1962)

Wormald, P., et al. (eds.), *Ideal and Reality in Frankish and Anglo-Saxon Society* (Oxford, 1983)

比德與盎格魯撒克遜英格蘭

原典

Bede, *A History of the English Church and People*, trans. and intro. L. Shirley-Price, rev. edn R. E. Latham (Penguin, 1968)

English Historical Documents, vol. I; c.500-1042, ed. D. Whitelock (London, 1968)

The Anglo-Saxon Chronicle, ed. D. C. Douglas and D. Whitelock (Norwich, 1961)

二手作品

Campbell, J., *Essays in Anglo-Saxon History* (London, 1986)

Bonner, G. (ed.), *Famulus Christi: Essays in Commemoration of the Thirteenth Centenary of the Venerable Bede* (London, 1976)

Mayr-Harting, H., *The Coming of Christianity to Anglo-Saxon England* (3rd edn, London, 1991)

不列顛史

原典

Gildas, *The Ruin of Britain and other Works*, ed. and trans. M. Winterbottom (London, 1978)

Nennius, *History of the Britons*, ed. J. A. Giles in *Six Old English Chronicles* (London, 1848)

二手作品

Hanning, R. W., *The Vision of History in Early Britain: From Gildas to Geoffrey of Monmouth* (London, 1966)

Leckie, R. W., Jr, *The Passage of Dominion: Geoffrey of Monmouth and the Periodization of Insular History in the Twelfth Century* (Toronto, Buffalo and London, 1981)

中古時代的英格蘭

原典

English Historical Documents, vol. 2: *1042-1189*, ed. D. C. Douglas and G. W. Greenaway (London, 1953)

The Chronicle of Jocelin of Brakelonde, trans. H. F. Butler (London, 1949)

The Ecclesiastical History of Ordericus Vitalis (IV. vii-viii), ed. and trans. M. Chibnall (Oxford, 1975)

Chronicles of Matthew Paris, ed. and trans. A. Vaughan (Gloucester, 1984); *Deeds of the Abbots* 的引文源自這個版本。

The Illustrated Chronicles of Matthew Paris, ed. and trans. A. Vaughan (Stroud, 1993); *Greater Chronicle* 的引文源自這個版本。

William of Malmesbury, *The Kings of England*, trans. J. A. Giles (London, 1847)

——*Historia Novella: The Contemporary History*, ed. E. King, trans. K. R. potter (Oxford, 1998)

Geoffrey of Monmouth, *The History of the Kings of Britain*, trans. and intro. L. Thorpe (Penguin, 1966)

二手作品

Hay, *Annalists and Historians*，前面已經列出，但在這裡也有用。

Galbraith, .V. H., *Kings and Chroniclers: Essays in English Medieval History* (London, 1982)

Gransden, A., *Historical Writing in England, C. 550-1307* (London, 1974)

十字軍與騎士歷史

原典

Joinville and Villehardouin, *Chronicles of the Crusades*, trans. and intro. M. R. B. Shaw (Penguin, 1963)

The Alexiad of Anna Comnena, trans. E. R. A. Sewtor (Penguin, 1969)

Jean Froissart, *Chronicles*, selected, trans. and ed. G. Brereton (Penguin, 1968)

二手作品

Barber, R., *The Knight and Chivalry* (London, 1970)

Keen, M., *Chivalry* (New Haven and London, 1984)

Riley-Smith, L. and J., *The Crusades: Ideas and Reality 1095-1292* (London, 1981)

城市編年史與人文主義歷史：文藝復興

原典

Villani, Giovanni, *Florentine Chronicle: Selections*, ed. P. H. Wicksteed (London, 1906)

Machiavelli, Niccolò, *The Florentine History*, trans. N. H. Thomson (2 vols., London, 1906)

Guicciardini, F., *History of Italy*, trans. S. Alexander (New York and London, 1972)

二手作品

Baron, H., *In Search of Florentine Civic Humanism* (Princeton, 1988)

Fryde, E. B., *Humanism and Renaissance Historiography* (London, 1983)

Grafton, A., and Blair, A., *The Transmission of Culture in Early Modern Europe* (Philadelphia, 1990)

Green, L., *Chronicle into History: An Essay on the Interpretation of History in Florentine Fourteenth-Century Chronicles* (Cambridge, 1972)

Gilbert, F., *Machiavelli and Guicciardini: Politics and History in Sixteenth Century Florence* (Princeton, 1965)

Phillips, M., *Francesco Guicciardini: The Historian's Craft* (Toronto, 1977)。我在撰寫古伊奇亞迪尼的章節時，這本書給我的幫助甚多。

——*Marco Parenti: A Life in Medici Florence* (London, 1989)。這是個對城市生活與思想史的原創研究，其所根據的是十五世紀佛羅倫斯市民的報紙。

Reynolds, L. D., and Wilson, N. G., *Scribes and Scholars: A Guide to the Transmission of Greek and Latin Literature* (Oxford, 1974)。想瞭解中古時代的古典遺產可以參閱此書。

Skinner, Q., *The Foundations of Modern Political Thought* (2 vols., Cambridge, 1978), vol. I

——*Machiavelli* (Oxford, 1981)

——*Visions of Politics* (3 vols., Cambridge, 2002), vol. 2

十六與十七世紀

原典

Bacon, Francis, *The History of the Reign of King Henry VII* (Cambridge, 1998)

Buchanan, George, *The Tyrannous Reign of Mary Stewart* (Edinburgh, 1958)

The Political Works of James Harrington, ed. J. Pocock (Cambridge, 1977)

Hotman, F., *Franco-Gallia in Constitutionalism and Resistance in the Sixteenth Century*, ed. J. Franklin (New York, 1969)

Clarendon, Lord (Edward Hyde), *The History of the Rebellion and Civil Wars in England* (6 vols.,

Oxford, 1961)

二手作品

Douglas, D. C., *English Scholars 1660-1730* (London, 1951)

Ford, F. L., *Robe and Sword: The Regrouping of the French Aristocracy after Louis XIV* (Cambridge, Mass., 1962)。對延燒到十八世紀的上古立憲主義辯論進行討論。

Grafton, A., *The Footnote: A Curious History* (London, 1997)

Hale, J. R., *The Evolution of British Historiography from Bacon to Namier* (London, 1967)

Haller, W., *Foxe's Book of Martyrs and the Elect Nation* (London, 1963)

Huppert, G., *The Idea of Perfect History: Historical Erudition and Historical Philosophy in Renaissance France* (Urbana, Ill., 1970)

Kelley, D. R., *Foundations of Modern Historical Scholarship in Language, Law and History in the French Renaissance* (New York and London, 1970)

Kendrick, T. D., *British Antiquity* (London, 1970)

Levy, F. J., *Tudor Historical Thought* (San Marino, Cal., 1967)

McKisack, M., *Medieval History in the Tudor Age* (Oxford, 1961)

Phillipson, N., and Skinner, Q. (eds.), *Political Discourse in Early Modern Britain* (Cambridge, 1993)

Piggott, S., *Ruins in a Landscape* (Edinburgh, 1976)

Pocock, J. G. A., *The Ancient Constitution and the Feudal Law: A Study in English Historical Thought in the Seventeenth Century* (Cambridge, 1957)

——*Politics, Language and time: Essays in Political Thought and History* (Cambridge, 1971)

Ranum, O., (ed.), *National Consciousness, History and Political Culture in Early Modern Europe* (Baltimore, 1975)

Skinner, Q., *The Foundations of Modern Political Thought* (2 vols., Cambridge, 1978), vol. 2

——*Visions of Politics* (3 vols., Cambridge, 2002), vol.3

Smith Fussner, F., *The Historical Revolution: English historical Writing and Thought, 1580-1640* (London, 1962)

Wootton, D., *Paolo Sarpi: Between Renaissance and Enlightenment* (Cambridge, 1983)

Worden, B., *Roundhead Reputations: The English Civil Wars and the Passions of posterity* (London, 2002)。瞭解內戰在英格蘭的歷史記憶與歷史學術研究上居於何種地位的一部不可或缺的作品。

Wormald, B. M. G., *Clarendon: Politics, Historiography and Religion 1640-1660* (Cambridge, 1951)

十八世紀：啟蒙運動

原典

Hume, David, *The History of Great Britain: The Reigns of James I and Charles I*, ed. D. Forbes (London, 1970)

The Works of William Robertson (10 vols., London, 1821)

Gibbon, Edward, *The History of the Decline and Fall of the Roman Empire*, ed. D. Womersley (3 vols., Penguin, 1994)

Bolingbroke, *Historical Writings*, ed. I. Kramnick (Chicago, 1972)

Lehmann, W. C., *John Millar of Glasgow* (Cambridge, 1960)包含了Millar的*Origin of the Distinction of Ranks* (3rd edn, 1871)

Voltaire, *The Age of Louis XIV and Other Selected Writings*, ed. and abridged J. H. Brumfitt (London, 1966)

二手作品

Hont, I., and Ignatieff, M. (eds.), *Wealth and Virtue: The Shaping of Political Economy in the Scottish Enlightenment* (Cambridge, 1983)

Kidd, C., *Subverting Scotland's Past: Scottish Whig Historians and the Creation of an Anglo-British Identity* (Cambridge, 1993)

Kramnick, I., *Bolingbroke and his Circle: The Politics of Nostalgia in the Age of Walpole* (Cambridge, Mass., 1968)

Meek, R. L., *Social Science and the Ignoble Savage* (Cambridge, 1971)

Momigliano, A., *Studies in Historiography* (London, 1966)。關於吉朋與博學傳統之關係的經典研究。關於後者的某個面向，見D. Knowles, *Great Historical Enterprises* (London, 1963)，書中討論了本篤派的歷史學術研究。

O'Brien, K., *Narratives of Enlightenment* (Cambridge, 1977)

Phillips, M., *Society and Sentiment: Genres of Historical Writing in Britain, 1740-1820* (Princeton, 2000)。這部開創性的作品對我幫助甚大，與作者的對話也助益不少。

Pocock, J. G. A., *The Machiavellian Moment: Florentine Political Thought and the Atlantic Republican Tradition* (Princeton, 1975)

Forbes, D., *Hume's Philosophical Politics* (Cambridge, 1975)

Phillipson, N., *Hume* (London, 1989)

Brown, S. J. (ed.), *William Robertson and the Experience of Empire* (Cambridge, 1997)

Burrow, J. W., *Gibbon* (Oxford, 1985)

McKitterick, R., and Quinault, R. (eds.), *Edward Gibbon and Empire* (Cambridge, 1997)

Pocock, J. G. A., *Barbarism and Religion* (Cambridge, 1999-)；到目前為止，這四冊作品可說是對吉朋及其思想脈絡所做的劃時代研究。

Womersley, D. (ed.), *Edward Gibbon: Bicentenary Essays* (Oxford, 1997)

革命

原典

Macaulay, T. B., *The History of England from the Accession of James II* (2 vols., London, 1903)

Carlyle, Thomas, *The French Revolution* (London, 1902)

Michelet, Jules, *History of the French Revolution*, abridged ed. G. Wright trans. C. Cocks (Chicago and London, 1967)

米什雷呈獻給《民眾》的書信在翻譯之後收錄到 F. Stern 編輯的 *The Varieties of History from Voltaire to the Present* (Cleveland, 1956)

The New Science of Giambattista Vico, trans. T. G. Bergin and M. H. Fisch (Ithaca, NY, and London, 1968)，列於此處是因為我認為這部作品與米什雷有關。

Taine, Hippolyte, *The French Revolution*, trans. J. Durand (3 vols., Indianapolis, 2002)

二手作品

Burrow, J. W., *A Liberal Descent: Victorian Historians and the English Past* (Cambridge, 1981)。第一部分對於本書出現的有關麥考萊的論點作了更充分的討論。

Clive, J., *Macaulay: The Shaping of the Historian* (New York, 1973)

Rosenberg, J. D., *Carlyle and the Burden of History* (Oxford, 1985)

Mitzman, A., *Michelet, Historian: Rebirth and Romanticism in Nineteenth-Century France* (New Haven, 1990)。有助於瞭解米什雷的生平，不過強烈的佛洛伊德色彩可能會讓一些讀者望之卻步。

Weinstein, L., *Hippolyte Taine* (New York, 1972)。這是一篇有用的導論，可以概括地掌握泰納的思想。

自由的歷史

原典

Guizot, F., *History of Civilization in Europe*, trans. W. Hazlitt, ed. L. Siedentop (London, 1997)。編者在導論中所做的脈絡討論在 Siedentop 的 *Tocqueville* (Oxford, 1994) 第二章中獲得更充分的發展。

Stubbs, William, *The Constitutional History of England in its Origin and Development* (3 vols., Oxford, 1873-8)。通俗化的版本見Edward Freeman, *The Growth of the English Constitution from the Earliest Times* (London, 1872).

Selected Writings of Lord Acton, ed. Rufus J. Fears (3 vols., Indianapolis, 1985)

Burckhardt, Jacob, *The Civilization of the Renaissance in Italy*, trans. S. G. C. Middlemore (London, 1951)

二手作品

Burrow, J. W., *A Liberal Descent*（之前已列）第二部分與第三部分關於斯塔布斯與弗里曼的討論。

McClelland, C. E., *The German Historians in England* (Cambridge, 1971)

G. P. Gooch, *History and Historians in the Nineteenth Century* (2nd edn, London, 1962) 與 J. W. Thompson, *A History of Historical Writing*（之前已列），仍有參考價值。

美洲

原典

Díaz, Bernal, *The Conquest of New Spain*, trans. J. M. Cohen (Penguin, 1963)

Prescott, William H., *History of the Conquest of Mexico* (rev. edn, London, 1887)

The Literary Remains of William Hickling Prescott (Norman, Okla., 1961)

Parkman, Francis, *La Salle and the Discovery of the Great West* (Bristol, 1962)

——*The Conspiracy of Pontiac and the Indian War after the Conquest of Caroda* (2 vols., London, 1899)

Bradford, William, *History of Plymouth Plantation, 1620-1647*, ed. S. E. Morison (New York, 1966)

Adams, Henry, *The History of the United States of America during the Administrations of Jefferson and Madison*, abridged edn E. Samuels (Chicago, 1967)

二手作品

Gay, P., *A Loss of Mastery: Puritan Historians of Colonial America* (Berkeley and Los Angeles, 1966)

Kraus, M., *A History of American History* (New York, 1937)

Levin, D., *History as Romantic Art: Bancroft, Prescott, Motley and Parkman* (Stanford, Cal., 1954)

Miller, P., *The New England Mind* (2 vols., Boston, 1953)

Vitzthum, R. C., *The American Compromise: Theme and Method in the Histories of Bancroft, Parkman and Adams* (Norman, Okla., 1974)

Gale, R. L., *Francis Parkman* (New York, 1973)

Bishop, F., *Henry Adams* (Boston, 1979)

Wills, G., *Henry Adams and the Making of America* (Boston and New York, 2005)

專業化

Heyck, T. W., *The Transformation of Intellectual Life in Britain* (London, 1982)

Kenyon, J. P., *The History Men: The Historical Profession in England since the Renaissance* (London, 1983)

Levine, P., *The Amateur and the Professional: Antiquarians, Historians and Archaeologists in Victorian England 1838-1886* (Cambridge, 1986)

Novik, P., *That Noble Dream: The 'Objectivity' Question and the American Historical Profession* (Cambridge, 1988)

Ringer, F., *The Decline of the German Mandarins: The German Academic Community 1890-1933* (Cambridge, Mass., 1969)

Rothblatt, S., *The Revolution of the Dons: Cambridge and Society in Victoria England* (Cambridge, 1981)

——*Tradition and Change in English Liberal Education: An Essay in History and Culture* (London, 1976)

Slee, P. R. H., *Learning and a Liberal Education: The Study of Modern History in the Universities of Oxford, Cambridge and Manchester, 1800-1914* (Manchester, 1986)

Soffer, R., *Discipline and Power: The University, History and the Making of an English Elite 1870-1930* (Stanford, Cal., 1994)

德國

Ranum, O. (ed.), *National Consciousness, History and Political Culture in Early Modern Europe* (Baltimore, 1975), ch. by L. Krieger

Reill, P. H., *The German Enlightenment and the Rise of Historicism* (Berkeley, 1975)

Barnard, F. M., *Herder's Social and Political Thought: From Enlightenment to Nationalism* (Oxford, 1965)

Butterfield, H., *man on his Past: The Study of the History of Historical Scholarship* (Cambridge, 1969).

Gooch, *History and Historians in the Nineteenth Century*，之前已列，有助理解「普魯士學派」。

Grafton, *The Footnote*（之前已列）透過文藝復興與十八世紀學術提供的視角，精采描述了蘭克的方法。

Iggers, G., *The German Conception of History: The National Trend of Historical Thought from herder to the Present* (Middletown, Conn., 1968)

Iggers, G., and Powell, J. M. (eds.), *Leopold von Ranke and the Shaping of the Historical Discipline* (Syracuse, NY, 1990)

Krieger, L., *Ranke: The Meaning of History* (Chicago, 1977)

Laue, H. von, *Leopold Ranke: The Formative years* (Princeton, 1950)

Meinecke, F., *Cosmopolitanism and the National State*, trans. R. B. Kimber (Princeton, 1970)

——*Historism: The Rise of a New Historical Outlook*, trans. J. E. Anderson (London, 1972).（historism並未成為通行的用語；historicism〔歷史主義〕才是現今德文Historismus的通常翻法。）Meinecke既是德國歷史主義的評釋者，也是參與者。

Stuchtey, B., and Wende, P. (eds.), *British and German Historiography 1750-1950* (Oxford, 2000)

二十世紀

我認為本章關鍵文本的引文是不解自明的。不過，我在結尾還是列出最後三本曾經仔細討論過的作品的詳細出版資料。

對「輝格派歷史」的批判。歷史作為一門科學與一門藝術

Bentley, M., *Modernising England's Past: English Historiography in the Age of Modernism 1870-1970* (Cambridge, 2005)。在傳統與創新間取得平衡。對巴特菲爾德與納米爾的討論尤其精采。

——*Modern Historiography: An Introduction* (London, 1999)

——(ed.), *Companion to Historiography* (London, 1997)

Cannadine, D., *G. M. Trevelyan: A Life in History* (London, 1992)

Collini, S., *English Pasts: Essays in History and Culture* (Oxford, 1999)。也與「馬克思主義」一節中的陶尼相關，見後。

Colley, L., *Namier* (London, 1989)

Elton, G. R., *Modern Historians of Britain 1485-1945: A Critical Bibliography 1945-1969* (London, 1970)

Lamont, W. (ed.), *Historical Controversies and Histories* (London, 1998)

赫伊金格與年鑑學派

原典

Huizinga, J., *The Waning of the Middle Ages*, trans. F. Hopman (Penguin, 1955)

——*Men and Ideas: History, the Middle Ages, the Renaissance*, essays trans. James S. Holmes and Hans van Marle (London, 1960)

A New Kind of History from the Writings of Febvre, ed. P. Burke, trans. K. Folca (London, 1973)

二手作品

Burke, P., *The French Historical Revolution: The Annales School 1929-1989* (London, 1990)

——*Varieties of Cultural History* (Ithaca, NY, 1997)。也與之後「文化史」一節相關。

馬克思主義

Coleman, D. C., *History and the Economic Past: The Rise and Decline of Economic History in Britain* (London, 1987)

Hofstadter, R., *The Progressive Historians: Turner, Beard, Parrington* (New York, 1968)

Kaye, H. J., *The British Marxist Historians* (Cambridge, 1984)

Eley, G., and Hunt, W. (eds.), *Revising the English Revolution: Reflections and Elaboration on the Work of Christopher Hill* (London, 1988)

Furet, F., *Interpreting the French Revolution*, trans. E. Foerster (Cambridge, 1981)

Lucas, C. (ed.), *Rewriting the French Revolution* (Oxford, 1991)

文化史,「底層史」與世界史

布萊斯為《英國歷史評論》創刊號寫的匿名〈序言注釋〉重刊於 F. Stern, *The Varieties of History*,之前已列。

Burke, P. (ed.), *New Perspectives in English Historical Writing*, (2 vols., Cambridge, 2001)

——(ed.), *History and Social Theory* (Cambridge, 1992)

Stuchtey, B., and Fuchs, E. (eds.), *Writing World History 1800-2000* (Oxford University Press, 2003, for German Historical Institute, London)

微觀歷史

原典

Ginzburg, C., *The Cheese and the Worms: The cosmos of a Sixteenth-Century Miller*, trans. J. and A. Tedeschi (London, 1980)

Corbin, A., *The Village of Cannibals: Rage and Murder in France, 1870*, trans. A. Goldhammer (Cambridge, 1992)

Duffy, E., *The Voices of Morebath: Reformation and Rebellion in and English Village* (New Haven and London, 2001)

專有名詞中英對照

Bayeux Tapestry 巴耶掛毯

Beauty in Distress 落難美人

Becket 貝克特

Bede 比德

Bedevere 貝德維爾

Ben Jonson 班‧強森

Benedict Biscop 本篤‧比斯寇普

Benjamin Haydon 班傑明‧黑登

Benjamin West 班傑明‧衛斯特

Benvenuto Cellini 本維努托‧切里尼

Beria 貝利亞

Bernal Díaz 貝爾納爾‧狄亞斯

Bernard de Mandeville 貝爾納‧德‧曼德維爾

Bertha 貝爾塔

Betis 貝提斯

Bishop Aidan 艾丹主教

Bithynia 比提尼亞

Black Prince 黑王子

Blois 布洛瓦

Boccaccio 薄伽丘

Bocchus 波庫斯

Boeotia 波伊歐提亞

Bohemond of Taranto 塔蘭托的伯希蒙德

Bois de Boulogne 布洛涅森林

Bonapartist Second Empire 拿破崙第二帝國

Boniface of Savoy 薩伏衣的波尼菲斯

Boniface VIII 波尼菲斯八世

Bossuet 波緒埃

Boswell 波斯威爾

Boudicca 布狄卡

Bourbon 波旁王朝

Bourges 布爾日

Breughel 布勒哲爾

Bridge of Sèvres 塞弗爾橋

Brighton 布萊頓

Brihtric 布里崔克

Browning 布朗寧

Brunechildis, Brunhild 布倫希爾德

Bunyan 班揚

Burgundy 勃艮第

Burke 柏克

Busiris 布西里斯

Byron 拜倫

C

C. A. Bayly 貝里

C. M. Doughty 道提

C. P. Snow 斯諾

Caedmon 卡德曼

Caerleon 卡爾雷翁

Caesarea 凱撒里亞

Caesarion 凱撒里昂

Calais 加萊

Caledonians 卡勒多尼亞人

Caliburn 卡利布恩

Caligula 卡里古拉

Callisthenes 卡利斯提尼斯

Calpurinius Piso 卡爾普里尼烏斯‧皮索

Calvinism 喀爾文主義

Cambyses 岡比西斯

Camden Society 坎登社

Camille Desmoulins 卡密爾‧德穆蘭

Camillus 卡米魯斯

Campagna 坎帕尼亞

Campanians 坎帕尼亞人

Cannae 坎尼

Canterbury 坎特伯里

Canute 卡努特

Cape Cod　鱈魚角

Cappadocia　卡帕多細亞

Capri　卡普里島

Capua　卡普阿

Caracalla　卡拉卡拉

Caratacus　卡拉塔庫斯

Cardinal de Retz　雷茲樞機主教

Carl J. Friedrich　卡爾‧弗里德利希

Carlo Ginzburg　卡羅‧金斯伯格

Carlyle　卡萊爾

carroccio　軍旗戰車

Cartaux　卡爾托

Caspians　裡海人

Cassius Dio　卡希烏斯‧狄歐

Castalian spring　卡斯塔里亞之泉

Castiglione　卡斯提里歐尼'

Cathar　卡特里派

Catherine de'Medici　凱瑟琳‧德‧梅第奇

Catiline　卡提里納

Cato the Censor　監察官卡托

Cavalier　騎士黨

Cavelier La Salle　卡弗里耶‧拉薩爾

Caxton　卡克斯頓

Celts　凱爾特人

Ceolfrid　寇爾弗里德

Cesare Borgia　切薩雷‧波吉亞

Chaldaeans　加勒底人

Chalgrove　查爾葛羅夫

Champlain　香普蘭

Champs-de-Mars　戰神廣場

Chapoltepec　恰波特佩克

charisma　卡理斯瑪

Charlemagne　查理曼

Charles A. Beard　查爾斯‧比爾德

Charles Darwin　查爾斯‧達爾文

Charles de Sismondi　夏爾‧德‧希斯蒙迪

Charles James Fox　查爾斯‧詹姆斯‧佛克斯

Charles Martel　鐵鎚查理

Charles Petit-Dutaillis　夏爾‧佩提‧杜塔伊

Charmian　夏米安

Chartism　憲章運動

Childebert II　奇爾德貝爾特二世

Chimay　希邁

chorography　地方誌

Christoph Keller　克里斯托夫‧克爾勒

Christopher Hill　克里斯多佛‧希爾

chronicle　編年史

Chrysis　克麗希絲

Cicero　西塞羅

Cimmerians　欽梅里亞人

Cincinnatus　欽欽那圖斯

ciompi　梳毛工

Circus　圓形競技場

Cisalpine Gaul　阿爾卑斯山南邊高盧

Cistercians　西妥會

civil history　市民歷史

Clarendon Building　克拉倫登館

Claudii　克勞狄

Claudius　克勞狄烏斯

Clazomenians　克拉佐門尼安人

Cleisthenes　克萊斯提尼斯

Cleitarchus　克里塔庫斯

Cleitus　克雷特斯

Clement of Alexandria　亞歷山卓的克雷門

Clement VII　克雷門七世

Cleon　克里昂

Cleopatra　克莉歐佩特拉

Clerk Maxwell　克拉克‧馬克士威

Erich Auerbach 埃里希・奧爾巴哈

Essenes 艾塞尼人

Essex 埃塞克斯

Estates General 三級會議

Estates of the Realm 國內各等級

Ethelbert 艾塞爾貝爾特

Etienne Pasquier 埃提安・帕斯基耶

Etruscans 埃特魯斯坎人

Euboea 優比亞

Eugene Genovese 尤金・傑諾維斯

Eusebius 埃烏塞比烏斯

Exeter 埃克塞特

Exmoor 艾克斯摩爾

Ezra 以斯拉

F

Fabii 法比

Fabius Pictor 法比烏斯・皮克托

Fairbairn 費爾班

Felix 菲力克斯

Fenimore Cooper 費尼摩爾・庫柏

Ferdinand 斐迪南

Fergus Mac-Ivor 佛格斯・麥克艾佛

Fernand Braudel 費爾南・布勞岱爾

Feversham 費佛香姆

Fichte 費希特

Fidenae 菲德奈

Fielding 菲爾丁

Fiesole 菲耶索雷

Firth of Clyde 克萊德海灣

Firth of Forth 佛斯海灣

Flanders 法蘭德斯

Florio Biondo 弗婁里歐・比翁多

Florus 弗洛魯斯

Fra Bartolomé de las Casas 巴爾托洛梅・德・拉斯・卡薩斯神父

Fra Olmedo 歐爾梅多神父

Frances Yates 弗蘭西絲・葉茨

Francesco Sforza 弗朗切斯科・斯佛爾查

Francis 法蘭西斯一世

Francis Bacon 弗蘭西斯・培根

Francis Parkman 弗蘭西斯・帕克曼

Francis Place 弗蘭西斯・普雷斯

François Furet 弗朗索瓦・傅瑞

François Guizot 弗朗索瓦・吉佐

François Hotman 弗朗索瓦・歐特曼

Francus 弗蘭庫斯

Fredegar 弗雷德格

Fredegund 芙蕾德貢德

Frederic William Maitland 弗瑞德里克・威廉・梅特蘭

Frederick Barbarossa 腓特烈・巴巴羅薩

Frederick II 腓特烈二世

Frederick Jackson Turner 弗瑞德里克・傑克森・特納

Freemasons 共濟會員

French Academy of Inscription 法蘭西銘刻學院

Fréron 弗雷隆

Friedrich Wolf 弗里德利希・沃爾夫

furlong 化朗

Fuseli 費斯利

G

G. M. Trevelyan 崔維廉

Gaius Memmius 蓋烏斯・門米烏斯

Gaius Mucius 蓋烏斯・穆奇烏斯

Gaius Sallustius Crispus 蓋烏斯・薩魯斯提烏

Guinea 幾內亞

Guinevere 桂妮薇兒

Gundoald 岡朵爾德

Guntram 岡特拉姆

Gustav Schmoller 古斯塔夫・施摩勒

Gustave Le Bon 古斯塔夫・勒朋

Gyges 蓋吉斯

H

H. G. Wells 威爾斯

H. T. Buckle 巴克爾

Hadrian 哈德良

Hainaut 埃諾

Halicarnassus 哈利卡納蘇斯

Hamburg 漢堡

Hammon 哈蒙

Hampden 漢普登

Hans Baron 漢斯・巴隆

Harold 哈洛德

Harrison 哈里森

Hastings 黑斯廷斯

Hatfield 哈特費爾德

Hayne 海恩

Hecataeus of Miletus 米利都的赫卡泰奧斯

Hector 赫克特

Heinrich von Sybel 海恩利希・馮・敘伯爾

Helena 海蓮娜

Heliopolis 赫利歐波利斯

Hellanicus of Lesbos 雷斯波斯的赫蘭尼科斯

Hellespont 赫勒斯龐

Hengist and Horsa 亨吉斯特與霍爾沙

Henry Adams 亨利・亞當斯

Henry Hallam 亨利・哈倫

Henry James 亨利・詹姆斯

Henry of Huntingdon 杭廷頓的亨利

Henry Schoolcraft 亨利・斯庫爾克瑞夫特

Hephaestion 赫菲斯提翁

Hephaestus 赫菲斯特斯

Heracles 赫拉克勒斯

Herbert Butterfield 赫伯特・巴特菲爾德

Herbert Spencer 赫伯特・斯賓塞

Hercules（Heracles） 赫拉克勒斯

Herder 赫德

Herod the Great 希律王

Herodian 赫羅狄阿努斯

Herodias 希羅底

Herodotus 希羅多德

Hieinrich von Treitschke 海恩利希・馮・特萊奇克

high politics 高層政治

High Tory 高托利黨

Hippias 希比亞斯

Hippocrates 希波克拉底

Hippolyte Taine 伊波利特・泰納

histoire événementielle 事件史

Historicism, Historismus 歷史主義

historiographer royal 王室史家

history from below 底層史

Hogarth 賀加斯

Homer 荷馬

Homo sapiens 智人

Horace 賀拉斯

Horatius 霍拉提烏斯

Hounslow 豪恩茲洛

Hudibras 胡狄布拉斯

Hugh Trevor-Roper 修・崔佛羅伯

Huguenots 雨格諾派

Hume 休謨

John Ball 約翰‧伯爾

John Foxe 約翰‧佛克斯

John Know 約翰‧諾克斯

John Leland 約翰‧里蘭德

John Lothrop Motley 約翰‧洛斯若普‧莫特利

John Millar 約翰‧米勒

John Mitchell Kemble 約翰‧米契爾‧坎伯

John Pocock 約翰‧波寇克

John Richard Green 約翰‧理查‧葛林

John Ruskin 約翰‧拉斯金

John Smith 約翰‧史密斯

John Stow 約翰‧斯托

John the Good 好人約翰

John Winthrop 約翰‧溫斯羅普

Johns Hopkins 約翰霍普金斯大學

Johnson 約翰生

Jordanes 約旦尼斯

Joseph of Arimathea 亞利馬太的約瑟

Josephus 約瑟夫斯

Josephus 約瑟夫斯

jubilee year 禧年

Judaea 猶大王國

Judge Jeffreys 傑弗瑞斯大法官

Jugurtha 尤古爾塔

Julian 尤里阿努斯

Julius Caesar 尤里烏斯‧凱撒

Julius II 尤里烏斯二世

July Monarchy 七月王朝

Jupiter 朱庇特

Jupiter Maneta 朱庇特‧瑪內塔

Jürgen Habermas 尤爾根‧哈伯瑪斯

Justinian 查士丁尼

Jutes 朱特人

Juvenal 尤維納爾

K

Kaballah 卡巴拉

Karl Mannheim 卡爾‧曼海姆

Karl Marx 卡爾‧馬克思

Karl von Savigny 卡爾‧馮‧薩維尼

Karl von Stein 卡爾‧馮‧施泰因

Karnak 卡爾納克

Kashabu 卡夏布

Kay 凱伊

Keats 濟慈

Keith Thomas 基斯‧湯瑪斯

Ken Burns 肯恩‧伯恩斯

King Alfred 國王阿爾弗雷德

King Antiochus 安提歐克斯王

King Attat 阿塔特王

King Charibert 卡里貝爾特王

King Chilperic 奇爾佩里克王

King Chlotar 克洛塔爾王

King Clovis 國王克洛維斯

King Coelwulf 國王寇沃夫

King Leir 雷爾王

King Oswald 國王歐斯沃德

King Pyrrhus of Epirus 伊比魯斯王皮洛斯

King Tarquin the Proud 驕傲的塔爾昆

Kingsley 金斯利

Kipling 吉卜林

Knights of St Mary 聖瑪利騎士團

Knox 諾克斯

Kulturgeschichte 文化史

Kurdistan 庫德斯坦

L

l'étonnant Cobb 令人驚歎的科布

Lake Avenius 阿維尼烏斯湖

Lamarck 拉馬克

Lambeth 蘭貝斯

Lancelot 蘭斯洛

landsknechts 步傭兵

Languedoc 朗格多克

Lars Porsenna 拉斯・波森納

Lauzun 洛贊

Lawrence Stone 勞倫斯・史東

Le doux commerce 溫和商業

Le Puy 勒皮伊

Legitimists 正統主義者

Leiden 萊登

Leo X 雷歐十世

Leonardo Bruni 勒歐納多・布魯尼

Leonidas 雷奧尼達斯

Leopold von Ranke 雷歐波德・馮・蘭克

Leopold von Ranke 雷歐波德・馮・蘭克

Lermontov 雷爾蒙托夫

Leslie Stephen 雷斯利・史帝芬

Leudegesil 勒德格西爾

Lewis Namier 路易斯・納米爾

Lex Oppia 歐皮烏斯法

Licinius Macer 里奇尼烏斯・馬克爾

Liebermann 李伯曼

Liège 列日

Limoges 利摩吉

Linda Colley 琳達・柯莉

Lindisfarne 林狄斯法恩

linguistic turn 語言學轉向

Livia 莉薇雅

Livy 李維

Llandaff 藍戴夫

Locke 洛克

Long Parliament 長期國會

longue durée 長時段

Lord Acton 阿克頓勳爵

Lord Bolingbroke 博林布洛克勳爵

Lord Burleigh 柏雷勳爵

Lord Bute 布特勳爵

Lord Falkland 福克蘭勳爵

Lord John Russell 約翰・羅素勳爵

Lord Kames 卡姆斯勳爵

Lorenzo de' Medici 梅第奇的羅倫佐

Lorenzo Valla 羅倫佐・瓦拉

Louis Blanc 路易・布隆

Louis Napoleon 路易・拿破崙

Louis Tournay 路易・圖爾奈

Louisiana 路易西安納地區

Lucien Febvre 呂西安・費夫賀

Lucien Lévy-Bruhl 呂西安・雷維・布呂爾

Lucius Catellus 魯奇烏斯・卡特魯斯

Lucius Flavius Arrianus 魯奇烏斯・弗拉維烏斯・阿里安烏斯

Lucius Hiburnus 魯奇烏斯・希布爾努斯

Lucius Junius Brutus 魯奇烏斯・尤尼烏斯・布魯圖斯

Lucretia 露克蕾緹雅

Lud 魯德

Ludgate 魯德門

Ludovico Sforza 盧多維科・斯佛爾查

Luther 路德

Lycurgus 琉克格斯

Lycus 里克斯

Lydia 里底亞

Lytton Strachey 里頓・斯特雷奇

M

M. de Tillemont 德・提爾蒙

Macaulay 麥考萊

Macclesfield 麥克爾斯菲爾德

Maecenas 邁克納斯

Magdalen College 莫德林學院

Magna Carta 大憲章

Magnesian 馬格尼西亞人

Mahon 馬歐

Maillard 瑪伊亞

Maine 緬因

Maine 緬因州

Manetho 瑪內托

Manlius 曼里烏斯

Mantinea 曼提尼亞

Marais 瑪黑區

Marc Bloch 馬克・布洛克

Marcel Mauss 瑪塞爾・牟斯

Marche des Hulans 波蘭輕騎兵進行曲

Marcion 馬吉安

Marcus Curtius 馬庫斯・庫爾提烏斯

Marcus Papirius 馬庫斯・帕皮里烏斯

Margaret Mead 瑪格麗特・米德

Mariamme 米利暗

Marius 馬里烏斯

Mark Philips 馬克・菲利普斯

Marlowe 馬爾洛

Marquette 馬爾克特

Marquis de Brézé 布雷澤侯爵

Marshal de Broglie 布羅格里元帥

Martin Seymour Lipset 馬丁・西摩・李普塞特

Martinella 瑪爾提內拉

Mary Stuart 瑪麗・斯圖亞特

Maryannu 上層貴族戰士

Masada 馬薩達

Massachusetts Bay 麻薩諸塞灣

Matilda 瑪提爾達

Matthew Paris 馬修・帕里斯

Max Scheler 馬克斯・謝勒

Max Weber 馬克斯・韋伯

Maximilian 馬克西米利安

Maximin 馬克西米努斯

Medea 米蒂亞

Medes 米底人

Megalopolis 梅加洛波利斯

Melancthon 梅蘭希通

Memphis 孟斐斯

Menocchio 梅諾丘

mentality 心態

Mercia 莫西亞

Méry 梅里

Messalina 梅薩莉娜

Metellus 梅特魯斯

Methodism 衛理宗

Michael Oakeshott 麥可・歐克修特

Michael Psellus 米卡埃爾・普塞爾洛斯

Michel Foucault 米歇爾・傅柯

Michelangelo 米開朗基羅

Michelet 米什雷

Midas 米達斯

Milton 密爾頓

Minneapolis 明尼阿波里斯

Minorca 梅諾卡島

Mirabeau 米拉波

Mississippi river 密西西比河

mode of subsistence 生計模式

Mogallus 摩加魯斯

P

Pacorus 帕科魯斯

Padua 帕都瓦

Pantheon 萬神殿

Paolo Sarpi 保羅・薩爾皮

Papal Schism 教會大分裂

Paphlagonia 帕夫拉戈尼亞

paradigm 典範

Paris Commune 巴黎公社

parish register 教區登記簿

Parkman 帕克曼

Parthians 帕提亞人

pass of Thermopylae 溫泉關

Patrician Chastity 貴族貞潔女神

Patroclus 帕特洛克勒斯

patronage 恩蔭制度

Paul the Deacon 助祭保羅

Paul the Deacon 執事保羅

Pax Romana 羅馬和平

Pazzi 帕奇

Pelagianism 佩拉糾斯派

Peloponnese 伯羅奔尼撒

Penda 彭達

Pennsylvania 賓夕法尼亞州

Pentateuch 摩西五經

Pentecontaetia 五十年時期

Percennius 伯肯尼烏斯

performative utterances 展演語句

Pericles 培里克勒斯

Perry Miller 培里・米勒

Persepolis 波塞波利斯

Perseus 波修斯

Peter Brown 彼得・布朗

Peter Burke 彼得・柏克

Peter Gay 彼得・蓋伊

Peter Laslett 彼得・拉斯雷特

Peterborough 彼得伯勒

Petrarch 佩脫拉克

Pharisees 法利賽人

Pharnazathres 法納撒思瑞斯

Philadelphia 費城

Philinus 菲利努斯

Philippa of Hainaut 埃諾的菲莉帕

Philippe Ariès 菲力普・阿里耶斯

Philippe Egalité 平等者菲力普

Philippi 菲利皮

Philo of Alexandria 亞歷山卓的斐洛

philosophe 哲士

Phrygians 弗里吉亞人

Phylarchus 菲拉爾克斯

piazza of the Mercato Nuovo 新市集廣場

Picardy 皮卡迪

Pickadilly 皮卡迪利

Pierio Valeriano 皮耶里歐・瓦勒里埃諾

Pierre Bayle 皮耶・貝爾

Piraeus 皮雷烏斯

Pisa 比薩

plain of Sharon 沙崙平原

Plantation Bitters 苦味酒種植園

Plataea 普拉蒂亞

Plebeian Chastity 平民貞潔女神

Pliny 普里尼烏斯

Plutarch 普魯塔克

Plymouth 普利矛斯

Poitiers 普瓦提耶

Poitou 普瓦圖

Polybius 波利比奧斯

Polydore Virgil 波利多爾・維吉爾

Pompey the Great 龐培
pontiff 大祭司
Pope Sylvester 教宗西爾維斯特
Pope Urban II 教宗烏爾班二世
Potidaea 波提狄亞
Praetorian Guard 禁衛軍
Priam 普里阿摩斯
Prince of Wales 威爾斯親王
Prince Rupert 魯伯特王子
Princeps 第一公民
principate 第一公民制
prior 行政委員
Priscus 普里斯庫斯
Procopius 普羅寇皮歐斯
prosopography 歷史人群學
proto-history 原史
Ptolemy 托勒密
Publius Horatius 普布里烏斯・霍拉提烏斯
Pulteney 普爾特尼
Punic War 布匿克戰爭
Puteoli 普特歐里
Pym 皮姆
Pyrrhic dance 皮里克舞
Pythodorus 皮托多魯斯

Q

Quakers 貴格會
quam vocant 所謂的
Quebec 魁北克
Quentin Skinner 昆丁・斯基納
Quezalcoatl 奎查爾寇阿特爾
Quintus Curtius Rufus 昆圖斯・庫爾提烏斯・魯夫斯

R

R. G. Collingwood 柯靈烏
R. H. Tawney 陶尼
Rabelais 拉伯雷
Ralph Holinshed 芮夫・荷林歇德
Ravenna 拉溫那
Realpolitik 現實政治
reason of state 國家理性
Regency England 攝政時代的英國
Regiment Dauphiné 多菲內團
Reinhold Pauli 萊因侯德・波里
Remus 雷穆斯
Richard Cobb 理查・科布
Richard Hofstadter 理查・霍夫斯塔特
Richelieu 利希留
river Derwent 德文特河
Robert Connor 羅伯特・康納
Robert Darnton 羅伯特・丹頓
Robert Ferguson 羅伯特・佛格森
Robert Fitz-Hubert 羅伯特・費茲・修伯特
Robert Fulton 羅伯特・富爾頓
Robert of Jumièges 朱米耶吉的羅伯特
Robert of Namur 納穆爾的羅貝爾
Robespierre Junior 小羅伯斯比爾
Roccolen 羅寇倫
Rocilia 蘿綺麗雅
Roger 羅傑
Roger Budd 羅傑・巴德
Roger of Wendover 溫多佛的羅傑
Rolls series 古捲系列
Romagna 洛瑪尼亞
romance 騎士文學
Romulus 羅穆魯斯
Ron 隆恩

the Lollards 羅拉德派

the Macabees 瑪加伯家族

The Melian Dialogue 米洛斯對話

the Merovingian kings 梅洛溫諸王

the method of difference 差異法

The Mytilenian Debate 米提里尼辯論

the Oeil-de-Boeuf 牛眼廳

the Picts 皮克特人

the Politiques 政治黨人

the river Colbert 柯爾貝爾河

the River Vienne 維安河

the Rocky Mountains 洛磯山脈

the Samnites 桑姆尼烏姆人

the Somme 索姆河

the St Lawrence 聖羅倫斯河

the state of society 社會狀態

the Tudors 都鐸王室

Thebes 底比斯

Themistocles 特米斯托克勒斯

Theodor Adorno 狄奧多・阿多諾

Theodora 狄奧朵拉

Theodore 狄奧多

Theodosius 狄奧多西

Théodule Ribot 特歐杜爾・里波

Theopompus 提歐彭普斯

Thereus 特勒斯

Thessalians 特薩利亞人

Thetford 塞特佛德

Theudebert 特德貝爾特

Theuderic 特德里克

Thomas Babington (Lord) Macaulay 湯瑪斯・巴賓頓・麥考萊勳爵

Thomas Carlyle 湯姆斯・卡萊爾

Thomas Hutchinson 湯瑪斯・赫欽森

Thomas Kuhn 湯瑪斯・孔恩

Thomas of Walsingham 沃爾辛漢的湯姆斯

Thor 索爾

Thoreau 梭羅

Thracian 色雷斯人

Thucydides 修昔底德

Tiberius 提貝里烏斯

Tiberius and Gaius Gracchus 格拉庫斯兄弟

Tibur 提布爾

Timaeus 提邁歐斯

Titian 提香

Titinius 提提尼烏斯

Titus 提圖斯

Tocqueville 托克維爾

Tom Paine 湯姆・潘恩

topography 地誌學

Tory 托利黨

Totnes 托特尼斯

Toulon 土倫

Trajan 特拉亞努斯

Trasimene 特拉西米尼

Trollope 特洛勒普

Tuileries 杜樂麗宮

Tully 圖里

Tuthmoses III 圖特摩斯三世

Tyche 命運女神

Tynemouth 泰恩矛斯

Tyre 泰爾

U

Ulster 阿爾斯特

Ultras 極端保王派人士

unit ideas 單元觀念

Unitarianism 一位論派

William McNeill 威廉‧麥克尼爾

William Mitford 威廉‧米特佛德

William Morris 威廉‧莫里斯

William of Malmesbury 馬爾姆斯伯里的威廉

William of Newburgh 紐伯格的威廉

William of Orange 奧倫治的威廉

William of Trumpington 特蘭平頓的威廉

William Penn 威廉‧培恩

William Raleigh 威廉‧拉雷

William Robertson 威廉‧羅伯特森

William Rufus 威廉‧盧佛斯

William Sacheverell 威廉‧薩徹弗瑞爾

William Strachan 威廉‧斯特拉肯

William Stubbs 威廉‧斯塔布斯

Wilton 威爾頓

Wiltshire 威爾特郡

Winston Churchill 溫斯頓‧邱吉爾

Wisconsin 威斯康辛州

Wittgenstein 維根斯坦

Woden 沃登

Worcester 伍斯特

Wordsworth 華茲華斯

X
Xenophon 色諾芬

Xerxes 薛西斯

Y
Yucatan 猶加敦

Z
Zachary 札察里

Zeitgeist 時代精神

Zosimus 宙西穆斯

名詞索引
（對照原文頁碼）

國家圖書館出版品預行編目資料

歷史的歷史：史學家和他們的歷史時代／約翰・布羅（John Burrow）著；黃煜文譯.
　　－－初版.－－臺北市：商周，城邦文化出版：家庭傳媒城邦分公司發行，
　2010.07（民99）
　　　面：　　公分. －（Discourse；34）
　譯自：A History of Histories: Epics, Chronicles, Romances And Inquiries From Herodotus
　　　　And Thucydides To The Twentieth Century
　　ISBN　978-986-272-004-2（精裝）
　1. 史學方法　2. 史學史
　603.1　　　　　　　　　　　　　　　　　　　　　　　99009944

Discourse 34

歷史的歷史

原 著 書 名／A History of Histories
作　　　者／約翰・布羅（John Burrow）
譯　　　者／黃煜文
企 畫 選 書／林宏濤
責 任 編 輯／陳玳妮

版　　　權／林心紅
行 銷 業 務／李衍逸、黃崇華
總　編　輯／楊如玉
總　經　理／彭之琬
發　行　人／何飛鵬
法 律 顧 問／元禾法律事務所　王子文律師
出　　　版／商周出版
　　　　　　城邦文化事業股份有限公司
　　　　　　台北市中山區 104 民生東路二段 141 號 9 樓
　　　　　　電話：(02) 25007008　傳真：(02) 25007759
　　　　　　E-mail：bwp.service@cite.com.tw
發　　　行／英屬蓋曼群島商家庭傳媒股份有限公司城邦分公司
　　　　　　台北市中山區 104 民生東路二段 141 號 2 樓
　　　　　　書虫客服服務專線：(02) 25007718、(02) 25007719
　　　　　　服務時間：週一至週五上午09:30-12:00；下午13:30-17:00
　　　　　　24 小時傳真專線：(02) 25001990、(02) 25001991
　　　　　　劃撥帳號：19863813；戶名：書虫股份有限公司
　　　　　　讀者服務信箱E-mail：service@readingclub.com.tw
　　　　　　城邦讀書花園　網址：www.cite.com.tw
香港發行所／城邦（香港）出版集團有限公司
　　　　　　香港灣仔駱克道193號東超商業中心1樓
　　　　　　E-mail：hkcite@biznetvigator.com
　　　　　　電話：(852)25086231　傳真：(852) 25789337
馬新發行所／城邦（馬新）出版集團【Cité (M) Sdn. Bhd. (458372U)】
　　　　　　41, Jalan Radin Anum, Bandar Baru Sri Petaling,
　　　　　　57000 Kuala Lumpur, Malaysia.
　　　　　　電話：(603)90578822　傳真：(603) 90576622

封 面 設 計／鄭宇斌
排　　　版／新鑫電腦排版工作室
印　　　刷／韋懋實業有限公司
總　經　銷／高見文化行銷股份有限公司
　　　　　　電話：(02)26689005　傳真：(02)26689790　客服專線：0800-055-365

■ 2010 年 7 月 8 日初版　　　　　　　　　　Printed in Taiwan
■ 2019 年 8 月 20 日初版3刷

定價750元

廣　告　回　函
北區郵政管理登記證
台北廣字第000791號
郵資已付，免貼郵票

104台北市民生東路二段141號2樓

英屬蓋曼群島商家庭傳媒股份有限公司　城邦分公司

請沿虛線對摺，謝謝！

書號：BK7034	書名：歷史的歷史	編碼：

讀者回函卡

感謝您購買我們出版的書籍！請費心填寫此回函卡，我們將不定期寄上城邦集團最新的出版訊息。

不定期好禮相贈！
立即加入：商周出版
Facebook 粉絲團

姓名：＿＿＿＿＿＿＿＿＿＿＿＿＿＿＿＿＿ 性別：□男 □女

生日：西元＿＿＿＿＿＿年＿＿＿＿＿＿月＿＿＿＿＿＿日

地址：＿＿＿＿＿＿＿＿＿＿＿＿＿＿＿＿＿＿＿＿＿＿＿

聯絡電話：＿＿＿＿＿＿＿＿＿＿ 傳真：＿＿＿＿＿＿＿＿＿

E-mail：

學歷：□ 1. 小學 □ 2. 國中 □ 3. 高中 □ 4. 大學 □ 5. 研究所以上

職業：□ 1. 學生 □ 2. 軍公教 □ 3. 服務 □ 4. 金融 □ 5. 製造 □ 6. 資訊

□ 7. 傳播 □ 8. 自由業 □ 9. 農漁牧 □ 10. 家管 □ 11. 退休

□ 12. 其他＿＿＿＿＿＿＿＿＿＿＿＿＿＿＿

您從何種方式得知本書消息？

□ 1. 書店 □ 2. 網路 □ 3. 報紙 □ 4. 雜誌 □ 5. 廣播 □ 6. 電視

□ 7. 親友推薦 □ 8. 其他＿＿＿＿＿＿＿＿＿＿

您通常以何種方式購書？

□ 1. 書店 □ 2. 網路 □ 3. 傳真訂購 □ 4. 郵局劃撥 □ 5. 其他＿＿＿

您喜歡閱讀那些類別的書籍？

□ 1. 財經商業 □ 2. 自然科學 □ 3. 歷史 □ 4. 法律 □ 5. 文學

□ 6. 休閒旅遊 □ 7. 小說 □ 8. 人物傳記 □ 9. 生活、勵志 □ 10. 其他

對我們的建議：＿＿＿＿＿＿＿＿＿＿＿＿＿＿＿＿＿＿＿＿

＿＿＿＿＿＿＿＿＿＿＿＿＿＿＿＿＿＿＿＿＿＿＿＿＿＿＿＿

＿＿＿＿＿＿＿＿＿＿＿＿＿＿＿＿＿＿＿＿＿＿＿＿＿＿＿＿